2020 YONGKANG YEARBOOK

永康年鉴

永康市地方志编纂委员会 编

浙江工商大学出版社
·杭州·

图书在版编目(CIP)数据

永康年鉴. 2020 / 永康市地方志编纂委员会编. —
杭州 :浙江工商大学出版社, 2020.12
ISBN 978-7-5178-4196-8

Ⅰ. ①永… Ⅱ. ①永… Ⅲ. ①永康—2020—年鉴
Ⅳ. ①Z525.54

中国版本图书馆 CIP 数据核字(2020)第 240146 号

永康年鉴(2020)
YONGKANG NIANJIAN(2020)
永康市地方志编纂委员会 编

责任编辑 周敏燕
封面设计 沈 婷
责任印制 包建辉
出版发行 浙江工商大学出版社
(杭州市教工路 198 号 邮政编码 310012)
(E-mail:zjgsupress@163.com)
(网址:http://www.zjgsupress.com)
电话:0571-88904980,88831806(传真)
排 版 杭州朝曦图文设计有限公司
印 刷 杭州宏雅印刷有限公司
开 本 889mm×1194mm 1/16
印 张 34
字 数 827 千
版 印 次 2020 年 12 月第 1 版 2020 年 12 月第 1 次印刷
书 号 ISBN 978-7-5178-4196-8
定 价 168.00 元

浙江工商大学出版社营销部邮购电话 0571-88904970

永康市地方志编纂委员会

主　编　张群环

副主任　周启标　程学军

委　员　（略）

《永康年鉴（2020）》编辑部

主　编　舒朝建

编　辑　卢俊英　陈敏佳　胡　燕　周婷婷

编辑说明

一、《永康年鉴》是中共永康市委、市人民政府主办的综合性年鉴，是具有政府公报性质的资料性工具书。由永康市地方志编纂委员会办公室组织实施，市委、市政府机关各部门，镇（街、区）供稿，《永康年鉴》编辑部汇编。其宗旨是为各级领导建设永康提供决策依据，为永康人民了解永康提供资政信息，为国内外读者研究永康提供地情资料，面向国内外公开发行。

二、《永康年鉴》以马列主义、毛泽东思想、邓小平理论、“三个代表”重要思想、科学发展观、习近平新时代中国特色社会主义理论为指导，贯彻落实治国理政新理念新思想新战略和习近平总书记系列重要讲话精神，坚持辩证唯物主义和历史唯物主义立场、观点、方法，存真求实，全面、客观、系统、准确地反映2019年度中共永康市委、市人民政府的工作，如实记载全市各领域事务变化状况，使年鉴既为当今改革开放和经济建设服务，也为后人提供资料和借鉴。

三、《永康年鉴》采用分类编辑。分类目、分目、子目3个层次设计，以条目为记述形式，按时间顺序记述，条目用黑体字加实心方头括号【】。

四、《永康年鉴（2020）》记录时限为2019年1月1日至2019年12月31日，没有标明年份的均指该年；作为综合性叙述和背景资料的综述、概况和有些跨年度条目以及表格中的数据适当上溯，上溯内容的时间前均标明具体年份。年鉴由图片、特辑、大事记、总述、正文、附录组成，内容以现代城乡社会分工和管理体制为基础，按事分类，横排纵述，力求记事详尽、完整，全方位地反映永康总情。

五、《永康年鉴》收录范围以永康现有行政区划为界，发生异地与永康相关的事件适当兼及。文中表述为“全市”的，均指永康市行政区划内的11个镇、3个街道和2个开发区范围；表述为“市区”的是指东城、西城、江南街道和经济开发区、城西新区范围。称谓用第三人称，单位名称、专用术语首次出现用全称（除标题外），此后一般用简称。

六、《永康年鉴》采用的文稿均由市机关各部门单位和各镇（街、区）提供（文后署作者或单位名），并经单位领导审核，加盖公章，由年鉴编辑部校核编纂成书。全书照片由市机关各部门提供的署单位名，个人提供的署摄影作者名。彩页的部分文字说明和拍照时间下限放宽到定稿时。年鉴涉及全市性的综合数据由市统计局提供，统计未及的酌用各供稿单位提供的数据。物理量一般使用法定计量单位，某些计量单位仍沿用非法定计量单位，如“亩”。凡用“以上”“以下”的均含本数字。

七、《永康年鉴》书封粘贴有光盘，其电子版本内容与纸质版本相同。

数字永康

人　口		全市年末总户数 24.41 万户
		全市年末户籍总人口 61.92 万人
		城镇人口 27.87 万人
		乡村人口 34.06 万人
区　域		全市面积 1047 平方千米
		全市有镇 11 个
		街道 3 个
		区 2 个
		行政村 402 个
经济综情	主要指标	全年全市生产总值(GDP)629.6 亿元
		其中,第一产业产值 8.2 亿元
		第二产业产值 342.0 亿元
		第三产业产值 279.4 亿元
		人均地区生产总值(按户籍人口计算)101998 元
		城镇常住居民人均可支配收入 58877 元
		农村常住居民人均可支配收入 30831 元
		全市财政总收入 94.5 亿元
		一般公共财政预算收入 59.9 亿元
		税收收入 51.1 亿元
		全年社会消费品零售总额 323.5 亿元
		进出口总额 322.9 亿元
		进口总额 3.7 亿元、出口总额 319.2 亿元
		工业产值超亿元企业 153 家
		工业产值超 10 亿元企业 11 家
	交通运输	全市公路总里程(不含高速)1143.4 千米
		公路客运量 1193 万人次
		公路货运量 1169 万吨

续 表

经济综情	邮电通信	全年邮电业务收入 14.2 亿元
		年末有固定电话用户 9.7 万户
		移动电话用户 129.6 万户
		互联网宽带接入用户 40.7 万户
	电力	全年全社会用电量 53.4 亿千瓦时
		工业用电 39.3 亿千瓦时
		城乡居民生活用电 8.3 亿千瓦时
	金融	年末全市金融机构人民币存款余额 1265.6 亿元、人民币贷款余额 1014.2 亿元
		全年全市各项保费收入 36.5 亿元,赔款和给付支出 9.6 亿元
	旅游	全年接待(含国内国外)游客总人数达 2452.0 万人次
		实现国内旅游收入 252.8 亿元
	教育	全市财政预算内教育经费投入 15.8 亿元
		全市有幼儿园 194 所,在园幼儿 3.9 万人
		小学 53 所,在校生 6.1 万人
		初中 24 所,在校生 2.5 万人
		普通高中 6 所,在校生 1.1 万人
		中等职业学校 2 所,在校生 0.5 万人
	科技	全市各类科技项目申报数 206 项,通过验收 94 项,其中省级 66 项、地市级 2 项、县市级 26 项
		全年专利申请量 11271 件、授权量 8357 件,其中发明专利授权量 235 件
气象		年平均气温 18.9℃
		年总降水量 1721.4 毫米
		年日照时数 1445.6 小时

(市统计局提供)

◀ 第 24 届中国五金博览会(五金城集团提供)

▶ 第 24 届中国五金博览会开幕式(市公安局提供)

◀ 中国五金博览会上顾客参观“五金优选”展区(五金城集团提供)

▶ 智慧家居亮相门博会(五金城集团提供)

◀ 首届中国(永康)安全与应急产品博览会开幕式(五金城集团提供)

▶ 5月8日上午，永康市在堰头小学开展以"爱心相伴，'救'在身边"为主题的第72个世界红十字日大型纪念活动(市红十字会提供)

▲◀ 9月16日下午，永康市举行庆祝中华人民共和国成立70周年安保誓师大会暨“实战大练兵、武装大巡防”启动仪式（市公安局提供）

▶ 9月16日下午，永康市举行中华人民共和国成立70周年安保大庆防爆队形演练（市公安局提供）

▲ 9月26日，举办“壮丽70年 讴歌新时代”合唱比赛（市委宣传部提供）

▲ 庆祝中华人民共和国成立70周年暨永康解放日升国旗仪式（市委宣传部提供）

▲ 城区新貌(市建设局提供)

▼ 2019年,三江六岸亮化工程荣获中国华东地区“保俶杯”金奖(胡华超 摄)

▲ 通过清洁排放改造的城市污水处理厂(市建设局提供)

▼ 花街镇五水共治成效显现(花街镇提供)

▼ 330国道永康段改建工程一期俯瞰图(市交通运输局提供)

► 方岩庙会(方岩镇提供)

◀ 方山柿丰收(舟山镇提供)

▶ 西山景区滑草场
(市文广旅体局提供)

◀ 端头晨曦(舟山镇提供)

◀ 岩宕（舟山镇提供）

▶ 沅口村一角（舟山镇提供）

◀ 步阳集团有限公司（市经信局提供）

▶ 总部中心（应新新　摄）

◀ 舟山镇黄印若公祠（舟山镇提供）

永康市行

金东区
义乌市
武义县
缙云
花街镇
象珠镇
西城街道
东城街道
江南街道
前仓镇
石柱镇
永康市
花街镇
桐琴镇
泉溪镇
茭道镇
图例
市（县）政府
镇（乡）政府 街道办事处
管委会
村委会
社区委员会
自然村
设区市界
市（县、区）界
镇(街道)界
铁路及车站
客运专线及车站
在建客运专线
高速编号、服务区
国道及编号
省道及编号
规划省道
县道
乡村道
隧道
河流、水库
山峰
景区、景点
比例尺：1:54 000
注：本图界线不作划界依据
本图基础地理底图资料由浙江省自然资源厅提供

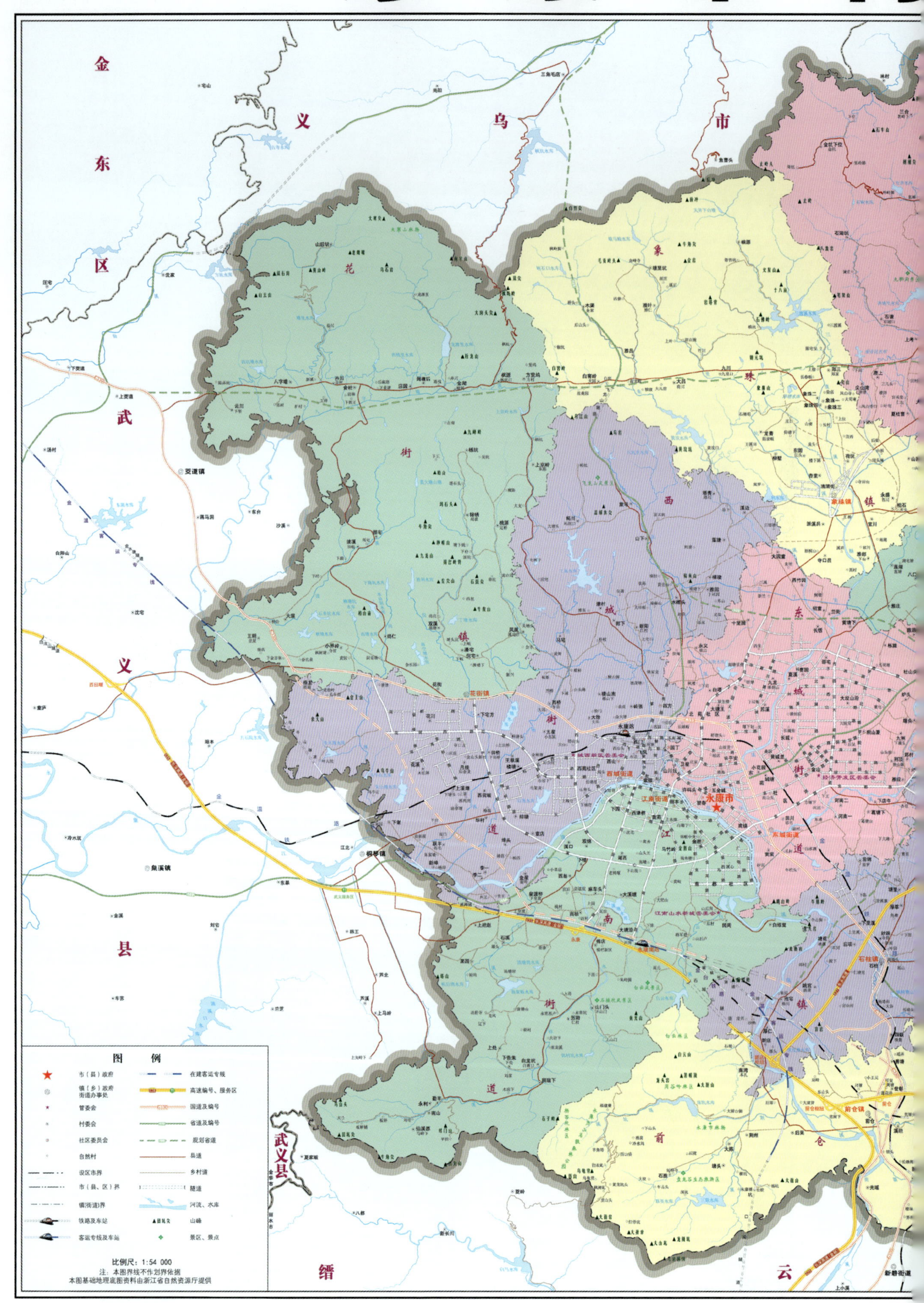

政区划图

注：内部用图

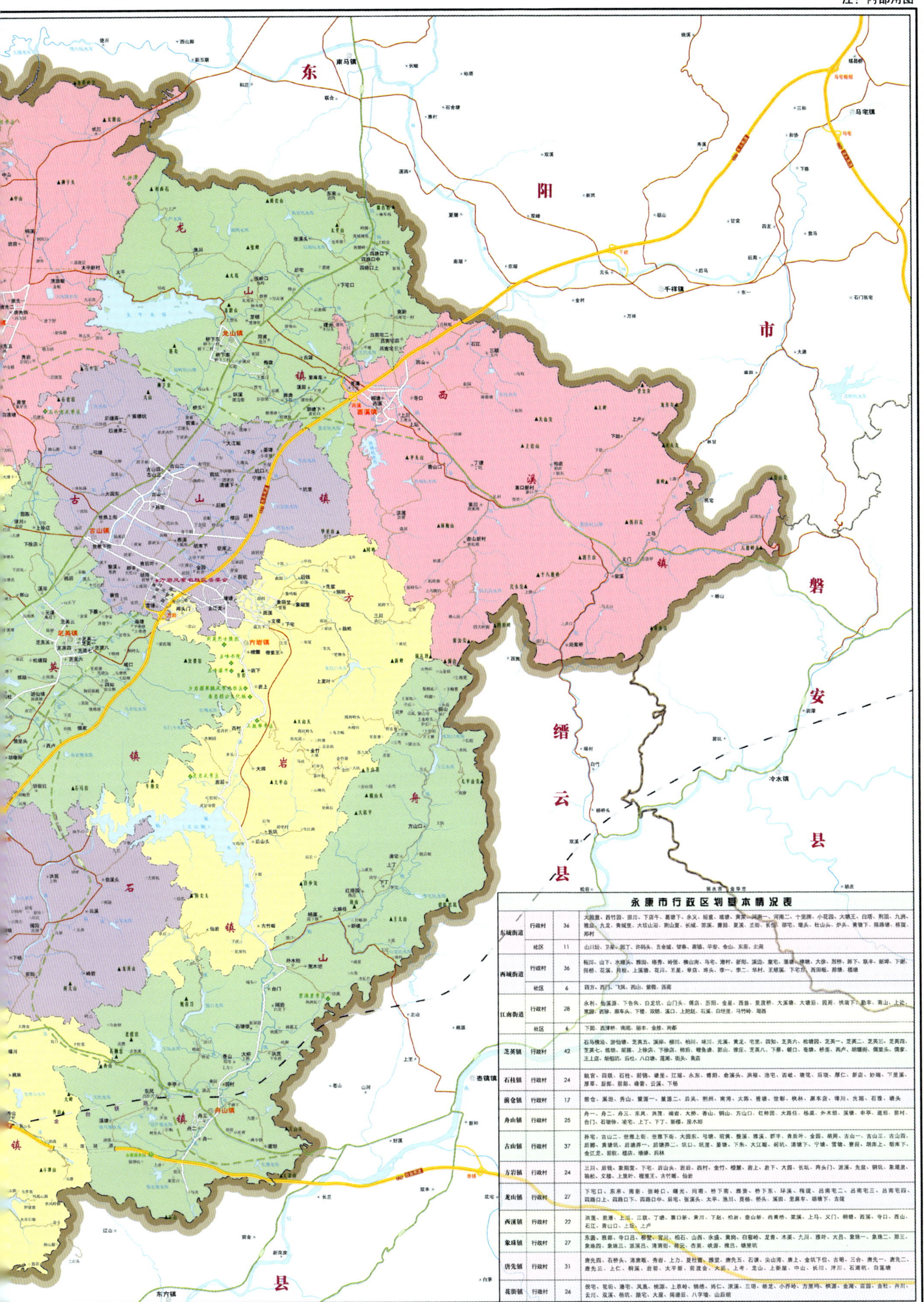

永康市行政区划基本情况表

东城街道	行政村	36	大路童、西竹园、田川、下店午、葛塘下、永义、绍童、城塘、黄棠、河南一、河南二、十里牌、小花园、大塘王、白塔、荆顶、九洲、雅应、九龙、黄城里、大坟山沿、荆山夏、长城、苏溪、蒋园、夏溪、兰街、长恬、邵宅、堰头、杜山头、炉头、黄塘下、陈路塘、栋霞、郑村
	社区	11	山川坛、卫星、阙丁、许码头、五金城、望春、高镇、平安、金山、东苑、北苑
西城街道	行政村	36	柘坦、山下、水碓头、雅畈、塔秀、岭张、横山南、马宅、潜村、新阳、溪边、皇宅、董塘、樟塘、大徐、烈桥、郎下、联丰、新塘、下谢、田桥、花溪、月桂、上溪塘、花川、五星、章店、埠头、李一、李二、华村、王慈溪、下宅方、西田畈、排塘、楼塘
	社区	6	四方、西门、飞凤、西山、紫微、西苑
江南街道	行政村	28	永利、仙溪源、下告朱、白龙坑、山门头、傅店、历阳、金星、西岸、皇渡桥、大溪塘、大塘沿、园周、拱瑞下、勤丰、南山、上处、栗园、西徐、麻车头、下楼、双锦、溪口、上把赵、石溪、白坯里、马竹岭、湖西
	社区	6	下园、西津桥、南苑、丽丰、金胜、南都
芝英镇	行政村	42	石马横沿、游仙塘、芝英五、溪岸、柳川、柏川、峡川、元溪、黄龙、宅里、四知、芝英六、松塘园、芝英一、芝英二、芝英三、芝英四、芝英七、练结、前陈、上徐店、下徐店、柿后、鲤鱼塘、郭山、雅庄、芝英八、下蔡、岘口、亳塘、桥垣、两卢、胡爆街、儒堂头、儒家、王上店、胡相坑、后杜、八口塘、莲湖、街头、黄店
石柱镇	行政村	24	航官、四联、石柱、前锦、塘里、江瑶、永泉、傅阳、俞溪头、洪福、池宅、西岐、塘花、后项、厚仁、新店、妙端、下里溪、厚幸、后郎、前郎、峰箬、云溪、下杨
前仓镇	行政村	17	前仓、溪坦、秀山、董源一、董源二、后吴、荆州、南湾、大陈、善塘、世彰、枫林、麻车店、璋川、光明、石雅、塘头
舟山镇	行政村	25	舟一、舟二、舟三、东风、洪茂、端岩、大桥、香山、铜山、方山口、红椅园、大路任、杨渠、外木坦、溪塘、申亭、道坦、前村、合门、石塘徐、凌宅、上丁、下丁、新楼、里木坦
古山镇	行政村	37	孙宅、古山二、世雅上街、世雅下街、大园东、弓塘、前黄、整溪、雅溪、郡丰、青后叶、金园、胡周、古山一、古山三、古山四、后郦、黄塘坑、后塘弄一、后塘弄二、坑口、坑里、晏塘、下朱、大江畈、岭坑、清塘下、宁塘、雪塘、寮前、胡库上、胡库下、金江龙、前松、楼店、堰塘、后林
方岩镇	行政村	24	三川、后钱、象翔宽、下宅、后山头、岩后、西村、金竹、橙麓、岩上、岩下、大园、长坑、两头门、派溪、先盆、铜坑、象塌里、独松、文楼、上里叶、橙里王、古竹畈、仙岩
龙山镇	行政村	27	下宅口、东来、南新、张岭口、曙光、四南、桥下南、雅贤、桥下东、环溪、梅陇、吕南宅二、吕南宅三、吕南宅四、四路口上、四路口下、四路口中、后宅、张溪头、太平、渔川、茂杨、桥头、溪田、里麻车、胡塘下、古陇
西溪镇	行政村	22	洪莲、里潘、上川、三联、丁塘、寨口新、黄川、下赵、柏岩、壶山新、尚黄桥、棠溪、上马、义门、桐塘、西溪、寺口、西山、石江、青山口、上坛、上卢
象珠镇	行政村	27	东圆、雅郎、寺口吕、柳墅、官川、柏石、山西、永盛、黄岗、白宿岭、龙潜、木渠、九川、雅叶、大吕、象珠一、象珠二、郑三、象珠四、象珠三、派溪吕、清渭街、荷院、杏里、峡源、雅吕、塘里坑
唐先镇	行政村	31	唐先四、石桥头、清康畈、秀岩、上力、夏杜、雅堂、唐先五、石镬、尖山湾、康上、金坑下位、古明、三合、唐先一、唐先二、唐先三、上仁、桐溪、岩前、太平新、前渡金、大后、上考、龙山、上新屋、中山、长川、洋川、石浦坑、白莲塘
花街镇	行政村	26	倪宅、花街、潘宅、凤凰、桃源、上京岭、锦绣、尚仁、渠溪、三胡、栖龙、小界岭、方里坞、枫源、金湖、店园、金杜、舟川、云川、双溪、杨坑、颜宅、大屋、阔塘后、八字墙、山后胡

永康市民政局　浙江煤炭测绘院有限公司　联合编制　地图审图号：浙金S(2019)15号　二〇一九年十一月

目　录

特　辑

大事记

市情概览

中共永康市委

市人民代表大会

市人民政府

政协市委员会

民主党派

群众团体

社会管理

军　事

农业农村

旅游经济

商业贸易

城乡建设

环境保护

交通物流

邮电通信

财政税务

经济调控

经济监管

金融保险

科学技术

新闻传媒

文化艺术

卫生与计生

体育发展

街道与镇

荣誉名录

附　录

特　辑

“最多跑一次”改革全面深化

永康市委改革办认真贯彻落实中央和浙江省委、金华市委关于全面深化改革的决策部署，坚持问题导向，优化办事流程，创新服务功能，通过召开改革工作推进会、改革工作模拟考核、专项小组专项部署、实地检查、督查通报等方式，狠抓改革项目落实，推动“最多跑一次”改革出实效，其中6项工作获得省委主要领导批示肯定：38年“黑户”落户一次办结，获省委书记车俊批示肯定；垃圾分类“端头模式”、两链风险化解、工业固体废物回收模式、工业垃圾处置、县域经济治理得到省长袁家军肯定。多项工作在全省乃至全国行业领先，工伤“一件事”做法在省跑改例会上做典型发言，并在国家人力资源和社会保障部（以下简称“人社部”）官方网站上2次刊登，妇联“互联网＋”工作模式登上省《竞跑者》，基层治理“龙山经验”被省委改革办发文全省推广。

“临时机构”向“常设机构”转变，构建上下贯通工作格局

以机构改革为契机，市委全面深化改革领导小组升格为市委全面深化改革委员会，增设常设机构市委改革办。同时，出台“两规则一细则”，进一步厘清职责定位、优化运行流程，形成上下贯通、层层负责的责任链条。先后组织召开永康市全面深化改革委员会第一次、第二次会议，审议通过《永康市委全面深化改革委员会工作规则》《永康市委全面深化改革委员会专项小组工作规则》《永康市委全面深化改革委员会办公室工作细则》《2019年永康市全面深化改革工作要点》和《永康市“一把手”抓改革“1＋4”工作制度》等一系列改革文件，印发《关于进一步深化改革扩大开放的若干意见》《永康市深化“最多跑一次”改革推进政府职能转变和“放管服”改革工作方案》，对今后5年甚至更长时间内永康市全面深化改革工作进行系统谋划。

“多头办”向“集成办”转变，简易工伤“ETC”位于全国前列

全面梳理个人企业全生命周期“一件事”清单55项，已全部实现一次性办结或分阶段“最多跑一次”。群众关注度较高的“出生七件事”、中小学入学报名等实现一站式办理。涉水项目“多编合一、多评合一、多批合一”，实现审批效率提升50％以上。推出军人退役“1＋E”延伸服务，退役返乡13个事项最快2小时办结，社保医保关系接续办理全省首创。探索简易工

伤“ETC”模式，通过再造流程实现业务环节三合一，把17份材料减为1份，办理时限平均缩短83%，全流程“最多跑一次”甚至“零次跑”，工伤事故和工伤纠纷数保持“双下降”。该做法先后两次在国家人社部官方网站上向全国推送。

“坐等审批”向“主动服务”转变，小微企业成长指数跻身全省第三

深化投资项目审批改革，推行“标准地＋承诺制＋代办制”，完善和规范中介超市，推行联合测绘、建设工程竣工测验合一，简化工程竣工验收，通过网上审批、压缩时限、简化流程、精简材料、优化中介等措施，使投资项目审批“最多90天”实现率100%。推行“周三审批会商日”，开设“投资项目审批专窗”，创新工作模式，对投资项目中的疑难杂症，实行“周一申报、集中审查、周三会商”的“三部曲”工作法，从“坐等审批”到“主动服务”，促进审批部门协同服务、并联审批，帮助项目业主打通开工前审批“最后一公里”，备案项目开工前审批提速43%，固定资产、民间、高新技术产业投资同比分别增长23.1%、30.4%、86.2%，居金华前列。

“群众跑路”向“数据跑腿”转变，100%便民服务事项“网上办”

全面清理烦扰企业和群众的“奇葩证明”，形成证明事项优化版清单276项，其中直接取消57项，申报承诺39项，部门核验115项，数据查询65项，并将231项事项纳入无证明查询核验系统，实现“一证通办”事项241项，减少办事群众、企业各类证明共计117953件。大力推进“互联网＋政务服务”，让“数据跑腿”替代“群众跑路”，提升服务事项办理效率，全部便民服务事项实现网上办理，“掌上办”率达到80%以上。聚焦企业生命周期高频办事事项，实现140项涉税涉费业务流程100%“跑一次”、100%“网上办”，95%“零上门”，“无纸化退税率”99.37%，退(免)税款15.88亿元。企业“零见面”全流程网办率达到90%以上，居全省前列、金华市首位，企业活力和竞争力不断增强。

“点上风景”向“面上盆景”转变，基层治理面上开花

多措并举推广基层治理“龙山经验”，建立有机衔接、协调联动、高效便捷的矛盾纠纷多元化解平台，凝聚基层善治力量，实现行政、司法、人民、专业调解“多调合一”。“龙山经验”全市推广以来，永康市派出所案件调解率由76%上升到85%，镇村调解委员会调解率由72%上升到95%，司法所疑难案件调解率达到100%，夺取平安县市创建13连冠，成功捧得“平安金鼎”。创新“委托记账、授权管理、计审分离”的“三资”管理新模式。打造“信访超市”，整合网上信访平台，实现“线上线下”一站式信访服务。民情民访代办站(点)和代办员队伍实现镇(街道、区)全覆盖，累计完成代办803件。金融纠纷调处中心经验亮相全国“两会”，完成84起金融债权纠纷案件的诉前化解，涉及信贷金融2195万元。

(市委办　胡伟剑)

获评全国农村电商工作十大典型城市

永康坚持以工促农,以市场为导向,结合地方产业特色,在打造农产品特色供应链,推进农产品流通现代化,促进工业品和农产品双向流通,服务乡村振兴等方面,取得了卓有成效的成绩,被评为全国农村电商工作十大典型县市之一。

优服务,以工带农促振兴

永康市在完善工业电商公共服务的基础上,构建促进农村电商发展的全方位服务体系。一是加强组织领导,完善政策体系。成立"一把手"领衔的电商工作领导小组,设立电子商务公共服务中心。密集出台电商政策,每年配套专项扶持资金。二是配套培训、金融、物流、品牌全方位服务。鼓励三方电商服务企业发展,推行免费电商培训项目,推行农村电商普惠金融。打造全域市、镇、村三级物流体系,提升物流效率、降低物流成本。2019 年,全市收发快递 3.5 亿件,快递业务量连续多年以超过 35%的增长率高速增长。培育区域品牌,有国家地理标志农产品 4 个,省级以上涉农知名品牌以数十计。三是引导电商集聚发展。截至 2019 年,全市共有省 3A 级电子商务集聚区 3 个,电商专业镇 13 个,电商专业村 124 个,农村电商服务站 721 个,农村金融电商驿站 402 家。

强流通,工农互惠促产销

鼓励工业企业下乡抢占蓝海,同时利用强有力的工业营销团队,引导多渠道网络营销,打开农产品上行渠道。一是"买",解决工业品下行问题。随着永康全域宽带的普及,优化移动通信和快递物流网络,农村物流和信息流的瓶颈得以突破。在此基础上,对接各大平台,鼓励工业企业下乡抢占农村蓝海,带动各类工业品和消费品下乡,提升农民福祉,释放农村消费需求。二是"卖",解决农产品上行问题。利用强有力的工业营销团队,打开本地特色农产品的上行渠道,通过网络促进农民增收。创新打造产销对接模式。全力引导农产品产销对接,鼓励农村电商发展集生产、加工、流通、服务于一体的现代农业供应链。统筹协调各大电商平台协同发力。帮助企业对接各大电商平台,花之谷、旺盛达、品丽州等本地知名农业企业纷纷开设天猫旗舰店,多个农产品品牌入驻"盒马鲜生",京东特色永康馆上线,批量上线丰收购、邮乐购等涉农电商平台,形成永康特色农产品产业带。鼓励应用"新电商""新模式"。引导农户应用微信、直播、抖音等社交媒体进行销售,引导企业上网尝试预售式、拼单式等新模式,支持农户探索开设特色农产品新零售店,发展智慧农业旅游。扶持本土平台发展。扶持最土网、永康淘等本土涉农电商平台快速发展,助销滞销农产品。许多农产品销售纷纷创历史新高,农民增收显著。如"福大叔"品牌蜂蜜、前仓"舜芋",都曾创下"日销万斤"的记录。2019 年,永康通过各大电商平台实现农产品网络零售额近 20 亿元。

重帮扶，创造扶贫新模式

近年来，永康连续四年跻身全国“电商百佳县”榜单前三，全国农产品电商五十强前十，全国县域跨境电商排行榜亚军，县域电商十强前三，全国十大淘宝村集群之一。永康在自我成长的同时，总结先进理念，“以做工业的思维做农业，以做电商的思维做扶贫”，着力于帮扶其他贫困地区，创造了电商扶贫新模式。

一是授人以渔，输出电商服务理念。永康分别与四川理县、四川凉山彝族自治州、云南镇雄、新疆阿克苏等多个国家级贫困县（地区）建立长效帮扶机制，输出电商服务理念，提供多场次多形式免费培训。专门派市商务局电商分管领导赴吉林挂职，开设电商大讲堂，帮助发展当地农村电商。举办永康一对口县市区农村电商交流合作论坛，分享农村电商经营经验。

二是量身定做，助推多地区脱贫攻坚。永康以农村电商为引领，精心组织实施一批“量身定做式”帮扶项目。帮助四川理县开展服务业电商，走“互联网＋智慧旅游”的电商扶贫道路；帮助四平市对接知名电商平台，助推当地国家级电子商务示范基地集聚发展；帮助大凉山彝族自治州打造大凉山产品直供基地，推广凉山“阿憨哥”“玉丰”“大宋苦荞饼”等农产品品牌；帮助云南镇雄成立云南人电子商务创意园，大大改变了镇雄国家级贫困县的贫困面貌。

三是创新模式，推出“新金融”“新零售”。推出“电商贷”系列优惠贷款，为周边百姓提供综合性的金融便民服务。永康农村电商“新金融”服务模式“丰收驿站”得到高度认可并在全省推广。引导企业打造农产品新零售店助销农产品，开设旺盛达“理县馆”、云溪间“大凉山”产品新零售店、菇尔康直供基地等。积极探索“技术引进推广＋标准化生产＋电商运营＋物流保障”的“农村电商供应链”模式，搭建优质农产品产业链，助力精准脱贫。

谋发展，探索创新升级版

永康将在农村电商的发展模式上进一步做出有益的探索与创新，升级“工业品下行、农产品上行”的传统模式，以打通工业品和农产品双向流通通道为目的，着力推进产自永康农村的工业品和农产品上行，同时探索建立全国电商扶贫供应链。重点是全面强化公共服务：一是打造新物流。联合阿里打造智慧物流，打通市、镇、村三级物流，争取实现快递“村村通”。联合京东打造全国首个“京东经济仓”，推进“永康产品”上行仓配服务，鼓励本地快递企业建立现代物流体系。二是应用新电商。支持企业多渠道销售，鼓励对接 Facebook、Google 等新兴平台，通过社交电商等方式打品牌、助销售；引导企业进行预售、拼单等新型电商销售，形成“精准生产”。三是探索新零售。鼓励本土企业上马，引入知名企业投资建设，探索进行新零售建设，升级永康商贸流通体系。四是提供新服务。设立永康电商产业政府引导基金，利用政府信用背书吸引多倍社会资本参与。积极对接优质第三方服务商，整合资源，构建电商培训体系、电商普惠金融支撑体系、电商供应链管理体系、电商营销体系和数字贸易服务体系。通过打造“新物流”“新电商”“新零售”“新服务”，带动永康的农业、工业和服务业共同发展、共同繁荣。

（市商务局　供稿）

成立杭州、中西部(西安)、大湾区(深圳)、上海博士联谊分会

2018年12月29日,永康召开首届博士大会。此次大会以“荣归故里叙乡情,智汇永康促发展”为主题,邀请300多名永康籍博士、100多名永康在外知名人士荣归故里,共叙乡情。会议期间成立永康博士联谊会,由中科院计算技术研究所研究员胡伟武担任会长。23名理事为永康发展献计献策,制定年度工作计划和分组活动安排。

2019年,永康博士联谊会组织架构不断完善,先后成立杭州、中西部(西安)、大湾区(深圳)、上海博士联谊分会,“永博联”影响力进一步扩大,作用发挥更加显著。

永康博士联谊会杭州分会

4月27日,永康博士联谊会杭州分会成立大会在杭州举行,260名在杭永康籍博士乡贤参加成立大会。永康市委书记金政,永康市委常委、常务副市长周启标,永康市委常委、组织部长童国华,永康市政协副主席林广平等领导出席成立大会。大会审议通过《永康博士联谊会杭州分会章程(草案)》《永康博士联谊会杭州分会选举办法(草案)》,聘请浙江省农业科学院原副院长徐子伟为名誉会长,推选浙江大学城市学院原党委书记胡礼祥为会长,大会还推选了6名副会长和18名理事。会上,四方集团技术创新体系建设项目、花街镇特色水果新品种示范基地建设项目、永康博士联谊会杭州分会与杭州永康商会“助力永康发展”战略合作项目等5个产业及人才项目签署了合作协议。

永康博士联谊会中西部分会

5月26日,永康博士联谊会中西部分会成立大会在西安举行,30多名来自陕西、重庆、四川、湖南、湖北、山西、甘肃等地的永康籍博士乡贤参加成立大会。永康市委常委、组织部部长童国华,永康市委组织部常务副部长、永康博士联谊会秘书长杨兵出席成立大会。大会审议通过《永康博士联谊会中西部分会章程(草案)》《永康博士联谊会中西部分会选举办法(草案)》,推选西安电子科技大学出版社社长胡方明教授为会长,同时还推选了5名副会长和秘书长。会上,永康博士联谊会中西部分会与浙江世明光学科技有限公司签订技术支持与销售战略合作项目协议。

永康博士联谊会大湾区分会

6月8日,永康博士联谊会大湾区分会成立大会在深圳举行,60多名来自广东、福建、广西、香港、澳门等地的永康籍博士乡贤参加成立大会。永康市委副书记、市长朱志杰,永康市委常委、组织部部长童国华出席成立大会。大会审议通过《永康博士联谊会大湾区分会章程(草案)》《永康博士联谊会大湾区分会选举办法(草案)》,推选深圳越众投资控股股份有限公

司董事长应宪为会长，大会还推选了2名副会长和4名理事。会上，深圳市越众文化集团有限公司与永康影视文化领导小组办公室、永康博士联谊会大湾区分会与永康市中医院、广东工业大学与永康市惠达工贸有限公司分别签订项目合作协议。

永康博士联谊会上海分会

9月7日，永康博士联谊会上海分会成立大会在上海举行，80多名在沪永康籍博士乡贤参加成立大会。永康市委副书记、市长朱志杰，永康市委常委、组织部部长童国华出席成立大会。大会审议通过《永康博士联谊会上海分会章程（草案）》《永康博士联谊会上海分会选举办法（草案）》，推选同济大学循环经济研究所所长杜欢政为会长，聘请中国科学院院士、高分子化学家、上海交通大学教授、永康博士联谊会名誉会长颜德岳为名誉会长，大会还推选了8名副会长和12名理事。会上，上海东富龙智能控制技术有限公司与市招商中心、浙江长三角循环经济技术研究院与市发改局、同济大学与永康博士联谊会上海分会分别签署了战略合作项目。

永康博士联谊会各地分会成立后，充分发挥区域优势、人才优势，持续性开发服务家乡活动，取得良好的社会效益。全年通过各分会邀请百余名永康籍博士教授回乡，开展“情暖故乡·送医回永”大型义诊、“反哺家乡·助力学子·圆梦高考”高考志愿填报公益咨询及各类人才科技项目对接会、才企座谈会等活动22场次，惠及永康父老乡亲上万人。同时，分门别类组建乡贤智囊团，深入企业、乡村开展调研，与永康高新技术、科技服务等200多位企业科研人员及乡村负责人开展交流对接。

（市委组织部　供稿）

省小微企业园建设提升试点市建设

小微企业园建设，是落实省委省政府高质量发展组合拳的重要实践，是破解小微企业“低散乱”、用地难现象的实招硬招。永康市紧紧抓住全省新一轮现代化产业平台建设的重大机遇，务实创新、大胆实践，为企业创业创新开辟新空间，营造新环境。永康市拟建小微园35个，总规划用地面积325万平方米，总建筑面积800万平方米左右，建成后预计可入驻企业1500多家，以金属制造业、智能装备制造业、健康医疗产业、文教用品产业、智能安防产业为主导产业。2019年以来，完成园内违建拆除30多万平方米，关停低小散问题企业（作坊）1072家。10月29日，全市20个小微企业园集中开工，规划用地面积达210万平方米，建筑面积达500多万平方米。2019年以来，完成投资12.02亿元，年度目标完成率达171.7%。永康市8个园区通过省级小微园资格认定，其中2个园区被评为绩效评价A类园区并参与高星级小微园现场核验。先后入选省小微企业园建设提升工作试点，金华市制造业重点细分行业（专业园区建设）专项激励项目，分别获得省财政1000万元、市财政400万元的专项激励。

重点园区介绍

花街镇尚仁黄山小微园坐落在花街镇尚仁村老330国道旁，规划面积7.61万平方米，其中一期用地面积6.1万平方米，建筑占地面积3.1万平方米，总建筑面积13.3万平方米，规划建设标准化厂房9栋，每栋4层，综合楼1栋，项目由入园企业自主承建，建成后预计固定资产投资达3.3亿元。于2018年11月正式开工，2019年5月底全部地块都已出让，截至12月已有7幢厂房结顶。花街镇按“五通一平”标准建设园区内的道路、电力、通讯、消防、给排水、污水处理、天然气等基础配套设施，有效解决企业“低、散、乱”问题，促进通用设备制造和五金加工行业的小微企业集聚、创新、绿色发展，形成规模效应，不断夯实花街镇经济高质量发展的基础。

花街镇尚仁黄山小微园(市经信局提供)

城西新区健康产业园(下田桥小微园)位于城西新区西三环线以西、月桂路以东、花溪路以南，路网设施四通八达，交通便利。该小微园规划用地面积9.36万平方米，分两期实施。一期规划用地3.86万平方米，新建17幢厂房、1幢综合楼，建筑占地面积2.05万平方米，建筑面积11.37万平方米，计划总投资3.7亿元。以健康医疗器械为主导产业，建成后将形成智能制造、现代办公、精细化管理、产业链协同为一体的现代产业园区。截至2019年底，该园区17幢厂房已全部完成挂牌出让。

(市经信局　供稿)

深度开展山海协作、对口支援合作

2019年，永康市深入学习贯彻习近平总书记在扶贫工作中的重要论述，市委、市政府高度重视，坚决贯彻落实党中央、国务院和省、金华市有关对口工作的决策部署，较好地完成了东西部扶贫协作等各项对口工作。

东西部扶贫协作

强化组织领导，有序推进高层及部门联动工作。调整充实对口工作领导小组成员单位，进一步厘清对口工作体系职责。积极倡导永康与四川理县两地高层和部门联动，强化两地互访对接工作，2019 年进行高层互访活动 3 次。此外，美丽乡村建设、绿色经济发展、农村生活污水处理、污水零直排区建设、垃圾分类、历史古民居保护与传承、招商引资专场推介会以及“飞地园区”共建等交流活动沟通来往频繁，各项工作扎实推进。

及时落实帮扶资金，实施项目促进发展。5 月，拨付理县帮扶资金 2130 万元，11 月再拨付计划外援助资金 100 万元，落实前方工作组工作经费 20 万元。援建项目主要涉及桥梁、引水、农业开发等产业发展和民生项目，为理县经贸和产业发展奠定良好基础。

加大人才支持，助推社会事业可持续发展。2019 年，根据对口地区实际需求，向四川理县选派挂职干部 1 名，选派专业技术人才 35 人次，分别开展长中短期支医、支教、支农工作，接收理县 4 名专业技术人员来永挂职学习，以“传、帮、带”的形式开展帮扶协作。

开展劳务协作，深化就业脱贫创业增收。稳岗就业，招收 15 名理县建档立卡贫困户人员来永务工，两次组织永康市用人单位赴四川开展春、秋两季劳务专场招聘活动。创业培训，2019 年开展贫困人口劳务协作培训 714 人次，创业致富带头人培训 281 人次，带动贫困人口数 452 人次。职校培训，2019 年招收理县建档立卡贫困户学生来永就读职业学校 17 人，助力理县建档立卡贫困学生学会一技之长，完成家庭脱贫。

深化携手奔小康，引导社会力量参与。发动社会各界力量开展助业、助残、助医、助老、助学等社会帮扶捐赠公益活动，2019 年共引导社会力量参与捐赠合计 483 万余元，完成“万企帮万村”结对 34 对、学校结对 1 对、医院结对 2 对、镇村结对各 2 对。大力引导企业到受帮扶地区投资兴业 4 个，到位资金超 2.5 亿元，带动脱贫人口数 419 人。

永康市围绕“扶贫先扶智”，探索出“1234”精准教育扶贫新模式，谋划理县教育脱贫攻坚战术，由点及面，从一个班成绩的提升带动一所学校，再扩面到全县教育的逆袭。从 2018 年 7 月开始，永康先后向理县选派 14 名优秀高中教师，为理县中学开办“浙江班”，在永康教师一年多来的接力支教下，2019 年四川省高考中，理县中学共有 9 名学生裸分考上本科，实现十多年来零的突破。永康精准教育扶贫工作获金华市长尹学群批示，并在央视、中国教育报、浙江日报等央媒、省媒上宣传报道。

同时，进一步加强消费扶贫力度。通过多种形式开展消费扶贫工作，2019 年共实现消费扶贫 1210 万余元。发动永康各市属企业、农业龙头企业与理县城投公司、创青会开展对接，短时间内开设 3 家“理县馆”，帮助销售理县各类农特产品。创新开展消费扶贫“进工会”活动，联合多部门下发消费扶贫实施方案，鼓励基层工会和广大职工参与消费扶贫，将理县的优质农特产品纳入单位职工福利采购范围，同时积极引导干部职工自发购买理县优质农特产品，推动消费扶贫工作取得实效，获工人日报、学习强国、新华网等国家级、省级新闻媒体和客户端点赞宣传。

（市对口工作领导小组办公室　供稿）

对口合作

建立互访制度。自 2017 年 11 月,永康与四平市铁东区签署友好市区战略合作框架协议以来,已互派党政代表团交流 7 次,永康市邀请四平市和铁东区党政企代表团来永参加门博会、中国国际五金博览会和农展会等重大活动,建立制度化互访模式。

加强产业合作,推动两地特色产品产销对接。一是项目落地促发展。2019 年 1 月,永康五金东北直销中心在四平市铁东区正式开张营业,成为金华市与四平市对口合作以来第一个落地的金华市企业,获中国新闻网、浙江日报、浙江新闻网等多个媒体平台的宣传报道,受到浙吉两地的各方关注。二是借助国际五金博览会宣传推介四平市。在永康会展中心举办四平市投资合作推介会,向参展参观的客商和投资商宣传推广四平市投资环境。三是搭建四平市农特产品展销展示平台。开设四平市农特产品专营点,并邀请四平市铁东区农特产品企业参加农展会,推广销售吉林省四平市农特产品。

2019 年 1 月,永康五金东北直销中心落户吉林四平市铁东区,是永康市与四平市铁东区对口合作以来首个签约落地的项目(张赤奎 摄)

实施干部互派,加强交流往来。一方面,实施“干部挂职互派行动”,两地互派 8 名干部进行交流挂职,定期组织两地干部开展教育培训,选派优秀企业管理人才、专业技术人才互相考察学习;另一方面,深化文化和旅游产业合作,开辟职工疗休养等领域的合作。2019 年共组织 4 批次 116 人次赴四平市铁东区开展职工疗、休养活动,有效推动两地文化旅游合作。

对口支援

自 2011 年起,永康派出多批次援疆干部和教师参与多个援建项目,同时与温宿开展了不同层次、形式多样的交流活动。2019 年 5 月,市长朱志杰带队赴温宿县考察调研,走访调研援建项目。芝英镇、龙山镇各结对新疆温宿县 1 个深度贫困村和 1 个困难连队,连续两年给两镇每年各捐赠援建资金 20 万元。

山海协作工程

从2006年开始，根据省、市"山海协作与社会主义新农村建设挂钩"的工作部署及省做出"低收入农户奔小康"的决策部署，永康市对口协作武义县实施山海协作工程，2019年永康市拨付援建资金173万元，对接与确定援建项目5个，拨付教育协作资金50万元。

创建国家园林城市

永康市大力推行园林城市建设，精准实施"通路、增绿、添景"工程，着力打造"山水永康生态城乡"于一体的城市特色，在与自然更亲密的拥抱中，市民的幸福感悄然提升。截至2019年，永康市建成区绿地率38.05%、绿化覆盖率42.50%、人均公园绿地面积12.53平方米，成功创建国家园林城市。

国家园林城市创建检查点——丽州广场(市建设局提供)

按照城市防灾绿地分级分类建设标准，永康市建有紧急避灾公园(区级)2个，紧急避灾绿地6个，固定防灾公园1个，绿色疏散通道6条，公园绿地应急避难实施率已达81.8%。

推动"优雅城市·大美乡村"建设

2019年5月，召开"四城联创"工作大会。会上指出：开展"国家园林城市"的创建，是顺应时代要求、推动永康经济社会高质量发展的重要举措，是提升城乡颜值气质、推动"优雅城市·大美乡村"建设向纵深发展的有力抓手，是回应百姓期盼、弥补发展差距的迫切要求。

永康市一方面加快市政道路建设更新，2019年新建续建市政道路6条，缓解城市机动车快速增加与交通基础设施建设速度之间的矛盾；另一方面，狠抓交通管理提升，在建设城市主次干道、增设公共停车场的同时，完成中心城区堵点治理15个。实施"井型"公交线路改造，打造"半小时公交圈"。

城市污水处理厂日处理能力12万吨；大力开展截污纳管、雨污分流和排污口改造，完成酥溪两岸污水管网、烈桥溪污水主管等一批污水管网工程，建成区污水管网已基本覆盖，污水基本收集到位，2019 年日均处理量达到了 11.3 万吨。垃圾焚烧发电厂日处理垃圾能力 800 吨；垃圾无害化处理率 100%。新建南溪大桥，完成解放桥危桥重建，开展城市原有桥梁的加固维修工程。完成城区道路维修 13 万多平方米。完善“绿色出行”模式，建设完成 150 个公共自行车服务网点，投放 3000 辆公共自行车，单日最高租用量为 2685 辆次。

改善市民居住生活环境，让老旧小区焕发新活力，全面提升城市品位。已完成一至六期 30 多个老旧小区的改造，正在实施第七、八期工程。

以重点工程引领打造城区“绿核”

永康市严格按照《永康市城市绿地系统规划》的“一横三纵重要景观路、十大特色公园、二横四纵绿色景带、十大景观节点”的绿地总体结构布局，先后建成永四中公园、香樟公园、龙川公园等 9 个公园。形成以三江六岸绿化带和金温铁路城区段两侧防护林为“绿带”，以紫微园、雕塑公园、飞凤山公园等公园为“绿心”，以广泛分布于全市各个区块的街边绿地为“绿点”，布局合理、分布均匀的公园绿地系统。为打造好城区园林绿化这个核心，近两年投资 8000 多万元完成 21 万平方米的三江六岸景观提升改造工程，新建桥下水上栈道和亲水平台，提升服务功能；投入 3000 多万元以酥溪两岸、九鼎森林公园为重点，打造 13 万平方米的新增绿化工程；投入资金 4000 多万元打造“城市绿肺”金胜山公园；投资 5280 万元建成具有浙中地域特色，集植物物种保存与展示，科普文化教育、生态旅游休闲于一体的盘龙谷植物园；投入 2 亿多元完成被评为浙江省十大“最美入城口”的入城口和溪心路改造提升工程，建设面积 75 万平方米；投资 3 亿元启动南溪湾公园 106 万多平方米的建设工程，将为永康市再添一片城市“绿肺”。

道路绿化为重点拓展城市“绿链”

永康市结合“五水共治”“四边三化”“三改一拆”等环境治理组合拳，加快推进道路绿化建设，相继建成东永高速永康东入口两侧绿带等 7 处绿带，不断拓展城市“绿链”，全市初步形成林荫路系统。同时，注重品种引进和选择搭配，精选乡土树种和花草品种，不断提高道路绿化档次，形成“绿随路段、路路皆景”的城市道路绿化景观网络。

同时，编制《永康市市域绿道网规划》和出台《永康市绿道建设实施方案》，规划了“六轴三环”9 条主线和 12 条支线，市域绿道总长度 422.92 千米。已完成绿道网建设 190.53 千米。

以饮水安全为目标引入湿地“绿肾”

永康市将市域范围内的 33 处（1880 公顷）湿地列入《永康市湿地保护名录（第一批）》，完成杨溪水库等 7 座集中式饮用水源地保护区规范创建。在杨溪水库饮用水源地建成占地 40 万平方米的入库口前置高效复合生态湿地工程，日处理地表水能力 7.2 万吨。

2019 年，永康市顺利获评“国家园林城市”。形成了“绿随路延、路路皆景”的城市道路绿化景观网络；公园广场建设布局日趋均衡，档次不断提升，承载功能日益丰富，持续向好发展的生态环境昭示着“优雅城市”的雏形已现，宜居花园城市的锦绣蓝图正在徐徐展开。

（市建设局　陈金勇）

组建第一人民医院和中医院两大医共体

永康市医共体于2019年4月由市第一人民医院、市中医院牵头，所有镇（街道、区）卫生院（社区卫生服务中心）作为成员单位，按照“1＋10”“1＋6”的模式，组建完成市第一人民医院医共体（含古山分院、芝英分院、西溪分院、方岩分院、龙山分院、石柱分院、舟山分院、前仓分院、东城分院、经济开发区分院10家）和中医院医共体（含西城分院、城西新区分院、江南分院、象珠分院、唐先分院、花街分院6家）。通过近一年的努力，实现医共体内部人、财、物“三统一”，深化医共体人事薪酬制度改革，加强医共体下医保支付方式的改革，建立医共体及其内部的绩效评价考核制度，形成管理、服务、利益、责任和文化共同体，实现医共体内部县乡“一家人”、制度“一把尺”、管理“一盘棋”、财务“一本账”，高质量地完成省卫健委关于县域医共体建设55项任务清单的所有内容。永康市2019年度基层就诊率65.89％，县域就诊率90.1％，家庭医生签约服务率43.29％，十类重点人员签约率78.12％，均达到省卫健委要求。“1＋1＋X”家庭医生签约服务模式被列入金华市“不忘初心、牢记使命”主题教育办实事解难题百个案例，中医药一体化在省政府县域医共体建设现场推进会上受到表扬。

4月25日，市卫健局举行永康市医共体成员单位集中授牌、挂牌仪式（市卫健局提供）

提升基层医疗服务能力

2019年,建成全一专科联合门诊30个、下沉专家数944人次、接诊患者11852人次,会诊及疑难病例讨论121次,教学查房173次,业务培训和学术讲座99场次,同时接收分院进修人员69人,轮训49人,业务培训2000多人次。基层成员单位出院人次同比2018年增长60%,住院均次费用下降5%,门急诊人次增长22%,医疗业务增长36%,很好地体现了强基层的目标导向。

“中医药一体化”互联服务

以市中医院为龙头,整合两个医共体所有基层成员单位以及其所属村卫生室,完善从开药、抓药、煎药,最后寄送到病人家里一整套流程的一体化工程,实现永康市民看中医不用跑、城乡共享中医药、中药免费配送到家的目标,让民众看中医有了更多的获得感。2019年,完成中药饮片处方52808张,金额1427.6万元;中药颗粒剂处方9328张,金额80万元。

首创“1+1+X”家庭医生签约模式

市中医院医共体推行以疾病及治未病为导向的“1+1+X”(即1名全科医生+1名中医医生+1名相应疾病专科医生)家庭医生签约服务团队模式,整合牵头医院及成员单位的人力资源,共同参与团队服务,实现与城乡居民“一对一”的契约式服务关系,为居民提供主动、连贯、综合、个性化的服务。2019年,团队开展共同联合随访15次,覆盖花街、象珠、唐先、西城4家分院,发放“1+1+X”签约服务手册17794份,联合随访1055人次,联合教学查房45次,健康讲座5次。

全消化道肿瘤早期筛查

永康市在医共体新形势下,创新性地推出“医共体+肿瘤筛查”的工作模式,拟通过5年时间对全市40—69周岁的居民开展一轮消化道肿瘤筛查,让老百姓活得更长、活得更好、活得更健康。2019年,对2.87万目标人群开展筛查,共完成问卷评估1.94万份,完成胃镜检查2301例,肠镜检查1481例,检出消化道肿瘤79例,其中早癌/癌前病变71例。浙江省癌症中心杜灵彬主任对永康市这一创新性做法给予充分肯定,认为该早筛项目将上、下消化道肿瘤同步列入筛查,为浙江省首家,在全国处于领先地位。

一体化病房建设

2019年10月16日,市第一人民医院医共体在经济开发区分院开设一体化病房,探索在医共体框架下由总院在分院开设病区的“一核心二联合三保障四统一”新模式。一体化病房的设立,既能充分发挥分院的优势和特长,有效激活医疗资源,同时又能缓解总院“一床难求”

的现状。截至2019年底，共收住病人262人次，总院下转病人118人次，较上年同期相比增长近17倍，住院人次较上年增长103.1%。

“移动开方”让患者“零跑腿”

2019年10月初，市一医医共体石柱分院在永康市率先试点，推出“移动开方”模式，将医院“藏”于手机中，用一部手机取代就诊挂号预约缴费等烦琐程序，避免市民尤其是偏远地区的村民往返跑医院，让村民在家门口就能收到享受医保待遇的免邮药品。石柱镇的江瑶、前塘头、麻车口、长端头、湖塘、前郎等10多个村已经开展配送业务，截至2019年底完成配送225单，获得村民一致好评。

（市卫健局　胡颖鹏）

举办第二届半程马拉松赛

2019年12月8日，永康成功举办“农商银行杯”2019永康半程马拉松赛。由市委书记金政宣布比赛开跑，省体育局竞赛中心主任陶自力、金华市体育局副局长施爱德和市领导张群环、陈美蓉、朱世道、胡积合、周启标、陈曙初、吴婉珍、朱志昂、卢轶等领导出席开幕式，并为获得男女半程马拉松赛前3名的选手颁奖。

半马发枪（三宅一生　摄）

2019永康半程马拉松赛由永康市人民政府和浙江省马拉松及路跑协会主办，设半程马拉松和迷你马拉松两个项目。这是永康市第二次举办大规模的马拉松赛事，相较于2017年，此次赛事规模更大、影响更广、水平更高。赛事线路途经永康市多个地标建筑，充分展现城市风貌，也串联起永康的古今。这次的“永马”吸引了11个国家超过1万名的选手参与，由永康籍的全国拳击锦标赛冠军吕斌、自由式轮滑世界冠军潘宇烁为半程马拉松项目领跑。在比赛现场，不少市民熟悉的身影也出现在了赛道上。市四套班子领导为迷你马拉松项目领跑，金政、张群环等均跑完全程，身体力行为“永马”代言，引领全民健身，为永康鼓劲加油。

永康籍全国拳击锦标赛冠军吕斌、自由式轮滑世界冠军潘宇烁为半程马拉松项目领跑(三宅一生　摄)

圆满赛事显城市内涵

上午8点，随着发令枪响起，5000名半程马拉松选手从永康市体育中心出发，随后第二枪发令，5000名迷你马拉松选手出发，共计10000名参赛选手沿城南路，途经金黄银杏树装点的龙川公园、有着“永康绿肺”“永康后花园”之称的园周村、气势宏伟的永康南站、风景宜人的金胜山公园等地，半程马拉松项目终点位于赛事起点永康市体育中心，迷你马拉松项目终点位于丽州广场。经过激烈角逐，来自埃塞俄比亚的Gerba Beyata Dibaba获得男子半程冠军，用时1小时2分27秒；女子半程桂冠则归属埃塞俄比亚选手Azale Fentaye Belayneh，用时1小时10分39秒。

从7时20分开始，永康日报全媒体中心进行全程直播，爱奇艺、优酷视频、虎牙直播、央视移动新闻、新华社现场云、中国网＋＋、今日头条、百度直播、哔哩哔哩、中国体育、映客直播、永康发布、永康日报微信公众号等21家平台同步推送直播视频。统计数据显示，永康日报微信公众号观看量达271.34万人次，央视移动新闻观看量达25万人次，观众来自浙江以及上海、广东、北京、江苏、河北、江西、湖北、湖南、山东等20多个省市自治区。当天，“永马”直播的线上观看量达405万人次。

单人跑、亲子跑、组团跑，虽参赛形式不一，但全力以赴挑战自我的方向一致；医护岗、安保岗、竞赛工作岗，虽岗位职责不同，但尽心竭力保障安全的目标一样。人性化办赛彰显城市风范和温度，积极参与和多重保障共促赛事顺利圆满，1万名跑者、近万名工作人员和志愿者，以及数倍于此的观赛人群，共同组成了“永马”的人文景观。“永马”将体育文化与城市形象、市民生活更为有机地融合在一起，永康与“永马”一起跑动。“让人自豪，也让人向往，更让

半马男子第一冲线(三宅一生　摄)

人期待”,一场“永马”连接起无数奔跑和欢呼的身影,让人们与这座城市一道,带着梦想和激情出发,奔涌向前。

人性化办赛彰显城市温度

此次赛事在安保交通方面,由1200名公安干警、700名交巡警、300名保安等组成赛事安保力量,细分多个安保小组,针对马拉松赛事重点路段设立多个保卫点,保障赛事安全平稳有序进行。在竞赛保障中,100名裁判、7名计时人员、5个计时点、15辆竞赛车辆、6档配速段的22名配速员、3辆赛道收容车,联动保障赛事竞赛安全。在志愿者组织上,本次共招募1200名志愿者,分成多个工作小组投入赛事服务工作。值得一提的是,这些志愿者大多来自永康各个公益组织和跑团。

赛事筹备以提升跑友服务为核心。永康旅游资源丰富,有山清水秀的田园风光和古朴纯正的乡风民俗,是闻名海内外的旅游胜地;有“浙东第一山”之称的方岩山、全国最长的石墩木梁重檐廊桥西津桥、九狮沟民俗文化村等旅游景区,在赛事期间对永马参赛选手免费开放,选手可凭参赛号码条免费游览。赛中,赛道沿途共设置17个文化加油站,为跑友们加油助威,让来自世界各地的选手感受活力永康,还有丰富充足的香蕉、圣女果、橘子、面包、榨菜、葡萄干等食品补给为选手们补充能量。组委会还特别与专业运动恢复服务团队合作,为选手提供赛后按摩恢复。完赛奖牌也是别具一格,集中体现了永康传统文化元素,见万马奔腾、祈永葆安康。

“农商银行杯”2019永康半程马拉松赛的圆满举办,对促进永康体育、旅游的发展有重大意义,向更多的人再一次展示了优雅永康的城市魅力。永康将继续落实“体育+经济、旅游、文化”战略,展示永康城市形象和经济社会发展实力,引领全民健身,打造城市品牌,激发城市活力,为加速实现永康新腾飞,共创文明优雅永康城打下更加坚实的基础。

(市文广旅体局产业发展与工业旅游科　供稿)

创建省首批“无欠薪”县市

2019年，永康市成功通过全省首批“无欠薪县市”创建考核验收，过程性考核成绩位居金华第二。

自2017年9月以来，永康市根据省政府要求，结合永康实际，下发《永康市人民政府办公室关于印发“永康无欠薪”行动实施方案的通知》(永政办发〔2017〕97号)，并成立相应的领导小组及领导小组办公室，将“永康无欠薪”创建工作纳入年度工作目标责任考核和“平安永康”考核体系，健全机制、强化源头治理，从事前预防、事中监督、事后惩治入手，搭建由“三个统一、七项制度、两大特色、一个保障”构成的“3721”防欠模式，扎实开展“无欠薪”县市创建工作。

统一思想。组建防欠薪工作领导小组，原常务副市长(现市委副书记)胡积合任组长(现任组长为常务副市长周启标)，落实实体化办公，人力社保局局长曹法余任办公室主任，召开“永康无欠薪”创建工作部署会和推进会，出台《“永康无欠薪”行动实施方案》《劳资纠纷突发性事件应急处置预案》等，将“永康无欠薪”创建工作与和谐劳动关系建设考核挂钩，印发《永康市保障农民工工资支付工作考核细则》(永防欠薪发〔2018〕4号)。

统一宣传。在各镇街区设置防治欠薪学习教育常态化制度化专栏，实现劳动保障维权户外广告横幅覆盖到村；通过交通路口、公交站台、银行、企业等LED屏播放和在在建工程项目部悬挂标语对创建“无欠薪”县市进行宣传，在报刊电台、微信公众号及移动短信平台等多媒体上进行热点推送，报花宣传31期，刊登活动专版4次，短信推送达15万余条；深入用工一线开展普法活动，发放资料4.5万份，实地走访企业近万家。

统一行动。针对全市欠税、欠息和欠水费等600多家企业开展有针对性的排查，开展制造业领域、建筑业领域等各类专项检查行动，累计出动检查人员约2100人次。

完善农民工工资保证金制度。缴存农民工工资保证金2950万元，有效预防建筑工程欠薪隐患。建立欠薪应急周转金制度。市、镇(街道、区)两级共筹备955万元应急周转金，切实保障职工合法权益，避免因欠薪引发群体性事件。推进劳动保障诚信等级评价制度。2018年，劳动保障书面审查共审核企业上报数据12434条。建立工程领域专项治理制度。自实施以来，共有53家企业被列入2018年度红名单企业，12家企业被列入2018年度黑名单企业。

强化联席会议制度。2018年，全市开展行政非诉案件专项执行活动，对欠薪积案进行集中清理强制执行。人社部门向公安、司法部门移送欠薪案件2起。市公安局严厉打击恶意欠薪、暴力讨薪等违法犯罪行为，查处5起因欠薪引发的阻碍执行公务、扰乱公共场所秩序案件，行政拘留8人，对恶意讨薪欠薪形成震慑作用。完善月度报表制度。每月30日定期汇总各镇街区防欠工作情况，接收、汇总报表信息160余份，确保常态化监管有序、到位。强化预警机制。2018年以来，共掌握用人单位预警信息约3350条，及时化解欠薪隐患事件约295起。

建立建筑领域“八个一”严查标准，即严查一个账户、严查一块牌、严查一通道、严查一核对、严查一公示、严查一发放、严查一报备、严查一成册。专项排查建筑工程项目260余处，20多家建筑施工单位被要求进行现场整改，建立民工工资专项账户242个，累计发放金额28812万元，建筑工程项目通过监管账户发放工资的有97家，涉及民工14396人。

打造“政会企”三位一体防欠薪模式。筛选确定一批较大行业作为政府重点关注的防欠行业，以行业协会作为主要支撑；分包责任，全面建立行业工作责任制，实行行业防欠建设督查通报制度；联合跟踪，政府和协会联合对重点欠薪隐患实行跟踪，开辟“绿色通道”，联合对欠薪事件进行督办、快办，做到快立、快结，打造“政会企”三位一体防欠薪模式。通过门业协会、衡器协会、美容美发协会等协会进行欠薪隐患排查，多次组织劳动用工法律法规宣传会、培训会，共涉及用人单位约2.5万家，实现重点行业全覆盖。

针对广大农民工普遍存在的文化程度低，法律知识不足，在遇到欠薪等问题时不知该如何维权，有些甚至直接采取过激手段的现况，永康市不断壮大法律援助队伍，完善服务网络，安排专人常驻劳动人事争议仲裁院法律援助工作站，第一时间为投诉者提供法律服务；市总工会、司法局等联合组成法律服务队，全年为民工提供免费法律咨询、代拟文书、诉讼等服务；将法律援助审批权下放到镇(街道、区)法律援助工作站，及时对农民工提供的证据材料进行审查、审批；构建四位一体的便民服务网，实现农民工申请法律援助零距离。通过完善法律援助的“容缺受理”“上门服务”，到法院的“优先受理”“优先清偿”等制度，畅通讨薪“绿色通道”。永康市已建立法律援助工作站36个，联络点750个，实现全市覆盖面100%。2018年，永康市法律援助中心共接待农民工2896人次，为民工提供劳动保障相关法律咨询服务千余次，代拟法律文书246份。

(市人力社保局　供稿)

实现医保卡、市民卡金华市域互联互通

2019年，金华市下发《关于印发金华市基本医疗保险办法的通知》，实行基本医保金华市级统筹，建立金华全市统一的基本医疗保险制度，实现金华全市范围就医报销同域同待遇。根据文件要求，永康市做好金华市基本医疗保险政策落地、衔接工作，加强政策宣传引导工作。

6月，根据金华市医保结算系统市级集中建设要求，永康市成功上线金华全市统一的医保结算系统，并平稳运行。实现医保报销“无异地”，医保刷卡互联互通，全域漫游。

深化医保“最多跑一次”改革，推进基本医疗保险、大病保险、医疗救助“3＋N”报销一站式结算。在民政局、退役军人事务局、总工会、医院等部门的配合下，2019年实现基本医疗保险、大病保险、医疗救助、抚恤优待对象、工会医疗互助等“3＋N”报销一站式结算，参保人员无须再到退役军人局、总工会等部门多头跑，通过医保卡刷卡在医院即可完成“一站式”结算报销，极大地方便了老百姓。

2019年，永康市顺利接入金华社会保障·市民卡平台，实现市民卡金华市域全覆盖，并实现社保、医保、金融等应用的金华市域互联互通，永康市民可以使用市民卡享受金华同城服务，感受同城体验。

(市人力社保局　供稿)

“龙山经验”被列入省基层治理创新典型案例

永康市人民法院龙山法庭一直坚持“走出去，以大服务促进大调解；请进来，以大调解息讼止争”的理念进行矛盾纠纷调处化解工作，龙山、西溪两镇形成“党政统筹主导、法庭职能前移、纠纷分级调处”的社会矛盾多元化解机制——“龙山经验”，有力地促进了法庭辖区两镇的社会治理现代化，被省高级人民法院院长李占国称为“枫桥经验”升级版。

“龙山经验”主要有四条做法：一是党政主导，基层自我治理形成体系。龙山、西溪两镇把矛盾纠纷的多元化解摆放到综合治理层面，健全地方自治机制，浓厚乡村德治氛围，强化法治与自治、德治的融合互动，大力构建矛盾纠纷多元化解体系。二是文化引领，德治汇入自治、法治框架。永康倡导以文化引领地方治理，结合当地传统文化陈亮学说，大力弘扬“无讼”文化。开展“无讼”村创建，聚合德治力量，引导地方建立正确的解纷模式和理念。其中，龙山镇桥下一村已13年没有发生1起纠纷成诉。三是法治保障，法庭功能前移、诉讼断后。龙山法庭在12个试点村设立法庭指导工作室，在风景点设立巡回审判站。四是分层过滤，基层治理层次化、规范化。现在永康已形成了网格调解—村、企属地调解—部门调解—镇矛盾纠纷调处中心分流以及组织联合调解的诉前化解体系。

省长袁家军调研“龙山经验”(市委政法委提供)

2019年，永康市以“三治融合”为手段，继续深入推广“龙山经验”，前移关口、把住源头，努力把各类风险防范在源头、化解在基层、消灭在萌芽状态，实现“小事不出村、大事不出乡、难事不出县、矛盾不上交”。优化金融纠纷调处。整合全市金融机构资源，完善金融纠纷调处中心功能，实现诉前化解、快速审判、降低不良贷款、企业帮扶等多项工作的有效结合。现已成功调解金融纠纷69件，协调转贷20件，涉及金额1330万余元，司法确认9件，涉及金额80万余元。全面开放“都市版本”。总部中心、西城街道等多元化调解中心相继挂牌开放，打造家门口的精准化、点单式服务体系，推进纠纷自我发现、自我化解。调解中心自成立以来，总部中心已接待区域劳资纠纷 78 起，调解成功 56 起；西城中心受理 286 起，化解 263 起，其中金华市挂牌矛盾纠纷 1 起、疑难积案 3 起。强化积案化解。上级交办信访积案共 76 件，化解 63 件，化解率达到 82.9%。其中，国家信访局交办 12 件，化解 10 件，化解率 83.3%；省信访局交办 7 件，全部化解；金华市信访局交办 57 件，化解 46 件，化解率 80.7%。经过集中攻坚，啃下信访“硬骨头”，成功化解中央督查件。省局督办件(省级积案)白云别墅区问题得到有效化解，涉及的 78 宗土地中，已有 66 宗土地的业主签订了产权置换和息访协议，剩余的已进入审核程序。永康法院在深圳市举行的新时代“枫桥经验”与中国特色社会主义先行示范区建设学术讨论会上，专门介绍“龙山经验”对基层社会治理的作用，得到广大与会专家学者和实务部门领导的高度评价。袁家军省长到永康调研时，对“龙山经验”给予了充分肯定。

(市委政法委　供稿)

全省首创区域应急服务中心

永康是个典型的工业城市，境内有 40 多个工业功能分区、16000 多家工业企业。为完成工业功能区内繁复的应急安全监管任务与破解基层应急机制不全、力量薄弱、处置偏慢的矛盾，2019 年初，永康市以“三服务”活动为契机，创新思维引入“共享经济”理念，在芝英二期工业功能分区试点，通过打造一个平台、整合两项资源、实施三方物联，建立区域应急服务中心，有效解决基层应急“预防不到位、物资不够用、队伍不专业、处置不够快”四大问题，试点区域内应急救援响应处置时间从 20～40 分钟缩短至 5 分钟左右。经市十七届政府第三十八次常务会议研究同意，9 月 16 日，《永康市区域应急服务中心建设实施方案》向全市推行。该项目成为金华市政府数字化转型创新案例，同时也得到了应急管理部、省厅、金华市政府等各级领导的肯定批示，并获浙江政务信息专报、中国应急管理报、浙江日报专题报道。

社会救援力量之一千喜救援队参与区域应急服务中心应急响应(市应急管理局提供)

区域应急服务中心主要做法

打造一个平台，建成应急救援指挥大脑。一是全面采集区域数据。以乡镇安全生产体检站为依托，全面摸底采集区域内生产经营单位的相关信息数据，涵盖企业基本信息（产品、人员等）、风险源（如氨气量、危化品仓库规模等）、应急物资（如生化服、呼吸器、大型救援机械等），分类录入系统，形成应急数字信息平台基础数据。到6月底，芝英二期工业区212家企业相关信息全部纳入平台，覆盖率从原先的40%上升至100%，排查出涉氨企业3家、燃气企业58家、涉可燃粉尘企业5家、喷涂企业49家。二是专业安全风险研判。实行一企一档，通过专业风险研判，建立区域内企业“红、橙、黄、蓝”四色风险分级管控体系，持续跟踪问效；对企业实行全面安全体检，精准把脉，查找风险点、隐患点，对症开方，及时督促整改，实现安全生产“预防第一关”。已利用该平台发现安全隐患1800余条，完成整改。通过大数据综合分析区域风险，生成14个相应的专项数字应急预案，如液氨泄漏、可燃爆粉尘爆炸、防汛防台、危化品处置等专项应急救援预案。

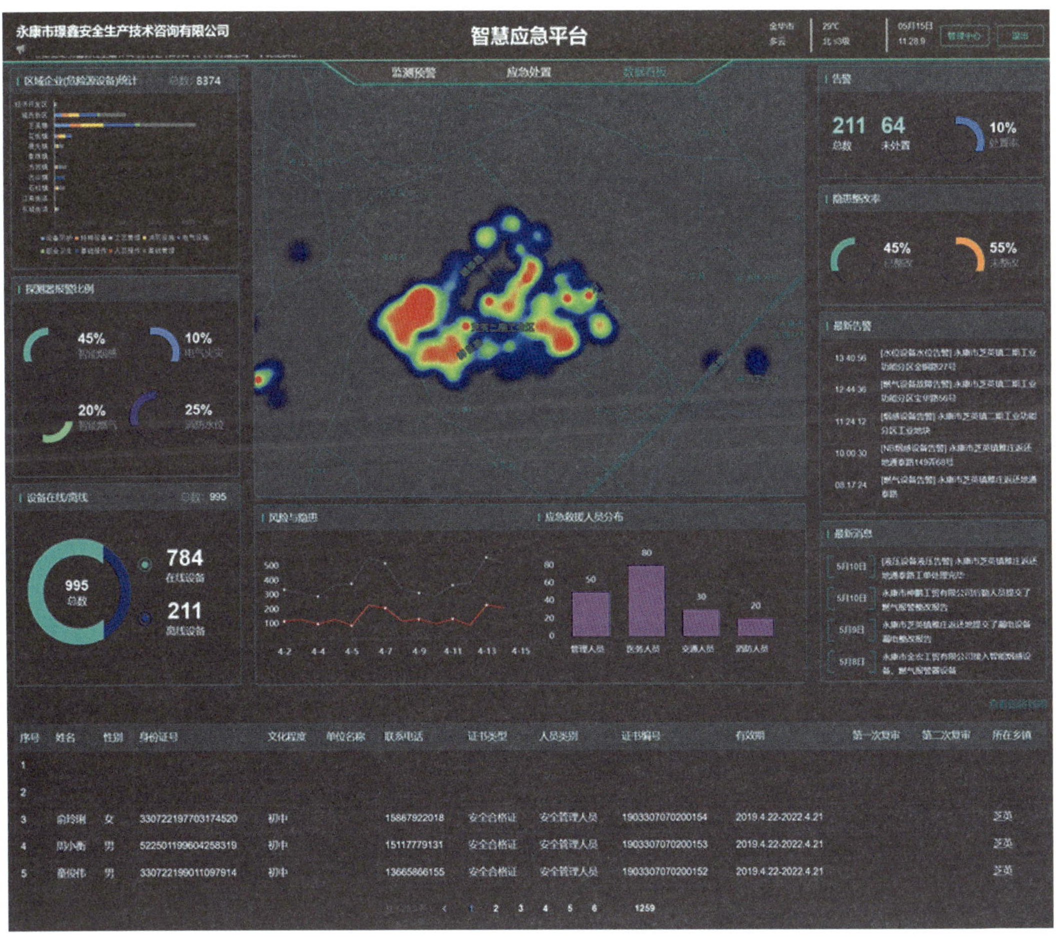

区域应急服务中心智慧应急平台页面（市应急管理局提供）

整合两项资源，形成区域共享模式。一是整合民间救援力量形成合力。整合周边的大企业救援队、企业安全员、辐射村庄联防人员、各类社会专业救援队、医疗卫生院人员，建立区域应急救援队伍。目前芝英区域应急服务中心共有150名训练有素的救援人员，每日安排4～5名人员进行应急值守。二是整合社会救援物资共享共用。整合区域内现有的应急消防站、企事业单位、民间专业救援设备设施等资源，并根据企业类型、既往事故类型以及可能发生的事故类型，互补性储备应急救援器材，实现区域应急救援物资共享。目前，芝英二期工业区区域内已实现生化防护服、有毒气体检测仪、金属粉尘专用灭火器、高空救援装备、应急楼梯等30多种应急物资共享。

实施三方物联，健全区域应急神经网络。一是碎片信息物联。以物联网为科技支撑，建立区域内高塔360°监控与高音无线扩音装置，并与单边执法仪、区域内公安摄像、企业摄像、交通摄像进行实时联动，及时汇集各类实时信息，为实施应急救援提供现场指引。二是智能设备物联。利用企业安装的一键报警仪、智慧用电、智慧消防、天然气泄漏报警等物联智能感应设备，第一时间将报警信息推送到区域信息平台、企业主手机，实现对重点企业、重点场所、重点设备的智能监管。三是精准导航物联。接警后，平台第一时间锁定事故定位；利用应急大物联，即时调取事故单位信息以及事故单位周边道路情况、燃气线布置、消火栓位置、周边相邻企业危险源位置等信息，并将讯息即时传送到专业对口救援人员的手机上，指挥引导救援人员快速到达事故现场进行处置。

区域应急服务中心的主要特色

管理与服务融合，有效破解基层应急事前预防“不到位”的问题。一方面，平台实现数字化建档、智能化隐患排查治理、可视化物联网监测，由传统人为监管转为数字智慧监管，由“人防”向“技防”转变，帮助企业清底数、明隐患。另一方面，对企业进行实时、动态、多维度、全方位监管，将问题排查、整改通知、逾期通知、复核结果等信息上传平台，开启定期提醒服务。利用区域应急服务中心，镇(街、区)和应急管理部门对整改反馈记录介入督促，解决执法人员不足、企业配合度低等情况，逐步实现“政府监督、中心排查、企业整改”的隐患闭环治理新局面，有效破解基层应急事前预防“不到位”问题。

人员和物资整合，有效破解基层应急救援人员和物资“不够用”的问题。新颁布实施的《生产安全事故应急条例》中，明确指出“工业园区、开发区等产业聚集区域内的生产经营单位，可以联合建立应急救援队伍”。受此启发，永康市区域应急服务中心建设引入“共享经济”模式，以消防大队和5支消防中队为依托，着力整合26支社会救援队伍，形成“1＋5＋26”综合性应急救援力量，总数达310人。同时，充分利用区域内企业储备的救援物资，与中心储备物资形成互补，有效减少政府对应急物资的重复配置。

训练与比赛结合，有效破解基层应急救援队伍“不专业”的问题。未整合前，各类企业救援队、安全员、社会救援队伍较为分散，各自为政，缺乏专业培训和训练。“1＋5＋26”全市综合性应急救援力量建成后，依托消防大队定期应急救援培训和各类比武，极大地提升了救援队伍的各项专业技能水平。在重庆举行的全国首届社会应急力量技能竞赛决赛上，在全国333支报名参赛队伍中，永康红十字救援队获得绳索技能类全国第七名的优异成绩，成为金华全市唯一一支获奖队伍。

小网格与大平台配合，有效解决基层救援响应处置“不够快”的问题。永康市原有应急救援力量为“1+5”模式，仅有3支消防中队分布在古山镇、石柱镇、象珠镇。如试点的芝英二期工业功能分区，原本应急网格半径在6千米以上，实际救援距离往往超过10千米，响应处置时间需要20分钟以上。如果是西溪镇等偏远乡镇，响应处置时间甚至需要40分钟。区域应急服务中心在全市推开后，工业区内应急网格半径减至0.5千米，响应处置时间仅需5分钟。附近居民区应急网格覆盖半径缩至3千米以内，响应处置时间缩短至10分钟以内。再配合应急数字信息平台强大的大数据分析研判、后台支援指挥功能，从试点区域的实际成效看，区域应急服务中心对一般较小事故完全可以实现自救，即使面对较大事故，由于进行了先期的有效处置，也能够最大程度减少人员伤亡和财产损失。

（市应急管理局　杨金英）

落实支持民营经济31条举措

商事登记改革持续深化

企业开办“零见面”。实施企业开办“零见面”、登记“掌上审”、档案“自助查”办理模式，登记便利度有效增强。全面深化“一件事”“无证明城市”改革，连创“两个第一”：全市集成服务数占金华全市一半以上，全流程办理率高居金华全市第一；企业登记平均用时缩短至19分钟，审批速度全省第一。金华市企业开办“零见面”工作现场会在永康市召开，永康企业开办集成服务经验在金华全市推广。

企业注销“一网通”。实现普通注销和简易注销所需流程、环节整合，网上清算组备案和债权人公告。通过开展并行办理，第一时间启动注销登记的受理审核流程，减少企业信息填报内容，压缩办理时间，企业普通注销可节约报纸公告费用600—1000元。且企业可“一网”获知各环节流程、进度和结果，切实提升注销便利化改革的群众获得感。

“无证明城市”稳步改。2月23日，正式开始全面实施“无证明城市”改革工作，按照“最少最简”“六个一律”等要求，及时清理公布证明事项，第一时间落实到位。针对企业住所合法使用证明和清税证明两个高频事项重点施策，一是全面实施企业住所申报承诺制，诚实守信的市场主体在注册登记时无须提交住所合法使用证明，仅需提交载明企业住所信息的《承诺书》；二是通过系统精准对接、数据共享，与税务部门形成涉企数据交互机制，企业注销清税信息通过数据查询方式获取，申请人免于提交清税证明。改革后，永康市企业开办材料减少16份，缩减率达72%，企业常态化注销的提交材料从原来的8份减至4份，缩减率为50%。

长三角“一网通办”。3月27日，在政务服务大厅开设G60科创走廊“一网通办”综合服务窗口，实现首批30个企业事项“一网通办”；5月8日，增设长三角地区政务服务“一网通办”综合服务窗口。在实现松江、嘉兴、杭州、金华、苏州、湖州、宣城、芜湖、合肥9个城市间身份认证体系、电子证照等公共基础支撑互认共享，提供区域性一体化受理、收件、查询、发证等服务的基础上，推动一批高频政务事项线上“异地认证、全网通办”，线下“收受分离、异地可办”，应用电子证照在长三角“26+X”个城市群实现办事材料免交、异地发证。

服务民营经济高质量发展

以“小微企业三年成长计划”为蓝本，围绕新增主体、主体升级、创新发展、集聚发展、外向发展、科技支持、金融支持、政策支持等八方面主要指标以及创新和重点工作，全力以赴助推全市小微企业提质增效和民营经济高质量发展。小微企业成长指数居全省县（市、区）第三。永康市获评全省“小微企业三年成长计划”工作优秀市。

深化“改革育小”，市场主体稳步增长。随着商事领域改革的不断深入，行政审批便利度不断提升，永康市市场主体数量再创历史新高。2019 年，全市市场主体总量突破 11.7 万户，同比增长 11.15％。完成个转企 399 家，新设股份公司 18 家，完成股改 24 家，股份制企业增长数在金华排名第一。

落实“聚力扶小”，转型升级量质并举。2019 年，完成个转企 399 家，其中转型为有限公司的比例达 92.36％。个转企势头良好，企业自主转型意愿明显提高。股份制企业增长数在金华排名第一。永康市共登记股份公司 42 家，超额完成任务，股改数高居金华各县（市、区）首位。优化小微企业名录库，不断完善“培育库”入库标准、入库程序，丰富培育企业对接扶持资源。共入库 718 家企业。

推进“服务暖小”，完善小微企业服务体系。一是结合企业需求，积极开展培训工作。通过开设“小微成长课堂”，推送短信、微信、邮件，组织培训等，指导企业了解掌握相关产业政策和法律知识。二是精准推送小微企业政策。开展全市范围内包括政策礼包、责任单位、申请对象、兑现条件等内容的政策颗粒化梳理，通过“工商联连”、企业开办“零见面”等系统，将涉企政策精准推送至公司股东、法定代表人等。三是组织开展小微企业成长之星、服务小微企业“优秀机构”申报工作。积极发挥典型示范带动作用，进一步助推小微企业质效提升。

知识产权工作提质增效

推出服务知识产权十大举措，开展“知识产权服务进企活动”，500 多家永康市规模以上企业的负责人和技术骨干参与，与金华银行永康支行分别代表政银双方签署合作协议，实现永康市知识产权可质押贷款“零”的突破。2019 年，全市取得授权专利 6228 项，其中授权发明专利 192 项、实用新型专利 2112 项、外观专利 3924 项；PCT 申请 21 件；新增注册商标 15651 件，累计达 74094 件。积极落实专利授权奖励政策，兑现奖励 521.5 万元。通过股权质押、动产抵押、专利权质押、商标权质押等服务助企融资 66.57 亿元。深化政银企进入对接服务，为企业授信（放贷）1.5 亿元。

2019 年 11 月 13 日，举办知识产权与合同法宣传讲座活动，共 240 户经营户参加会议（市市场监管局提供）

（市市场监管局　供稿）

创建省级双拥模范城（县）

2019 年 7 月 29 日，在浙江省纪念建军 92 周年暨双拥模范城（县）命名表彰大会上，省双拥工作领导小组为永康市颁发了“双拥模范城”荣誉牌匾。这是继 2014 年底永康市委、市政府提出争创 2015—2018 届省级双拥模范城（县）的目标以来，全市以“促进军民融合发展”为重点，以拥军优属、拥政爱民为主线，不断推进双拥创建工作深入发展取得的丰硕成果。

浙江省纪念建军 92 周年暨双拥模范城（县）命名表彰大会（市退役军人事务局提供）

机制健全，爱国拥军成为常态

责任机制健全。成立以市长为组长的双拥工作领导小组，以市委副书记为组长的创建省级双拥模范城工作领导小组；组成由51位双拥共建联络员组成的双拥信息工作网络，完善三级服务网络建设。先后出台《永康市创建省级双拥模范城工作四年规划（2015—2018）》《永康市镇（街道、区）和市机关部门年度双拥工作考核（党管武装、双拥工作部分）考评细则》《永康市镇（街道、区）双拥工作实施规范》等文件，把双拥责任落实到位。

领导带头拥军。市四套班子主要领导带队，在建军节和春节期间慰问驻永、驻金部队，近四年慰问金和慰问品达458万元。在清明节和全国烈士纪念日，组织全市党政机关主要领导开展烈士公祭活动。市四套班子带头过军事日、上军事课。党政主要领导带头开展光荣牌悬挂，全市共采集退役军人和其他优抚对象信息17098人，全部通过省级审核，完成上门悬挂光荣牌17012人。

拥军氛围浓厚。广泛开展"关爱功臣、永葆光荣"主题的系列活动，为立功受奖人员上门送喜报。《永康日报》开辟双拥专栏，经常进行双拥报道，建军节期间在主要版面刊登"八一"光荣榜。编辑出版拥军图书《我是一个兵》，编印《双拥工作简报》（共33期），累计悬挂双拥横幅、张贴标语、制作广告灯箱等各种形式的宣传品3.6万余条（只）。抗美援朝纪念馆、刘英烈士陵园、张鼎祥陵园等23个爱国主义教育和国防教育示范基地年教育群众40多万人次，尊崇军人、拥护军人在永康成为常态。

产业参军，军民融合全面发展

健全引导机制。成立以市委书记为组长的永康市军民融合发展领导小组，先后出台《关于加快推进省级军民融合创新示范区建设的实施意见》《永康市加快推进军民融合产业发展的若干意见》《永康市省级军民融合创新示范区建设规划（2018—2022）》等文件，探索建立军民融合常态化管理机制，不断推动军民深度融合发展。

搭建沟通平台。以"党委政府搭台、军方协调、企业唱戏"为路径，采用"走出去""请进来"的方式，加强与军事科研机构、大型军工企业、军事院校以及部队合作，搭建军地沟通平台。仅2018年，全市举办各类军民融合对接活动9场，实现军民融合产业产值24.9亿元。

工作全面开花。军民融合发展促进会会员单位从36家发展到81家，产品涉及工具类、产品配套类、设备整机类、生活用品类、化工产品类和服务类等领域，8家企业成功取得军工资质证书13本，易贝科技通过武器装备承制资格证现场审查，6家企业正在办理军工承研承制资质证书。永康成为全省首批军民融合创新示范区之一，军民融合成长为永康第十大产业。

落实政策，保障军人军属权益

严格落实优抚安置政策。四年来，全市共发放生活补助费和抚恤金6510多万元；累计发放义务兵优待金4476.2万元；义务兵优待金从每人每年14242元提高到23707元；拨付困难退役军人临时救助127.8万元；优抚对象医疗救助“一站式”实时补助712.5万元。四年共接收安置自主就业退役士兵921名，发放自主就业经济补助金1914.8万元；加强对自谋职业退役士兵的职业培训，退役士兵教育培训政策知晓率100%，自愿参加就业培训率100%，参加培训合格率100%；接受符合政府安排工作条件的转业士官16名，其中荣立二等功退役士兵1名，全部实行岗位安置，确保一人一岗；共接收部队退役残疾军人15人。

有序推进社会优抚服务。依托“永康市志愿者协会公益协会”“玖玖社会组织协会”“爱国拥军促进会”等社会组织，全面有序推进社会化优抚服务。服务实现月月有主题，先后开展“关爱最可爱的人”“祭奠英烈”“欢聚建军节”“九九重阳心系老兵”等专项优抚服务；周周有活动，组织合唱革命歌曲，观看革命纪录片、红色电影，和老兵们畅谈军旅生活，重温激情燃烧的岁月，提升老兵荣誉感和存在感。

落实创新优待政策。2018年，永康市在梳理军人军属优待工作落实情况的基础上，对法律明确的优先优待事项进行再落实，做好军人医院优先就诊，商业、水电、燃气、电信、通讯、邮政、银行等窗口行业和社区服务单位优先服务，火车、公共汽车优先购票、优先检票，城区公共汽车免费乘坐，政府投资主办的公园、各类文化科技场所和旅游景点以及体育健身等公共场所免购门票等工作。明确司法行政部门为军人军属免费提供法律咨询，落实对部队立功的军人进行奖励、军人子女教育优先等政策。

军地共建，护航永康社会发展

全力支持部队建设。2019年，永康境内驻军有3支，其中团级单位1个、连级单位2个，驻军约150人。市财政每年安排驻永部队建设经费2000万元以上。四年来，累计投入资金1.19亿元，先后完成消防站、训练场地建设，营房修缮和登高消防车购置等，为驻永部队顺利完成任务提供有效保障。

履职尽责助推地方发展。驻永各部队官兵始终把永康视作第二故乡，市人武部积极参与精准扶贫工作；武警永康中队多年来协助目标单位完成押解犯人无一差错；武警机动二中队参加丽水、兰溪等地抗洪救灾；消防大队四年来接警2100余起，扑救火灾1230多次，抢救被困人员470多人，抢救财产价值5000余万元。

军地共建感情深厚。军地双方经常互通情况，遇事主动协商，妥善解决问题，每逢重大节日和安保期间，军地双方经常开展警民联勤联防活动，在“创国卫”“G20峰会”“两会”期间，驻永部队积极开展城市武装巡逻。

（市退役军人事务局　胡小刚、陈伟、应奇瑞）

全面完成11个镇小城镇环境综合整治工作

2016年9月以来，永康市以“一加强三整治（加强规划引领，整治环境卫生、整治城镇秩序、整治乡容镇貌）”为重点，坚持“时间服从质量”理念，按照做好“项目、生财、出彩、做强、和谐”五篇文章的要求，聚焦基础设施、产镇融合、群众关切和长效建设等四个方面抓落实，取得扎实成效。至2019年8月，全市11个小城镇全面通过省级考核，舟山、前仓、西溪、石柱4个镇被评为省级样板，龙山、方岩、唐先3个镇被评为金华市级样板。

在专项整治方面，规划设计引领，以街角小品为抓手，“洋”“土”驻镇规划师相得益彰，芝英镇获评省优秀规划；卫生乡镇创建，全面推行“末位淘汰制”的市场化运作，创新推行门前“五包”，改造农贸市场“三到位”实现省级卫生镇全覆盖；道乱占治理，推行街（路）长制和每周三巡查制，做到“全覆盖、零容忍、严执法、重实效”；车乱开治理，“八个一律”严管严治，落实“两站两员”队伍建设、停车设施配备、智能化管理等；线乱拉治理，7家单位联合出台“线乱拉”专项治理政策，明确治理范围职责，合理分担资金比例，有效加强对标治理。坚持“共治、共享、共管”，投资约1.45亿元，上改下104.434千米，架空线路整治499.52千米，入户飞线整治3.4355万户；低散乱治理，“一从严三加快”，以“亩产论英雄”把整治与鼓励创业创新相结合，优化资源要素配置，推进小微企业合法、合规地整合入园，并规范建设管理，加快企业入园提升发展。

同时，推进长效管理工作。以“四个平台”为枢纽，结合“雪亮工程”，试行全域化智慧管理；推行“一街一长”+“一周一巡”的“三问三查”，从细小实处着手；制定小城镇文明提升“内外兼修”八大行动测评细则，促进长治长效；试行“全域管控、全程监管、全方位保障”三全举措，推进管线管理科学化、常态化、长效化。

小城镇环境综合整治既提升环境质量，又助推经济发展。截至2019年底，全市11个小城镇财政性投入整治资金33.9亿元，带动社会筹资约55亿元，多元化培育“美丽经济”，促进小镇新业态新繁华，实现镇村国有集体经济和集镇居民收入水平的大提升。

（市美丽城镇办　徐玉林）

大事记

一月

3日，从省市场监督管理局传来喜讯，中国科技五金城被延续认定为“浙江省五星级文明规范市场”，中国科技五金城集团被授予“浙江省AAA级‘守合同重信用’企业”荣誉称号。

3日，由省委政法委副书记朱恒毅带队的省委政法委调研组来永调研基层社会治理工作。金华市委副书记、政法委书记陈玲玲，永康市委书记金政，市委常委、公安局局长陈曙初，市法院代院长楼常青陪同调研。

3日，浙江省政协副主席周国辉在永康市开展“三服务”时指出，各级各部门要始终和企业站在一起，坚持帮扶企业，同时企业要坚守实业，面对新形势，要变被动为主动，坚定信心走科技创新之路。省政协常务委员会委员、人口资源环境委员会主任华宣奎，省科技厅党组织副书记、副厅长宋志恒，金华市政协副主席吴国成陪同。

7日，市委第十四届五次全体（扩大）会议暨市政府第十七届四次全体会议召开。市委书记金政代表市委、市政府向全会作工作报告。市委副书记、市长朱志杰主持会议。

9日，省农业农村厅公布2018年农业“机器换人”示范单位名单，永康市名列其中，成功创建浙江省农业“机器换人”示范县。此外，唐先镇（果蔬）、象珠镇（水稻）、芝英镇（水稻）获评“机器换人”示范乡镇（园区），永康市丰登粮食生产专业合作社（水稻）、超时生态种植养殖农庄（畜牧）、彬豪农机专业合作社（水稻）、双惠葡萄专业合作社（果蔬）、万古农机专业合作社（水稻）、顺源农机专业合作社（水稻）获评省级“机器换人”示范基地。

9日，永康五金东北直销中心在吉林省四平市铁东区盛大开业，成为永康市与四平市铁东区对口合作以来首个签约落地的项目，也标志着金华与四平、永康与铁东的对口合作进入新的发展阶段。

10日，省水利厅公布30条省级“美丽河湖”名单，历时半年、经过7个环节的评比筛选，南溪石柱江南段成功上榜，成为浙江省“美丽河湖”建设水平最高的河道代表。

12日，省林业局公布2018年“浙江省现代国有林场”命名名单，永康市林场榜上有名。永康市林场创建于1958年，目前总经营面积为8409亩，其中省级重点生态公益林8061亩，林区负氧离子含量平均为11500个/厘米^{3}以上，森林覆盖率97.5%。

16日，市第十七届人大常委会第十八次会议召开，由市人大常委会主任陈美蓉主持，市人大常委会副主任徐忠飞、章锦水、祝鸿熙、王瑛、叶成超、陈剑云参加，市委常委、常务副市长胡积合，市检察院党组书记、代检察长何德辉应邀参加。会议进行有关人事任免，决定任命李浩锋为市人民政府副市长。

17日，永康市举行市级党政机构集中挂牌仪式，10家新组建、重新组建及更名单位完成挂牌，他们分别是市委全面深化改革委员会办公室、市委机构编制委员会办公室、市农业农村局、市文化和广电旅游体育局、市卫生健康局、市退役军人事务局、市应急管理局、市国有资产监督管理办公室、市医疗保障局、金华市生态环境局永康分局。

17 日，永康市第一批历史建筑名录公布，芝英一村公社旧址、舟二村世厚公祠、后吴村培耕堂等 109 处建筑被录入。

17 日，金华市委书记陈龙带领相关部门负责人来永调研工业经济发展情况，深入企业开展“三服务”活动。市领导金政、朱志杰、陈美蓉、朱世道、胡积合、吕群勇分别陪同调研和参加座谈会。

19 日，在 2018 年第五次全国农产品地理标志登记评审会上，永康灰鹅通过农业农村部专家评审。加上之前通过评审的方山柿、五指岩生姜、舜芋，永康市目前共有 4 个农产品获得全国农产品地理标志，走在全省前列。

22 日，浙江农业之最委员会办公室公布 2018 年度全省 6 个项目成为“浙江农业之最”，其中永康独占 4 项。这 4 项具体为：唐先镇志军家庭农场方志军申报的，葡萄单株结果最多 578 串，破原纪录 480 串；东城街道下大路村王健康申报的，黄瓜单蔓联结瓜数最多 9 条，破原纪录 8 条；花果山种植基地胡康辉申报的，最大的永康灰鹅蛋 265 克，破原纪录 240 克；唐先镇太平桔绿色农庄施回妹申报的，最大的鸭蛋 165 克，属于新纪录。

22 日，省水利厅下发《关于 2018 年度全省市县水利工作综合考核结果的通报》，永康市获县级水利工作综合考核优秀，这是永康市连续四年获得该项荣誉。

24 日，省民政厅公布首批省级农村社区工作领军人才名单，确定 113 人为首批省级农村社区工作领军人才，石柱镇塘里村党支部书记孙朝厅入选。

24 日，政协第十四届永康市委员会常务委员会第十次会议召开，市长朱志杰，市政协主席朱世道，市政协副主席王浙强、胡明星、王伟、林广平、黄瑞燕、林飞雄、胡潍伟参加；法检代理“两长”应邀参加。

25 日，市领导金政、朱志杰、胡积合、徐忠飞、李浩锋、胡潍伟一行赴武义，就永康—武义“山海协作”工作与武义县领导章旭升、汤志勇、李杨勇、陈进一、李国旗等开展座谈交流。会上，两地签署 2019 年度“山海协作”帮扶协议，同时举行永康—武义“山海协作”项目援建资金捐赠仪式。

29 日，浙江省公布 2018 年度浙江省美丽乡村示范乡镇、特色精品村、高标准农村生活垃圾分类示范村及历史文化（传统）村落保护利用示范村名单，永康市共有 1 镇 5 村上榜。其中，舟山镇获评美丽乡村示范乡镇，江南街道园周村、舟山镇端岩村端头、花街镇倪宅村、芝英镇雅庄村获评美丽乡村特色精品村，舟山镇端岩村端头、芝英镇古塘里村获评高标准农村生活垃圾分类示范村。

30 日，金华市食品安全委员会印发《关于 2018 年度县（市、区）食品安全工作评议考核结果的通报》，永康市在 2018 年度金华市食品安全工作评议考核中被评为“A 级（优秀）市”。这已是永康市连续 3 年获评此项荣誉。

二月

2 日，《永康水利续志（1988—2017）》出版，这是永康市历史上完成编撰的第二部水利志。

16 日，全市工业大会召开，185 名优秀企业家和工匠代表受到表彰。市委书记金政在会上强调，市委、市政府一以贯之，高举工业强市大旗不动摇，全力以赴为民营经济发展创造良好环境，号召全市上下坚定不移朝着打造中国乃至世界先进制造业基地的宏伟目标，砥砺奋进，携手同行。

18 日，市第十七届人大常委会第十九次会议召开，初审市政府 2019 年民生实事候选项目。市委副书记、市长朱志杰作相关人事议案的提请；市人大常委会主任陈美蓉，副主任徐忠飞、章锦水、祝鸿熙、王瑛、叶成超、陈剑云参加；市领导周启标及法检代理“两长”列席会议。

20 日，市纪委第十四届第四次全会召开。市委书记金政在会上强调，要认真学习贯彻第十九届中央纪委第三次全会特别是习近平总书记重要讲话精神，全面落实省纪委第十四届第四次全会、金华市纪委第七届第四次全会各项工作部署，坚定不移正风肃纪反腐。市委副书记、市长朱志杰主持；陈美蓉、朱世道、胡积合等市四套班子领导，法检代理“两长”出席会议。

22 日，省农业农村厅副厅长唐冬寿带领省农业农村厅畜牧兽医处、畜牧农机中心，金华市农业农村局、畜牧兽医局、屠管所等相关部门负责人，来永调研畜牧工作。

25 日下午，金华市政协第七届第三次会议举行第二次全体会议，金华市政协党组成员、永康市委书记金政全票当选为政协第七届金华市委员会副主席。

26 日下午，中国人民政治协商会议第十四届永康市委员会第三次会议隆重开幕。金华市政协副主席胡锦全出席会议，金华市政协副主席、永康市委书记金政讲话，市政协主席朱世道代表市政协常委会作工作报告。

27 日下午，永康市第十七届人大第三次会议隆重开幕，金华市人大常委会副主任王丁路、永康市委书记金政出席会议。市第十七届人大第三次会议第一次全体会议由大会执行主席、主席团常务主席陈美蓉主持，永康市市长朱志杰作政府工作报告。

三月

1 日下午，市政协第十四届第三次会议举行选举大会，补选政协第十四届永康市委员会秘书长、常务委员。丁月中当选为政协第十四届永康市委员会秘书长，吕启中、朱江浩、罗慧华、周强、黄伟、程志芳当选为政协第十四届永康市委员会常务委员。

6 日，市妇联在丽州广场举行“巾帼志 · 家国情”“三八”国际妇女节 109 周年纪念大会暨美丽追梦人呼啦圈大赛活动。

7 日，科技日报社中国科技网、全国科技振兴城市经济研究会联合在京发布《中国区县专利与创新指数》。该指数包括“中国创新百强区”和“中国创新百强县”两大排行榜，永康市在“中国创新百强县”中位列第九。

8 日，在第 109 个“三八”国际妇女节，永康市举办首届“巾帼志 · 家国情”网络“三八”节活动。市委书记金政代表市委寄语广大妇女同志做新时代的美丽追梦人。

10 日，永康市全面完成机构改革“三定”工作，其中党政部门 37 个、镇(街道)14 个。至此，永康市党政机构改革班子到位、集中办公场所挂牌运行、人员转隶到位，“三定”工作完成。

13 日，在浙江省 2018 年“小微企业三年成长计划”实施情况通报中，永康市被评为 2018 年度“小微企业三年成长计划”工作优秀县(市、区)。

13 日，在应急管理部天津消防研究所党委副书记肖磊和永康市领导的共同见证下，永康市质量技术监督检测中心［国家五金工具及门类产品质量监督检测中心（浙江）］与应急管理部天津消防研究所签署战略合作框架协议。

20日，金华市委副书记、政法委书记陈玲玲和永康市领导金政、陈美蓉、朱世道、胡积合、周启标、陈曙初及人武部部长宋虹峰出席武警部队基层建设标兵中队表彰大会暨军营开放日活动。日前，武警金华支队机动二中队从全国基层中队中脱颖而出，获评武警部队10个"基层建设标兵中队"之一，这也是武警金华支队首个获此殊荣的基层中队。

20日，团市委第二十二届第二次全委（扩大）会暨"青基固本助腾飞"全市共青团组织力提升部署会召开。会议听取并审议共青团永康市第二十二届第二次全委会工作报告，总结2018年工作，部署2019年任务。

22日，市爱国拥军促进会召开第一届会员代表大会，选举产生促进会组织领导机构，标志着市爱国拥军促进会正式成立，永康市社会化拥军有了新平台。金华市委常委、军分区政委王振勇，永康市领导胡积合、喻文明、胡增强出席成立大会。

27日上午，金华市委副书记、市长尹学群来永调研制造业细分重点行业培育工作。他强调，永康是金华工业经济发展最重要的板块，要全力做好细分行业重点培育文章，引领金华制造业高质量发展。张伟亚、陈志身、傅利常、金政、张新宇、李浩锋、胡明星等金华市领导和永康市领导参加调研或座谈会。

27日，市第十七届人大常委会第二十次会议召开。市人大常委会主任陈美蓉主持会议，市人大常委会副主任徐忠飞、章锦水、祝鸿熙、王瑛、叶成超、陈剑云参加会议，市委常委、常务副市长周启标、市检察院检察长何德辉列席会议。会议审议通过23个市政府2019年度新增政府投资2000万元以上新建项目。

29日，全省建设平安浙江工作会议上，永康市再度被命名为浙江省平安县（市、区），平安永康建设实现十三连冠。市委书记金政在省主会场参加会议，市领导胡积合、陈嵘、周启标、陈曙初、童国华及检察院检察长何德辉在永康市分会场参加会议。

四月

4日，永康市再添两张金华市级"红色名片"，石柱镇俞溪头村下寮、方岩镇金竹村金竹降上自然村被授予金华市国防教育示范基地称号。

12日，由吉林四平市委副书记、市长郭灵计带队的党政代表团来永考察。考察团一行先后来到王力门业、会展中心五金精品馆和四方集团考察，就投资合作、项目建设开展洽谈交流。市领导金政、周启标、林广平陪同考察。

12日下午，市工业经济联合会、企业联合会、企业家协会年会暨换届大会召开，选举产生永康市第四届工业经济联合会和第八届企业联合会、企业家协会理事会及领导机构。市委书记金政、市长朱志杰为新当选的企业家协会会长胡济荣、企业联合会会长徐步云授牌。

14日，浙江大学医学院附属邵逸夫医院蔡秀军专家永康工作站签约揭牌仪式在市一医举行。省政协副主席、浙江大学医学院附属邵逸夫医院院长、博士生导师蔡秀军，市长朱志杰、副市长卢轶等出席签约揭牌仪式。

17—18日，省卫健委副主任、巡视员包保根一行来永调研指导卫生健康"1＋5"重点任务开展情况，加强信息化建设，推动一体化管理。

19日，省商务厅等7部门公布第一批省级供应链创新与应用试点城市和试点企业名单，永康市入选首批试点城市，浙江伟丰肉食品有限公司、浙江中国科技五金城集团有限公司入选试点企业。试点工作已进入全面实施阶段。

19日上午，永康日报社与人民日报媒体技术股份有限公司签约仪式在长兴举行，标志着永康日报正式入驻人民日报全国党媒信息公共平台。

23日下午，永康市召开“村干部整治立规创优年”行动动员部署会暨村社支部书记大会。市委书记金政在会上发出动员令，号召全市各级党组织和党员干部以更高站位、更强责任、更硬作风，克难攻坚，奋勇争先，形成风清气正、健康向上、和谐有序的基层政治生态，以乡村组织振兴有力服务保障乡村全面振兴。

25日，全省农村文化礼堂建设工作现场会公布2018年验收合格的293家五星级农村文化礼堂。永康市有5家上榜，分别是经济开发区夏溪村文化礼堂、东城街道高镇经济合作社文化礼堂、芝英镇前山杨下自然村文化礼堂、前仓镇大陈村文化礼堂、花街镇倪宅村文化礼堂。至此，永康市省级五星级文化礼堂总数达到9家。

25日，浙江哈尔斯真空器皿股份有限公司旗下的吴伟五金模具工匠创作室被授予“全国工人先锋号”殊荣。

26日，永康市印发《永康市村级班子、村干部“初心五检”实施办法（试行）》，每位村干部今后都将有个人履职体检报告。

26日，省发改委发布2019年省重点建设项目计划，永康市新增3个项目，总投资21.24亿元，2019年计划投资2.6亿元，新增个数在金华各县（市、区）中排名第三。3个项目分别为群升集团有限公司智能电网核心电子部件产业园建设项目、顶康科技有限公司年产200万台物联网智能跑步机生产线建设项目和永车轨道交通装备配套产业园建设项目（一期）。

26日，由省教育厅副厅长丁天乐担任组长的省教育基本现代化市评估工作专家组宣布：对照《浙江省教育现代化县（市、区）评估操作标准》（2015年修订版），评估组认定永康市创建工作总分为932分，达到省教育基本现代化市的认定要求，评估结果将上报省教育厅和省政府教育督导委员会办公室进行最后审定。此举意味着永康市通过省教育基本现代化市创建工作现场评估。

26日，芝英镇首届桑葚文化旅游节在芝英镇四知村隆重开幕。这是该镇举办的首个农业主题的重大节庆活动。

27日，在陈加元、杨烨、施小东、林亮、马伟杭等在杭永康乡贤和永康市领导金政、周启标、童国华、林广平的共同见证下，永康博士联谊会杭州分会成立，同时召开第一次会员大会，选举产生理事会及领导机构。这是永康博士联谊会成立以后建立的首个分会。

30日，永康市青少年庆祝中华人民共和国成立70周年暨纪念五四运动100周年主题团日活动在广电大剧院上演。市领导金政、朱志杰、胡积合、童国华、王瑛与不同年代、不同行业的青年代表以及少先队员代表一起欢度青春盛会。

五月

4日前夕，共青团中央发文表彰2018年度全国优秀团员、团干部和先进基层团组织。永康市志愿者协会团支部获评“全国五四红旗团支部”，这是永康市首个获此殊荣的团组织。

7日，永康、瑞安两地财政局签订战略合作备忘录，建立长期稳定的合作关系。

8日，是永康解放70周年纪念日。当天上午，永康市在丽州广场隆重举行庆祝中华人民共和国成立70周年暨永康解放日升旗仪式。市委书记金政讲话，市委副书记、市长朱志杰主持；陈美蓉、朱世道、胡积合等市各套班子领导、法检“两长”，以及参加过永康解放战争的老干部代表，机关部门干部代表，各镇街区干部代表，各民主党派、社会各界人士代表，驻永部队官兵代表等约1200人参加活动。

10日，第一届中国(永康)安全与应急产品博览会在永康国际会展中心开幕。国家应急管理部政策法规司标准处副处长周煦人讲话并宣布开幕。中国安全生产科学研究院副总工程师王云海，浙江省应急管理厅人防办常务副主任王春来，四川省泸州市副市长、公安局局长何绍明等出席。市委副书记、市长朱志杰致辞，市委常委、常务副市长周启标主持。

11—12日，由中央党校马克思主义研究基金会秘书长、《理论视野》杂志社社长薛伟江带队的调研组来到永康市，对基层治理等工作开展调研。金华市委常委、宣传部部长吕伟强、金华市委常委李恩华，永康市委副书记、政法委书记胡积合陪同。

13日，四川省阿坝藏族羌族自治州理县县委书记依当措率党政代表团来永，开展东西部扶贫协作和对口支援互访工作，同时召开两地高层联席会议暨招商引资专场推介会。市领导金政、周启标、程学军参加。

21日，国务院办公厅印发《对2018年落实有关重大政策措施真抓实干成效明显地方予以督查激励的通报》，公布全国十大农村电商工作典型县市榜单，永康市荣膺全国十大农村电商工作典型县市称号。

23日，市长朱志杰主持召开市第十七届政府第三十四次常务会议，审议并原则通过《永康市加强养犬管理工作的实施意见》等议题，重点管理区实行养犬免疫登记制度。

23日，省双拥模范城考评组来永，对永康市创建省级双拥模范城工作进行考评。考评组先后深入武警机动二中队、会展中心军民融合展示馆、花街镇等地进行实地察看，并通过观看专题片、听取汇报、现场提问、查阅资料、座谈交流等形式，多层面、多渠道地对永康市双拥工作进行考评。

24日，农民日报社党委书记、社长唐园结带队来永，深入芝英镇、前仓镇等地采访农村人居环境治理、美丽经济发展等情况。省农业农村厅副巡视员陆元林、金华市委常委李恩华陪同。

26日，第十届中国(永康)国际门业博览会在永康国际会展中心开幕。中国商业联合会会长姜明，中央国家机关行业协会商会住建联合党委书记、中国房地产业协会副会长张力威，中国建筑金属结构协会会长郝际平，公安部安全与警用电子产品质量检测中心主任胡志昂等国家有关部门、协会和商会领导，金华市委常委、市政府党组成员张伟亚，金政、朱志杰、陈美蓉、朱世道、胡积合等永康市四套班子领导以及其他嘉宾、参展商采购商代表出席开幕式。

26日11时02分，在步阳集团智能车间冲压钣金实验线前，市委书记金政使用华为Mate 20X 5G版手机，拨通永康市首个5G视频电话。当天，步阳集团5G互联网智慧工厂联合创新实验室揭牌，首条5G智能制造生产线同步启动。

26日，由中国建筑金属结构协会和市政府主办的第二届中国防盗门防火门创新发展论坛在会展中心举行。中国建筑金属结构协会会长郝际平、住建部科技与产业化发展中心绿色建材部品处处长刘敬疆、市长朱志杰、副市长吕群勇等参加。

27日，金华市智能门（锁）业发展大会暨“智造共赢”智能门锁科技峰会在永康市举行，分析行业发展形势，研究发展重点举措。金华市领导张伟亚、张新宇，永康市领导朱志杰、吕群勇等与会。

30日，“永报姐妹花”工作室获评全国巾帼文明岗，成为金华市范围内唯一获国字号巾帼文明岗荣誉的新闻单位，也是2019年永康市唯一获此荣誉的单位。

六月

3日，全市深化国有企业和国资管理体制改革工作动员部署会召开，标志着永康市国资国企改革进入实质性阶段。市委书记金政在会上强调，全市上下要提高政治站位，充分认识国资国企改革的重大意义，积极稳妥有序深入推进国资国企改革，为永康市经济社会高质量发展提供强有力的支撑和保障。市领导朱志杰、陈美蓉、朱世道、胡积合、周启标、蒋震雷、童国华、胡增强、朱志昂、卢轶出席会议。

4日，在省商务厅发布的《2018年浙江省电子商务产业基地名录》中，经济开发区电子商务创业园、会展中心电子商务聚集区、宏伟电商创业园、蓝德跨境电商孵化园、总部中心电子商务聚集区、长城村休闲产业电商园榜上有名。

8日下午，永康博士联谊会大湾区分会成立大会在深圳举行，60多名来自广东、福建、广西、香港、澳门等地的永康籍博士、教授参加成立大会。市长朱志杰，市委常委、组织部部长童国华出席成立大会。

10日，永康市召开“四城联创”工作大会，对创建国家森林城市、国家园林城市、省示范文明城市和国家卫生城市复审工作做全面部署、全面推进。

12日，永康市召开新四军历史研究会第六届第一次会员大会暨革命老区开发建设促进会成立大会。

20日，市委书记、市委全面深化改革委员会主任金政主持召开市委全面深化改革委员会第一次会议，强调要以更高站位、更高层次谋划改革，以更大气力、更实举措攻坚改革，以更强担当、更硬作风落实改革，坚定不移将全面深化改革进行到底。朱志杰、周启标、蒋震雷、胡天忠、童国华、陈剑云、吕群勇、朱志昂、卢轶、李浩锋、胡明星等市委全面深化改革委员会成员，相关部门单位负责人参加会议。

20日，团省委书记朱林森一行来永调研共青团工作，深入开展“不忘初心、牢记使命”主题教育及“三服务”活动。

21日，由国家林业和草原局生态保护修复司副司长马大轶带队的专家组来永，调研指导推进森林城市建设工作。省林业厅正厅级领导杨幼平等省、市有关部门负责人陪同调研。

22日晚，省教育考试院公布2019年高考各类别各段分数线，其中普通类一段线595分、二段线496分、三段线264分，一段线较上年提高7分。永康市高考多项指标创历史新高，普通类上一段线人数达750人。

25日，住房城乡建设部、文化和旅游部等6部门公布第五批中国传统村落名录，前仓镇大陈村、舟山镇舟二村、芝英镇芝英一村3个村入选。

25日，市十七届人大常委会第二十二次会议召开。市人大常委会主任陈美蓉主持会议，市人大常委会副主任徐忠飞、章锦水、祝鸿熙、王瑛、叶成超、陈剑云，法检“两长”和相关部门负责人参加会议，市委常委、常务副市长周启标列席会议。

26—27日，市委书记金政率党政代表团赴江苏省常熟市参观考察，重点学习常熟推进整体创新突破以及产业转型升级、生态文明建设、城市精细管理、城乡协调发展等方面的经验做法。市领导周启标、程学军、叶成超、吕群勇、胡增强、朱志昂、杨庆彪、黄瑞燕参加考察。

27日，永康市举行“四城联创”志愿服务活动启动仪式，党员干部志愿服务队、团员青年志愿服务队、红领巾志愿服务队、公益组织志愿服务队、综合执法攻坚服务队以及市民群众代表约600余人参加。

28日，杭州医学院、永康市人民政府合作签约暨杭州医学院附属永康市第一人民医院授牌仪式举行，标志着永康市首次校地合作成功落地。杭州医学院院长吕建新，永康市领导朱志杰、卢轶参加。

七月

1日，永康全体市委委员及候补委员开展七一主题活动。首先参观位于芝英镇练结村的“中共永康县委诞生地纪念馆”，回顾永康党组织诞生和发展历程，并在市委书记金政带领下重温入党誓词。然后委员们又参观位于舟山镇方山口村的“中国工农红军第十三军第三团纪念馆”，金政书记以“坚守初心本色，永葆革命精神”为题，结合当天的参观内容和感悟，为委员们上党课。

3日，在省委“不忘初心、牢记使命”主题教育专题党课暨担当作为好干部表彰会议上，永康市农业技术推广中心副主任夏声广受到表彰。

3日，省统计局调研组由局党组书记、局长王杰带队，来永调研“两项试点”尤其是工业企业电子商务统计调查试点工作。金华市领导张伟亚，永康市领导朱志杰、周启标等分别参加调研或座谈会。

4日16时10分，根据《永康市防汛防旱防台应急预案》和当前汛情，市防汛防旱指挥部启动防汛Ⅳ级应急响应。

9日，省发改委印发《2019年浙江省基础设施补短板重大项目清单（第一批）》，永康市五金技师学院（筹建）、北三环工程、义乌至永康公路工程（永康木渠至童宅段）及规划省道安吉至洞头公路永康段和东城街道车头与塔海自然村城中村改造项目4个重大项目上榜。

9日，四川省遂宁市船山区党政代表团由区委书记曹斌带队，来永开展经济合作交流考察。市领导金政、胡积合、程继军等陪同考察并参加座谈交流。

10—11日，省小城镇环境综合整治考核组到石柱镇、方岩镇开展考核验收。

11日，市委全面依法治市委员会第一次全体（扩大）会议召开，市委全面依法治市委员会正式成立并全面履职。市委书记、市委全面依法治市委员会主任金政在会上强调，要牢固树立“以人民为中心”的法治理念，切实增强思想自觉、政治自觉、行动自觉，努力营造公平正义的社会环境，在新的起点上建设更高水平的法治永康，为永康高质量发展提供坚实的法治保障。市长、市委全面依法治市委员会副主任朱志杰主持会议。市领导陈美蓉、胡积合、陈曙初、喻文明、童国华、叶成超、黄瑞燕，市检察院检察长何德辉等一同出席会议。

17日，由省委财经办专职副主任、政研室副主任朱卫江带队的调研组来永调研工业经济发展情况。市领导金政、胡积合、吕群勇分别参加经济形势座谈会和现场考察。

18—19日，省爱卫办考核组一行先后

前往花街镇、古山镇开展创建国家级卫生乡镇省级明检，并分别在相应的技术评估反馈会上公布：两镇均达到“创国卫”标准，同意通过省级明检评估。

22日，省市场监管局发布的《浙江省小微企业成长指数报告》显示，2018年小微企业成长指数30强区县榜中，永康市以136.13的指数值位列全省第三，核心竞争力、成长活跃度、制度供给力等模块指数均居全省前列。

23日，永康市出台《关于加快行政村融合促进大美乡村建设的意见》，明确加强新村班子建设、推动新村“新腾飞”、完善新村运行机制、落实新村激励政策、强化组织保障等五大方面的17条具体举措，以此夯实基层治理基础，理顺体制机制，真正实现行政村规模调整“并建制、并‘三资’、并人心，促发展、促民生、促振兴”的既定目标。

23日，金华市委书记陈龙率金华市四套班子领导和各县（市、区）党政主要负责人来永现场察看重大产业项目，并给予项目高度评价。市领导朱志杰、周启标参加活动。

29日，在浙江省纪念建军92周年暨双拥模范城（县）命名表彰大会上，永康被列为省双拥模范城并获授牌。这是永康市首次被命名为“省双拥模范城”。

29日，市政协组织开展首场“请你来协商”协商议政活动。活动围绕江南山水新城控制性详细规划修编草案，聚焦江南山水新城规划与建设。市领导金政、朱志杰、朱世道等参加活动。

30日，省农业农村厅传来消息，第二届农业产业技术创新推广服务团队名单出炉，永康市3人入选，他们分别是市经济特产站高级农艺师黄世荣、浙江菇尔康生物科技有限公司李汝芳和陈勇光。

31日上午，永康市融媒体中心正式挂牌成立。这标志着永康市新闻传媒工作从传统媒体和新媒体“简单相加、单兵作战”迈向“融合发展、多元传播”的全新阶段。

八月

2日，省小城镇环境综合整治办通报2019年度全省小城镇环境综合整治考核验收结果，永康市唐先镇、西溪镇、方岩镇、前仓镇、石柱镇顺利通过省级考核验收，其中西溪镇、前仓镇、石柱镇被评为省级样板镇。至此，永康市11个镇全部达标。加上此前获评的舟山镇，省级样板镇共有4个，金华市级样板镇1个，小城镇环境综合整治完美收官，实现满堂红。

9日11时52分，超强台风“利奇马”步步逼近，浙江省的防台风应急响应等级一提再提，省防指启动Ⅰ级防台风应急响应。9日16时30分，永康市将防台风应急响应提升至Ⅰ级。省、金华市和永康市相继召开防御第9号超强台风“利奇马”工作会议。

11—17日，由市长朱志杰率队，市自然资源和规划局、市建设局、市综合执法局、市台办等部门及部分企业负责人组成代表团，赴台湾考察精品城市管理等工作，助推永康市“优雅城市”建设。

15日，永康市首届“金融超市”政银企对接会在国际会展中心开幕。中国人民银行永康市支行及永康市22家金融机构共同设摊，由行长和分管负责人出面，与百余位有融资需求的民营企业主展开现场对接洽谈。

20日，省证监局党委书记、局长田向阳一行来永，对永康市上市企业培育情况进行调研。市领导金政、吕群勇、李浩锋陪同。截至6月底，永康市已有股份制企业125家，上市（挂牌）后备企业27家，全市新增

28家股份制企业。

20—23日，由省人大常委会办公厅副巡视员胡德贵带队的省第二督导组来永，通过“听、看、查、访”等形式，对永康市“五水共治”“三改一拆”、小城镇环境综合整治和生活垃圾分类工作进行全面督导。市领导朱志杰、胡积合、胡增强、朱志昂、徐锴陪同或参加汇报会和反馈会。

24日，省发改委官方公众号为永康市推动产业集群服务业与制造业深度融合的发展模式点赞。此前，省发改委发布《关于组织开展现代服务业与先进制造业深度融合试点的通知》，确定9个产业集群类试点、16家龙头企业服务业制造化类和龙头企业制造业服务化类企业试点，永康市作为金华唯一入选的试点县名列其中。

27日，市关爱退役军人协会正式成立，省退役军人事务厅副厅长金登尚为协会授牌。

九月

3—4日，市委书记金政率党政企代表团到四川省成都市、都江堰市、什邡市考察。他强调，要坚持工业强市不动摇，深化交流合作，取长补短，完善产业梯次，丰富延展产业链，加快打造中国乃至世界先进制造业基地，实现高质量发展。市领导蒋震雷、吕群勇、程继军、林广平参加考察。

5日，永康、船山、理县“飞地产业园区”座谈会在四川省遂宁市船山区召开。遂宁市委常委、组织部部长周鸿，船山区委书记曹斌，理县县委书记依当措及永康市领导金政、蒋震雷、吕群勇、程继军、林广平出席会议。

7日下午，永康博士联谊会上海分会成立大会在同济大学举行，80多名在沪的永康籍博士、教授参加成立大会。这是永康博士联谊会成立以来建立的第4个分会。市长朱志杰，市委常委、组织部部长童国华出席成立大会。

10日，省生态环境厅、省财政厅和省水利厅联合通报2018年度全省跨行政区域河流交接断面水质考核结果，永康市获考核优秀等次。

10日，永康市召开全市教育大会。市委书记金政在会上强调，要坚定不移实施教育优先发展战略，以“让教育发展不缺钱、不缺人、不缺地”为目标，全力以赴办好人民满意教育，全面打造高水平现代化教育强市。

12日下午，全市“不忘初心、牢记使命”主题教育工作会议召开。市委书记金政主持会议并讲话。他强调，要深入贯彻习近平总书记关于主题教育一系列重要论述精神，全面落实中央和省委、金华市委的有关精神，以勇立潮头、走在前列的政治自觉，高标准、高质量开展主题教育，引导广大党员干部自觉践行党的初心和使命，激昂斗志、激发干劲，为“全面奔小康，永康新腾飞”做出新的更大贡献。金华市委主题教育第五巡回指导组组长陈东出席并讲话。朱志杰、陈美蓉、朱世道、胡积合等市四套班子领导、法检“两长”，金华市委主题教育第五巡回指导组全体成员出席会议。

16日下午，永康市在国际会展中心举行庆祝中华人民共和国成立70周年安保誓师大会暨“实战大练兵、武装大巡防”启动仪式。市委书记金政观摩演练并宣布中华人民共和国成立70周年大庆永康市安保暨“实战大练兵、武装大巡防”活动启动。市领导朱志杰、胡积合、陈曙初、喻文明，市法院院长楼常青，市检察院检察长何德辉一同观摩。

16—17日，市委理论学习中心组“不忘

初心、牢记使命”主题教育第一次专题学习会以“传承英烈志，坚定跟党走”为主题，开展“初心之行”。两天一夜的时间里，金政、朱志杰、陈美蓉、朱世道、胡积合等市委理论学习中心组全体成员参加了现场参观、集中学习、专题辅导、交流发言等活动，金华市委主题教育第五巡回指导组组长陈东到场指导。

20 日上午，桥下水厂迁扩建工程正式开工，这意味着永康市东北部供水保障能力将得到大幅度提升。市领导朱志杰、胡天忠、祝鸿熙、胡增强，省钱江水利开发股份有限公司总经理何刚信共同为项目奠基培土。

25 日，副省长、省公安厅厅长王双全到永康督导中华人民共和国成立 70 周年大庆安保工作，调研公安及基层综合治理工作，并看望慰问一线警务执勤人员、武警和平安志愿者等群防群治力量。金华市副市长、公安局局长董旭斌和永康市领导金政、胡积合、陈曙初分别陪同调研。

26 日，第 24 届中国五金博览会在永康国际会展中心开幕。中国商业联合会会长姜明，中国发明协会党委书记、常务副理事长兼秘书长余华荣，中国轻工业联合会执行秘书长陈建国，中国科技金融促进会事业发展部主任朱雁，中国五金制品协会理事长石僧兰，省商务厅党组副书记、副厅长韩杰，金华市委常委、副市长吕兵等领导和来宾，金政、朱志杰、陈美蓉、朱世道、胡积合等永康市各套班子领导出席开幕式。开幕式由第 24 届中国五金博览会组委会主任、市委副书记、市长朱志杰主持。

26 日，由浙江人民出版社出版，反映永康工业经济光辉历程、记录永商奋斗足迹的新书《印迹》首发。

十月

8—9 日，金华市委理论学习中心组成员集体来到永康市，举行“不忘初心、牢记使命”主题教育第二次专题学习会。金华市委书记陈龙、省委第七巡回指导组组长尹永杰出席会议并讲话。尹学群、黄锦朝、陶诚华、陈玲玲等副市以上领导干部，省委指导组副组长陈家耀及其他成员，金华市委主题教育办负责人等参加。学习期间，市领导来到刘英烈士陵园缅怀先烈，前往中国科技五金城重走习近平总书记来永调研之路、重温重要指示精神，并在市委党校开展集中自学，还围绕中央规定的 8 个方面，结合“忠诚实干、为民服务”主题，做了交流研讨。

9 日，为期 5 天的 2019 年方岩庙会在方岩旅游集散中心拉开帷幕。省委统战部常务副部长王晓峰、省民族宗教事务委员会副主任莫幸福和永康市领导金政、程学军、吴婉珍、胡天忠、徐忠飞、卢轶、胡潍伟参加开幕式。

11—12 日，市委理论学习中心组“不忘初心、牢记使命”主题教育第二次专题学习会以“重走调研路，感受为民情”为主题，开展“实干之行”。两天一夜的时间里，金政、朱志杰、陈美蓉、朱世道、胡积合等市委理论学习中心组全体成员重走习近平同志来永调研路线、重温重要指示精神，现场考察部分民生项目，并参加集中学习、专题辅导、交流发言等活动。金华市委主题教育第五巡回指导组到场指导。

14—15 日，由住房和城乡建设部城市建设司二级巡视员赵健溶带队，上海市园林科学规划研究院院长张浪为专家组长的国家园林城市考查组一行来永，通过查阅台账、现场检查、座谈交流等方式，对永康市创建国家园林城市进行考查验收。市领导朱志杰、胡积合、吴婉珍、朱志昂、卢轶、林飞雄陪同考查或参加座谈。

24日，由省林业局、中国林科院联合主办的浙江省第十六届林业科技周活动在永康市启动。国家林业和草原局有关司局、单位，省科协、省林业局相关处室和直属单位的有关领导和专家，永康市领导胡积合、李浩锋参加启动仪式。

25日上午，全市领导干部会议召开，宣布省委、金华市委关于市政府主要领导调整的人事事项。市委书记金政主持会议，金华市委常委、组织部部长郑敏强出席会议并讲话。会议宣布张群环同志任中共永康市委委员、常委、副书记，提名为市长候选人。

27日，由市市场监督管理局下属市质量技术监督检测中心负责筹建的国家五金工具及门类产品质量监督检验中心（浙江）（以下简称“国家质检中心”）顺利通过国家认可委（CNAS）和国家认监委（CMA）组织的为期3天的专家现场考核评审，一举跻身国家先进标准检测实验室行列，为永康市成功摘获CNAS和CMA国家级检测资质。

28日，市第十七届人大常委会第二十四次会议召开。会议进行人事任免，审查和批准市政府关于2019年预算调整的报告，听取并审议预算支出重点资金绩效评价的报告，听取市政府关于国有资产管理情况的报告，听取并审议市政府关于市第十七届人大第三次会议代表议案、建议和意见办理工作的报告。会议接受朱志杰辞去永康市人民政府市长职务的请求；决定任命张群环为永康市人民政府副市长，代理永康市人民政府市长。

29日上午，永康市举行小微企业园集中开工仪式。市委书记金政在花街主会场宣布开工，相关镇街区分会场同步启动。据悉，参加集中开工的20个小微企业园将盘活闲置用地210万平方米。金华市委主题教育第五巡回指导组组长陈东，市领导张群环、陈美蓉、朱世道、朱志昂、卢轶在主会场出席开工仪式，市四套班子其他领导分赴所联系的镇街区参加开工仪式。

30—31日，由四川省遂宁市船山区委副书记、区长韩麟带队的代表团一行来永，通过实地走访、座谈交流等形式，全面了解永康市经济社会发展情况，并就共建“飞地产业园区”进行对接。

十一月

1日，第三届省基层党建论坛举行。来自全国党建研究会、中央党校等中央、省、市专家学者以及全省各地党建工作者，围绕“善治·久治——从‘后陈经验’看党建引领基层治理”主题开展研讨交流。全国党建研究会副会长、中组部原秘书长高世琦带队到永康市分会场江南街道园周村现场考察基层党建、村务监督等工作。

5日上午，在四川省泸州市高新技术开发区，永康市政府与四川长江液压件有限责任公司签署协议，正式建立长期战略合作关系。

6—7日，金华市委常委、纪委书记、监委主任郎文荣，永康市委书记金政，率市党政企代表团在四川省成都市考察学习。市领导蒋震雷、喻文明、吕群勇参加考察。

8日，第十四届农展会在会展中心开幕。省人大常委会原党组书记、副主任茅临生宣布开幕，省农业农村厅副厅长童加朝致辞；省妇女联合会副主席陆英，四川阿坝州理县副县委副书记、县长王世伟，以及永康市领导胡积合、王瑛、胡增强、林飞雄出席开幕式。

14 日上午，中国少年先锋队永康市第八次代表大会在市机关会议中心开幕，273 名正式代表肩负全市 7 万多名少先队员的期望步入会场。市委书记金政宣布大会开幕并讲话。市领导张群环、陈美蓉、朱世道、胡积合、卢铁、徐锴出席开幕式。共青团金华市委副书记刘熙到会祝贺并讲话。

15 日上午，2019 森林城市建设座谈会在河南省信阳市召开。会上，永康等 28 个城市被正式授牌为“国家森林城市”。

16 日，赛迪顾问县域经济研究中心发布《2019 中国县域营商环境百强研究白皮书》，永康市列“全国营商环境百强县”第 13 位。

17 日，永康博士联谊会第一届理事会第二次会议召开。市委书记金政在会上强调，要齐心协力做大做强“永博联”，为永康籍人才在外发展提供更好的服务平台，也为在外永康籍人才回报家乡、建设家乡做出应有贡献。市领导张群环、童国华出席会议。

27 日起，以“主动融入长三角，找差距补短板谋发展”为主题，市党政企代表团学习之旅启程，首站来到上海开展考察交流。市领导金政、张群环、陈美蓉、朱世道、吕群勇、李浩锋参加考察。

十二月

6 日，市文学艺术界联合会第四次代表大会开幕。市委书记金政在开幕式上寄语全市广大文艺工作者，要深入学习贯彻习近平总书记关于文艺工作的系列重要讲话精神，潜心创作更多思想精深、艺术精湛、制作精良，具有中国气派、浙江风格、永康特色、时代风采，无愧于时代、无愧于人民的精品力作，用人格魅力彰显艺术魅力，以道德厚度提升艺术高度。金华市文联党组书记、主席楼冰到会祝贺并致辞。市领导张群环、胡积合、吴婉珍、童国华、祝鸿熙、卢铁、黄瑞燕出席开幕式。

8 日，“农商银行杯”2019 永康半程马拉松赛鸣枪开赛。市委书记金政宣布比赛开跑，省体育局竞赛中心主任陶自力、金华市体育局副局长施爱德和市领导张群环、陈美蓉、朱世道、胡积合、周启标、陈曙初、吴婉珍、朱志昂、卢铁等领导出席开幕式，并为男女半程马拉松赛前 3 名选手颁奖。

10 日上午，在市“慈善一日捐”活动启动仪式现场，市慈善工作领导小组向全市发出倡议，号召广大市民伸出援手、奉献爱心。金政、张群环、陈美蓉、朱世道、胡积合等市四套班子领导、法检“两长”带头响应，现场捐款。

9—11 日，由省人大常委会办公厅副巡视员胡德贵带队的省第二督导组来永，通过听取汇报、实地走访、座谈交流等方式，对永康市“五水共治”“三改一拆”、小城镇环境综合整治和垃圾分类等重点工作进行督导。市领导张群环、胡积合、胡增强、朱志昂、徐锴参加。

17 日，在阿里巴巴集团副总裁方建生和市委书记金政的共同见证下，市委常委、常务副市长周启标与阿里巴巴集团本地生活事业部合作发展总监杨磊作为双方代表，签署战略合作框架协议。此举意味着，继 1999 年阿里巴巴中国供应商在全国的首个办事处选址永康之后，国内首个阿里巴巴本地生活服务中心也有望落户永康。

20 日，市委副书记、代市长张群环主持召开市第十七届政府第四十二次常务会议，审议《政府工作报告(送审稿)》《2020 年政府投资、国有资本投资项目计划》《2019 年永康市政府质量奖评审工作情况》等议题。

24日上午，市第十六次妇女代表大会召开。市委书记金政在开幕式上强调，全市各级妇联组织和广大妇女工作者要充分发挥妇女在社会生活和家庭生活中的“两个独特”作用，奋力谱写新时代妇女事业新篇章，在“全面奔小康，永康新腾飞”征程中贡献更多巾帼力量。金华市妇联党组书记、主席陈雷红到会祝贺并讲话。市领导张群环、陈美蓉、朱世道、胡积合、周启标、蒋震雷、程学军、吴婉珍、胡天忠、喻文明、童国华、王瑛、胡增强、卢铁、黄瑞燕出席开幕式。市级老领导应兰玉、刘淑芬应邀参会。

24—25日，金华市人大代表与选任工作座谈会在永召开，金华各县(市、区)人大汇报2019年工作情况和2020年工作思路，并围绕如何发挥人大代表主体作用、深化代表联络站工作以及加强乡镇(街道)人大工作创新等方面进行交流。

25日上午，永康五金技师学院开工建设。市委书记金政宣布项目开工，与市领导张群环、陈美蓉、朱世道、胡积合、周启标、叶成超、卢铁、黄瑞燕一起为项目培土奠基。

25日，永康市召开全市公安机关干部大会。金华市副市长、公安局党委书记、局长董旭斌，永康市委副书记、政法委书记胡积合参加会议。会议宣读金华市委关于提名朱茂均同志为永康市副市长人选的决定。根据人事调整安排，陈曙初同志离任永康。

26—27日，政协第十四届永康市委员会常务委员会第十六次会议召开。

30日，市十七届人大常委会召开第二十六次会议。会议决定，市第十七届人大第四次会议于2020年1月18日至21日召开。

(年鉴部)

市情概览

自然地理

【位置面积】 永康是县级市，隶属于浙江省金华地级市。市人民政府驻东城街道金城路25号。行政区划代码：330784。邮政编码：321300。电话区号：0579。车牌号：浙G。永康市地处浙江中部腹地，位于瓯、钱两江分水岭上。地扼衢州、婺州与处州、台州、温州通衢，是浙东内地通往浙东南地区的要冲。北至省会杭州市径距180千米。地理坐标为北纬28°45′31″—29°06′19″，东经119°53′38″—120°20′40″。东南与丽水市缙云县接壤，东北与东阳市、磐安县相连，西邻武义县，北毗义乌市。全市四至为：东起西溪镇棠溪后岗头村，西至花街镇八字墙陈弄坑村白云岩洞，东西长约44千米；南起石柱镇新店扫帚坑乌岩洞，北至唐先镇中山下位村枫坑岭，南北宽约38千米。全境总面积1047平方千米，其中：山区755.28平方千米，占72.1%；平原地区209.80平方千米，占20%；江河塘库81.92平方千米，占7.9%。土地总面积10.48万公顷，其中农用地8.9万公顷、城镇村及工矿和交通运输用地1.29万公顷、其他0.29万公顷；林业用地6.23万公顷，其中林地5.20万公顷、灌木林地0.64万公顷、其他0.39万公顷；水域及水利设施用地8182万公顷。

【地质土壤】 永康市在地质构造上属华夏陆台的东部，是浙闽地质的一部分。出露最老的地层为上侏罗纪磨石山群火山岩，分布于永康盆地周围，组成中低山丘陵，除局部外，其他出露广泛。上覆下白垩统馆头组，以不整合或假整合接触为主。盆地内部大都为朝川组红土层，其上为方岩组沙砾岩，出露于盆地的东南一带。而第三系玄武岩则零星分布于盆地中。第四系主要分布于华溪、南溪、永康江和永康至武义县桐琴公路两侧。它们形成于1.2亿年前，地质史上称为早白垩世。全市土壤面积88700公顷，占全市土地面积的84.5%。有红壤、黄壤、岩性土、潮土、水稻土等5个土类，9个亚类，25个土属，52个土种。红壤广布于永康盆地以及盆地周围海拔600米以下的低山丘陵和缓坡岗地上，包括红壤、黄红壤和侵蚀型红壤3个亚类，5个土属，8个土种，面积46330公顷，占土壤总面积的52.2%。黄壤呈峰状分布于海拔600米以上的盆地低山，包括黄壤和侵蚀型黄壤2个亚类，2个土属，3个土种，面积2100公顷，占土壤总面积的2.36%。岩性土分布于低岗地和高丘台地上，仅紫色土1个亚类。红紫砂土1个土属，3个土种，面积12030公顷，占土壤总面积的13.56%。潮土主要分布于永康江及其支流两侧的溪滩地以及谷口洪积扇上，呈狭长带出现，仅潮土1个亚类，4个土属，8个土种，面积1320公顷，占土壤总面积的1.50%。水稻土主要分布在海拔250米以下的沿江平原和低丘缓地，它是各种自然土壤，经人为长期耕作、水耕熟化之下发育而成的。根据水分活动特点分为渗育型水稻土和潴育型水稻土2个亚类，13个土属，33个土种，面积26910公顷，占土壤总面积的30.34%。

【地形地貌】 永康市的地势由东北向西南倾斜。仙霞山脉余脉从东北和东南延伸入境。中部、西部丘阜广布。最低处在城西新区夏作,海拔72米。丘陵山地约占土地面积的72%,平原占土地面积的20.3%。境内最大河流永康江,汇入南溪、华溪、李溪、酥溪等大小支流38条,构成树枝状水系,把中部河谷平原与四周的丘陵山地紧密联系在一起,形成东、北、南三面向中,西部逐级倾降的永康盆地,内部地势低平。全市有蓄水量1000万方以上的中型水库3座,100万方以上的小(一)型水库16座,10万方以上的小(二)型水库83座,形成杨溪、太平、三渡溪、黄坟、上黄五大骨干水库的完整水网体系,各类水利工程供水量2.64亿立方米,有效灌溉面积1.69万公顷,实现田成方、树成行、渠成网、路相通的现代农业示范园区,有标准农田面积7667公顷,是主要产粮区。最高处在东部,是与磐安、缙云交界的黄寮尖,海拔930米。

【资源物产】 永康市森林资源丰富,生物品种多样,是"浙江中部的生物基因库"。全市有林地6.23万公顷,占土地总面积的59.6%,森林蓄积量250.5万立方米,森林覆盖率53.1%。有林木品种(包括竹类)近百种。珍贵树种有银杏、红豆杉、紫楠、金钱松、榧树、花榈木、马褂木、桤木、青冈、黄檀等,用材林有马尾松、杉木、香樟、楮树等40余种,经济林有银杏、油桐、柑橘、杨梅、柿树等35种,竹类有毛竹、雷竹、紫竹、丝竹等25种。名木古树有9科22属39种1000株,坑里的古柏、金坑的银杏、箬岭下的榧树、方岩山顶的母子樟等树龄均已达千年。药用植物资源有千余种,据清道光《永康县志》载:"金胜山少竹木,唯产天门冬。山中有一种千叶桃花,以酒浸饮之,除百病,名桃花酒。"有观赏植物200余种。境内动物资源种类繁多。野生哺乳动物主要有野猪、野兔、山狗、白猸、黄鼬、九江狸、香狸猫等,爬行动物有山乌龟、穿山甲、各种蛇类等30多种,鸟类有猫头鹰、杜鹃、雉鸡、黄雀、八哥、野鸭、鹧鸪等156种,由于森林绿化及环境的改善,近年来豺、狼、豹、野山羊及已临绝迹的鹿、麂、水獭等野兽也时有所见。昆虫有蜻蜓、蝉、各色蝴蝶等20多类。水产资源较为丰富,淡水鱼有鲤鱼、青鱼、鲫鱼、黑鱼等;甲壳类有乌龟、甲鱼、蟹、泥螺、黄蛤、河蚌等。境内矿产资源丰富,尤以萤石为最,为全国重点储藏区之一;还有沸石、高岭土、珍珠岩、黄铁矿、钴矿、石油沥青及金、银、铜、锌、铅等矿产,不少矿产具有开发前景。永康境内矿产丰富,种类繁多。经地质勘探部门勘探,探明和发现矿物达30余种,可分为贵金属、有色金属、黑色金属、冶金辅助原料、化工原料、建筑原料、燃烧和其他矿物8个类型。贵金属主要是金矿、银矿,有色金属有铜矿、铅矿、锌矿、钴矿,黑色金属有磁铁矿、褐铁矿,冶金辅助原料有萤石矿,化工原料有黄铁矿,燃料有石油、天然气、油页岩,还有矿泉水、地下水等。尤以萤石矿为最,已进行开采萤石矿床85处,年开采量有10多万吨,品位极高,有色元素含量低,是国际市场上的畅销矿产,主要分布在花街、渎溪、枫林、下堑、野山、金坑等地,已开发利用的有10余种。多种金属及贵金属,因矿体小未开采。

历史人文

【建置沿革】 早在7000多年前的新石器时期,已有先民在永康土地上种植猎渔,繁衍生息。上古社会,永康地属扬州,春秋时期属越国。战国时代,越国被楚国所灭(约前306),成为楚地。秦始皇二十五年(前

222)，建会稽郡乌伤县，永康属之。汉沿秦制。三国吴赤乌八年(245)，分乌伤县南界上浦乡设置永康县。吴宝鼎元年(266)，属东阳郡。晋沿吴制。南朝梁绍泰元年(554)，永康为留异所据的缙州驻地，管辖东阳郡、新安郡，势力达到永嘉、临海、新安等郡。陈天嘉三年(562)废缙州，永康属金华郡。隋开皇九年(589)，属吴州。唐代永康为望县。唐武德四年(621)，永康县擢升为丽州，属越州总管府，徙县治于县城之北。武德八年废丽州，复称永康县。唐武后天授二年(691)，析永康县西部置武义县。万岁登封元年(696)，又析县之东南部置缙云县。此后至南宋，均属婺州。宋代永康为紧县。元代永康为上县，属婺州路。自明至清，属金华府。1912 年属金华道。1927 年直属浙江省。1932 年起，先后属第六、第四、第八行政督察区。1939 年 2 月，永康县东北翠峰、五美、盘峰 3 个乡划归大盘山区(磐安县前身)。抗日战争时期，浙江省政府一度(1938 年 1 月至 1942 年 5 月)迁方岩办公，永康成为浙江省临时省会。1949 年 5 月 8 日，永康解放，辖区承旧(后改金华专区)。1958 年 10 月撤武义县，武义县行政区域划归永康。1961 年 10 月复设武义县。1978 年以后，永康属金华地区。1985 年 6 月归金华市管辖。1992 年 8 月 18 日，国务院批准永康撤县建市。

【历代精英】 永康代有人杰，爱国爱民精神代代相传。北宋有十握州符、六持使节、体恤百姓疾苦为民奏免丁税的胡则；有为欧阳修《五代史》作注，为世代史家所称颂的徐无党。南宋有力主抗金、提倡“事功”的永康学派代表人物陈亮；有爱憎分明、善言进谏的少师应孟明。元代有以文章闻名、为人慷慨多奇节的一代良师吴思齐；有博学多才，史称“三胡”之一的翰林院修撰胡长孺。明代有踵门师事王阳明，得“良知良能”学说要旨，受人器重的尚宝司丞应典。清代有舍生取义，集美女、才女、烈女于一身的吴绛雪；有“筑十万卷楼，啸吟其中”，多方搜求乡帮散佚文献，汇编出版《金华丛书》的胡凤丹；有继承父志，编著《金华经籍志》和《续金华丛书》的举人胡宗木矛木。清末民国时期，有编著光绪《永康县志》，被誉为“八县书橱”的潘树棠；有画擅墨兰、书工行草，名震沪杭的书画家应均；有工艺精巧，名扬皖、赣、浙三省的铁匠程钟炉；有手艺精湛、发明创造甚多，曾获孙中山银质奖章的程汝贤。中华人民共和国成立后，有热爱儿童、舍身救人的模范青年团员吴振东，等等。

(年鉴部)

气象特征

【概　况】 2019 年总的气候特点为“气温偏暖、前涝后旱、对流多发、气候反常”。年平均气温 18.9℃，较常年偏高 1℃，连续 20 年偏暖；年降水总量 1721.4 毫米，较常年偏多 18%，但时空分布极为不均，1—7 月降水量占全年降水量的 81%，梅汛期降水量显著偏多，秋季出现旱涝急转；年日照时数 1445.6 小时，较常年偏少 16%。主要气候事件：年初连阴雨天气，少晴寡照，日照时数两次创旬历史极小值记录，春夏之交强对流天气多发，梅雨形势典型，降雨量显著偏多，8 月 9—10 日超强台风“利奇马”强风暴雨袭击，9—12 月中旬晴多雨少，出现中度干旱，年末暖冬，12 月最高气温破同期历史纪录。总体评价：2019 年永康市气温偏高，降水集中，极端天气气候事件频发，气象灾害影响严重，台风、连阴雨、干旱、暴雨、强对流等气象灾害都给人民生产生活带来了一些不利影响。

【连续 20 年偏暖但夏季高温偏弱】 2019

年平均气温为18.9℃，比常年平均气温(17.9℃)明显偏高1℃，较上年有所下降，已连续20年偏暖。年内除了6月、7月的月平均温度较常年略偏低外，其他10个月的月平均温度均较常年同期偏高。年极端最高气温为38.5℃(8月28日)，极端最低气温为0℃(1月18日)；市区本站35℃以上高温日有43天，较常年(39天)偏多4天。高温天数主要集中在7—9月，37℃以上的高温日数11天，较常年偏少5.3天，高温强度偏弱。

【年初阴雨寡照破极值】 2019年初，永康市出现了冬季罕见的持续阴雨天气。2018年12月至2019年2月，全市累计雨日和无日照天数均为历史同期最多(分别达62天和51天)，其间累积日照时数仅139.5小时，为历史同期最少。连续阴雨寡照天气降低了蔬菜、水果的品质，对人民生产生活造成较大影响。

【4月强对流天气频发】 春夏季节，冷暖气流活跃，永康市强对流天气多发频发。4月共出现4次不同程度的强对流天气，分别为9日傍晚强冷空气南下，23日、26日及30日受高空槽、低层切变线东移和弱冷空气影响，其间出现短时强降水、强雷电、大风、冰雹等恶劣天气。时值春耕，强对流天气致使春播短暂受阻，对交通通信、农业水利设施亦有一定的不利影响。

【“冷黄梅”形势典型】 2019年，永康市于6月17日入梅(常年6月9日)，7月17日出梅(常年7月2日)，梅雨期30天(较常年偏多6天)。2019年，梅雨形势典型，具有强降水过程多、降雨强度强、累积雨量大、气温偏低“冷黄梅”等明显特点。梅雨期全市面雨量达527.2毫米，最大累积雨量站点大寒山站616.7毫米，市区本站梅雨量484.3毫米(常年梅雨期雨量257.4毫米)，雨量显著偏多近9成。梅雨期间，随着梅雨带在浙江上空南北摆动，永康市共出现6轮分别以6月19—21日、25日、28日，7月3—5日、8—10日、13—15日为核心的强降水过程。

【超强台风“利奇马”袭击影响严重】 2019年第9号台风“利奇马”于8月10日凌晨在台州温岭城南镇登陆。登陆时强度为超强台风，为1949年以来登陆浙江省的第三大强台风(仅次于0608号“桑美”和5612号“温黛”)。“利奇马”给永康市带来了狂风暴雨，8日20时至10日20时，全市普降暴雨，部分地区大暴雨，全市过程面雨量137.6毫米，最大雨量花街大寒山站307.2毫米，西溪棠溪站273.9毫米，有17个站点累计雨量超过100毫米(总计29站)，部分站点出现9～10级阵风。

台风“利奇马”造成前仓镇积涝

【秋冬出现中度干旱】 进入9月，大气环流形势转变，涝旱急转。从9月7日起，永康市出现24天的连晴无雨天气，晴多雨少天气一直持续到12月中旬。截至12月18日，全市累计降水量为84.1毫米，仅为同期累计雨量(252.3毫米)的三分之一，为历史同期第三少。永康市不同程度地出现了中旱天气，局部山区出现饮水困难。针对少雨干燥的天气情况，市人工影响天气办公室在10—12月期间开展了4次人工增雨天气作业，7轮作业共计发射35枚增雨火箭弹。经分析评估，4次人工增雨作业影响面积约

150平方千米，增加降水600万方左右，一定程度上缓解了永康市旱情及高森林火险压力，进一步加强了蓝天保卫战攻坚期的气象服务保障工作。

【“暖冬”气温异常偏高】 在经历了12月上旬的冷空气持续影响后，从中旬开始，西风槽活跃度减小，南海副热带高压又异常偏强，两者共同造成了12月中、下旬气温的异常偏高。2019年12月中、下旬分别较常年平均气温偏高4.8℃、3.9℃，其中12月17日的最高气温27.4℃，更是打破了12月最高气温的历史极值。

（市气象局　楼凌云、魏鼎新）

人口民族

【人口情况】 2019年，永康市户籍总户数24.4万户，户籍总人口61.9万人，比2018年年末增加3999人。户籍总人口按性别分，男性31.5万人，女性30.4万人。按城镇人口与乡村人口分，城镇人口27.9万人，乡村人口34.1万人，乡村人口占总人口的比重为55%。全市出生人口7484人，出生率12.13‰；死亡人口3571人，死亡率5.79‰；自然增长人口3913人，自然增长率6.34‰。

【民族分布】 全市外来人口登记在册54.53万人，其中男性有32.00万人，占比59%，女性有22.53万人，占比41%；从民族分布看，万人以上民族主要有：汉族42.70万人，苗族3.47万人，彝族1.35万人，布依族3.12万人，侗族1.04万人，土家族1.32万人。

（市公安局　供稿）

2019年12月底市级机构领导名单

中国共产党永康市委员会

书　记　金　政

副书记　张群环

　　　　胡积合

常　委　周启标

　　　　蒋震雷

　　　　程学军

　　　　吴婉珍

　　　　胡天忠

　　　　喻文明

　　　　童国华

　　　　朱志昂

永康市人民代表大会常务委员会

主　任　陈美蓉

副主任　章锦水

　　　　祝鸿熙

　　　　王　瑛

　　　　叶成超

　　　　陈剑云

提名副主任候选人　杨　兵

永康市人民政府

代市长　张群环

副市长　周启标

　　　　吕群勇

　　　　程继军

　　　　卢　铁

　　　　徐　锴（挂职）

　　　　李浩锋

　　　　杨庆彪（挂职）

　　　　朱茂均

提名副市长人选　施礼干

党组成员　朱志昂

中国人民政治协商会议永康市委员会

主　席　朱世道

副主席　林广平

黄瑞燕

林飞雄

胡潍伟

提名副主席候选人　胡增强

朱彭年

王向宇

中国共产党永康市纪律检查委员会

书　记　蒋震雷

永康市人民法院

院　长　楼常青

永康市人民检察院

检察长　何德辉

其他副县级领导

朱长林

（市委组织部　提供）

中共永康市委

综　述

【概　况】 2019年，中共永康市委以习近平新时代中国特色社会主义思想为指导，坚决贯彻落实党中央和省委省政府、金华市委市政府的各项决策部署，坚决扛起“打造先进制造业基地”的使命担当，高标准开展“不忘初心、牢记使命”主题教育，全市各项工作有序推进，“全面奔小康，永康新腾飞”取得新的重大进展。全市实现GDP增长6.2%；财政总收入94.53亿元，其中一般公共预算收入59.93亿元、增长6.3%；城镇常住居民和农村常住居民人均可支配收入增速均高于GDP增长。全年来，永康市创新百强、营商环境百强、全面小康指数、县域经济竞争力百强分列全国第9、第13、第30、第60位，跻身全国十大农村电商工作典型县市并获国务院正向激励，成功举办首届中国（永康）安全与应急产品博览会，获评“中国礼仪休闲行业特色区”称号，成功争创“国家园林城市”“国家森林城市”，获评全省粮油放心示范县和国家级节水型社会建设达标县，高分创评省教育基本现代化市、语言文字规范化市，生态文明建设绿色发展指数从2017年的全省第31位提升到第11位。

重要决策

【概　况】 2019年，全市上下深入学习习近平新时代中国特色社会主义思想，认真贯彻落实党中央和浙江省委、省政府，金华市委、市政府决策部署，围绕“全面奔小康，永康新腾飞”的目标，开展“不忘初心、牢记使命”主题教育，各项工作有序推进。

【开展“不忘初心、牢记使命”主题教育】 2019年，全市始终高举习近平新时代中国特色社会主义思想伟大旗帜，“两书一章”、习近平总书记重要讲话学习实现党员干部全覆盖。始终聚焦“不忘初心、牢记使命”主题教育，坚持对标对表、校准偏差，开展包乡走村深化“三服务”活动，解决问题1.1万余个，形成制度性成果71项。《人民日报》、中央电视台等国家级媒体刊发、报道永康市特色亮点工作100余篇次。始终对标“一局一事一出彩”激励导向，以“晒拼创”舞台激发全市上下干事热情。生态文明建设绿色发展指数提升到全省第11位；38年“黑户”落户一次办结和工业固体废物回收模式、垃圾分类端头模式、两链风险化解、县域经济治理分别得到省委省政府主要领导批示和肯定，相继承办全省水稻种植机械化技术现场会、第十六届林业科技周活动、村级财务管理座谈现场会等大型活动。

【加快发展实体经济】 2019年，永康市党政企代表团赴上海等地学习取经，积极对接G60科创走廊，融入长三角一体化发展步伐不断加快。“品字标”国际化进程领跑全省，“浙江制造”首批10项外文标准均出自永康市，国家五金工具及门类产品质量监督检验中心通过省级验收。广交会出口产品设计奖数量和园区循环化改造示范试点验收名次均居全省首位。全国首家京东经济仓落户永康，与阿里巴巴集团签订本地生活战略合作协议，建成县级军工资质认证服务中心。全力防范化解民营大企业流动性风险，累计减轻全市企业负担20.2亿元，20个小微企业园集中开工建设，新增上市公司1家、金融分支机构2家、省数字化车间智能工厂2家、国家级绿色工厂2家和高新技术企业59家，不良率稳定在1.5%以内。方岩旅游招商项目落地建设。成立4个永康博士联谊会分会，新引进顶尖人才4名、领军人才16名、高校院所平台1个，新人力资源市场投入使用。工业互联网建设入围省工信重点领域提升发展名单，列省产业数字化转型县市第14位。

【加强意识形态建强基层党建】 2019年，全市巩固加强党对意识形态工作的全面领导，高质量开展意识形态巡察，建设具有强大凝聚力和引领力的社会主义意识形态；深化理论宣讲"信鸽工程"，坚持用党的创新理论武装头脑；紧扣"高水平全面建成小康社会"做强主题宣传报道，探索对外宣传新领域，启动融媒体中心运行；完善网络综合治理体系建设，落实"3＋X"舆情分析研判制度，配强"四力"网军队伍；布局"市、镇、村、基地"四级联动工作网络，创新"点、派、接"三级志愿服务体系建设，构建精准志愿服务网络；深化"清源""固边""净网""秋风""护苗"五大专项行动。同时，把"两个维护"贯穿全面从严治党全过程，推动政治监督常态化、具体化；加快清廉永康建设步伐，抓实一批清廉建设举措、建成一批清廉建设示范点、落实一批清廉建设项目；发挥巡察岗位熔炉作用，建立抽调优秀年轻干部、拟提拔或新提拔干部参与巡察工作锻炼机制；保持惩治腐败高压态势，贯通运用纪法"两把尺子"，深化运用监督执纪"四种形态"，一体推进"三不"机制建设，努力实现政治效果、纪法效果和社会效果相统一。同时，"村干部整治立规创优年"行动成效彰显，创新推行村班子、村干部"初心五检"，歇职或免职17名顶风违纪违法村干部和26名"不健康"村干部，17个后进村党组织全部整转摘帽。首次跨区域举办"永义东浦"四地优秀年轻干部培训班，"张榜招贤""红色成长·青腾大讲堂"打响品牌，"三个一百"年轻干部资源库不断完善。深入开展"清廉细胞"示范点创建，六大清廉样本串珠成线，清廉建设的"四梁八柱"初步搭建。强化基层公权力监督，"四全举措"稳步推进，"三资"管理改革全面推行，村居工程项目规范实施，《小微权力清单三十三条》落地见效，农村涉纪信访总量下降11.9%。坚持把监督挺在前面，持之以恒正风肃纪反腐，运用"四种形态"处理1423人次，其中立案338件，处分303人，"一案双查"41人，为21名党员干部澄清正名。

坚持以组织力提升为重点，以"红旗支部"争创为载体，统筹推动基层党建全领域建强、全区域提升；强化抓乡促村，深化治村导师、"三支队伍"等做法；从严从深建设村干部队伍，落实"一包四联"后进村党组织帮扶整转机制；扎实开展村级组织换届，突出党委把控，全面落实村党组织书记、村委会主任"一肩挑"工作；深化机关党支部"1＋2"标准化建设，推进"四个机关"建设；加大城市党建力度，抓深抓实街道"大党委"、社区"大工委"制，统筹抓好国企、中小学校、公立医院党建工作。

重要会议

【市委十四届五次全体(扩大)会议暨市政府十七届四次全体会议】 市委十四届五次全体(扩大)会议暨市政府十七届四次全体

会议于2019年1月6日召开,会议主题是“高质量打造先进制造业基地 奋力谱写‘全面奔小康,永康新腾飞’篇章”。会议高举习近平新时代中国特色社会主义思想伟大旗帜,认真学习贯彻党的十九大及庆祝改革开放40周年大会、中央和省委经济工作会议、金华市委七届四次全会精神,传达省委、省政府批准同意的《永康市机构改革方案》主要精神,进一步动员全市上下“不忘初心、牢记使命”,秉承“为官一任、造福一方”理念,锐意进取、务实创新,高质量打造先进制造业基地,奋力谱写“全面奔小康,永康新腾飞”篇章,以优异成绩向中华人民共和国成立70周年献礼。大会由市委副书记、市长朱志杰主持,市委书记金政作工作报告,陈美蓉、朱世道等四套班子领导在主席台就座。会议回顾总结2018年工作,研究部署2019年工作。会议提出2019年是中华人民共和国成立70周年,更是为高水平全面建成小康社会收官打下决定性基础的一年。会议要求“聚焦六个方面、抓好六个新”,即聚焦打造先进制造业基地总战略,再创民营经济发展新优势;聚焦高质量改革开放总要求,激发体制机制新活力;聚焦“优雅城市”构建总引领,拓展城市高品质发展新内涵;聚焦书写“大美乡村”总画卷,打造乡村振兴新典范;聚焦新一轮“158”碧水蓝天工程总载体,开辟践行“两山”理论新境界;聚焦满足人民美好生活总追求,增进民生保障新福祉。会议还要求牢牢抓住全面从严治党“牛鼻子”,让思想政治建设“严起来”、让干部队伍建设“活起来”、让基层组织建设“强起来”、让清廉永康品牌“树起来”,为实现新腾飞提供强大动力和组织保障。

【市委十四届六次全体(扩大)会议暨市政府十七届五次全体会议】 市委十四届六次全体(扩大)会议暨市政府十七届五次全体会议于2019年8月7日下午召开,会议主题是“坚持底线思维 防范化解风险 坚决打好永康高质量发展战略主动战”。会议认真学习贯彻习近平新时代中国特色社会主义思想和党的十九大精神,以及习近平总书记关于防范化解重大风险的重要讲话和省委十四届五次全会、金华市委七届五次全会精神,回顾总结上半年工作,部署下半年工作,审议通过《中共永康市委关于高品质建设江南山水新城的决定》,进一步动员全市上下高举习近平新时代中国特色社会主义思想伟大旗帜,不忘初心、牢记使命,以底线思维防范化解风险,坚决打好永康高质量发展的战略主动战,奋力开创“全面奔小康,永康新腾飞”新局面,以优异成绩迎接中华人民共和国成立70周年。会议指出,做好下半年工作,关键是要聚焦政治、意识形态、经济、社会和党的建设等五大领域重大风险,不断增强防风险、守底线的思想自觉和行动自觉,以防风险、化风险的实际成效,全面完成全年各项工作目标任务,推动永康经济社会高质量发展。会议提出了“五个着力、五个做到”的要求,即着力防范化解政治领域风险隐患,做到在大是大非面前头脑清醒、旗帜鲜明;着力防范化解意识形态领域风险隐患,做到在舆论苗头面前嗅觉敏锐、见微知著;着力防范化解经济领域风险隐患,做到在振兴实体经济面前心无旁骛、不遗余力;着力防范化解社会领域风险隐患,做到在复杂矛盾面前当机立断、敢于挺身;着力防范化解党的建设领域风险隐患,做到在管党治党面前毫不松懈、决不手软。

【全市“不忘初心、牢记使命”主题教育工作会议】 2019年9月12日,永康市召开“不忘初心、牢记使命”主题教育工作会议。市委书记金政主持会议并作讲话,他强调要深入贯彻习近平总书记关于主题教育一系列重要论述精神，全面落实中央和省委、金华市委的有关精神，以勇立潮头、走在前列的政治自觉，高标准、高质量开展主题教育，引导广大党员干部自觉践行党的初心和使命，激昂斗志、激发干劲。金华市委主题教育第五巡回指导组组长陈东出席会议并讲话。朱志杰、陈美蓉、朱世道、胡积合等市四套班子领导、法检“两长”，金华市委主题教育第五巡回指导组全体成员出席会议。会前，金华市委赴永康巡回指导组与永康市委“不忘初心、牢记使命”主题教育领导小组举行见面会。当天上午召开市委常委会议暨市委“不忘初心、牢记使命”主题教育领导小组第一次全体会议，传达学习党中央和浙江省委、金华市委的有关精神，研究永康市主题教育总体安排和相关文件。

市委办工作

【概　况】　2019 年，中共永康市委办公室（以下简称“市委办”）紧盯“全面奔小康，永康新腾飞”目标，以习近平新时代中国特色社会主义思想为引领，认真贯彻学习党的十九届四中全会精神和上级有关决策部署，面对新时代、新形势、新挑战，牢记为领导服务、为基层服务、为人民服务的初心使命，上下一心，务实重行，开拓创新，以奋进的姿态为永康腾飞贡献力量，保证和促进了市委各项工作的运行。

【综合协调】　2019 年，市委办充分发挥办公室枢纽作用，紧紧围绕市委的决策部署和中心工作，做好承上启下、协调各方的中心轴。加强与各套班子办公室的工作沟通，组织协调市四套班子领导主要工作和重要活动，对上不断强化沟通汇报，学懂弄通上级精神，主动对接相关工作，对下持续强化联络指导，及时掌握基层意见，加强工作指导支持。组织安排好重要会议、活动、接待，做好中央、省、金华市级等上级领导来永巡视、调查等相关接待工作，组织安排好各类重点会议，做好 20 次书记专题会议，24 次市委常委会，135 次市委牵头的各类会议、活动等的会务工作，做好四办联席会议等相关工作，统筹汇总市委、市政府每月、每星期的重点工作等。

【信息工作】　2019 年，市委办紧紧围绕市委中心工作，按照“服务党委科学决策，推动全市经济社会高质量发展”，坚持问题导向，强化精品意识，健全运行机制，积极挖掘深层次信息，实现信息渠道新突破，党委信息工作持续走在金华市前列。前三季度，上报省、金华市各类信息共计 432 篇，其中中办采用 1 篇、省委办公厅采用 43 篇、金华市委办共采用信息 49 篇。根据《2019 年度金华市党委信息考核办法》，党委信息考核得分为 1861 分，在金华市指标考核中党委信息得分 0.25 分满分，位居金华市各县（市、区）第一。

【档案工作】　2019 年，市委办采取多项措施，深入开展对机构改革、国资国企改革等机构档案监管工作，对 35 家涉改单位进行实地指导，对全市 167 个新村开展村规模调整集体“三资”融合审核工作，共交接档案（含重要零散资料）约 1 万余件。

【机要密码工作】　2019 年，市委办夯实密码基础，完成密码工作区改造方案设计并获省委机要局批复；全力做好服务保障，共收发办理电报 2000 余份，无一差错；共保障 48 场（次）视频会议，保证上级指示精神高效传达。

【法治工作】　2019 年，市委办坚持学法、懂法、用法，严格执行修订后的《中国共产党党内法规和规范性文件备案审查规定》，认真做好党内规范性文件审查工作，上报金华市委办备案党内规范性文件 26 个。下发

《关于全面实行党内规范性文件备案审查工作的通知》，明确各镇（街道、区）党内法规工作分管领导、具体工作人员，实现党内规范性文件备案审查全覆盖。

【督查考评】 2019年，市委办以"撤机构不撤职能、减人员不减工作"为宗旨，以"督查有力、考评有方"为原则，推行"四化督考法"。多样化督查全面发力，开展督查4次，印发通报3期，交办并推动问题解决167个，开展退役军人服务保障体系升级版建设、教育类项目、文件精简工作等12次专项督查，形成专报4期，上报作风建设汇报7篇，专项整治汇报2篇，工作交流信息3篇，其中永康市创建"无简报"市推进基层减负的典型经验在省委《浙江信息》和金华市委《金华信息》上刊发。实现督办常态化建设，督办市委领导批示件57件，常态化开展网上"晒拼创"活动。制定《2019年市机关单位、镇（街道、区）综合考评工作意见》，分别减少各机关单位、镇（街道、区）项目数量10项、8项。分析分解永康市考核指标，实行一周一报制度，力争实现"争四晋三"目标。

【公文处理】 2019年，市委办进一步规范公文运转程序，继续强化落实公文收、办、发、阅、传、存责任制，做好文件办理、领导批示交办、信访件登记办理工作。全年中央、省级、金华部门以上共收文549件，机要传真收文494件，永康市级单位送签文件315件，永康市级单位请示、报告以及信访件306件，其他375件；全年发文518件，总计2557件。

（市委办　供稿）

政策调研

【概　况】 2019年，永康市委政策研究室（以下简称"市委政研室"）坚持把调查研究作为"当参谋、献良策"的基础性工作，紧紧围绕市委重大决策部署和重要会议议题、市领导关心的重大问题、改革发展中的难点问题和群众关注的热点问题，充分发挥调查研究牵头部门的作用，组织开展"全面奔小康，永康新腾飞"推动永康高质量发展2020年度工作思路调研活动，归集《新形势下永康高质量发展的路径选择》《紧扣城市发展主题，加快优雅城市建设》等市领导2019年度工作思路调研课题34篇及《关于清廉村居建设的思考与探索》《践行"六有"要求 努力提升新时代党办"三服务"水平》等机关部门镇街区2020年度工作思路调研课题93篇编印成册，为市委、市政府决策提供依据，积极有效地发挥参谋助手作用。

【市委市政府重要文稿起草】 2019年初，市委政研室牵头起草完成市委十四届五次全体（扩大）会议暨市政府十七届四次全体会议报告《高质量打造先进制造业基地 奋力谱写"全面奔小康，永康新腾飞"篇章》，提出"铆足干劲、狠抓落实，高质量推动永康新腾飞"，全面贯彻落实"巩固、增强、提升、畅通"八字方针及党中央和浙江省委、金华市委决策部署，牢牢把握稳中求进的总基调，继续打好三大攻坚战，突出稳企业、增动能、保平安，统筹推进稳增长、促改革、调结构、惠民生、防风险各项工作，保持经济持续健康发展和社会大局稳定，高质量打造中国乃至世界先进制造业基地。8月，起草完成市委十四届六次全体（扩大）会议暨市政府十七届五次全体会议报告《坚持底线思维 防范化解风险 坚决打好永康高质量发展战略主动战》，提出"勇于斗争、善抓落实，以实际行动打赢钉钉化解重大风险攻坚战"，聚焦政治、意识形态、经济、社会和党的建设等五大领域重大风险，不断增强防风险、化风险的实际成效，推动永康经济社会高质量发展。起草完成《中共永康市委关于高品质建设江南山水新城的决定

（草案）》，提出依托山水生态和高铁站区位优势，立足于城市转型发展和“优雅城市”的总体目标，立足于品质提升和城市南拓的总体格局，突出“山水＋生活＋产业”，将自然山水与城市格局相结合，集聚创意设计、科技研发、文化休闲旅游等高端产业，建成生态宜居家园、绿色智慧产业区、产城融合高地，努力打造永康“大花园”中的精品，打造优雅城市的“核心区”，进一步巩固永康金义都市区副中心城市和永武缙产业带中心城市地位。此外，根据市委主要领导思路与永康有效做法，完成其他重要文稿起草工作。

（市委办　胡伟剑）

涉台事务

【概　况】 2019年，永康市台办深入贯彻习近平总书记关于深化两岸经济文化交流合作的重要思想，落实《浙江省贯彻〈关于促进两岸经济文化交流合作的若干措施〉的实施意见》，促进永台交流合作。永康市台办连续被国台办宣传局评为“对台宣传先进单位”。市台联西溪分会及胡成接副会长被金华市台联评为先进单位和先进个人。台联会常务副会长徐仁凑获统一战线70周年先进个人荣誉称号。

【对台工作】 2019年1月17日，举办台联会新年年会暨“纪念改革开放40周年　我与台湾亲友的故事”征文比赛颁奖活动。2月15日—19日，组织永康市国家级非遗文化项目九狮图全团32人赴台表演。4月3日—7日，接待台北永康同乡会28人团队，参访方岩、芝英镇、石桥头、园周等地。4月7日，帮助台胞林玉霞女士在家乡象珠镇建立68万元的“胡英（振和）奖学金”。5月20日，参加金华市台办涉台纠纷会议，全年共协调解决涉台纠纷10余起。6—8月，完成本年度两个赴台团组19名团员的办证资料收集报批及赴台考察工作。8月19日—25日，协助省、市台办接待南投社区发展协会张维华议员一行参访团，永康台办全程陪同参访永康、东阳、义乌、诸暨、绍兴。9月23日，组织台联会选送的《天女散花》节目参加市统一战线庆祝中华人民共和国成立70周年晚会。11月15日，陪同金华市台办主任方雨辉、金华市人大台侨民宗委主任王景荣等走访调研台商企业。11月18日，市政府第四十次常务会议决定，首次向台胞李丽娜颁发“永康市荣誉市民”光荣证书。全年，市台联界政协委员共上报永康“两会”提案8篇。台联界政协委员应秋燕获新时代人民政协新样子演讲赛二等奖。

2019年8月，南投县台胞参访永康市大陈村（市台办提供）

（市台办　供稿）

外事往来

【概　况】 2019年，永康市委外事工作委员会、永康市人民政府外事办公室（以下简称“市外事办”）贯彻浙江省委、金华市委外事工作委员会精神，坚持党管外事的精神，顺利完成外事办机构改革。市外事办紧紧围绕市委、市政府的中心工作，坚持服务国家总体外交，着眼于服务地方经济和社会事业发展，全面深化国际交流与合作，努力优化涉外环境，取得较好成绩。同时积极践行“以人为本、外事为民”理念，创新思路、健全机制，统筹协调有关部门积极防范、妥善处理涉外事件，维护全市社会和谐稳定。

【加强涉外联系宣传】 2019 年，市外事办仍继续和外国驻上海的诸多总领事馆及其他驻华官方机构保持联系，包括意大利、英国、印度、法国、韩国、缅甸等国家，每逢有重大的外事活动、涉外事件，都会第一时间与对方取得联系，沟通协作。

根据中央的指示和要求，外交部将 2019 年定为“中国公民出境游安全问题专项工作年”。市外事办为深入推动专项工作落到实处，把永康籍公民出境旅游境外安全工作与提升永康公民出境旅游文明素质工作紧密结合，进一步提升出国同胞的文明素质和海外安全防范意识，加强预防宣传，做好舆论引导，营造政府部门及时预警、行业机构积极响应、公民自觉防范的氛围。市外事办协同出入境等相关部门，在行政服务中心办事窗口、铁路等交通枢纽派发宣传手册、提供咨询，开展内容丰富的境外旅游安全宣传活动，积极做好暑期出境游风险预警等各项预防性工作，引导通报出国同胞在外旅游期间守法自律；积极倡导文明出游，教育同胞在海外入乡随俗、举止得体，自觉展示良好形象；积极宣传推介外交部 12308 热线，介绍领事保护知识，引导公民树立正确求助、理性维权的意识。特别是面对永康市外贸企业众多的情况，有针对性地对各个外贸企业的外贸人员开展出境安全教育，全力护航永康企业走出去。

【因公出国（境）审批和涉外管理】 2019 年，市外事办进一步加强因公出国（境）审批和管理工作。市外事办严格按照国家、省和市委、市政府有关规定，做好全市领导干部因公出国（境）审批和管理服务工作。截至 10 月底，永康市因公出国（境）任务审核审批共 18 批 18 人次，其中党政机关和参公管理事业单位 4 人次。

帮助企业申办 APEC 商务旅行卡，简化企业出国手续，方便企业“走出去”，帮助企业更好地拓展业务，与国际接轨。全年永康市总办理 APEC 旅行卡 7 张，共有存量 APEC 旅行卡 85 张，总办卡量位居全省前列。

加强涉外邀请函的审核和外国来永人员的管理服务工作。截至 10 月底，共审核企业申请对外邀请函件 13 批 16 人次。与此同时，市外事办继续重视外国来永人员的管理工作，做到及时收集情报、及时登记、有问题及时解决，有效掌握外国来永人员的情况和特点。据不完全统计，截至 10 月底，来永康的国（境）外人员共 12865 人次（登记在册数），在永康散居的外籍人员共 216 人。

2019 年，市外事办为加强涉外邀请函审核工作，设计并实行了一整套全面审核机制：前期走访摸底企业概况，了解企业与客户间已有的贸易往来情况，预判邀请的必要性；中期严格审核材料，本着“有事才来，完事即走”的原则，仔细核对外国客商的来华目的及行程，判断是否确有必要；后期跟进外国客商的在华情况，抽查是否与所提供的行程和访问目的相符，若不符则对企业进行相应处理。通过该机制的运行，市外事办既保证了企业邀请客商的真实需求，又确保了敏感国家客商来华的安全性，做到管理和服务相结合。

【涉外事件协调处置】 近年来，国际形势曲折性、复杂性凸显，并呈现出危机多发、挑战多样的新态势，与我国国内维稳工作之间的联动性上升。市外事办与公安、检察院、法院建立联动机制，针对涉外人员犯罪，市外事办做到全程跟踪，做好与相关使领馆的沟通，力争使这些案件得到妥善解决。永康市2019年累计审理判决3起涉外案件，分别是法国籍人员Le Corre Robin Marcel贩卖毒品、容留他人吸毒案，缅甸籍人员树树奥非法入境、非法拘留、组织他人偷越国边境案，韩国籍人员BANG MYOUNG KEUN销售假药案。经过市外事办前期工作，3起案件依照我国法律进行了公开审判，涉案人员和各自使领馆官员到庭旁听，各方对判决均没有提出异议。

通过各种渠道和方式，宣传和普及外事常识，建立涉外事件应急处置机制，力争做到重在预防、有事第一时间上报，各部门能有效协调处置。3月23日，市外事办接报在缅甸佤邦发生火药爆炸事件，涉及永康市多名在外务工人员，市外事办第一时间进行信息核实并上报，与涉事人员家属取得联系，全程跟进事态进展，积极帮助家属前往事发地处理后续事宜，最终这起1死5伤的意外事故得到妥善处理。

【保障国际友好交流活动】 2019年8月19日—9月19日，英国上议院副议长麦克·贝茨勋爵夫妇在浙江省内发起“为友谊行走”慈善徒步活动，从杭州走到温州，全程500多千米。9月2日—4日徒步团队途经永康期间，由市外事办牵头，协同统战部、外宣办、公安局、卫健局、永康民盟、永康新闻媒体及团市委等相关部门，本着外事无小事的精神，低调、安全、有序地完成这次毅行活动永康段31千米的保障工作，做到内紧外松，既给外宾对永康留下良好印象，又展示了永康发展成果，加深中英两国人民友谊。

（市外事办　供稿）

纪检监察

■ 廉政教育

【概　况】 2019年，市纪委监委认真贯彻落实中央和省、金华市、永康市纪委全会精神，围绕中心、服务大局，拓宽载体、精准发力，宣传教育一体谋划、同步推进，讲好正风肃纪反腐“好故事”，唱响清廉永康建设“好声音”，为深入推动永康市党风廉政建设和反腐败工作高质量发展创造良好的舆论环境。

【专题廉政教育活动】 2019年，市纪委监委将廉政教育纳入市委理论学习中心组学习计划，并督促部门单位利用星期一夜学、支部活动等时机，加强党员干部日常廉政教育。面向市委理论中心组成员和各单位中层以上干部开设“丽州清风”廉政讲坛，邀请省委党校政党研究中心副主任叶国文教授作《坚决反腐肃贪　建设清廉浙江》的专题辅导报告。开展“争当廉内助　树立好家风”活动，组织67名新提拔市管干部家属，通过观影片诺廉洁、读原著思廉洁、写家书嘱廉洁、树家风诵廉洁等形式，签订《家庭助廉承诺书》，书写亲情廉洁家书，帮助把好用权“方向盘”，系好廉洁“安全带”。通过评选“最美家庭”“十佳好婆媳”，辣妈乡音宣讲队用三句半、快板、小品、歌舞等群众喜闻乐见的形式，向全社会进行宣讲，推动形成家庭促廉、保廉、助廉的良好风尚。

【警示教育活动】 2019年，市纪委监委牵头制定《关于深入开展全市警示教育月活动方案》，分批次组织市四套班子、各单位市管干部、新提拔市管干部家属前往清廉金华教育基地参观。循环借阅90个专题警示教育片，最大化提高传播频率，全市组织观看各类型警示教育片103批次，受教育人数达5500余人。精心制作以《党章》《监察法》等为主要内容的"订制版"题库，下发至各单位参考使用，全市参加专题考试人员达4000余人。组织全市694名中层以上干部参加全市警示教育大会，组织编印《党的十九大以来省纪委省监委查处的严重违纪违法省管干部警示录》分发给各单位学习，发放金华市纪委编印的《忏悔录（二）》读本。组织廉政谈话及纪法知识学测活动，对117名新提拔或转任重要岗位的领导干部进行任前纪法知识集中测试。做好案件查办"后半篇文章"，对永康本地典型违纪违法案例进行深入挖掘，以颜锋、吕锦华为原型，制作选送的警示教育片《沉沦》，于6月23日在浙江教育频道《反腐前线》栏目刊播。组织公安局、检察院、法院、供销社、司法局、审计局、科技局、教育局及食堂管理人员等有关单位的党员干部参加虞光荣涉黑涉恶人员系列案件、徐涵兴案件、颜锋案件、永康三中食堂职工潘春艳案件等庭审旁听，用身边事警示身边人。动态跟进2019年永康市查处的典型案件，以卢劲松等人为题材拍摄警示教育专题片。

永康市召开全市领导干部警示教育大会（市纪委监委提供）

【廉政宣传】 2019年，市纪委监委积极构建"三位一体"格局。打造"一网、一信、一专栏"三位一体的宣传新格局，助推党风廉政建设工作多点开花。在《永康日报》开设党风廉政建设专刊专栏，定期推送清廉永康建设的先进经验、典型做法，提升永康市纪委监委网站安全等级，充分发挥网络阵地的强大链接和指引阅览功能，每日更新"永康市纪委监委网站"微信公众号文章，多维度展现永康市纪检监察机关工作动态和干部的精神风貌，多方位展现永康本地的优秀廉政文化，尝试通过短视频剪辑等方式提升推送的传播性和感染力，内容阅读量从三位数增加到四位数。大力推介一线鲜活素材。聚焦市委巡察、"不忘初心、牢记使命"主题教育、监督执纪、案件查办、扶贫领域、基层减负等中心工作，深度挖掘并总结提炼特色亮点与经验做法，永康市刘英红色廉政文化、33条小微权力清单、巡察微故事、主题教育为民解难题、拒绝政务美篇真减负、为干部澄清正名、监察"三员"等报道先后被人民日报、中国纪检监察报、中央纪委国家监委网站、浙江日报等多家媒体报道。共向上级媒体报送各类稿件380余篇，上级媒体刊发212篇，其中中央级媒体26篇、省级媒体75篇、金华市级媒体111篇。做实"丽州清风"廉政教育品牌，在《永康日报》刊登《"三资"专业管 账务细公开 永康市农村集体"三资"管理改革"绿窗"模式全面铺开》《清廉建设先行一步 企业发展大道光明 永康市清廉民企建设为企业保驾护航》《清廉建设全渗透 示范创建全覆盖 永康市推进"清廉细胞"示范点建设 打造清廉建设样本》等党风廉政建设宣传专版9期。

【廉政文化建设】 2019年，市纪委监委持续推进"一镇一品"清廉文化教育示范点建设工作，推进廉洁文化进村入企，走进千家万户。继续加强与文化部门的紧密联系，深入挖掘提炼永康廉政名人、廉政典籍、廉政作品等廉政文化资源。对方岩廉政文化教育基地进行提升改造，江南街道园周村以历史上的监察官——周琦为原型拍摄反腐题材电影《大明监察御史》，并推出同品牌的廉政漫画，相关宣传报道在央视六台电影频道及省纪委监委网站刊播。推进清廉文化进机关、进农村、进学校、进医院、进企业、进家庭等工作，结合“三服务”活动，落实镇（街道、区）纪委（纪工委）责任，开展廉政教育进农村文化礼堂工作。联合文化局组织开展猜清廉灯谜、观清廉花灯、赏清廉剪纸的元宵大“廉”欢活动，举办“扬清风正气，建清廉永康”联墨展，持续开展清廉文化建设“永康鼓词”宣讲展演活动，丰富“悦享清风”清廉书吧内涵，新增廉政书籍169册。开展廉政文化资源摸底统计工作，发掘廉政文物17个，廉政名人36人，廉政典籍18个，廉政作品14件，廉政文化基地4个。

■ 监督检查

【概　况】 2019年，市纪委监委认真贯彻落实各级纪委全会部署，坚持稳中求进，积极主动作为，持之以恒落实中央八项规定精神，持续加强作风建设，以党风政风监督的实际成效推动全面从严治党向纵深发展。

【村级组织监管】 2019年，市纪委监委推进农村“三资”全纳管。所有行政村“三资”纳入代理中心统一监管，所有款项经过专业会计合规性审核和代理中心负责人合理性审核，所有财务信息通过互动电视“绿窗”平台实时公开。推进农村工程全规范，按照工程项目投资额大小，通过直接备案发包、招标企业库备选、镇（街道、区）平台公开招投标等途径，实现对所有工程的分类规范和分类监管。推进权力清单全公开，制定实施《村级小微权力清单三十三条》，绘制“操作流程图”，印发漫画读本，让村干部明明白白“按图履职”，群众清清楚楚“看图办事”，村监会真真切切“依图监督”。围绕“三资”监管，建立与农业农村部门、代理银行之间问题通报、线索移送等机制，共处置问题线索2条，发放整改通知15份；开展村级组织违规发放津贴补贴问题专项治理，问责162人，清退资金115.41万元；开展村级工程项目招投标领域突出问题专项整治，发现问题105个，问责51人，有关部门严肃查处了涉案标的近亿元的象珠镇涉嫌串通招投标和非国家工作人员受贿案件，刑拘20人。制定实施《村社干部落实“四全举措”13条铁律》《关于明确村级组织发放补贴、报酬、福利等相关政策的通知》《关于严明纪律防止特色农产品节庆活动不正之风的通知》等制度规定，直指政策“盲区”“真空区”“薄弱区”，消除农村党员干部“微腐败”风险点。

市纪委开展重点工程督查工作（市纪委监委提供）

【正风肃纪】 2019年，市纪委监委深化作风建设十大行动，紧盯违规发放津贴补贴、收送礼品礼金、接受管理服务对象宴请等行为，查处违反中央八项规定精神问题18起，处理24人，清退违规资金151.7万元，通报问题12起，处理19人，充分发挥大数据在查纠隐形“四风”中的作用，在1个工作日查实2起私车公养问题。紧盯党员干部赌博、酒驾、违建等不规矩不检点问题，查处违纪违法案件149起，通报3批21人。紧盯“基层减负年”“提升机关效能18条举措”落实情况，整治文山会海、考核过多、过度留痕等困扰基层的形式主义、官僚主义问题，推动全市发文数量下降超过34%，会议、考核事项精简58.76%。紧盯“最多跑一次”改革、重点工程项目推进等上级决策部署的落地见效，查处不担当、不作为等形式主义、官僚主义问题7起，处理21人。紧盯贪污侵占、虚报冒领、截留挪用、优亲厚友等行为，查处扶贫、民生领域腐败和作风问题11起，处理11人，收缴违规资金36万多元，分2批次通报曝光漠视侵害群众利益问题7起10人。在《永康日报》等媒体公布23项扶贫民生领域整治项目和整治成果。同时全力推动主题教育整改落实。构建“1+6+16”工作网格，以推进“9+1”专项整治为重点，围绕学习教育、调查研究、检视问题、整改落实等环节，统筹推进正风肃纪工作，主题教育中共开展检查43次，发现并督促问题整改128个。

【清廉建设】 2019年，市纪委监委在实施12个清廉永康建设重点项目的基础上，开展“清廉细胞”示范点创建工作，落实8家牵头部门责任和属地管理责任，确定71家单位（项目）作为示范点重点培育对象，分类组织创建经验交流，对示范单位在各类评先评优、项目资金安排等方面予以政策倾斜。从完善创建标准入手，搭建起一批符合永康市实际的清廉建设“四梁八柱”。如市教育局以“五大阳光工程”引领清廉学校建设，市卫健局以“六大平台”助推清廉医院建设，市工商联探索出一条部门靠前推动、政商紧密协同的清廉民企建设新路径，市委宣传部充分挖掘永康市特有廉政文化资源，组织廉政文艺作品创作生产，有效提升清廉文化的引领力、传播力和感染力。同时在《永康日报》开辟“清廉细胞建设”专栏，分批分类介绍重点培育对象创建做法经验，大力弘扬以廉为荣的价值理念和共建共享的创建认同，共刊出相关文章12篇。

审查调查

【概　况】 2019年，市纪委监委坚持无禁区、全覆盖、零容忍，始终保持惩治腐败高压态势。全年共受理信访举报909件，立案338人，处分303人。其中，自办案件81件，查处乡科级8人，采取留置措施8人，移送检察机关审查起诉7人。严肃查处花街镇原党委委员卢劲松、经济开发区派出所原民警周世魁等严重违纪违法案件。在强大震慑和政策感召下，主动投案2人，不敢腐的震慑效应持续强化。深挖彻查涉黑涉恶腐败和“保护伞”问题，查结问题线索16件，党纪政务立案7人，留置6人，处分5人，移送司法机关5人。

【线索管理】 2019年，市纪委监委创新研发党员和监察对象违法犯罪行为自动比对系统，建立即时预警和移送机制，全市共处置问题线索392件，增长53.5%。规范问题线索报结审批流程，强化执纪监察程序意识，明确问题审批流程和审批权限。加强集中管理和集体会商，全年共召开集体排查会议16次，研定83件问题线索处置方式。

【“四种形态”运用】 2019年，市纪委坚持惩前毖后、治病救人的方针，深化运用监督执纪“四种形态”。以“四种形态”为抓手，确保党的各项纪律执行到位。全市各纪检监察组织共运用“四种形态”处理1147人次，其中第一、第二、第三、第四种形态分别占81.9%、8.6%、4.3%和5.2%。

【审查调查安全】 2019年，市纪委监委牢固树立“安全高于一切”的执纪审查调查理念，始终将确保审查调查“零事故”作为首要政治任务抓紧抓实。深入部署开展审查调查安全自查自纠工作，系统梳理完善各项安全管理制度，制定安全手册，坚决守牢安全底线。全年共办理留置案件8件。

【监察措施运用】 2019年，市纪委监委坚持以法治思维和法治方式惩治腐败，准确运用12种监察措施，提升监察能力，共实施谈话措施24人次、询问措施185人次、讯问措施14人次，开具银行账户查询文书425份，通话记录查询27份，调取证据文书9份，查封、扣押文书9份，搜查文书3份，委托鉴定文书2份。

■ 巡察工作

【概　况】 2019年，永康市委高度重视巡察工作，全年召开3次市委常委会专题研究巡察工作，召开7次市委书记专题会听取巡视巡察情况报告并对巡察工作进行部署。为充实巡察力量，市委下发《关于选调干部到市委巡察机构工作的通知》，通过推荐、选拔，借调6名同志到市委巡察机构工作，为期3年。从财政、审计等18个部门共抽调121人次参与巡察，对表现较好的同志，年终向其所在单位发函予以肯定，对密切配合巡视巡察工作的14家单位在主体责任考核时酌情予以加分。同时制定《巡察工作三年行动计划(2019—2021年)》《十四届市委2019年巡察工作计划》，印发《工作手册》《"模块化"操作清单》《关于被巡察党组织准备工作的意见(试行)》《信访件处理有关规定》等文件，进一步规范巡察工作。

【常规巡察】 第五轮巡察　2019年3月20日，召开全市巡察工作动员部署会暨巡察工作业务培训会，市委书记金政出席会议。本轮巡察，巡察了市府办、市委宣传部、市委政法委、市信访局、市工商联、市发改局、市财政局、市国资办、金华市生态环境局永康分局、五金城集团等10家单位，市委宣传部和市委政法委为金华市县上下联动巡察单位，共反馈问题238个，移交线索24条，完善相关制度88项，清退资金15.5万元，问责68人，其中党纪立案1人、诫勉2人、提醒谈话52人、批评教育13人。

第六轮巡察　2019年7月，根据《2019年度巡察工作计划》，启动第六轮巡察工作，本轮巡察共巡察了市文联、市公安局、市审计局、前仓镇、方岩镇、象珠镇等6家单位，其中市公安局、市审计局为金华市县上下联动巡察单位。反馈问题192个，移交线索22条，完善相关制度45项，清退资金26.97万元，问责107人，其中：开除党籍1人，党内严重警告2人，党内警告4人，开除公职2人，行政撤职1人，通报批评3人，诫勉18人，提醒谈话52人，批评教育22人，责令做出检查2人。

市委第一巡察组在巡察市公安局时查阅财务凭证现场(市纪委监委提供)

第七轮巡察　2019年10月，根据上级最新部署，围绕"三个聚焦"(聚焦基层贯彻落实党的路线方针政策和党中央决策部署情况，聚焦群众身边腐败问题和不正之风，聚焦基层党组织软弱涣散、组织力欠缺问题)要求，启动第七轮巡察，巡察了市委编办、市委党校、市档案馆、市总工会、市自然资源和规划局、市水务局、市商务局、市文化和广电旅游体育局、市广播电视台、市行政服务中心等10家单位。巡察期间，共召开座谈会19次，开展个别谈话364人次，查阅各类凭证、账册、会议记录等台账资料3308

册，发现问题247个，移交线索23条。

【村居巡察】 2019年，市委统筹村居巡察工作，采取分片区、全交叉和巡镇带村的方式，分两轮对137个村居开展巡察，其中分片区交叉巡察128个村居，巡镇带村式延伸巡察9个村居。截至年底，在全市402个行政村中，已完成巡察315个，覆盖率达78.4%。

第一轮村居巡察　2019年3月15日起，全面开展2019年度第一轮村居巡察工作，将全市16个镇(街道、区)划分为4个片区，由4位市委巡察组组长担任片区组长，每个片区负责4个镇(街道、区)的16个村居巡察工作。同时组建32个巡察小组，组长分别由16个镇(街道、区)纪委书记和组织委员担任，每组负责巡察2个村。本轮巡察共发现问题967个，移送线索37条。

第二轮村居巡察　2019年9月17日，召开2019年度第二轮村居巡察工作动员部署会，按照第一轮的模式对64个村居开展巡察。本轮巡察共发现问题643个，移送线索41条。

河南二村“回头看”巡察　2019年7月18日起，根据前期排摸情况，专门组建巡察组，抽调纪委、组织部、法院、检察院、国土、农林、执法等部门骨干力量，对经济体量较大、工程项目较多、信访反映强烈、干群关系复杂、党组织软弱涣散的河南二村开展“回头看”巡察，有效解决阻碍河南二村发展的历史遗留问题。

【人防系统“机动式”巡察】 根据上级统一部署，2019年11月19日—12月25日，对市人民防空办公室(市民防局)开展“机动式”巡察。巡察期间，共访谈干部13人，召开专题会议6次，座谈会2次，查阅账册103本，工程审批项目792个，发现问题46个，移送问题线索8条。

【省委巡视整改】 2019年5月，省委第六巡视组对永康市巡视整改情况进行回访检查。永康市共收集整理备查档案45卷，制定工作手册3本、各类工作方案6个，起草报告材料4份，召开市委书记专题会议、整改协调会等10余次。截至2019年底，已完成巡视整改问题34个，2个未整改到位问题也已取得重要进展；清退和追缴款项7766.51万元；给予党纪政务处分12人，诫勉32人，责令做出检查3人，批评教育和提醒谈话59人。

(市纪委监委　胡思瑶、傅圣杰、胡帅婧、程昱煜)

组织工作

■ 干部管理(公务员管理)

【概　况】 2019年，永康市委深入贯彻落实全国、全省和金华市组织工作会议精神，认真抓好省委选人用人专项检查问题整改，坚持“五用五不用”选人用人导向，统筹做好干部工作“五大体系”建设、年轻干部培养和机构改革有关工作，深入推进“两下两上”干部培养链、干部队伍“春风话语”知事识人专项行动、年轻干部“红色成长”计划等特色工作，持续推动干部工作项目化、载体化、品牌化运作，各项工作取得新的突破。

【“五用五不用”选优配强干部队伍】 2019年，永康市委组织部(以下简称“市委组织部”)围绕干事创业，着力打造一支能干事敢担当的干部队伍，累计进行4批次干部人事调整，共提拔(含进一步使用)165人次，选人用人工作社会反响普遍较好，政治生态进一步净化优化。深入推进机构改革，按照机构改革工作统一部署，按要求全面完成机构改革涉及的人事调整、机构挂牌等相关工作。开展择优镇领导班子预备人选比选。公开比选镇领导班子10名,其中事业干部6名、30岁及以下年轻干部4名。开展市属国企领导班子选聘工作,新选拔任用国企领导班子16名,选优配强各国企领导班子,总体反响较好。

【“春风话语”完善干部队伍建设】 2019年,市委组织部突出政治标准,探索研究领导班子和领导干部政治表现考察评价办法,综合运用一线考察、走访了解、谈心谈话等方式,加强班子分析研判,做好机构改革后半篇文章。开展机构改革“回头看”行动,深入全市58个机关部门开展谈心谈话,对各个班子进行了分析研判,考准考实领导班子和领导干部政治表现、运行情况和工作表现,持续优化班子结构和班子功能。结合市委市政府每季度重点工作“晒拼创”活动,开展“晒拼创”一线考察,深入走访重大项目、重点工作和基层一线,在拼创一线考察识别干部。

【“两个担当”激励干部干事创业担当】 2019年,市委组织部围绕“干部为事业担当、组织为干部担当”鲜明导向,推动干部干事创业担当。细化完善“容错纠错”“澄清保护”机制,先后对10名干部进行澄清正名。树好各类先进典型,先后推荐评选省担当作为好干部、省人民满意公务员各1名,推荐选树“金华市担当作为好干部”1名,选树“永康市担当作为好干部”17名,结合重点工作“晒拼创”活动通报表扬7个“拼创团队”和8名“拼创先锋”,在全市上下营造鼓励干事的良好氛围。落实各项关爱激励措施,开展干部生病住院慰问,对12名市管干部进行上门慰问,在防台等急难险重工作任务中及时到一线关爱慰问干部,认真落实好干部疗休养、乡镇干部两个20%等干部关爱制度。

【“红色成长”计划培养选拔优秀年轻干部】 2019年,市委组织部积极推进红色成长“15条”做法,进一步深化完善“两下两上”干部培养选拔机制,相关做法获新华社内参全文刊发。注重选派优秀年轻干部外派锻炼,选派3名“80后”市管干部到金华市机关部门挂职,选派2名“80后”市管干部到武义开展山海协作工作,选派1名“90后”年轻干部赴理县对口支援。加大从急难险重一线选拔使用优秀年轻干部力度,择优配备4名镇(街道、区)35岁左右及以下党政正职,从各单位推荐和双向挂职干部中择优配备15名“85后”班子成员,面向30岁及以下年轻干部择优比选镇领导班子4名,35岁及以下科级领导干部占比从不到5%上升到10.2%。优化年轻干部梯队建设,举办6期“红色成长·青腾大讲堂”,累计培训年轻干部1300余人次。面向全市开展工作专班、临时机构“张榜招贤”工作,建立274名专班干部资源库。

【干部教育培训推动干部能力素质双提升】 2019年,市委组织部围绕中心工作,紧扣“习近平新时代中国特色社会主义思想”教育和干部专业素质、专业能力的培养等重点,统筹制定干部培训班次计划,全年共举办干部培训主体班次34个,调训各级干部6900余人次。坚持择优点训,抓好重点品牌班次。高规格举办市管领导干部“清华班”“不忘初心、牢记使命”主题教育专题读书班,首次探索跨区域举办“义东永浦”四地优秀年轻干部培训班,成效较好。突出“关键少数”,完善分类分级培训。将“红色成长·青腾大讲堂”参与对象重新进行设定,分成“80后”市管干部、“85后”中层干部、表现较好的“90后”一般干部三个层次,根据每期培训的内容、适合的范围确定培训对象。充分发挥干部教育培训资源作用。加强现场教学基地建设管理使用,主题教育期间金华四套班子成员到刘英烈士陵园现场教学基地参观学习。《新时代“枫桥经验”

的新实践——永康市“龙山经验”的创新与实践解析》入选金华干部教育本土教材《金华发展典型案例》。认真做好上级学员选调工作。共选派 13 批次共 27 名领导干部参加省级班次培训，选派 6 批次共 43 名领导干部参加金华市级班次培训。

【夯实基础工作】 2019 年，市委组织部严格选人用人规范化建设，抓好新修订《干部任用条例》精神的贯彻落实和学习培训，修订完善永康市中层干部选拔任用工作实施办法。认真落实东、西部扶贫协作有关工作，与市委党校、市教育局、市卫健局、市科技局、市农业农村局、市对口办等 7 家单位建立联席工作机制，积极与对口地区做好对接，按要求做好党政干部、专业人才的选派、培训工作，累计选派党政干部 1 名、专业技术人才 34 名，开展各类培训 902 人次，接收理县来永跟岗学习专业技术人才 2 名，完成上级任务数的 120%以上。

【公务员考录】 2019 年公务员考录设置职位 81 个，共有 3829 人报考，全市招考比例为 47∶1。为解决永康市城区街道公务员队伍年龄结构老化的问题，首次招考街道机关公务员 6 名。2019 年，创新推行拟录用公务员“一测评”“两承诺”“三必谈”的考察机制，出台《永康市拟录用公务员政治考察办法》，坚持把政治标准放在首位，将政治忠诚和政治定力作为重要内容，制作《公务员考录政治标准考察测评表》，广泛听取了解考察对象的政治表现，涵盖考察对象的家庭主要成员、工作学习单位、户籍所在地。

【公务员职务与职级并行制度】 2019 年 6 月 1 日，新《公务员法》和《公务员职务与职级并行规定》施行，永康市综合管理类公务员可设置二级巡视员、一级至四级调研员、一级至四级主任科员、一级至二级科员职级。永康市坚持稳慎实施，严格按照有关政策规定规范操作，召开部署会议，制作培训手册，逐一核对干部人事档案，做好审核把关，先套转再晋升。坚持持续激励导向，开展职级晋升工作，发挥职务与职级的功能作用，进一步激励公务员干事创业、担当作为。

【公务员“学法用法三年轮训行动”】 2019 年是公务员“学法用法三年轮训行动”的收官之年。3 月，在市委党校完成全市公务员（金华市管领导干部除外）的轮训行动。

■ 基层党建

【概　况】 2019 年，市委组织部选树担当作为好干部 19 名，通报表扬 7 个“拼创团队”和 8 名“拼创先锋”，解决基层实际问题 1081 个，象珠镇龙青村原党支部书记芦鑫州被追授为金华、永康市优秀共产党员，其先进事迹得到金华市委书记陈龙批示肯定，并在《浙江日报》上刊发。扎实开展“三服务”（服务企业、服务群众、服务基层）活动，打响“我承诺”工作品牌，287 支服务队、2.4 万人次服务一线，解决问题 2203 个，“深化‘三服务’、解决群众户口难题”等相关做法得到省委书记车俊、金华市委书记陈龙批示肯定，并获《浙江日报》头版头条专题报道。制定加快新村融合促进大美乡村建设 17 条意见，全市 402 个行政村全部完成消薄任务。深入开展“村干部整治立规创优年”行动，14 名顶风违纪违法村干部全部予以歇职或免职处理，稳妥清理 94 名受过刑事处罚的村干部。创新推行村班子、村干部“初心五检”，谈话提醒“亚健康”村干部 218 人，歇职处理“不健康”村干部 19 人，相关做法得到金华市委常委、组织部部长郑敏强批示肯定。实施“红色生产力”工程，制定出台《深化车间党建工作标准 20 条》，创新提出“五个一线”（组织设置到一线、红色引领在一线、党员人才育一线、助企发展抓一线、关爱员工稳一线)工作法,建设红色车间97个、党员创客工作室93个,为企业节约资金2亿多元。

【全面深入开展"不忘初心、牢记使命"主题教育】 2019年,市委组织部抓好学习教育悟初心。召开4次市委理论学习中心组专题学习会,举办市管领导干部专题读书班、基层党组织书记专题培训班,并充分挖掘习近平总书记2次来永调研的指示精神,建设主题教育专题展馆,开展重走习近平总书记调研路活动。深入基层一线破难题。全市各级领导干部形成调研报告550余篇,开展"牢记使命践初心,联乡帮村破难题"活动,建立"连心破难"服务团420个,帮助解决问题1081个,发放"服务卡"25万张。全力整改落实求实效。公开征求全市各级领导班子意见建议1533条,班子成员2736条。以推进"9+1"专项整治为重点,检查单位205家,督促问题整改128个。

【叫响"我承诺"　做实"三服务"】 2019年,市委组织部将"周三无会日"确定为"承诺兑现日",287支服务队、2.4万人次服务一线,解决问题2203个;梳理"跨部门"问题清单188条,组团服务200多场次,问题解决率89%;每月15日的市领导"难题面对面",形成制度性成果25项,为企业减负6.42亿元。

【做好行政村规模调整后半篇文章】 2019年,市委组织部制定加快新村融合促进大美乡村建设17条意见,举办新村融合书记论坛,开展新村实事比擂活动,制定新村实事计划,全市402个行政村全部完成消薄任务,相关做法被中组部信息采用刊登。开展党员干部"连心大走访"活动,重新划分新村网格,落实党员、代表联户制度,推行"红色代办"、居家养老"红色配送"等做法,积极开展志愿服务、便民服务,提升新村村民幸福感、获得感。

【开展"村干部整治立规创优年"行动】 2019年,全市开展新一轮村级组织换届"回头看"行动,创新推行村班子、村干部"初心五检",逐个过筛全市4700多名村两委干部,稳妥清理94名受过刑事处罚的村干部,从严处置14名顶风违纪违法村干部,谈话提醒218名"亚健康"村干部,歇职处理19名"不健康"村干部。严格落实"村干部底线管理办法""村级权力清单三十三条"等制度,全面推行村党组织书记县级备案管理制度,全面签订村干部从严管理"八项铁律"承诺书。召开村社党组织书记大会,举办农村党支部书记轮训、浙大领头雁培训班。

【推进基层党建突出问题整治】 2019年,永康市加强后进整转帮扶,排摸后进村党组织17个,严格落实"一包四联"帮扶机制,"一村一策"制定整转方案,综合运用工作组进驻攻坚、党委会开到村、治村导师帮带巡诊等举措,实现后进村全部整转摘帽。组织开展挂靠党员"清零行动"活动,全面清理市人才市场、镇街区党员服务中心1792名挂靠党员。严肃稳妥做好预备党员逾期未转正问题整改,整改录入预备党员26名,取消预备党员13名。

【实施"红色生产力"工程】 2019年,市委组织部制定出台《深化车间党建工作标准20条》,60万重奖红色示范车间。创新提出"五个一线"工作法,已建红色车间97个、党员创客工作室93个、"党员攻坚队"81支,提出"红色提案"2400多个,推动实施技改项目130多个,攻克难题452个,为企业节约资金2亿多元。"红色互动"缓解企业融资难题。强化政银企沟通合作,出台"信用贷""平台贷""商标贷"等融资工具,为企业节省转贷成本超6亿元。"红色导师"帮带提升企业人才素质。积极探索两新党务人才"红色培养链"工程,选聘红领党务通12名、红色导师11名,成立红领党务工作室

12个，举办党建沙龙7期，首次到省外苏州大学开办两新示范培训班，组织3000多名红领青工接受教育培训、21名出资人及经营管理人才到经济部门实践锻炼。

（市委组织部　供稿）

■ 机关党建

【概　况】 2019年，全市机关党建以“一切工作到支部”为导向，认真落实中央和省委机关党的建设工作会议精神，扎实履行党建责任，以“不忘初心、牢记使命”主题教育为魂，以党支部规范化建设为体，以服务中心大局为用，全面提高机关党建工作质量。

【深学细悟知行合一】 2019年，市委组织部以第十届“品味书香、提升素养”机关读书节为主要载体，举办“书香伴我行”阅读马拉松挑战赛、“荐书·品书·评书”活动、“忆初心，担使命”主题征文和主题演讲等活动，常态化开展中心组学习会、专题报告会、集中轮训、党员学习会等，推动学习贯彻习近平新时代中国特色社会主义思想不断走深、走实、走心。党员领导干部带头学习、带头讲专题党课、带头严格党内政治生活、以自身的模范行动为党员干部树起标杆。组织开展“百堂党课送基层”“万名党员进党校”等活动，由市委书记带头，各级党员领导干部跟进，深入基层单位上党课。开设“领导干部谈初心”专栏，各部门党委（党组）“一把手”畅谈收获、感悟和方向。全面推行机关党员干部“初心五检”，部门班子共查摆出问题500余个，个人问题1300余个。聚焦难题破解精准亮剑，52个职能部门推出61项民生实事整改落实项目，在市级媒体上公开接受监督；搜集汇总问题6500余个，其中现场解决5700余个，问题解决率超过95%，群众满意度和获得感明显增强。

【制度立规监管护航】 2019年，市委组织部落实党的建设和机构改革同步谋划、同步开展要求，研究出台《关于认真抓好机构改革中机关党建工作的通知》，调整涉改部门党组织设置，同步理顺组织关系，顺利完成党员组织关系转接、党员信息库维护更新、党费归属和移交等工作。围绕国企改革，成立国资办直属机关党委，调整到位基层党委7个，党总支4个，党支部65个，党员1177名。同时，牢固树立“一切工作到支部”鲜明导向，以提升组织力为重点，突出政治功能，紧扣“六好”标准内容，推进机关党支部“1+2”标准化建设，全市机关党支部完成80%标准化达标，有效解决和防范机关党组织“灯下黑”。严肃认真抓好省委巡视涉及机关党组织不按期换届问题的整改，研究出台机关党组织换届提醒督促机制，完成全市机关党组织换届183家。严格落实“三会一课”、党支部组织生活会、领导干部民主生活会、党员党性体检、民主评议等规定，指导好机关党组织每月15日的主题日活动。结合市委巡察、主题教育巡回指导等工作，开展经常性党建工作检查，检查反馈问题254个，实行“整改销号制”，做到整改一个销号一个，确保事事不悬空、件件都见底。

【围绕中心建设队伍】 2019年，市委组织部推进“领雁”提升工程，强化机关党组织书记履职能力，邀请金华市委直属机关工委组织处处长汪明忠、浙江省“人民满意的公务员”颜镇春等为400名机关党支部书记开展培训。明确16家涉改单位配备机关党委专职副书记（中层正职）职数，从根本上改变永康市机关党建缺乏专职党务干部队伍现状。推进“新雁”培育计划，把单位骨干培养为党员，把党员培养为单位骨干，建好入党积极分子资源库，培训入党积极分子236人，发展党员140人，其中高知群体5人。强化新党员宗旨意识，七一前夕集中组织开展入党宣誓活动。立足部门职能，以“支部夺旗、党员摘星”大比武为载体，推进“标准＋特色”工作法，分类指导机关、国企、医院、学校各领域党建工作，打造各具特色、可看可学的党建标杆。妇联、第一人民医院、西溪小学等12家单位成功创建“红旗支部”，人力社保局等5家党组织申报清廉机关示范点，石柱派出所、芝英派出所等2家单位获评金华机关工委品牌党支部。朱广波、马兰珍等2人获评金华市担当作为好支书，夏声广获评省“担当作为好干部”，颜镇春获评省“人民满意的公务员”、金华市“担当作为好干部”，还有吕将等一批机关党员干部获评永康市“担当作为好干部”。同时，结合党员志愿服务活动，发动党员干部深入基层一线访民情、访企情、访政情。开展“四城联创”志愿服务，机关党组织与社区党组织结对共建，机关志愿服务队认领服务项目，仅七一期间参与党员3700人次，服务群众4.5万人。组织开展“如果我是服务对象”的大讨论活动，持续擦亮“三服务·我承诺”工作品牌，通过“周三承诺兑现日”“难题面对面”“组团服务超市”等载体，机关党员干部一线承诺、践诺，累计解决群众身边的操心事、烦心事、揪心事4000多件。

（市委组织部　沈苹）

■ 人才工作

【概　况】 2019年，永康市委认真贯彻中央、省委和金华市委关于人才工作的部署要求，始终坚持人才优先发展理念，找准人才工作服务大局、服务中心工作的新方位、新定位，创新体制机制、建强人才平台、优化人才环境，统筹推进各类人才队伍建设，为永康经济社会高质量发展提供有力的智力支持和人才支撑。全年设立人才发展专项资金项目共7个大项17个小项，人才工作经费预算为5000万元。

【做大人才基本盘】 2019年，永康市围绕永康产业发展实际，深入实施智汇丽州引才工程，集聚更多人才智力。加大高精尖稀缺人才引进力度，连续6年在全市工业大会上对引进的高层次人才和企业进行隆重表彰，全面摸排企业用才需求，重点瞄准对口产业人才高度聚集的地区开展精准对接，共申报国家级引才计划7人、省级引才计划20人，举办院士专家和领军人才永康行活动，引进院士5人、国家级领军人才16人。加大本土人才培育广度。开展“匠人新秀”大比武活动，在全市学校、医院和企业范围内开通中高级职称和技师直评通道，培育高技能人才1201名、高级职称人才230人；组织开展新生代企业家培养班、企业管理创新培训班等13期培训班，全市共培训企业经营管理人才500余人次；举办中国五金产业人力资源高峰论坛，引进高端人力资源服务机构30余家，入选全省2019年度人力资源服务业十大事件。开展“百家名企进名校”“百企万岗进校园”等招才引智活动，组团赴西安、杭州、安徽等高校密集地招引大学生，引进高校毕业生13427人，其中硕博士研究生501人。

【加快人才平台建设】 2019年，永康市坚持把平台建设作为引才聚才的战略工程来抓，大力推进乡贤引才平台、高校院所平台和科技研发平台建设，推动实现人才工作平台能级大提升。打造乡贤引才引智平台，充分发挥金华发展大会、永康博士大会“会后效应”，重点发挥人才工作站和在外招商招才组作用，继续在全球范围内开展永康籍在外人才排摸，建立永康籍千名博士智库，先后成立永康博士联谊会杭州分会、西安中西部分会、深圳大湾区分会、上海分会。开展“一人一事为永康”活动，邀请百余名永康籍博士回乡开展项目合作，举办各类活动24场次，签约合作项目14个，合作金额

49亿元。提升高校院所合作平台，主动融入长三角地区人才一体化发展，由市委主要领导带队赴上海、杭州、苏州等人才聚集城市招才引智、招院引所，重点对接知名院校和科研院所，引进高校院所3家，于12月25日开工建设永康五金技师学院，计划总投资约23.7亿元，占地面积约38.7万平方米，预计建成后每年可培育上千名紧缺高技能人才。建强综合创业创新平台，全年新建省级博士后科研工作站2家、省级企业研究院6家、省级高新技术研究开发中心6家、院士专家工作站2家，鼓励并支持企业在沪杭两地设立“人才飞地”4家，切实提升对人才的承载力和吸附力。

【创优人才生态圈】 2019年，永康市以打造“人才生态最优市”为目标，按照“最多跑一次”改革要求，突破关键环节、办好关键小事，营造拴心留人的良好氛围。高效运转由40余家单位商家组成的人才绿卡服务联盟，拓展服务覆盖范围，增设医疗服务“绿色通道”，全面覆盖20家永康各大公立医院及镇（街道、区）卫生院。出台《服务永康籍在外高层次人才五项举措》，给予回永人才免费入住指定酒店、享受绿色通道等五项优惠待遇。着眼“房子、身子、孩子、本子、票子”等关键小事，完善“丽州英才”服务App，人才凭手机出示电子绿卡，即可直接享受景点游玩、贵宾通道等40余项优惠待遇，全年共为500多名人才提供服务1000余次，在人才住房上，推出第3期人才公寓销售，以市场价7折的价格定向出售，售出人才公寓232套。建立党政领导常态化联系重点人才制度，市委市政府领导分别与永康籍院士、在永国家级领军人才进行“一对一”联络服务，实现高层次人才结对联系全覆盖，着力营造尊才、爱才、重才的良好氛围。

（市委组织部　供稿）

宣传工作

理论党教

【概　况】 2019年，永康市委宣传部（以下简称“市委宣传部”）坚持以习近平新时代中国特色社会主义思想为指导，认真贯彻落实党的十九大和十九届一中、二中、三中全会精神，切实增强“四个意识”，坚定“四个自信”，践行“两个巩固”，始终牢记举旗帜、聚民心、育新人、兴文化、展形象的使命任务，坚持守正创新，强化使命担当，努力推动全市宣传思想文化工作谋好新篇、走在前列。

【习近平新时代中国特色社会主义思想学习教育】 2019年，永康市深入开展习近平新时代中国特色社会主义思想学习教育，开展“不忘初心、牢记使命”主题教育活动，组织开展市委理论学习中心组《中国共产党宣传工作条例》《中国共产党党内重要法规汇编》《关于新形势下党内政治生活的若干准则》、省委十四届六次全会精神等专题学习11次，举办党的十九届四中全会精神、《坚决反腐肃贪，建设清廉浙江》、“网络安全赋能数字新时代”学习等报告会10场。组织开展《2019年党员学习参考》《习近平新时代中国特色社会主义思想学习纲要》等理论读本学习，推动各级领导干部学原文、读原著、悟原理。

【“学习强国”学习平台建设运用】 2019年，永康市扎实开展“学习强国”学习平台建设运用工作，推行督导服务制度“三下沉”，运用每日排名、发文通报、现场指导、海报宣传等多种形式，在全市上下掀起平台使用热潮。全市“学习强国”平台学员总数超4万，覆盖率超120%，位居金华各县市第一。组建“学习强国”平台供稿系统“永康编辑部”，向平台供稿，共刊登184篇，名列金华各县市前茅。

【理论宣讲“信鸽计划”】 2019年，市委宣传部实施理论宣传宣讲“信鸽计划”，在“永康发布”微信公众号上开设《“信鸽”微评》栏目，每周刊发全市干部群众在上级平台发表的时评文章，切实提升基层宣传的广泛性、参与性和互动性。开展“金华精神 闪光一线”暨“礼赞70年，助力新腾飞”好故事宣讲活动，开展“心路”系列微宣讲视频制作。组织各类宣讲团围绕“中华人民共和国成立70周年”“乡村振兴”“最多跑一次”“扫黑除恶”等专题开展10余个主题宣讲。

【“义利并举 务实创新”新时代永康企业家精神】 2019年，市委宣传部刊登弘扬和践行新时代永康企业家精神倡议书，组织全市主流媒体集中开展宣传推广，刊发“开精神之花 结发展之果”等新闻采访30余篇，新闻时评10余篇。

【全面深化社科联改革】 2019年，根据《浙江省群团改革总体方案》要求和省、金华市社科联有关要求，制订《永康社科联深化改革实施方案(送审稿)》，坚持“优化结构、健全机制、搭建平台”原则，推动社科工作向基层延伸。开展2019年度社会科学研究立项课题申报工作及学习强国“我和我的祖国”大型征稿活动、“诗路金华”建设理论征文活动，开展社科立项课题结题18项，其中重点课题8项。

■ 文化宣传

【概　况】 2019年，全市文化宣传工作紧密围绕“庆祝中华人民共和国成立70周年”这一主题展开。举办永康解放日升旗仪式、“壮丽70年 讴歌新时代”合唱比赛、“祝福新中国 腾飞新永康”国庆主题文艺晚会等大型庆祝活动。全市共举办“三征三展”“我和我的祖国”快闪宣传等主题庆祝活动26项160余场。163个农村文化礼堂组织开展升国旗庆国庆和向国旗宣誓仪式，共举办国庆主题“村晚”67场。

在基层宣传文化阵地建设上，召开2019年度农村文化礼堂建设推进会，完成130个行政村284名建设骨干的培训工作；举办文化礼堂建设骨干培训班，对镇(街道、区)宣传委员、宣传干事及部分拟打造文化礼堂样板村的负责人进行强化培训；连续开展3轮文化礼堂建设实地指导工作，把问题解决在建设一线，全面完成100家农村文化礼堂建设目标，行政村文化礼堂建成率从48%提升至72.8%。充分挖掘胡公文化资源与特色，建成古山胡公文化公园。探索社区宣传＋党建建设模式，完成望春社区文化家园建设。创新实施习近平新时代中国特色社会主义思想“飞入寻常百姓家”文艺宣传“百千万”工程，设立13支文艺宣传小分队，将党的创新理论融入百姓故事，采取灵活多样的演出形式，进村演出70余场、进企业演出40多场，现场观众累计3万多人。创设非公企业文化员制度，开展首届全市非公企业文化员培训，累计建成企业文化俱乐部11家。制定下发《永康市农村文化礼堂星级管理与奖励办法》，并对223家农村文化礼堂开展星级评定工作，拨付星级奖励资金396万元，拨付标准和金额创历年新高。扎实开展文化礼堂菜单式服务活动，联合22个部门单位完成22个类别3900余场活动。以乡村阅读为主题，与北京大学开展合作，在唐先镇秀岩村岩洞口文化礼堂设立北京大学思想政治实践课教育基地，深化校地合作，推动思政教育理论研究和实践教育。推进社区教育进文化礼堂，重点开展新型职业农民培训、青少年校外教育、老年教育、农村劳动力学历和非学历培训。

【解放日升旗仪式】 2019年5月8日是永康解放70周年纪念日。当天上午,永康市在丽州广场隆重举行庆祝中华人民共和国成立70周年暨永康解放日升旗仪式。市各套班子领导、法检"两长",以及参加过永康解放战争的老干部代表,机关部门干部代表,各镇街区干部代表,各民主党派、社会各界人士代表,驻永部队官兵代表等约1200人参加活动。7时30分许,升旗仪式正式开始。3名国旗护卫手迈着铿锵有力的步伐,护送国旗走向国旗台,在嘹亮雄壮的国歌声中,鲜艳的五星红旗冉冉升起、迎风飘扬。国旗下,全体人员高声奏唱国歌,向国旗行注目礼。随后,少先队员向参加过永康解放战争的老干部代表敬献鲜花。

【"壮丽70年 讴歌新时代"合唱比赛】 9月26日晚,"壮丽70年 讴歌新时代"合唱比赛决赛在永康市广电大剧院举行。比赛由市委组织部、市委宣传部主办,市文广旅体局、市广播电视台承办。共有33支代表队参赛,经过预赛进入决赛的共有16支代表队。经过一番激烈角逐,最终公安局代表队、教育局代表队、综合行政执法局代表队、宣传系统代表队、青春芳华代表队、卫健局代表队6支队伍获得金奖。"勇立潮头 新腾飞"代表队获得特别奖。

"壮丽70年 讴歌新时代"合唱比赛现场(市委宣传部提供)

对外宣传

【概 况】 2019年以来,市委宣传部坚持团结稳定鼓劲,正面宣传为主,全方位、多角度、分层次开展对外宣传工作。先后组织开展中央驻浙媒体走进永康、全国晚报总编永康行、全国报社社长总编永康行、省计协增强"四力"百名记者走基层暨首届浙江新媒体创意技能大赛、《中国影像方志》永康篇、《大手拉小手》等大型参观采访、主题外宣活动,扎实做好门博会、五金博览会两大展会宣传,全面展示永康改革开放以来的成功经验和发展成就。在《人民日报》《光明日报》《新华每日电讯》等国家级媒体发稿17篇,《浙江日报》78篇(其中头版4篇),《金华日报》头版头条61篇。

【构建全面对外宣传体系】 2019年,市委宣传部围绕"自信、创新"两个关键词构建全面对外宣传体系。一是挑起责任强化信心,做好"自信外宣"。始终沿着"请进来""走出去"两条腿走路的原则,一方面,主动对外"请进来",先后组织开展中央驻浙媒体走进永康、全国晚报总编永康行、全国报社社长总编永康行、省计协增强"四力"百名记者走基层暨首届浙江新媒体创意技能大赛,对外讲好"永康故事";另一方面,积极向外"走出去",将永康送上国家级媒体,中央电视台《中国影像方志》永康篇播出、成功举办《大手拉小手》等大型参观采访以及其他主题外宣活动,同时扎实做好门博会、五金博览会两大展会宣传。二是认清形势改变思路,做好"创新外宣",不仅聚焦在报纸、电视、广播等传统主流媒体上传播新闻,同时也聚力在浙江新闻客户端、新华社客户端、央视新闻客户端等上级媒体新媒体上传播新闻,并利用网易、腾讯、搜狐、新浪在网络社交媒体上的传播影响力扩大对外宣传效果，形式更多样、内容更丰富、效果更具体。

（市委宣传部　供稿）

文明建设

【概　况】 2019年，永康市文明办以党的十九大、十九届二中、三中、四中全会精神为指引，围绕市委市政府中心工作，积极培育和践行社会主义核心价值观，把推进优雅城市建设、创建浙江省示范文明城市作为工作重点，精心组织，紧密部署，扎实开展各项工作，取得明显成效。

【群众性文明创建活动】 2019年，永康市新时代文明实践活动开展得有声有色。一是做好文明实践指导。以市委办名义于8月26日下发《永康市新时代文明实践中心建设和文明实践活动的通知》，明确新时代文明实践中心建设的项目清单、组织架构、实践队伍、服务流程等。二是搭建文明实践平台。按照第二批新时代文明实践中心全国试点县（市、区）的要求，高起点谋划、高标准实施、同步推进精神文明建设指导中心、新时代文明展示中心、志愿项目孵化中心、志愿服务管理中心、志愿服务培训中心建设，打造约1200平方米的建管用育一体化的新时代文明实践平台。三是推进文明实践活动。通过开展“3·5学雷锋活动”“清明祭英烈·传承爱国情”“品味民俗迎端午”“四城联创广场公益”“美家美户在行动”“五彩缤纷·阳光夏令营”“第十届未成年人亲子读书”等一系列主题活动，营造新时代文明实践的浓厚氛围。

【公民思想道德建设】 2019年，永康市把好人推荐选树纳入16个镇（街道、区）及各机关部门的年度考核，依托新闻报道、主流媒体、网络论坛、基层选送等平台着力宣扬“凡人善举”，构筑“身边好人”全方位地发掘、选树、报道机制。实行“发现一个、挖掘一个、宣传一个”的动态管理，切实做好“浙江好人”“金华好人”以及“最美金华人”的推荐报送工作。芦鑫州、应业勋获评10月、12月“浙江好人”，永康市稀有献血团队、舒缙忠、倪成纲、朱晓佳、章香闺、童雄武、吴立荣、覃桂石、李汝芳、芦鑫州、吴凤香、陈伟峰等20人次获评“金华好人”，李恩惠、颜镇春等2人获评“最美金华人”，应健达、汪金刚家庭获评金华市“最美家庭”。王小平、叶雄威、朱振兴、朱颖刚、汤文统、项良杰、俞满意、徐学冬、徐爱琴、董陈法等10人获评首届“最美慈善义工”。

【未成年人思想道德建设】 2019年，根据《关于推进乡村学校少年宫建设全覆盖工作促进农村未成年人思想道德建设的实施方案》（金市文明委〔2018〕5号）的要求，建成古山小学、芝英小学、舟山小学、方岩小学、象珠小学、唐先小学、西溪小学这7所自建乡村学校少年宫。下发《关于开展永康市第十届“温暖的旅程”未成年人亲子读书活动的通知》，联合教育局、日报社、广播电视台、新华书店等单位开展亲子读书活动。根据省文明办《关于组织开展2019年暑假“春泥计划”重点活动的通知》要求做好“春泥计划”实施工作，不断加强未成年人思想道德建设。

【城乡文明创建工程】 2019年6月10日，召开全市“四城联创”工作大会，市委书记作创建动员，印发《永康市创建浙江省示范文明城市测评体系责任分解表》，全面吹响创建集结号。之后相继下发《永康市“四城联创”宣传工作方案》《永康市文明卫生社区共建实施方案》《永康市创建“七大专项整治行动”工作方案》等文件，清单式、项目化推进各项创建任务的落实。9月18日和10月18日分别召开文明卫生城市创建工作业务培训会和省示范文明城市专题培训会，邀请省文明办城市建设处处长叶彤和省文明办副主任王先中来永授课，指导部门街区提高创建认识、把握创建方向、明确创建任务。组织开展“户外广告专项整治”“人文环境专项整治”“窗口行业专项提升”等一系列行动，巩固创建成果，营造创建良好氛围。

（市文明办　胡波）

统一战线

■ 综　述

【概　况】 2019 年，在市委的坚强领导和各有关方面的大力支持下，永康市统一战线紧紧围绕“讲政治、守底线、抓重点、创特色、树标杆”的工作要求，以政治建设为统领，全面贯彻中央、省委和市委关于做好新时代统战工作的一系列决策部署，牢牢把握“大团结、大联合”的工作主题，紧紧围绕市委市政府工作大局，各领域统战工作取得新进展。宗教工作、基层统战阵地建设、民主党派成员“积分制”管理、统战信息工作、“清廉民企”和“清廉党派”建设等得到上级肯定；社校规范化建设、统战干事规范化管理、党外代表人士培养等工作得到上级领导批示肯定，统战工作考核名列金华前茅。

【加强思想政治引领】 2019 年，永康市委统战部(以下简称“市委统战部”)把深入学习贯彻习近平新时代中国特色社会主义思想特别是习近平总书记关于加强和改进统一战线工作的重要思想作为首要政治任务。开展“最美统战人物”和“优秀统战人物”选树活动，举办“不忘初心跟党走，牢记使命颂党恩”统一战线庆祝中华人民共和国成立 70 周年主题文艺晚会，在民主党派、宗教界、民营经济人士等统一战线成员中开展形式多样、符合领域特点、体现界别特色的主题教育。

9 月 23 日，举办永康市统一战线庆祝中华人民共和国成立 70 周年主题文艺晚会(市委统战部提供)

【构建大统战格局】 2019 年，市委统战部落实市委、市政府班子领导及政府有关部门联系民主党派、工商联、无党派人士制度和市委领导列名联系新的社会阶层人士工作制度。落实市委 2019 年度政治协商计划，召开 8 个政治协商会议。发挥统战协调机构作用，召开全市统战工作会议、市委统一战线领导小组(扩大)会议、市宗教工作协调小组会议等，进一步形成统战工作合力。

【统战队伍建设】 2019 年，市委统战部扎实开展“不忘初心、牢记使命”主题教育。全面贯彻清廉永康建设总体部署，打造“清廉机关”。会同组织部门进一步规范镇(街道、区)统战干事配备管理，对统战干事职级配备、任免程序、职责要求、培养使用等方面做出明确要求。深化市委统战部、市侨联机构改革。深入开展“晒、比、争、学”活动。组织开展第四届统一战线暨少数民族职工趣味运动会。加强统战信息宣传工作，4 篇信息获省部门主要领导和金华市委领导批示肯定，21 篇信息得到上级部门采用。中央统战部网站、《中国宗教》《情系中华》等上级期刊和网站刊登永康统战工作做法。

■ 侨务工作

【概　况】 积极促进阿联酋永康商会暨同乡会与永康企业的贸易往来，先后组织35名商会会员回乡考察，阿联酋永康商会暨同乡会获评“金华市十佳海外示范性侨团”；指导香港永康同乡会加强自身建设，并完成换届工作；推动侨联改革，扎实开展“不忘初心、牢记使命”主题教育，积极深化涉侨业务“最多跑一次”改革。结合“三服务”活动，积极实施“解困、帮扶、服务”三大举措，为侨资侨属企业送去关爱、提振信心，累计走访侨资侨属企业17家，召开座谈研讨8次，收集意见建议26条，破解企业问题12个。多渠道、多层次、多形式开展联谊活动，全年累计接待来永经贸考察、旅游探亲、文化交流的港澳台海外侨团、侨领侨胞和港澳同胞逾300人次。组团开展对台基层交流，组织永康传统非遗项目《九狮图》35人赴台巡回演出，得到台湾基层民众热烈反响。组织侨界群众和海外侨胞围绕市委、市政府的中心工作或重大事项建言献策，全年累计提交提（议）案32件；以“内外联动、会员走访、公益活动”三个载体，构建“大留联体系”，累计援助款项及物资共计20余万元持续提升留联组织的向心力、凝聚力、影响力。制定市侨联“七五”普法规划，会同市司法局开展以侨法“四进”（进社区、进侨乡、进党校、进侨企）为主题的宣传活动；全年共受理来信来访25件（次），处理各类纠纷4起。

■ 党派管理

【概　况】 市委统战部落实市委2019年度政治协商计划，相继召开市委常委会意见征询会、政府工作报告意见建议征询会、市委重大决定征求党外人士意见座谈会、党风廉政建设和反腐败工作情况通报座谈会等重要会议；民主党派中开展“不忘合作初心，继续携手前进”主题教育；成立永康党外人士民主监督团，通过参加媒体问政平台、实地考察调研等方式，先后开展“无证明城市”改革、“扬尘治理”、“优化营商环境”建设等专项民主监督8次，助推市委市政府各项决策落地；围绕中心建言献策，全市“两会”期间，民主党派、无党派人士提交提案议案73个；举行“赛实绩 · 比担当”党外干部述职会和统一战线党风廉政报告会，推荐优秀党外干部参加中青班、民主党派骨干培训班等主体班次；各民主党派和知联会发挥资源优势，相继开展“精准帮扶，与爱同行”扶贫帮困、校园普法讲座、“种子教师培养计划”、“同心筑梦 · 爱心传递”特殊教育学校公益行、“美美同心，同心同行”慰问等社会服务活动。

【多党合作工作】 深化“清廉党派”建设，推动落实《永康市各民主党派“清廉党派”建设座谈会纪要》，相关做法信息得到中央统战部采用。全面推广民主党派成员入党“积分制”和“积分制”履职量化考评做法。扎实开展“风雨七十年，肝胆长相照”主题教育系列活动。指导各民主党派基层组织建立13项工作制度。市委党校、市社会主义学校创新三校共建、三堂联动、三品齐创“三个三”模式开展社会主义学校规范化建设，得到省社院肯定。建立统一战线主题教育展示馆并投入使用。市社会主义学校全年承办9个班次，共培训统一战线成员552人。

【党外代表人士工作】 完成2019年无党派人士调整、认定登记工作，认定9名党外人士为无党派人士。举办以“不忘初心、实干为民”为主题的党外中层以上干部集中述职。加强留学归国人员统战工作，支持永康留联会和上海、杭州分会开展自身建设，在上海举办陈亮浙学文化与当代浙商精神大讲堂，发挥“留学人员创业创新基金”作用，为留学人员归国创业提供“孵化＋创投”全方位服务。建立“永康留联会慈善基金”，打造留学归国人员公益慈善品牌。

民族宗教

【概　况】 永康市是全省宗教工作重点县（市、区），全市共有佛教、道教、基督教三大教别，3个宗教团体分别是市佛教协会、市基督教三自爱国运动委员会、市基督教协会。全市经批准登记的宗教活动场所77处，其中，基督教堂点49处、佛教寺院26处、道教宫观2处，信教群众共有5万多人。宗教教职人员认定备案56人。全市共有民间信仰活动场所622处，已批准登记民间信仰活动场所313处。

2019年，永康少数民族流动人口有12.04万人，44个少数民族，其中少数民族流动人口1万人以上的有苗族、布依族、土家族、彝族、侗族5个少数民族。永康少数民族流动人口主要以在企业务工为主，另有少部分在企业周边或城镇经商做小本营生等。全市无民族乡、无民族村，属散居类型。

【宗教领域督查整改工作】 2019年，市委统战部全面摸排永康市宗教领域存在的问题和薄弱环节，制定《永康市宗教工作督查整改措施方案》，按照“立即整改、近期整改、长期整改”三大方面15项整改内容，从党委主体责任、干部培训、工作力量、基层基础、团体建设以及宗教事务规范管理等方面建立长效管理机制，明确任务，明确责任，明确完成时限及相关要求，并将整改落实情况纳入各责任单位的年终考核，确保督查整改工作稳妥有序推进，进一步规范永康市宗教事务管理。

【宗教领域“四治”专项工作】 深入开展宗教领域“四治”专项工作，围绕“热、乱、假、俗”，对宗教界存在的一些乱象和违规违法问题进行全面治理，进一步规范永康市宗教事务管理。会同相关部门单位开展“打非治违专项行动”“打黄扫非专项行动”、涉宗殡葬问题整治、宗教领域隐患纠纷化解工作等；对民间信仰场所非法常住僧人问题进行治理，清缴流动假僧假道的道具、宣传品；加强反邪教工作的宣传教育引导，加强宗教事务管理，树立宗教界人士对邪教组织及非法宗教势力的防范意识；运用“三级网络、二级责任”机制，发挥“三人驻场所小组”、网格员队伍作用，防范邪教组织及非法宗教势力的渗透；对永康市东永高速沿线宗教活动场所及民间信仰活动场所情况进行普查，有效遏制佛道教“四治”方面问题势头；对管理不规范的佛教场所进行处置，对基督教舟山教堂管理组织混乱问题责令基督教“两会”组织对其进行查处调整。

【基督教私设聚会点治理】 7月以来，市委统战部对基督教私设聚会点进行深入排摸和分类治理。对私设聚会点进行管理和疏导，引导聚会点的信众到正规的宗教场所进行聚会，引导正规的场所接纳聚会点信教群众，对愿意接受政府和基督教“两会”管理的，符合条件的聚会点按照“以堂带点”“合并”方式进行处置，对不愿意接受政府和基督教“两会”管理的，进行依法取缔。为进一步巩固中央、省委宗教工作专项督查整改成果，防止基督教私设聚会点反弹，检验治理效果，在12月底对治理情况开展一次集中“回头看”专项行动，取得较好效果。

【“5＋1”进宗教活动场所】 在2018年开展的平安场所创建、“十百千万”普法工程建设的基础上，全域推进“5＋1”进宗教活动场所，金华市“5＋1”进宗教活动场所规范化管理现场会在永康市召开。《永康市坚持“点面结合、示范引领、深度延伸”扎实推进“5＋1”进宗教场所管理》在省民宗委简报专报第83期刊载；江南街道南都禅寺被列为省级普法示范点，龙山镇普明禅寺、石柱镇洪福寺被列为省级普法教育基地。

【“民间民俗·多彩浙江”方岩庙会】 围绕庆祝中华人民共和国成立70周年，在省民宗委、省文旅厅指导下，永康市方岩庙会首次被列入“民间民俗·多彩浙江”优秀传统文化系列活动。方岩庙会有着浓郁的民族特色和强烈的地方特色，蕴含丰富的民俗文化和宗教文化，具有较高的历史价值、文化价值、艺术价值和审美价值，其影响已远至台湾、香港、澳门等地区。

【民族团结进步】 2019年，市委统战部紧紧围绕“共同团结奋斗、共同繁荣发展”的民族工作主题和点面结合、示范引领的工作目标，扎实推进永康市民族团结进步工作。在指导堰头小学引进省民革教育服务团成立名师工作室的同时，引导堰头小学建立“融·合”少数民族工作室。围绕庆祝中华人民共和国成立70周年系列活动，指导堰头小学开展“民族团结迎华诞、同心共筑中国梦”活动。该校报送的舞蹈《鸿雁》被省民宗委首届少数民族优秀舞蹈展演活动采用，7月25日在遂昌演出。积极做好民族团结进步创建的宣传工作，以堰头小学民族团结进步示范点建设为基础，开展民族团结进步工作宣传片拍摄工作，通过各个媒体进行宣传展播。推选浙江哈尔斯真空器皿股份公司的胡树彬为第一批来浙少数民族“和谐融入之星”。

7月26日，堰头小学“鸿雁”舞蹈获浙江省首届少数民族舞蹈优秀作品奖（市委统战部提供）

工商联络

【概　况】 2019年，永康市民营经济领域统战工作以推进“两个健康”为统领，着力构建“亲清”新型政商关系，服务永康市民营经济高质量发展。创新开展“清廉民企”创建工作，得到省委办公厅刊文肯定。

【做好政策解读】 组织全市各直属商会会长、秘书长、企业家代表深入学习贯彻习近平总书记在民营企业座谈会上的重要讲话。组织全市民营经济人士传达全国“两会”精神，解读李克强总理《政府工作报告》，提振民营企业家发展信心。

【打造“清廉民企”】 在先行集团、春天集团、道明光学开展“清廉民企”企业建设试点，深化民企党建引领，巩固清朗的政治生态；强化惩防体系建设，健全清晰的监督机制；构建亲清政商关系，打造清正的营商环境；营造浓厚思想氛围，建设清廉的企业文化。

【建设“法制民企”】 挑选36名律师组成永康市总商会法律服务中心，围绕“深化惠企法律服务，打造最佳营商环境”主题，开展“企业法律体检”“企业走访”“法律政策宣讲”等3个专项公益法律服务。据统计，法律服务团共为会员企业提供1500次的法律咨询和案件业务受理，并担任29家基层商会、351家会员企业的法律顾问。

【设立传承驿站】 挑选12名永康经验丰富的老一辈成功企业家与60名民企“新生代”结对，每月一次开展创业讲坛、政策咨询、业务指导、现身说法、定期学习交流等活动，为新生代企业家创业创新提供项目论证、业务咨询和决策参考等方面指导。

【主题服务活动】 走访一批企业。以“三服务”活动为载体，走访16家会员企业，宣传党和政府方针政策。组织一次听证会。3

月，会同市检察院组织政协委员、人大代表、企业家代表参加市检察院实际涉企案件听证会，维护企业家合法权益。召开一次座谈会。发挥商会优势，邀请民营企业家代表探讨当前经济形势，着力提升服务能力。上一堂法治课。邀请市检察院负责人举办民营企业预防贪污犯罪专题讲座，着重分析关键岗位职务贪污犯罪特征、企业防范重点、协助排查企业漏洞。

【“万家民企评银行”活动】 会同人民银行永康市支行组织全市133家民营企业现场填写民营企业金融服务满意度评价问卷和民企融资需求调查表。根据民企融资需求调查表了解的情况，协调相关商业银行，为35家民营企业发放贷款。

（市委统战部　朱宇天、胡璟、徐豪、张豪建、金紫莹）

党校工作

【概　况】 2019年，市委党校在市委、市政府的正确领导下，深拓亮点工作，特色党校建设进一步提速。荣获2018年度省委党校系统成绩突出集体、省委党校系统2018—2019年度科研组织进步奖。

【乡镇党校规范化建设】 2019年，市委党校联合市委组织部、宣传部制定《关于新形势下进一步规范镇（街道、区）党校建设的实施意见》，以“六有”提升规范化水平。至年底，永康市建有16所乡镇党校，规范化建设初见成效。《金华日报》以《永康创新基层党员教育培训》为题、《金华日报·永康金报》以《永康打通基层教育培训“最后一公里”》为题，分别专题报道永康规范镇（街道、区）党校建设的实践，被金华市人民政府网站、搜狐网等转载。

【社会主义学校建设获省社院肯定批示】 2019年，省社院和永康市委统战部高度重视永康社校建设。9月26日，省社院正厅级巡视员隗斌贤出席市委党校统一战线主题展示馆开馆仪式，10月22日，又亲自来市委党校调研社校情况。2019年，永康市社校成功举办东、西部扶贫协作2019年理县党外领导干部、非公经济和新社会阶层代表人士培训班等共4期222人，占总培训人数的21%，为理县发展提供“永康力量”、贡献“永康智慧”。1项课题获省社院立项，1篇文章入选2019年省社院“新时代统一战线思想与多党合作70年”学术研讨会，1篇文章获社校系统优秀调研成果二等奖。社校规范化建设获省委统战部副部长，浙江省社会主义学院党组书记、常务副院长吴振宇肯定批示：“永康一流社院建设起步早、立意高、措施实，并取得了明显的成效，在全省社院系统带了好头，起到了示范引领的作用。”要求全省宣传推广。

【“不忘初心、牢记使命”主题教育】 2019年，市委党校紧跟上级精神，第一时间制定主题教育实施方案和工作计划，坚持领导班子带头学、支部组织持续学、创新载体生动学，并紧贴大局开展深入调研，推动调研成果转化，共开展调查研究156人次，完成调研课题20篇，解决民生实事问题8个。对内完成各项规定动作，对外组织党校领导和骨干教师参加市委宣讲团，深入党政机关、企事业单位和社区、农村开展宣讲和送学活动，并为金华市四套班子领导和永康市四套班子领导在市委党校举行“不忘初心、牢记使命”主题教育专题学习会做好服务工作。主题教育活动开展以来，党校多名领导和骨干教师在全市范围内宣讲50余场次，受众达4000多人次。

【金华市四套班子在市委党校开展主题教育集中学习】 2019年10月8日—9日，金华市四套班子领导在市委党校开展“不忘初心、牢记使命”主题教育集中学习。8日，常务副校长李兴旺在刘英烈士陵园为金华市四套班子领导进行现场讲解。9日，在市委党校开展集中学习。

【市委第二巡察组进驻市委党校开展巡察】 2019年10月24日，市委第二巡察组巡察市委党校工作动员会在党校召开，市纪委常委、监委委员、市委第二巡察组组长应许、市委巡察办副主任李中钦、派驻第五纪检组组长应高涨、市委第二巡察组副组长程昉远、胡可军出席会议。12月2日，市委第二巡察组正式进驻市委党校，开展为期一个月的巡察。

【干部培训阵地】 2019年，市委党校共完成计划内培训39期5106人次，充分发挥党校干部教育培训主渠道主阵地作用。一是坚持党校姓党，突出党性教育。主体班次突出理论教育和党性教育的主课地位。实行县（市）级党委常委到党校上党课的制度。2019年，市委常委到党校上党课共18人次。二是科学规划培训，创新办学模式。依据年初制定的《2019年永康市干部教育培训班次计划》，紧密结合永康经济社会发展的重点、难点、热点问题，分类别分层次设置课程。如，市管领导干部“不忘初心、牢记使命”主题教育专题读书班、市小微园区建设专题研讨班、乡村振兴“领头雁”浙江大学专题研修班等围绕永康中心工作开展教学，如中青年干部培训班、义东永浦优秀年轻干部培训班等围绕年轻干部培养开展教学。

【外培外训】 2019年，市委党校共举办省内外培训班次共23期，培训学员1094人次，充分发挥宣传永康的“窗口”作用，扩大永康知名度、美誉度。一是现场教学突出“永康元素”。进一步开发现场教学点位，选择在工业经济、党建示范、农旅融合发展、新村建设等方面具有一定经验和优势的地区建立教学点位，推动课堂教学、基地教学与社会实践有机结合。二是课堂教学突出“永康特色”。2019年结合永康实际继续打磨专题课，工业转型专题、新农村建设专题、非公企业党建专题等成为外来班次的喜选课程。如常务副校长李兴旺的《新时代新理念新征程 重筑新优势再创新辉煌——以永康经济发展为例》专题受到学员一致好评，并被列为金华市委党校春、秋季中青班必修课，为各地经济发展提供“永康思路”。三是实践考察突出“永康样本”。增加步阳、星月集团等作为永康实施“工业强市”“质量强市”战略、发展五金经济的典型企业，讲好“永康故事”、分享“永康经验”，坚定不移走好经济社会发展的“永康之路”。

【科研资政有新作为】 2019年，市委党校在市情研究、论文评奖、课题申报、理论研讨的数量和质量上不断进步。一是围绕全市中心工作进行调研立论，建言献策服务资政。2019年度共刊发市情研究8期，获得肯定性批示5期，总批示人次7次。二是完成省委党校课题立项7项，承接省社科院招标课题1项，金华社科联课题立项7项，其中重点课题1项，金华党校课题立项13项，永康社科联立项15项，获评金华党校优秀课题结题4项。三是论文获奖层级大幅提升。获省委党校系统理论研讨会一等奖1篇，三等奖1篇，入选2篇；获第三届全省社会主义学院系统优秀调研成果二等奖1篇；获省委党校优秀决策咨询成果三等奖1篇；获省委党校后勤管理研讨会三等奖1篇；入选2019年省社院学术研讨会1篇；入选省委党校学术研讨会1篇；获金华党校系统理论研讨会二等奖2篇，入选15篇；获金华社科联征文优秀奖1篇。四是组织青年教师多次磨课提高授课水平。获2019年金华市党校系统精品课比赛优秀奖。

【人才队伍建设】 2019年,市委党校以严管与厚爱为核心,全面加强队伍建设。开展工作纪律检查,每周由分管领导进行办公室巡查,检查到岗情况。加强支部管理,成立退休党员支部委员会和党校总支部委员会,积极开展支部活动,如赴刘英烈士陵园开展理想信念教育、组织"不忘初心、牢记使命"庆七一系列主题活动等。组织培训交流,积极安排师资力量前往省委党校、余杭党校、苏州大学、浙江大学进行教学提升、咨政研究、两新党建、智慧城市等专题培训。定期开展主题党日活动,围绕市委市政府中心工作,以集中学习、领导上党课、外出帮扶、参与志愿活动等多种形式开展,凝心聚力发挥党员先锋模范作用,提高党员干部职工党性观念。积极参加平安建设"一巡三查"和四城联创活动,组织党校全体教职员工参加社区"五包"责任书发放、垃圾分类宣传、卫生劝导和秩序维护等。

【后勤管理优质化】 2019年,市委党校以服务与保障为目标,全面提升后勤服务质量。一是多管齐下,努力提升校园文化品味。充分利用党性教育主题教室和党建党史长廊,增添红色元素;增加党校图书馆馆藏,开设阅览室,为教职工提供舒适的读书环境。2019年,金华市党校系统读书会在市委党校举办,金华市委党校中层及以上领导以及各县市党校常务副校长齐聚市委党校。二是积极推进后勤服务社会化。市委党校积极探索后勤管理的新模式新方法,《新形势下构建党校高质量后勤保障体系的实践研究——以永康市委党校"四化"驱动机制建设为例》获省党校系统后勤管理研讨会三等奖。在餐饮、住宿、会务等方面,强化与紫微花园宾馆的合作,实现双赢目的。

9月4日,金华党校系统读书会在永康市委党校举办(市委党校提供)

(市委党校　虞晨杭)

史志工作

【概　况】 2019年,中共永康市委党史研究室(永康市人民政府地方志编纂室)(以下简称"市党研室")围绕市委、市政府中心工作,以单位机构改革及"不忘初心、牢记使命"主题教育活动为契机,抢抓机遇、攻坚克难,推动党史和年鉴工作有序开展。

【党史服务党建】 7月1日,永康全体市委委员及候补委员开展七一主题活动。在市委书记金政带领下,永康全体市委常委、委员、候补委员首先参观了位于芝英镇练结村的"中共永康县委诞生地纪念馆",回顾永康党组织诞生和发展的历程,重温入党誓词。然后委员们又参观位于舟山镇方山口村的"中国工农红军第十三军第三团纪念馆",金政书记以"坚守初心本色,永葆革命精神"为题,结合当天的参观内容和感悟,为委员们上党课。市党研室全程积极参与,认真配合市委办、市委组织部做好各项准备工作,及时更新部分展板,并在两处场馆提供讲解,切实保障活动效果。

9月16日,永康市委理论学习中心组赴刘英烈士陵园和金竹降党史教育基地,开展"不忘初心、牢记使命"主题教育活动中的接受革命传统教育“初心之旅”重要环节活动，市党研室为永康市委理论学习中心组的领导们提供讲解，获得与会领导好评。

为服务金华及永康的主题教育活动，7月以来，市党研室依托永康红色资源做了大量工作，受到市委领导充分肯定。实施刘英烈士事迹展览工程，实现展示馆一个月内大变样的提升目标，并接待金华市四套班子领导前来开展主题教育活动；挖掘永康市革命故事，制作本地特色教材，编写烈士专题的《永康红故事》，协助广电部门拍摄刘英烈士专题片；金竹降革命历史展示室部分展板更换，对展示室周边环境进行美化提升，并接待永康市四套班子领导前来开展主题教育活动；专门组织党史教育基地管理员参加理论宣讲培训，为主题教育活动“初心之行”做好讲解服务。对进行提升和完善的方山口、练结、金竹降、前黄村给予适当经费补助，鼓励革命老区利用红色旅游资源发展壮大村集体经济。据不完全统计，9月中旬主题教育活动启动以来，党史教育基地接待参观者上万人次。获《浙江日报》头版报道，题为《走过镌刻红色烙印的三个村 喜看永康老区“三变”》。

9月16日上午，市委理论学习中心组“初心之行”参观金竹降革命历史展示室（市党研市提供）

【永康解放70周年系列纪念活动】 2019年，市党研室配合市委办做好永康解放日升国旗仪式；联合老干部局、新四军历史研究会召开老战士座谈会；带队老战士应跃鱼到党校入党积极分子培训班、总部中心论坛讲授专题党课；在《永康日报》开辟“寻访红色足迹 书写时代印记”“壮丽70年 奋斗新时代——家有传家宝”专栏；整理永康解放专题资料，在浙江新闻客户端《夜读党史》专栏推送、永康日报及金报专版刊登、电视台专栏播放，同时在多家官方微信公众号推送。

【党史“三服务”】 2019年，市党研室结合党史工作实际，做实做细“三服务”活动。联系服务企业，上门走访龙山镇、花街镇、前仓镇等20多家结对服务企业。联系软弱后进村枫楼合作社，派驻“第一书记”。走访慰问困难户，送上生活物资和慰问金。帮助和指导党校“党史长廊”布展内容更新、党史专题学习教室布展完善。做好精准帮扶，为小城镇建设、文化礼堂建设、美丽村庄建设等相关村镇提供党史方面的援助，指导、帮助前黄村革命历史博物馆、舟山三村红色长廊、练结村文化长廊布展。

【教育基地管理提升】 2019年，市党研室加强党史教育基地各类申报工作，命名首批23处“永康市青少年红色研学基地（爱国主义教育基地）”，石柱下寮和方岩金竹降上村被授为金华市全民国防教育示范点。永康6个党史教育基地已有3个获评浙江省全民国防教育示范基地、2个获评金华市全民国防教育示范点。同时，市党研室对党史教育基地进行完善和提升。以“三服务”、主题教育、主题党日、暑期社会实践活动为契机，进一步发挥党史教育基地的宣传阵地作用。6月，新落成前黄村革命博物馆为镇级党史教育基地，兼为古山镇党建教育示范点、古山镇“初心五检”体检基地。为金竹降革命历史展示室进行美化提升，展板部分更新、纪念碑亭整修加固。练结党史教育基地更换部分展板，完成文化长廊布展，协助市妇联在馆内布展“妇女解放运动史”。下寮武装革命斗争史展示室墙体受潮墙灰脱落，进行修补。方山口“红三团纪念馆”开展“吃红军饭、穿红军衣、走红军路、唱红军歌”体验式教育，受到参观者的好评和喜爱。

【史志编研成果】 《永康市老区发展史》于2019年5月完成初稿，10月完成二稿，全书24万字，时间跨度从1919年至2017年。征集整理永康1919—2017年大事记，整理永康一中校史资料，做好《金华市革命烈士传略》永康籍烈士编写及《红色沃土，基因宝库——浙江革命记忆》永康史料整编。做好史料数字化工作，征集资料30万字。扎实开展永康年鉴编纂工作。2019年8月完成机构改革，市地方志编纂室与市委党史研究室合并。《永康年鉴（2016～2017）》完成编纂工作，约105万字、300幅图片，交付出版社印刷出版。《永康年鉴（2018）》组稿编纂。《永康年鉴（2019）》启动组稿，这是永康市2018年机构改革完成以来第一轮年鉴组稿。

【党史宣教成果】 联合市委党校制作党史专题片《红色永康》，时长22分钟，展现了自1919年新思想在永康传播，到1949年5月8日永康解放以及23日南下干部抵永组建县委、县人民政府的风雨历程。该片被市委党校、市主题教育活动列为重要地方党史教材。联合少工委制作专题小册子《永康市青少年红色研学基地指南》。党史纪录片《风展红旗如画》助力青年干部红色成长。稳固现有宣教载体，《永康春秋》出刊4期，向有关个人、部门以及120个农村文化礼堂投送。全年报送省、金华市党史工作信息47条，其中被省党史研究室采用14条，居金华党史系统前列。

【向在外永康籍高层次人才赠送《永康市志》】 2019年11月，市党研室会同市委人才办向首批307名永康籍在外高层次人才赠送《永康市志》。2017年版《永康市志》记载了永康地域从旧石器时代至2007年间自然环境、政治经济、文化社会、风俗民情等的历史演变及现状，是一部了解永康历史、认识永康市情、感悟永康文化、传承永康文明的资料性、综合性、权威性文献，对在外乡贤游子们深入了解家乡、关注家乡发展、体会绵远“乡愁”有极大帮助。

（市党研室　供稿）

档案管理

【概　况】 2019年，永康市档案馆（以下简称“市档案馆”）以“三个走向”为根本遵循，坚持以人民为中心，深化拓展“五档共建”，持续推进档案资源体系、档案利用体系、档案安全体系建设，着力提升档案公共服务水平，各项工作取得良好成绩。连续多年被评为金华市档案工作先进单位；远程查档平台服务“最多跑一次”工作和“两张清单一张报表”等典型经验受省局肯定；顺利通过省级数字档案馆评估和全省县级综合档案馆业务建设评价。

【加强档案资源建设】 2019年，市档案馆两手抓两手严，一手抓档案资源建设，一手抓民生档案占比；严把档案进馆质量关，建立档案接收清单审查制度，对进馆档案的质量要求细化为17项内容，确保进馆档案质量；严把民生档案进馆关，对所有进馆单位的民生档案进行摸底调查，下发移交通知，已接收26个单位44386卷62103件档案进馆，其中民生档案44375卷37426件，民生档案占全年进馆档案的95%。积极开展登记备份，全年共备份65家单位12.8万条数据。

【提升档案服务水平】 2019年，市档案馆依托多渠道查档服务平台，深化档案利用服务。截至12月初，共受理“网上查档、跨馆服务”事项112起；查档大厅接待查档群众2256人次，查档6109卷，打印6061张。远程查阅平台服务“最多跑一次”改革，全年通过平台查阅119人次，极大地方便了群众。

【加强档案宣传力度】 制作的“跟着档案去旅行”专题节目在浙江台播出，大力弘扬本土红色档案资源；“6·9”国际档案日积极开展档案进机关、进社区、进学校活动，举办“小记者走进档案馆”、百岁寿星建档慰问等系列活动，宣传活动形式多样。

【深入推进“三服务”】 2019年，对全市涉改单位、国有企业、临时机构、档案中介机构全部完成实地指导。围绕全市档案工作要求，对档案收集、整理、移交、信息化等方面的问题运用“1＋N”订单式培训模式，全面提升档案管理水平和档案服务水平。

【跟进机构改革】 做好机构改革涉改单位的全宗号管理，印发《关于机构改革后我市市级党政机关档案全宗号的划分的通知》，分别对停用、沿用原全宗号以及使用新全宗号的单位进行明确划分。

【强化“两张清单”建设】 两张清单即“档案收集清单”和“档案工作责任清单”。“档案收集清单”指导各单位规范档案分类方案，理清各科室档案收集范围，进而确保档案收集责任落实到各个工作岗位，保证各单位在职能活动中产生的各种门类和载体文件材料的完整性。“档案工作责任清单”从遵章守制、规划实施、监督指导、档案管理、信息化工作、档案移交、培训宣教、奖惩建议等八大项目23条细则入手，对各单位全年档案工作共性目标进行详细分解，明确各项具体工作的时间节点和任务要求。

【档案资源开发利用】 开展国家重点编研项目《抗日战争档案汇编》档案史料的整理、编纂工作，编纂《抗日战争档案汇编·永康市档案馆卷(第二册)》共571页报省档案馆编研处复审。出版《百岁寿星(2019)》《2019年度课题研究成果汇编》二期编研成果。

【“两馆”创建】 2019年，市档案馆重点检查档案数字化目录、图像，确保档案数字化成果的规范化；建立实时自我测评机制，跟踪测评数字档案馆建设过程中的问题整改情况；实行化解立档、销案归档制度，形成数字档案馆创建档案，11月份通过省级数字档案馆评估。根据业务建设评价标准，制定实施方案，任务分解到人，每月召开一次专门会议督进度，共商难题破解办法，年前顺利通过全省县级综合档案馆业务建设评价，完成“两馆创建”的目标。

（市档案馆　胡瑞）

信访工作

【概　况】 永康市信访局(以下简称“市信访局”)为市委市政府管理的负责信访工作的行政机构，业务上接受金华市委市政府信访局指导。2019年，市信访局内设办公室、办信科(网上信访科)、接访科、督查复查科4个科室，共有公务员8人、事业编4人、合同制临时工29人。

6月19日，市信访局参观清廉金华教育基地(曹杰璐　摄)

【信访基础情况】 2019年，市信访局妥善处理各类群体给市委市政府领导、信访局的来信、来电、网上信访，接待群众来访，保证信访渠道通畅；及时、准确地向市委市政府领导反映来信、来电、来访中提出的重要建议、意见和问题；综合分析信访信息，联动事权单位进行调查研究，提出相关政策性建议；牵头协调处理有关的重要信访信息，各项指标结构持续优化，顺利达到"两降两升一保持"具体目标。全年共受理群众来访2320人次，同比上升102.62%；其中集体访83批次、1609人次，同比批次上升167.74%、人次上升634.70%；受理群众来信件1949件，同比上升5.41%；受理网上信访件13950件，同比上升95.98%；受理群众来电件14510件，同比下降5.61%。

【构建信访格局】 2019年，市信访局正式出台《永康市信访工作十项制度》，构建了接待、下访、化解、打击、评议、终结、追责全链条闭合式工作体系；建立疑难件协调交办、多渠道共同监督等工作机制，设立专人专岗盯牢各单位信访件办理情况，实行信访事项办理进度"月通报"，开创交办"零库存"、办理"无红灯"、办结"多点赞"的新局面，全年信访事项按期受理率、按期办结率均达100%，群众对信访部门满意度达99.58%，对责任单位满意度达98.77%；进一步丰富领导接访形式，并将责任延伸到部门、镇（街道、区）和村（社区），形成"市领导带头接访、镇（街道、区）部门领导随时接访、村干部上门走访"的机制和导向。市领导主动牵头包案化解重点信访积案，通过定点约访、带案下访等形式，集中解决一批容易引发信访突出问题和群体性事件的矛盾纠纷及苗头隐患，严格执行市领导干部值守接访制度，确保市领导接访数量占走访登记的50%以上。为迎接中华人民共和国成立70周年大庆活动，9月起，每天安排市领导公开接访，镇（街道、区）每天都有领导干部值守接待，做到来访群众随有随接、随接随处理，切实把问题解决在基层。2019年，市领导共246人次到信访局值守接访，共接待群众284批、1247人次。

【攻坚信访积案】 2019年3月，永康市召开创建省级"无信访积案市"动员部署会，分析当前信访工作面临的形势，统一思想，明确任务，努力争创省级"无信访积案市"。化解信访积案是其中最重要的硬指标。各镇（街道、区）、各部门加强对重点领域、重点问题、重点群体、重点人员的排查，特别是对小微园、下山搬迁、房地产等重点群体，以及随军家属、土地征用、房屋拆迁、劳动社保等问题集中领域，全面排查摸清底数、掌握动向，把握工作主动权。实行"信访矛盾每日一排查、重点人员每日两见面、信访维稳信息每日一上报"，构建源头预防、常态排查、随时化解的长效机制，对串联组织煽动聚集上访、反复缠访闹访等重点人员严格依法处置到位。对还未化解的国家、省、市交办的重点积案，严格按照一件信访积案、一名包案领导、一个工作专班、一套化解方案、一份工作档案的"五个一"要求，逐一落实化解稳控责任。2019年，实际赴京上访42人次，同比下降38.24%，达到下降20%的考核目标；全年无信访重点人员，自动达标；新增积案率3.21%，同比下降61.79%，达到下降25%的考核目标；国家级积案14件，已化解12件，化解率85.7%；省级交办积案7件，已化解7件，化解率100%；金华市级积案57件，已化解49件；本级积案69件，已化解49件，成功创建"无信访积案市"。

【建立民情民访代办机制】 截至2019年，永康市建立了546个民情民访代办点、1446个代办员的队伍，实现400多个行政村（社区）全覆盖，代办信访事项4344件，全部办结，群众满意度达99%，推动群众信访"最多访一次”，并将民情民访代办机制落实落细。在前期试点的基础上，全面推行民情民访代办制，将初信初访事项全部列入指定代办，建立了市、镇（街道、区）、村（社区）三级民情民访代办网络。工作开展过程中涌现出花街潘宅“民情小板凳”、西溪老卢调解室等特色亮点，芝英镇雅庄村、经济开发区物流中心、金水湾小区等特色代办点。

【“信访超市”常态化运行】 在科技大楼1楼搭建了“信访超市”实体平台，采取“常驻、轮驻、随驻”等3种进驻方式，明确纪委、法院等8个常驻部门，教育、民政等11个轮驻部门，其他部门和16个镇（街道、区）为随驻部门，推动信访事项全科受理、访调一体、集成联办、一站化解，提升初次信访一次办结能力。相关部门已全部进驻，累计接待群众856人次，当场解决信访问题63个。

【规范业务办理】 2019年，市信访局深入贯彻落实国家、省、金华市信访局关于加强信访基础业务规范化建设的有关精神，高标准、严要求，聚焦问题多发环节，自上而下、全方位、多层次开展基础业务规范工作。建章立制，规范工作人员职责，做到所有信访件2小时内签收，24小时内流转到位。学好法律法规和部门责任清单，精准分解责任。敢于担当，对责任单位不明、容易退办的件，事先召集相关部门协商，实现无差错交办。同时，设立专人专岗，掌握每个案件办理进度，及时进行催办，实现“交办无库存，办理无红灯”。

【完善应急处置】 2019年，市信访局设立北京、天津、济南、杭州、永康五道防线，开展市区高铁南站、汽车东站、汽车西站、火车站4个站点人车核录工作；建立部门合力互通信息机制，市信访维稳指挥部重点时期每日开展会商研判；常态化运行应急快速处置，各镇（街道、区）、重点部门均成立由分管领导带队5人以上的应急处置小分队，应急处置小分队24小时待命，随时响应出发。

【打击违法上访】 2019年，市信访局为树立正确导向，依法严厉打击聚众上访、过激上访、恶意举报、诬告陷害、打击报复等扰乱信访秩序的非法上访行为，对非法信访行为坚决予以打击。全年累计刑事拘留5人次，行政拘留6人次。

【干部队伍建设】 2019年8月份，市信访局联合市委党校举办新一期信访业务培训班，围绕办信、网上信访、民情民访代办、接访工作内容等组织系统学习。市信访局干部颜镇春同志，8月获评“最美金华人”，9月被评为全省“人民满意的公务员”，10月获评“金华市担当作为好干部”。

（市信访局　胡洋飞）

老干部工作

【概　况】 2019年，永康市委老干部局（以下简称“市委老干部局”）扎实推进“银领先锋”“银耀丽州”“银尚乐活”三大品牌建设。退休干部朱有抗、章康远被省委老干部局评为“红色讲师”，楼小冲被评为省“最美银耀志愿者”，池庭有家庭被评为省“银尚家庭”；退休干部朱寿安、吕登云、王农超分别被金华市委老干部局评为“最美老干部”“最美老支书”“最美银领志愿者”。局党员杨胜寒在金华市委老干部局举办的“砥砺初心强使命·担当报国我先行”演讲比赛中荣获二等奖。

3月7日，市委老干部局举行2019年春季开学典礼，市级老领导、离休干部、老年大学教职工、临时党支部书记、学员代表等200多人参加。3月15日，局机关党支部书记、副局长杨惠立带队到芝英镇前陈村，结合3月主题党日开展“三服务”活动。3月27日，召开全市老干部工作人员会议，传达省、金华市老干部工作精神，对2019年工作进行部署，来自各部门单位的60多名老干部工作人员参加。3月29日，市委老干部局、市关工委、方岩镇人民政府、市教育局关工委、老年大学临时党委、方岩初中的400多人到刘英烈士陵园开展清明祭扫缅怀革命先烈活动。4月12日，组织全市离休干部、市级老领导100多人到龙山镇桥下东村和龙川文化园，开展"百里毅行看新变"活动助力"三服务"。4月25日，金华市委组织部副部长、老干部局局长洪雅群带队到永康对离退休干部党建"五百工程"、阵地建设、工作品牌打造、"三服务三助力"活动、信息化建设等工作进行调研指导。4月28日，邀请永康日报社对参加过永康解放战争的老干部进行采访，解放纪念日当天整版专题报道7名老战士口述的永康解放史。5月7日，与党史办、新四军历史研究会联合召开"纪念永康解放70周年老战士座谈会"，老战士代表、革命者后代代表等60多人参加。5月8日，组织永康市亲历永康解放的6名离休干部参加永康市解放70周年纪念升国旗仪式。6月13日，老年大学组织举办"红歌快闪"活动，400多名离休干部、老年大学学员挥舞五星红旗共同唱响《我和我的祖国》。6月16日，组织老年大学艺术团150多名文艺骨干送戏下乡到芝英镇雅庄村，举办"庆七一·颂党恩——雅庄之夜文艺晚会"。6月19—20日，全市离退休干部党支部书记培训班在市委党校举行。6月27日，举办"礼赞70年·诗歌讴辉煌"朗诵比赛，来自全市离退休干部党支部选送的20多名老党员参加，广电和市场监管局退休支部参赛选手获得一等奖。8月19日上午，山西省忻州市委组织部副部长、老干部局局长王志荣一行18人，来永学习考察老干部工作，先后到老党员驿站、江南街道园周村、国际会展中心精品展示厅参观考察。9月17日，粤港澳大湾区知名教授专家一行9人在深圳市人大代表、永康博士联谊会大湾区分会会长应宪的带领下到老党员驿站参观。9月29日，在老干部活动中心举办重阳节游园活动。8—10月，举办全市离休干部风采展，并编印《离休干部风采录》。国庆前夕，为全市87位离休干部发放庆祝中华人民共和国成立70周年纪念章。10月31日—11月1日，新时代老干部工作研讨班在市委党校召开，来自各单位的老干部工作分管领导60余人参加。11月中旬，分成3个组采取上门走访、座谈调研的形式，对全市56家单位离退休干部党建工作进行调研，详细了解各支部2019年学习活动开展情况，拟订《永康市离退休干部党支部标准化建设十条》。全年为80名离休干部及离休干部遗属发放生活困难补助10万元；为61名解放战争时期无固定收入配偶（遗属）参保大病医疗保险；与市财政局、市医疗保障局联合出台《永康市离休干部医疗费用自理部分补助办法》（永老干字〔2019〕10号），解决离休干部医疗费用兜底问题；与市委组织部等出台《关于进一步做好人才和老干部保健工作的意见》（永组字〔2019〕107号），进一步完善离休干部和市级老领导就医"绿色通道"。

【打造老党员驿站】 投资近30万元，完成老党员驿站建设并投入使用。老党员驿站位于老干部活动中心一楼，占地330平方米，设有品牌工作室、志愿团队孵化室、党史陈列室、阅览室等。依托驿站打造银耀丽州志愿服务队。主题教育期间，先后有13个单位，480多名老党员到驿站开展学习活动。

【举办"祖国颂·永康美"文艺演出】 9月11日，市委老干部局与市委组织部、市委宣传部、市文广旅体局、市广播电视台在广电大剧院联合举办"祖国颂·永康美"全市离退休干部庆祝中华人民共和国成立 70 周年文艺演出。30 余名市级老领导、离退休党支部书记上台演出。全市离退休干部党支部 600 余名党员干部统一着装，组成 10 个方阵，共有 1200 余人观看演出。永康电视台在 9 月 28 日晚间进行重播。并编印《祖国颂·永康美》全市离退休干部 70 周年文艺演出宣传册。

9 月 11 日，举办“祖国颂·永康美”全市离退休干部庆祝中华人民共和国成立 70 周年大型文艺演出(市委老干部局提供)

【开展主题教育知识竞赛】 11 月 12—30 日，市委老干部局组织全市离退休干部党支部开展党的十九届四中全会精神和“不忘初心、牢记使命”主题教育知识竞赛，共收回 69 个离退休干部党支部知识竞赛答卷 1500 多份。根据活动组织及参与情况，评选出市政协退休支部、市府办离退休支部、市发改局离退休支部等 10 个组织奖。

【宣传片拍摄】 2019 年，市委老干部局拍摄了庆祝中华人民共和国成立 70 周年“红歌快闪”《我和我的祖国》。离休干部宣传片《我和我的祖国》、教育宣传片《不做政治上的盲人——一位老党员的初心故事》，在“祖国颂·永康美”文艺演出中播出，反响良好。

（市委老干部局　供稿）

市人民代表大会

综　述

【概　况】 2019年，永康市人民代表大会常务委员会(以下简称“市人大常委会”)依法行使宪法和法律赋予的各项职权，顺利完成市十七届人大三次会议确定的各项任务。全年共召开常委会会议8次，主任会议12次；听取和审议专项工作报告23个，做出决议决定15项；组织开展视察、执法检查活动20次，交办审议意见、视察意见、执法检查意见20件。

【坚持市委决策引领】 2019年，市人大常委会自觉将人大工作置于市委的领导之下，向市委请示报告，听从市委安排，执行市委决定。召开市委人大工作会议，制定出台《中共永康市委关于高水平推进新时代人大工作和建设的意见》。积极参与“三服务”“包乡走村破难题”、重点工程推进、信访积案化解、后进党组织帮扶等系列活动。全年开展各类调研活动34场次，走访企业、村(社区)1168个，帮助基层解决各类难点实事114个。

【严格依法人事任免】 健全完善《永康市人民代表大会常务委员会任免国家机关工作人员办法》，确保人事任免工作依法开展。全年共依法任免国家工作人员201人次，补选金华、永康两级人大代表19名。严格落实宪法宣誓制度，专门在会议中心设置宪法宣誓室，增强宪法宣誓的仪式感、庄重感，强化任免人员的宪法意识、法治意识、公仆意识和责任意识。结合“七五”普法，组织开展宪法宣传日活动。

【监督力促经济高质量发展】 把促进民营经济高质量发展作为核心监督议题。及时听取和审议半年国民经济和社会发展计划执行情况报告，组织开展小微企业园建设和工业固废分类处置工作视察。扎实推进“公检法司”四机关服务和保障民营企业健康发展专项监督，以及“最多跑一次”改革工作视察。通过对永康市某企业法人代表涉及生产销售伪劣产品案件的监督，不但救活该企业，还促成一项新的行业标准产生。该案被最高检察院发布为“弘扬宪法精神，落实宪法规定”的第一个典型案例。召开专题询问会，采取由代表直接发问、部门当场应询的方式，形成七大方面17个问题清单进行交办督办。听取和审议年度新增政府重大投资项目以及实施情况，采取工委一对一跟进方式，加强常态化跟踪监督。

【监督力促社会事业全面进步】 围绕16个镇(街道、区)第二所中心幼儿园建设、城镇住宅小区配套幼儿园整治和功能回归这两个关键，力促学前教育事业均衡优质发展。对永康市贯彻落实《金华市养犬管理规定》和犬类管理工作开展执法检查，推动政府及时出台《永康市加强养犬管理的实施意见》。配合金华市人大联动开展《金华市水环境保护条例》《金华市农村生活垃圾分类管理条例》执法检查，市人代会、镇人代会、街道(区)议政会定期听取环境质量和环境目标任务完成情况报告。

首次推行国有资产管理情况报告制

度，督促政府加强和改进国有资产管理，建好国有资产“明白账”，通过选择异地第三方中介机构、实施评价结果满意度测评等方式，客观检视“污水处理费”“环卫经费”等项目的绩效情况。持续促进审计查出问题整改的制度化、长效化。严格审查和批准政府债务限额报告，及时做出《关于明确政府重大投资项目范围的决议》。

做好《永康市江南山水新城控制详细规划》的会前调研和审议。专题视察医共体建设工作。开创性采用“体验式”方式，视察井型公交系统建设。调研市区停车收费、餐饮行业油烟排放、城市治堵等工作，助力“四城联创”。

组织开展高效生态现代农业发展情况视察，组织视察全域旅游发展工作，专题听取报告，专题视察农村饮用水达标提标工作，督促政府切实保障农村地区有水喝、喝放心水，围绕城乡生活垃圾分类、小城镇综合环境整治等工作，持续加强监督。

专门听取扫黑除恶专项工作报告，组织人大代表旁听涉黑涉恶案件庭审情况。专题视察基层司法所规范化建设、创新建立人大代表列席法院审委会机制，成立“龙山经验”人大代表工作室，积极构建基层矛盾纠纷多元化解机制。认真听取和审议检察院关于民事行政检察及公益诉讼工作的报告，及时听取市监察委员会贯彻落实《监察法》情况工作报告。

【丰富代表服务载体】 推进镇(街道、区)“四好”联络站的提档升级，努力实现“零距离”服务基层群众。2019 年，全市共建有联络站 16 个、联络点 43 个，开展活动 413 次，收集群众意见建议 405 件，推进解决 309 件。搭建“代表走进 8890”“代表跟着法院去执行”“代表联系重点工程”等载体，助力化解基层矛盾，特别是在浙江省首开先河，成立“全国人大代表未成年人关护站”。为在永的全国、省、金华市人大代表提供履职服务和保障。进一步增强代表履职的积极性和主动性，组织市人大代表集中开展学习培训，首次组织常委会组成人员开展集中学习培训。

【加强建议案督办】 创新建立“首次网上交办、市长网上阅批落实、特殊件‘上会研复’、线上线下同步走、流程记录倒查、重点建议案集中督办月、满意度测评”等 7 项机制，推动代表建议意见办理不断走深走实。市十七届三次会议和闭会期间，共收到代表建议意见 310 件，通过交办、督办、重点办，办理满意度达到 97%，其中市政府领导领衔包办的 13 件重点建议办理满意度实现 100%。

【持续推进人大机关建设】 扎实开展“不忘初心、牢记使命”主题教育，组织开展“扛责任、强担当、治顽症、促发展”作风建设专项行动和“四不”专项整治行动，压紧压实全面从严治党主体责任，严格落实民主集中制、“三重一大”事项集体决策、重大事项报告等系列制度。继续推行会前调研、视察审议意见问题清单式交办、民生实事和建议意见办理满意度测评等工作机制。组织各级代表积极参加金华市人大常委会举办的书画展、摄影展。继续办好《人民之声内刊》《常委会会刊》。落实常委会组成人员走访联系代表、代表走访联系选区选民“双联系”和代表向选区选民述职制度。邀请各级人大代表列席常委会会议、视察、执法检查等活动。

重要会议

【市十七届人民代表大会第三次会议】 2 月 26 日—3 月 2 日，永康市第十七届人民代表大会第三次会议举行。出席会议代表 244 人，列席人员 146 人，特邀人员 63 人。会议听取和审议《政府工作报告》《永康市人民代表大会常务委员会工作报告》《永康市人民法院工作报告》《永康市人民检察院工作报告》，书面审议《永康市2018年国民经济和社会发展计划执行情况与2019年国民经济和社会发展计划草案的报告》《永康市2018年财政预算执行情况与2019年财政预算草案的报告》，并做出相应决议。会议补选楼常青为永康市人民法院院长，何德辉为永康市人民检察院检察长，方雄伟、李方高、应巍炜、赵全进、俞跃军、施天祥、施康健、倪福君、章雍为永康市第十七届人民代表大会常务委员会委员。会议通过永康市第十七届人民代表大会监察和司法委员会、社会建设委员会组成人员名单。在永康市第十七届人民代表大会第三次会议规定的议案截止时间内，会议收到市人大代表10人以上联名提出的议案272件，市人大代表提出建议、批评和意见37件，共计309件，会后都交市政府和有关部门研究办理并答复代表。

永康市第十七届人民代表大会第三次会议（市人大常委会提供）

【市十七届人大常委会会议】 2019年，召开永康市第十七届人大常委会8次，听取和审议专项工作报告23个，做出决议决定15项。

1月16日，市十七届人大常委会第十八次会议召开，主要议程：通过关于表彰2018年度履职先进代表和优秀代表建议意见的决定（草案）；审议和表决市人大常委会主任会议关于提请接受黄爱君辞去金华市第七届人民代表大会代表职务的议案；审议和表决《金华市人大常委会代表与选举任免工作委员会关于提名补选张永积为金华市第七届人民代表大会代表的函》；审议和表决市人大常委会主任会议关于提请有关代表辞去永康市第十七届人民代表大会代表职务的议案；进行有关人事任免。

2月18日，市十七届人大常委会第十九次会议召开，主要议程：听取市政府关于2018年度政府十大民生实事项目具体实施情况报告并开展满意度测评；初审市政府2019年度民生实事候选项目，市十七届人大三次会议各项工作报告；讨论决定市十七届人大三次会议议程、日程（草案），《永康市第十七届人民代表大会第三次会议选举办法（草案）》，《关于设立和更名永康市第十七届人民代表大会有关专门委员会的决定（草案）》，《永康市第十七届人民代表大会社会建设委员会组成人员人选通过办法（草案）》；讨论决定《永康市第十七届人民代表大会第三次会议民生实事项目表决办法（草案）》；讨论决定市十七届人大三次会议代表变动及资格审查报告（草案），议案截止日期的决定（草案）；讨论决定市十七届人大三次会议各项建议名单及原则意见、选举办法（草案）；进行有关人事任免。

3月27日，市十七届人大常委会第二十次会议召开，主要议程：听取和审议市政府关于2018年度新增政府重大投资项目实施情况及2019年度新增政府投资2000万元以上新建项目计划安排的报告；审议通过《永康市人大常委会2019年监督工作计划（草案）》《永康市人民代表大会常务委员会听取和审议市监察委员会专项工作报告办法（试行）（草案）》；审议和表决市人民法院《关于提请任命胡梦丹等人民陪审员职务的议案》。

4月28日，市十七届人大常委会第二十一次会议召开，主要议程：听取市公安局关于扫黑除恶专项工作的报告；表决通过《关于调整永康市第十七届人民代表大会常务委员会代表资格审查委员会建议名单（草案）》和《关于调整建议意见督办组人员建议名单（草案）》；进行有关人事任免。

6月25日，市十七届人大常委会第二十二次会议召开，主要议程：听取和审议市政府关于2019年新增政府投资2000万元以上新建项目实施情况的报告；听取公检法司四机关关于服务和保障民营企业健康发展情况的报告；听取市监察委关于贯彻落实《中华人民共和国监察法》情况的报告；审议和表决市公安局关于报请市人大常委会许可对市人大代表胡耿采取刑事强制措施的函；进行有关人事任免。

8月26日，市十七届人大常委会第二十三次会议召开，主要议程：听取和审议"一府两院"半年工作报告；听取和审议市政府关于2019年上半年国民经济和社会发展计划执行情况的报告，市政府关于2018年预算执行和其他财政收支情况的审计报告；听取市政府关于2018年决算草案的报告，审查和批准市政府2018年决算；听取和审议市政府关于2019年上半年预算执行情况的报告；审查和批准市政府关于2019年地方政府债务限额的报告；审议表决市政府关于《永康市江南山水新城控制性详细规划》的议案；审议表决市人大常委会主任会议《关于明确政府重大投资项目范围的意见》的议案。

10月28日，市十七届人大常委会第二十四次会议召开，主要议程：审查和批准市政府关于2019年预算调整的报告；听取和审议预算支出重点资金绩效评价的报告，听取市政府关于国有资产管理情况的报告；听取和审议市政府关于市十七届人大三次会议代表建议意见办理工作的报告；表决通过永康市人民代表大会常务委员会关于设立和更名有关工作机构的决定（草案）；表决通过永康市人大常委会关于对市政府组成部门及"两院"进行工作评议的实施办法（修订草案）；补选金华市第七届人民代表大会代表；进行有关人事任免。

12月5日，市十七届人大常委会第二十五次会议召开，主要议程：传达省委人大工作会议精神、全省各级人大常委会主任学习会精神和金华市委人大工作会议精神；听取部分在永的金华市人大代表述职；对2019年度绩效评价中介机构工作满意度进行测评；审议和表决市人大常委会主任会议关于提请接受有关代表辞职的议案；审议和表决市人大常委会主任会议《关于召开永康市第十七届人民代表大会第四次会议的决定（草案）》。

【市委人大工作会议】 12月13日，永康市委召开市委人大工作会议。会议指出，近年来，永康市人大深入学习贯彻习近平新时代中国特色社会主义思想，紧紧围绕党委重视、政府关注、群众关切的重要事项，运用好法治方法、代表力量、人才优势，在把牢政治方向上坚定坚决，在服务发展大局上同心同向，在增进民生福祉上尽职尽责，在发挥代表作用上聚焦聚力，在加强自身建设上求实求效，做到与党委中心工作合心、合力、合拍，为"全面奔小康，永康新腾飞"做出了重要贡献。会议还对切实增强做好新时代人大工作提出了要求。

视察监督

【视察全域旅游推进工作】 5月6日，市人大常委会组织部分人大代表对全域旅游推进工作进行视察。实地走访四方集团老厂区、方岩旅游集散中心等地，听取市政府关于全域旅游发展情况的报告，并进行座谈讨论。视察组指出，近年来永康全域旅游发展工作扎实推进，思路清晰，举措明确，形势喜人；市政府及相关部门要深化规划引领，串点成线，做好文旅融合这篇文章，在提升品位、吸引游客、延伸旅游产业链、完善配套设施等方面下功夫，让全域旅游开花结果。

5月6日，人大代表对全域旅游推进工作进行视察(市人大常委会提供)

【视察330国道改建工程建设】 6月5日，市人大常委会组织部分人大代表对330国道改建工程建设情况进行视察。实地走访330国道改建工程前仓镇段、江南街道段和花街镇段。视察组提出330国道改建工程是影响国道全线运输效率和缓解永康交通压力的牛鼻子工程，事关民生和经济发展，沿线镇(街道、区)和相关部门要加强沟通、密切配合、克难攻坚，高度重视政策处理后续工作，有效推动解决政策处理节点问题。

【视察高效生态现代农业发展】 6月21日上午，市人大常委会组织部分市人大代表视察高效生态现代农业发展情况。视察组先后来到方园科技有限公司和桥里水稻新品种展示示范基地，实地察看藏红花流水线生产的种植模式及水稻新品种扩展鉴定和丰产示范项目。听取市政府关于高效生态现代农业发展情况的汇报后，对政府在发展高效生态现代农业上所做的工作表示充分肯定。同时，代表们建议，永康要实现农业高质量发展，关键是市政府及农业部门要针对影响农业发展的关键问题，进一步加大结构调整力度，建立健全良性发展机制，打造农业区域公共品牌。

6月21日，人大代表视察高效生态现代农业发展情况(市人大常委会提供)

【视察小微企业园建设】 7月5日上午，市人大常委会组织部分市人大代表专题视察小微企业园建设工作。视察组先后实地走访市城西新区利康小微园、花街黄山小微园建设现场，对在建小微企业园的建设进度、规模及相关情况进行详细了解。在听取市政府关于小微企业园区建设工作的情况汇报后，充分肯定市政府在推进小微企业园建设工作中发挥的作用和取得的成效，认为市政府组建小微企业园建设工作专班，建立小微企业园建设联席会议制度，出台《关于促进小微企业园建设的实施意见》等一系列文件非常及时，为小微企业转型升级、高质量发展提供有力支撑，希望政府能规划建设更多小微企业园，满足小微企业需求。视察组建议，各镇(街道、区)要注重科学规划，突出产业特色，鼓励一园一品；要注重发展的前瞻性，及时解决建设中遇到的难题，推动小微企业园建设进入快车道。

【视察养犬管理工作】 7月23日，市人大常委会组织部分市人大代表对养犬管理工作进行专题视察。代表们先后来到锦绣江南养犬免疫、登记“一站式”服务点，老市府大院犬只收容中心和香樟公园，实地察看养犬免疫登记、犬只收容管理和标志标牌设置等情况，并听取市政府关于养犬管理工作的情况汇报。代表们对市政府贯彻执行养犬管理规定取得的初步成效给予充分肯定，认为犬类管理工作实现了从无据到有据、从无管到有管、从无序到有序。同时指出，加强养犬管理、推进依法文明规范养犬事关城市形象，是“四城联创”重点攻坚任务。加强养犬管理要在宣传广度和深度上下功夫，增强市民依法养犬、文明养犬意识；要在长效管理上下功夫，建立健全管理机制，纵深推进养犬依法文明规范管理。

【视察基层司法所规范化建设】 8月29日，市人大常委会组织部分市人大代表视察基层司法所规范化建设工作。视察组实地察看江南街道司法所和芝英镇司法所的工作开展情况，听取市司法局受市政府委托所作的《关于基层司法所规范化建设工作情况的汇报》。代表们认为，全市各基层司法所能够积极发挥普法宣传教育、矛盾纠纷化解、法律服务保障等作用，不断探索社区矫正的新模式，主动参与破解社会热点、难点问题，为“平安永康”“法治永康”建设做出积极贡献，工作值得肯定。但视察中也发现司法所规范化建设存在着人员编制和经费紧张、办公场所不足、宣传不到位、发展不平衡、队伍不稳定等问题。为此，代表们向政府和有关职能部门建议，一要充分认识加强司法所规范化建设的重要性，重视司法所规范化建设工作中遇到的困难和问题的解决。二要督促各司法所按照九大职能，积极参与当地经济建设，有效开展社会矛盾纠纷排查调处、社区矫正对象和刑满释放人员监督管理、困难群体的法律服务等工作，全力促进社会和谐稳定。三要进一步加强队伍建设，逐步配齐配强司法所工作人员，认真做好司法所组织机构设置、政法专项编制管理使用工作，缓解部分镇（街道、区）司法所工作任务重、人员力量薄弱的现状。四要将司法所规范化建设的各项经费纳入年度预算，足额落实司法行政机关公用经费保障标准，确保工作正常开展。

8月29日，人大代表视察基层司法所规范化建设工作（市人大常委会提供）

【视察“最多跑一次”改革】 10月10日，市人大常委会组织部分人大代表视察“最多跑一次”改革工作。视察组实地察看人力社保服务中心、行政服务中心等地，了解企业和个人全生命周期“一件事”办理、便民事项“无差别受理”全覆盖、“简易工伤ETC”集成服务等各项改革工作的推进情况，听取市政府相关情况汇报，并结合日常体验开展座谈讨论。视察组认为，“最多跑一次”改革工作在市政府的高度重视下，组织严密、部署到位、推进有序，呈现出领导重视、氛围浓厚、成效明显等特点，取得阶段性成效，形成“永康特色”，同时也指出改革工作在数据共享平台建设、无差别全科受理等方面还有很大的改进空间。为此建议，要完善各项机制，围绕服务质量标准化目标，补齐硬件，配强窗口服务人员，着力引领改革向纵深推进，让群众有更多的满意体验。

【视察工业垃圾分类处置】 10月28日，市人大常委会组织部分人大代表对工业垃圾分类处置工作开展视察。视察组赴经济开发区实地查看工业固废处置试点工作开展情况。在市供联海呈环境服务有限公司，代表们详细了解“互联网＋”工业固废集中处置模式，并前往道明光学视察企业物料回收情况。视察组认为，近年来市政府高度重视工业固废处置工作，积极探索“政府引导、企业付费、第三方服务”工业固废处置试点工作，形成一套可复制、可借鉴的“五步法”试点工作经验，取得良好成效，值得充分肯定。但是，当前也存在着处置工作缺乏操作具体依据、工业企业规范处置意识不强、固废回收行业不规范、第三方服务公司分拣技术有待提高等一系列问题。视察组建议，市政府要聚焦重点，坚决打赢工业固废处置攻坚战、持久战；要凝聚合力，努力形成各方步调一致、协同推进的工作局面，确保工业固废处置各项任务落到实处。

10月28日，人大代表对工业垃圾分类处置工作开展视察（市人大常委会提供）

【视察深化和推广“龙山经验”】 10月31日，市人大常委会组织部分市人大代表对深化和推广“龙山经验”工作开展视察。“龙山经验”是近几年永康市创新推广的一种“党政统筹主导、法庭职能前移、纠纷分级调处”的社会矛盾多元化解机制，被省高级人民法院院长李占国称为“枫桥经验”升级版。视察组实地察看龙山法庭和龙山镇桥下东村调解室，听取法院的情况汇报，并进行座谈。视察组认为，“龙山经验”有力促进了辖区基层社会治理的现代化，值得充分肯定，但也存在着参与主体单一、涉及领域单一、前端防治欠缺、推广机制欠缺等困难和问题。为此，视察组建议，要突出统筹推进，健全“府院联动—多元参与”机制，推进矛盾化解途径多元、模式多样、平台前移，加强技术保障，统筹线上线下纠纷调解平台创新，推动诉源治理。

【视察农村饮用水达标提标】 11月5日，市人大常委会组织部分人大代表视察农村饮用水达标提标工作。视察组先后到永康市花街镇枫树塘村秋塘联村供水工程现场等地，详细了解供水项目基本情况和运维情况，听取市政府的工作汇报，并围绕水厂建设、水库扩容、饮用水源保护、水质提升、管网改造、用水计量收费等工作进行座谈讨论。视察组认为，今年市政府将农村饮用水达标提标工作列为十大民生实事之一，出台农村供水工程市级统管政策，调整单联村供水工程的补助政策，通过系列措施大力推进农村饮用水达标提标工作，值得充分肯定。但是，当前此项工作依然存在单（联）村供水水质合格率低、供水保证率不高、供水工程移交规模水厂管理意愿不强烈等问题。为此，视察组建议，市政府和各相关部门要明确职责，打通工作推进的堵点、难点、卡点，规范管理，长效推进，让百姓喝上安全水、放心水。

【视察“医共体”建设】 11月20日，市人大常委会组织部分人大代表开展“医共体”建设工作视察。视察组先后走访永康市中医院新院区和经济开发区卫生院，实地察看医院科室建设、康复功能锻炼中心及家庭医生签约工作开展情况，详细听取市政府关于“医共体”建设相关工作的汇报。视察组认为，“医共体”建设是医疗卫生体制的改革和探索。对此项工作，市政府和各职能部门工作扎实，相继完善“医共体”运行新机制，建立“医共体”组织新体系，实现人财物“三统一”，分级诊疗、临床科室垂直化管理、家庭医生签约服务等工作顺利推进，“医共体”建设开局良好，取得初步成效。代表们认真分析当前永康“医共体”建设存在的人员统一招聘和使用难、利益优先机制协调难、财务管理和医保支付统筹难等困难和问题，并围绕如何更好地推动“医共体”建设、进一步完善医疗资源的合理分布提出了意见建议。

11 月 20 日，人大代表开展“医共体”建设工作视察（市人大常委会提供）

【视察 313 省道永康段建设】 12 月 18 日，市人大常委会组织部分人大代表开展 313 省道永康段建设工作视察。视察组一行实地走访 313 省道永康段—330 国道互通、永义公路互通等工程现场，详细了解工程建设相关的政策处理等工作。视察组认为，313 省道永康段工程对改善城市整体空间格局，开发北部经济带、旅游资源利用、提高沿线镇街区的交通条件具有重要作用。视察组建议，313 省道建设事关民生和经济发展，沿线各镇（街道、区）和相关部门要高度重视，以项目建设为契机，科学合理布局路网结构；要坚持高起点规划，优化方案，着眼长远，积极争取相关政策和资金支持，多渠道筹措建设资金，切实保障项目建设；要强化大局意识和责任意识，主动作为，加强统筹，及时协调解决问题，确保项目顺利实施。

选举和任免

【概　况】 1 月 16 日，永康市第十七届人民代表大会常务委员会第十八次会议依法补选张永积为金华市第七届人民代表大会代表；接受黄爱君辞去金华市第七届人民代表大会代表职务的请求，并报金华市人大常委会备案、公告；任命俞跃军为永康市人大常委会办公室主任，李方高为永康市人大常委会财政经济工作委员会主任，施天祥为永康市人大常委会城乡建设与环境保护工作委员会主任，胡建华为永康市人大常委会教科文卫工作委员会主任，施康健为永康市人大常委会农业与农村工作委员会主任，厉加鸿为永康市人大常委会代表与选举任免工作委员会主任；免去程坚的永康市人大常委会办公室主任职务，胡建华的永康市人大常委会财政经济工作委员会主任职务，厉加鸿的永康市人大常委会城乡建设与环境保护工作委员会主任职务，应加兴的永康市人大常委会教科文卫工作委员会主任职务，马晓东的永康市人大常委会农业与农村工作委员会主任职务，杨文跃的永康市人大常委会代表与选举任免工作委员会主任职务，施瑞瑛的永康市人大常委会办公室副主任、研究室主任职务，孙尘的永康市人民代表大会法制（内务司法）委员会副主任委员职务，吕锦华的永康市人大常委会财政经济工作委员会副主任职务；决定任命李浩锋为永康市人民政府副市长，何志云为永康市发展和改革局局长，胡浩为永康市科学技术局局长，陈洁丽为永康市民政局局长，马雄英为永康市司法局局长，朱志豪为永康市水务局局长，赵斌为永康市农业农村局局长，徐广涛为永康市文化和广电旅游体育局局长，李兴周为永康市卫生健康局局长，李贵江为永康市退役军人事务局局长，应挺为永康市应急管理局局长，施贺龙为永康市人民政府国有资产监督管理办公室主任，黄旭敏为永康市统计局局长，何丽平为永康市医疗保障局局长，项宗玖为永康市综合行政执法局局长；决定免去项敏的永康市发展和改革局局长职务，李兴周的永康市科学技术局局长的职务，王大新的永康市民政局局长职务，吴东明的永康市水务局局长职务，朱志豪的永康市农林局局长的职务，王福明的永康市卫生和计划生育局局长职务，俞跃军的永康市环境保护局局长职务，丁月中的永康市文化广电新闻出版局局长职务，何志云的永康市统计局局长职务，吕福有的永康市安全生产监督管理局局长职务，施天祥的永康市综合行政执法局局长职务，陈振祥的永康市规划局局长职务，杨可忠的永康市质量技术监督局局长职务；接受程坚、应加兴、马晓东、杨文跃、施瑞瑛、华康清、项敏、施海鸥、胡浩、陈麟新、黄立华、卢宇煜、徐鹏、陈伟强、叶建永、周秋旭、胡青喜、吕振尧、朱兴妙、徐杰、胡雄斌、胡忠荣、孙尘等辞去永康市第十七届人民代表大会代表职务的请求。

2月18日，永康市第十七届人民代表大会常务委员会第十九次会议决定任命周启标为永康市人民政府副市长；决定免去胡积合的永康市人民政府副市长职务；任命章雍为永康市人大常委会东城街道工作委员会主任，赵全进为永康市人大常委会江南街道工作委员会主任；免去应桂东的永康市人大常委会东城街道工作委员会主任职务，吕振尧的永康市人大常委会江南街道工作委员会主任职务；决定任命杨可忠为永康市审计局局长；决定免去陈琦的永康市审计局局长职务。

3月2日，永康市第十七届人民代表大会第三次会议依法选举楼常青为永康市人民法院院长，何德辉为永康市人民检察院检察长（根据《地方组织法》规定，须报经金华市人民检察院检察长提请金华市人民代表大会常务委员会批准），方雄伟、李方高、应巍炜、赵全进、俞跃军、施天祥、施康健、倪福君、章雍为永康市第十七届人民代表大会常务委员会委员。通过监察和司法委员会名单：叶成超为主任委员，朱立平为副主任委员，王钟宝、应莉、周跃明、胡文建、程建强为委员；社会建设委员会名单：叶成超为主任委员，陈旭波为副主任委员，陈利新、周晓青、周浩本、倪成纲、黄则东为委员。

3月27日，永康市第十七届人大常委会第二十次会议任命胡梦丹、林政、应光辉、赵洁波、俞劲进、梅凌宵、李杰平、周晶益、周爱静、毛海燕、李敏、池璐、陈安宝、李绍娟、胡江晓、姚潇靓、朱智力、金肇玺、程嫔、应群敏、卢爱平、王艳铭、吴高飞、杨晓东、朱洪仕、方鸣、吕杏月、胡旭、胡志坚、李攀、林秀芬、徐顺意、胡燕飞、潘汝洪、周妙琪、姚芝君、陈玉珠、黄丽等为永康市人民法院人民陪审员。

6月25日，永康市第十七届人民代表大会常务委员会第二十二次会议接受陈嵘辞去永康市监察委员会主任职务，报永康市第十七届人民代表大会第四次会议备案；任命蒋震雷为永康市监察委员会副主任、代理主任，蒋东炜为永康市监察委员会副主任；任命应建芬为永康市人大常委会办公室副主任，胡烈松为永康市人大常委会办公室副主任，章朝阳为永康市人大常委会财政经济工作委员会副主任，姚小波为永康市人大常委会城乡建设与环境保护工作委员会副主任，程文胜为永康市人大常委会东城街道工作委员会副主任，周高福为永康市人大常委会经济开发区工作委员会副主任；免去陈美红的永康市人大常委会办公室副主任职务，倪红艳的永康市人大常委会城乡建设与环境保护工作委员会副主任职务，胡冠中的永康市人大常委会东城街道工作委员会副主任职务，周高潮的永康市人大常委会经济开发区工作委员会副主任职务；任命徐廉球为永康市人民法院芝英人民法庭庭长，卢文伟为永康市人民法院石柱人民法庭庭长，卢志峰为永康市人民法院立案庭（诉讼服务中心）庭长，吴锦辉为永康市人民法院刑事审判庭庭长，朱建明为永康市人民法院民事审判一庭庭长，黄颖为永康市人民法院民事审判二庭庭长，朱蕾蕾为永康市人民法院民事审判三庭庭长，陈飞峰为永康市人民法院民事审判四庭（知识产权审判庭）庭长，卢发扬为永康市人民法院行政审判庭（综合审判庭）庭长，许玲晓为永康市人民法院立案庭（诉讼服务中心）副庭长，王晓为永康市人民法院立案庭（诉讼服务中心）副庭长，胡琦明为永康市人民法院民事审判三庭副庭长，朱子云为永康市人民法院行政审判庭（综合审判庭）副庭长，舒宁为永康市人民法院芝英人民法庭副庭长，许凌云为永康市人民法院龙山人民法庭副庭长；免去蒋晓广的永康市人民法院石柱人民法庭庭长职务，金文华的永康市人民法院芝英人民法庭庭长职务，方远的永康市人民法院立案庭庭长职务，卢文伟的永康市人民法院刑事审判庭庭长职务，吴锦辉的永康市人民法院民事审判第一庭庭长职务，张丽英的永康市人民法院民事审判第二庭庭长职务，黄颖的永康市人民法院民事审判第三庭庭长职务，朱建明的永康市人民法院知识产权审判庭庭长职务，田晓的永康市人民法院审判监督庭庭长职务，卢发扬的永康市人民法院行政审判庭庭长职务，徐廉球的永康市人民法院石柱人民法院副庭长职务，许晓玲的永康市人民法院立案庭副庭长职务，胡琦明的永康市人民法院民事审判第一庭副庭长职务，王晓的永康市人民法院民事审判第一庭副庭长职务，朱蕾蕾的永康市人民法院民事审判第二庭副庭长职务，陈飞峰的永康市人民法院民事审判第二庭副庭长职务，朱蓓蕾的永康市人民法院民事审判第二庭副庭长职务，朱子云的永康市人民法院行政审判庭副庭长职务，许凌云的永康市人民法院芝英人民法庭副庭长职务；免去李岳林的永康市人民检察院检委会委员、检察员职务，程在望的永康市人民检察院检察员职务，李双标的永康市人民检察院检察员职务，胡彬的永康市人民检察院检察员职务，颜继欧的永康市人民检察院检察员职务，徐美丹的永康市人民检察院检察员职务，谢芳胤的永康市人民检察院检察员职务，黄雷广的永康市人民检察院检察员职务，吕赛的永康市人民检察院检察员职务，胡磊磊的永康市人民检察院检察员职务，应跃星的永康市人民检察院检察员职务。

10月28日，永康市第十七届人大常委会第二十四次会议决定任命张群环为永康市人民政府副市长；接受朱志杰辞去永康市人民政府市长职务，并报永康市第十七届人民代表大会第四次会议备案；决定张群环副市长代理永康市人民政府市长职务；任命朱立平为永康市人大常委会法制和监察司法工作委员会主任，俞桂荣为永康市人大常委会法制和监察司法工作委员会副主任；免去朱立平的永康市人大常委会法制内务司法工作委员会主任职务，俞桂荣的永康市人大常委会法制内务司法工作委员会副主任职务。

12月5日，永康市第十七届人民代表

大会常务委员会第二十五次会议决定接受徐明岳、徐勤学、胡海珍、应伊娌、胡美君、应文宇、邱军成、胡广辉、应四勇、陈绍东、李卓辞去永康市第十七届人民代表大会代表职务的请求。根据选举法有关规定，李卓的代表资格终止后，其担任的永康市第十七届人民代表大会常务委员会委员职务相应终止。

议案和建议

【概　况】 2月26日—3月2日，永康市第十七届人大第三次会议期间，代表提出建议271条，意见38条，另外有1条闭会期间代表建议，共计310条建议意见。3月初，市人大及时会同市政府对代表提出的建议意见进行校对、整理、汇总、分类，在市政府网上办理系统上全部进行分办、交办。4月19日，在《永康日报》上向全社会公开代表建议意见承办单位、责任领导、责任人及经办人、联系电话等信息，以便代表、选民监督。5—6月，人大、政协合计办理10件以上的承办单位召开面商会，充分征求代表意见，助推代表建议意见进一步落实到位。8—9月对重点建议、代表不满意件和群众关注的热点问题开展“督办”活动，督办组采取集中督办和分组督办的方式进行现场视察督办、书面督办、询问面对面督办等，有个别代表不满意的，通过督办再次办理后取得满意效果。通过各方努力，代表满意率为99%。10月，市人大常委会对市政府办理代表建议意见工作情况进行审议。

2019年人代会及闭会期间，各位人大代表提出建议310件，由市政府统一交办295件，占总数95%，涉及40多个承办单位。出于精简会议的考虑，年初没有组织召开交办会，而是通过议案办理系统，实行办理工作电子化流转和全程跟踪管理。收到代表建议后，市政府办公室第一时间进行任务分解，提交分管市领导进行签批，由各个科室进行交办。同时就办理工作下发通知，明确时间节点，提出办理要求。截至10月底，295件建议已经全部回复。其中，已解决或正在解决的233件，占79%；列入计划逐步解决的22件，占7%；因客观因素不能解决需作解释的40件，占已回复的14%。从收到的代表反馈情况看，满意、基本满意的有287件，表示理解的5件，不满意的3件，满意率为97%。

委办工作

【市人大常委会办公室】 2019年，市人大常委会办公室组织筹备市十七届人大三次会议；牵头制定出台《2019年永康市人大常委会监督工作计划》，并每月及时印发《常委会工作要点》。全年共召开常委会会议9次、主任会议12次，先后对全域旅游发展等12项工作开展视察，办公室均积极做好配合。在省、市、县三级人大联动开展促进民营经济高质量发展专项监督活动中，及时督促常委会领导结合“三服务”深入广泛开展调研，开展面对面解决难题21个，撰写调研报告15篇。结合机构改革，及时对常委会领导分工和各工委分工进行调整。认真贯彻落实习近平总书记关于坚持和完善人民代表大会制度重要思想，以及省委和金华市委人大工作会议精神，切实加强对做好新时代人大工作的思考，协助永康市委做好人大工作会议的筹备，出台《中共永康市委关于高水平推进新时代人大工作和建设的意见》。牵头组织召开半年以及年度镇（街道、区）人大工作会议。积极配合上级人大来永开展各项调研、执法检查等活动。现有机关支部和退休支部两个党支部。组织开展“不忘初心、牢记使命”主题教育、庆祝中华人民共和国成立70周年和地方人大设立常委会40周年活动，及时收集上报“五个一百”人大好故事。

【市人大常委会法制和监察司法工作委员会】 3—6月，重点开展“公、检、法、司”四机关服务和保障民营经济健康发展情况的专题监督工作。4月，听取市公安局关于扫黑除恶专项工作的报告，组织部分市人大代表到法院旁听涉黑涉恶案件庭审。5月，开展如何做好行政村规模调整后半篇文章的调研，并形成调研报告，供市委决策参考。8月，组织视察基层司法所规范化建设工作。10月，组织部分市人大代表对全市深化和推广“龙山经验”工作开展视察。专门组织公、检、法、司机关的专业人员对《中华人民共和国婚姻法》等法律提出修改建议意见，由黄美媚在全国人大常委会会议上发言，相关观点在会议简报上刊发，得到全国人大常委会委员长的肯定和表扬。11月，对新看守所建设工程进行视察。组织人大代表去一线参加法院每月一次的执行专项行动，多次开展座谈调研。收到市政府提交备案的规范性文件13件，及时反馈审查意见。对89名拟任人员进行任前考察和法律知识考试。接待群众来信来访36人(件)次。组织配合好金华市人大常委会来永召开的《金华市销售燃放烟花爆竹管理规定》立法调研座谈会、关于“龙山经验”调研座谈会等。

【市人大常委会财政经济工作委员会】 根据浙江省、金华市人大统一部署，结合本地实际，市镇(街道、区)两级人大对促进民营经济高质量发展暨司法机关保障和服务民营经济工作同步开展联动专项监督。市镇(街道、区)两级人大共走访企业756家，帮助解决各类难题114个。7月，开展小微企业园建设工作专题视察，督促政府聚焦难点抓攻坚，推动全市20个小微园在10月份集中开工，盘活用地210万平方米，新增总建筑面积500万平方米，带动全市固定资产投资增长150亿元。首次审议国有资产管理情况的报告，归纳国有资产管理中存在的突出问题，进一步完善评估体系、精细设置评估指标，以及全方位加强评估工作监督。通过促进审计查出问题整改的制度化、长效化，充分发挥审计部门对人大预算监督的辅助功能，增强预算审查监督的合力。切实加强对国民经济和社会发展计划执行等情况的调研和监督，确保“十三五”规划纲要和十七届三次人代会确定的目标和任务顺利完成。推动永康市“最多跑一次”改革持续深化、亮点纷呈。

【市人大常委会城乡建设与环境保护工作委员会】 创新监督方式，推进养犬规范化管理，在监督开展过程中，采用“明”“暗”双线共同推进。暗线是挑选部分人大代表、媒体记者组成暗访组，巡查永康三江六岸、各大公园和小区等，将养犬未登记、禁遛区遛狗、禁遛标志未设置、小区狗叫扰民等问题记录在案，并制作成电视专题片；明线是组织代表视察，召开座谈会，听取综合执法、公安、农业农村、卫生等职能部门的报告。视察结束后，要求政府在15日内，就明察暗访发现的问题拿出整改方案，两个月后检查整改成效。全市养犬管理取得较大成效，群众知晓度、养犬免疫登记率提高，公共场所文明养犬引导牌、犬只禁入标志、禁遛区域标志等逐步增加，养犬管理的长效机制初步形成。积极调查研究，破解工业固废处理难题，如针对某公司预收2000—5000元不等的工业固废处理费用、对不足1吨的垃圾按1吨收费等情况，将该情况反馈给市政府后，该公司及时做出整改，在App软件上重新设计了合理收费选项。首次开展"体验式"视察，助推井型公交系统覆盖更广、改造更优化。借力"三服务"，召集镇（街道、区）政府、自然资源和规划局等相关部门到实地开展"难题面对面"活动，帮助企业解决难题5件。

7月23日，人大代表对养犬管理工作进行专题视察（市人大常委会提供）

【市人大常委会教科文卫工作委员会】 5月，组织部分代表对全域旅游工作进行视察。同月，针对《浙江省学前教育条例》的执行情况及上年下发的《关于学前教育工作的视察意见》（永人大常〔2018〕19号）落实情况进行执法检查。11月，组织部分代表对"医共体"工作进行视察。深入开展"三服务"，走访16个村，收集到3个问题，已帮助解决。通过听取汇报、组织部分代表实地检查等方式开展政府十大民生实事项目跟踪督查，并将监督情况形成书面材料，年终分别对各民生实事项目进行评议。深入基层开展促进民营经济高质量发展专项监督、医保、公共卫生、健康教育工作情况的调研。积极配合金华市人大做好相关工作调研。加大代表建议督办力度，切实推进教育、卫生、文化等社会热点难点问题的落实。加大对审议、视察意见办理落实情况跟踪督查，增强监督实效，如针对5月市人大常委会下发的《关于全域旅游视察意见》，认为市政府回复意见还有不完善的地方，及时与市府办沟通，督促按视察意见落到实处。

【市人大常委会农业与农村工作委员会】 配合开展促进民营经济高质量发展专项监督工作，全年走访基层28个村、企业36家，帮助行政村、企业解决难点问题3个：西溪镇棠溪村通往磐安的公路建设问题、浙江菇尔康生物工程有限公司生产大棚用地问题、花街镇华茗园茶场生产用地问题。6月21日，组织部分人大代表进行视察，对推进农村饮用水达标提标工程建设情况进行监督。开展推进农村饮用水达标提标工程建设是2019年人代会票决的十大民生实事中排名第一的实事，11月5日，组织部分人大代表进行视察，首次采用问题清单式，明确市政府及相关部门拿出整改措施限期整改，并建议市政府明确分工，责任到位，共同推进；针对问题，加强研究，对症下药；规范管理，夯实机制，长效推进；加强宣传，上下联动，营造氛围。配合金华市人大开展《金华市农村生活垃圾分类减量管理条例》执法检查，完成测试答卷。配合做好同行调研考察，4月2日，接待江山市人大一行12人来永进行美丽乡村建设考察调研。

【市人大常委会代表与选举任免工作委员会】 强化人大代表监督职能，助推民营经济高质量发展，组织各级人大代表275人次，走访企业756家，帮助解决各类难题114个。强化人大代表担当作为，深化"最多跑一次"改革主题监督活动，组织各级人大代表324人次，提出建议意见284条。强化人大代表责任意识，打造"8890"空中联络站，组织116名人大代表走进8890参加接听活动，接听群众诉求286人次，收集有效诉求建议问题182件，交办182件，已解决117件，群众满意率达到97%。常态化开展"代表走进8890""代表跟着法院去执行""项目现场议政会"等活动。坚持召开人大季度工作会议，坚持完善人大干部队伍建设。配齐16个镇（街道、区）人大干事，6月组织各镇（街道、区）人大主席（主任）学习培训。强化民生实事项目票决，紧抓跟踪问政，全年各镇（街道、区）镇人代会、街道议政会共提交项目159项，实际确定128件民生实事。在永康市第十七届人大三次会议上，表决通过永康市人民政府2019年度十大民生实事项目。扎实推进“四好”人大代表联络站建设，16个镇（街道、区）设一楼的联络站已从之前的2个增至11个，设立在基层片区、社区的联络点有43个，共开展代表活动413次，全国、省、市、县、乡各级人大代表参与2114人次，议政会成员267人次，接待选民群众1199人次，收集建议意见405件，已解决309件。强化代表议案建议督办，在永康市第十七届人大第三次会议期间，代表提出建议271条，意见38条，另外有1条闭会期间代表建议，共计310条建议意见。代表满意率为97%。根据实际对《部门工作评议办法》进行修订和完善。加强人大代表履职监督管理，对20个履职先进代表和10件优秀代表建议意见进行表彰，坚持履职考核、组织学习培训。规范任免程序，依法做好人事任免，2019年共依法任免国家机关工作人员104人次，接受11名县（市）级人大代表的辞职请求，补选13名永康市第十七届人大代表、2名金华市七届人大代表。

（市人大办　胡妙鸳）

市人民政府

综 述

【概 况】 2019年是中华人民共和国成立70周年。永康市人民政府全面贯彻落实党的十九大和十九届二中、三中、四中全会精神，坚决落实市委决策部署，直面严峻形势、从容应对挑战、积极有效作为，地区生产总值增长6.2%，一般公共预算收入增长6.3%；城乡居民人均可支配收入增速均高于GDP增速；基本完成十方面民生实事。生态文明建设居全省第11位、创新能力居全国第9位、营商环境居全国第13位、县域经济竞争力居全国第60位，为高水平全面建成小康社会奠定关键性基础。经济运行态势稳健，实施投资新政，引进3亿元以上项目12个，到位省外项目资金27.5亿元，固定资产投资增长20.3%。创新“6+X”项目审批推进机制，方岩景区旅游开发、道明安防小镇、五金技师学院等项目开工建设，农贸城、500千伏永康变扩建等项目顺利完工。深入实施放心消费行动，培育放心消费示范单位557家，成功举办规模展会37场，网络零售增长15%、总量居全省第6位，获评全国十大农村电商典型县市，获国务院正向激励。积极应对中美贸易摩擦，落实稳外贸20条措施，进出口总额增长5%。大力培育外贸品牌，获广交会出口产品设计奖6个，居全省第一；新增浙江出口名牌8个，居金华市首位。落地外资项目6个，新设立海外公司5家，中国五金物流港完成注册。新旧动能加快转换，落实支持民营经济31条措施，为企业减免税费20亿元。培育企业主体，净增规上企业175家，新增省“隐形冠军”企业1家、上市企业1家、股份制企业35家。开展智能门锁、保温杯细分行业培育行动，增速分别达26%和13%。

新增省智能化项目86个，建成智能工厂(车间)6个、“企业数字化制造、行业平台化服务”项目5个，产业数字化转型居全省第14位、金华市首位。和阿里巴巴签订本地生活项目合作协议，获评省供应链创新与应用试点城市，宏伟供应链入围全国供应链创新应用试点、3家单位入围省无车承运人平台试点。新增国家高新技术企业59家、省科技型中小企业152家，斐络设计获评省首家重点工业设计研究院。成立杭州、西安、深圳、上海博士联谊分会。实施人才新政，建成院士工作站2家，引进顶尖人才4名、领军人才16名。入选省小微企业园建设提升试点市。创建“无证明城市”，清理证明事项425项，减少证明材料12万余份。启动“三无”服务大厅建设，便民服务事项100%实现“一证通办”。推行“标准地”数字地图，新批工业用地100%实现“标准地”供地。国家工业企业电商统计调查试点、金华市企业统计“四大体系”规范化建设试点取得阶段性成效。构建“1+8”市属国有企业框架，城投、交投、水投、文旅四大集团投入运营。成功创建国家森林城市、国家园林城市。新330国道一期(花街—石柱段)、南溪大桥竣工。田川区块被列为省首批未来社区建设试点。PM 2.5均值降至35微克/立方米，AQI优良率达到90.7%。建成污水零直排区66个，市控地表水断面水质稳控在Ⅲ类以上。新增国家级绿色工厂2家。完善“2+1”消薄帮扶机制，全面消除集体经济薄弱村，低收入农户收入增长13.6%。“永康灰鹅”获评国家农产品地理标志。华茗园获评国家级农业重点龙头企业。实施新时代美丽乡村建设，建成特色精品村5个、历史文化村落保护利用重点村2个。新建省美丽牧场12个，前仓舜耕田园入选全省百个“最美田园”。前仓、舟山、芝英成功创建省A级景区镇，新增省A级景区村34个。实施文化惠民工程，建成农村文化礼堂100家，后吴村古建筑群、下柏石陈大宗祠被列为全国重点文物保护单位，实现“国保”零的突破。高标准建成融媒体中心。成功创建省教育基本现代化市，新增公办幼儿园4所，成功举办首届中小学艺术节。组建第一人民医院和中医院两大医共体，建成名医工作室5个，新中医院、城西新区卫生院投入使用，全省率先开展全消化道肿瘤筛查。举办第二届“万马奔腾、活力永康”半程马拉松赛，参赛人数突破万人。城镇新增就业2.32万人，新人力资源市场投入使用，成功创建省首批“无欠薪”县市。医保卡、市民卡实现金华市全域互联互通，12种慢性病纳入医保规定病种。绿康丽州家园正式开业。新建残疾人之家13个。千金山陵园一期投入使用，骨灰堂建设实现全覆盖。建成96个退役军人服务站示范点，获评省级双拥模范城。“龙山经验”被列入省基层治理创新典型案例，全域开展“扫黑除恶”专项斗争，刑事案件、治安案件分别下降28%、30%。全省首创“区域应急服务中心”建设，安全生产事故下降26%，交通事故死亡人数下降39%。完善基层治理“四个平台”建设，加大法律援助力度，成功创建省“无信访积案市”。

重要会议

【全市工业大会】 1月24日，召开全市工业大会。大会明确2019年永康市重点实施“减负解难输血”服务行动、“中国质量奖”争创行动、“风险防控”攻坚行动、“数字经济”提升行动、“产业平台”拓展行动、“市场主体”倍增行动、“投资引资”落地行动、“科技创新”引领行动、“新兴产业”培育行动和“企业转型”倒逼行动等十大行动。大会发布新时代永康企业家精神为“义利并举、务实创新”。大会表彰改革开放40周年十大最具影响力企业、第二届“永康匠人”“匠型企业”“工匠创作室”“匠人新秀”等各类先进。铁牛集团、步阳集团、正阳科技、经信局和经济开发区作交流和表态发言。

【金华市打赢蓝天保卫战现场推进会】 6月21日，金华市打赢蓝天保卫战现场推进会在永召开，与会人员先后考察环保高空烟尘智能监管项目、高镇餐饮示范街、城塘村老房改造工程、道明光学，现场观摩高空烟尘智能监管演示、餐饮油烟常态化管理、建筑工地扬尘防治、企业异味废气治理，实地感受永康市打赢蓝天保卫战的经验和成效。

【巩固国家卫生城市成果工作会议】 8月23日，市政府召开巩固国家卫生城市成果工作会议，回顾总结巩固提升创国卫成果，对下一步迎接复检考核工作进行安排部署。会议部署病媒生物防制和环境卫生综合整治工作，剖析当前存在的问题和短板，明确下一步工作目标、任务、责任，进一步凝聚巩固国家卫生城市成果、迎接国卫复检考核的共识和力量。

【全市服务业暨现代物流业发展会议】 9月27日，市政府召开服务业暨现代物流业发展会议。会议强调，全市上下要把服务业发展摆在更重要的位置，坚定信心、齐心协力、常抓不懈，为工业经济补齐短板，为高质量发展打造新优势。会议对全市服务业“十强”企业和“十优”企业进行颁奖；发改局对2019年服务业十大重点任务进行解读；交通局、商务局、双飞公司、五金城集团、两化腾公司分别做了发言。

【全市一般工业固废处置暨清废行动四个专项整治推进会】 12月29日，市政府召开一般工业固废处置暨清废行动四个专项整治推进会。会议强调，各级各部门要乘势而上、后来居上、迎难而上，全力打造“无废城市”。2019年以来，永康市以“政府引导、第三方服务、企业受益”的形式，探索形成“互联网＋固废”集中处置“五步法”，畅通工业固废处置渠道，即“三员”上门三服务，确保源头精准分类；依托“互联网＋”模式，实现固废处置“零次跑”；量身定制清运方案，确保规范高效收运；专业人做专业事，实现固废最大价值；强化高压严管，堵住工业固废非法处置漏洞。

重要政事

【永康五金东北直销中心开业】 1月9日，永康五金东北直销中心在吉林省四平市铁东区盛大开业，成为永康市与四平市铁东区对口合作以来首个签约落地的项目，也标志着金华与四平、永康与铁东的对口合作进入新的发展阶段。永康五金东北直销中心的设立，旨在响应国家“一带一路”倡议，深化对口合作，拓宽永康五金销售渠道，展现永康五金先进制造业水平，同时也可让四平百姓能买到更多优质、实惠的五金产品。中心将立足四平、面向东北、辐射东北亚，展示面积2000平方米，仓储面积8000平方米，由五金城集团投资建设运营，集实体经营、仓储、线上销售于一体，产品包括电动工具、手动工具、园林工具、休闲用品、门类、锁具、日用五金、五金电器类、运动健身器材、校具等，入驻品牌除五金城集团自主品牌“五金优选”外，还包括王力、步阳、春天、正阳、中坚等众多永康知名品牌。

行政督查

【概　况】 2019年，永康坚持“围绕中心、突出重点、完善模式、督导有力、明确导向、公平考评”原则，不断探索督查工作模式，完善考核工作架构，有效推动市委、市政府中心工作和重大决策部署的贯彻落实。

【建立健全机制】 根据省、金华市督查检查考核保留事项清单和市委市政府年度中心工作、重点工作部署，永康市从严做好削减、整合、管控文章，认真梳理汇总全市各类督查检查考核事项，从原先的200多项督查检查考核事项缩减至40项，认真做好统筹，制定全年的督查检查事项清单。建立督查反馈交办机制。由市委督考办、市政府督查室牵头，抽调市纪委、市人大办、市政协办、市委组织部以及相关专项重点工作办公室人员，组成4个市级督查组，凝聚督查合力，采取“一月一例会、一会一主题”方式，对各部门、镇（街道、区）进行常态化工作督查。对督查发现的重点难点和全市带有普遍性的问题提交市级层面进行交办，以督办单的形式进行督办，实行挂销号管理。建立督查工作例会制度。每月27日召开重点工作专项督查例会，由各督查组汇报月度督查情况，各重点工作牵头部门负责人参会听取汇报，多方互动交流，将解难题、补短板、促落实有效结合。强化督查结果运用机制。

将各组的督查报告汇总后，每月通报各项重点工作进展情况，对于工作滞后的单位将进行挂牌督办、安排电视问政，由责任单位向全市人民做出承诺，并在电视台、《永康日报》公示，营造明亮家底、找准短板、对标先进的氛围。

【重点工作督查】 重大项目一直是永康市督查工作的重点，特别是为了加快项目政策处理工作，保障重点项目顺利推进，2019年，永康市梳理45个重点项目74项攻坚任务作为督查重点，以“督促＋服务”的方式，推动一批老大难问题取得突破。2019年，永康市积极开展小微园建设，但因为拆违力度不够，相关工作停滞不前。督查组抓住省低效用地再开发政策调整机遇，紧扣关键时间节点，到各镇(街道、区)进行督查推进，在2019年7月20日前全面完成违建拆除，8月30日全面完成征地报批工作，10月底举行20个小微园集中开工仪式，规划总面积将达210万平方米。对省、市十大民生实事，从年初进行任务分解，狠抓工作落实。特别是省政府督查室7月份组织来永康市实地督查民生实事和富民强省十大行动工作后，永康市根据反馈意见积极落实整改。

（市府办　夏华卓）

行政服务

【概　况】 2019年，永康市认真贯彻落实省委省政府关于深入推进“最多跑一次”改革的决策部署，在市委改革办和相关职能部门的共同努力下，担当作为、攻坚克难，全面提升行政服务质量，各项改革工作稳步推进，取得成效，办事群众的获得感和满意度明显提升。

【“无证明城市”改革】 2019年，永康市行政服务中心(以下简称“市行政服务中心”)会同市司法局，按照“六个一律”要求，对审批服务事项中的证明材料进行全面梳理和清理：市级层面证明清理事项425项，其中通过数据查询112项、部门核验159项、直接取消89项、申报承诺65项；镇级层面证明清理事项19项，其中直接取消1项、部门核验1项、部门核验＋个人承诺6项、个人承诺11项。及时跟进做好线上线下办事指南的调整规范，剔除部分办事材料，通过进一步减材料、减环节，全面实现全市257个便民服务事项“一证通办”。公安服务综合窗口借“无证明城市”改革东风，成功为38年前被拐骗到福建南安的永康人徐培秋办理了户籍手续和身份证，得到省委车俊书记点赞。

8月，公安服务综合窗口借“无证明城市”改革的东风，成功为38年前被拐骗到福建南安的永康人徐培秋(右一)办理了户籍手续和身份证(陈慧英　摄)

【企业和个人全生命周期“一件事”办理】 2019年，市行政服务中心围绕公民从出生到去世和企业从开办到注销全生命周期中由多部门办理的“一件事”，梳理“一件事”清单55项(省里下达的指标53项)，通过搭平台、精环节、优流程、减材料，到8月底，全市55项“一件事”已全部推行实施。其中，率先在全国推行的工伤“一件事”办理，将原本需要提交17份材料缩减为一张申请表，原办理时间最短180天缩短为最多30天，工伤职工申请“工伤ETC”后最快可在2个工作日完成认定、鉴定和待遇支付业务办理，拿到工伤待遇金。10月25日，永康市在全省“最多跑一次”改革工作例会做工伤“一件事”改革典型交流发言，得到冯飞副省长的充分肯定。

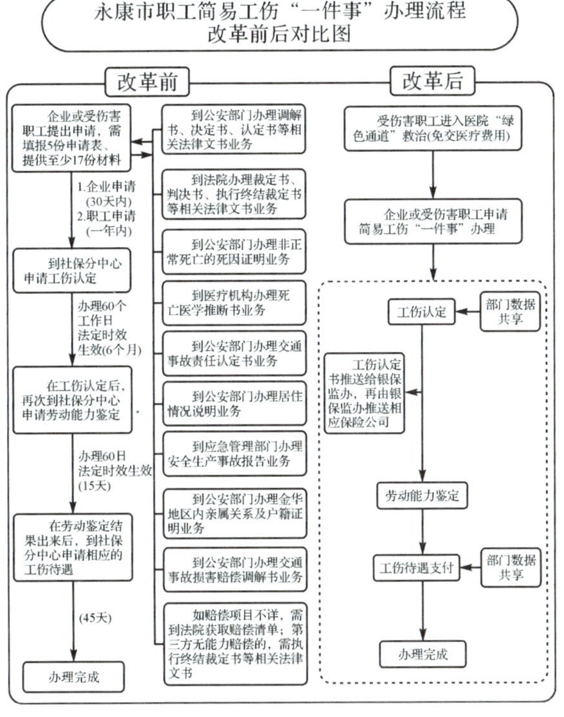

职工简易工伤“一件事”办理流程改革前后对比图(市行政服务中心提供)

【“最多跑一次”改革向基层延伸】 2019年，市行政服务中心进一步简政放权，向镇(街道、区)行政服务中心下放审批服务事项，配置高频便民服务事项自助办理机，乡镇可办事项234项，可办率60%。加强业务培训和指导，确保部门事项下放到位、乡镇承接到位；进一步规范镇(街道、区)行政服务中心综合窗口设置，公开办理事项、办理流程和办事材料，真正做到“一窗受理”，受办分离；充分发挥乡镇“四个平台”和村级代办员作用，全面推行便民服务事项村级代办。6月开始，由市行政服务中心牵头，会同市公安局和市民政局，打通数据接口，对于到了法定年龄的老年人，民政窗口将统一把老年证办好，每月分发到各乡镇，再由联村干部发放到老年人手中，实现老年证“零跑联办”。

【推行浙里办、掌上办、移动办】 2019年，市行政服务中心加大宣传推广力度，不断提高“浙里办”网上用户注册覆盖率。加快信息化建设进度，依托市大数据管理局和市档案馆，推进部门审批数据归集，打通省和金华市证照库数据接口，实现数据联通共享；拓展掌上办、移动办功能，优化网上办事流程，简化表单填报，方便办事群众网上申报。除涉密、敏感性强等不适宜网上办理的事项外，便民服务事项100%实现网上办，80%以上实现掌上办、移动办，企业开办登记网上办比例达到92%以上。

【深化投资项目审批改革】 2019年，市行政服务中心做好投资项目审批网上监管平台2.0版向3.0版的升级运用，配合市发改局和建设局，突出小微园建设重点，对进驻企业投资项目提前介入、三方会商、全程代办；推行“标准地＋承诺制＋代办制”，统一开展能评、环评、地质灾害、水保等区域评估，充分发挥乡镇代办员作用，做到一镇一代办，全程网上办。推行联合测绘、建设工程竣工测验合一，简化工程竣工验收。进一步完善和规范涉批中介服务管理，统一服务时限、收费标准，推行中介服务信用评价制度。截至10月底，全市97个项目取得施工许可证，完成开工前审批，53个项目完成竣工验收，“最多90天”实现率100%。

【服务大厅标准化规范化建设】 积极创建“三无”(无证明、无证照、无复印)服务大厅，不断规范审批服务事项，按照颗粒化、情形化要求，进一步细分办理事项，调整线上线下办事指南，按照“八统一”制订办事材料清单；认真对照标准化窗口建设要求，进一步优化无差别受理窗口布局，拓宽自助服务区，对办事群众进行科学分流；加强对窗口工作人员和业务办理的日常督查，严格落实首问责任制、一次性告知制和办件责任追究制等相关制度，对违规审批、超时办理等行为严肃处理倒查责任；不断规范服务礼仪，统一制发窗口工作人员服装，进一步加强服务礼仪培训，文明用语、礼貌待人、微笑服务，展示良好的窗口形象。

（市行政服务中心　楼晨）

公共资源交易

【概　况】 金华市公共资源交易中心永康市分中心（以下简称“永康交易分中心”），是永康市公共资源交易平台。内设综合科、信息科、工程建设科、国土资源交易科、产权交易科、政府采购科6个职能科室。2019年，永康交易分中心共完成招拍挂359个标次，完成交易金额共计58.9883亿元，比保留价增加、预算价节约共计16.9812亿元。其中：开展建设工程招投标124宗，工程预算总额17.09亿元，招标后合同总额15.715亿元，节约建设资金1.375亿元，资金节约率为8.05%；开展政府采购业务50宗，财政预算总额2.88081亿元，实际采购合同金额2.60712亿元，节约采购资金0.27369亿元，资金节约率为9.50%；开展产权出租出让业务13批次，起始价总额4076.5万元，成交价总额4571.9万元，增加国有资产收入495.4万元，增资率12.15%；通过公开招标、拍卖和挂牌等出让方式，出让经营性土地172宗，出让总面积50.955461万平方米，出让金总额40.209亿元，比保留价增加15.283亿元。

【党风廉政建设】 2019年，永康交易分中心按照行政服务中心党组分工，积极履行“一岗双责”。在开展“不忘初心、牢记使命”主题教育中，广泛开展讲党课、谈体会、听报告等活动。排查每个岗位存在的廉政风险点，把正确处理好与招标代理、投标人的关系，防止利益输送，规范投标保证金管理，严格按制度程序退付，加强对全流程电子交易系统的安全管理，严格执行专家抽取规定、开标现场秩序、评标工作纪律、保密情况审查等关键环节作为防控的风险点。在完成市纪委安排的党风廉政建设规定动作基础上，全面完成分散政采项目场地交易服务费的收缴后上解财政，基本完成政府采购投标保证金清理，实现工程投标保证金本息依法实时退付，完成编外用工劳动合同签订，重新梳理档案收集分类整理立卷归档管理工作。根据市委市政府清廉永康建设有关精神，完善《财务管理规定》《法定节假日值班制度》《学习制度》《落实中共中央“八项规定”“六项禁令”工作制度》《固定资产管理制度》《印章使用管理制度》《内部控制制度》《垃圾分类考核制度》《请假制度》和《AB角补位制度》《安全管理制度》《工作人员行为准则》《会议制度》《监控、开评标室管理制度》《突发事件应急处理办法》《信息安全管理暂行办法》《政府采购档案管理制度》《政府采购廉政准则》《政府采购保密制度》《政府采购管理考核制度》《政府采购重大项目论证制度》等一系列内部管理制度。为加强交易平台标准化建设，完善交易项目操作规程、交易规则、招标文件范本。规范工程投标保证金账务，为加强投标保证金管理提供保障。

【提升平台服务水平】 2019年，永康交易分中心主动对接服务重点项目，参与推动市重点项目建设工作。先后数十次参与市南都路与330国道交叉口及南匝道建设方案协调、城市管理智能停车收费、供电项目招标、总部中心C2广场地块工程、财政性资金存放、退役军人服务中心建设项目、桥下水厂扩网方岩12个村供水、五金产业创新服务综合体、国土空间总体规划修编、市镇抱团、商业步行街三期提升、2019半程马拉松赛、花川垃圾填埋场气体发电、三镇污水处理厂PPP、方岩景区旅游等项目的推进工作。积极配合市纪委监委组织的农村招投标、人防领域专项巡察工作，参与开展公共资源交易规范性文件清理修订，顺利通过金华市公共资源交易办招投标制度落实情况检查。

吸收周边县市区好的做法和经验，反复与金华业务主管部门、电子政务中心、电信、软件公司等方面协调、沟通、磋商，制定云应用解决方案，通过公开招标、在线询价采购、公开竞价等方式方法，顺利完成天翼云迁移政务云，实现与省、金华信用平台对接，提升数据标准V3.0，定期开展网络安全排查。完成金华区域云评标室、电信云桌面及其配套设施的建设，通过试运行。11月12日，市机关事务服务中心视频警戒报警系统项目顺利完成电子化评标工作，是首个政府采购全流程电子化评标项目。

交易分中心作为服务平台，积极从服务企业、服务群众、服务基层"三服务"作为切入点，为投标人减负停收政府采购投标保证金，实现交易过程无证明事项，电子交易系统完成迁入政务云，实现工程投标保证金本息收退自动化。一是提升服务软件，通过代理机构业务培训，全流程电子交易综合系统的运用，保证金网上收退技术培训，新的招投标法律法规学习等方面努力，培养服务意识；二是优化服务硬件，不断提升电子交易综合系统运用，完成政务云迁移及数据库改造、与金华信用信息对接、V3.0数据标准升级、区域云评标设施建设等工作，基本实现招标公告发布、投标报名、保证金收退、评标专家抽取、开评标、监督管理等网上操作线上完成，提高交易效率；三是更好地服务现场，督促业务人员做好交易过程秩序维护、设施养护、标前提醒、标中咨询、标后扫尾、资料收集、音频视频存储等现场服务工作。

组织专家参与远程异地评标（永康交易分中心提供）

【推动交易公开透明】 2019年，永康交易分中心推进"浙政钉"应用。有效利用"政采云"平台，助推政府采购行为全程留痕、过程提醒预警、事后大数据分析，促进充分竞争。配合金华区域云评标设施建设，运用桌面云和视频会议系统技术，搭建基础架构，探索及时发现、精准打击有关违反违规行为和助力反腐扫黑除恶机制。通过网络信息安全等级保护、安恒通的玄武盾连接，为电子交易系统、网络安全增加一道安全屏障。通过借力信息化大数据技术手段，招标项目受理登记、文件备案、发布公告、招标报名、中标合同备案等，全面推行全流程电子化。

认真贯彻国务院《政府信息公开条例》711号令，按照以公开为常态、不公开为例外的要求，打造公开透明阳光交易平台，完善网站管理，完整准确地公开公共资源交易信息，方便招投标人数据的查询传输。通过开展办公场所规范化建设，进一步完善公共资源交易的功能区，优化电子化办公设备，提高服务效能。在不断进行交易网站、软件公司、开户银行、电信云计算服务、开评标模块网络、内网测试等对接工作的同时，继续推进数据上传、信用代码使用工作，工程建设项目招投标备案、公告、报名、保证金收退及开评标活动已基本在系统线上运行。

（永康交易分中心　楼勋臣）

电子政务

【概　况】 为贯彻落实国家大数据战略和省政府数字化转型决策部署，根据上级机构改革精神，2019 年 8 月成立永康市大数据发展管理局（中心）[以下简称“市大数据局（中心）”]，同步撤销永康市电子政务办公室，主要职能是推进“互联网＋政务”深度融合、政府数字化转型；统筹协调全市公共数据资源和电子政务，推进各部门信息系统互联互通，助推“最多跑一次”改革。2019 年，市大数据局（中心）参照省政府“四横三纵”总体框架和“123466”基本思路，按照“政府转型、数字引领、智慧示范”目标定位，探索创新“1234＋N”县域版数字政府“永康模式”，构建“四位一体”区域特色数据仓，抱团打造“一数通用”综合平台，累计取得省市级荣誉 10 多项。《“四位一体”大数据平台开启“1234＋N”的“永康模式”》获评为 2019 年度浙江省数字化赋能智慧城市发展优秀成果。“一数通用”综合平台入围省政府数字化治理优秀成果汇报展、金华市政府数字化转型创新案例、数字化治理样本、数字化治理重大项目和典型应用场景。“数字应急”“数字小微园”获得省市多项荣誉，其中“数字小微园”入围省政府数字化治理创新典型案例。

【“1234＋N”永康模式】 2019 年，市大数据局（中心）从市级层面顶层设计入手，规划设计“1234＋N”整体架构，即基于 1 个区域特色数据仓、2 类展示平台和 3 个子平台，先试先行数字工业、数字项目等 4 大应用项目，再逐步拓展 N 个应用项目，探索创新县域版数字政府“永康模式”。

【“四位一体”区域特色数据仓】 2019 年，市大数据局（中心）建成数据集成、数据计算、数据治理、数据共享的“四位一体”区域特色数据仓，采集入库 30 个部门 697 万条数据 3899 张表，将作为全市大数据应用的基础支撑，最终形成数字永康的“数据大脑”。

永康市区域特色仓大屏展示中心（市大数据局（中心）提供）

【“一数通用”综合平台】 2019 年，市大数据局（中心）以区域特色数据仓为核心，以应用为载体，通过“1＋10”抱团统筹推进“一数通用”综合平台建设，推动跨部门、跨领域、跨行业多业务协同，打造“联动标杆”。建成数字工业、数字项目、数字环保、数字文旅、数字治水、数字综治、数字应急等多个应用场景，助推决策辅助、民生获得、社会治理、经济撬动等形成多赢格局。

【协同办公系统优化】 2019 年，市大数据局（中心）多次征求市政府及部门建议意见，5 次优化升级协同办公系统，保障协同办公系统平稳运行。全年全市党政机关发文 3687 件、收文 59146 件，大大提高公文流转速度，节约公共资源，降低办公经费。

【电子政务网络整合】 永康市电子政务外网接入党政机关、全额拨款事业单位 160 多家，最高时 8000 多台终端在线运行。2019 年，完成市财政局、统计局、农业农村局、水务局、公积金、建设局（房管会）、应急管理局

(人防办)部门专网整合。

【政务数据资源共享】 2019年,市大数据局(中心)按国标、省标,结合永康实际,率先制定整套县域级数据标准、数据交换共享管理办法和细则。全年累计接受共享交换申请22次、数据397万条,其中用水、用气数据归集工作成效明显。完成的省公共数据工作平台中涉及永康市7个部门10个系统的数据目录编制工作,共编制19条数据目录、873个数据项。

【数字化项目建设管理】 2019年,市大数据局(中心)牵头制定出台全市数字化转型项目建设管理办法,加强政府数字化转型项目的统筹建设、统一管理和整合共享,全程跟进数字化项目申报审核、实施管理、竣工验收、监督检查和绩效评价,提高项目建设水平和财政资金使用绩效。2019年,对全市35个部门142个项目进行预审,编制《2020年度政府数字化转型项目计划》,年度计划总投资10534.11万元。其中,建设类项目64项,年度计划投资5187.25万元;运维类项目78项,年度计划投资5346.86万元。

【机关内部"最多跑一次"建设】 2019年,市大数据局(中心)建设全市机关内部办事"最多跑一次"业务协同平台,实现部门业务全流程"大协同"。开展系统操作培训和事项入库工作,2019年入库事项192项。

【提升"互联网+政务服务"】 根据国家新一轮网上政务服务能力评估要求,围绕《2019年度浙江省一体化在线政务服务平台建设工作指引》11项绩效指标和41项任务清单,加快推进事项颗粒度细化,优化办事流程、精简办事材料、压缩办事时限。2019年底,网办实现率100%,掌办实现率98.91%,跑零次实现率100%,即办实现率76.95%,承诺压缩比93.71%,材料电子化率90%。

【推广"浙政钉"应用】 加快构建政务数据共享、流程再造、数据体系构架"三大模型",全面推广应用浙政钉,实现全覆盖。推进"微政务"向"钉政务"转型,完善"钉政务"专项工作群等移动办公系统。2019年永康市"浙政钉"注册人数6319人,激活率100%,日均活跃率75%,信息完整率100%。

【"互联网+监管"】 2019年,市大数据局(中心)为全市33个部门开设国家监管事项监管平台账号,督促梳理目录清单。全年开通"浙政钉"掌上执法账户491户,激活率和活跃率均达100%。

【"无证明城市"改革】 做好"无证明城市"查询核验系统的名单梳理、开设账号、配置权限等工作,为"无证明城市"在全市范围推广提供技术保障。2019年,实现271个办事事项可在"无证明城市"查询核验系统中核验,助推"最多跑一次"。

[市大数据管理局(中心) 马一子、黄应楠]

机关事务

【概　况】 2019年,在机构改革后,永康市机关事务服务中心管理职能弱化,但全体工作人员服务热情不减,积极转变角色,从拓展和提升工作内涵和外延入手,以规范管理为职责,以优质服务为根本,以保障有力为目标,努力开展机关事务管理、服务、保障工作,营造高效廉洁的服务政府形象。

【"清廉后勤"建设】 2019年,市机关事务服务中心深化"清廉后勤"建设,以创建"清廉细胞"示范点为抓手,实现机关事务和党风廉政建设互促共进。一是注重教育,营造风清气正生态。认真贯彻落实全市警示教育月活动要求,结合党组会前10分钟、周一夜学、后勤小讲堂等载体,全面开展纪法知识测试、观看典型警示教育片并撰写心得体会、党组书记上专题廉政党课等“十个一”活动，使党员干部知敬畏、明底线、守规矩。2019年共组织召开学习会57次。二是关口前移，扎实排查廉政风险。部署开展“找风险、补短板、严防控”廉政风险点排查专项活动，加强对基层单位和重点岗位的风险防控，督促全中心党员干部自觉增强党性修养和廉洁意识。三是把握关键，加强权力运行规范。以严格执行“三重一大”制度为核心，做到程序规范，留痕规范，并建立台账跟踪管理制度，规范权力运行实效。2019年，中心党组共集体讨论“三重一大”事项163项。同时，把握关键环节，修订完善公务接待、工程项目和物资采购验收、邀请招标项目实施管理等制度，以制度规范促中心工作规范。四是强化监督，持续加强作风建设。坚持重大活动、重大节前开展“一岗双责”情况和作风效能巡查，做到发现问题及时交办督查整改。同时，坚持问题导向，对巡察等专项检查发现的问题全力以赴抓落实、抓整改，并深化运用监督执纪“四种形态”，有效促进工作作风转变。

【智慧管理】 2019年，市机关事务服务中心从建设“视频围栏”、提升“智能门禁”、新增“智能道闸”三方面入手，全面提升安防设施，构建智慧安保新格局，筑牢机关安全“防护墙”。一是建设“视频围栏”，构建一张网。在115个视频缺口和监控盲区安装了高清摄像头，安装了大院围墙红外线动态报警系统，全面构建了全过程、全天候的视频监控网格。二是提升“智能门禁”，严把入口关。新增人脸识别系统，保障机关安全的同时，简化办事群众通行登记程序，护好行政中心第一道岗。全年共向法院移交监控人员38名。三是新增“智能道闸”，缓解出入难问题。新增智能道闸系统，实行单向通行，设定10个固定路桩，规范大院内行车秩序。2019年，市机关事务服务中心的智慧安保工作得到金华市机关事务管理局局长张维源批示肯定，在各县(市、区)机关事务部门总结推广。

【公务接待】 2019年，市机关事务服务中心严格执行中央八项规定精神，从抓制度健全开始，严格规范接待范围、接待程序、就餐标准，做到有礼、有节、有利公务，热情、用心、结合实际，不打折、不走样、不变通的落实公务接待工作，并得到市领导的充分肯定。全年共接待各类宾客312批次，共计6218人次，其中省部级领导12批，厅局级领导124批次，30人以上团队17批次。圆满完成市两会、纳税50强企业上海考察、门博会、五金博览会、农展会、党政代表团赴常熟考察等重大活动，省委副书记、省长袁家军，全国人大社会事务委员会委员、中央扫黑除恶督导组来永等重要接待工作的后勤保障任务。

【国资管理】 2019年，市机关事务服务中心加强国有资产管理，确保国有资产物有人管、物尽其用。及时编制全市机构改革办公用房调配方案，对市自然资源和规划局、应急管理局、医疗保障局、农业农村局等38家单位的办公用房进行合理调配。同时，联合市纪委开展办公用房自查自纠活动，及时调整机构改革后办公用房的配置使用。配合财政局完成“资产云”的数据迁移工作，并对报废的国有资产及废旧物资进行规范处置。全年共完成政府采购12批次，集中谈判采购68批次，日常零散采购373批次，涉及采购总金额约782万元。经采购小组询价谈判，累计节约资金132万余元。

【公务用车】 2019年，市机关事务服务中心紧紧围绕“管理规范，保障高效”这一目标，不断加强公务用车“一张网”监管，主动对接相关部门，做好事业单位业务用车的网上登记工作，严格公务用车更新审批，建立维修费、油费、过路费等车辆费用同期比管理和服务"回访"制度,以标准化思维和信息化手段实现全市公务用车管理更加规范,保障服务更加高效。全年共保障用车10702次,安全行车108万余千米。

【项目建设】 2019年,中心完成了外事办、工商联、医疗保障局、劳动监察大队办公用房的隔断工程及残联、国资办、审计局、退役军人服务中心等办公用房装修改造工程,并对市财政局、市场监督管理局、市青少年宫等3家单位的办公用房修缮改造项目进行立项前置审查;同时,积极有序地推进永康宾馆培训中心项目建设,完成项目建筑方案设计、项目建议书编制等工作,娱乐楼5楼装修改造项目已完成可研批复。

【后勤服务】 永康宾馆注重餐饮特色,拓展经营思路,全年完成营收9700万元,同比增长9.69%,先后荣获"永康市改革开放40周年十大最具影响力企业""金华总评榜年度旅游服务品质奖""中华人民共和国成立70周年浙江餐饮业卓越贡献奖""国家五钻级酒家""省重点流通企业"等荣誉称号,并在浙江省旅游饭店服务技能大赛中获得团体一等奖的好成绩。机关幼儿园以体育为特色,做强"有爱有梦"的机关幼儿教育品牌,结合六一、端午、中华人民共和国成立70周年等节点开展丰富多彩的系列活动,被《浙江新闻》《金华新闻》连续报道。在全市保育员职业技能竞赛中,一人获得二等奖并晋升为国家职业资格二级技师,一人获得三等奖,其余20人均晋升为国家职业资格三级高级工。在浙江省第六届篮球操表演大赛暨全国幼儿篮球邀请表演赛、金华市第二届幼儿篮球赛上,机关幼儿园的多个项目获得一等奖、二等奖的佳绩。在《中国机关后勤》刊登《李梅枝:有大爱的"追梦人"》文章。机关卫生所拓展理疗服务以让机关干部对卫生保障工作满意为目标,及时、高效做好卫生保障工作。

(市机关事务服务中心　施珍珍、施弘)

政协市委员会

综　述

【概　况】 政协永康市委员会(以下简称"市政协")是中国共产党永康市委员会领导下的全市最广泛的爱国统一战线组织,依据《政协章程》实施组织建设,履行政治协商、民主监督、参政议政3项职能。2019年年末,政协第十四届永康市委员会在编委员243名,其中中共党员委员95名、非中共党员委员148名,年内辞去委员9名、增补委员17名。

政协机关办公室是政协永康市委员会的常设办事机构。2019年政协永康市委员会仍设20个界别,分别是中共界、无党派人士界、共青团界、总工会界、妇联界、工商联界、科学技术界、侨联界、台联界、文艺界、社会科学界、农业界、经济贸易界、教育界、新闻体育界、医药卫生界、社会福利界、民族宗教界及特别邀请人士界。依据政协委员的专业特长、工作任务而设置的专门委员会为5个,分别是提案与委员工作委员会、经济科技委员会、资源环境与农业农村工作委员会、教育文化卫生体育与文史资料委员会和社会法制民族宗教与港澳台侨委员会。另按政协委员所在地域划编了16个镇(街、区)政协委员联络组。

【履职履责】 2019年,市政协履行职能的形式主要有市政协全体会议、市政协常务委员会议、市政协主席会议、会议建议案、政协委员及政协团体提案、委员视察、专题调研报告、召开民主评议会、"请你来协商"协商议政会等。其中召开永康市政协全体委员会议1次。大会采用提案、大会发言、会议讨论建言等形式,对2019年全市工作进行评议并提出若干建议意见,确定2020年工作思路以及重点抓好几方面工作。全年召开常务委员会议5次,其中专题议政会议1次,就永康市围绕"行政村规模调整后管理与发展问题"和如何"推进乡镇污水处理厂及污水处理终端功能作用发挥"进行专题讨论与协商,向市委、市政府及相关部门报送建议案《关于行政村规模调整后管理与发展建议案》和《关于推进乡镇污水处理厂及污水处理终端功能作用发挥建议案》。召开主席会议14次,其中主席专题议政会议2次,分别围绕深化统一政务咨询投诉举报平台建设和宗教场所规范化管理开展专题讨论;"请你来协商"议政会议7次,分别围绕食品安全监管、完善江南山水新城控制性详细规划、"医共体"建设、农村饮用水达标提标工程、校外培训机构规范化管理和小学放学后托管服务、推进新一轮"158碧水蓝天工程"——清尘行动、完善政府投资项目等7方面内容开展协商议政,并形成建议意见或报告报送永康市委或市政府。

市政协紧扣永康高质量发展的重大问题,聚焦百姓对美好生活的向往,全年围绕工业经济、社会治理、教育、医疗、饮用水和食品安全等方面开展各类调研视察和协商议政活动80余次,委员参加活动达2800余人次,形成各类调研报告、建议、提案37篇。

市政协探索完善"一村一委员"工作机制,搭建委员常态化履职平台,拓宽委员履职渠道。围绕市委、市政府重大决策部署,全面开展以"城乡生活垃圾分类处理"为主,兼顾小城镇综合整治、生态廊道建设、治危拆违、村级组织运行等重大事项的专项集体民主监督。据不完全统计,委员们全年共入村监督 2593 人次,向当地党委政府和相关部门反映问题 1956 个,提出意见建议 1629 条。同时,政协各镇(街道、区)联络组充分发挥作为政协最基层、最贴近群众的工作机构作用,积极搭建好委员履职平台。前仓镇联络组建立"委员接访在一线"机制,将政协委员分成 4 个小组,轮流到基层一线接待群众,拉近与百姓的距离。古山镇联络组创新开展"一三五七"工作法,在古山小城市培育、创国卫、美丽乡村建设等工作中积极贡献政协委员力量。

【社会服务】 2019 年,市政协利用自身人才聚集、联系广泛、位置超脱的多项优势,组织委员开展多项社会服务活动。20 个界别结合自身的特点和优势分别组织委员开展送文化、送健康、送法律、送科普、送教育、送温暖和督查垃圾分类、环境整治的"六送一查"等界别活动。

重要会议

【政协第十四届永康市委员会第三次会议】 会议于 2 月 26 日—3 月 1 日在城区举行。金华市政协副主席、中共永康市委书记金政,市委副书记、市长朱志杰等市领导出席大会,金政书记在开幕会上发表重要讲话。会议听取并赞同朱志杰市长所作的政府工作报告,赞同市人民法院工作报告、市人民检察院工作报告;审议批准朱世道主席代表政协第十四届永康市委员会常务委员会所作的工作报告和王浙强副主席代表政协第十四届永康市委员会常务委员会所作的提案工作情况的报告;会议补选政协十四届永康市委员会秘书长和部分政协常务委员。会议强调,中国特色社会主义进入新时代,人民政协肩负新使命。市政协各参加单位和全体委员要高举习近平新时代中国特色社会主义思想伟大旗帜,深入学习贯彻习近平总书记关于加强和改进人民政协工作的重要思想,准确把握人民政协的新方位新使命,根据"学习新思想、携手新时代、聚焦高质量、服务高水平、画好同心圆"的总体思路,紧紧围绕市委十四届五次全会确定的目标任务,以加强党的建设为引领,以提质增效为主线,坚持建言资政与凝聚共识双向发力,持续推进协商民主的永康实践,树立新时代人民政协的新样子,为助推高质量打造先进制造业基地,谱写"全面奔小康,永康新腾飞"篇章做出新贡献,以优异成绩迎接中华人民共和国和人民政协成立 70 周年。

2 月 26 日—3 月 1 日,中国人民政治协商会议第十四届永康市委员会第三次会议在市会议中心举行(市政协提供)

【常务委员会议】 政协第十四届永康市委员会常务委员会第十次会议　会议于 1 月 24 日召开,市政协主席朱世道主持会议,副主席王浙强、胡明星、王伟、林广平、黄瑞燕、林飞雄、胡潍伟,党组成员丁月中参加。市长朱志杰、法院代院长楼常青、检察院代检察长何德辉应邀参加。会议协商讨论《政府工作报告(征求意见稿)》;听取市政府关于政协民主监督意见办理情况的通报;协商讨论《法院工作报告(征求意见稿)》《检察院工作报告(征求意见稿)》;协商讨论政协第十四届永康市委员会常务委员会工作报告和政协第十四届永康市委员会常务委员会关于提案工作情况的报告;协商通过关于2月下旬召开政协第十四届永康市委员会第三次会议的决定;协商通过政协有关人事调整方案。

政协第十四届永康市委员会常务委员会第十一次会议 会议于2月15日召开,市政协主席朱世道主持会议,副主席王浙强、胡明星、王伟、林广平、黄瑞燕、林飞雄、胡潍伟,党组成员丁月中参加。会议协商通过政协有关人事调整事项,协商通过市政协2018年度各项优秀、先进名单。

政协第十四届永康市委员会常务委员会第十二次会议 于第十四届永康市委员会第三次会议期间分三个阶段举行。2月26日,审议通过会议日程,秘书长、副秘书长名单,各讨论组及召集人名单,各次大会值日常委及主持人名单,提案截止日期。2月28日,审议选举办法(草案),酝酿协商增补秘书长、常务委员候选人建议名单;提出总监票人、副总监票人建议名单;审议会议决议(草案)。3月1日,听取各讨论组召集人关于讨论情况的汇报;审议通过选举办法(草案),总监票人、副总监票人、监票人名单(草案),秘书长及常务委员候选人建议名单,会议决议(草案);提案审查情况的报告(草案)。

政协第十四届永康市委员会常务委员会第十三次会议 会议于5月23日召开,市政协主席朱世道主持会议,副主席王浙强、胡明星、王伟、林广平、黄瑞燕、林飞雄、胡潍伟,秘书长丁月中参加。会议听取市纪委、监委2018年度工作情况通报,协商通过政协有关人事调整事项,协商通过《政协永康市委员会2019年度工作要点》。

政协第十四届永康市委员会常务委员会第十四次会议 会议于7月19日召开,市政协主席朱世道主持会议,副主席胡明星、王伟、林广平、黄瑞燕、林飞雄、胡潍伟,秘书长丁月中参加。市政府副市长李浩锋,法院院长楼常青应邀参加。会议听取永康市上半年国民经济和社会发展计划执行情况的通报;听取市府办、组织部、团市委对政协十四届三次会议大会发言领导批示落实情况的通报;听取楼常青院长对法院上半年工作情况的通报;协商通过政协有关人事调整事项。

政协第十四届永康市委员会常务委员会第十五次会议 会议于9月24日召开,市政协主席朱世道主持会议,副主席胡明星、林广平、黄瑞燕、林飞雄、胡潍伟,党组成员丁月中参加。市委常委、常务副市长周启标应邀参加。会议听取市政府对十大民生实事落实情况和十件重点提案办理情况的通报,审议通过政协常委会两个重点调研课题《关于行政村规模调整后管理与发展问题的调查报告》和《关于推进乡镇污水处理厂及污水处理终端功能作用发挥的调查报告》,协商通过有关人事事项,学习习近平总书记在中央政协工作会议暨庆祝中国人民政治协商会议成立70周年大会上的讲话精神。

政协第十四届永康市委员会常务委员会第十六次会议 会议于12月26—27日召开,市政协主席朱世道主持会议,副主席林广平、黄瑞燕、林飞雄、胡潍伟,秘书长丁月中参加。市委副书记、代市长张群环,市法院院长楼常青,市检察院检察长何德辉应邀参加。会议协商通过召开政协第十四届永康市委员会第四次会议的决定和议程、政协委员调整方案及有关人事任免事项等;协商讨论政协第十四届永康市委员会常务委员会工作报告、政协第十四届永康市委员会常务委员会关于提案工作情况的报告、政府工作报告、法院工作报告、检察院工作报告等;听取市政府对提案办理情况、政协民主监督意见办理情况的通报。

重要活动

【概　况】 1月16日,市政协召开完善2019年政府投资项目计划主席议政会。市政协主席朱世道,副主席王浙强、胡明星、王伟、林广平、黄瑞燕、林飞雄、胡潍伟,秘书长徐首荣参加。副市长朱志昂应邀参加。4月19日,召开深化统一政务咨询投诉举报平台运行情况主席议政会。4月28日,教文卫体与文史委开展古镇古街古村落保护和利用专题视察。5月16日,市政协开展宗教事务规范化管理主席视察活动。5月21日,环境资源与农业农村委组织委员开展"深化农村垃圾分类"专题视察暨"深化城区垃圾分类工作"重点提案督办会。6月13日,社会法制民族宗教与港澳台侨委员会组织委员开展"深化龙山经验,完善矛盾纠纷化解机制"专题视察。6月28日,市政协开展"加强食品安全监督"协商议政会。7月11日,经济科技委组织委员围绕"加强五金涂装行业废气治理"开展专题视察。8月20日,社会法制民族宗教与港澳台侨委员会组织委员开展"推进乡镇敬老院提质改造"专题视察活动。9月3日,市政协召集市卫健局、财政局、市场监管局、医保局等部门召开推进"医共体"建设协商议政会。9月12日,召开"不忘初心、牢记使命"主题教育动员部署会议。9月27日,组织教育文化卫生体育与文史资料委员会委员开展农村文化礼堂的"建、管、用、育"专题视察活动。10月10日,市政协主席朱世道带领政协办、建设、发改、自然资源和规划局等部门负责人赴古山镇开展"不忘初心、牢记使命"主题教育"解难题"活动,聚焦为民服务,为百姓解难题。10月15日,市政协在舟山镇方山口村开展"请你来协商"专题议政活动,聚焦农村饮用水达标提标工程,破解农村饮用水难题。11月7日,围绕校外培训机构规范化管理与小学放学后托管服务开展"请你来协商"协商议政。11月14日,就推进新一轮"158碧水蓝天工程"——清尘行动开展"请你来协商"协商议政。12月18日,召开"完善2020年政府投资、国有资本投资项目计划"协商议政会。

3月25日,市政协召开《古镇古街古村落》征编工作座谈会(市政协提供)

重要提案

【1号提案:关于进一步加大食品安全监管力度的建议】 主要内容:推进行政问责制度化,建立健全更加完善的食品安全检测体系;优化农产品结构,建设一批规模效益好的农业标准化示范基地,组建食品安全责任保险运行中心,推动食品产业健康发展和改造升级;建立健全农产品质量安全监督体制,整合组建系统、专业的新型机构,

提升监管执法人员的水平和依法履职能力;严格监督执法,加大食品安全违法犯罪行为打击力度。全面推行食品生产经营企业风险等级和信用分类监管“双评定”新模式,推进企业信用与个人信用的融合;深化食品安全基层责任网络建设,探索县级区域共保体,拓展食品安全社会共治渠道,形成全民参与、齐抓共管的食品安全社会共治新局面。

【2号提案:关于加大金融帮扶力度,缓解小微企业融资难的建议】 主要内容:深入开展“三服务”活动,了解小微企业的项目和发展方向,做好小微企业增量扩面工作;鼓励各银行积极向上级银行获得信贷权限,为小微企业融资难提供有力的资金支持;鼓励各银行加大信贷投放力度,通过普惠金融、提高信用贷款发放率、拓宽信贷投放渠道等方式,对小微企业给予金融创新;强化金融办、银监办、人行等部门监管作用,确保各银行不随意抽贷、压贷,改变企业贷款形态。

【3号提案:关于加快主城区学校建设,有效解决“入学难”的建议】 主要内容:加快城区规划项目落地,争取在较成熟的中心城区每年落地建设一两所中小学校;在较大的居住区(小区)和城中村改造建设中要完善中小学校建设的配套政策,可在出让条件中加以明确;加大资源要素保障力度。在城市建设配套费和土地出让金上,要单列一定比例的专项资金,每年安排的土地指标也要优先保障城区学校的建设需要。同时要加快项目推进,缩短项目建设周期。

【4号提案:关于进一步加强工业垃圾处置的建议】 主要内容:开展一般工业垃圾底数核查,对工业垃圾实施分类回收,集中处置,并通过市、镇(街、区)、企业三级监管方式,完善工业垃圾监管处置体系;加大处置设施建设力度,提升综合处置能力。加快危险废物处置企业建设,争取危废处置种类全覆盖。研究论证一般工业垃圾更经济、环保、可行的处置途径,加大一般工业垃圾处理场建设力度;进一步加强工业垃圾源头控制,加强环保准入制;加大工业垃圾资源化利用技术研究和政策扶持;提高公众环境保护意识。

【5号提案:关于积极稳妥推进南苑分洪渠区块建设的建议】 主要内容:排查违法建筑现状,实行严格管控,禁止在该区块乱搭乱建,有效遏制违建之风蔓延;抓紧规划修编审定。在原有规划的基础上,结合做美老城与城中村改造,兼顾各方利益,调整规划,增设绿地,增加公建项目,适度安排房地产开发项目;成立分洪渠区块开发领导小组,尽快制定开发政策。在开发建设的模式上,应充分考虑村集体的利益,合作开发,以调动村集体的积极性;重点区域优先建设。可结合城中村改造分块建设分步实施,条件成熟的可优先开发利用。

【6号提案:关于做好行政村调整后续工作的建议】 主要内容:紧密结合各村实际,因地制宜探索行政村“三资”的有效途径;行政村调整后成立的过渡期村级班子,应尽快着手行政村调整后的村级规划修编等工作,并通过开展村级集体活动,增强村民对新村的认同感和归属感;加强新村的班子队伍建设,解决个别村原有的宗族、派系、信访等遗留问题,营造凝聚力的工作氛围;关心关爱农村干部,保障农村干部工资报酬和福利待遇,解决退职干部待遇不如低保户问题。

【7号提案:关于加强农村生活污水治理工作的建议】 主要内容:建设牵头部门要承担起规划建设管理协调责任,明确分工,合力推进永康市农村污水处理设施建设管理工作;加大经费保障力度,简化项目审批、招

标等手续，加快污水管网建设进度。纳入污水处理厂的村庄要优先安排改造；抽调业务、技术部门骨干组成一支专业化监管队伍，定期、不定期开展技术指导和巡回检查，强化质量管理。对不达标的终端要进行标准化改造；坚持建管并重，研究出台长效管理机制，加强维护管理，确保农村生活污水处理设施的正常运行；严格排放管理，坚决制止工业废水未经达标进行排放。

【8号提案：关于做好博士大会“后半篇”文章的建议】 主要内容：设立常设工作机构。市级层面建立常设的新乡贤工程机构，镇（街、区）一级成立“乡贤联谊会”或“乡贤理事会”，制定规则，动态管理，定期活动，讲求作用；建立完善永康籍博士档案信息库，做好博士大会后面的对接和推进工作；定期举办永康博士大会，建议每五年召开一次；制定激励政策形成工作机制，激发在外永康籍高端人才报效家乡的热忱和情怀；宣传新乡贤人才建功立业的典型事迹和爱心善举，加大传统乡贤文化弘扬力度，以传统乡贤典范教化引领当今乡贤。

【9号提案：关于进一步做好五金涂装行业废气治理，打赢蓝天保卫战的建议】 主要内容：增加环保执法人员，调动企业、单位、个体和社会各方力量，共同推进环境监管工作；对永康市涂装行业污染物摸底调查，建立VOCS重点污染源的“一厂一档一策”，并上网公示；设立对企业治理设施的审核单位，规范治理标准及工艺方案的相关参数，减少企业的重复建设；出台鼓励性的环保政策，达到经济效益与环境效益相协调发展的新局面；引进新设备，从源头减少污染；强化法治，综合运用法律、经济、技术和必要的行政手段解决环境问题。

【10号提案：关于深化城区垃圾分类工作的建议】 主要内容：宣传到户，意识先行。借助微信群、广播、报纸、电台等媒体，选准宣传角度，采取现场宣讲，入户讲解等方式，让垃圾分类深入人心；措施得当，管理到位。借鉴其他地区成功经验，制定完善合理的回收平台、二次分拣、终端管理、清运补助、工业建筑有害垃圾处置、长效管理等机制，使制度落到实处；部门合作，合力推进，市场监管、旅游、教育等部门要充分发挥各自职能，全方位推进垃圾分类工作进展；法律支撑，保障垃圾分类链不缺位，不脱节，长效可持续运行。

委办工作

【政协办公室】 2019年，市政协办加强党对政协工作的全面领导，坚定政治方向。聚焦高质量发展，广泛开展多层次民主协商，进行常委会协商5次、主席视察协商或议政协商3次、“请你来协商”议政会议7次，专委会视察协商10次，对口协商5次。认真落实提案办理民主监督，完善“一村一委员”民主监督机制，创建“民情专递”民主监督平台和3个“委员会客厅”。做好建言资政和凝聚共识双向发力。积极开展主题教育和“新时代人民政协的新样子”大讨论活动。深化政协系统党的建设，建立临时党委，设立4个临时党支部和17个临时党小组，实现党的组织对所有党员委员的全覆盖、党的工作对所有政协委员的全覆盖。不断加强自身建设，有效提高履职质量水平。

【提案与委员工作委员会】 2019年全会期间，政协委员和政协各参加单位以提案形式提交的意见建议314件，经审查全部立案，交由58家承办单位办理。截至12月，所有提案已全部办复，其中：已经解决或基本解决的192件，占61.1%；正在解决或已列入计划解决的116件，占36.9%；

因不符合现行政策或受条件所限暂不能解决的6件，占2.0%，委员对提案办理满意或基本满意率达到98%。同时，为助力政协重点工作，按照年初工作计划，较好完成统一政务投诉举报咨询平台建设的主席议政会、“一村一委员”民主监督等重点工作。

【经济科技委员会】 2019年，市政协经济科技委员会积极完成“一村一委员”相关工作，加强市政协临时党支部建设，完成“一村一委员”民主监督。积极参与政协视察、调研、议政活动。将主席议政会、专委会重点视察作为参政议政的重要平台，围绕“加强食品安全监管”“完善2020年政府投资项目计划”等议题组织开展“请你来协商”活动2次；开展重点提案督办，对2号、4号重点提案进行督办，对第十四届第一次会议以来“关于加快城中村改造，提升城市品位的建议”重点提案进行“回头看”；完成“关于当前中小企发展存在问题与对策建议”的重点课题调研。组织分管专委会、界别组开展活动，完成“加强五金涂装行业废气治理”重点视察，组织联系界别组积极参加市政协每年“界别活动月”的民主监督、委员述职、走访企业、帮扶慰问群众等活动。

【环境资源与农业农村委员会】 2019年，市政协环境资源与农业农村委员会按照年初工作计划和市委领导的点题，围绕“江南山水新城规划”、农村饮用水提标达标工程等民生、热点问题开展“请你来协商”3次、专委会视察2次、重点提案督办2件，常委会重点课题调研1个，调研课题2个，参加环保、执法等9个部门提案面商会，就“松材线虫病防治”与相关部门开展对口协商等各项履职活动，向市委市政府报送各类建议案6件，调研报告3篇；牵头组织开展农村“三服务”与“城乡垃圾分类处理”两项专项集体民主监督活动；落实舟山镇与前仓镇两个联络组的“一村一委员”联系指导监督工作。深入开展“三服务”，深入联系的21家企业与帮扶的舟山镇前村开展走访帮扶活动。

【教文卫体与文史资料委员会】 2019年，市政协教文卫体与文史资料委员会全力做好全会秘书组文字把关等主要工作，负责修改大会两个报告一个讲话，受到领导肯定；部署大会发言撰写任务，收集、整理、修改和推荐大会发言稿，并组织实施上台发言，收到良好效果；全会期间，利用会余、夜间时间，及时将大会情况及委员讨论情况以会议简报形式编发给委员及领导，让与会者及时看到全会协商成果；组织专委会委员积极参与全会协商，发动和督促每个委员撰写提案、上交提案，全委完成提案60篇，参与率达到100%。全年组织开展“请你来协商”1次，专委会视察2次，重点提案督办2起，调研课题2个；组织好委员进行学习培训，有效提高委员履职水平；组织督促委员开展“一村一委员”垃圾分类民主监督活动；发动和组织所联系的界别积极开展“界别活动月”活动。完善社情民意工作相关考核办法和工作规则；召开社情民意联络员会议，布置、交流工作；组织社情民意联络员开展视察永康影视活动；全年向金华市政协报送社情民意信息25篇，其中16篇被采用。办好《永康政协》杂志，认真编刊出刊，全年按时保质完成出刊任务6期。

【社会法制民族宗教与港澳台侨委员会】 2019年，市政协社会法制民族宗教与港澳台侨委员会组织开展“宗教场所规范化管理”主席视察，实地走访各个宗教场所，督促各个宗教贯彻党的宗教政策，加强宗教事务管理，着力解决宗教工作中的重点问题。围绕“深化龙山经验，完善矛盾纠纷化解机制"开展专委会视察，就如何进一步推广龙山经验进行讨论并提出意见建议。组织开展"推进乡镇敬老院提质改造"专委会视察活动，并在活动后向市政府报送了建议案，在全市推行乡镇敬老院"公建民营"，推进"医养结合"。对6号重点提案《关于做好行政村调整后续工作的建议》开展提案督办，听取提案办理部门对提案办理工作的汇报并提出有针对性的建议。开展"推进五金技师学院建设"专委会对口协商，推动学院筹建工作进度。

6月11日，社会法制民族宗教与港澳台侨委开展"深化龙山经验，完善矛盾纠纷化解机制"专题视察（市政协提供）

（市政协　供稿）

民主党派

民革永康市基层委员会

【概　况】 2019年，民革永康市基层委员会在民革金华市委会和中共永康市委的正确领导下，在中共永康市委统战部的指导帮助下，以深入开展“不忘合作初心、继续携手前进”主题教育活动为主线，全面加强自身建设，切实履行参政党职能，为“全面奔小康，永康新腾飞”贡献民革力量。荣获民革浙江省委会2019年度祖国统一工作先进集体和民革金华市委会2019年度先进集体；在民革金华市委会2019年度先进评选中，民革永康市基层委、文卫支部、综合支部荣获先进基层组织，社法支部荣获组织建设先进支部，教育支部荣获社会服务先进支部。

【筑牢同心之基】 2019年，民革永康市基层委员会通过主题教育活动，强化理论武装，筑牢思想基石。专题学习中共十九届四中全会精神，习近平总书记在“不忘初心、牢记使命”主题教育工作会议上的重要讲话精神，“全国两会”精神，以及民革各级会议精神。以“不忘合作初心，继续携手前进”主题教育活动为主线，围绕庆祝中华人民共和国成立70周年纪念活动，组织党员到井冈山、永康铜坑钱王古道重走革命路，接受红色基因教育；各支部先后到长兴新四军旧址、台州椒江红色旅游基地体验红色文化。举行同心博爱亭揭匾仪式和义务植树，祭扫浙江省抗战阵亡将士纪念碑，慰问黄埔同学和抗战老兵。

9月22日，民革井冈山红色之旅(民革永康市基层委员会提供)

【认真参政履职】 2019年，民革永康市基层委员会围绕市委、市政府中心工作积极建言献策，共提交团体提案2篇，个人提案议案22篇，政协大会发言材料1篇。马雄英、胡晓红、胡济邦荣获优秀政协委员，金晓攀荣获“一村一委员”工作先进个人；马雄英《关于监管力度再提升、居家养老保运行的建议》获评优秀提案。在浙江省政协会议、金华市人大会议上，主委吕文广积极履行参政议政职能，向省政协提交提案2篇、向金华人大提交议案1篇。赴检察院、司法局开展调研活动，就如何提升和拓展法律援助服务进行工作交流。前往农业农村局、大数据发展管理局进行专题调研。就永康地名门牌管理问题到民政局、综合行政执法局了解详细情况，撰写参政素材并提交直通车建议1份。发挥优势助推专项工作。在“三服务”活动中走访党员企业，利用在法制领域的优势服务企业。联合市司法局、行政服务中心对部分镇(街、区)开展“无证明城市”改革专项监督工作。王笑圭律师作为特约评论员，多次参加“市民问政”栏目的录制工作。

【强化自身建设】 2019年，民革永康市基层委员会共召开7次基层委员会议（含扩大会议），包括民主生活会和参政议政会议；成立智汇社承领参政及调研课题；积极主动开展各项活动，创建教育实践（活动）基地。根据党员发展手续及积分制，发展3名新党员。强化宣传树形象。积极响应民革中央“动动手指、宣传民革”的号召，在民革党员之家向来宾和游客推荐民革各级公众号，利用公众号做好思想宣传工作。全年永康民革公众号发布消息45条，推送到金华民革公众号刊登13篇、浙江民革公众号刊登3篇。

【热心公益服务】 2019年，民革永康市基层委员会办理法律援助申请20多件，十几次参与检察院的法律服务。联合民革浙江省委会“三农”服务团开展《三服务》活动，在唐先镇举办《乡村振兴·永康论坛》和农技讲座，推进唐先葡萄暨生姜特色农业强镇建设；到帮扶结对10年的舟山镇槐花自然村捐资献策（捐资5万元），助力创建浙江省高标准生活垃圾分类示范村。走访慰问十几户多残家庭，举办两期“博爱·牵手”夏令营活动。走进许码头社区发放爱心粥，上门慰问行动不便的残疾人；在“精准帮扶 与爱同行”综合公益活动中，民革党员们提供法律咨询、家电修理等义务服务；携手省民革教育服务团助力堰头小学举办民族文化节。下属各支部也结合自身特色，开展健康公益讲座、爱心助学、助农采摘等公益活动。

【发挥民革优势】 2019年，接待国民党南投市党部基层干部参访团。清明节期间，接待台北市永康旅台同乡会会长应海涛等清明祭祖团一行，一起祭扫抗战阵亡将士纪念碑，到石桥头村体验永康民俗文化。在民革党员之家召开茶话会。中国国民党中评委主席李传洪访永期间，专程到民革党员之家参观。

（民革永康市基层委员会　金晓攀）

民盟永康市总支部委员会

【概　况】 2019年，民盟永康市总支部委员会在中共永康市委和民盟金华市委会的领导下，在中共永康市委统战部的指导下，紧紧围绕市委、市政府的中心工作履行参政党职能，组织开展各项工作。

【履行参政职能】 2019年，民盟永康市总支部委员会在永康“两会”期间提交提案、议案15件，盟员卢义能撰写的《加强“永康五金工匠”培养》获优秀提案；胡水清撰写的《健康中国，把医疗服务送至最后一公里——浅析医改中基层卫生工作的发展》被收入盟省委《“盟声议政”民生发展研讨会论文选编》。全年总支上报送3篇社情民意。

【开展社会服务】 2019年，民盟永康市总支部委员会开展助力“阳光花朵”爱的陪伴活动，对城西小学270多名学生进行视力全面筛查。积极参与“为友谊行走——纪念中华人民共和国成立70周年”毅行活动，主委

9月22日，民盟永康市总支部委员会庆祝中华人民共和国成立70周年开展歌唱祖国快闪活动（民盟永康市总支部委员会提供）

徐玲玲为此次毅行活动捐赠善款10万元，定向扶持浙江省残联用于唐氏综合征儿童及青年家庭康复训练、志愿服务、能力建设、社会融入等项目。打造“美美同心 美美同行”品牌活动，围绕“送健康”“送文化”“送温暖”“送法律”等做好社会服务工作。

【做实宣传工作】 2019年，上报盟省委工作信息动态3篇，上报金华盟市委工作信息动态15篇，上报永康统战部工作信息动态17篇，微信公众号推送信息18篇。《金华日报》报道信息6次，永康电视台报道信息6次，《永康日报》报道信息3次。为庆祝中华人民共和国成立70周年制作的快闪《我和我的祖国》登上“学习强国”、《中国统战报》、民盟中央微信官网。

【加强自身建设】 持续推行入盟积分制，吸新纳强，提升组织建设活力，2019年共发展盟员5人，均具有大学以上文化，中级及以上职称100%，有政协委员、医卫专家医师、金华市教坛新秀等。制定修订各类盟务工作制度，明确年度工作计划与盟员发展计划。年均开展活动10余项，先后选送优秀骨干盟员21名，参加盟省委、金华市委及永康统战部举办的各类会议、活动和培训10余次。举办学习“清廉党派”建设专题学习会，开展“见证·初心”经典朗读会和传承红色精神主题实践活动。参加统一战线庆祝中华人民共和国成立70周年晚会等活动，增强总支的凝聚力和向心力。深入开展“不忘合作初心，继续携手前进”主题教育活动，巩固多党合作初心，夯实思想政治共识，提升自身建设水平。

（民盟永康市总支部委员会　刘华容）

民建永康市总支部委员会

【概　况】 2019年，民建永康总支部在中共永康市委和民建金华市委会的正确领导下，在永康市委统战部的指导下，以开展“不忘合作初心，继续携手前进”主题教育活动为主线，以履行参政党职能为核心，注重思想建设、制度管理，凝心聚力、开拓创新，着力提升永康总支部的形象，各项工作取得新进展、新成效。

【提高政治站位】 2019年，民建永康总支部认真学习习近平新时代中国特色社会主义思想和《中共中央关于进一步加强中国共产党领导的多党合作和政治协商制度建设意见》的精神。深入学习“两会精神”；积极参加庆祝中华人民共和国成立70周年文艺晚会和“壮丽七十年，讴歌新时代”大合唱比赛；组织会员参加金华民建“不忘初心、扬帆再航”60周年纪念大会；选送由会员胡建勇作曲的《胡公之歌》参与永康统战部和金华民建的晚会，弘扬胡公精神；积极开展“不忘合作初心，继续携手前进”主题教育活动，不断增进对中国共产党和中国特色社会主义的政治认同、思想认同、理论认同、情感认同。

【积极参政议政】 2019年，民建永康总支部坚持挖掘支部参政议政人才，扩大支部调研工作，提交“关于博士大会后续人才工作的建议”等提案、建议11件。会员金鑫获评永康市政协2018年度优秀政协委员和信息宣传报道先进个人；会员潘梨儿提出的《关于加快发展医养结合型服务机构的建议》获得永康市政协2018年度优秀提案。

【提升组织活力】 开展民建之家建设，调研走访桐乡、海宁民建之家建设，参加衢州民建之家成立现场会，制定永康民建之家建设方案，组织人员调研永康民建之家建设场地。积极对接金华民建参政议政平台（星合汇）品牌建设，邀请金华民建星合汇主要成员前来永康传经送宝，并组织会员前往金华参观考察学习,初步商议永康民建星合汇建设方案。10 月 9 日,民建黔东南州委副主委一行来永考察交流,参观中坚科技公司,并开展座谈。制定“开展不忘初心,民建情,万里行活动方案”,参观民建重庆成立旧址。11 月 29—30 日,金华民建“不忘合作初心,继续携手前进”主题教育活动在永康举行,赴方岩参观廉政文化教育基地和刘英烈士陵园,开展主题教育理论学习交流。12 月 7 日,在中坚科技举行班子成员会议,讨论一年来的工作总结、主题教育和年会事宜,确定下一年的工作思路。结合“不忘合作初心,继续携手前进”主题教育活动,中坚公司赞助浙师大民建施复亮文化研究组开展施复亮生平事迹研究、施复亮对民建的影响及发扬施复亮精神的研究,并组织会员赴金华东叶村施复亮故居开展主题教育活动。2019 年,民建会员楼金辉获浙江省人大庆祝中华人民共和国成立 70 周年书画展第一名,应敏的摄影作品《中国梦》入选第 27 届全国摄影展览;吴明根、金鑫获 2019 年永康市“优秀统战人物”。2019 年发展 4 名会员,总支部现有会员 47 人。

12 月 29 日,民建永康市总支部委员会到施复亮故居考察学习(民建永康市总支部委员会提供)

(民建永康市总支部委员会　供稿)

农工民主党永康市基层委员会

【概　况】 2019 年,农工民主党永康市基层委员会以践行“不忘合作初心,继续携手前进”主题教育为主线,不断加强自身建设,提升履职水平,为精准健康扶贫、助力乡村振兴,谱写“全面奔小康,永康新腾飞”新篇章而奋斗。被农工党浙江省委会评为先进基层组织;王晓敏被评为省优秀党员,周文军被评为省优秀党务工作者,姚方明被评为省社会服务先进个人,孙静被评为省宣传工作先进个人;红会医院支部被农工党金华市委会评为先进基层组织。

【提升履职能力】 农工党永康市基层委员会连续两届举办参政议政培训班,提高党员履职能力。共撰写信息、社情民意 50 余篇,其中《永康农工党开展“三服务”下乡义诊活动》《永康农工党召开班子民主生活会》被农工党中央采用并刊登,《永康农工党深化“三服务”活动　助力农饮水达标提标》被人民日报网络版报道,并被多家网络媒体转载,《永康农工党启动“种子教师培养计划”为基层学校输送优质教育资源》被省联谊报采用,《永康农工党开展“不忘合作初心服务百姓健康”义诊暨医共体调研活动》被浙江在线刊登。王晓敏撰写的社情民意《部分经济发达地区工业土地评估价与市场价脱离,极大影响中小微企业融资》被金华政协录用并选报省政协。姚方明的《农村卫生室正在逐步消失,群众购买慢性病药品不便,建议用公益岗替代》被金华政协录用。党员中有 2 名金华人大代表、1 名金华政协委员,9 名永康政协委员(其中政协副主席 1 人,政协常委 1 人),共撰写提(议)案 18 件,其中金华议案 2 件、金华提案 1 件,永康大会发言 1 件、团体提案 2 件。《保障人口资源健康发展》《推进城市垃圾全覆盖》作大会发言，其中团体提案《关于加强校外培训机构管理的建议》被评为优秀提案，俞晓蕾《推进城市垃圾全覆盖》被列为2019年政协十大重点提案。

11月1日，农工党永康市基层委员会开展"不忘合作初心 服务百姓健康"义诊暨医共体调研活动(农工党永康市基层委员会提供)

【凝聚组织合力】 2019年，农工党永康市基层委员会共有党员114人。2019年发展新党员6人、入党积极分子3人，其中研究生3人、本科6人、高级职称2人。开展专题学习、现场调研、座谈会等形式的主题教育活动10余次。12月，专门召开班子及支部主委民主生活会。坚持每年开展党员生日慰问、生病慰问以及老党员节日慰问等工作。年初召开上年年终总结表彰大会。根据农工党金华市委会部署，圆满完成换届任务。

【拓宽服务领域】 在唐先镇大后村开展"不忘合作初心 服务百姓健康"义诊暨医共体调研活动。共组织农工党医卫界专家及政协医药卫生界的14名专家、11个科室，其中主任医师10人，服务村民近500人次。分别在芝英镇、官川村开展送医下乡活动，服务百姓350多人次。联合永康市舟山初中，举办《永康根雕》校本课程签发仪式暨"种子教师培养计划"启动仪式，输送优质教育资源。结对帮扶后岗头村，对农工党活动旧址进行修缮维护，并将设立"同心实践基地"。开展"深化'三服务'助力农饮水达标提标"活动，向棠溪村、上蒋村、后岗头村共捐助9万元，用于该村饮水达标提标工程建设的补助资金。

（农工民主党永康市基层委员会 供稿）

九三学社永康市基层委员会

【概 况】 九三学社永康市基层委员会有社员77人。2019年，以纪念五四运动100周年、庆祝中华人民共和国成立和新型政党制度确立70周年纪念活动为载体，广泛开展坚持和发展中国特色社会主义学习实践活动，立足本职建言献策，服务基层民主监督，为建设美丽新永康贡献自己的力量。九三学社永康基层委员会被九三学社金华市委会评为四星级组织。

【坚定政治信念】 九三学社永康市基层委员会深入学习习近平新时代中国特色社会主义思想，贯彻践行主题教育思想，推动政治学习常态化。9—11月，开展主题教育学习活动，组织社员收看主题教育活动专题政治辅导课。组织开展"学社史 明初心 强使命"主题学习活动。组织老龄委社员开展主题教育活动。联合浙江师范大学委员会、婺城区基层委员会，开展"不忘初心、牢记使命"主题教育学习活动。

【增强组织凝聚力】 社员自编自演的配乐诗歌吟唱《永远跟你走》在九三学社金华市委开展的"不忘初心、砥砺前行"经典吟诵活动中获最佳表演奖。组织社员参加市大合唱比赛获银奖，参加统一战线"不忘初心跟党走，肝胆相照颂党恩"文艺晚会获好评。召开2018年度年终总结表彰大会。组织妇委会社员开展"挑战自我九三行，展示巾帼新风采”活动，组织老龄委社员参观永康众泰小镇，学习了解社保等惠民政策，一起欢度重阳节。8月，根据九三学社金华市委换届工作方案，圆满完成换届工作。

【提高履职参政水平】 2019年，九三学社永康市基层委员会有金华市政协委员1人，永康市人大代表1人、政协委员8人(其中常委2人)，共提交提案(议案)18件，其中金华政协提案3件，永康人大议案3件，永康政协大会发言1件，团体提案2件。其中主委应香完被评为优秀政协委员，应香完《关于推动我市电动汽车充电设施建设的建议》被评为优秀提案。每年召开参政议政研讨会、信息工作培训会，请市政协为参议政骨干作专题辅导。全年撰写信息、社情民意等共40余篇，2篇综合类信息被金华市委会采用，1篇社情民意被永康市政协采用，多篇信息被金华市委会、永康统战部及相关媒体录用。

【扩大社会影响力】 九三学社永康市基层委员会被评为2018年全省社会服务工作先进基层组织。连续三年到特殊教育学校开展同心实践活动。12月，在金坑下位村开展送医、送金融、送法律、送医保政策大型服务活动，并建立“同心实践基地”，共惠及村民160余人次。社内企业家热心社会公益事业，帮扶应店老年人及特校爱心义卖等5万元，对口帮扶四川理县3万元。

12月5日，九三学社永康市基层委员会开展送医、送金融等大型服务活动暨“同心实践基地”金坑下位村挂牌仪式(九三学社永康市基层委员会提供)

(九三学社永康市基层委员会　供稿)

群众团体

市总工会

【概　况】 2019年，永康市总工会（以下简称“市总工会”）实现职工人数在100人以上企业单建工会全覆盖，提高职工数25人以上企业单独建会率，新建基层工会33家，新入会会员5123人，开展工会会员实名制及数据库建设工作，完成实名信息采集10万余条。开展“三服务”调研20次，服务企业36家、职工3.8万人次。完善集体协商、劳动关系矛盾调处机制，受理调解125起，挽回经济损失160多万元。新建区域职工活动中心2家、妈咪暖心小屋8家、浙江省级职工书屋3家。扶贫工作得到国家级、省级主流媒体密集刊发报道；哈尔斯真空器皿有限公司工会爱心托管班被评为全国工会爱心托管班；市总工会荣获省级创建和谐劳动关系暨“双爱”活动先进单位；龙山镇浙商回归园区域职工活动中心获省级“农民工文化家园”称号；东永高速管理处妈咪暖心小屋被评为省级示范点；浙江三锋实业股份有限公司黄会飞工匠创新工作室被评为浙江省高技能人才（劳模）创新工作室，浙江劳模许建毅创新工作室等5家工作室被评为金华市高技能人才（劳模）创新工作室；总部中心等3家联合工会被评为金华市“新经济、新领域、新业态”工会组建品牌项目；国网永康市供电公司妈咪暖心小屋被评为金华市五星级妈咪暖心小屋。

4月18日，市总工会第十六届第十一次全委（扩大）会议召开。市总工会党组书记、主席应世敏回顾市总工会2018年工作，提出2019年工作方向。市委副书记胡积合对市总工会工作表示肯定，并要求市总工会下一步要厚植政治优势，不断增强工会生机活力，团结动员广大职工为“全面奔小康，永康新腾飞”建功立业。

【中心工作献力量】 2019年，市总工会成立劳动经济和权益保障、组织宣传、关爱女职工3支小分队，深入基层，开展调研20次，梳理本职问题15个，解决13个，完成调研报告5篇。出台《新时代永康产业工人队伍建设改革方案》，将党和工会的工作拓展延伸到车间一线。开展“一十百千万”工程，每年岁末举办一场新永康人年夜饭，已持续18年；投资200余万元，建设十大区域职工活动中心；举办百场技能竞赛及评比百名匠人新秀大比武活动；组织千名一线职工免费疗休养；组织万名职工体检，连续多年免费体检人数达5万余人。推进企业垃圾分类工作，全市有232家企业开展垃圾分

1月25日，新永康人年夜饭环卫工人代表合影（市总工会提供）

类，组织垃圾分类专场培训 39 场，聘任企业垃圾分类督导员 232 人、宣讲员 52 人，选树垃圾分类示范企业 16 家，参与职工超 5 万人。

【提升技能常态化】 2019 年，举办全市规模以上非公企业工会主席培训会，300 多名工会主席参加；举办全市工会干部业务培训班，50 名工会干部参加。开展农民工学历和能力提升行动，动员和组织农民工在职参加高职学习，6 名企业职工享受到工会政策红利。突出"中国梦·劳动美"时代主题，组织开展重点工程立功竞赛项目 14 个。开展"安康杯"竞赛活动，全年共有 463 家企业参加"安康杯"竞赛，参赛班组达到 2365 个。市财贸工会代表团荣获金华市财贸系统窗口单位助推"最多跑一次"职业技能竞赛个人赛冠军以及团体第二名。

【职工维权重落实】 2019 年，市总工会继续深入开展"尊法守法·携手筑梦"服务农民工公益法律活动，全年接待咨询 3656 人次，发放宣传资料 6800 余份。完善集体协商、劳动关系矛盾调处机制，全市 971 家单建工会全部开展工资集体协商工作。发挥市劳动争议联合调处中心作用，深化"永康无欠薪"创建工作。2019 年，受理劳动争议 125 起，撤诉 10 起，调解结案 63 起，调解未果转仲裁 36 起，正在调解 16 起，申请标的额为 8181513.01 元，结案标的额 1607013 元。

【服务职工善倾听】 打造"心灵港湾工作室"，截至 2019 年，共有规范化心灵港湾工作室 26 家。推进"妈咪暖心小屋"建设，完善小屋基础设施，已建 42 间。新建浙江省级职工书屋 3 家，为 1 家已建全国职工书屋和 2 名劳模先进人物图书架补充图书；全市已建职工书屋 59 个。新建龙山镇、市政府大院职工区域活动中心；全市已建职工区域活动中心 10 个。2 月，分别在总部中心、劳务市场举办"春送岗位"大型招聘会，提供数千个岗位。开展"送清凉"活动，为奋战在高温生产一线的职工送饮料；进一步完善困难职工帮扶建档工作，年内共为 83 名困难职工建档，其中全国级 13 人、省级 19 人、金华级 25 人、永康级 5 人，送温暖职工 21 人，救助金额总计 43.13 万元。职工医疗互助保障工作实行金华市级统筹，与医保一站式结算，实现职工报销一次都不跑。第 5 期职工医疗互助的参保人数达到 61412 人，累计补助 5753 人次，补助金额 600 余万元。8 月，开展"小候鸟"夏令营，给 200 余名来永与父母团聚的"小候鸟"送上文具大礼包。

【文体活动放光彩】 2019 年，市总工会举办全市职工书法大赛，收到 163 幅作品；举办永康市第二届庆五一工间操比赛，18 支代表队千余名职工参赛；女职委举办"培育好家风——女职工在行动"征文活动，收到 85 篇投稿；开展以"建设文明家庭——推动女职工凝聚向善向上力量"为主题的"对 TA 说"短视频、"康乃馨的笑"图文征集活动；财贸工会开展庆祝中华人民共和国成立 70 周年气排球比赛；组织开展全市职工网络文化节，并积极报送 100 余个优秀作品参加金华市第二届职工网络文化节。选送优秀书法作品参加"双溪源杯"金华市职工书法大赛，获得金奖 1 名、银奖 1 名、铜奖 3

市总工会代表队参加浙江省职工工间操比赛(市总工会提供)

名、入展5名；承办庆祝中华人民共和国成立70周年金华市职工系列运动会工间操比赛；组织职工积极参与金华市职工系列运动会，动感单车及工间操比赛取得第一名，田径运动会奖牌数第一。组织职工参加浙江省职工工间操比赛，获全省第一名。

【劳模工匠树品牌】 2019年，市总工会全力打造劳模工匠品牌，3人获评2019年浙江工匠称号、4人获评2019年浙江劳模。深化劳模和工匠人才创新工作室建设，已建立23家示范性劳模工匠创新工作室，吸纳各类优秀创新人才近300人，开展创新及攻关项目超过100项，培训职工1.2万余人次。元旦春节期间，市总工会筹措资金15万元，为全市138名金华级以上劳动模范送去新年慰问。

【消费扶贫创亮点】 2019年，市总工会创新扶贫方式，引导干部职工利用节假日和年休假等到四川理县旅游，并采购15万元的理县优质农特产品用于2019年度职工“夏季送清凉”慰问。首创将理县优质农特产品纳入单位职工福利采购范围，且不少于年度工会福利总额的20%，积极引导干部职工自发购买理县优质农特产品，总计撬动千万资金支持对口帮扶工作，得到国家级、省级主流媒体密集刊发报道，获《工人日报》头版刊发并获“学习强国”推送。

（市总工会　王晶晶、高莺婕）

共青团市委

【概　况】 2019年，共青团永康市委（以下简称“团市委”）紧扣市委和团金华市委的部署，服务大局、服务青年，砥砺前行，团结带领全市广大团员青年当好“全面奔小康，永康新腾飞”的新时代青春答卷人。

【青春铸魂思想引领】 2019年，团市委以五四运动100周年、中华人民共和国成立70周年、少先队建队70周年为节点，发动广大团员青年开展“青年大学习”活动，组织“青春追梦新时代·红色成长助腾飞”五四主题团日活动、“万名儿童绣红旗”启动仪式、“寻访习爷爷走过的路”党团队三旗传递等主题活动120余场，覆盖青少年达30余万人，多次受到“学习强国”报道。承办金华市青少年“缅怀革命先烈，传承红色基因”暨传承家风家训建设清廉金华”主题活动。团市委书记带头开展“不忘初心、牢记使命”宣讲，并发动各基层团组织参与，覆盖全市30多个“青年之家”。深化“红领巾学院”建设，成立红色研学基地23家，建立红领巾e站1013阵地，发放红色研学地图2万余份。联合市委组织部、市委党校举办“红色成长·青腾大讲堂”8期，每月邀请各领域领导、专家、学者来永授课，参与年轻干部达3000余人次。开展“红色成长，寻美永康”旅游创意策划大赛，组织500多名年轻干部参与，通过微信、视频等形式为永康高质量发展献计献策，阅读+点赞量达10万以上。加强共青团网军建设，加强团干部网络舆情引导培训，引导团员青年统一亮剑发声，积极转发评论。完善共青团网络宣传矩阵，开通“青春永康”抖音号，发布短视频8个，观阅数达2.72万。制作《永康青年的24小时》《我们在星星火炬指引下茁壮成长》《平安志愿者10周年》3部宣传片，浏览量达50余万。

【青春建功助力大局】 2019年，启动“四城联创”志愿服务活动，发布志愿服务项目20余个，发放宣传车贴、文明烟盒5000余份。举办首届志愿者运动会暨“万朵鲜花送雷锋”活动，在城区7家雷锋广场的基础上，新增2个镇级雷锋广场，每月5日为市民提供便民服务。组织开展“垃圾分类引领新时尚”“一杯水，一座城市的清凉”等系列活动

150余场，服务市民达5万人次。联合农商行发布10亿元“志愿汇·信用贷”，最高授信达50万元，现已签约400多户。举行永康市2019年青年创新创业大赛，133个创业创新项目涵盖永康十大产业。开展“青创大讲堂”12期，培训创业青年1000余人。完成创青会换届工作，优化创青会班子结构，吸收180余名创业青年加入组织。高质量推进青年文明号建设，市公安局芝英派出所荣获国家级青年文明号称号。承办省林业局、省广播电视台举办的植树护绿大型公益活动，累计发动青年参与近1000人次，种植共青林15亩。广泛参与实施城区垃圾分类工作，开展环保公益活动67场，累计发动志愿者1569人次。

【青春筑梦服务青年】 2019年，组织走访四川理县，筹集捐赠价值63万元物资。帮助理县共青团筹建爱心书屋3个，筹集物资7万余元。发起梦想西瓜摊“追梦青年，圆梦大学”活动，获央视、《浙江日报》等媒体广泛宣传。开展“百万绘本送新疆”活动，为新疆温宿儿童捐赠图书2万余册。继续开展爱心农产品销售，对接四川宁南县、汶川县等地，销售所获利润用于资助当地困难残疾人，累计销售额90余万元，捐赠资金13万元。开展“同在一座城，共读一本书”系列公益活动，为山区留守儿童筹建书屋2家。举办红领巾小主持人大赛、“欢乐中国年”青少年年俗体验活动、流动少年宫“我与百工大师面对面”等公益活动34场，服务青少年7000余人次。连续第十年开展暑期公益培训班，该工作法得到“中国青年网”、《浙江青年工作信息》等媒介宣传。开展青年交友联谊服务2场，五四青年彩虹跑活动1场，服务青年1000余人。举行“书香筑梦，文化永康”现场诗朗诵活动。积极开展青春“三服务”，组织活动27次，服务企业137人次。注重维护新兴职业青年群体权益，邀请新农人、创业青年、快递小哥、司法社工等群体代表参加共青团与人大代表、政协委员“面对面”活动，并在永康“两会”上提交相关议案和提案。启动“防溺水宣传进百校”活动，进校宣传58次。深入推进“三禁三防三自”教育，开展青少年自我保护与健康成长教育活动33场，服务青少年1.2万人次。开展法庭观摩2次。邀请专家举办青少年应急救护知识培训100多人次。开展“平安永康，预防走失”大型公益活动，发放黄手环400余个。

【青春强基从严治团】 2019年，团市委开展基层组织力提升十大行动，全面加强规范化团建。做好机构改革、行政村撤并后的团组织建立工作。打破地域限制，创新成立大陈村创业青年团支部。在新兴青年领域及时跟进团的组织。2019年，对2个团支部进行升格、2个团委进行降级。扎实开展“双百双提升”工作，整治提升基层团委4家。深入学习“后陈经验”，在金华市率先成立青少年宫宫务监督委员会。顺利完成永康市第八次少代会换届工作。落实每日晨读一刻钟，机关团干落实“自学五条”。走访调研基层团(工)委27个，撰述《创新机制增活力 夯实基础促发展——永康市共青团基层组织建设情况调研报告》。加强“智慧团建”，全体团干部、团员信息得到精确输入。健全团干部考核监督制度，从青农线团干考评延伸到向各战线统一考评。指导龙川中学推行“三亮三比”学校团建模式，加强学生团员标准化管理。制定永康市“红领青工”培育实施方案，以先行集团为试点，着力在企业一线积极培育讲政治、懂业务的“红领青工”。该做法作为“车间党建”的一部分获省委书记车俊点赞。深入推广推优入党、党团同质化管理等模式，为农村青年入党开辟新途径，推优入党37名。

【平安志愿者“135”精准服务工程】 在平安

志愿者10周年之际，团市委深化“龙山经验”，大力实施平安志愿者“135”精准服务工程。以市社会帮扶中心为依托，开展“亲青老娘舅”调解室全域化建设工作，服务青少年维权82起，服务对象269人次，在金华全市得到推广。以“平安永康综合体”为依托，累计建设各镇（街道、区）调解室16个，企业调解站50余家。打造三大专家涉青维权服务团队。组建平安宣讲团、权益帮帮团和社会观护团，吸纳维权专家152名，利用亲青帮平台加大对5类重点青少年的帮扶力度。以青春领航、青春守卫、青春律动、青春自护、青春灯塔为主题，参与庆祝中华人民共和国成立70周年安保誓师活动、平安自护宣传、一巡三查、特种救援等服务活动，覆盖青少年近20万人次。进社区、进学校、进企业开展平安宣传，助力提升“平安三率”。

（团市委　供稿）

妇女联合会

【概　况】 2019年，永康市妇女联合会（以下简称“市妇联”）以党的十九大精神和习近平新时代中国特色社会主义思想为指引，突出发挥妇女在社会生活和家庭生活中的两个“独特作用”、突出把更多注意力放在最普通妇女特别是困难妇女身上、突出开展富有女性特色的建功立业活动，力求继续干在实处、始终走在前列、不断担当求作为。

【巾帼心向党，唱响“她”声音】 2019年，市妇联深入宣传习近平新时代中国特色社会主义思想，引领广大妇女坚定不移听党话、跟党走。结合“不忘初心、牢记使命”主题教育、各级妇代会精神，开展“百万巾帼大宣讲”“建设法治中国巾帼在行动”等主题宣讲100余场，线上线下覆盖8万人次。

在纪念国际“三八”妇女节109周年大会上，对先进集体、家庭、个人进行隆重表彰；微信公众号设“美丽追梦人”专栏，宣传付美贞、李梅枝、羊丽芬等一批来自各个领域的杰出女性代表的先进事迹。组织推荐人员参加“金华精神闪光一线”好故事宣传活动。

国际“三八”妇女节109周年纪念大会现场（市妇联提供）

举办全省首个网络“三八”节，新开通“丽州女性”百度百家号、“永康妇联”抖音微视频。庆祝国际“三八”妇女节109周年大会、“醉味道”首届美厨娘私房菜决赛网络直播、“四城联创齐参与，美家美户在行动”五个一百巾帼行动启动仪式，收看量分别达50多万、30多万、40多万人次。

【巾帼建新功，贡献“她”力量】 2019年，市妇联开展“三服务”活动共计52次，服务企业65人次；服务群众510人次，涉及农户146户；涉及村（社区）25个，助力妇女干部和群众结合各自岗位建功立业。如全国巾帼文明示范岗——永康市妇幼保健院承接的危重新生儿救治服务中心项目，被列为省实施妇女儿童发展“十三五”规划示范项目。永报姐妹花荣获“全国巾帼文明岗”称号。工行永康城西支行喜获“全国金融五一巾帼标兵岗”称号。

选送的永康状元饼在第三届“妈妈的味道”民间美食巧女秀总决赛上获特色风味奖；举办第十四届永康市农展会美食展，交易额236万元。挖掘、选树、宣传一批女红巧手、最美民宿女主人、来料加工经纪人，发挥示范引领作用。

以“四美创建”为抓手，广泛开展“乡村振兴巾帼有为”行动。全市创建美丽庭院达标户 4000 户以上，美丽庭院景观带 16 条。持续深入开展“五水共治”、“垃圾分类”宣传、“四城联创”等活动，为大美永康建设贡献“她”力量。

【巾帼暖人心，回应“她”需求】 2019 年，市妇联开展“平安媛动力 助力新腾飞”活动，进一步拓展“法律夜门诊”的服务范畴，全年受理矛盾纠纷调解 120 余起；进一步建立民情民访的访调制度和“一户一姐”联系家庭制度，共排查矛盾纠纷 81 起。全年开展平安家庭宣传活动 100 场以上，发放反家庭暴力、禁毒防艾等宣传资料 10 多万份。

联动开展“最美家庭”创建工作，推荐获评省级最美家庭 1 户，金华最美家庭 2 户。开展“四城联创五个 100 巾帼行动”，借助微信平台开展“我为四城联创打 call 100 天”活动，营造“四城联创人人参与”的良好氛围。开展“为爱加油为情鼓掌”微信晒幸福活动、亲情家书寻找和推荐活动。做强妇联幼儿园“家”阵地。强化教师队伍的培训，推升教学水平，通过开展早教下乡行、举办家庭教育讲座、开展各类亲子活动等普及科学家教理念。

“四城联创五个 100 巾帼行动”(市妇联提供)

面向社会开展“永康女匠”十大智创活动项目有奖征集，共确定悦读计划、茶学堂等 10 个妇女儿童活动项目，进行项目化运作。共有百场“美丽智创”课程送到基层。开展仙女早教美丽乡村行活动，走进 20 个村，惠及 400 余户家庭。联合相关单位开展“书香四月”全民阅读节系列活动。

建立“两癌”贫困母亲帮扶制度，推广实施女性安康保险，全市参保人数共计 2.4 万人，保费 297.2 万元，获赔受益人数达到 108 例，赔付金额达 340.6 万元。在节日期间全域开展慰问关爱活动，给 30 余名妇女送上万元慰问金。六一前夕，市领导分组走访慰问 13 所小学、幼儿园和儿童机构。六一期间，各界人士结对助学 196 人次，捐款赠物计 12 万余元。

【巾帼有担当，提升“她”能力】 2019 年，市妇联召开永康市第十六次妇女代表大会，审议通过《巾帼心向党、建功新时代，团结带领广大妇女为永康新腾飞而努力奋斗》工作报告，高度肯定了永康市妇联第十五届执行委员会工作，选举产生以周晓青为主席的新一届市妇联领导班子，科学谋划今后五年永康市妇女事业发展的主要目标和妇女工作任务。

永康市第十六次妇女代表大会(市妇联提供)

创新推出“六联三化”工作机制，标准化推行区域妇联组织建设，区域妇联在各镇(街区)实现全覆盖。建立健全党日共学机制，在全市 18 个社区和 402 个行政村推行“党日共学”机制，促使村妇联组织更好地融入党建格局。

针对新时期妇女诉求多元化、个性化

的特点，市妇联精心挑选树云溪间、阳光爱心社等一批美丽微家，为妇女群众提供零距离服务。依托执委工作室充分发挥执委作用，每名执委联系1个基层妇女组织、1个女性社会组织和20名以上妇女群众，提供实实在在的服务和帮助。

（市妇联　陈王芳）

工商业联合会

【概　况】 2019年，永康市工商业联合会（以下简称“市工商联”）以习近平新时代中国特色社会主义思想为指导，围绕“全面奔小康，永康新腾飞”工作目标，以服务永康市非公经济高质量发展为主线，全面推进工商联各项工作的开展。

【加强非公经济人士学习教育】 为增强永康市非公企业应对国内外复杂经济形势的信心，激发他们攻坚克难的奋斗精神，1月10日，市工商联组织永康市各直属商会会长、秘书长、企业家代表50多人，深入学习贯彻习总书记2018年11月1日在民营企业座谈会上发表的关于促进非公有制经济健康发展重要讲话，及时传达党中央坚定支持非公经济发展，进一步优化营商环境的决心。3月5日，市工商联组织全市工商联系统干部职工、总商会全体党员和基层商会非公有制人士传达两会精神，党组书记详细解读李克强总理在全国两会上的工作报告，政府推出全国减税降费2万亿元，切实减轻企业负担，鼓励和推动银行依托纳税信用创新信贷产品，帮助小微企业缓解融资难题等一系列重大举措和金政书记在永康两会上关于促进永康经济发展的重要讲话精神，提振非公经济领域发展信心。

【精准服务会员】 2019年，市工商联与永康市律师协会17家律师事务所36名律师组成的永康市总商会法律服务中心，围绕“深化惠企法律服务，打造最佳营商环境”主题，开展“企业法律体检”“企业走访”“法律政策宣讲”等三个专项公益法律服务。通过活动，引导工商联会员企业进一步增强法律意识，规范经营，防控企业经营风险。2019年以来，法律服务团共为工商联会员企业提供1260多次法律咨询和案件业务受理；担任工商联29家基层商会、351家会员企业法律顾问。

【组建“匠心传承导师团”】 教育培养民企“新生代”关系到永康市非公经济的未来，面对永康市许多民营企业已进入“掌舵人”代际传承、新老更替的重要阶段这一现状，市工商联以设立传承驿站为阵地，精心组织开展传承和发扬永康老一辈企业家四海为家、吃苦耐劳、善于学习、敢于拼搏、勇于创新的优良传统和精益求精的“工匠精神”为主要内容的学习教育和经营管理经验学习。组织12名永康经验丰富的老一辈成功企业家与60名民企“新生代”结对，每月一次开展创业讲坛、政策咨询、业务指导、现身说法、定期学习交流等活动，为“新生代”创业创新提供项目论证、业务咨询和决策参考等方面的指导和服务。

【建设信用贷款平台】 为破解小微企业担保难、贷款难、手续繁的矛盾，市工商联努力拓宽服务空间，继续通过与农商银行小微贷款中心、永康工商银行、民生银行杭州支行、永康邮政储蓄银行、工商联副主席企业华丰小额贷款公司协商合作，合力进行信用贷款平台建设。4月15日，经过前期的充分准备，市工商联又与建行永康支行扩大合作，共同打造会员企业金融服务平台。双方共同签署支持工商联会员企业和非公经济发展“战略合作”协议书，市工商联16家直属商会会长、支部书记及部分会员企业负责人共70余人参加。其间，建行与8

家工商联会员企业签署贷款合同。建行永康支行在与永康市900多家工商联会员企业开展金融服务的基础上，通过战略协议，2019年，建行金华分行将重点扶持永康，向永康非公企业新增投放普惠贷款10亿元。

【“万家民企评银行”活动】 为进一步做好民营企业金融服务工作，省工商联与中国人民银行杭州中心支行共同筹划“万家民企评银行”活动。10月14日，市工商联、人民银行永康市支行组织全市133家民营企业在市会议中心现场填写民营企业金融服务满意度评价问卷和民企融资需求调查表，听取广大民营企业的意见建议，畅通银企互动渠道。此外，市工商联、人民银行永康支行根据民企融资需求调查表了解的情况，协调相关商业银行筛选35家企业发放贷款，积极帮助民营企业解决资金需求。

【打造“清廉”民企】 “清廉”企业建设是永康市廉政建设的重要内容，是构建政商“亲”“清”和谐环境，维护企业合法权益的重要举措。2019年以来，市工商联把在永康市开展“清廉”民企建设作为重点工作，以制度建设，源头抓起，预防在先，关爱在先，提醒在先，达到监督在前、堵塞漏洞的目的，引导企业依法经营、诚信经营和履行社会责任，促进永康市非公经济健康发展。市工商联在先行集团、春天集团、道明光学股份有限公司开展“清廉”企业建设试点，指导企业制定实施方案，做好员工职责亮化、履职承诺，推行清廉企业制度建设等工作。

【“万企帮万村”四川理县对口帮扶】 2019年以来，市工商联高度重视对口帮扶工作，通过组织工商联界别政协委员、工商联会员企业召开动员会，走访会员企业。党组书记带领8家企业考察四川理县对口帮扶村，并捐助“万企帮万村”项目资金30万元，消费扶贫13万元。

（市工商联　池斯斯）

科学技术协会

【概　况】 2019年，永康市科学技术协会（以下简称“市科协”）通过研究制订全市科普工作规划和计划，组织全市科技工作者开展学术交流，维护科技工作者的合法权益，表彰奖励优秀科技工作者，举荐人才。开展科学论证、咨询服务，提出政策建议促进科学技术成果的转化，接受委托承担项目评估、成果鉴定、专业技术职务资格评审等。开展民间国际科学技术交流活动，发展与国外的科学技术团体和科学技术工作者的友好交往等活动，普及科学知识，弘扬科学精神，推广先进技术，提高全市人民的科学文化素质。

【院士专家工作站】 为推进和规范永康市院士专家工作站的建设，充分发挥高端智力对加快永康经济发展方式转变、推进转型发展的引领带动作用，加快重大科技成果转化，促进高层次产学研合作，2019年，永康市依托市重点骨干企业、示范性产业集群等建设院士专家工作站，积极打造高层次创新平台，新建院士专家工作站2家。市科协与浙江省农机学会的协同创新工作取得较好成果，全年组织专家深入企业37次，服务浙江制造团体标准5项，服务省级行业科技奖励2项，高端人才引进1人，在研科技重大专项2项，新合作立项重大专项1项。服务职称评审4人次，培训技术人员52人次。4月，中国工程院院士、亚太材料科学院院士、重庆大学教授潘复生来永调研，走访浙江泰龙科技有限公司和顺虎铝业有限公司，就镁合金技术新产品的推广应用、科技成果转化和技术创新平台建设等方面进行对接交流。5月，中国工程院院士薛永琪来永参加浙江格普新能源有限公司院士专家工作站授牌仪式，并与世明光学有限公司进行项目对接。

【科学技术普及】 2019年，市科协按照《金华市〈全民科学素质行动计划纲要〉实施方案（2016—2020年）》要求，分别发挥各成员单位职能作用，抓好农民科学素质培训，进一步全面推进未成年人、城镇劳动人口以及领导干部和公务员等重点人群科学素质行动。坚持开展全国科普日、科技活动周、科技工作者日、青少年科技创新大赛、中科院老科学家科普巡回报告等品牌科普活动，推动全市科普工作的开展。开展“科普下乡”“科普进文化礼堂”等活动，制作科普宣传展板50余块，印制7种共计5000余册科普资料及科普图书，利用集市，采取科普展览、科技咨询、文艺演出等群众喜闻乐见的形式开展科普宣传，先后走进16个乡镇、32个村开展科普宣传。

【科技竞技培训活动】 2019年，市科协以推动青少年科技教育蓬勃开展，启迪青少年科学心智，培养青少年的创新精神和实践能力为目的，组织开展青少年科技创新系列活动。3月，第33届浙江省青少年科技创新大赛永康再创佳绩，获得3个创新项目省一等奖，3个省二等奖。7月，在第34届全国青少年科技创新大赛中，永康市唯一入围参赛选手永康一中叶烺晴同学的《鲜莲子无损自动通芯机》获得科技创新成果竞赛项目二等奖。9月，在全国科普日活动期间，市科协邀请中国科学院老科学家科普演讲团成员走进永康一中等学校进行科普报告，深受老师和学生的欢迎。10月依托省农函大，组织开展技术辅导，开办省农函大第8期科技示范户（永康葡萄）科学素质提升班，来自金华地区的57名学员参加了为期5天的培训。

【发挥“三长”作用】 2019年，市科协以列入浙江省“三长”作用试点工作单位的唐先镇科协、列入金华市“三长”作用试点单位的象珠卫生院和清溪初中为基础，不断提质扩面，举办形式多样的科普活动，全面推进科技工作进农村、进学校、进企业、进家庭。同时，还积极吸纳青年大学生基层工作者、“土专家”“田秀才”等进入科协工作队伍，增强基层科协的科技工作能力和水平，营造科学先行的良好氛围。

【学会协会工作】 2019年，市科协有所属学会（协会）、研究会24个，会员5000余人；农村专业技术协会3个，企业科协69个，全市16个镇（街、区）都建立健全了科协组织。2019年自开展学会转型发展和管理模式创新以来，市科协积极促进各学会不断加强组织建设和规范化管理，开展科学普及和创新服务。在第三个“5·30全国科技工作者日”来临之际，市科协组织开展科普知识竞赛，帮助广大人民群众了解必要的科学知识，树立正确的科学思想；举办全国科技工作者日座谈会，探讨政府如何优化服务，改善科技人员创新创业环境，激发科技工作者热情，并就座谈会上听取的意见建议与结合永康实际向市委办呈送《永康市科协关于提高我市科技创新发展水平等相关意见的建议》。市老科学技术工作者协会积极发挥老科协“老”“科”两字特点，为推进永康市科创工作发挥“夕阳余热”；围绕经济社会发展的实际，积极开展对口课题调研、服务三农、组织科技下乡、“三服务”等方面的工作。

（市科协　厉亦琦）

文学艺术界联合会

【概　况】 2019年，永康市文学艺术界联合会（以下简称“市文联”）以习近平总书记系列重要讲话精神为指引，学习贯彻党的十九届二中、三中、四中全会精神，紧紧围绕市委市政府中心工作，团结带领广大文艺工作者，坚持以人民为中心的活动创作导向，促进永康文艺事业繁荣发展。

【代表盛会谋新篇】 12月6日，永康市文学艺术界联合会第四次代表大会召开。大会审议并通过市文联第四届委员会工作报告，修改了《永康市文学艺术界章程》，选举产生新一届文联委员会。主席：胡培新。副主席：施兴武。秘书长：田旭。委员(以姓氏笔画为序)：王平、王可农、王燕燕(女)、田旭、吕伟杰、吕福年、朱磊(女)、羊丽芬(女)、李东、李向青(女)、应敏、陈星光、陈斌、林群心、胡培新、胡福利、俞朝忠、施文奇、施兴武、夏虹(女)、徐小飞、徐关元、蒋伟文、程育全、楼金辉等。

【主题活动丰富多彩】 一是文艺惠民持之以恒。开展新春送春联活动，春节期间组织会员积极开展新春送画送春联万余幅；送戏下乡，累计演出22场次；开办"乡村小康学堂"书法培训班9班次，太极拳培训班10班次，共培训700余人；送书画进文化礼堂，共送出作品100幅。二是文艺活动主题鲜明。与市委宣传部联合举办庆祝中华人民共和国成立70周年美术书法摄影艺术大展，举办"扬清风正气、建清廉永康"联墨展，"涵养清廉文化·建设清廉永康"主题美术、篆刻作品展，"墨砚作田话丰收"优秀书法作品展，"承·启"庆祝中华人民共和国成立70周年书画印展，"弘扬长征精神，增强'四力'锤炼"报告会，迎"七一"歌会，"我和我的祖国"文艺快闪，开辟"中国之治"文联志愿者宣传党的十九大四中全会精神文艺演出，承办"到人民中去——金华市文联文艺志愿服务走进永康五星村"等活动。三是精品创作有成效。《陈亮年谱长编》完成撰稿，"三征"作品结集成册，《永康风物》编印出版。四是出台《永康市文学艺术界深化改革方案》，为以后的工作指明方向。

【社团活动有声有色】 在市文联的指导下，各所属文艺协会创作热情高涨，结合自身优势积极开展文艺活动，硕果累累。

作家协会　举办"首个中国农民丰收节""我的乡村我的梦"征文比赛，"腾飞的永康——庆祝改革开放40周年"诗文朗诵会；邀请鲁奖作家著名诗人开展胡公故里行、"西溪风情"影视基地采风活动，创建园周书社；10多名会员的作品在省级以上报刊发表，多人在市级以上征文比赛中获奖；以全国著名作家、诗人写永康的作品结集而成的作品集《永康风物》诗歌、散文卷出版，会员作品《行担外传》《十四村》出版发行；作家、诗人杨方赴鲁迅文学院参加第36届高研班学习，蒋伟文参加全省基层作协骨干培训班；组织会员开展创作采风12次；2人加入省作协，11人加入金华市作协。

美术家协会　举办各类画展6次，创作18幅作品捐献义卖助残；组织100多人次开展创作写生，首个写生基地"武义十里荷花写生基地"授牌；1人加入中国美术家协会，1人加入浙江省美术家协会，1人作品入选第2届"邮驿路、运河情"全国美术作品展。

书法家协会　举办"墨砚作田话丰收"优秀作品展；创作9幅作品捐献义卖助残；在国家级展赛中入展4人，在省级展赛中提名4人、入展18人；楼金辉参加中国书协"国学修养与书法高研班"，作品入选当代名家系统工程。

摄影家协会　举办"第4届永康摄影艺术展"，开展红军长征万里行活动，承办佳能大篷车开进永康等多场摄影比赛和讲座，开办2期摄影初级培训班；5人6幅(组)作品入选"第27届全国摄影艺术展"，居省内各县市入选率第一，徐金星获第21届全国摄影艺术大赛特等奖；4人加入金华市摄影家协会，5人加入浙江省摄影家协会，2人加入中国摄影家协会。

音乐舞蹈协会 开展多场“我和我的祖国”主题快闪活动，举办千人共唱农商歌、萨克斯四重奏音乐会；会员吕斌获金华市第12届青年歌手大赛银奖。

戏曲协会 开展迎“七一”歌会，送戏下乡到西溪、胡库等村文化礼堂共计18场次，创作《伤痕》《杨梅大叔》等小品参加多场公益演出。

民间文艺家协会 开展妙剪工坊剪纸公益课15场，培训学员700多人次；举办各类剪纸展赛14场。

诗词学会 举办“品味诗词”讲座，组织会员开展采风活动2次；举办全国诗人“曲水流觞·重阳登高”活动；承办庆祝中华人民共和国成立70周年诗词征文比赛，完成在永金华会员《八婺诗联精粹》第三卷诗词作品征集。

楹联学会 开展楹联知识讲座，成立名师工作室；承办“时代的呼吁，人民的期盼”联墨展、联墨香盛世“夏溪杯”庆祝中华人民共和国成立70周年联墨展；学会获金华市先进集体单位称号。

油画艺术研究会 积极组织会员深入乡村开展油画创作写生10次，承办“绿水青山，诗画永康”油画作品展，举办作品展2场，设立会员创作中心。

篆刻艺术研究会 会员作品入展国展1次，省展3次；承办“涵养清廉文化·建设清廉永康”主题美术、篆刻作品展，“承·启”庆祝中华人民共和国成立70周年书画印展。

胡公文化研究会 开展《胡公故事》讲座16场，“胡公精神在身边”专题报道20次，胡公书院国学精粹班开课18次；举行第2届“十岁上方岩，励志敬胡公”“敬老爱幼，好学向善”等活动；协助央视采风拍摄《人物记——胡则》，《胡公故事》一书出版发行，胡公铜像在方岩山胡则纪念馆落成。

陈亮研究会 参加清明祭祀陈亮活动，完成《陈亮年谱长编》60余万字初稿编撰，《永远在路上》千诗颂国庆诗集首发。

程文德、程正谊文化研究会 编印内部刊物《永康程氏》，《永康程氏通讯》2019年版出刊；举行公祭程氏先祖大典，建立微信公众号，历史小说《一代名儒程文德》预览发布；出资修建“双贤亭”。

收藏协会 举办永康收藏精品展，参加义乌春季收藏品拍卖会。

合唱协会 参加多场活动演出，指导古丽小学蓓蕾童声合唱团参加2019金华市中小学生艺术节合唱比赛，并荣获金华市一等奖，辅导全市机关、乡镇干部合唱比赛。

影视文化产业协会 开展17期影视沙龙，举行第2届“影视西溪杯”颁奖，举办电影《蓝色生死恋》首映会、《大明监察御史》系列电影开机媒体见面会。

【阵地建设稳步推进有创新】 2019年，《方岩》杂志改版。新版《方岩》杂志为小16开，内文80页，设有“小说悦读”“散笔有神”“新诗展厅”“古韵新吟”等主打栏目，与原刊相比容量基本不变但更显雅致、时尚和大气。2019年编辑出版6期，寄发给永康在外乡贤，成为联络乡情的桥梁。“永康文艺界”公众号开拓创新，成为文联的网络发声窗口和文艺工作者的新型交流平台；全年共推送各类文艺信息229条。

改版后的《方岩》杂志（市文联提供）

（市文联　吕伟剑）

残疾人联合会

【概　况】 2019年，永康市超额完成省民生实事“残疾人之家”建设任务。浙江双飞运输有限公司连续18年为特教学校学生发送“爱心公交”，获评年度省助残先进集体。完善按比例安排残疾人就业审核办法，实现用人单位网上申报，基本实现用人单位“零次跑”。连续7年对有康复需求的残疾儿童康复服务率达100%。残疾人辅具适配服务率100%。举行“丽州之夏”助残专场文艺晚会，筹得善款15.28万元及价值近10万元的爱心物品。举行“国际残疾人日”“残疾人之家”集中启动暨首届残疾人旱地冰壶比赛，特邀荷兰冰世界驻华首席代表和4位奥运冠军、世界冠军现场助阵，比赛采取网络直播的方式，共吸引近5万人在线观看。该活动在浙江卫视、浙江新闻客户端、金华综合广播等媒体渠道播出。

12月3日，永康市举行首届残疾人旱地冰壶比赛，5位奥运冠军、世界冠军与残疾人朋友同欢唱（劳琛琛　摄）

【阿坝州理县对口扶贫】 2019年，永康市与四川阿坝州理县通过签订扶贫协作框架协议、走访当地残疾人企业、召开残疾人座谈会、开展社会帮扶等形式，达成扶贫共识，在残疾人康复、教育、就业等项目上予以精准帮扶。通过举办“丽州之夏”助残专场晚会募集扶贫资金，落实捐助理县助听器25台、轮椅车50辆，为5名在校残疾大学生补助25000元，为残疾儿童补助60000元。

【千灯万户公益项目】 2019年，永康市残疾人联合会（以下简称“市残联”）联合国网永康市供电公司等单位，开展“千户万灯”残疾人贫困户室内照明线路改造公益项目，为40户贫困残疾人提供免费室内照明电线路改造。

【“残疾人之家”建设】 建设“残疾人之家”是2019年省政府十方面民生实事项目之一，以各镇街区政府为主体，新建一批为精神、智力和重度残疾人提供庇护照料服务的“残疾人之家”。9月，市残联联合相关单位下发“残疾人之家”规范化建设方案，为“残疾人之家”建设提供政策保障。全年完成13家“残疾人之家”建设，实现庇护人员达170人，超额完成上级下达的建设10家、庇护照料155名残疾人的任务数。13家“残疾人之家”均已正常运营，为残疾人提供日间照料需求，提供生活照料、技能培训、康复训练、文体活动等服务。

【两项补贴】 2019年，共有3032名、8128名残疾人分别享受困难残疾人生活补贴和重度残疾人护理补贴，发放资金2677.465万元。1月1日起，永康市将需要长期照护的一、二级听力、言语残疾人以及二级视力残疾纳入护理补贴对象，并将在机构托养照料的生活完全不能自理的残疾人托养补贴标准提高200元，惠及1900多名残疾人。

【按比例安置】 2019年，市残联首次利用网上申报系统，对全市316家用人单位进行按比例安置残疾人就业审核确认，按比例安置残疾人就业823人，新增按比例就业50人。同时，市残联在原有2名聘用制残疾人工作人员的基础上，率先招录了1名残疾人公务员，这也是永康市首次定向设置残疾人公务员招录职位。同时，通过媒体对2018年度达到残疾人就业安置比例的178家用人单位进行公示，对超比例安置残疾人就业的12家企业发放奖励资金259200元，鼓励和激发用人单位按比例安排残疾人就业的积极性。

【就业援助月】 2019年，市残联在就业援助月走访残疾登记失业人员家庭36户，举办1场网络残疾人专场招聘，纳入年度培训计划残疾人153人，帮助16名残疾登记失业人员实现就业，帮助16名残疾人享受专项扶持政策。受理残疾人就业政策咨询130余人次，发放残疾人就业政策宣传资料300多份。

【就业帮扶】 3月，市残联联合市人社局举办2019年残疾人就业专场招聘会，45家用人单位提供325个就业岗位，300多名残疾人到场求职，68名残疾人与招聘单位达成用工意向。同月，制定全年残疾人职业技能培训工作实施方案。全年为251名残疾人提供电商、化妆美甲、盲人按摩、种植果树等多样化职业技能、实用技术培训，其中开展电商创业培训125人，新增电商创业29人。为8名个体经营及灵活就业的残疾人发放一次性创业补助3.2万元，对1000多名以灵活就业（自由职业）形式缴纳职工基本养老保险的残疾人发放养老保险补助款250多万元，对进行创业和自费缴纳养老保险的给予政策和资金上的帮扶。

【辅器精准适配服务】 2019年，市残联完成辅具适配发放357人，服务率100%。其中，助听器赠送122台，下假肢免费安装10例，赠送低视力助视器1例、盲人智能眼镜20台、轮椅65辆、小额辅具140例，膝关节置换手术3例。

【残疾儿童基本康复服务】 2019年，市残联与卫健局、妇保院协作，加强残疾早期干预、诊断和治疗，力求做到残疾儿童“发现一例，报告一例，康复一例”，对有康复需求的残疾儿童康复服务率达100%。妇幼保健院新增孤独症、听力言语康复训练项目，加强残疾儿童康复力度。联合卫健局、市妇保院对新出生的疑似残疾儿童进行信息监测，对166名持证残疾儿童和疑似残疾儿童家庭进行情况了解和政策宣传。超额完成151名（任务数73人）0—6周岁残疾儿童康复服务补助。7—14周岁残疾儿童康复训练15例。

【改善无障碍环境】 东城街道望春社区通过金华残联组织的省级无障碍社区创建验收。确定西城街道飞凤社区为永康市第三个省级无障碍社区创建单位，联合相关部门对该社区进行调查并提出改造方案，对社区办公楼和周边环境进行了无障碍改造。对符合条件的142户残疾人家庭申请户进行了无障碍设施改造和器具配送。

【社区精准康复服务】 2019年，市残联联合卫计局、民政局等部门做好残疾人社区康复工作，将1691名持证重性精神残疾人纳入社区管理并办理了免费服药救助卡，1592人到市三院免费领取门诊就诊抗精神病基本药物。

【全国助残日】 5月17日全国助残日“自强脱贫，助残共享”活动在浙江卫视新闻联

在5月17日全国助残日活动上，市残联为残疾儿童定点康复机构捐赠益智康复用品（劳琛琛 摄）

播节目播出，市残联会同爱心企业为永康市残疾儿童定点康复训练机构、残疾学生教育机构捐赠文体用品700余份、益智康复用品87份。启动寻找严重精神障碍患者社区管理“尽职监护人”活动。日行一善公益协会为符合条件的200多名智力、精神残疾人免费赠送防走失定位器。永康医院现场提供免费义诊服务，开展“精准助残 公益惠民”活动。

【电商扶贫】 2019年，市残联创新利用“互联网＋农业＋公益”的电商扶贫新模式开展“我在唐先有棵葡萄树”助残公益活动，联合唐先镇人民政府、市技师协会、市残疾人电商创业孵化基地、助蚕网推出公益采摘活动。3000多棵葡萄树找到爱心认养人，为贫困残疾人增收30多万元。

【专门协会活动】 2019年，肢残人协会组织3名残疾人参加横店马拉松8千米穿越跑（轮椅跑）。聋人协会参与“兰溪椪柑”公益扶贫助农项目，购买145箱重约2吨的爱心椪柑。联合市志愿者协会关爱联盟分会开展“喜迎中华人民共和国成立70周年，我为家乡种棵树”义务植树活动，在姚塘村种植苗木36棵。组织聋人志愿者参加全市喜迎中华人民共和国成立70周年——《我和我的祖国》音乐快闪活动。盲人协会联合技师协会组团到永康绿康丽州家园养老服务中心服务，为140多名在院老人及护理人员免费提供推拿按摩志愿服务。

9月30日，市残联聋人协会志愿者参加全市《我和我的祖国》音乐快闪活动（市残联提供）

【残疾人体育】 2019年，永康市残疾人代表团首次参加“歌山上周杯”沪浙乡村残疾人飞镖邀请赛，取得男子站姿组第4名、女子坐姿组第5名、团体赛第7名的战绩；5月，组织2名肢体残疾人参加全国第10届残疾人运动会举重比赛，姚鑫进获男子组65公斤级第7名及体育道德风尚奖，应明获男子组54公斤级第11名。

（市残联　劳琛琛）

关心下一代工作委员会

【概　况】 2019年，永康市关心下一代工作委员会（以下简称“市关工委”）紧紧围绕市委、市政府中心工作，以庆祝中华人民共和国成立70周年为契机，开展形式多样、载体丰富的主题教育活动；突出基层关工委建设这一重点，建立企业关工委500余家；充分发挥“六老”作用，加强关爱团队伍建设，设立青少年心理疏导室；多方联动，关爱帮扶活动强力推进。2019年，堰头小学被评为全省关心下一代工作先进集体，新时代实业有限公司关工委主任王群华同志被评为全省关心下一代工作先进个人，市关工委主任朱寿安被评为金华市最美老干部。

【重调研强学习】 2019年，组织老同志到镇（街道、区）走访10多次，并召集政法系统、教育系统关工委负责人座谈会，向市委市政府专题报送《关于努力推进关心下一代工作》调研报告。3月，组织部分老同志和镇（街道、区）关工委负责人到海宁、余姚、义乌等地参观学习企业关工委建设、放学后托管服务工作的做法和经验。7月上旬，组织关爱团副组长以上成员到东阳参观青少年教育实践基地。8月中下旬，举办老领导夏季读书会，并就如何推进关心下一代工作实现高质量发展开展研讨。

【推进基层关工委组织建设】 4月，联合市委两新工委下发《关于进一步加强我市企业关工委建设的意见》，全面调整充实企业关工委。6月，浙江四方集团成立关工委。7月上旬，在城西新区召开全市企业关工委组织建设推进会。到11月底，各镇(街道、区)通过单建、联建等形式，90%规上企业建立了关工委组织。金胜社区党委在推进社区关工委建设中，形成了突出党建引领总抓手、坚持关工探索驱动力、打好部门协调组合拳、发挥"六老"参与热能量、用足社工互动亲和剂等方面的做法和经验。

【举办夏令营和公益讲座】 2019年，各镇(街道、区)关工委积极发动村(社区)、企业关工委整合资源，举办各类夏令营活动。关爱团才艺组、法治组骨干发挥自身优势和特长，为村(社区)和企业夏令营活动提供艺术指导、法治宣讲、"三防"教育等服务。4—9月，市关工委邀请家庭教育专家走进企业、社区、学校，开展10多场家庭教育公益性讲座，为企业职工、学校教师、家长阐释教育理念、传授与孩子沟通方法技巧。

【开展红色基因教育】 3月，为弘扬雷锋精神，市关工委联合市教育局、永四中走访慰问阿娇敬老院53名孤寡老人。清明节前夕，联合市委老干部局等多家单位开展祭扫烈士墓碑活动；3—4月，在古山小学、古山初中举办胡济邦事迹报告会；5—9月，联合市新四军历史研究会走进方岩小学、永四中、里川学校等开展红色基因进校园活动。4月下旬，组织大司巷小学等7所学校30名学生参加金华市"庆祝70华诞·争做时代好少年"现场作文大赛，高镇小学被评为优秀组织奖单位。6月初，联合市教育局、卫健局、永康医院走进民主小学、倪宅小学开展爱眼护眼知识讲座，并为400余名学生免费检查视力和医学验光；6月中旬，联合市禁毒办、图书馆等单位走进里川学校开展禁毒宣传和送书活动；5—10月，举办"盘龙谷"杯全市青少年书画展；9—12月，举办第15届"哈尔斯"杯青少年书法大赛。

9月6日，由市关工委、新四军历史研究会、革命老区开发建设促进会和教育局联合主办的"上好开学第一课，红色基因代代传"主题活动走进芝英镇里川学校(市关工委提供)

【关爱帮扶和对口帮扶】 2019年初，市关工委和红十字会到金华市中医院慰问永康市花街镇重病大学生，送上1万元关心下一代基金。6—9月，联合民政等部门开展"福彩暖万家"系列活动，对永康市90名困境青少年和15名2019年困难大学新生发放资助金30万元。9月初，走访慰问15名新永康人优秀学子，给每人送上1000元奖学金。六一前夕，组织老领导走访慰问市特殊教育学校、王慈溪小学师生们，送去足球等体育学习用品。2019年，浙江紫微建筑工程有限公司和永康市奇开汽车销售有限公司为关心下一代基金各捐款10万元。

8月，市关工委联合爱心企业、爱心人士20余人到四川理县开展结对帮扶，发动爱心企业浙江紫微建筑工程有限公司为理县捐款3万元，浙江合达铝业有限公司捐赠给理县杂谷脑小学2万元，用于建设爱心书屋。梅园公益阅读协会爱心人士捐赠图书700余册，并与理县34名困难学生结对，首批助学款4.2万元。

【发挥关爱团作用】 2019年，市关工委关爱团帮扶组一星期内走访核查100多户困难青少年家庭。心理疏导组充实2名副组长，并召开座谈会开展业务辅导和工作交流。才艺组为庆祝中华人民共和国成立70周年出谋划策，并圆满举办“盘龙谷”杯书画展。法治组法律工作者进校园、企业、社区开展法治宣传。基地组组建编写小组，对全市20多家青少年教育基地开展实地走访采编。科技组定期对农业种植养殖大户进行技术指导。

9月23日，“盘龙谷”杯书画展启动仪式（市关工委提供）

（市关工委　供稿）

慈善总会

【概　况】 2019年，永康市慈善总会（以下简称“市慈善总会”）扎实推进慈善募捐，精准实施慈善救助，共募集善款2358.06万元，救助1735人次，17个团体，计1765.37万元。设有固定救助项目15个，涉及助医、助困、助老、助学、助残、赈灾等。对于慈善资金募集与使用方面，市慈善总会将服务范围拓宽到科教文卫体、环保事业等公益活动领域和对口扶贫、教育扶贫等扶贫攻坚工作。群升集团定向捐赠成立1亿元留本冠名基金“群升徐步升慈善公益基金”；永康农商银行捐赠225万元设立“永康农商银行社会救援专项基金”，助力永康民间救援力量建设发展；永康农商银行设立“永康农商银行乡村振兴普惠基金”，2019年向该基金首期捐赠480万元，大力支持乡村振兴工作；永康康利眼科医院首期捐赠30万元，设立“永康康利眼科医院明眸工程”项目，用于白内障、角膜移植等困难患者的救助等。

市慈善总会持续打造慈善“最美系列”评选活动，发行《永康慈善总会志》。2019年，坚持重点扶持教育工作，在教育领域的支出总额达464.42万元，841人次受益。市慈善在基层力量方面也不断增强，2019年新成立下属基层组织2家，分别是永康市慈善总会访贫义工服务队、永康市慈善总会雄鹰应急救援队。永康市访贫义工服务队于6月27日成立，成立半年来，走访153户困难家庭，出动义工服务245次。市慈善总会雄鹰应急救援队于8月28日成立，截至年底，救援队出勤230多次，出勤人次达到4000多人次（包含未加入慈善总会前数据）。爱心顺风车慈善分会义工连续11年开展“高考爱心助考接送公益活动”，2019年共接送363人次；云路分会义工年终走访慰问该村困难对象、90岁以上老人以及考上二本以上的大学生；宏伟公司慈善分会义工为8位结对孩子送新衣，为永康福利院、敬老院的儿童、老人提供爱的陪伴；瑞金医院慈善分会义工爱心义诊走进芝英三村、四村、缙云壶镇等地，免费为村民提供各种医疗服务，普及季节性常见传染病、甲状腺、乳腺、胃、肠等疾病的防治知识，派发健康画册，向市民进行健康宣教。

【首届“最美慈善义工”“星级义工”评选】 8月27日，由市委宣传部、市民政局、市慈善总会、团市委、永康市广播电视台、永康日报社、金华日报社永康分社联合开展永康首届“最美慈善义工”评选活动。王小平、叶雄威、朱振兴、朱颖刚、汤文统、项良杰、俞满意、徐学冬、徐爱琴、董陈法等10人获“最美慈善义工”称号。市首批慈善“星级义工”认定工作于6月13日启动，经全市各公益组织和相关单位推荐，共有715名义工被推荐参与认定。经过审核后，715名义工被认定为“星级义工”，其中17人被认定为五星级义工、47人被认定为四星级义工、213人被认定为三星级义工、357人被认定为二星级义工、81人被认定为一星级义工。

9月5日，首届“最美慈善义工”“慈善星级义工”颁奖典礼现场（市慈善总会提供）

【“慈善一日捐”活动】 12月10日上午，永康市开展“慈善一日捐”活动启动仪式。启动仪式上，市四套班子领导现场带头捐款，市各级党政机关、各镇（街、区）、企事业单位负责人及热心企业也纷纷捐款。“慈善一日捐”活动共募集善款903.57万元，全市有

12月10日，“慈善一日捐”活动启动仪式（市慈善总会提供）

349个单位、18803人参与捐赠。其中，个人捐款1000元以上52人，单位捐款10000元以上48家。半个多月间，全市机关部门、镇（街道、区）、市直企事业单位达到全覆盖，另有49个村参与此次捐款活动。

（市慈善总会　邢焕洋）

红十字会

【概　况】 2019年6月13日，永康市红十字会（以下简称“市红十字会”）召开第二届理事会第二次（扩大）会议。会议审议通过了市红十字会第二届理事会第二次（扩大）会议工作报告、2018年度捐赠款物接受和使用情况的报告，增补和调整了理事、常务理事、兼职副会长、专职副会长。增聘市委副书记胡积合同志为市红十字会第二届理事会名誉会长，增补陈辉同志为市红十字会第二届理事会理事、执委会副主任。

【宣传传播工作】 4月，市红十字会以古山镇后塘弄村蔡丝兰同志于2012年完成永康市首例器官捐献的感人事迹为原型，创作拍摄的微电影《妈妈，您还想我吗》，获浙江省红十字微视频大赛优胜奖，是金华地区唯一获奖单位。5月8日上午，市红十字会联合市教育局、市卫健局、市经济开发区管委会在堰头小学开展以“爱心相伴，‘救’在身边”为主题的第72个世界红十字日大型纪念活动。5月31日，市红十字会“六一”送温暖活动在杜山头小学举行，为杜山头小学送上中性笔、乒乓球、手电筒、足球、鸭舌帽等学习生活用品，价值共计9943元。10月10日，红十字会“博爱家园体验馆”在前仓镇塘头村举行开馆仪式，该馆占地100多平方米，由20世纪60年代农村碾米房改造而成，集老年精神家园、社区健康服务、图书室、博爱超市、志愿服务为一体。11月1

日上午，市红十字会联合市政协医卫界前往唐先镇大后村开展下乡送温暖活动，并为唐先镇大后小学送上价值15784元的爱心物资。

《妈妈，您还想我吗?》开机仪式（市红十字会提供）

【三救三献工作】 2019年，市红十字会举办初级救护员师资班一期培训活动，为每个乡镇卫生院新培训救护师资2名，全市36名，全年累计完成初级救护发证培训2200余名、普及培训30000余名，进文化礼堂64场，AED操作人员培训600名。3月，派出10名救援队员参加浙江省应急管理局开展的民间救援力量技能大赛，取得绳索组全省第2名的好成绩。4月，代表浙江省参加“华东四省一市”民间救援技能大赛，取得第2名的好成绩。5月，参加全国在四川省进行的全国民间力量救援技能大赛，取得第7名并获得“拼搏奖”。10月29日，永康市第二届应急救援队技能比武大赛

10月29日，永康市第二届应急救援队技能比武大赛中，市红十字应急救援队获得总成绩第一名，单项奖第一名（市红十字会提供）

中，市红十字应急救援队获总成绩第一名、单项奖第一名。同时，“三献”工作有序推进。2019年，完成造血干细胞捐献采样60例，遗体实际捐献2例，器官捐献2例，角膜捐献1例。

【重点项目和筹资工作】 2019年，市红十字会募集资金260万元，确保了品牌项目顺利开展。连续7年开展“博爱送万家”活动，这是一项面向全市受灾群众、农村困难户、低保家庭等弱势群体开展的人道救助工作。全年共有910户困难家庭受惠，投入慰问款物达91.30万元；永康医院特殊医疗救助基金共救助310人，支出救助款35.40万元；凌志医疗救助基金累计救助260人，支出救助款50万元；艾滋病困难患者救助15人，支出救助款5万元；关心下一代救助基金共救助30名，支出救助款4万元和慰问理县3万元。

2019年，永康市“红十字博爱送万家救助项目”启动仪式暨西溪镇红智慧救助款物发放仪式（市红十字会提供）

【“智慧红会”建设】 2019年，市红十字会积极推进“智慧红会”建设。依托“智慧红会”平台，仅用15天时间就完成全市整建工作，实现青少年会员的年检和发展46193名，成人会员年检和发展9929名（其中新成人会员3476名），团体会员106个，收缴会费25.6万元。

（市红十字会　供稿）

社会管理

机构编制

【概　况】 中共永康市委机构编制委员会办公室(以下简称“市委编办”)是市委机构编制委员会的办事机构,负责全市行政管理体制和机构改革以及机构编制的日常管理工作,为市委工作机关,正科级,由市委组织部归口管理。2019年,市委编办设3个科室:综合科、机构编制科(挂行政管理体制改革科牌子)、监督检查科(挂实名制管理办公室牌子)。

【党政机构改革】 为贯彻落实中央深化党和政府机构改革精神,永康市坚持以加强党的全面领导为统领,在市委、市政府的正确领导下和省委编办、金华市委编办的精心指导下,在各部门的大力支持和密切配合下,稳步推进全市机构改革。截至2019年3月10日,完成全市37个党政部门、14个镇(街道)“三定”规定的制定,全面完成永康市机构改革工作任务。通过本轮机构改革,永康市进一步理顺职责关系,优化政府组织结构,提高行政效能,并结合永康市实际,构建系统完善、科学规范、运行高效的机构职能体系,再创体制机制新优势,为推动永康高质量发展,奋力实现“全面奔小康,永康新腾飞”提供坚强有力的体制机制保障。市委编办获评省机构改革成绩突出集体,受到省委、省政府通报表彰。

按照构建精干高效的基层管理体制要求,结合全市实际,整合基层审批、服务、执法等方面的力量和职能,综合设置镇(街道)内设机构,小城市试点古山镇按照11个设置,舟山镇按照9个设置,其他镇(街道)按照10个设置。全市14个镇(街道)“三定”规定已全部印发并组织实施,机构挂牌、职能调整、人员调整均已到位。完成古山镇、花街镇、东城街道三个示范点的建设,对其内设机构的标牌进行规范。改革后,基层党建、生态环保、应急管理和退役军人事务等方面职能得到强化。

【五大领域综合行政执法改革】 根据中央、省关于深化五大领域综合行政执法改革的实施意见精神和车俊书记在省深化机构改革总结会议上关于高质量做好机构改革“后半篇文章”的要求,深入推进永康市市场监管、生态环境保护、文化市场、交通运输、农业综合行政执法改革,按照“局挂队牌”的“局队合一”模式组建综合行政执法队,制定永康市五大领域综合行政执法改革《实施方案》。统筹推进涉改部门所属公益类事业单位改革任务,完成永康市五大领域综合行政执法队整合组建工作。

【部门间“最多跑一次”改革】 为贯彻落实省委、省政府关于深化“最多跑一次”改革的决策部署,着力解决部门间办事效率不高、各部门网上应用系统各自为政等问题,在市委、市政府着力推动下,部门间“最多跑一次”改革向机关内部管理领域延伸。部门间办事事项梳理工作基本完成。通过前期三轮的梳理,永康市各机关部门结合本部门实际,在参照省直部门办事事项目录基础上，补充完善本部门特有的部门间办事事项。全市党政、群团机关单位 38 家共梳理事项 192 项，部门联办“一件事”20 件。组织各相关部门对所有事项在参考省级、金华市级部门事项的基础上，对办事指南、流程图、申请材料等内容进行梳理。192 项办事事项具体办事指南、流程图、申请材料等相关内容已全部导入永康市“最多跑一次”协同工作平台系统。

【生产经营类事业单位改革】 市委、市政府高度重视，市事改领导小组精心谋划，在实地走访摸清底数的基础上出台《永康市从事生产经营活动事业单位改革工作方案》，与深化国有企业和国资管理体制改革统筹推进，配套实施。明确纳入改革单位的经营性资产划归国资国企整合重组，并于年初召开改革推进部署会。市委编办学习吃透上级政策精神，多次组织调查研究，深入分析重点难点，以撤销建制方式稳妥推进改革。截至 9 月底，全市 14 家经营类事业单位的改革工作顺利完成。改革牢牢把握人员妥善安置这一难点和关键环节，压实压严涉改单位主管部门主体责任，要求其紧盯重点单位、重点人不放，稳妥做好涉改单位人员的思想政治工作，在守牢政策红线基础上用好用足政策，周密拟定人员分流安置方案，愿意自主创业的个人申请与原单位脱钩，继续留在事业单位按同类编制性质分流安置。共妥善分流安置原事业身份人员 150 余人，其中，40 余人分流安置到企业、11 人办理提前退休手续。

【事业单位法人登记】 根据《事业单位登记管理暂行条例》和省编办、金华市编办有关文件精神，市委编办认真做好登记、变更、注销及有关公示工作。全市登记事业单位 251 家，2019 年度新设立登记 5 家，变更登记 133 家，注销登记 1 家。做好 2018 年度事业单位法人年度报告公示工作，需进行年度报告公示的事业单位共计 246 家，已公示 246 家，合格率为 100%。全面开展事业单位法人清理规范，对开办资金不满最低限额或财务不独立、以及应销未销多年的“僵尸单位”予以整改或注销。

（市委编办　供稿）

人事管理

企事业人员管理

【概　况】 截至 2019 年底，全市应设事业单位总数 308 个（参公事业单位已全部核对剔除），已核准单位总数 47 个；全市应设岗位共 12203 个，已核准岗位数 10475 个，完成率达 85.8%。办理职称资格聘用、各类岗位转换聘用、各类等级变动转正定级共 2660 人，其中等级变动 1989 人（含转正定级 407 人），调动入岗 621 人，转岗 32 人，出岗 18 人；办理事业单位新招录及人才引进人员入岗共 330 人，其中新招录人员 160 人（其中教育 69 人、卫生 91 人），人才引进 170 人（其中教育 87 人、卫生系统 77 人）。

【事业单位招聘】 2019 年，部分事业单位公开招聘考试。市教育系统计划招聘 67 名中小学教师，1103 人报名，经笔试、面试、体检及考察公示后，共招聘 66 人到教育局下属学校工作。市卫生系统计划招聘 112 名医学卫生类人员，442 人报名，经笔试、体检及考察公示后，共招聘 86 人到卫健局下所属单位工作。

（市人力社保局　徐萧潇、屠菡琳）

人才开发

【概　况】 2019 年，永康市人力资源和社会保障局（以下简称“市人力社保局”）大力整合资源优势，积极开展职称评审与博士后工作站工作，全力打造永康市人力资源产业园，壮大人才队伍，提升永康市人力资源队伍整体水平，发挥人才作用。

【人力资源队伍建设】 2019年8月15—18日，永康市举办首届中国五金人力资源产业高峰论坛，邀请128家国内外知名优秀人力资源服务机构、100多家国内外知名五金行业企业相关负责人来永参会，对接国内外人才输送项目340余项，发布五金产业人才招聘指数和《中国五金产业人才需求目录》，与近40家高端人力资源机构达成合作意向，并入选全省人力资源服务业2019年度十大事件之一。举办首届人力资源高端研修班。组织永康市30家企业人力资源经理，在东南大学研读一个月，提升人力资源业务理论知识水平。开展人力资源服务业评选活动，激活行业发展。评选永康市年度十佳人力资源经理、年度人力资源服务业领军人才、年度优秀人力资源机构等，发放相关奖励资金，激励永康市人力资源服务业发展。组织企业参加第七届人力资源博览会、杭州国际人才交流与合作大会等，紧跟人力资源行业时代发展步伐。

8月16日，中国五金产业人力资源高峰论坛暨中国地方人才网第六届峰会召开（市人力社保局提供）

【人力资源产业园打造】 2019年，市人力社保局前往江西省九江市共青城考察，学习江西省级人力资源产业园创办经验，为永康市打造省级人力资源产业园打好基础；充分利用共青城的大学生资源，由人力资源协会抱团，前后组织89家企业招才，实际引进180余名大中专毕业生。

【博士后工作站建设】 2019年，新增博士后工作站2家（荣亚工贸、正阳科技）。12月4日，完成安德电器博士后开题进站工作。省万人计划青年创业类推荐报送1人（超虎智能科技翁斌）、工程类创新人才1人（中坚科技张华）。

【发挥人才作用】 2019年，市人力社保局组建市321人才专家服务团和博士服务团，通过走访、结对帮扶、讲座培训等形式，走访村级组织5次，开展讲座培训10次，结对帮扶村级单位2家，对农产品种植、采摘、抖音销售等方面进行技术指导，助力乡村经济发展。开设“企业人才职称评审”流动课堂17场，共计160家企业，培训430名人力资源从业者，发放资料430份。建立“联百企建百站”对接服务机制，共有4名专业技术人员对接40家企业，对接走访40次，现场初定初级职称共计185人。2019年7月，在永康市职技校开展企业工程师“现场直评”活动，22家企业参评，55人参加，评审通过34人。2019年12月27日，开展百强企业“三服务”大型现场会暨永康市人力资源服务协会年会，开设职称评审、高技能人才培养政策、劳动法律法规知识等讲座，表彰评选年度十佳人力资源经理人、东南大学研修班优秀学员、优秀人力资源机构、领军人物。

【人才引进及政策落实】 2019年，市人力社保局组织教育、卫生系统和其他事业单位人才引进，共引进171人。兑现2018年度永康市高层次人才补助61人、58.56万元；事业单位引进人才补助补贴258人、178.225万元；办理申请高层次人才子女就学6名，办理申请人才公寓5名。发放众泰国家级博士后工作站一次性建站补贴90万元、博士后日常生活资助8万元；安德电器省级博士后工作站一次性建站补贴50万元。

（市人力社保局　吴勇）

【举办招才引智活动】 2019年，开展大型春季人才交流活动20场，残疾人专场招聘会1场，跨境电商双选会2场，参会企业共计1426家次，提供就业岗位78146个，现场报名数11870人，达成意向5283人。赴云南、湖北、陕西、浙江、河南、贵州、四川、安徽、江西、黑龙江等地开展校企合作对接交流引才活动48场，各类校园宣讲会67场，参会企业共计528家，提供毕业生就业岗位3766个，初步达成意向5267人，当场签约1125人。

（市人力社保局　舒樟彩、舒秀芳）

职称技能鉴定

【概　况】 2019年，组建初级评委会3个、中级评委会3个，共召开评审会议6次，评审通过高级230人、中级419人、初级140人；初定专业技术职称341人，其中中级19人。

【八大细分行业直评工程师】 落实“金华市专技服务百千万”活动，在永康市职技校开展工程师直评现场会，新增保温杯（壶）、智能门锁等专业，现场参评49人，评审通过36人，创历年工业行业工程师评审新高。

【事业单位职称自主评聘】 2019年，永康市深化职称自主评聘改革制度，克服“唯分数、唯文凭、唯论文和唯帽子”的顽疾固症，允许不同专业之间存在评价标准差异，强化考核机制，坚持“以用为本”，弥补了以往职称评审中“一刀切”和“以材料论英雄”的不足，扩大了单位用人自主权。教育系统在职技校开展职称自主评聘试点工作，当年评审通过高级教师9人、一级教师7人。卫生系统在三大医共体单位分别开展自主评聘工作，全年评审通过高级职称83人。

（市人力社保局　胡玲婵）

劳动管理

就业培训

【概　况】 2019年，永康市共培养初级工2368人、中级工2280人、高级工707人，技师228人，专项职业能力者1905人。全市共有安胜科技、正阳股份、堂胜工贸、汽修协会等10家企业开展自主评价工作，有金华市自主评价引领企业6家，省级自主评价引领企业1家。共创建2家金华技能大师工作室、17家永康市技能大师工作室，涵盖了制造业、工艺美术行业、第三服务产业等。

【永康五金技师学院开工】 永康五金技师学院项目共完成投资7735万元。12月25日，永康五金技师学院开工仪式在东城街道横山村举行。

【举办专项技能竞赛】 2019年，共举办13场系列专项职业技能竞赛，涵盖模具工、电工、车工、铣工、汽车维修工、电子商务师、美容、美发、中式烹调、中式面点、保育员、保安员、劳动关系协调师等13个工种，报名参赛人数850余人，500余人通过竞赛破格获评技师和高级工职业资格，是永康市历届职业技能竞赛活动中竞赛工种最多、参赛人数最多、获评高技能人才数最多的一次。

【选拔培养技能人才】 2019年，共有67名一线技能工人通过市级技师直评获得技师资格，合格人数居金华市首位。通过选拔推送，1人获评省“首席技师”，2人获评省“拔尖技能人才”，25人获评省“优秀技能人才”，1人获评金华市“技能大师”，1人获评金华市“首席技师”，25人获评金华市“技能之星”。

（市人力社保局　叶舒畅）

■ 劳动监察

【概　况】 2019年，全市直接立案受理各类案件18件，按时办结18件，按时结案率100%，其中涉及使用童工14件，清退童工19人，罚款金额21.75万元；为劳动者追回工资及各项待遇共计48.8879万元，涉及职工39人；发放法律法规宣传资料12000多份，主动巡查用人单位800多家；推进“互联网+监管”工作，实施双随机检查任务7次，共抽查企业310家；督促做好书面审查工作。

【治欠专项行动】 2019年，开展“农民工工资支付情况专项检查”“清理整顿人力资源市场秩序专项行动”“用人单位书面审查”“用人单位遵守劳动用工和社会保险法律法规情况专项检查”“互联网企业劳动用工执法服务活动”“台胞企业三服务活动”“受中美贸易摩擦影响企业劳动用工执法服务”“整治非法使用童工专项检查”“夏季根治欠薪专项检查”等专项检查行动，改善就业环境，宣传劳动法律法规，维护广大劳动者的合法权益。

（市人力社保局　胡明职、夏剑锋）

■ 劳动仲裁

【概　况】 2019年，市人力社保局人事争议仲裁院立案处理劳动人事争议案件678起，结案率100%，调解成功率98%，仲裁终结率95.3%；为劳动者和用人单位挽回经济损失1587.32万元。

市人力社保局被省厅评为2019年度全省劳动人事争议案件处理成绩突出单位。市劳动人事争议仲裁院章洪村被评为2019年度全省劳动人事争议案件处理成绩突出仲裁员。经济开发区劳动人事争议调解中心被评为2019年度全省劳动人事争议案件处理成绩突出基层调解组织。古山镇劳动人事争议调解中心沈艳京被评为2019年度全省劳动人事争议案件处理成绩突出调解员。

【联调中心案件处理】 2019年，联调中心及分中心共调解劳动争议案件3072起，为劳动者和用人单位挽回经济损失5172.85万元。

【立案调解“5+3”模式】 仲裁院学习和发展“枫桥经验”，坚持“预防为主、基层为主、调解为主”的方针，秉承“调解优先”原则，创新推出立案调解“5+3”模式。由永康市劳动人事争议仲裁院牵头，联合工会、法援、律师、劳动监察等5大部门共同参与联合调处中心工作，通过基层调解、联合调解、网络调解等3种调解模式，打造多方矛盾化解新格局。一是以源头化解为宗旨，全力推进基层调解高效化。加强预防预警，组织企业规范用工培训，开展职工安全教育培训；加强培训考核，提高基层调解人员的业务水平；加强权力下放，让古山镇、芝英镇、龙山镇建立独立仲裁庭，独立处理仲裁案件；加强工作指导，建立仲裁员、调解员联系乡镇制度；加强机构建设，在每个乡镇建立劳动人事争议调解中心，一线化解劳动纠纷。二是以高效处理为前提，协作推进联合调解有序化。聘任组织部、医保局、财政局、教育局等多部门工作人员及律师事务所具有调解经验的律师担任兼职仲裁员和调解员。形成由工会为职工提供法律咨询、由法律援助为劳动者提供法律服务、由调解员先行化解矛盾纠纷、劳动监察处理用工违法行为、由仲裁员快速审结的联合调解新模式。三是以解决纠纷为目标，积极推进网络调解常态化。主动探索新型调解，勇于改革创新，为简易案件开通绿色通道快速处理，实行口头调解、简易处理；对无法到场、行动不便的当事人开通电话调解、网络在线调解，让当事人足不出户便可快速便捷地化解纠纷。

【"1+X"劳动纠纷多元化解机制建设】 按照八部委《关于进一步加强劳动人事争议调解仲裁完善多元处理机制的意见》(人社部发〔2017〕26号)、省厅《关于印发〈推进乡镇(街道)劳动纠纷多元化解机制建设工作方案〉的通知》(浙人社函〔2018〕61号)、《浙江省人力资源和社会保障厅关于印发乡镇(街道)"1+X"劳动纠纷多元化解机制建设推进方案的通知》(浙人社发〔2019〕28号)等文件要求,全面开展镇(街、区)"1+X"劳动纠纷多元化解机制建设。分管领导带队逐一走访所有乡镇,对照建设清单,落实专人负责,督促乡镇全部完成统一名称、标牌悬挂、制度上墙、一窗受理、台账规范化、调解室规范化建设等要求。实现调解中心"六有六统一",工作人员"调解、监察、仲裁"一员三岗,并实现劳动争议多部门联动处置。到年底完成16个镇(街、区)的多元化解机制建设。

【调解员培训】 2019年7月中旬,仲裁院举办乡镇调解员培训,来自16个乡镇的70多名调解员参加此次培训,学习《调解员素养和调解技巧》等课程。培训结束后对未领取调解员证的调解员进行考核,考试合格的予以发放调解员证。自2017年起,累计发放调解员证102本,基本做到在岗调解员持证率100%。

(市人力社保局 吴华锋、章洪村)

社会保障

失业保险

【概 况】 2019年,永康市失业保险参保人数102235人,登记失业率1.92%。失业保险基金全年收入5573.16万元,全年支出14957.25万元,基金累计结余21201.58万元;再就业基金全年收入941.51万元,全年支出352.75万元,基金累计结余1395.4万元;劳动力市场全年收入33.33万元,支出41.36万元,未分配利润3.89万元。

【就业扶持】 2019年,全市共完成就业困难人员认定232人;审核完成就业困难人员灵活就业社保补贴和企业社保补贴974人,合计发放339.6万元(部分在2020年初发放);发放技能提升补贴4.3万元,共计补贴56人;农村公益性岗位补贴审核发放18.8万元,合计补贴45人;累计发放失业金1.26万人次,合计1809万余元;给54家企业发放稳岗补贴214.37万元(2020年初发放)。落实失业保险稳就业企业社保费返还政策。根据省厅文件精神,结合金华市级发放方案,为永康市3700多家裁员率不高于5%、符合浙江产业结构调整方向的困难工业企业和受经贸摩擦影响出现暂时性生产经营困难的企业返还2018年部分社会保险费,总计返还金额1.3亿余元(含部分在2020年初补发的企业)。永康市五金创业孵化基地获评金华市首批创业孵化示范基地,永康市中央仓储物流中心(宏伟供应链数字小微园)及浙江方园农业创业孵化基地获评金华市首批创业孵化基地。

(市人力社保局 方德伟、倪莎莎)

养老保险

【概 况】 截至2019年末,全市参加企业职工基本养老保险人数23.99万人,比上年末增加1.5万人,其中缴费人员18.07万人,离退休人员5.84万人,分别比上年末增加0.99万人、0.51万人。基本养老保险抚养比为3.09∶1。企业职工基本养老保险平均缴费基数为3356元/月。企业退休人员月均养老金2330元。全市企业职工基本养老保险基金收入174662万元，比上年同期减少20341万元，基金支出166032万元，比上年同期增加17695万元；期末基金累计结存445699万元。全市企业职工基本养老保险转移接续3318人，其中转入1802人，转出1516人。截至2019年年底，全市参加机关事业单位养老保险人数2.1万人，比上年末增加0.03万人，其中参保人员1.43万人，比上年末增加0.01万人，退休人员0.67万人，比上年末增加0.02万人。机关事业职工基本养老保险平均缴费基数为7248元/月。全市机关事业单位养老保险收入54454万元，比上年同期减少5011万元，基金支出55004万元，比上年同期增加3235万元；期末基金累计结存8383万元。全市机关事业单位养老保险转移接续106人，其中转出53人、转入53人。截至年底，全市参加城乡居民基本养老保险人数为17.14万人，其中参保缴费9.5万人，领取养老金人数7.64万人。全市城乡居民基本养老保险实际缴费人数为8.15万人，参保人员平均缴费额为221元/年。全市城乡居民基本养老保险基础养老金最低标准200元/月，参加城乡居民基本养老保险领取待遇人数7.64万人，月人均养老金224.08元。全市城乡居民基本养老保险基金收入22637万元，比上年同期减少1301万元；基金支出24175万元，比上年同期增加2142万元；期末基金累计结存24983万元。全市城乡居民基本养老保险转移接续15人。转入企业职工基本养老保险1967人。全年共办理养老金待遇领取资格认证135213人。4—12月，对企业退休及养老供养遗属进行领取资格认证，协助异地企业退休人员待遇领取资格认证376人，本地认证54016人，永康市退休异地居住的认证1311人；城乡居民养老保险和失地农民养老保险认证79510人。根据《关于进一步完善被征地农民基本生活保障政策的意见》（永委办发〔2014〕151号），全年办理被征地农民基本生活保障转职工基本养老保险3164人，补缴养老保险费（含被征地农民基本生活保障基金转入）23685万元。2019年12月底享受养老保险待遇人员66170人，其中企业离退休（退职、精简、供养）人员59030人，机关事业离退休（退职、供养）人员6903人，工伤待遇（退休、工伤、供养）人员237人。2019年共发机关事业单位养老待遇5.489亿元。

【养老金发放调整】 从2019年1月1日起，根据《关于2019年调整退休人员基本养老金的通知》（浙人社发〔2019〕38号），调整机关事业单位退休人员养老金计6451人，共计1223.7262万元，调整企业退休人员54211人，共计金额4810.84万元；根据《关于调整企业职工死亡后遗属生活困难补助费等标准的通知》（浙人社发〔2019〕42号），调整企业遗属待遇共925人，共计金额430083.57元，调整因工死亡职工供养待遇共174人，共计金额133980元，调整长期临时工补助1人，每月增加60元；根据《关于调整精简退职人员生活困难补助费标准的通知》（浙人社发〔2019〕43号），调整精简退职人员生活补助共50人，共计补发29050元。离休人员护理费调整共计29人，金额203500元。

（市人力社保局　方钦、洪秀秀）

工伤保险

【概　况】 截至2019年底，全市参加工伤保险人数为27.37万人（含建筑工伤4.11万人），比上年末增加1.66万人。其中农民工参加工伤保险人数为13.56万人。全市有10690人次享受了工伤保险待遇，比上年同期增加1689人次；人均享受工伤保险待遇12647元。全市工伤保险基金收入12151万元,比上年同期减少1165万元;基金支出13702万元,比上年同期减少35万元;期末基金累计结存1085万元。

【简易工伤一件事改革】 针对职工工伤办理"环节复杂、材料多、周期长",工伤待遇纠纷多发等突出问题,市人力社保局以"最多跑一次"理念优化流程、创新服务,在全省乃至全国率先推出"简易工伤一件事"集成服务。全部环节由各相关部门单位代办,3个业务集合为1项业务,办理材料从17份减到1份,办理时间从最少180天压缩至最多30天,工伤职工当事人只要填写1张申请表,就可以全流程"掌上办",相应工伤待遇便会打到申请人银行账户,至少跑6次变成了"零次跑"。

(市人力社保局　方钦、胡小奔)

民政事务

■ 社会救助

【概　况】 2019年,永康市民政局(以下简称"市民政局")按照省、市关于进一步做好困难群众救助工作的有关要求,及早着手、周密安排,积极创新措施、多方筹集资金,全方位开展困难群众帮扶救助工作。

【低保、低边、临时救助】 永康市城乡低保实行统一标准,月救助标准为730元,截至2019年12月,全市共有低保对象3674户、4458人,保证在每月月初将低保金、特困人员救助供养金及时足额发放到救助对象手中。全年共发放救助金2476万元。低保边缘对象915户、1529人。临时救助全年共发放848户,121万余元。

【特困、孤儿救助】 孤儿救助标准:福利机构孤儿每人每月1870元,社会散居孤儿及困境儿童每人每月1496元。发放"福彩圆梦·孤儿助学工程"款4万元。截至2019年12月,全市共有福利机构孤儿16人,全年共发放资金36.46万元;54位社会散居孤儿及困境儿童被列入救助,全年共发放资金94.54万元。共计发放资金135万元。截至12月,共有特困人员供养209人,供养标准每人每月1182元,特困人员供养资金全年共发放310万元。

【低保专项整治及整改】 2019年年初,市民政局下发《永康市2019年低保专项治理工作实施方案》,责任压实到各个乡镇,全面部署专项治理工作。重点会同扶贫等相关部门组织乡镇(街道)对于低收入农户名单中未纳入低保、低保边缘的对象进行逐户走访,摸清兜底保障底数;开展低保近亲属备案逐户排查,确保不漏一人;排查低保资金是否按月足额通过社会化形式发放到位。对于发现的漏保、错保、关系保、人情保、资金发放不规范以及各级经办人员工作作风问题形成问题清单。低保专项治理行动启动以来,整体工作推进有力,各项整改举措落地落细。截至年底,低保专项治理工作共进行3273户低保户、低边户入户调查,社会救助系统中完成3693户低保、869户低边、178名特困人员的复核工作。累计清退不符合条件低保对象451户、557人,低边户312户、820人。清退错保、关系保、人情保12户。近亲属低保备案89份,银行卡备案制度114份,民政局官网低保名单永久公示,要求各行政村低保永久公示制度长期执行。

【家庭经济收入核对】 在省核对中心的支持下,市民政局比对了银行、地税、人力社保、车管所等信息,2019年共完成13323人次的核对。针对家庭存款超过规定、子女拥有中高档轿车、子女成年就业家庭收入超标等情况进行预警,共出具4076份异常报告。对公租房住户及住房救助申请户共524户进行年审及复核核对工作，出具506份核对结果。截至12月初，协同退役军人事务局完成400名退役士兵的保险接续人员的低保、特困人员比对工作。

【医疗救助】 2019年底，市民政局配合市医疗保障局，完成4506人次低保户、1602人次低保边缘户、209户特困人员、70名困境儿童及孤儿的认定工作，顺利资助其参加基本医疗保险。

社会福利

【完善养老服务相关政策】 为促进永康市养老事业的进一步发展，更加规范居家养老服务照料中心的建设与管理，市民政局分别拟写《关于进一步加强居家养老服务工作的实施意见》《关于加强养老机构公建民营规范管理的指导意见》2个文件，前一个文件明确了对示范型居家养老服务中心建设和运营补助，完善细化了村级居家养老服务中心和助餐点建设补助和运营补助；后一个文件对公建民营的承包主体、遴选程序、合同规范、政府供养或补贴对象保障、国有资产保值增值、违约责任等都进行了明确，为公建民营工作提供了制度保障。

【示范型居家养老服务中心建设】 2019年，金华市下达的永康市建设任务为4家，经过前期调研，永康市选取龙山镇、芝英镇、石柱镇、唐先镇4地为2019年示范型居家养老服务中心的建设点。除唐先镇示范型居家养老服务中心建设点选在上考村外，芝英镇、石柱镇、唐先镇居家养老服务中心建设点都选在乡镇敬老院内。各承担建设任务的镇(街道、区)按照示范型建设的要求和标准，整合利用现有资源，统筹谋划，有序推进项目建设。除龙山镇居家养老服务中心是改扩建项目，其余都是优化提升项目。11月20日前，所有建设项目都已完成建设。根据省民政厅要求，全部已委托养老服务专业机构开展运营。

【乡镇敬老院公建民营】 2018年，永康市在古山镇敬老院开展公建民营试点，通过招投标确定由永康医院经营，率先完成公建民营。2019年，永康市政府将“提质改造乡镇敬老院，推行公建民营模式”列为2019年度全市重点工作，6家公办乡镇敬老院提质改造、推行公建民营模式纳入政府工作报告重点工作。6家公办乡镇敬老院已完成公建民营遴选，其中花街镇、芝英镇敬老院委托永康市普济敬老院进行经营管理，龙山镇、石柱镇、象珠镇敬老院委托永康方大瑞金养老服务有限公司进行经营管理，唐先镇敬老院委托杭州和康养老服务管理有限公司进行经营管理。6家公办敬老院都已完成公建民营。

【养老机构质量整治】 2019年上半年，市民政局对各养老机构开展整治“保健”市场乱象行动，加强养老机构管理，开展防虚假宣传教育。组织护理人员参加金华市2019年养老护理员职业技能培训暨竞赛活动。6月份组织全市养老机构负责人参加“防风险保平安迎大庆”养老机构安全消防培训会议，布置省平安考核暗访和九类消防安全突出风险自查工作。

【养老服务体系建设情况专项审计整改】 根据省审计厅安排，对永康市2014—2019年养老服务体系建设进行专项审计，并出具《专项审计调查报告》，市民政局认真对照审计报告内容逐项分析，研究整改措施，完成整改落实。

【留守儿童、困境儿童关爱保护】 2019年5月，机构孤儿搬入绿康丽州家园，市民政局对其孤儿养育情况进行监管。10月底，永康市未成年人救助保护中心在永康绿康丽州家园挂牌。完成70名困境儿童及30名留守儿童的信息采集工作。举办2019年儿童主任暨儿童督导员培训，共有424名村儿童主任、16名乡镇儿童督导员参与培训。

【社会福利中心(丽州家园)开业】 永康市社会福利中心建设项目是省、金华市、永康市三级重点民生实事项目之一。该项目规划总建设用地195亩(13万平方米)，一期建设用地83亩(5.5万平方米)，2013年8月动工兴建，2017年11月竣工验收，总投资2.25亿元，建成总建筑面积6.11万平方米，总床位1180床，内设养老、康复、儿童、综合娱乐等功能分区。2018年2月经公开招选，浙江绿康医养投资管理有限公司取得公建民营运营权，成为全市首家公建民营福利机构，更名为永康绿康丽州家园，2018年8月投入试运营，2019年3月正式开业。

社区建设

【概　况】 城乡社区是社会治理的基本单元。加强和完善城乡社区治理，事关党和国家大政方针贯彻落实，事关人民群众切身利益，事关城乡基层和谐稳定，是实现“两个一百年”奋斗目标和中华民族伟大复兴“中国梦”的重要基础工程。2019年全市有社区居委会23个，村民委员会402个。

【城市社区治理】 2019年，永康市城市社区基层党建工作通过创新活动载体，推动机关部门、企事业单位与社区党建的共建，机关党员干部进社区等一系列活动，推动社区发挥社区党组织的主心骨作用，建立健全社区党组织领导，完善社区自治章程、居民公约等，形成以居民为主体，业委会、群团组织、社会组织、物业企业等共同参与的“一核多元、合作共治”社区治理格局。针对城市社区工作者人员配备少、临时人员薪资水平低、学历年龄结构不合理、与城乡社区治理现代化要求不匹配等现状，永康市成立以市委副书记为组长，组织部部长、宣传部部长、分管副市长任副组长，相关部门及街道(区)分管领导为成员的城乡社区建设工作领导小组，出台《永康市专职社区工作者管理试行办法》，为永康市社区治理能力提升提供人才保障。

【农村社区建设】 2019年，全市有农村社区服务中心402个。全年成功创建省级引领型社区2个，市级完善型社区13个。市民政局为做好行政村规模调整后半篇文章，探索基层群众自治的有效实现形式，指导402个农村社区各自对村规民约和自治章程进行修订，完善村(社区)在党的领导下的依法自治，为基层群众自治制度打下坚实基础。开展涉村(社区)机构牌子多、上墙制度多等专项整治减负行动，全年共摘除对外挂牌1311块，室外服务标志牌1616块，室内功能室指示牌1067块，下墙制度616项，涉村事项清理314项，宣传阵地整合406块。建立涉村事项准入制度，减清基层负担。

基层政权

【概　况】 基层政权建设是党的永恒命题，是国之根本，是推进国家治理体系和治理能力现代化的重要环节。2019年，永康市基层政权组织包括11个镇，3个街道，2个区，23个城市社区居民委员会，402个村民委员会。

【巩固基层政权　推进基层治理】 永康市深入落实贯彻中共中央办公厅、国务院办公厅《关于加强乡镇政府服务能力建设的意见》，推动16个镇(街道、区)转变观念，强化职能，健全机制，增强意识，提高效能，实现镇(街、区)治理体系和治理能力的提升。巩固基层政权，完善基层民主制度，保障人民知情权、参与权、表达权、监督权。做好行政村规模调整后半编文章,切实做到并村并心、并村并账、并村并路,加强村(社区)“两委”建设,加强对新村干部的教育和管理,规范村干部行为,完善奖惩机制,指导全市402个农村基层组织完成村规民约和自治章程修编工作,探索基层群众自治的有效实现形式,为基层社会治理和基层政权巩固奠定坚实基础。

婚姻登记

【概　况】 2019年,永康市婚姻登记处严格按照《婚姻法》《婚姻登记条例》开展婚姻登记的各项工作。截至12月底,全市共办理婚姻登记业务5483件,其中,结婚登记3256对,离婚登记1380对,补领结婚证765对,补领离婚证81人次。积极推行免费结婚登记颁证、婚姻家庭辅导服务、“婚育户”一件事联办。加强业务培训,做到“一次告知”,努力做好婚姻登记“最多跑一次”工作。

【“婚育户”一件事联办】 10月17日,婚姻登记处根据浙江省民政厅统一部署,启动浙江省结婚生育户口“一件事”联办机制。当事人结婚登记当天可以申请结婚、生育、户口一件事联办,其中户口登记信息中婚姻状况变更为联办时必办项,“办理生育登记”“申请夫妻投靠落户”可根据当事人意愿申请办理。截至2019年底,婚姻登记处共受理“婚育户”一件事联办478件。

【婚姻家庭辅导服务】 永康市婚姻家庭辅导服务由市民政局和市心理咨询师协会联合开展。2019年,除了现场离婚劝解服务外,心理咨询师还开展“婚姻团体小组成长工作坊”“亲子关系工作坊”等28次实践活动,为当事人传授沟通表达、亲子关系经营等促进夫妻和谐相处的方法技巧,深入辅导840多人次。开展手机“微课”学习,为有需求的当事人组建微信群,由心理咨询师围绕婚姻关系、亲子问题等开展微信授课,全年共17名心理咨询师开展了24次授课,受益人数达8000多人次。此外,心理咨询师针对改变意愿强烈、问题严重的当事人,进行一对一跟踪辅导,协助他们走出困境。

殡葬管理

【概　况】 截至2019年底,全市已完成乡镇级联建骨灰堂7个、生态公墓1个(覆盖302个行政村),其中6个联建骨灰堂、1个联建生态公墓均投入使用,另外1个联建骨灰堂进入室内装饰及配套设施施工阶段。已完成村级骨灰堂(生态公墓)336个,安放骨灰堂骨灰(含坟墓迁移)达8500多具。生态安葬覆盖率达95%以上。市政府累计下拨奖补资金近2亿元。永康市殡葬改革经验和做法,先后被新华社内参、《经济参考报》《中国民政》《浙江省领导专供》《浙江日报》《浙江民政》等刊物刊登。殡葬管理所先后接待省内外110多批1200多人次参观考察团前来永康市学习考察殡葬改革骨灰堂建设先进经验,为殡葬改革贡献永康智慧。

下里溪骨灰堂(市民政局提供)

【“最多跑一次”改革】 2019年,永康市殡葬管理所按照上报民政部全国殡葬综合改革试点地区(单位)的任务要求及实施方案,依据市委、市政府《关于进一步深化殡葬改革全面推行生态葬法的实施意见》(永委发

〔2015〕4号)精神,结合永康市骨灰堂(公益性公墓)建设实际,主要围绕骨灰堂建设选址的审核、审批、验收、资金补助拨付,殡葬领域突出重点问题专项整治行动,骨灰跟踪管理督查,殡葬宣传,“最多跑一次”殡葬项目的审核审批工作,接待参观等六大块重点内容开展工作。

■ 地名管理

2019年永康市住宅区命名一览表

序号	标准名称	占地面积(平方米)	规划建筑面积(平方米)	地理位置
1	景欣华府	39650	148639.27	坐落在经济开发区,东、南为飞神车业,西为花园大道,北为九州西路
2	溪上华庭	35090	135223	坐落在古山镇,东为雅溪村,南为飞腾路,西为崇正路,北为古山大道
3	步阳雅苑	5455.98	21265.1	坐落在东城街道,南为解放街拆建城北东路安置地块,西为胡店,北为城北东路
4	融悦湾	18389	53150	坐落在东城街道,东至北苑小区、南到香樟大道(330国道)、西和北皆为北溪
5	海棠湾	7522	16548	坐落在东城街道,东至丽州北路、南至古丽中学、西至东库拆迁返还地、北至香樟大道
6	悦虹湾	40256	118271.6	坐落在西城街道,东和南为北溪、西为永义公路、北为规划道路
7	溪岸湾	7613	26264	坐落在芝英镇溪岸村,东至灵溪路、南至华溪、西至厂房、北至东永一线
8	盘龙谷	18824	34415	坐落在前仓镇,东至三联水库、南至塘头村山地、西至石雅村农田、北至塘头村山地
9	东溪湾	10611	34819	坐落在西溪镇上川村,东至永磐公路、南至上塘头村、西至西溪初中、北至上塘头拆迁安置区块
10	桃花源	15640	53722	坐落在花街镇桃源村吴坑,范围1.51平方千米
11	东库嘉苑	35113	117554	坐落在东城街道,东至东库村、南至东库街、西至永活小区、北至人民小学
12	锦悦学府	18261	78737	坐落在东城街道,东至海棠湾、南至北溪一路、西至空地、北至香樟东大道
13	桂语听澜	49945	195971	坐落在经济开发区,东至皇城路、南至金都路、西至规划道路、北至锦绣佳园

2019 年永康市道路命名一览表

序号	道路名称	地理位置	走向	备注
1	文昌大街	古山镇	起于东永一线，经文昌星公园东侧，跨华溪，交于崇正路，经文昌花苑南侧向东延伸	长 1680 米，宽 26—36 米
2	崇正路	古山镇	北起金鼎路，经文昌大街、浩山头村，南至方岩大道	长 3042 米，宽 20 米
3	西山路	西城街道	东起飞凤路，向西延伸	长约 300 米，宽 9 米
4	西石路	西城街道	南起松石西路，向北延伸	长约 300 米，宽 8 米
5	群升路	西城街道	西起永拖路，东止永义公路	长约 500 米，宽 8 米

社会组织管理

【概　况】 截至 2019 年底，永康市有社会组织 776 个，其中社会团体 198 个、民办非企业单位 578 个。

【社会组织工作党建引领】 截至 2019 年，全市社会组织综合党委成立独立党支部 11 个，组建临时党支部 1 个，共有党员 51 人。社会组织综合委员会依托市社会组织服务中心和市慈善组织孵化基地，成立永康市社会组织党群服务中心，2019 年依托党群服务中心成功孵化了永康市农商银行民安救援队党支部、永康市技师协会党支部、永康市西城街道玖玖社会组织服务中心党支部、永康市新四军历史研究会临时党支部，推动社会组织党建工作。坚持“党建＋公益”的发展模式，通过公益创投方式，引导社会组织参与社会基层治理，聚焦青少年防溺水教育、老年人陪护、退伍老兵关心关爱、婚姻家庭辅导等社会焦点问题，取得良好的社会效益。永康市西城街道玖玖社会组织党群服务中心以党建引领社会组织的发展，先后孵化了永康市玖玖民间艺术文化传播服务中心、玖玖环保观察志愿者大队、玖玖安保护卫队，专注于老兵长期陪护，得到省、金华市、永康市各级退役军人管理部门的肯定和支持。

【强化社会组织登记监管】 加强双随机执法力度，全年抽查 29 个社会组织，按照比例对 4 个社会组织进行实地检查，对 25 个社会组织进行书面检查。检查中发现有 7 个社会组织存在未按时换届、未及时变更等问题，并令其进行整改。利用“浙江省社会组织业务应用系统”，社会组织 50 个事项全部实现“浙江政务网”入口办理，后台审批，业务数据直接归集到省民政厅。清理僵尸社会组织，构建社会组织信用信息体系。2019 年，完成 29 个社会组织注销工作，有 18 个正在办理注销中，逐步将不能正常运行的社会组织按程序进行清理。

【加强培训提升社会组织能力】 2019 年，市民政局组织社会组织骨干人员先后参与金华社工协会组织的能力建设培训。同时永康市阳光爱心义工协会 2019 年公益创投项目“追梦人赋能成长计划”已开课 4 场，受益人数 265 人次，邀请省内外权威领域老师开展线下面对面培训，培训内容涉及志愿服务项目设计、社工和志愿服务联动、社会组织财务规范、社会组织品牌建设和推广。

2019 年永康市注销社会组织情况一览表

社会组织名称	注销日期	业务主管部门	统一社会信用代码	成立日期
永康市实验学校青少年体育俱乐部	2019 年 1 月 3 日	市体育局	52330784797640477E	2006 年 6 月 23 日
永康市方岩书画院	2019 年 1 月 8 日	市文联	513307845023726130	2003 年 10 月 21 日
永康市财政税务学会	2019 年 1 月 8 日	市财政局	51330784742925053F	2003 年 10 月 8 日
永康市楠雅香金丝楠木博物馆	2019 年 1 月 8 日	市文化局	523307843076690677	2014 年 10 月 8 日
永康市青年教师协会	2019 年 1 月 11 日	市教育局	51330784797634499Y	2006 年 1 月 8 日
永康市芝英过河桥电脑培训部	2019 年 1 月 16 日	市人力社保局	52330784730938236X	2001 年 8 月 8 日
永康市对外文化交流协会	2019 年 2 月 1 日	市委宣传部	51330784754938345H	2003 年 10 月 21 日
永康市芝英书画培训部	2019 年 3 月 5 日	市教育局	52330784730938244Q	2004 年 8 月 6 日
永康市优傲机器人职业技能培训中心	2019 年 4 月 2 日	市人力社保局	523307843298922001	2015 年 2 月 17 日
永康市久久太阳电子商务职业培训中心	2019 年 4 月 22 日	市人力社保局	523307843077565238	2014 年 10 月 21 日
永康市一一烘焙培训中心	2019 年 5 月 21 日	市人力社保局	523307843300092431	2015 年 2 月 6 日
永康市接力永康青年精英协会	2019 年 7 月 19 日	市工商联	51330784329980008X	2015 年 2 月 3 日
永康市花街镇汇慧幼儿园	2019 年 8 月 5 日	市教育局	52330784794373895K	2003 年 1 月 3 日
永康市古山镇金江龙文化礼堂服务中心	2019 年 8 月 5 日	市委宣传部	52330784MJ9696461T	2017 年 12 月 4 日
永康市乐福亲子文化培训部	2019 年 8 月 22 日	市教育局	5233078409167689X9	2014 年 1 月 24 日
永康市花街镇童星幼儿园	2019 年 8 月 27 日	市教育局	52330784730937882H	2003 年 1 月 3 日
永康普济护理院	2019 年 8 月 29 日	市卫生健康局	52330784071637180T	2013 年 6 月 26 日

续 表

社会组织名称	注销日期	业务主管部门	统一社会信用代码	成立日期
永康市城西新区小东陈文化礼堂服务中心	2019年10月16日	市委宣传部	52330784MJ969647XJ	2017年12月4日
永康市大众民乐队	2019年10月18日	市文化局	52330784355347628G	2015年8月31日
永康市红梅爱心艺术团	2019年10月21日	市文化局	52330784355471768Q	2015年8月31日
永康市城西宝贝金童幼儿园	2019年10月31日	市教育局	52330784355403212W	2015年9月18日
永康市浩恒模拟飞行俱乐部	2019年11月1日	市文化和广电旅游体育局	52330784MJ9696162W	2016年4月21日
永康市星光话剧社	2019年11月4日	市文化局	52330784355427070X	2015年10月22日
永康市祥和乐队	2019年11月7日	市文化局	52330784355395531E	2015年8月31日
永康市胡库文化艺术团	2019年11月13日	市文化局	52330784355450166R	2015年9月28日
永康市象鸣畈老人福乐园	2019年11月18日	市民政局	52330784327840597F	2015年1月2日
永康市新欣文化培训中心	2019年11月28日	市教育局	52330784794383989C	2006年5月17日
永康市江南街道园周文化礼堂服务中心	2019年12月4日	市委宣传部	52330784MJ9696496D	2017年12月4日
永康市求知职业学校	2019年12月27日	市教育局	52330784E960766763	2012年9月22日

（市民政局　俞晓、楼卓珺、黄志永、胡昕航、黄亚雯、徐瑶、吴云玉）

退役军人事务

【概　况】 2019年，永康市退役军人事务局(以下简称“市退役军人事务局”)积极开展“两节”走访慰问和困难救济工作。八一建军节和春节走访慰问60周岁以上农村籍退役士兵3082人，按照每人500元标准发放慰问金154.1万元；走访慰问重点优抚对象675人，按照每人1000元标准发放慰问金67.5万元。八一建军节期间救济困难退伍军人56人，计4.2万元；春节期间救济困难退役军人219人，计32万元。

【军人优待】 2019年，永康市的义务兵家属优待金标准为每户25641元，其中：进藏服役的按照普通兵家庭优待金标准的2倍发放，赴新疆等艰苦地区三类区以上特类岛屿部队服役的按照普通兵家庭优待金的1.5倍发放，应征入伍服义务兵役的大学生按照普通兵家庭优待金标准的1.2倍发放；2019年发放金额为1452.8万元。永康市象珠镇郎川村姚剑峰在部队荣立二等功一次，发放立功受奖奖金5000元。

【优抚对象补助】 2019年认定带病回乡退伍军人4名，调整残疾等级1名，新评残疾军人5名，办理转移残疾军人关系1人。2019年底，永康市共有重点优抚对象675人，重点优抚对象的生活补助标准继续以永康市上年度农村居民人均可支配收入为基础、再按相应的比例确定标准；自费参加城镇职工基本养老保险的重点优抚对象，生活补助费标准按国家规定执行，具体标准如下表所示。

类 别	自费参加城镇职工养老保险人员生活补助标准	未参加城镇职工养老保险人员生活补助标准		中央和省财政补助(元/年)
	2019年年标准(元)	占基数比例%	2019年年标准(元)	
解放战争时期入伍的	17592	75	21257	1690
1949年10月后入伍的	17532	70	19839	1690
孤老人员		95	26925	1690
带病回乡退伍军人	7380	70	18268	1200
参战退役人员	7800		10200	
部分烈士子女	5880		6720	

2019年发放上述重点优抚对象生活补助费为863.9万元。

2019年认定60周岁以上农村籍退役士兵301人，2019年底享受60周岁农村籍退役士兵生活补助的共有3082人。2019年8月份前一年兵龄每月补助标准为35元，2019年8月1日起一年兵龄每月补助标准为40元，全年总共发放生活补助费总额810.5万元。

【抚恤金发放】 2019年底永康市共有在乡残疾军人78人、在职残疾军人208人。在职残疾军人的残疾抚恤金标准按国家规定的标准享受，在乡残疾军人的残疾抚恤金标准以永康市上年度城镇单位职工平均工资为基数、再按相应的比例确定，具体标准如下表所示。

伤残等级	伤残性质	在乡残疾军人		在职残疾军人
		占基数比(%)	2019年抚恤金年标准(元)	2019年抚恤金年标准(元)
一级	因公	95	86771	85370
	因病	90	82204	82570
二级	因战	90	82204	79770
	因病	80	73070	72750
三级	因公	75	68504	65780
	因病	70	63937	61610

续 表

伤残等级	伤残性质	在乡残疾军人		在职残疾军人
		占基数比(%)	2019年抚恤金年标准(元)	2019年抚恤金年标准(元)
四级	因病	60	54803	47590
五级(二甲)	因战	60	54803	44810
	因公	55	50236	39180
	因病	50	45669	36390
六级(二乙)	因战	50	45669	35010
	因公	45	41102	33130
	因病	40	36535	27980
七级(三甲)	因战	40	36535	26610
	因公	35	31968	23820
八级(三乙)	因战	35	31968	16800
	因公	30	27401	15380
九级	因公	25	22835	11210
十级	因公	20	18268	8380

2019年永康市共发放在职伤残抚恤金411.2万元。

2019年底永康市“三属”人员有24人。“三属”人员的定期抚恤金以永康市上年度农村常住居民人均可支配收入为基数,再按相应比例确定;自费参加城镇职工基本养老保险的“三属”人员定期抚恤金按国家规定的标准执行,具体标准如下表所示。

类 别	自费参加职工基本养老保险	占基数比例%	未参加职工基本养老保险
	2019年抚恤金年标准(元)		2019年抚恤金年标准(元)
烈属	27980	110	31176
因公牺牲军人家属	24040	105	29759
病故军人家属	22610	100	28342

2019年永康市发放“三属”定期抚恤金为96.2万元。

【医疗保障】 上述人员(不含60周岁农村籍退役士兵)在2019年补助住院医疗费116.9万元,发放医疗包干补助为99.6万元。2019年度用于上述人员医疗保障支出总额为216.5万元。

(市退役军人事务局 王春梅、胡小刚、陈伟、应奇瑞)

人民消防

【概　况】 2019年是消防救援队伍换羽新生的一年，全市消防工作在市委、市政府的正确领导下和大力支持下，以重大活动消防安保为牵引，紧紧围绕永康市经济建设和社会发展大局，忠实履行职责，不断提升灭火救援能力和消防服务水平；以执法规范化建设和火灾隐患排查整治为抓手，以执勤备战为重心，着力织密火灾防控网和灭火救援网，全力推动消防工作和队伍建设跨越发展，圆满完成全年各项任务，为永康市经济建设创造了良好的消防安全环境。

【推动开展消防工作】 2019年，市委、市政府主要领导11次带队开展消防安全检查。完成重大火灾隐患挂牌单位省级2家、市级1家、县级1家以及市级挂牌区域2处的整改工作，对各镇街区开展消防专项督查1次，向行业部门、镇街区及社会单位发工作建议函告62份，在全市消防安全工作会议上以专题视频形式通报督查情况2次，市领导对火灾高发镇负责人警示约谈1次。

【夯实基层基础火灾防控体系】 2019年，永康市消防救援大队（以下简称"市消防大队"）理顺消防执法在机构改革期间与应急管理局、住建局等部门的关系，加强部门配合，妥善交接消防设计审核和验收工作。推动七大行业主管部门出台消防安全工作制度和标准，联合开展高层建筑、出租房、小微企业等重点领域和隐患消防安全综合治理工作，共排查各类场所1.6万余家，约谈重点单位、隐患突出单位、不放心场所等200余家。对18个社区微型消防站进行升级，增建89支千人村微型消防站。有效推动电动自行车智能充电桩建设，共新建3853个。

【排查整治火灾隐患】 2019年，市消防大队对14类重点场所的九大突出风险进行重点排查，严肃查处火灾隐患和消防安全违法行为，共检查单位2710家，下发责令改正通知书1747份，发现火灾隐患3620处，督促整改火灾隐患3603处，行政处罚225起，临时查封82处，责令"三停"114家，强制执行1家，罚款96.96万余元，拘留41人。配合公安机关对吉星彩印厂和泰龙电镀有限公司2起涉嫌失火罪的嫌疑人进行判决。

【丰富宣传形式增强消防意识】 2019年，市消防大队通过防火监督人员镇街区联系点制度，加大对基层一线消防业务指导，开展培训32次，自上而下形成监管责任链条。以古山消防体验站为试点全面推进镇街区消防体验馆建设，各中队共计开放230余次，发动宣传"七进"活动200余次，培训各类人员2.8万余人次，累计发放资料7万余份，播放消防公益广告、警示教育片2000余次。利用移动互联网平台群发各类消防常识和防灭火自救逃生知识累计20万余人次。

【常抓灭火救援基础工作】 2019年，市消防大队进一步规范灭火救援预案编制，摸清辖区情况，提升实战能力，新增重点单位数字化预案16份和作战信息卡25份，开展"六熟悉"、演练和夜间巡逻215次。对辖区1550只市政消火栓进行全面登记造册和维护保养。共接警642起，抢救被困人员41人，疏散被困人员3人，收到群众感谢锦旗12次，抢救财产价值11867.5万元，成功处置"11·11"龙山镇吕南宅厂房等火灾事故，圆满完成国庆70周年安保工作和第24届中国五金博览会、第10届门博会现场执勤任务，8次收到群众感谢锦旗。

【强抓灭火救援攻坚能力】 按照"能打仗、打胜仗"从严科学施训，坚持训练实战化、全员化，邀请地方体能教练和特警教官，针对性加强基础力量和协调性训练，依托重点单位和设施开展实战化训练，加强内攻和紧急避险组训，针对性开展攻坚组单兵、班组、合成等科目训练，兼顾抓好专职队体技能水平提升，提高辖区类型火灾、汛期抗洪、高温抗旱等突发事件处置能力，固基础强专业训练成效明显。2019 年，开展大中队体技能对抗赛 5 次，城南中队获得支队体能对抗赛总分第二，3 名指战员入选总队集训队备战全国火焰蓝比武，3 名专职队员包揽全省多种形式消防队伍技能比武专职队组个人总分前 3 名。

8 月 10 日 21 时 05 分，市消防救援大队 2 车 8 人连夜奔驰 110 多千米，赶往台州临海市参与受台风"利奇马"影响的抗洪抢险救援工作(程思嘉　摄)

【多种形式开展消防队伍建设】 2019 年，市消防大队提请市政府召开专职消防队建设推进会，合同制消防员增编 15 人，进一步优化长效保障机制。古山、石柱、象珠专职队投入单编执勤，有序推进 5 支专职队的提档升级，每月定期开展业务指导和联勤联训，提升作战协同能力，各类站点的合理布局辐射周边，逐步形成"一体多翼"多种形式消防力量体系。

（市消防大队　供稿）

人民防空

【概　况】 2019 年 1 月 17 日，永康市应急管理局(以下简称"市应急管理局")组建成立，挂市人民防空办公室(市民防局)牌子。负责应急管理工作，指导全市各镇(街道、区)、各部门应对安全生产类、自然灾害类等突发事件和综合防灾减灾救灾工作；负责安全生产综合监督管理和工矿商贸行业安全生产监督管理工作；组织开展人民防空战备工作，负责人民防空工程建设管理。下设 6 个内设机构：办公室、法规宣教科、应急救援科(应急指挥中心)、消防监管科、安全生产监管科、行政审批科(人防业务科)，下属 3 个单位：永康市安全生产监察大队、永康市建筑建材管理站和永康市安全生产教育培训中心。

2019 年，永康市人防工作聚焦备战打仗职责使命，强化忧患意识、责任意识、备战意识，按照"能打仗、打胜仗"的要求，主动融入军事斗争全局、经济社会发展、城市基础设施建设，大力加强防护工程、指挥信息建设，着力推进重要经济目标防护工作，组织开展实战演训，全面提升人民防空体系能力。2019 年，市应急管理局做好 071 工程、人防指挥车的管理维护，确保设备设施正常运行，保持战备状态。开展人防指挥信息系统训练、电台通联业务训练，组织人防疏散演练，圆满完成"5・12""9・18"警报试鸣。开展人民防空行业整治工作、人防工程"双随机"检查、人防结建工程建设和人防工程易地建设费征缴政策执行情况专项检查。积极构建与时代发展同步、与群众需求契合、与生产生活交融的人防宣传体系，继续推进"最多跑一次"改革。

【人防体系建设】 做好重要经济目标分类。市应急管理局按照新标准开展重要经济目标摸底工作，做好重要经济目标分类，相关分类按保密原则不予公开。

开展实战化演训。市应急管理局每星期开展人防指挥信息系统训练、电台联通业务训练；每月组织16个镇级人防（民防）指挥中心联合训练。在“5·12”防灾减灾周，组织指导江南街道金水湾社区、步阳集团开展人防疏散演习，近千人参加。

人防警报报知系统维护。市应急管理局加强人民防空警报报知系统建设，新增警器系统3台。强化人防警报报知系统的维护管理，进行人防警报系统维护检查90余台次，圆满完成“5·12”防灾日防灾警报、“9·18”防空警报试鸣。

城市综合防护体系建设。市应急管理局加强人防工程建设事中事后服务和监督管理，开展人防在建工程质监286人次、在用人防工程双随机检查36人次，人防工程执法检查21人次。通过实地检查，发现存在问题，督促整改，通过以查促改，不断提高永康市人防工程质量水平。开展人民防空行业整治工作、人防结建工程建设和人防工程易地建设费征缴政策执行情况专项检查等活动。

人防系统腐败问题专项巡察。2019年，根据习近平总书记批示精神，开启全国人防系统腐败问题专项整治，永康于11月启动人防系统腐败问题专项整治。

11月19日上午，人防系统腐败问题专项巡察工作动员会召开（市应急管理局提供）

【人防宣传教育】 2019年，市应急管理局发挥传统媒体与新媒体的优势，持续推进人防宣传教育工作。与教育局联合做好城区、人防重点镇、开发区各学校的人防宣传教育工作。14所初级中学及1所小学发放教材7226本，共7000多名师生接受人防教育。全市各校利用国旗下讲话对全校师生开展一次防灾减灾教育、召开一次防灾减灾主题班会、观看一次防灾减灾宣传教育片。组织全市300多所中小学（幼儿园）近10万人参加各种形式应急逃生演练，接受防灾减灾知识宣传。开展“3·1”国际民防日宣传活动。联合气象、消防等部门深入大润发超市、社区、行政中心等人员密集场所开展“3·15”民防宣传活动，展出展板50余块，发放资料2000多份，受众上万人次。在“5·12”防灾减灾宣传周期间，每个人防指挥部成员单位开展防灾减灾宣传活动。依托首届安全与应急产品博览会（5月10日—12日）开展大规模防灾减灾宣传。在《永康日报》刊登人防专栏。发送8万条防空防灾知识短信。联合人武部在永康市职技校、龙山镇中小学开展人防宣传活动，展出人防展板、发放人防宣传资料。

社区群众观看人防安全知识（市应急管理局提供）

（市应急管理局　杨金英）

应急管理

【概　况】 2019 年，市应急管理局快速进入工作状态，全年定调为“基础提升年”，以“打造一支队伍、提升两种能力、落实三大任务、实现四大目标、建立五大体系以及实施六项工程”的总体思路，推进应急管理改革发展，加快数字化应急建设，把好安全生产基本盘并加大安全宣传教育力度，夯实大安全、大应急、大减灾基础工作，有效解决因应急管理机构改革职能扩展、工作整合引发的能力危机，改善安全生产重点领域和自然灾害防治各条线基础数据零散的状态，并举全局之力以 2 个月的时间筹办首届中国安全与应急产品博览会。

■ 应急管理体系建设

【理顺应急管理体制】 机构改革后，市应急管理局推动市委市政府调整原永康市应急管理委员会（以下简称“市应急委”）组成人员、下设机构和工作职责，设立 15 个部门专项应急指挥机构和 16 个镇（街道、区）应急委，形成“统一领导、权责一致、综合协调、分类管理”的“1＋15＋16”新时期应急管理体系。镇（街道、区）应急委设立，将原来散落在经济发展办、社会治理办等科室的应急管理工作统一归口到镇应急委来统筹协调，与市应急指挥中心对接，做到班子有人抓、工作有人做、队伍有扩展、办公有场所、事件能处置，人员、工作、责任“三落实”。

【深化“最多跑一次”改革】 按照上级部署落实“一窗受理、集成服务”“浙里办”“一证通办”等要求，“最多跑一次”事项 100％实现网上办理。2019 年启用浙江省人防部门“最多跑一次”服务系统及省发改委的投资在线平台 3.0（工程审批系统 2.0）系统，优化人防行政审批。配合推进建设项目审批制度改革、无证明城市改革、企业投资项目承诺制改革，扎实做好行政审批服务工作，全年共办理各类申请事项 254 件，群众满意度 100％。

【强化应急救援力量建设】 统筹各类应急救援队伍建设，加大对社会救援力量指导扶持力度。2019 年指导开展 17 支森林消防队伍响应速度和齐整率点验，累计拨付森林消防队伍、装备和训练等补助经费 209.216 万元；统筹全市 27 支社会应急救援队伍建设与发展，成立 225 万元的“社会救援专项基金”；组织市红十字会救援队参加全国比武，进入全国决赛并获佳绩；开展第二届“农商银行杯”社会救援力量技能比武大赛；探索建立应急协会，成立第三届应急管理专家队伍。

5 月 9 日，永康市慈善总会副会长俞福才和永康农商银行党委书记胡建群为永康农商银行社会救援专项基金揭牌（市应急管理局提供）

【推进应急管理智慧工程建设】 推进“互联网＋监管”，推广应用省行政执法监管平台，全年开展“双随机”抽查 19 次 114 家企业，掌上执法检查 325 家企业；深化危化品风险大数据平台建设和应用，将全市 37 家危险化学品生产、经营企业监控系统接入应急指挥平台，实行危化品风险管控日报制度；进一步推广应用智慧用电等安全防控新技术，全年完成1200套智慧用电推广使用。

防范化解重大风险

【重点行业领域专项整治】 2019年，市应急管理局深化重点行业领域专项整治。危化领域，吸取江苏响水"3·21"事故教训，全面排查危化重点单位隐患174条，下发暂时停产停业指令书3份，责令限期整改指令书40份；推动重大危险源单位以采取改变工艺、减少储量等手段降低危险等级，将重大危险源从原有的4家降至1家；借鉴衢州化工园区建设经验，出台永康市化工集聚区"五个一体化"实施方案，完善"安全责任险+服务"运行机制。工矿商贸领域，全面开展全市工业生产经营单位排摸登记，持续开展"三场所三企业"专项整治工作，为企业考察引进干抛湿除一体机先进设备，完成涉爆粉尘企业专项整治88家。其他重点领域，统筹协调相关行业主管部门开展小微企业安全生产和消防安全综合整治，全力做好庆祝中华人民共和国成立70周年、世界互联网大会等重大活动应急管理保障工作。

已完成涉粉整治的企业抛光工位上，员工坐在干抛湿除一体机前进行抛光工作。抛光出的干粉尘在机器内经湿化后流出，大大降低了粉尘在空中积聚易爆风险（市应急管理局提供）

【完善重大风险管控机制】 2019年，市应急管理局加强重点场所风险管控，完成"防风险、保平安、迎大庆"重点场所突出风险重点排查，实行永康市级、部门、镇级"三个一批"隐患挂牌督办重点事故隐患单位527家，按期限完成全部隐患整改。制定实施年度安全生产监督执法计划，加大执法查处推动企业主体责任落实，全年共立案160起，罚没款435万余元。

【组织应急救援演练应对实战】 4月15日，健全机构改革后防汛防旱指挥部组织架设，并于7月4日组织开展改革后的第一次"全网、全过程、全流域"防汛应急演练。8月，"利奇马"台风迎战期间，在保障舟山、新楼和西溪尚黄桥应对之外，永康最先响应省委省政府号召向临海增援，先后派发4支应急救援队共计96名救援人员、16艘冲锋舟、26辆救援车增援临海，其中千喜牧马人车队为省委、台州市、省军区领导保障用车。2019年组织开展危化品泄漏、地质灾害、高速危化泄漏高空被困等4次专项应急演练。

夯实应急管理基础

【企业安全生产标准化建设】 深入安全生产标准化提质增效工程。2019年在金华创建全国安全标准化示范区工作中，永康市创建安全标准化示范企业13家，创建数居金华前列；并新创三级安全生产标准化133家，组织复审复评126家，较好地完成了金华下达的标准化创建任务。

【基层避灾场所建设】 2019年，市应急管理局推进县、乡、村三级避灾安置场所规范化建设，完成省十大民生实事35个规范化避灾安置场所建设。

【应急管理宣传教育】 2019年，市应急管理局以安全生产、人民防空、自然灾害防治、应急救援为重点强化对人民群众的宣传教育。深入开展安全生产月、人防宣传周等活动，扎实推进安全生产宣传教育“八进”和人防宣传教育“五进”工作，提升全民安全和人防意识。一是制定并实施安全与应急“长鸣”宣传计划，推进安全应急文化建设，实现全民安全生产和应急管理知识宣传长期化、常态化、系统化。二是圆满完成三类人员培训任务，全年共培训负责人、管理人员、特种作业人员等各类人员11371人。三是多渠道开展安全宣传。开设广播、电台、电视“应急时空”专栏；开展“安全宣传”小品巡演；制作“安全宣传片”在公共场所播放；改版“永康应急”公众微信号，实现互动功能，每日推送信息动态和曝光台，实现安全培训微信报名“零次跑”便民举措。

【服务社会经济】 5月10—12日，在市委、市政府的领导下和社会各界的支持帮助下，市应急管理局会同五金城集团成功承办第一届中国(永康)安全与应急产品博览会。来自全国各地的参展企业206家，展示当前最先进的应急产品、设备和应用上千项，展出总面积达2.6万平方米，吸引7.5万名观众参观，其中专业观众超1.2万人。央视《朝闻天下》、中新社、人民网、凤凰网等20多家全国权威媒体和《浙广直播》、爱奇艺等全国各省市网站、平台对博览会进行报道，总浏览量超百万次。博览会之后，永康市应急产业培育进一步加快，市飞神集团和深圳震有科技股份有限公司签署了应急指挥移动平台项目战略合作协议；浙江宏伟供应链“天马”应急物资采购仓储物流平台列为重点培育项目；规划面积24.76万平方米的道明安防小微园正式落地。

安全与应急产品博览会期间群众热烈参与公益救援安全知识讲座(市应急管理局提供)

【锤炼应急铁军】 2019年，市应急管理局高质量开展“不忘初心、牢记使命”主题教育活动，融合应急管理“基础提升年”建设目标，深入学习贯彻习近平总书记关于加强党的政治建设的重要论述，聚焦防灾减灾、安全生产、应急救援体系，抓主业增强履职能力。加强基层党组织建设，完成基层党组织换届选举工作。2019年，市应急管理局积极投身“三服务”，融合“扛责任、强担当、治顽症、促发展”作风建设要求，面对机构改革职能扩展，重大安全风险防范化解的挑战，在安全生产监管、防汛防台、救援抢险的关键时期能够连续作战，坚持全年24小时值班值守，以2个月的应急速度举全局之力成功承办首届安全与应急产品博览会，并促进多个项目落地。

防汛防旱应急

【概　况】 因机构改革，永康市防汛防旱指挥部(以下简称“市防指”)进行提级调整，由市政府分管水务副市长担任转为由市政府常务副市长担任，新设立第一副指挥，增加3个副指挥。永康市防汛防旱指挥部办公室(以下简称“市防指办”)于2019年4月从水务局转隶到应急管理局，原市防指办的3个编制2个保留在水务局、1个划转到应急管理局，调整后市防指办主任改为由应急管理局分管领导担任，将市消防救援大队、高铁南站、移动公司、联通公司纳入成员单位。

【汛情旱情监测】 2019年，永康气候特点为"气温偏暖、前涝后旱、对流多发、气候反常"。年平均气温18.9℃，较常年偏高1℃，连续20年偏暖。

雨情监测。2019年永康降水总量1721.4毫米，较常年偏多18%，但时空分布极为不均，1—7月降水量占全年降水量的81%，梅汛期降水量显著偏多，秋季出现旱涝急转；年日照时数1445.6小时，较常年偏少16%。年初连阴雨天气，少晴寡照，两次创旬日照极小值；春夏之交强对流天气多发，梅雨形势典型，降雨量显著偏多；8月9—10日超强台风"利奇马"强风暴雨袭击，9—12月中旬晴多雨少，出现中度干旱，年末暖区活跃，12月最高气温打破同期历史记录。2019年梅雨期为6月17日—7月17日，梅雨量484.3毫米。6月17日入梅以来，永康市普降暴雨，各江河水库水位快速上涨。梅雨期间发生了以6月19—21日、25日、28日、7月3—5日、8—10日、13—15日为核心的6轮强降水过程。其中累计降水量最大点是大寒山雨量站，达615毫米，最小点是箕里，383毫米。对永康市有影响的台风为第9号台风"利奇马"和第18号台风"米娜"，其中"利奇马"给永康市带来的风雨综合影响强度为强，综合损害等级为相对严重；8月8日8时—11日8时，全市普降暴雨，部分地区大暴雨，过程面雨量137.6毫米，最大雨量花街大寒山站307.2毫米，17个站点累计雨量超过100毫米(总计29站)，过程最大风出现在象珠椒坑站24.8米/秒(10级)，花街大寒山站、八字墙站、石柱姚塘站风力为9级。

水情监测。2019年，永康江下园朱断面于7月4日23点50分和8月10日14点10分左右出现洪峰，最高水位都为82.0米，流量为784立方米/秒，2019年入汛时全市20座小(一)型以上水库蓄水10515万方，占正常库容的84.26%，比正常年份多蓄1509万方；汛末时20座小(一)型以上水库蓄水9603.32万方，占正常库容的76.95%，比正常年份多蓄1000万方。

旱情监测。2019年9月7—30日，全市无有效降水，晴多雨少的趋势持续到了12月中旬，其间降雨量84.6毫米，为历史同期第三少，出现中度干旱，长时间的降雨偏少导致水库水位持续下降，农业生产受损。

【洪涝灾害记录】 永康市气象台2019年7月16日15时37分发布暴雨黄色预警信号：受强对流云团影响，过去两小时永康市东北部地区出现短时强降水，最大雨量站点弓塘站雨量88.6毫米，短时强降雨致古山镇(大园东村、榔山殿村、林坑陈村，孙宅村，古山三、四村受淹严重，镇主要道路南峰街，胡库大街，经纬路积水严重)、芝英镇(前陈村、上徐店村、下徐店村)等多个村进水。市应急管理局调遣社会救援队30人配合芝英镇到村中危旧房中挨户搜索被困人员。19时，水位明显下降，险情解除，共转移安置危险地带群众292人，无人员伤亡。

7月16日下午，古山镇林坑陈村积水严重(市应急管理局提供)

8月10日10时左右，受第9号超强台风“利奇马”影响，短历时强降雨导致山区突发小流域山洪新楼溪、棠溪、塘里坑溪、八字墙溪等山区河道河水暴涨，洪水冲过堤岸淹没沿溪方丘村、方山口村、下丁村、尚黄桥村、义门村、石江村、炉村、龙潭里等村河边道路、农田及农民房屋底层，淹没水深超1.0米，至下午3时洪水才渐渐消退。该次台风降雨强度大，全市16个镇(街、区)均有不同程度的损失，受灾人口1.64万人，紧急转移安置700多人，山塘损坏10座、河道堤防损毁12.784千米、冲毁堰坝12条，农作物受灾面积5385亩，农作物绝收55.5亩，倒塌房屋4间，严重损坏房屋41间，乡村公路边塌方6700立方米，挡墙坍塌5610立方米，路基损坏7500立方米，路面损坏1000平方米。台风影响期间，全市电网停运10千伏主线5条、支线21条，灾情主要发生在舟山溪、新楼溪、东溪、棠溪、塘里坑溪等，造成全市直接经济损失达5000多万元。

【汛期防御应急】 2019年，全市启动防汛应急响应5次，分别为：6月21日10时10分启动防汛Ⅵ级应急响应，至6月22日14时30分结束应急响应；7月4日16时10分启动防汛Ⅵ级应急响应，至7月6日8时30分结束应急响应；7月9日17时10分启动防汛Ⅵ级应急响应，至7月10日10时50分结束应急响应；8月9日14时30分启动防汛Ⅵ级应急响应，8月9日16时30分提升至防汛Ⅰ级应急响应，8月11日20时00分调整为防汛Ⅵ级应急响应，8月13日9时40分结束应急响应；9月30日17时30分启动防汛Ⅲ级应急响应，至10月2日9时30分结束应急响应。

全年杨溪水库开闸预泄洪4次，分别为：7月4日18时开闸，下泄流量60立方每秒，7月6日7时关闸，泄洪历时37小时，累积泄量813万方；7月8日18时开闸，下泄流量60立方每秒，7月10日14时30分关闸，泄洪历时44.5小时，累积泄量830万方；7月15日20时开闸泄洪，7月16日18时关闸，泄洪历时22小时，累积泄量465万方；8月10日11时30分开闸泄洪，下泄流量60立方每秒，10日18时加大至100立方每秒，11日10时20分关闸停止泄洪，泄洪历时22小时50分，下泄流量770万方。

（市应急管理局　杨金英）

人民法治

执法监督

【概　况】 2019 年，永康市委政法委员会（以下简称“市委政法委”）的执法监督工作在金华市委政法委的正确领导下和市委、市政府的高度重视下，认真学习贯彻习近平新时代中国特色社会主义思想，以化解社会矛盾、维护社会稳定为目标，认真推进各项工作，按时完成任务。

【涉法涉诉信访积案化解】 3 月下旬，为有效化解涉法涉诉信访积案，提升人民群众获得感、幸福感、安全感，市委政法委在前期仔细排查的基础上集中交办一批涉法涉诉信访积案共 9 件，其中交办法院、检察院、公安局各 3 件。积案交办后，市委政法委第一时间召集政法各单位开会，严格根据信访诉求明确责任部门，落实领导包案、“一案一专班”机制，逐件落实化解措施，围绕“事要解决”这个核心，瞄准突破点，全力化解信访积案，截至 10 月底，全部成功化解。

【案件质量评查】 市委政法委于 10 月将关于开展 2019 年案件评查的通知下发至政法各单位，要求各单位对本单位的涉法涉诉信访案件自行开展评查工作。11 月，市委政法委邀请政法各单位以及人大法工委等部门的业务骨干，在政法各单位对涉法涉诉案件自查基础上，逐个对案件进行重点评查。集中评查涉法涉诉案件 26 个，其中公安机关 11 个，检察院 6 个，法院 9 个。市委政法委联合政法各单位分管领导，紧紧围绕群众反映强烈的执法、司法信访案件问题，认真开展评查，严格评查程序，对发现的问题进行梳理归纳，剖析原因，及时整改，建立健全长效机制，提高永康市政法机关办案质量，进一步规范执法行为。

【涉案财物处置工作专项执法检查】 为进一步巩固 2018 年刑事诉讼涉案财物处置工作专项执法成果，11 月，市委政法委和政法各单位的骨干人员到各部门进行实地交叉检查，对 2018 年度检查出的问题财物进行回头看，重点检查 2019 年度的侵财案件，梳理筛选出 90 多个案件，其中盗窃案 75 件、贩卖毒品案 2 件、诈骗案 5 件、故意伤害案 5 件、其他类型案件 5 件，对照台账和实物一对一进行检查。将检查发现的问题以交办单的形式交办给各个单位进行整改。活动结束后，市委政法委迅速组织政法各单位、财政局的分管领导开会讨论，共同制定《永康市刑事诉讼涉案财物跨部门管理和处置工作规范（试行）》，进一步规范办案人员对涉案物品的处置行为。

【诉源治理工作】 2019 年以来，永康市严格贯彻落实习近平总书记“坚持把非诉讼解决机制挺在前面，从源头上减少诉讼增量”的重要指示精神和省委“最多跑一次”改革理念，积极探索推广“龙山经验”和矛盾纠纷多元化解机制，在源头预防、非诉解纷、法院诉讼等不同领域阶段，充分发挥司法引领、指导和保障作用。

强化司法引领作用。积极推动民间借贷、“套路贷”协同打击治理工作，向公安机关移送民间借贷虚假诉讼案件 5 件。严格规制职业放贷行为，出台《关于建立“职业放贷人名录”的实施意见》，民间借贷共收案2018件，同比下降21.2%。

发挥法庭地缘优势。依托现有4个乡镇法庭，融合党建与法庭辖区当地文化，推进“一庭一品”司法服务品牌创建，如芝英法庭结合辖区五金工业发达、厚植工匠精神的特点，在辖区80余家企业内建立调解组织，涉企案件量下降50.11%。

强化培育调解力量。健全“今日我当值”机制，将村干部、乡贤、企业调解员纳入当值人员队伍。持续开展指导培训活动，在实践中锻炼和提升基层干部和调解人员的工作水平。同时，赋予司法确认强制执行效力，2019年，713名当值人员共调解案件384起，司法确认99起。

创新调解手段。全面推广在线矛盾纠纷多元化解平台（ODR）、“移动微法院”应用，创新视频调解、微信调解等方式，加强线上线下矛盾纠纷统筹调解。2019年，ODR平台受理纠纷2174起，调解成功1845起。

【政法一体化协同系统应用推广】 2019年，永康市紧紧围绕“先走通，后加量”的思路，落实各项工作举措，成立工作专班，扎实有序推进政法一体化协同系统应用推广工作。截至12月底，统计期内通过一体化办案系统报请逮捕649件，反馈报捕审查结果648件，移送起诉1331件，反馈移送起诉审查结果1359件，提起公诉10115件，反馈检察院审判结果988件，反馈公安审判结果987件。

【涉政府产权专项治理】 7月5日，省委政法委召开涉政府产权纠纷问题专项治理行动视频会议后，市委政法委与市发改局召开专题会议并部署工作，根据永康市实际情况制定下发行动方案，与16个镇（街道、区）、市机关各部门开展涉政府产权纠纷排查工作，共排摸梳理出永康市涉政府产权纠纷案（事）2件，经法院、财政局等部门的多方协调与工作，涉政府产权纠纷案（事）全部圆满化解。

（市委政法委　供稿）

平安综治

【概　况】 2019年，全市政法系统认真贯彻《中国共产党政法工作条例》，科学谋划防风险、保安全、护稳定各项措施，牢牢把握迎接中华人民共和国成立70周年、防范化解重大风险这一主线，深入推进平安永康、法治永康建设，纵深开展扫黑除恶专项斗争，为全市经济社会发展创造安全的政治环境、稳定的社会环境、公正的法治环境、优质的服务环境。全年全市刑事案件、治安案件总量同比分别下降27.1%和26.8%，命案连续14年保持全破，五类恶性案件全破，两抢案件同比下降62%。四级走访总量同比下降38.2%，赴京到省走访同比下降38.2%。法院收案同比下降6.39%，员额法官人均办案448件。人民群众平安建设满意率再创新高，在全省排名比上年提高56个位次，夺取省级平安县（市、区）创建14连冠。

【“龙山经验”促进矛盾纠纷源头化解】 2019年，市委政法委深入推广“龙山经验”前端治理做实矛盾纠纷源头化解，统筹市法院、镇（街、区）积极探索矛盾纠纷多元化解新途径，形成分层过滤递进调解和诉调裁一体化运作的“龙山经验”。依靠党委领导，依托龙山法庭和司法所指导，发挥社会组织和群众力量，细化完善矛盾纠纷多元化解工作机制，使矛盾纠纷从“可调、可不调”转变为“必须调”。通过开展“一村一警”“一企一警”“今日我当值”等活动，积极拓展

“龙山经验”都市版、行业版、社区版、企业版等，形成“各条线各区块自治”的良好局面。“龙山经验”是推进“基层党建＋社会治理”的生动实践。

【基层政法委建设】 2019 年，全市规范化配置“基层政法委”，镇（街道、区）党（工）委政法委员会实现全覆盖。依托镇级综治中心阵地，变“单打独斗”为“综治综调”。强化基层政法力量，抓好“防火翼”和“灭火翼”建设，完善“一三六”应急处置机制，确保矛盾纠纷调处化解“工作有统筹、统筹有平台、平台有资源、资源有效率”。

【完善三清单六机制】 2019 年，市委政法委健全机制压责任，确保平安永康建设稳步向前。完善“三清单六机制”（责任清单、风险清单、问题清单；化解整治机制、平安月检机制、保分保障机制、对接协调机制、督查督办机制、战时维安机制）。市平安办把 2019 年度省平安考核内容分解成 46 个重特大事项否决点和 398 个普通条款扣分点，逐个明确牵头协调单位、责任单位和对接责任单位，把平安考核责任逐条分解给每个镇（街道、区）和部门，将每一项工作任务落实到人，确保平安建设各项工作任务真正做实做细、落到实处。

【矛盾纠纷调处化解中心建设】 永康市社会矛盾纠纷调处化解中心是在 2017 年创建的矛盾纠纷多元化解中心和 2018 年 11 月建成的平安综合体基础上提升完善而成，占地 3660 平方米，建筑面积 3515 平方米，总投资 500 多万元。在市主要领导的亲自协调下，由市委政法委牵头，整合法院、公安、司法、信访、团委、交通、卫健等部门及 2 个社会组织（慈善总会、千喜救援队）力量，是矛盾纠纷排查化解、防范处置的新型社会治理阵地。中心建立平台结合、会商研判、预警通报等机制，实行日研判、周会商、月例会工作机制，整合信访接待、诉讼服务、公共法律、人民调解等力量，实现基层矛盾纠纷“最多跑一地”。同步抓好镇（街道、区）、行业分中心建设，针对不同领域行业矛盾纠纷特点，提供更加符合实际需求、快捷方便的解纷途径。如金融纠纷调处中心，西城街道、总部中心等示范点，形成“行业治理”矛盾纠纷调处化解多点开花的良好局面。

省长袁家军调研矛盾纠纷调处化解中心（市委政法委提供）

（市委政法委　陈永利）

司法行政

【概　况】 2019 年，永康市司法局（以下简称“市司法局”）进一步落实“七五”普法规划，强化“平安永康”“法治永康”建设工作，助力新时代新永康新腾飞，为经济社会发展提供良好的法治氛围。充分发挥职能作用，广泛开展“三服务”活动，为永康市经济社会发展和社会稳定提供优质高效的法律服务。

（市司法局　马华春）

■ 政策法规和执法监督

【概　况】 2019 年，市司法局以“最多跑一次”改革为统领，全面实施“无证明城市”改革;以打造"法治化营商环境"城市为推力,全面提升依法行政能力;以"三项制度"全覆盖为抓手,全力完善规范公正文明执法行为。

【"无证明城市"改革】 市司法局梳理并公布全市证明事项清单共425项,制定部门间核验"证明内容"的标准,基本实现群众办事无须提交证明。推进"新生儿出生""入学报名""企业开办"等与群众、企业切身利益相关的高频事项一站式联办,全年为群众、企业减少各类证明材料12万余份,全市257个便民服务事项全面实现"一证通办",实现率100%。为被拐卖38年的黑户徐培秋办理户籍手续和身份证,得到省委书记车俊的点赞。首创"工伤一件事办理"制度,在全省改革工作例会上做典型经验介绍,受到人社部肯定。

【重大行政决策能力提升专项行动】 市司法局制定出台《报送市政府审批的重大行政执法决定法制审核管理办法及目录清单》,将落实合法性审核作为重大行政执法决定的必经程序。认真贯彻国务院《重大行政决策暂行条例》《浙江省重大行政决策程序规定》,公布市政府2019年度重大行政决策事项目录,对列入目录的4项行政决策事项严格执行公众参与、专家论证、风险评估、集体讨论决定等程序,实现重大行政决策合法性审核全覆盖。

【行政规范性文件管理】 市司法局制定《永康市行政规范性文件制定主体清单和统一编号规定》《永康市人民政府办公室关于加强行政规范性文件制定和监督管理工作的通知》,进一步明确行政规范性文件的制定流程,同时对以市政府及市府办名义制定的行政规范性文件OA发文进行流程再造,形成行政规范性文件的长效管理机制。2019年,市政府审查发布规范性文件16件,对涉及设定证明事项、涉及与现行开放政策不符、滥用行政权力排除限制市场准入行为、涉及公平竞争、"民营经济31条"惠企政策等相关规范性文件、政策文件进行专项清理。

【行政执法规范和监督】 市司法局全面梳理法定执法事项和受委托执法事项,调整完善权力清单,推进行政执法公示、执法全过程记录、重大执法决定法制审核三项制度全覆盖。开展行政执法主体资格的重新确认公告工作,经集中审核确认全市行政执法主体90个,并在市政府门户网站上向社会公告,按期组织开展执法证申领培训考试,全市取得《浙江省行政执法证》的行政执法人员共1902人,持证率达90%以上。贯彻落实《浙江省行政执法监督实施办法》,组织市政府特邀行政执法监督员对全市"无证明城市"改革、农民工工资支付、《浙江省企业权益保护规定》贯彻落实情况开展专项执法监督活动4次。组织开展全市行政执法案卷集中评查,抽取全市主要执法部门80余份执法案卷,对评查结果公开通报并作为年终考评的重要项目。

(市司法局　蔡新律)

普法依法治理

【概　况】 2019年,市司法局大力推进全民普法工作,落实"谁执法谁普法""谁主管谁普法""谁服务谁普法"普法责任制,充分发挥普法工作的引导、教育、服务、保障作用,着力提高广大群众的法律素养,为"法治永康"建设营造更加良好的法治环境。

【主题宣传活动】 市司法局利用节假日、纪念日、主题日开展法治宣传活动。1月26日,联合市书法家协会、律师联合支部在芝英镇下柏石村开展"法治春联送祝福,法治宣传进柏川"普法活动。3月7日,邀请浙江纬马律师事务所郑红莉律师在芝英镇雅庄村开展服务群众服务基层法律咨询暨

“3·8”妇女维权周法律知识讲座。3月8日，邀请华溪律师事务所应远遥律师在堰头小学开展普法进校园暨“3·8”妇女维权周宣传法律知识讲座。3月25日，牵头承办浙江电视台《流动大舞台》栏目走进前仓镇后吴村开展法治宣传进乡村活动。4月24日，联合市市场监督管理局、金华市律师协会知识产权专业委员会、浙江省(永康)知识产权维权援助中心联合举办“竞业限制与商业秘密保护”知识产权讲座。“12·4”法治宣传日期间，联合市检察院、市法院、市公安局、市统计局等13个部门单位在汽车西站劳务市场开展“12·4”国家宪法日大型法律服务现场咨询活动。全年发放宣传资料20万余份，解答法律咨询3600多人(次)。

【“平安法治永康行”文艺巡演】 2019年，市委宣传部、市平安办、市普法办结合宣传部农村文化礼堂点餐服务、平安办“平安永康”创建、普法办深化普法宣传教育职能开展“平安法治永康行”文艺巡演活动，以“法律六进”为载体，重点围绕“拆治归”“无违建市”创建、剿灭劣Ⅴ类水、“最多跑一次”改革、城中村改造、小城镇环境整治等市委市政府中心工作开展平安法治宣传，做到重点工作推进到哪里，平安法治宣传跟进到哪里。全年共开展巡演活动32场，受众达26万多人次。

【互联网+媒体普法宣传】 市司法局利用深受群众欢迎的《法治永康》《直播永康》等电视栏目、有线广播上的《法律时间》以及其他相关单位开办的专业法宣传栏目进行法治宣传。充分利用永康普法网、普法微信平台、五级微信塔群、普法宣传工作联络群及时开展普法宣传。利用楼宇电视、电子显示屏、公共交通站点、公共自行车站点、宣传栏等开展法治宣传，让普法信息渗透到人们工作生活的视野中。

【民主法治示范村创建及亮牌提升工程】 市司法局对照全国及省级“民主法治示范村(社区)”的创建标准，对获评“全国民主法治示范村”称号的东城街道大园童村，获评“浙江省民主法治示范村(社区)”称号的唐先镇石桥头村等13个村(社区)，获评“金华市民主法治示范村(社区)”称号的芝英镇芝英五村等106个村(社区)开展复核工作。经济开发区兰街村、龙山镇桥下一村、芝英镇柿后村、西溪镇西塘村被省司法厅、省民政厅、省普法办命名为省级民主法治村。西溪镇石江村、古山镇晏塘村、经济开发区杜山头村、唐先镇太平新村、东城街道卫星社区等24个村(社区)被命名为金华市级民主法治村。全市保留“全国民主法治示范村”1个(东城街道大园童村)，保留“浙江省民主法治示范村(社区)”13个，保留“金华市民主法治示范村(社区)”90个。同时，完成全市40个金华市级“民主法治村(社区)”亮牌提升工程。

【学法工作推进】 推进领导干部这个“关键少数”的学法用法，以宪法、党内法规法纪为重点在全市开展党风廉政教育、警示教育，完成领导干部和公务员第三批1000名“学法用法三年轮训”；深化青少年学法用法，在全市中小学校组织开展以学宪法讲宪法、防范电信诈骗、交通安全、消防安全为主题的法治宣传教育，市公共安全馆被省普法办评为第一批法治宣传教育基地；5月28日，在市公共法律服务中心建成宪法学习室。在江南街道解放广场完成宪法广场建设。12月5日—12月17日，组织开展2019年全市市管干部、公务员、事业编干部学法用法“微信考试”。

(市司法局　吴芳莉)

复议应诉

【概　况】 2019年，市司法局以“定纷止争”为工作导向，充分发挥行政复议的“消化器”“过滤器”功能，推进行政复议规范化、信息化建设，进一步发挥行政争议调解中心的作用，积极应诉，加强府院联动，大力提高行政争议化解实效，推进法治政府建设。

【行政复议案件办理】 复议应诉科全年新收行政复议申请件96件，审结91件(含上年结转的10件)，实体审查率为95.8%。结案案件中，确认违法7件，撤销4件，纠错率为12.1%；决定驳回行政复议申请或维持原具体行为共46件；通过调解等方式终止审理31件，调撤率为34%；责令履职1件。组织复议案件调解60余次，成功调解31件。全年经复议的案件仅10件提起行政诉讼，息诉率为90%。

【行政诉讼(复议)应诉及指导】 2019年以来，以市政府为被告或共同被告的行政诉讼案件共172件，单独起诉市政府的4件，经复议维持原行政行为后市政府与相关部门为共同被告的10件，市政府与江南街道作为共同被告的有153件，以市政府和金华市政府为共同被告的有5件。以市政府为被申请人的行政复议案件5件，均为金华市行政复议局受理。在做好应诉、复议组织工作的同时，对市行政机关为被告的行政诉讼案件提供应诉指导，协助做好答辩、证据收集、诉讼协调等工作，向各单位提供应诉指导40余次。同时，督促各行政机关严格落实负责人出庭制度，提高主要负责人的出庭率。

【行政复议纠错和调解】 2019年，市司法局强化对复议案件涉案行为的审查力度，有错必纠，同时丰富调解举措，加强调解力度，有案必调。多次组织召开行政争议化解专题部署会，紧紧抓住行政争议的诉前、诉中、诉后三个重点阶段，由市领导牵头包案化解，单位主要负责人落实化解责任。与市综合行政执法局联合成立调解工作小组，建立常态化联络制度。对以交警队为被申请人的案件应调尽调，调撤率达到100%；以镇(街道、区)为被申请人的涉及建筑物拆除的案件，紧紧抓住立案前、立案后两个阶段，及时审查行政机关行政行为的合法性，发现违法或不当行为的，要求行政机关及时自我纠错、及时开展化解工作，使得部分案件在立案前化解，实际受理仅11件，与上年同期相比下降72.5%。在涉及自由裁量权的行政处罚案件中，同样紧抓化解点，多方联动，促成化解。

【行政复议规范化建设】 按照《浙江省行政复议规范化建设实施方案》，市司法局加快推进行政复议规范化建设。积极探索畅通行政复议渠道，开通电话、网络行政复议申请方式。建立完善复议局相关配套制度，规范复议应诉工作流程，不断加大案件调查、听证力度，并邀请行业专家、法律顾问参与案件审理，进一步加强复议的权威性和公信力。

【政府法律顾问管理】 市司法局督促、指导各行政机关实行政府法律顾问100%全覆盖，定期检查政府法律顾问系统，要求各行政机关及时更新、修改法律顾问信息。指导各行政机关在做出行政决策、行政行为前发挥法律顾问的法制审核作用，做好风险评估和结果预判，从源头上预防和减少行政争议的发生。

(市司法局　金毅巍)

公共法律服务

【概　况】 2019年，市司法局围绕市委市政府的中心工作，坚持“应援尽援、应援优援”，推进法律援助制度完善和工作创新，为广大经济困难人群和特殊群体提供优质高效便捷的法律援助服务。全年指派办理法律援助案件1085件，提供认罪认罚法律帮助525次，代写法律文书412份，解答来访、来电法律咨询10332人次，开展法治宣传活动28场次，发放公共法律教育资料22000份，为当事人挽回经济损失4380万元。

【“最多跑一次”改革】 市司法局以“只跑一次”为原则，以“零跑次”为目标，通过完善便民措施、进行流程再造、优化服务内容、深化简政放权、延伸服务事项，切实推进法律服务提质增效。优化法律援助窗口服务，严格落实首问负责、限时办结、一次性告知、容缺受理、上门服务、点援、全省通办、区域协作、证明事项告知承诺等便民服务机制。对证据材料基本齐全、符合法律援助条件的申请，实现当场受理、当场审批、当场指派律师办理，把法定7个工作日的办理时间缩短为“即办”。

【“三服务”活动】 2019年，市司法局开展法律援助“农民工讨薪专项行动”，2月19日—3月18日，开展维护农民工合法权益专项宣传月活动，每周两次在火车西站广场源头宣传，切实增强农民工依法维权意识以及用人单位依法经营理念。建立司法行政机关领导班子成员“直接面对群众、直接听取批评意见”制度和“领导干部公共法律服务接待日”制度，认真听取群众批评意见。进一步做好拥军优属工作，在春节和征兵期间组织工作人员和援助律师，4次前往驻永武警中队、武警机动二中队，通过举办法治讲座、一对一解答法律咨询、发放军人军属法律援助卡等形式开展“法律援助进军营”拥军活动。

【加强和规范刑事法律援助】 2019年，市司法局牵头组织成立由市法院、检察院、公安局、司法局、财政局、民政局等6部门组成的刑事法律援助工作联席会议，贯彻落实《关于进一步加强和规范刑事法律援助全面推进刑事案件律师辩护全覆盖和值班律师法律帮助工作的意见》（浙司〔2019〕102号），研究解决开展刑事法律援助工作遇到的新情况新问题。完善法院、检察院、看守所法律援助工作站，制定《法律援助值班律师提供法律帮助制度》，推进值班律师服务规范化。

【代写法律文书】 市司法局开展法律代书服务，结合法律援助工作实践，将日常工作中当事人经常要求代写的有关劳动报酬支付工伤事故、交通事故、雇员人身损害赔偿、抚育费、赡养费给付、家暴离婚等与民生紧密相关的申请书、起诉状、协议等135份实例范文汇编成《法律援助常用法律文书》，在中华人民共和国司法部和中国政府法制信息网上发布，并在全国推广使用。

【公共法律服务标准化、规范化建设】 市司法局将《全国刑事法律援助服务规范》《全国民事行政法律援助服务规范》及值班律师法律帮助工作的有关规定汇编成《法律援助常用资料》，规范案件办理行为。采取庭审旁听、案件回访等多种措施，从受理到归档全程跟踪监督，实现案件“零投诉”。全年组织工作人员到法院听庭25场，对已办结的民事案件回访率100%，当事人满意率98%。从2018年已办结的案件中随机抽取45件（抽查率5%），邀请13位律师事务所主任及资深律师对照《刑事法律援助案件评估指标》，采用百分制进行案件质量评估，优秀率97.8%。

【公共法律服务智能化应用】 市司法局全面应用浙江省法律援助统一服务平台，推进法律援助网上运行，确保社会公众通过12348浙江法网、“浙江法律援助”微信公众号、支付宝城市服务、浙里办App等渠道提交网上留言咨询、法律援助申请的畅通和及时处理。按照法律援助业务数据化的要求，实行窗口案件在线登记，所有案件均通过“浙江省法律援助统一服务平台”指派，并督促援助律师及时在平台填写案件办理结果，实现线上线下一体化办理。将“12348”

法律服务热线外包给上海百事通信息技术股份有限公司，实现热线电话7×24小时提供服务，“12348”法律服务热线数据实时、完整对接到浙江省法律援助统一服务平台。

（市司法局　胡建勋）

人民调解

【概　况】 2019年，市司法局牢牢把握新时代对人民调解工作的新要求，坚持发展和创新“枫桥经验”，推进人民调解队伍和调解组织建设，不断提高司法行政基层工作水平。

【人民调解组织建设】 市司法局开展民营企业矛盾纠纷排查化解专项活动，加强涉企调解组织建设，成立规上企业人民调解委员会305家；不断拓宽调解领域，健全人民调解组织网格，先后成立永康市宠物纠纷人民调解委员会、永康市总部中心人民调解委员会、永康市文教用品协会人民调解委员会、永康市物业管理纠纷人民调解委员会。同时，命名并公布20家个人调解工作室。全市共有村级人民调解组织420家、企事业单位调解组织305家、行业性专业性调委会17家、个人命名品牌调解工作室20个。

【人民调解队伍建设】 市司法局推进人民调解信息化建设，组织调解员开展人民调解大数据管理平台实务操作培训。11月，举办全市人民调解员业务培训班，200多名调解员参加学习。11月5日，联合市委政法委、法院、公安局、财政局出台《永康市矛盾纠纷多元化解经费奖励实施办法（试行）》，提高纠纷化解奖补力度，充分调动人民调解员队伍的工作积极性。

【服务中心重点工作】 市司法局结合扫黑除恶、三服务、优化营商环境等系列活动开展矛盾纠纷排查调处，从严从实从源头解决基础性问题。2月，开展民营企业矛盾纠纷排查工作，共开展排查529次，受理涉企矛盾纠纷502起，成功调处469起。3月，开展“大排查、早调解、护稳定、迎国庆”专项活动，全力做好矛盾纠纷排查化解工作。2019年全市共调处矛盾纠纷4836起，成功调处4793起，涉案金额16670.54万元。

（市司法局　应朗）

社区矫正

【概　况】 2019年，市司法局深入开展社区矫正“短板大调研”、安全隐患大排查、执法质量考核评议，狠抓突出问题整改，全面提升全市社区矫正工作质量。全市列管社区服刑人员964人，在册565人，新入矫397人，期满解矫399人，警告处罚82人，行政拘留3人，司法拘留2人，撤销缓刑执行原判刑罚3人，暂予监外执行人员收监2人。

【推进“三项活动”】 市司法局通过安全隐患排查行动对标亮灯，督促司法所深入查找工作中存在的隐患和漏洞，做到问题早发现、早预警、早防范；通过短板问题整改进展对标亮灯，倒逼落后单位奋起直追，推进对表落实，做到将问题早清零、将隐患早化解；通过分析研判定期落实对标亮灯，指导司法所梳理涉稳风险点，修订《安全册》，筑牢“安保网”。警训结合，深入开展队伍教育。每月组织司法所深入学习司法部“六不准”、省厅“八条禁令”和《社区矫正工作人员警示教育读本》等，引导全市社区矫正工作人员提高自警自律意识；通过以会议代培训、以竞赛代学习等方式，提高队伍执法能力和业务水平；深入推行“五查五防”机制，打造“纯洁队伍”，推进“清廉矫正”。

【开展特赦工作】 成立市特赦工作领导小组，负责指导、督查、协调全市特赦工作；成立市特赦评审委员会，负责对全市报请的特赦案件进行审核评审；成立市特赦工作小组，统一办理全市社区矫正对象特赦案件。2019年，全市符合特赦呈报条件的对象总共60名，其中符合第七类条件的7名、符合第八类条件的1名、符合第九类条件的52名，管制1名、缓刑8名、假释51名。

【专项攻坚】 成立全市社区矫正"平安护航中华人民共和国成立70周年大会战"工作领导小组，负责全市社区矫正机构安保工作的统筹谋划、组织实施、督促指导等；印发全市社区矫正机构"平安护航中华人民共和国成立70周年大会战"实施方案，开展"九大攻坚战"，具体任务分解细化，工作步骤分段量化，责任落实清单化。

（市司法局　柯曙光）

律师公证管理

【概　况】 2019年，市司法局围绕市委、市政府的中心工作，充分发挥行业优势和职能作用，广泛开展"三服务"活动，为永康市经济社会发展和社会稳定提供优质高效的法律服务。法律服务业务不断拓展，律师担任法律顾问669家，办理各类案件5900件，其中刑事辩护546件，民事代理5073件，行政案件176件，仲裁案件37件，非诉案件68件。基层法律工作者担任法律顾问364家，代理各类案件1018件，代理诉讼事务991件，调解173件。公证处开辟涉企公正绿色通道，为市重点工程提供优质、高效的法律服务。全年办理各类公证5035件，其中民事类3537件、经济类627件，涉外涉港澳类871件。

【法律顾问工作】 2019年，全市有3名律师担任市政府法律顾问，7家律师事务所、3家法律服务所为16个镇（街道、区）担任法律顾问，36名律师担任29家政府部门法律顾问，为政府法规规章制定、宏观调控、社会管理、社会稳定风险评估、执法监督等各项工作提供咨询和服务。组建以党员骨干为主体的36名助企律师法律服务团，与36名市领导结对，通过跟随市领导走访企业，对全市756家规上企业、"小升规"重点企业开展"一对一"法治体检，为企业提供免费法律服务。有86名律师、基层法律服务工作者为456家企业担任法律顾问，协助企业建立风险预警防控长效机制，帮助企业解决融资、投资等方面的实际困难。全市420个村（社区）都有律师担任法律顾问，覆盖率100%。以老律师、基层法律服务工作者搭配新律师、基层法律工作者的形式开展组团式工作，结合农村（社区）法律需求，制定特色法律服务模式。

【涉法信访和矛盾纠纷化解】 律师、基层法律服务工作者积极参与涉法涉诉信访矛盾化解。全年律师调解员参与成功调解各类矛盾纠纷356件。9月1日启动的"龙山经验都市版"平台，全市13家律师事务所94名律师参与其中，并成功调解18起涉企矛盾纠纷。

【名所名品名律师培育工程】 实施"名所名品名律师"培育工程，进一步完善机制、搭建平台、创新服务，提高服务能力和水平。6月26日，浙江策道律师事务所正式成立并营业；8月26日，浙江三星律师事务所、浙江律明律师事务所被评为金华市著名律师事务所。12月9日，浙江丽州律师事务所实现加盟发展、强强联合，向规模化律师事务所跨越的目标；12月19日，浙江陈志毅律师事务所更名为浙江言迪律师事务所，在注重律所培育的同时，注重青年律师培养。浙江纬马律师事务所律师郑红莉被评为金华市著名律师，浙江律明律师事务所律师王笑圭被评为金华市优秀公益律师。12月4日，浙江丽州律师事务所赵婷婷在金华市宪法知识竞赛中夺得团体冠军，并获得优秀个人奖。

【公证无证明改革】 市司法局全力推行“无证明城市”改革，实现公证事项“最多跑一次”。将生存、死亡、婚姻情况、亲属关系等公证事项纳入“最多跑一次”业务范围。已实现25类116项公证事项办证“最多跑一次”。

（市司法局　范培文）

人民公安

【概　况】 永康市公安局（以下简称“市公安局”）位于丽州北路1号，共设政治处、办公室、指挥中心等内设机构29个，永康市看守所、永康市拘留所直属单位2个，派出机构11个。共有在编民警717名，行政职工9名，事业职工16名，辅警1538名。民警本科以上学历603人，占民警总数的84.1%。

2019年，市公安局紧紧抓住中华人民共和国成立70周年大庆争创满意、守护平安、追求认可安保主线，深入贯彻党的十九届四中全会和全国、全省、金华公安工作会议精神，坚持“抓基础、保稳定，创建平安；抓规范、促养成，打造铁军；谋发展、求突破，勇立潮头”总思路。全年立刑事案件5528起，同比下降27.1%；受理行政案件8999起，同比下降26.8%；刑事拘留1836人，行政处罚5162人。现行命案连续14年保持全破，五类恶性案件全破，社会大局持续平安稳定。被省公安厅评为2019年度全省执法质量优秀单位，被永康市人民政府记集体三等功一次。专案得到国务委员、公安部部长赵克志的批示肯定；扫黑除恶工作受到中央督导组充分肯定；拘留所矛盾多元化解工作经验在全国推广；“无证明”为徐某解决38年黑户难题，受到省委书记车俊和金华市长尹学群批示点赞；防盗门破拆突入战术得到省委书记车俊、省长袁家军、副省长王双全等领导的充分肯定；“一警情三推送”工作机制受到省政法委书记王昌荣、副省长王双全、金华市副市长董旭斌的充分肯定。全年荣获个人一等功1人、二等功1人、三等功34人，集体三等功10个，40个集体和106人受到上级表彰奖励。

10月31日上午，永康市局在西站广场开展“争创满意、守护平安、追求认可”主题广场宣传活动；活动现场民警解答群众咨询；活动现场民警向受害人返还赃物（市公安局提供）

户政工作

【概　况】 2019年，全市共办理户口4项变动22976人，户口准迁1288人；清理核查无相片人员566个；重人删除73人；办理公民信息变更审批516份；办理居民身份证35217人、办理异地身份证11531人、挂失身份证13096人、办理临时身份证6447人、审核签发身份证36337人、律师和各办案单位人口信息查询10507人、上门办证63人次；接待“两劳”释放报到129人；办理边境通行证243份。办理民用爆炸物品运输证和购买证各713份。审验发放金融网点竣工合格证30份，发放金融网点准予施工通知书30份。办理旅馆特种行业许可证25份。

【推进“无证明城市”改革】 2019年，共取消行政审批相关证明13项，其中直接取消证明4项，受惠群众4426人（包括死亡注销376人、分户2097人、迁移农村落户1953人）；通过内部核查、部门协查、数据共享、个人承诺取消证明9项，受惠群众15321人（主要数据为死亡火化名单3210人、核查异地身份证居住登记情况11531人、市内外户口迁移亲属关系580人等）。

【推进“一件事”联办】 在卫健、民政、军人事务管理局等部门牵头下，积极对接相关部门，实现出生、死亡、军人退役“一件事”联办。“出生一件事”联办于4月18日顺利实现，全年通过“出生一件事”联办办理小孩出生申报2203人。“死亡一件事”联办在6月份启动，通过“一件事”联办办理2413人死亡户口注销。通过“退役军人一件事”联办，集中在8—10月完成137名军人的户口恢复。

【特种行业许可审批“零次跑”】 针对部门联办事项中的特种行业许可审批，业主在办理营业执照时，证照联办窗口将业主信息推送给市公安局，由主办民警主动与业主联系，告知办理相关事宜，在看现场或上门指导时将材料收回，办好证后邮寄送达。已有17家开办旅馆、民宿业主通过行政审批科上门服务办理特种行业许可，实现“零次跑”。

流动人口管理

【概　况】 2019年，永康市流动人口登记在册数54.53万人，其中：男性有32.00万人，占比59%，女性有22.53万人，占比41%。从暂住时间看，半年以下17.21万人，半年至一年7.69万人，一年至五年26.84万人，五年以上2.79万人。从年龄分布看，16岁以下和60岁以上的福利人口7.52万人，20—49岁青壮年38.60万人，50—59岁5.38万人。从文化程度看，以初中及以下学历为主，有50.69万人，高中学历2.15万人，大专及以上学历1.68万人。从民族分布看，万人以上民族主要有：汉族42.70万人，苗族3.47万人，彝族1.35万人，布依族3.12万人，侗族1.04万人，土家族1.32万人。从流出地看，以省外为主，主要集中在贵州16.31万人，占29.91%，云南8.68万人，占15.91%，江西6.75万人，占12.38%，安徽4.04万人，占7.41%，河南3.56万人，占6.53%。审批通过IC卡式居住证1.09万本（累计数17.8万本），审批通过电子居住证3.68万张，电子居住凭证9.60万张。开展流动人口和出租房屋排查整治，共排查流动人口40.27万人、出租房屋19.37万间，开展集中行动669次，发现并整改出租房屋消防、治安隐患1655处。查处流动人口、房屋出租人及用人单位业主违法案件3898起，其中处罚用工单位、出租房屋业主3314家（户），收缴罚金超35万元。

【持续推广出租房屋智能门禁系统】 继续贯彻执行市委市政府决策部署,按照"党政主导、镇街主抓、村居实施、房东主责、房客履约"的原则,扎实推进出租房屋智能化管理工作,不断深化智能门禁应用。2019 年,全市新安装智能门禁 5036 套,累计安装 2.4 万余套,智能门禁覆盖流动人口近 10 万人、出租房东 2.12 万户,通过智能门禁系统等信息采集手段共抓获上网逃犯 13 名。

【落实流动人口公共服务工作】 市公安局继续落实积分入学、积分入住等特惠待遇政策,2019 年共安排 3100 名流动人口子女在公办学校就读,其中 47 名就读城区公办学校;累计 13 个流动人口家庭入住公租房。积极推进流动人口健康教育促进和卫生计生基本公共服务均等化工作,持有居住证的流动人口在永康市接受免费服务率、免费药具获得率全部达到 90%以上。2019 年为流动人口施行计生手术 1091 起,生育服务登记 73 例,慈善救助流动人口 1 人。

交通管理

【交通事故死亡人数断崖式下降】 牢固树立交通事故可控可防理念,以"珍爱生命、远离车祸"交通安全大作战为抓手,以"退出百人县市"和交通死亡人数下降 40%为目标,挂图作战,紧盯源头、城市、公路、农村四大战场,刚性执行网格勤务,常态开展"黎明行动""夜间执法""午后整治""逢五逢十"治安交通大清查,严把人、车、路三道关口。以推进"两站两员"、"无交通事故村"创建、"警保、警银、警企联动"、打造"智慧交管"、建设"骑警"队伍、完善"信用体系"、构建"大众微防"为手段,严格履行主场主体主责。2019 年,全市交通事故累计死亡 85 人,同比减少 59 人,下降 40.97%,下降人数在金华排名第一,事故防控效果显著。

【推进治堵保畅工作】 2019 年是实施第二轮治堵五年行动计划的重要之年。市公安局抓住机遇,不断提升城市交通拥堵治理能力和现代化水平:新增新能源公交车辆 50 辆、新增清洁能源出租车 215 辆,改造城市公交站点 10 个;实现公交线路支持移动支付全覆盖;新增公交线路 1 条 K18 路、优化公交线路 4 条,保证公交线网布局合理、路段停靠衔接、换乘方便;完成 330 国道 10.16 千米改建工程;完成紫微路和华丰路交叉口改造;新增专用停车泊位 2691 个,其中公共停车泊位 539 个,完成任务数的 107.6%;施划机动车临时停车泊位 3462 个;在城区主次街道上施划非机动车位约 3000 平方米。

【推进"警医邮"一站式便民服务】 2019 年,在汽车 4S 店设立机动车登记服务站,在农业银行、邮政支局设立机动车抵押登记服务点,方便群众。全面开通路面中队简易处罚业务办理窗口,按需开展双休日加班,工作日延时服务,通过"警医邮"共办理业务 64504 件,其中处罚业务 8018 件、车驾管业务 56486 件;通过 7 家汽车 4S 店办理机动车注册登记 7997 辆,通过 2 家抵押登记服务点办理抵押登记 1635 件;建设古山行政审批分中心,下放 38 项车驾管业务。

【严厉查处各类交通违法行为】 2019 年,共查处各类交通违法行为 89.7 万余起。创新交通集中整治新模式,以交警中队、派出所、巡特警为主力,市公安局机关警力三分之一下沉,将辖区细分为 19 个大网格,开展"逢五逢十"治安大整治行动,路面查控、围点清查、"满天星"巡防互相策应,警种密切联动,严查交通违法行为。2019 年,开展集中行动 45 次,累计出动警力 10966 人,交通纠违 30487 起。针对事故多发易发时段及驾驶人侥幸心理,开展"黎明行动""夜间执法”和“午后整治”，采取定点执勤和流动卡点相结合方式，开展每天不少于4小时的“天天查酒驾”行动，并确保后半夜查处酒驾行动每星期不少于2次，共查处酒驾、醉驾案件1700余起。紧盯小微车辆，采取警告、罚款、扣押车辆、行政拘留等措施，全天候整治电动车违法行为，大幅减少涉及小微车辆的亡人交通事故发生。共查处电动车违法行为88208起，签订责任书39915份。

【开展隐患排查治理】 全年共排查上报省、市、县三级交通事故多发点(段)8处，其他交通安全隐患点82处。完成省、市、本级挂牌隐患点整治工作，方岩大道、330国道等23处路口“封口除患”工程；10处“千灯万带”工程完成2处信号灯建设；前三年累计死亡9人的省级隐患点后姚畈路口，经过治理实现全年亡人事故“零发生”。认真落实“两客一危一货”重点车辆及驾驶人的源头隐患“清零”工作，运用“红黑排行榜”、停业整顿等刚性措施，倒逼企业自治，共对重点企业开展检查144次，约谈企业56次，向交通运输部门推送问题车辆306辆、重点驾驶员97名、5次交通违法未处理人员4780名。

【完善交通基础设施】 建立道路交通基础设施巡逻检查和快速维护机制，科学设置限速抓拍，严格封口除患、机非隔离措施，在事故多发路口实施“一标一灯一带”(一盏爆闪灯、一根减速带、一块提示标志)标准化建设。2019年，在30个路口安装分体式分道指示标志69套，安装前方测速提示标志45套、限速标志19套；在6个地点安装固定测速仪，施划交通标线40000平方米，完成25个路口电子警察升级改造，在10个路口新增电子警察；永磐公路完成生命工程建设；完成东永线全线“白改黑”改造；完成国省道安全设施提升，共增设完善爆闪灯83处、标志182块、护栏4121米、示警桩447根、防撞桶77只，漆画标线5215.5平方米。

【推动警保联动、警企联动建设】 大力推行“警保合作”，进一步扩大以保险公司理赔员、业务员为主体的农村交通安全宣传队伍，持续开展宣传，成立“警保联动”机动车登记服务站，为群众办理8项车管业务服务，古山、石柱两个服务站已建设完成并启用，共办理业务1156起。通过警企联动，在企业内部搭建整套交通安全管理制度，定期举办培训、讲座、案例分析，组织企业员工随警宣传劝导，推广企业员工交通违法“叠加罚”，实现企业发展与交警宣传双赢。深入20余家企业协助建立内部交通安全管理制度，并发放3000余顶安全头盔。

社会治安

【完成中华人民共和国成立70周年大庆安保工作】 市公安局将中华人民共和国成立70周年大庆安保作为贯穿全年的中心工作来抓，从年初部署开展“忠诚保大庆”系列护航行动，紧紧围绕“五个坚决防止、三个确保”目标，精心制定70周年大庆安保工作总方案，成立安保维稳工作领导小组，以“一办十组”为依托，“四张清单”挂图作战，销号推进，同步建立四色督办、责任推送、跟踪落实等机制。坚持每日会商制度，对全市重点人员、特殊群体开展滚动式排摸，全面推开技侦服务派出所支撑平台和警云平台，实现派出所对重点人员的动态预警管控。常态开展治安交通大会集中统一行动，强化对重点时段、重点路段、重点车辆、重点违法的管控力度，保持对各类违法犯罪活动的严打高压态势，共出动警力4837人次，发动群防群治力量22947人次，整治治安乱点88个，抓获现行违法犯罪嫌疑人281人。

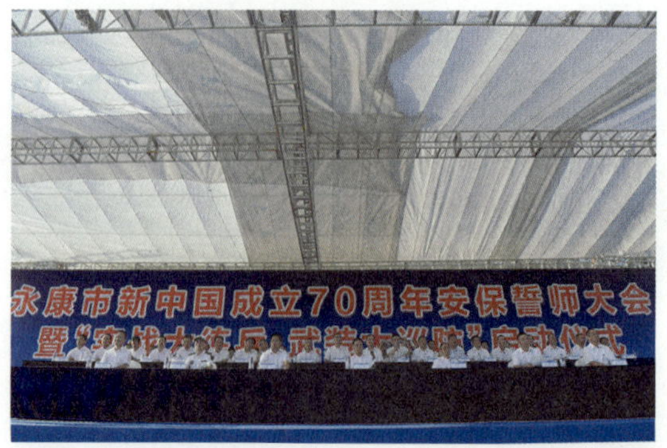

9月16日下午，永康市举行庆祝中华人民共和国成立70周年安保誓师大会暨"实战大练兵、武装大巡防"启动仪式；"防暴恐"处突演练；巡特警大队"破拆门"演示(市公安局提供)

【大型活动安全保卫】 立足早筹划、早部署、明职责、强措施，从加强组织领导、完善安保方案、排查化解矛盾、消除安全隐患、强化现场安保等方面入手，确保永康市华溪春潮、春节、元宵节、全国两会、第10届门业博览会、高考、第24届中国五金博览会、第6届世界互联网大会、第2届中国国际进口博览会、2019年永康半程马拉松赛等重要节点、大型活动期间安全、有序，创造良

5月26日—28日，第10届中国(永康)国际门业博览会期间，巡特警大队带警犬在展馆外步巡；巡特警大队在展馆内武装巡逻；9月26日—28日，中国五金博览会期间，特警大队在展馆内站岗执勤(市公安局提供)

好的治安秩序，并继续保持门博会、五金博览会展馆及周边扒窃案件"零发案"。2019年，共出动警力24051人次，圆满完成各项保卫活动332场次。

【"打霸拔钉"工作】 面对当前经济社会发展的新形势、新环境、新热点，市公安局紧紧围绕"保增长、保民生、保稳定"的总体思路，进一步深化“打霸拔钉、护航发展”工作。2019年，依法果断查处阻碍“五水共治”、重点工程等案件21起，采取刑事强制措施18人、行政处罚11人，其中党员行政处罚9人。

【创新“一警情三推送”工作机制】 以“信息共享、责任共担、联动化解”为原则，创新“一警情三推送”纠纷化解新模式，将矛盾纠纷从接警环节开始“一站式化解”。“一警情三推送”机制是指一个纠纷类警情由“警云平台”系统分析后“三推”。一推送处警民警。建立智能模型，第一时间对警情风险预估，分级推送处警民警，并根据风险等级指令多警种协同处置，多部门联动处置，最大限度压降风险，80%的纠纷实现现场化解。二推送责任民警。对处警现场未调解成功，虽已化解但仍有风险隐患、多次报警的三类矛盾纠纷进行每日汇总，派单推送责任民警，负责继续跟进、合力处置、销号化解，再化解15%以上的矛盾纠纷。三推送基层治理“四平台”。针对一时不能化解、存在较大风险的纠纷，形成分析报告，推送“四平台”，实施分类交办、联动化解和限时反馈。

【打造智安小区】 依托“科技+人力”，以金水湾“红色云治理”为样板，高标准推开智安小区建设。一手抓科技，通过安装智能设备，多方位感知采集区域人、车、证信息，实现“人过留影、车过留牌、机过留号”。一手抓自治，依托业主委员会，打造“1+5”自治共同体。4个已建智安小区总警情数同比下降21%，传统侵财案件基本实现“零发生”。

■ 刑事查处

【连续14年保持命案全破】 2019年，永康全市共发现行命案12起，破12起，破案率达100%，现行命案连续14年保持全破。

【持续开展扫黑除恶专项斗争攻坚年活动】 坚持最高站位、最高标准、最强力度，强势推进扫黑除恶专项斗争。专项斗争以来，共开展15次大规模集中统一收网行动，28次小规模抓捕行动，共打掉黑恶势力团伙49个，采取刑事强制措施团伙成员530名、9类涉恶人员1132名，打击处理充当涉黑涉恶案件“保护伞”人员7名。其中，2个团伙以黑社会性质组织办理，24个团伙以恶势力犯罪集团办理，其中列入公安部督办案件1个、省扫黑办督办案件1个、金华市局督办案件5个。

【打击涉众型经济犯罪】 坚持维稳在先、打早打小，提升运用易币案件侦办成功经验，创新打击工作机制，强化部门联动，重视风险防范，联合金融办、市场监管、银监等部门对总部金融商业圈开展地毯式排查，对个别投资类公司进行及时敲打提醒。严厉查处得惠通宝(地宫)、“4·17”传销、牡亲、宝袋等一系列案件，其中成功抓获2起网贷平台实际控制人，采取刑事强制措施4人。2019年以来，共受理涉众型经济案件21起，立涉众型经济案件22起，破案12起，采取刑事强制措施64人，移送起诉40人。

【开展打击传统侵财犯罪专项行动】 市公安局在创新建立“小案快侦”打击侵财犯罪工作机制的基础上，探索“盯盯”行动，完善传统侵财类重点嫌疑人打击和挤压机制，确保侵财警情有效压降。2019年，共对751名侵财犯罪嫌疑人采取刑事强制措施，对1253名侵财违法嫌疑人采取行政拘留；“两抢一盗”整体破案率同比提高6%，其中盗窃两车案件破案率39%、盗窃车内物品案件破案率45%；传统侵财、两抢发案同比下降25%和62%，打击侵财犯罪取得明显成效。

【开展打击电信网络新型犯罪专项行动】 完善打击电信网络诈骗专班工作机制，制订永康市公安局反虚假信息欺诈分中心

(以下简称“反诈分中心”)工作机制,反诈分中心于2019年11月开始实体化运作。2019年,全局共刑拘、取保电信网络新型犯罪嫌疑人361名,侦破当年本地电信网络诈骗案件192起,突破128起的目标任务,完成率150%,返还被骗资金11笔共计93.9万元。

【开展涉黄涉赌违法犯罪整治活动】 坚持露头就打、源头治理,有力开展黄赌专案经营和黄赌治安乱点整治。2019年,全局共立案查处涉黄涉赌刑事案件59起、行政案件555起,采取强制措施274人、移诉151人、行政处罚1343人,有力震慑了违法犯罪,净化全市治安环境。

【开展打击“食药环”违法犯罪专项行动】 瞄准和群众关系密切的“餐盘子”“菜篮子”问题,深入推进“昆仑”行动,严打“食药环”领域违法犯罪,全年共查处食药环类刑事案件46起,采取强制措施129人;环境类行政案件1起,行政拘留1人。

【开展缉枪治爆专项行动】 认真贯彻上级部署要求,深入开展缉枪治爆专项行动。全年共查处涉枪涉爆刑事案件4起,采取刑事强制措施6人,收缴管制刀具336把、枪支43把、铅弹2768颗、火药弹2071颗、其他弹768颗、雷管140根。

■ 案例选载

【侦破“得惠通宝地宫”特大网络传销案件】 2019年6月,金华市公安局将得惠通宝案件指定给永康市公安局办理,永康市公安局立即行动,开展调查取证与侦控。7月30日,永康市公安局专案组成员奔赴广州、深圳、南宁、宿迁、金华五地开展统一收网行动,摧毁“得惠通宝地宫”特大网络传销犯罪团伙,抓获陈某某为首的犯罪嫌疑人11名,采取刑事强制措施8名。案件涉及全国会员2万余人,遍布全国31个省(市、自治区),涉案金额约12亿元。

【“百城会战”第二十四号战役成功收网】 2019年12月5日,在上级公安机关的部署下,市公安局出动170余名警力奔赴深圳、饶平、东莞、江苏、贵州、金华、义乌等地开展收网行动,抓获犯罪嫌疑人35人,采取刑事强制措施27人;打掉注册空壳公司、买卖国家机关公文证件团伙1个,专业买卖空壳公司、对公账户团伙1个,开票团伙1个;扣押汽车5辆,冻结资金600余万元,缴获大量公司营业执照、公章、发票、居民身份证等作案工具。

【侦破“支教老师”网络诈骗案】 2018年12月4日,市公安局接到曾某报警,称有1名“支教女老师”添加其为微信好友,后以给贫困儿童捐学习用品、过生日等名义向其实施诈骗;接警后迅速成立专案组。经前期侦查分析后,2019年3月24日,组织135名警力远赴湖南进行统一收网行动,在湖南长沙、常德、益阳三地抓获包括主犯刘某在内的违法犯罪嫌疑人58人、刑事拘留52人。回永后继续对案件审查深挖,确认了另外43名犯罪嫌疑人的身份。该案共采取强制措施100余人,捣毁诈骗窝点7个,缴获电脑83台、手机100多只、涉案银行卡30多张,查明涉及全国各地案件800余起,涉案金额300多万元,追赃50多万元。同年12月16日,该案被移送审查起诉。

【成功打掉以张某为首的网络“套路贷”恶势力犯罪集团】 2019年6月14日,市公安局组织100余名警力前往安徽、宁波等地,对以犯罪嫌疑人张某为首的“套路贷”恶势力犯罪集团开展集中收网行动,共抓获犯罪嫌疑人25人,冻结资金2370余万元。同年12月18日,该案25名犯罪嫌疑人被移送审查起诉。该犯罪集团为永康市首个成功打掉的线上“套路贷”犯罪集团。

6月14日，永康市公安局组织100余名警力前往安徽、宁波等地开展集中收网行动（市公安局提供）

【侦破“10·24”狄某等人组织卖淫、强迫卖淫案】 2019年10月，市公安局在工作中发现有组织卖淫团伙在经济开发区夏溪村一带聚集，第一时间成立了专案组。11月30日凌晨，在金华市公安局大力支持下，市公安局出动378名精干警力，分4队25组对夏溪一带组织卖淫团伙开展集中收网行动，一举抓获涉案人员144人，在控目标对象全部到案。后按照统一部署，迅速审查深挖，向外扩线，刑事拘留35人、行政拘留77人，扣押车辆5辆，冻结涉案资金30余万元。

【破获“2019－111”省级毒品目标案件】 2019年，市公安局接到云南省镇雄县公安局提供的贩毒线索，迅速成立联合专案组，对线索进行认真研判分析。7月20日，专案组抓获嫌疑人龚某，在其随身携带的行李中查获两盒装在方便面盒中的冰毒500多克、海洛因100多克。8月15日，对涉案的朱某等人开展统一抓捕行动，先后抓获吸贩毒人员10人，采取刑事强制措施6人，行政处罚10人，缴获冰毒498.8克、海洛因200余克。

（市公安局　供稿）

人民检察

【概　况】 2019年，永康市检察院（以下简称“市检察院”）不断规范接受监督的形式，拓宽接受监督的渠道，把接受监督的制度优势转化为检察工作实绩。坚持向人大常委会报告工作，专题汇报民事行政公益诉讼检察工作。不断加强人大代表联络，建立院领导、中层干部代表联络制度，定期通报检察工作情况。坚持向政协通报情况，诚恳听取意见建议。切实保障代表委员知情权、参与权、监督权，共邀请各级人大代表参与听证式审查、检察开放日等活动107人次，创新重特大案件人大代表听证评议机制，以朴素正义观检验精准司法。市检察院被评为全国检察机关宣传先进单位，11名干警获省级以上荣誉，3名干警获金华市级以上荣誉，7个案件被评为省级精品、优秀案件。

【扫黑除恶】 2019年，市检察院纵深推进扫黑除恶专项斗争，批准逮捕22件51人，审查起诉29件66人。紧盯大案要案，推行重特大案件特殊办理机制，组织专案攻坚，依法办理国家、省、市级挂牌督办案件8件114人。严把案件质量关，依法追加认定6件7人，依法不认定黑恶势力犯罪10件35人。重拳“打伞破网”，在办理武某某等30人涉黑案中，主动介入侦查、积极引导取证，发现并移送涉黑保护伞线索6条，成案2人。办理全省首例车贷“套路贷”案件，联合相关部门将查扣的100多辆涉案汽车依法发还被害人。

【保障社会稳定】 2019年，市检察院全力以赴做好中华人民共和国成立70周年等重大敏感节点信访维稳工作，最大限度把矛盾隐患解决在基层，涉检信访积案化解率达100%。依法履行刑事检察职能,批准逮捕767件1094人、提起公诉1304件1929人。依法履行民事、行政、公益诉讼检察职能,办理民事、行政、公益诉讼案件261件,同比上升186%。加强与市监察委沟通衔接,严厉惩处职务犯罪,提起公诉15件15人,依法办理阮某某等3起省级交办职务犯罪案件,督促871万元违法违纪所得上缴国库。坚持检察长带头办理重大职务犯罪案件,深入开展职务犯罪预防,推进“清廉永康”建设。

【基层综合治理】 2019年,市检察院升级晨曦驿站帮教模式,切实维护外来务工人员司法保障“同城待遇”,搭建“基层党建+公正司法+社会治理”三大平台,受理帮教165人次,51人因表现良好解除帮教。充分发挥检察建议功能,找准参与社会治理的切入点,对办案中发现的类型化问题向有关部门制发检察建议,推动整改落实,达到检察办案和社会治理的互促共进。严格落实“谁执法谁普法”责任,组建法治宣讲团队,开展普法宣传活动21次。依托基层检察室优势,灵活运用检察调解,丰富实践“龙山经验”。1名干警因农村工作突出被省政府通报表扬。

【护航民营经济】 2019年,市检察院聚焦金融风险防范,依法惩处非法集资、P2P网贷平台等涉众型经济犯罪24件28人,挽回经济损失1100余万元。依法打击侵犯民营企业合法权益犯罪,开展涉非公经济案件立案监督和羁押必要性审查专项行动,避免“办一个案件,垮一个企业”现象发生。以办案为中心充分发挥检察机关服务民营经济职能,支持企业创业创新,如办理的刘某某生产、销售伪劣产品案,主动提前介入,深入调查研究,公开听证评议,助推新型走步机行业国家标准确立,获省检察院检察长贾宇和市四套班子主要领导批示肯定,并入选最高人民检察院“弘扬宪法精神落实宪法规定”典型案例。重视做好办案“后半篇文章”,开展入企法治宣讲12次,常态化与工商联、企业家沟通联系,以“产需对路”的检察服务协助企业建规立制,织密涉企法律安全“防护网”。中央电视台、新华社等15家国家级媒体集中报道相关做法。

8月26日,市检察院开展金华首例民事公益诉讼(市检察院提供)

【谦抑司法】 2019年,市检察院秉持“少捕慎诉”理念,用准用好不捕不诉权,不批捕156件253人,不捕率为19%,不起诉403件471人,不诉率为20%。积极开展羁押必要性审查,变更强制措施50人,着力推进诉源治理工作。树立客观公正理念,确保捕诉一体办案机制落地生根,办案效率和监督质量显著提升。发挥检察机关审前主导和过滤功能,稳步推进认罪认罚从宽制度,全年共办理认罪认罚案件1432件1897人,占比87.8%。强化与公安、法院的协作配合,提升量刑建议精准化,量刑建议采纳率89.38%。充分保障律师执业权利,推动值班律师提供法律援助常态化,畅通检律沟通渠道,接待律师阅卷513次。

【民生检察】 2019年,市检察院做好未成年人检察工作,构建“一、二、三”工作格局,成立全省首家人大代表未成年人关护站,投入使用未成年人检察专用办案区和龙山青少年法治教育基地，做好惩戒犯罪、关护帮教、源头预防三项重点工作。持续开展“检察官进校园”活动，19 名检察官受聘为中小学法治副校长，实现全市镇（街道、区）全覆盖。积极办理一批娱乐场所违规接待未成年人等涉未行政、公益诉讼案件。深化检察服务“最多跑一次”改革，整合 12309 检察服务中心功能，接待来访群众 1886 人次，探索涉检信访民情代办机制，落实群众信访“7 日内程序回复、3 个月内办理过程或结果答复”制度，共收到群众来信 754 件，回复率 100%。加强司法救助工作，为确有生活困难的 5 名案件当事人提供司法救助，发放司法救助金 23 万元。

【规范司法】 2019 年，市检察院着力破解制约检察工作瓶颈问题，优化检察权运行机制，扣好“第一粒扣子”。完善规范办案内控制度，出台《关于加强案件质量管控推进办案监督双融合的实施意见》《关于合议制审查模式的实施细则》等配套机制，创设刑事案件“诉前合议”机制、深化公开审查机制、办案绩效量化公示机制，推动办案机制创新发展，相关做法在全省检察系统推广。开展案件质量评查，主动评查案件 162 件 243 人，整合利用办案应用系统，实现检察办案全程规范，案件质量持续可控。坚持“一案双查”和“案件回访考察”制度，对办案廉政风险点进行提前预测和排查，完善对重点部门和关键环节的监督。有序推进政法一体化，推送协同 3623 件次，实现案卷网上流转、文书数据共享、科技智能辅助，打造“服务实战、有效实用”的智慧检务品牌。

【刑事检察监督】 2019 年，市检察院深入推进“两项监督”，在金华率先出台《派驻公安检察官办公室运行规则》，构建法律监督助推案件质量提升的双赢机制。建立差异化办案监督模式，将立案监督、追诉漏犯等列为重大监督事项并实行案件化办理，立案监督 50 人，追诉漏罪漏犯 46 人。陈某某等人贩卖毒品案入选全省毒品犯罪法律监督十大典型案例。落实检察长列席审判委员会制度，统一诉判共识，共同维护司法公正权威。强化刑事审判监督，提出抗诉 7 件，改判或发回重审 5 件。积极开展刑事执行检察监督，重点开展“判实未执”案件专项清理等行动，及时规范社区矫正工作。联合司法行政部门圆满完成中华人民共和国成立 70 周年服刑罪犯特赦工作。

【民事检察监督】 2019 年，市检察院加强民事裁判监督、审判程序监督，受理申诉控告线索 147 条，对正确裁判释法说理，做好调处息诉工作。立案审查民事生效裁判案件 30 件，对发现的多发、易发问题，有针对性地发出类案监督检察建议 3 份。抓好民事执行监督、虚假诉讼领域违法行为监督两个专项行动，突出对消极执行、选择性执行等问题的监督，助推切实解决“执行难”问题。审查虚假诉讼线索 18 条，办理虚假诉讼案件 5 件，形成多元化民事检察监督格局。

【行政检察监督】 2019 年，市检察院发挥行政检察职能优势，通过府院联席会议、会签文件等形式，对行政管理中的苗头性、倾向性问题进行法律“把脉”，增进行政机关对检察监督的认同感。以行政非诉执行监督为突破口，不断拓展行政检察监督范围，共办理行政非诉执行监督案件 110 件，以检察建议形式督促履职，回复率 100%，办理案件数、检察建议数均创历年新高。

【公益诉讼检察】 2019 年，市检察院以市人大常委会视察法律监督和公益诉讼工作为契机，推进公益诉讼，推行“三检并行”公益诉讼反向审查机制，在全省率先设立公益诉讼专项资金，保障公益诉讼案件顺利办理。办理金华首例民事公益诉讼案件、本市首例刑事附带民事公益诉讼案件。对

“5·21”重特大环境污染案提起公诉，主张追偿环境赔偿金1475万元，扣押生态修复金168万元。助推“优雅城市·大美乡村”建设，通过对群众反映强烈的畜禽养殖、大气污染、废水排放等问题开展专项行动，在生态环境和资源保护、食品药品安全、国有财产保护、国有土地使用权出让四大领域实现公益诉讼全覆盖，并积极探索英烈保护等外领域案件办理。开展扬尘污染防治专项行动，依法启动诉前程序，督促相关部门落实整改，实现检察监督和行政执法良性互动。加强沟通协作，联合市环保局出台《加强环境保护领域行政执法与检察监督协作的意见》，助力实施第二轮“158”碧水蓝天工程。

（市检察院　供稿）

人民审判

【概　况】 2019年，永康市人民法院（以下简称“市法院”）坚持以习近平新时代中国特色社会主义思想为指导，认真贯彻落实党的十九大和十九届二中、三中、四中全会精神，坚持服务大局、司法为民、公正司法，忠诚履职、敢于担当、勇于创新，各项工作取得新进展、新成效。全院收案20835件，同比下降6.39%，实现3年来首降；结案21276件。员额法官人均办案447.92件。其中，执行收案8517件，结案8605件，执行到位金额22.19亿元。

审判工作

【概　况】 2019年，市法院审结刑事案件1169件，判处罪犯1694人，其中审结交通肇事、故意伤害、涉毒、“两抢一盗”等危害公共安全和群众人身安全的案件699件。严惩电信网络诈骗、集资诈骗、非法吸收公众存款等危害群众财产权益的犯罪28件。受理涉黑恶案件37件163人，判决30件165人。排查近5年来“7＋11”类重点案件397件，提审被告人200余名，移送涉黑恶及保护伞线索21条，核查完毕交办的涉黑恶线索11条。出台工作意见保护企业家财产权利，平等保护民营企业创业创新。审结合同纠纷等商事案件6271件，同期结案率达111.05%；审结知识产权案件142件，调撤率72.54%。发挥破产审判职能，审结破产案件58件，处置房产19.40万平方米、土地403.24亩，出清“僵尸企业”52家，盘活资金5.06亿元。推进民间借贷协同治理，通报职业放贷人名录3期50人，联合税务部门向职业放贷人征收税费共16.26万元，民间借贷案件近5年来首次退出法院诉讼第一大案由。聚焦治理风险防范化解，共排查风险点16个、制定防范措施35条，守牢治理底线红线。聚焦案件“入口关”，开展打击虚假诉讼专项行动、严惩扰乱诉讼秩序行为，共排查涉虚假诉讼案件10件、向公安移送7件，惩处案件3件、司法拘留1人、罚款4.2万元。优化便民举措，落实司法领域“最多跑一次”改革。加强“两个一站式平台”建设，建强智慧法院，实现“掌上办案、指尖诉讼”，通过ODR平台成功调解案件2419起，移动微法院引入率94.03%、运用率89.79%，电子卷宗随案扫描率、政法一体化办案协同率达100%。推行网上立案、司法网拍、远程开庭等便民举措，网上立案8320件，财产处置网拍率100%，为当事人节省佣金3381.92万元，远程开庭200余次。

执行工作

【概　况】 2019年，市法院制定《关于开展

“巩固基本解决执行难工作成果”专项执行行动实施方案》，强化执行刚性，开展集中执行行动18次，共传唤被执行人321人，拘留97人，罚款65人，扣押汽车12辆，搜查房产132处，执行完毕92起，到位金额1760万余元。着力解决房屋腾空难题，腾空房产46处、30余万平方米。开展责令交付车辆专项活动，发出车辆责令交付通知书900余份，通过微信公众号、媒体平台曝光车辆信息35条，拍卖车辆56辆。严厉打击拒执行为，纳入失信被执行人名单9053条，拘留1909人次，罚款1088人次134.45万元，向公安移送拒执案27件37人，判处拒执罪6件8人，违法制裁率居金华地区前列。提升执行效率，平均执行天数同比下降38.57天，终结本次执行程序后及时恢复执行1782件。加强执行源头治理，象珠法庭与辖区镇试点开展“审执兼顾”，梳理未申请执行案件655件，回访549件，促成履行20件，达成和解2件。联合市委宣传部开展“执行宣传月”活动，以“跟着法院去执行”活动为载体，累计邀请110余名人大代表、政协委员、团员代表到现场见证、监督，并结合“不忘初心、牢记使命”主题教育，邀请巡回指导组现场监督指导工作。加大执行曝光和宣传力度，重点曝光失信被执行人137名，发布责令交车公告3期，在175个金融网点滚动播放诚信履行标语，39篇宣传稿件被省级以上新闻媒体采用，执行舆论氛围不断优化。

案例选登

【“龙山经验”深化推广】 2019年，市法院推动高校智库参与理论升华，与杭州师范大学建立“龙山经验”调研合作，初步建立“龙山经验”复制推广标准，共吸引包括中央党校、华东政法大学在内的78批910人次学习调研。主动融入新媒体时代，拍摄法治微电影《融合》并被“学习强国”App转载，浙江省高院、浙江法制报社在龙山法庭开展“一庭一品”直播活动，点击量超25万人次。推动“龙山经验”从村镇走向都市，在法庭辖区全面推广“今日我当值”机制，共有868名当值人员协助法庭调处案件467件；向法庭辖区发送《工作通报》，增进基层党委对“龙山经验”深化推广的共识和辖区纠纷类型的了解，基层法庭收案量同比下降18.8%。做强做优金融纠纷调处中心、“院所合作”等特色平台，成功调处矛盾纠纷312件，涉及金额1.24亿元，当场兑现944万余元。

（市法院　供稿）

军　事

综　述

【概　况】 2019年，永康市人武部(以下简称"市人武部")在上级党委和永康市委市政府的正确领导下，认真贯彻习近平强军思想，以主题教育为抓手，突出维护核心，聚焦主业，强基固本，深化融合，正风肃纪，圆满完成年度各项任务，市人武部被省军区评为先进团单位，武装工作建设水平稳步提升。

【思想教育】 2019年，市人武部深入贯彻落实习近平新时代中国特色社会主义思想和习近平强军思想，扎实开展"不忘初心、牢记使命""传承红色基因，担当强军重任"主题教育，常态落实经常性思想教育，坚持在学懂、弄通、做实上下功夫，夯实机关干部文职职工、专武干部和广大民兵思想政治根基，推动党的创新理论入心入脑，不断提升队伍思想政治素质。

【备战备勤】 2019年，市人武部突出专武干部、民兵骨干、民兵应急力量三个重点，顺利完成3类9支分队350多人训练任务及140多名民兵连长集训。同时，注重在遂行任务中锤炼队伍，抽组10名水上救援民兵骨干，星夜驰援临海抗击台风"利奇马"；集中60名民兵完成备勤任务；出动民兵100多人参加永康市国庆安保誓师大会；派出350多名基干民兵参与永康市马拉松安保任务。

9月17日，市民兵应急连参加庆祝新中国成立70周年安保誓师大会暨大巡防启动仪式(市人武部提供)

【规范化建设】 2019年，市人武部以基层规范化建设达标年活动为契机，扎实抓好基层规范化建设，各级共投入经费30余万元，对硬件设施和软件资料进行规范，西城街道、古山镇、方岩镇、龙山镇和西溪镇等5家基层人武部顺利达标。突出抓好专武干部队伍建设，规范专武干部兼职、考评和进出交流使用渠道，定期组织专武干部和民兵骨干培训，提升国防动员业务能力和履职尽责基本功。全年共调整专武干部12人，队伍结构进一步优化。

【整兵征兵】 2019年，市人武部突出应急力量、军兵种保障队伍和新质新锐力量建设重点，科学编组后备力量体系，完成全市基干民兵、普通民兵的整组任务，队伍结构和布局进一步优化。强化征兵宣传，规范征兵工作各环节，注重发挥市、镇两级63名廉洁征兵监督员作用，实现征兵监督全覆盖，圆满完成年度229名新兵征集任务，新兵质量逐年稳步提高。常态落实国防教育，在辖区内中小学设立军人"荣誉墙"，《永康日报》设立"八一光荣榜"，给各基层配发国防教育系列丛书800多册。利用民兵训练、学生军训、预定新兵役前训练和国防教育日、征兵宣传月、清明节、烈士纪念日等时机，每年落实不少于7天的国防教育活动。

【正风肃纪】 2019年，市人武部持续深化作风建设，坚持从严执规执纪。常态组织廉政法规和上级有关纪检、政法文件精神学习，全面彻底清理"郭徐房张"流毒影响。深入贯彻落实上级关于安全工作的系列指示精神，扎实开展自查自纠，狠抓"禁酒令""军地交往十三条严禁"等制度末端落实，发挥"两个主体"责任，守住安全底线。

【深化融合】 2019年，市人武部着力固化军民融合模式，积极履行军民融合协调职能，"参军"企业由35家壮大至120余家，签订军民融合合作项目18项，13家企业取得军工资质证书19本，北京天一正认证中心设立的首家县级服务中心落地永康，千喜集团和道明光学集团选送为省军民融合成果交流推荐单位，成功创建省级双拥模范城，被确定为省级首批国防科技工业重点联系县。

兵役工作

【概　况】 2019年，永康市夏秋季征兵工作在金华市和永康市征兵工作领导小组的正确领导下，坚决执行上级征兵命令和年度征兵工作的有关指示要求，认真贯彻《浙江省征兵工作条例》，紧紧扭住征兵工作"五率"考评这个核心，圆满完成229名新兵（男兵221人、女兵8人）的征集任务。

9月9日，市人武部组织召开全市新兵入伍欢送大会（市人武部提供）

【征兵筹备】 2019年，市人武部继续坚持一季征兵、全年准备的工作方法。联合组成调研组，通过开展征兵调研，全面掌握2019年征兵工作形势。协调教育局在各所高中学校和职业技术学校建立兵役登记点，抽调经验丰富的专武干部成立兵役登记小组进入校园，集中宣传教育和面对面落实网上兵役登记，通过学校和基层武装部下发兵役登记通知5000余份，对未按规定时间到兵役登记站登记的适龄青年，基层专武干部走进各行政村（社区）和适龄青年单位、家庭进行登记。对在外的适龄青年通过打电话、发信函等形式，要求落实所在户籍地网上登记。全市18周岁适龄男青年共3800人，网上登记率达到100%，女青年网上报名人数为91人。6月4日，征兵办联合市卫健局，抽调经验丰富的医务人员提前对预征大学生对象进行体检。7月初，组成3个目测体检组对16个镇（街道、区）进行目测初检，并建立市、镇（街道、区）、村三级管理制度，随时了解掌握预征对象情况，及时做好调整补缺工作。共完成4981名适龄男青年目测初检任务，确定预征对象人数为1707人。

【征兵宣传】 2019年，全市征兵宣传有计划、有方案、重行动，营造"一人参军，全家光荣""当兵锻炼，个人成才""依法服兵役光荣、逃避服兵役可耻"的氛围。突出兵役法规政策宣传，公开征兵政策、程序方法、优待政策、女兵征集等内容；突出对大学生参军专题的宣传，为大学生参军算好政治账、经济账、学业账、成长账等"四本账"活动；突出荣誉激励宣传，通过进校园宣讲"国防政策法规"，设立"最骄傲校友，最可爱军人"校园荣誉墙，各媒体设立“八一光荣榜”，宣扬立功受奖官兵事迹等，激发适龄青年立志从军报国的热情。多渠道开展宣传，在7—9月征兵宣传月期间，在《永康日报》开设征兵宣传专栏，刊登征兵政策、工作动态、公开信息、典型事迹、公益广告等，每日定期在永康电视台《永康新闻》前插播征兵宣传片，在多个频道插播征兵宣传游动字幕，同步在融(全)媒体各公众号上推送信息，在政府网站链接推送征兵动态信息；协调相关单位在城乡党政机关、通信营运商、红绿灯交道路口LED和各个重要点位大型屏幕等场所滚动播放征兵宣传片和游动宣传字幕；发动各镇(街道、区)悬挂宣传横幅300余条，征兵办印制发放《征兵宣传手册》1万份；行政中心、机关企事业单位、社区(村)张贴征兵宣传海报500份，在30个自行车停放点制作征兵宣传栏。做到电视上有影像、广播上有声音、报纸上有专栏、网络上有内容、街道上有横幅、橱窗上有宣传画等全方位立体宣传。协调市教育局、市公安局提供2019年大学毕业生6000多人名单，组织专武干部到公安办证中心逐一查找梳理信息，分配到各镇(街道、区)，开展“一对一”上门精准做好大学毕业生思想发动工作；联合市职业技术学校开展征兵专题咨询宣传活动，针对当年刚毕业的(3+2或2+3)约150名大专毕业生，加强教育引导；各镇(街道、区)专设大学生入伍解读平台，召集退役大学生进行现身说法，激励高学历青年积极应征。

【规范征兵】 2019年，市人武部在征兵实施过程中加强征兵规范化建设，把好体格检查、政治考核、走访调查、兵员管理等各个环节工作。体格检查工作严格落实《应征公民体格检查办法》《浙江省征兵体检工作实施细则》和《金华市征兵体检组规范化建设考评细则》的执行和操作，体检医师80%以上是全市各医疗机构中抽调的多年参加体检的“老手”。体检站落实封闭式管理，体检医师挂牌上岗，应征青年持兵役证、身份证上站体检，坚持交叉检查、主检把关，落实指引单指引，专人负责科室、当场结论等规定要求，保证体检质量。认真执行《征兵政治考核工作规定》，实行逐级考核和区域联审，严格落实“谁考核、谁签字、谁负责”，突出内容实、程序清、方法活。考核程序严格按基层初审、征兵办联审，基层走访调查、派出所签字盖章、征兵办做出结论等程序进行考核，采取信息比对、部门协查、走访调查、集中审查等方式进行，严防不符合征兵政治条件的人员送入部队。坚持集体定兵、择优定兵原则，做到公平、公正、公开，组织征兵领导小组各成员单位分管领导以及各镇(街道、区)主要领导参加集体定兵会议，邀请金华军分区领导到会指导，市征兵领导小组主要领导出席会议，并邀请2名市级廉洁征兵监督员和接兵部队代表参会。

【突出重点】 2019年，永康市征兵工作突出五个重点：一是突出政策法规学习。针对征兵特点，认真组织秘书组、体检组、政治考核组参加上级征兵业务会，及时组织各镇(街道、区)专武干部和征兵工作人员进行对口业务培训，突出征兵政策、网上征兵程序方法、政治考核规定标准、征兵体检规范化要求等学习掌握，保证征兵工作严格按政策法规和上级规定要求落到实处。二是突出征兵信息化管理。严格按照网络征兵的程序方法，落实网上兵役登记、网上应征报名、网上确定预征对象、网上确定体检合格对象、网上确定政治考核合格对象、网上确定双合格人员、网上录入预定兵结果、网上受理举报咨询，建立封闭式征兵信息化管理体检站，严格落实《全国征兵体检信息化管理系统》要求，做到一名医生、一台电脑、一个独立账号、一套系统的标准进行体检。

体检合格后，系统自动生成并打印体格检查表格，改变以往手工填写出现的漏洞和弊端。三是突出走访调查。严格按照《征兵政治考核工作规定》明确的程序内容、方法进行走访调查。明确职责分工，组织教育局、公安局、卫健局、人力社保局、基层武装部、征兵监督员等联合开展走访调查，着实把握应征青年的个人经历、现实表现、入伍态度、社会关系和病史情况，严防不合格兵员入伍。四是突出大学生征集。为提高大学生征集比例，市征兵办组织专武干部深入各所高级中学、劳动人事部门和大学生家庭宣传发动。根据《浙江省大学生征兵工作实施办法》，改进征集办法，完善奖惩政策，落实经费保障，最大程度调动大学生入伍积极性，保证大学生征集任务高标准完成。五是突出役前训练管理。根据上级指示精神，参照部队新兵训练模式，组织预定兵员开展集中管理教育训练，通过队列体能训练、思想法规教育、日常制度管理，严格落实建制连队一日生活制度方法，提高新兵入伍适应能力，检验新兵身体素质和吃苦精神。

【廉洁征兵】 2019 年，市人武部把廉洁征兵作为不可触碰的“高压线”，紧抓不放，贯穿始终。建立廉洁征兵监督员队伍和廉洁征兵“零报告”机制，加强对廉洁征兵全过程检查监督，明确征兵纪检组职责，聘用人大、政协、纪检、退伍军人、应征青年家长、热心群众等为代表的市、镇（街道、区）两级 63 名同志为廉洁征兵监督员，全程参与体检、政治考核、走访调查以及审批定兵等各个环节的监督工作，并坚持每日上报廉洁征兵监督情况。利用全市征兵工作会议和业务培训时机，组织征兵工作人员学习《廉洁征兵十条禁令》和上级廉洁征兵传真电报精神。抓住青年上站体检和基层走访调查时机，宣传征兵政策，引导青年和家长提高思想觉悟，端正入伍动机，强化监督预防机制。在市征兵办和体检站醒目位置，公示征兵工作人员信息和举报箱，通过全国征兵网公布体格检查、政治考核双合格人员和预定兵员名单，及时受理咨询举报；通过简报、公示栏、廉洁征兵监督卡等形式，公布廉洁征兵监督员和市县两级举报电话；人武部值班室专设值班举报电话，24 小时接受群众来电举报，并第一时间对举报问题进行核实，给予答复。

民兵工作

【概　况】 民兵工作是国防动员和后备力量建设的基础工程，2019 年，市人武部始终坚持把民兵建设列入落实党管武装制度的重要议事日程来抓，及时调整完善民兵工作领导组织机构，充分发挥军事机关主责主业作用，突出抓好思想引领、教育为先、铸魂聚力，突出抓好组织建设、队伍建设、基层建设，突出抓好练兵为战、一专多能、精专结合，突出抓好应急服务、参建共建、作用发挥，突出抓好规范动用、政策保障、创新推进，圆满完成年度民兵工作各项任务，民兵工作各项建设进一步提升。

【民兵整组】 民兵整组是后备力量建设的基础，事关备战打仗能力建设。2019 年，市人武部按照上级年度整组工作指示要求和总体部署，对照国防动员部《深化民兵调整改革检查考评标准》和省军区《民兵组织整顿工作实施办法（试行）》，及时调整组织领导机构，制定下发指导意见和方案计划，根据工作进程及时组织业务培训，下达工作指标，明确标准要求，并成立由部领导带队的工作组到各基层武装部进行现地检查督导，全力推进整组工作落到实处，对上级检查验收指出的问题进行对标整改，组织专武干部集中办公，补充完善年度各项整组资料，从民兵潜力调查、人员编组、体检政考、整组点验等各阶段重点工作，突出队伍结构优化、新质力量编组，突出党团员比例、退伍军人比例，突出专业技术力量、年龄结构要求，细致收集整理人员档案信息，完善各类台账资料和民兵工作管理系统数据，较好完成年度民兵整组工作任务。通过量化考评，江南街道、东城街道、西城街道、古山镇、龙山镇、西溪镇和方岩镇等7个基层武装部综合成绩达标。

【铸魂教育】 2019年，市人武部利用《中国国防报》《中国民兵》《国防教育》等传统刊授平台和“微信群”“微博”“朋友圈”及公众号“钱塘兵事”“中国民兵”等新媒体适时开展集中主题教育和经常性动态思想教育，利用民兵整组点验、组织军事训练演练和参加抢险救灾、值勤安保、文明创建、精准扶贫、生态保护等时机及时开展集中专题教育和现场思想发动教育，利用组织民兵预建党支部会议、党小组会学习汇报时机开展党性观念教育，利用组织民兵通过参观国防教育基地、党建红色基地、重走“红军路”、邀请老革命前辈授课等活动，开展国防教育，强化忧患意识。同时，注重在分类教育成效上下功夫，对新入队的民兵重点做好民兵职能使命教育，强化民兵的光荣感；对超龄出队的老民兵重点做好奉献精神教育，希望继续关心支持民兵工作；对在编民兵重点做好政治思想教育和业务理论知识学习，提升民兵队伍的思想政治素质和理论业务水平，增强民兵的责任感、紧迫感、使命感。

【练兵备战】 2019年，市人武部突出抓好专武干部、民兵骨干、民兵应急力量三类重点对象开展针对性训练。3月上旬，组织全体专武干部集训，以部领导授课、机关业务辅导和专武干部交流等形式，重点开展政策法规、国防形势、民兵整组、兵役工作、军事理论、基层规范化建设等方面理论知识学习，同时开展基础科目训练和实弹射击训练，强化专武干部理论基础、组织指挥能力和实操水平；3月下旬，分批组织140多个民兵连长进行集训，重点抓好民兵连长基本职能、连部规范化建设等业务理论学习，同时开展队列训练和实弹射击训练，强化民兵连长的组织能力和职能意识；4月，结合全市民兵整组时机，对在编基干民兵开展基础科目训练和业务技能训练，突出抓好应急力量、军兵种保障队伍和新质新锐力量等3类9支分队350多人训练任务；9月，为做好参加庆祝中华人民共和国成立70周年安保誓师大会暨大巡防启动仪式，组织应急连100多名民兵开展针对性值勤、巡防、防暴等应急科目训练；10月，组织民兵应急连及石柱镇、前仓镇应急排开展基础科目和实弹射击训练；11月，特邀现役部队教官现场教学，组织民兵伪装防护分队开展针对性业务技能操作训练；12月，组织民兵教练员专业理论知识学习和业务技能训练，并进行资格认证考核，进一步规范民兵教练员队伍建设。

3月26日，组织全市民兵连长分批集训
（市人武部提供）

【基层建设】 2019年是基层规范化建设达标年，市人武部以此为契机，扎实抓好基层规范化建设，各级共投入经费30余万元，对硬件设施和软件资料进行规范，西城街道、古山镇、方岩镇、龙山镇和西溪镇等5家基层人武部顺利达标。为规范专武干部职能定位，市人武部会同组织部门对专武干部队伍建设进行调研，依据政策法规和相关文件精神，结合实际规范明确专武干部兼职、考评和进出交流使用渠道，全年共调整专武干部12人，队伍结构得到进一步优化。

国防教育

【概　况】 2019年，市人武部积极联合军地力量，持续优化构建大国防教育体系，积极营造国防教育浓厚氛围。

【加强军人荣誉体系建设】 2019年，市人武部以让军人成为全社会尊崇的职业为目标，积极营造拥军优属浓厚氛围，协调市委市政府在春节、“八一”等时机走访慰问驻永驻金部队官兵，联合相关部门和各镇(街道、区)持续开展春节现役军官军属集中“大走访”活动；在报纸电视网络等融媒体平台开设“征兵宣传”“国防教育”专栏，设立“八一光荣榜”宣扬当年立功受奖现役官兵事迹，对立功受奖官兵家庭进行上门走访慰问，3月底，联合退役军人事务局、花街镇将立功受奖喜报送到云川村5位军属家中并开展座谈，为立功家庭赠阅《中国国防报》；联合宣传、教育部门指导城乡各中小学校设立“最骄傲校友、最可爱军人”荣誉墙，推动村(社区)文化礼堂、文化长廊等场所“军人荣誉榜”建设覆盖面；完善革命烈士荣誉机制，12月份联合退役军人事务局举行散葬烈士集中安葬仪式，经烈士遗属同意将40多位零散烈士集中安葬在刘英烈士陵园内；持续强化军人军属合法权益维权机制，9月上旬为当年入伍新兵家庭发放军人军属法律援助服务卡200多份，联合司法部门全年协调妥善处置涉军维权案件30多件，探索推进军人军属优待办法。

【系列活动】 5月8日，市人武部组织机关人员和民兵代表30人参加庆祝中华人民共和国成立70周年暨永康解放日升国旗仪式；7月底，市人武部联合市双拥办举办“壮丽70年”军民联欢晚会；9月30日，组织机关人员和方岩镇基干民兵代表30人参加烈士纪念日公祭活动；10月30日，组织部分国教委成员单位和西溪镇党政干部过“军事日”活动，开展国防形势讲座和实弹射击体验；11月6日，指导龙山镇在桥下初中开展“国防教育进校园，点亮青春强国梦”系列宣传活动，开展国防知识讲座、观看国防宣传展板，举行国防专题作文比赛、组织军训科目会演等，营造浓厚的校园国防教育氛围。

7月31日，市人武部和市双拥办联合举行“壮丽70年”双拥晚会　(市人武部提供)

【宣传活动】 8月1日，市人武部特邀海军指挥学院军队政治工作系主任、教授段廷志为市委中心组成员作国防知识讲座；8月下旬至9月中旬，组织民兵教官分批次对市一中、二中、六中、职技校4所高中4500多名新生进行军训；9月中旬，联合市应急管理局(人防办)、市职技校开展以“赞颂辉煌成就，军民同心筑梦”为主题的国防教育进校园活动，展出国防(人防)历史、永康革命武装史、征兵政策等展板70块，发放宣传册2000册，接受师生咨询200多人次；9月上旬，组织200多名新兵集中役前训练，开展国防政策法规教育，播放军事题材影片，强化从军报国、建功军营的使命意识。

拥政爱民

【概　况】 2019年，市人武部为促进双拥工作（拥政爱民）着眼新形势新任务，发挥军地桥梁作用，为永康市成功申创“浙江省首批军民融合创新示范区”“浙江省双拥模范城”做出积极努力。

【领导关怀】 2019年，市人武部坚持把双拥工作纳入部党委议事日程、纳入年度重点工作计划、纳入年度经费预算。积极协调市各套班子领导在春节、“八一”期间走访慰问驻金驻永部队；在清明节、“9·30”烈士纪念日，协调组织党政机关、中小学校、社会团体等祭扫革命烈士；协调市领导带头为军属和退役军人代表悬挂光荣牌，各级领导及时看望立功受奖和执行重大任务军人亲属，定期慰问军烈属、退役军人；协调市领导出席年度双拥述职会、新兵入伍欢送大会、老兵返乡欢迎仪式、双拥慰问演出等活动。

【氛围营造】 2019年，市人武部围绕强国防、聚民心，协调市委市政府落实党管武装工作，各套班子领导参加“军营开放日”“军事日”活动，召开议军会研究强军兴军之策，现场办公解决武装工作和后备力量建设重难点问题；积极发动各镇（街道、区）、双拥成员单位，结合“建军节”“全民国防教育日”等时机，依托永康红色资源阵地，广泛开展爱国主义和国防教育、双拥文化宣传等活动；推进将国防教育课程列入市委中心组理论学习、中青年干部培训和中小学校必修课程，高中新生入校、新录用公务员上岗接受军事训练；持续推动“八一光荣榜”“军人荣誉墙”建设。2019年共有5000多名青年报名应征，200多名优秀青年入伍，现有1000多名永康儿女正在卫国戍边。维护好军人军属合法权益，为每名当年入伍新兵家庭发放法律援助卡，会同司法部门妥善处理涉军法律援助30多件；联合退役军人事务局推动市退役军人服务中心建设，村（社区）全面建立完善退役军人服务工作站，拓宽退役士兵创业就业。协调成立“爱国拥军促进会”“关爱退役军人协会”等5个社会拥军组织，营造开展文化拥军、科技拥军、医疗拥军、金融拥军、帮扶拥军等社会化拥军氛围。

9月18日，市人武部联合市人防办开展第十九个“全民国防教育日”宣传进校园活动（市人武部提供）

【军民融合】 2019年，市人武部领衔推动成立的军民融合办公室开展实体化运行。率队走访调研军民融合企业23家，收集破难问题12个，军地对接签约项目2个。北京天一正认证中心有限公司永康服务中心在总部中心揭牌并实体运行。协调金华市人大解放军代表考察永康市军民融合工作，提出军民融合发展建议；协调市委市政府出台军民融合长远发展规划和17个方面军民融合扶持政策，做好军地开展“走出去”“请进来”对接搭台工作。全年全市有62家企业实现“参军”，11家企业取得军工资质，签约项目39项，当年融合产业产值达50.2

亿元，军民融合产业成为永康市第十大支柱产业，产品涉及十几个领域，并成功举办首届军民融合产品专展。

【帮扶参建】 2019年，市人武部发动驻永部队和民兵预备役积极投身永康经济社会发展，发挥突击队和生力军作用。一是精准帮扶。1月17日，部领导率队开展帮扶结对活动，到西溪镇马坞村、下赵村等进行项目精准扶贫，联合水务局捐赠200千克鱼苗，为西溪镇青山村捐助项目帮扶款5万元；8月9日，到西溪镇走访10个村，开展“三服务”活动，协调解决具体问题12个；10月29日，到西溪镇开展“包乡走村”破解难题活动，协调解决难题7个，其中为集体经济薄弱的壶山新村协调解决历史久拖难题，获利10多万元；12月15日，慰问西溪小学12名、永康六中10名生活困难学生，共捐助3万多元；12月31日，慰问西溪镇尚黄桥村5户生活特困家庭，并联系相关部门和医院精准帮扶诊断疑难病症。二是抢险救灾。8月11日，台州临海市遭遇特大洪水，市人武部深夜组织民兵应急精干力量30多人、冲锋舟2艘，紧急驰援抗洪抢险，同时第2天紧急组织发动60名民兵骨干及救援装备落实备勤待命。三是文明创建共建。参加社区“四城联创”文明劝导行动，常态组织机关党员分批参加社区“一巡三查”活动，定期组织机关人员参加“五水共治”生态保护行动。四是维稳值勤。9月17日，组织100多名基干民兵参加庆祝中华人民共和国成立70周年安保誓师大会暨大巡防启动仪式；12月8日，组织350多名基干民兵协助公安参加第二届“永马”全程重要卡点、路段安保值勤、服务保障。五是帮扶涉企难题破解。3月、5月、7月，走访市重点项目轨道交通装备企业群升集团在建项目，多次组织项目企业、建设单位、江南街道、涉及项目村协调历史遗留难题；5月16日，走访调研城西新区“双百”企业、军民融合企业和高新企业，协调破解人才紧缺、资金周转、企业用地、技术创新、产品研发等难题12个。六是牵头扎实推动双拥相关工作。1月30日，出席西溪镇军人军属春节双拥座谈会，为军属发放慰问品；1月31日，出席年度全市双拥座谈会暨双拥工作述职会议并讲话；3月22日，协调相关部门成立“永康市爱国拥军促进会”；4月26日，联合市爱国拥军促进会开展“寻访红色记忆，弘扬爱国精神”活动，走访慰问抗美援朝老兵；5月9日，出席退役军人服务中心揭牌仪式，提出相关建设思路；5月23日，积极对接省双拥模范城考评组，做好检查验收创建协调工作，为成功创建打下良好基础；7月19日，联合退役军人事务局督查基层退役军人服务保障体系升级版建设工作；7月31日，联合退役军人事务局、市双拥办举办“壮丽70年”双拥晚会；10月22日，牵头组织双拥成员单位、群众团体召开双拥座谈会，分析解决双拥难题和具体举措。

（市人武部　供稿）

武装警察

■ 武警机动二中队

【概　况】 2019年，武警机动二中队（以下简称“机动二中队”）在支队、大队党委的正确领导和帮助下，在市政府的指导下，以《纲要》、武警部队党委1号文件精神为指导，围绕“聚力练兵备战、赓续红色传统、建强标兵中队”工作思路和“稳中聚力、全面过硬”年度目标、“军民文化融合”方向，坚持问题导向、坚持稳中求进、坚持紧抓快干，在突出强队伍、抓经常、打基础、抓落实上下功夫，部队实现了安全稳定，总体形势向上向好。

【活动丰富】 2019年1月12日，机动二中队立足于真实，着眼于实战，注重新老融合的原则，及时调整方案，严密组织新兵下队后方案演练。2月24日，机动二中队本着“参观见学促发展，经验交流共建设”的要求，中队主官带领支队副连以下干部进行参观见学。3月9日，为了加快军民融合文化试点工作，打造特色文化小分队，中队特意邀请地方老师来队进行轮滑教学。4月4日，市文广旅体局副局长卢江等一行7人，深入机动二中队召开阅读吧建设推进会。5月15日，为引导官兵保持健康的心理状态，确保“新兵第二适应期”期间部队内部安全稳定，永康三院心理咨询师团队为全体新兵开展心理咨询服务。6月6日，时值传统节日端午节来临之际，机动二中队精心组织官兵与驻地“拥军妈妈”们共聚一堂，开展包粽子活动。7月4日，永康市举行“2019年度防御山洪、地质灾害应急演练”预演，机动二中队出动9名兵力、冲锋舟2艘，参加此次演练任务。7月26日上午，市文广旅体局副局长林毅、市纪监委副组长赵开浪、市图书馆馆长徐关元等一行10人到机动二中队，开展悦读吧工程验收工作。7月30日上午，市法律援助中心一行4人来队进行法律辅导。8月1日上午，机动二中队举行“军营自助图书馆”开馆仪式。7月31日晚，在永康市多个单位联合举办“壮丽70年”八一文艺汇演中，机动二中队出演《战魂》《摩拳擦掌》两个节目。8月下旬，又是临近退伍之际，为做好中队优良传统的传承、做好中队新老兵的交替工作，机动二中队开展“学老兵、赞老兵”系列活动。9月30日上午，机动二中队官兵参加永康市向烈士敬献花篮仪式。10月16日下午，为全面提升轮滑队演出水平，圆满完成文化试点展演任务，推进军地文化融合项目，机动二中队轮滑队严密组织轮滑训练。11月开始，为提高中队实战化标准、提高中队骨干带兵打仗的能力，机动二中队严密开展士官队伍“六查六治”活动，自查自身存在的问题并解决。

8月，出动两批次共59名兵力参加台州临海抗洪抢险救援(机动二中队提供)

【驰援临海参与救援清淤任务】 2019年8月10日，受第9号台风“利奇马”影响，台州遭受洪涝灾害，机动二中队分两批次共出动25名兵力、冲锋舟2艘、救生衣50件，成立13人的党员突击队，星夜驰援临海。8月14日晚，接上级命令，机动二中队出动34名官兵再赴临海，清淤泥，整道路，军民携手重建家园。

【联勤武装巡逻】 2019年9月—10月，为贯彻落实支队关于“迎大庆，保大庆”的指示要求，确保国庆期间永康市社会稳定，预防和打击各类暴恐袭击、个人极端行为等暴力犯罪活动，机动二中队严密筹划，组织永康地区社会面联勤武装巡逻。

【照顾迷路老人】 2019年12月21日17时，机动二中队营区门外路上有一老人逗留，自卫哨按照正确方法进行处置，指导员蔡育彬和应急小组一同前往查看，发现是一位百岁老人，当时气温较低，小雨不断，指导员和应急小组赶紧将其搀扶至中队休息并给予照顾。

（机动二中队　蔡育彬）

农业农村

农　业

■ 综　述

【概　况】 2019年，永康市农业农村局（以下简称“市农业农村局”）以农业增效、农民增收、农村增美为目标，以打造乡村振兴永康新样板为使命，在稳定粮食生产、农业产业融合、农业绿色发展、体制机制创新、农业安全生产、打造大美乡村等重点领域取得明显进展，实现全市农业农村经济的高质量发展。浙江华茗园茶叶有限公司成功申报国家级重点龙头企业，成为永康市首家国家级重点龙头企业。3家农业主体完成省级“五园创建”申报并通过验收，分别是永康市唐先发强家庭农场申报“精品果园”、永康市大寒山老鹰峰茶场申报“生态茶园”、永康市维哲家庭农场有限公司申报“放心菜园”。创建省级平安农机示范镇1个，成为金华市首个率先完成全域平安农机示范镇创建县。全省水稻种植机械化技术暨同步侧深施肥技术现场会在永康市成功举办；全省村级财务管理座谈会在永康市召开，永康市作为村级账务管理创新重点单位参会并作交流发言。农业农村部发布第213号公告，准予“永康灰鹅”登记为国家级农产品地理标志。至此，永康市共有4个国家级农产品地理标志，数量为全省第一。在全省率先出台新时代美丽乡村建设实施意见，创新申报、建设、验收方式，以“十无”达标村、“十有”示范村和美丽乡村、美丽田园、美丽产业“三美”综合体培育村为牵引，突出特色、梯次培育。永康市被列入省农药实名制试点县市。唐先红富士现代农业园区观光一日游再次入选全省百条休闲农业和乡村旅游精品线路；前仓镇舜耕田园成功入选省级2019年百个“最美田园”；发强家庭农场的“唐葡牌葡萄”荣获2019年浙江省知名品牌农产品展示展销会时令农产品金奖；浙江伟丰肉食品有限公司列入浙江省供应链试点企业。农民教育培训模式入选全国100个农民教育培训发展典型案例，在全省农广校校长培训班上做典型经验介绍。永康作为金华市唯一代表队，在第三届省农村创业创新项目创意大赛总决赛中荣获三等奖。积极探索建立永康市宠物纠纷人民调解委员会，主持调解宠物安乐死纠纷案，被浙江省司法厅列为全省合同纠纷调解典型案例，成功调解宠物纠纷疑难案件8起，调解成功率100%。

■ 农村工作

【概　况】 2019年，永康市按照新时代美丽乡村建设实施意见，通过政策宣讲会、工作部署会、业务培训会、现场办公会、攻坚推进会、督查交办会等形式，强力开展新时代美丽乡村建设。以建设“优雅永康、大美乡村”为主导，致力提升农村人居环境，按照“抓牢重点、整治难点、突出亮点”的要求，做好“项目、生财、出彩、做强、和谐”5篇文章，打造"点上出精品、线上皆风景、面上可示范"的大美乡村新格局、新风貌、新动能。以美丽乡村达标村、美丽乡村示范村创建为工作载体，重点从自然、人文、生态、产业、建筑、风俗、基层治理等方面，多角度、全方位地发掘村庄的个性和特色，彰显"水净、村美、人文、善治、民富"的美丽乡村新风貌，走出"美丽乡村＋美丽田园＋美丽产业"高度融合的新路子。截至 2019 年底，全市 402 个行政村中，累计创建省美丽乡村示范镇 1 个、特色精品村 5 个，金华市美丽乡镇 1 个、精品村 5 个、秀美村 10 个，"十无"达标村 64 个、"十有"示范村 20 个、"三美"综合体培育村 4 个，美丽乡村达标村覆盖率达到 43%。同时深入开展美丽乡村风景线攻坚行动，推进陈亮故里线、最美双舟线 2 条风景线建设，基本线网初步成型，加快形成"一路成风景"的美丽格局。

【垃圾分类】 2019 年，永康市依托全省率先试点的"垃圾分类回收利用及终端运行政府买服务"模式，开展低价值物兜底回收的垃圾分类"绿卡"模式，开展垃圾分类网络、资源回收利用网络"两网融合"试点工作，农村生活垃圾分类列入 2019 年全市十大民生实事之一。1 月，垃圾分类减量"端头模式"再次得到省长袁家军点赞；2 月 16 日，中央电视台新闻调查栏目报道"垃圾分类在乡村"的永康样板做法；7 月底，新华社用中英文全球现场直播端头垃圾分类经验做法。全市完成 28 个省农村生活垃圾分类处理项目村、5 个"三化"处理终端建设，创建省高标准农村生活垃圾分类处理示范村 2 个，全市农村生活垃圾分类建制村覆盖率达 100%、无害化处理率 100%、资源化利用平均率 85%、分类优秀率 65%、回收利用率 40%。生活垃圾量同比增长－1.11%。

【历史文化村落保护与利用】 2019 年，永康市对全市农村古建筑情况进行调查摸底，对历年省级历史文化村落保护利用村和数据库内村落"管护"和业态培育等情况开展实地走访调研，完善古建筑、历史文化村落数据管理。对第五批厚仁村、上考村、台门村等 6 个一般村进行实地走访，检查古建筑修缮情况。按照三年建设目标，加快推进第六批、第七批省级历史文化村落保护利用村重点村、一般村项目落地；申报 2 个第八批省级历史文化村落保护利用重点村，5 个一般村，历史文化村落范围进一步扩大。

【农村生活污水治理】 2019 年，永康市 6 个农村生活污水续建村项目稳步实施，项目建设进度、安全、质量等方面工作有效推进。加快其他完成项目建设村验收、移交工作。持续跟踪落实方岩镇库区村污水终端提升工作。联合专业部门进行实地查看，细化提升方案。召开方岩库区农村生活污水治理专家论证会，形成初步意见。

【农民教育培训】 2019 年，永康市以"乡村振兴大讲堂"为载体，充分利用"永康农民学校"、实训基地、田间学校等，采用"学校授课＋基地实习""外出考察＋现场指导"等形式，通过"大讲堂"学艺、"竞技场"练兵、"互联网"创业，因人因地施教，培养高素质农民队伍。全年培训高素质人才 360 人、实用人才 2760 人，转移就业 880 人。举办十项专项技能竞赛，选拔出 30 多名技师。全年开展蔬菜生产新技术培训、水果优质栽培技术培训、农产品质量安全生产培训等，共计 1000 多人次。

【农村集体"三资"管理】 2019 年，永康市在农村集体"三资"管理改革试点工作取得阶段性成效的基础上，全面部署推进农村集体"三资"管理改革工作，如期完成《政府工作报告》提出的农村集体"三资"管理改革任务，实现农村财务管理从村账村记——集中记账日——乡镇代理——社会中介机构专业代理的农村财务管理模式4.0，基本达到代理服务率、按时报账率、账务处理率、按规公示率4个100%；开展行政村规模调整“三资”处置工作，全市710个行政村总数调整为402个，指导做好新村开户、老村销户、财务交接、并账、制定村级财务管理制度等工作；组织开展村级财务“一年一清理”和“三年一轮审”，即“1+3”财务大清理大审计，派出业务骨干巡回指导各镇街区组织实施清理审计工作；组织开展“全纳管”“回头看”，核查村级以下经济组织215个，涉及金额1.76亿元。2019年底已纳入“三资”中心监管的村级以下经济组织102个，纳管金额1.1亿元。

【农村土地承包经营权确权登记工作】 2019年，永康市开展土地确权登记颁证“回头看”，下发《关于开展农村土地承包经营权确权登记颁证“回头看”工作的通知》。重点排查整改权证未颁发到户、权证登记信息不准确等问题。截至12月底，完成11个镇街区，涉及263个村、2871户的权证纠错工作。

粮食生产

【概　况】 2019年，永康市粮食生产稳中有增，规模化种植不断提高。全年粮食播种面积约13.5万亩，总产量6.08万吨，其中早稻种植面积2.59万亩、单季稻种植面积4.58万亩、连作晚稻种植面积2.06万亩，比2018年分别增加0.19万亩、0.22万亩、0.2万亩。规模种粮大户共222户，比2018年增加7户；规模种植水稻面积9.23万亩，比2018年增加约0.61万亩、7.1%，是金华市唯一一个实现播种面积“三增”的县(市)，规模化率达到80%以上。永康市是2018年度金华市粮食安全责任制考核优秀县；在浙江省第三届“河姆渡杯”评比上，永康市被评为粮食生产先进市。

【水稻新品种示范展示】 2019年，永康市在桥里、姚塘2个基地实施水稻连片示范方4个、新品种展示35个、救灾品系生产试验3个品种、优质水稻肥料农药试验3组。与省农业科研机构积极开展协作，实施省“三农六方”2018年第1号课题项目“浙江省水稻优质米评价体系的建立及其示范推广”，筛选出适宜永康市推广应用的优良绿色品种嘉丰优2号、甬优6760等品种。通过展示、示范、试验，力求达到技术创新、绿色新品种创新、熟制创新。

【粮食生产功能区建设】 2019年，上级部门下达永康市粮食生产功能区建设任务为2000亩，实际完成建设2420亩，完成任务数的121%，分别为龙山镇胡塘下粮食生产功能区1720亩，石柱镇云天畈粮食生产功能区700亩。

【水稻高产创建】 2019年，永康市省水稻绿色高产高效创建项目建设顺利。全年建设百亩核心方5个、高产攻关方2个，共计6220亩。推广应用水稻“两壮两高”、精确定量栽培、缓控释肥、病虫害绿色防控等新技术。在5个核心方中有3个达到亩产800千克的目标。1个超级稻高产攻关方平均亩产908千克，5块高产攻关田亩产超千千克。

【标准农田质量提升】 2019年，永康市省2.6万亩标准农田质量提升工程项目实施顺利完成，推广使用商品有机肥2577吨。稳步推进农业农村部化肥减量增效示范县创建项目。全市10个镇建立300亩以上示范方17个，示范面积10430亩，其中核心示范方3个，面积3590亩。共推广使用商品有机肥688吨，缓释肥281吨，万亩示范片建设基本完成。田间试验和取样化验等顺利进行。水稻病虫害绿色防控示范项目顺利完成，共建设示范面积7786亩，其中重点示范区5个2270亩，分别在芝英镇桥里、石柱镇姚官、前仓镇荆州、花街镇店园、象珠镇柳墅。

■ 经济作物

【机构调整】 2019年12月11日，根据中共永康市委机构编制委员会文件《关于市农业农村局下属事业单位机构编制调整的通知》，整合原市农业技术推广中心、市经济特产站、市种子管理站，组建永康市农业技术推广中心。

【蔬菜产业】 2019年，永康市蔬菜瓜果播种面积11.13万亩，总产量17.67万吨，产值5.86亿元。毛芋仍是永康种植面积最大的蔬菜品种，约有15800亩，主要分布在石柱、前仓、舟山等乡镇及周边，永康维哲农家庭农场有限公司毛芋基地取得省级放心菜园称号，2019—2021年浙江省蔬菜产业技术项目《毛芋与水稻轮作模式示范推广》在该场实施，全年种地膜早芋53亩，平均亩产1500千克，与晚稻轮作20亩，虽经历了迟插(8月12日)风险，糯稻仍取得343千克实测亩产。在永康市农机培训学校、东城街道和前仓镇荆州村等地对永康市各乡镇农技员、蔬菜种植大户进行5次蔬菜生产技术和安全生产培训，培训210余人次，发放生产技术资料、生产记录本和安全生产法规摘录等450多份。推广西瓜、黄瓜、番茄、茄子、苦瓜嫁接苗1800多亩，引进试种辣椒、小南瓜、小冬瓜、黄瓜、拇指西瓜等蔬菜新品种5个。

【水果产业】 2019年，全市果园面积5.51万亩，年产水果4.56万吨，产值30570万元。引进黑脆无核葡萄、南太湖特早葡萄、濑户香柑橘、沪晶梨18号、西梅等果树新品种10个。重点推广由良及红美人柑橘、翠玉梨、阳光玫瑰葡萄等名、特、优、新果树品种，新建水果基地850余亩。前3年引进的由良及鸡尾葡萄柚2019年初投产，普遍品质优、产量高，表现良好。为进一步提高葡萄种植效益，分别在舟山镇、唐先镇等葡萄园开展“大树冠葡萄园立体套种经济作物”示范工作，先后进行生姜、番茄、辣椒、大球盖菇等套种示范，每亩可增加2000多元收入。为减轻防治果树病虫害的劳动强度，在唐先镇发强家庭农场进行“葡萄病虫害快速防治”示范防治，每亩防治只需1分钟左右，大幅提高防治效率。分别在前仓镇、唐先镇、西溪镇等组织葡萄、梨及柑橘等优质化、标准化生产技术培训，共培训800多人次，发放资料600多份。大力推广水果套袋技术，全年葡萄、梨等果实套袋2900多亩。推广有机肥，减少化肥使用量，全年共推广有机肥1500多吨。永康市唐先镇志军家庭农场以单株夏黑葡萄挂果664串，平均穗重545克，平均可溶性固形物19.3%，再创浙江省农业吉尼斯纪录。该成果在浙江卫视中国蓝新闻及新华社客户端分获报道，点击量超百万。组织红富士及阳光玫瑰葡萄参加2019浙江省知名品牌农产品展示展销会，唐先镇发强家庭农场的阳光玫瑰葡萄获得金奖。

【蚕桑产业】 2019年，全市蚕种饲养量达1019张，比2018年增加209.75张，增幅25.9%，蚕茧产量50.2吨，比2018年增加15.3吨，增幅43.8%；产值279.8万元，比2018年增加95.2万元，增幅51.2%；平均茧价55.8元/千克，比2018年提高5.5%，其中春茧、夏茧、中秋、晚秋价格分别为56.0元/千克、50.0元/千克、51.0元/千克、58.0元/千克。户均饲养蚕种17.27张、户均产茧850.8千克、户均茧款收入47423元。2019年晚秋蚕，又引进苏彩2号、苏彩3号等5个天然彩色茧新品种，进行试养和比较试验，调查新品种在永康的适应性和经济性状。2019年，示范应用健达等新药剂防治桑葚菌核病取得明显成效,大幅度降低桑葚菌核病的发病率,年产桑果95.9万千克,产值1457.6万元。芝英镇四知村继绪塘自然村86%种植户用健达等新药剂防治,桑葚菌核病发病率低于13%。

【茶产业】 2019年,全市有茶园面积4700余亩,其中有采摘茶园3600余亩、有管理茶园不到960亩。据统计,2019年生产茶叶16.54吨,产值596.2万元,2019年生产春茶15.37吨,产值579.42万元,所生产的春茶全部为名优茶,比2018年增加0.94吨,增产6.1%,产值增加40.1万元,增值7.2%。其中生产红茶7.32吨、产值475.2万元,比上年增加产量1.52吨,增产26.2%、产值增加104.2万元,增值28.1%。2019年,大寒山老鹰峰茶场成功申报创建生态茶园省级示范基地。浙江华茗园茶业有限公司成功入选第六批农业产业化国家重点龙头企业的茶叶企业名单。

【水产业】 截至2019年底,永康市水产养殖面积1464公顷,其中池塘面积983公顷,水库481公顷,水产总产量14318吨,池塘养殖产量9940吨,水库养殖产量3628吨,稻田养鱼750吨。永康市四路观赏鱼养殖场和永康市斗天水库养殖场通过浙江省农业农村厅组织的省级渔业健康示范场的验收,拉开创建渔业健康示范县的序幕。市富产农业发展有限公司率先在芝英六村建立稻渔综合种养基地,开展稻虾种养模式尝试。截至年底,永康市已发展稻渔共生、稻渔轮作模式4500亩。

畜牧养殖

【概　况】 2019年末,永康市生猪存栏18855头,同比增加76.21%,其中能繁母猪存栏1393头,同比增加57.58%;生猪出栏25260头,同比减少38.09%。牛存栏192头,同比增加86.41%;牛出栏158头,同比增加33.9%。羊存栏1730头,同比增加78.72%。羊出栏1210头,同比增加0.83%。家禽存栏193900只,同比增加22.17%,家禽出栏282900只,同比增加14.92%。蜜蜂存栏15400箱,同比增加2.67%。

【美丽牧场创建】 2019年,永康市15家养殖场通过永康市级美丽牧场验收,其中12家通过省级美丽牧场验收,8家生猪养殖场开展"百场引领,千场提升"创建,实现全市畜牧业美丽生态绿色发展基本格局,实现美丽蜕变。

2019年新建美丽生态牧场(市农业农村局提供)

【生猪增产保供】 2019年,永康市推进年出栏7000头的永康市志伟农业开发有限公司和年出栏3万头的永康清山农牧有限公司2个生猪养殖场建设项目。同时积极招商引资,优化布局,计划从金华、义乌等地引进万头以上生猪规模养殖建设项目,不断推进生猪增产保供工作。积极推进活体抵押贷款政策,切实帮助规模猪场缓解资金周转压力。永康市首次成功办理生物活体抵押贷款,首笔130万元。

【宠物诊疗纠纷调解】 2019年,永康市成立金华市首个宠物纠纷人民调解委员会,打造宠物纠纷调解"龙山经验"行业版。全年成功调解宠物纠纷疑难案件6起,调解成功率100%，其中宠物安乐死纠纷案被浙江省司法厅列为全省合同纠纷调解典型案例。

【动物防疫防控】 2019年，永康市强化重大动物疫病防控，抓好畜禽集中强制免疫，凡是超过免疫保护期、新补栏、漏免的散养畜禽进行补免，做到应免尽免。组织落实非洲猪瘟防控专项行动，定期对辖区内重点场所进行全覆盖抽样监测，督促其全面落实各项防疫措施，确保非洲猪瘟疫情监测“无盲区”。顺利开展家犬情况摸底，在金华市率先完成狂犬病强制免疫。全面推进动物疫病强制免疫“先打后补”工作，激发畜禽养殖业主主动性。

【动物检疫】 2019年，永康市严格执行动物及其产品调运风险评估制度，实施点对点调运，认真落实调运前登记备案、调入后报验措施。落实官方兽医派驻制度和屠宰企业自检制度，严格按照检疫操作规程实施检疫。依托省智慧畜牧业云平台，推进“最多跑一次”改革，真正实现动物检疫“网上申报、网上受理、网上出证”，实现信息化管理。

【监督执法】 2019年，永康市开展各环节的兽药饲料及残留定量抽检，及时发现和消除隐患。始终保持高压态势，对生猪私屠滥宰和经营销售“白板肉”等违法违规行为实行“零容忍”。持续加大执法力度，共立案查处并办结案件19起，比上年同期增加35.7%；罚款62216元，比上年同期增加631%。其中立案查处2起假劣兽药和用药记录不完整真实案，是金华市范围内首次办理此类案件。

【实验室检测】 2019年，永康市注重疫病防控专业技术人员培养和能力提升，加强检测实验室建设，不断提升疫病防控水平。在金华范围内首次开展全市范围内马属动物疫病基线调查，第一个完成马鼻疽变态反应现场检测和马传贫采样送检工作。成为浙江省首批、金华地区首个授权非洲猪瘟检测实验室和近2年参加全省兽医系统实验室检测能力内部比对结果完全一致的2个县级实验室之一。

农业机械

【概　况】 2019年，市农业机械化重点工作主要是农机新技术推广、农机化促进工程项目和农机安全生产监管。年内全市合计发放购机补贴指标确认书352份，受益农户233户，推广新型农机具412台(套)，实施财政补贴资金479.63万元(其中中央补贴资金351.21万元，省级补贴资金51.368万元，县级补贴资金77.052万元)。截至年底，全市拥有农机总动力28.43万千瓦，其中柴油机21.9万千瓦，汽油机1.57万千瓦，电动机4.96万千瓦；耕作机械方面，有拖拉机1226台，配套农具2001台，有耕整机293台；种植机械方面，有水稻插秧机327台(其中乘坐式144台)；有植保机械1097台，无人机8架；有稻麦联合收割机279台；有谷物烘干机115台；运输机械方面，到2019年底上道路拖拉机1275台。

【农机社会化服务】 2019年，永康市完成水稻种植面积9.58万亩，水稻机耕面积9.38万亩，机耕率98%；水稻机插面积5.86万亩，机插率61.2%；水稻机收面积9.2万亩，机收率96%；粮食机烘5.4万吨，机烘率56%。水稻生产耕种收综合机械化率86%以上。组织召开农机购置补贴政策培训会2次、现场会2次，共计参加人员300人次。开展农机维修保养服务，派出专业维修技术人员40人次，发放宣传资料350多份，发送短信210条。成立购机补贴机具核查小组，全面核查补贴机具，核查率100%。为更好地补齐水稻机械化插秧短板，提高农机大户、农机专业合作社等技术骨干水稻插秧机操作技术水平，农机总站召开水稻机械化插秧短板问题意见征询会暨水稻机插秧技术培训会，通过调研走访，找问题补短板，并邀请技术专家开展插秧技术培训，提高农民机插技能。完成2018年度4个省农机化与智慧农业建设项目验收工作，拟补助资金135.15万元。完成2019年度4个农机化促进工程项目申报工作。

农技推广

【概　况】 2019年，永康市农业农村局发布《病虫情报》21期，同时向镇农技员、种粮大户推送病虫防治信息。通过“声广植保”微信公众号发布95期，信息110条，及时指导农户合理科学开展病虫害防治，宣传农产品质量安全等知识。积极实施高效低毒低残留农药替代和农作物减量控害增效措施，粮油作物重大病虫害无害化防治面积达到85%以上。积极开展水稻等病虫害绿色防控示范，示范面积1.08万亩，重点做好石柱镇省级水稻绿色生态防控示范乡镇项目建设，推进绿色防控技术的集成、示范、推广与应用。积极组织春季灭鼠活动，发放鼠药27吨，减少老鼠对粮食生产的危害，提高产量。

全市累计推广使用缓控释肥1.6万亩650吨。全年实施测土配方施肥32万亩，推广商品有机肥1.13万吨，推广配方肥0.35万吨，不合理施用化肥减量160.5吨。推广水稻病虫害专业化统防统治与绿色防控融合示范，推广高效、低毒、低残留农药，实施病虫害统防统治面积8.76万亩，农药减量技术应用面积18.7万亩，农药减量6.8吨。

产品监管

【概　况】 2019年，市农业农村局始终把农产品质量安全放在首位，把坚决守住不发生重大农产品质量安全事件作为基本底线，多措并举，全力探索监管新模式，进一步推进农业生产、农民增收。

【专项整治】 2019年，市农业农村局针对非法添加、违禁使用、制假售假、私屠滥宰等突出问题，组织开展农产品质量安全专项整治工作。围绕薄弱环节、重点领域，依法监管、全程监管，严防、严管、严控农产品质量安全风险，共出动执法检查人员2436人次，检查重点食用农产品种植养殖基地2113家，发现问题12起，整改12起，未发生重大农产品质量安全事件。

【执法办案】 2019年，市农业农村局针对禁限用农兽药使用、非法添加、私屠滥宰、销售病死畜禽等问题，按照“四个最严”的要求，剖析案件原因，追根溯源，违法必查、查必到底。共立案12起，其中农业投入品1起、种子3起、兽药4起、农药4起，结案11起，罚没款98486元。

【风险监测预警】 2019年，市农业农村局调整增加农药和兽用抗菌药等监测参数，扩大监测范围，加大抽检监测力度，对全市主要农产品实行全覆盖。定量抽检蔬菜、水果、畜禽、水产品449个批次，合格率98%以上。配合省级抽检126个批次，金华市抽检101个批次。16个镇街区快速检测6759个批次，合格率98%以上。

【无公害农产品申报】 2019年，市农业农村局积极支持特色优势农产品生产主体申报“三品一标”认证。全年开展新申报无公害农产品5个，复查换证5个，扩项认证1个，新申报绿色食品3个。切实提高认证门槛，严格认证程序，确保认证工作质量。依法强化证后监督检查，建立退出机制，一旦发现问题坚决出局，维护好“三品一标”品牌形象和社会公信力。

【列入省农药实名制试点县市】 永康市是金华市唯一列入省农药实名制试点的县市，制订《永康市关于开展农药实名制改革试点工作的实施方案》，目标是通过大力推进农药实名制改革，建立健全农药销售监管、使用指导、农业废弃物回收处置等制度机制，全面落实农药实名制购买记录、规模化农业生产主体农药使用记录、农药废弃包装物回收记录，实现农药“进—销—用—回”闭环管理；提升农药经营规范化水平；规范农产品生产主体农药使用行为，有效落实农药减量使用措施；构建农药全程可追溯体系，实现农药持续减量使用，切实保障农产品质量安全，加快推进农业绿色发展。

【互联网＋监管】 2019 年，市农业农村局深化“浙政钉 · 掌上执法”系统应用，制定全局掌上执法行动方案，开通 42 名执法人员账号，完成“一把手带头执法”2 次目标，组织开展日常巡查 444 家、专项检查 24 家，设置农药、肥料、农产品质量安全等 6 个双随机检查任务，设置主体库 138 家，组织开展双随机抽查 58 家。抽检覆盖面 42%，查出问题 27 家，问题检出率 46.5%。

【农展会及荣誉】 浙江华茗园茶业有限公司成功申报农业产业化国家重点龙头企业。成功举办 2019 年中国农民丰收节系列活动，包括雅贵蜜蜂节暨 2019 年中国农民丰收节系列活动启动仪式、永康市第十四届农展会等共 11 场节庆。积极组织优秀企业参加省名品博览会（3 家企业）、金华农交会（24 家单位）、省农博会（12 家单位）、南京（3 家企业）、上海农展会（2 家企业）、第十一届全国优质农产品（北京）展销周（1 家企业）等各级展会，办好永康市本土的中国（永康）红富士葡萄节、杨梅节、蜜梨节等各类节庆。永康市第十四届农展会共吸引永康市及武义、缙云等周边县市前来参观购物市民人数达 24.1 万人次，同比增长 3%，2582 万元的累计交易额创下历史新高，比上届增长 3%。唐先红富士现代农业园区观光一日游入选全省百条休闲农业和乡村旅游精品线路；前仓镇舜耕田园成功入选省级 2019 年百个“最美田园”；唐葡牌葡萄荣获 2019 年浙江省知名品牌农产品展示展销会时令农产品金奖；伟丰牌两头乌鲜肉、七星牌乳鸽、蜂康源牌洋槐蜜、妙鲜牌辣木酥荣获 2019 年浙江农业博览会优质农产品金奖，丽州牌黄金茧蚕丝被、花果山牌永康灰鹅鲜肉获优质奖；李汝芳被推荐入选省农技推广基金会“万向奖”杰出人物考察名单。浙江伟丰肉食品有限公司和浙江华茗园茶业有限公司成功入选金华市 38 家金农好好区域公用品牌授权使用单位。

综合管理

【机构设置】 2019 年 10 月，市农业综合行政执法队在市农业农村局成功挂牌；12 月 11 日，印发《永康市农业综合行政执法队职能配置、内设机构和人员编制暂行规定》三定方案，整合兽医兽药、饲料及饲料添加剂、生猪屠宰、种子（种畜禽）、肥料、农药、农机、农产品质量安全以及动物卫生监督、植物检疫、渔业等分散在全局各个单位的行政处罚以及与行政处罚相关的行政检查、行政强制职能，成立市农业综合行政执法队，实行局队合一的体制，设定编制 49 名，内设种植业、畜牧业、渔政、农机 4 个中队，改革进度走在金华市前列。

【绿剑执法行动】 2019 年，市农业综合行政执法队共开展春季、夏季、秋季 3 次“绿剑”集中执法行动，共出动执法人员 1496 人次，检查农资经营门店、种植基地、养殖场、种苗繁育单位1803家，立案查处并办结案件29起，收缴罚没款9万余元，收缴并销毁违法不合格产品115千克，销毁带病苗木1700余株。同时，与市场监管局、其他县市执法单位开展联合执法检查，扎实推进绿剑护农工作。

【动植物检疫】 2019年，市农业农村局落实官方兽医派驻和非洲猪瘟自检“两项制度”，严格动物及其产品调运监管，依法依规实施检疫。不断加强生猪屠宰管理，积极推动落后屠宰场点“撤场压点”工作。全年共屠宰检疫20.92万头，病害畜禽及产品无害化处理率100%，车辆消毒8322辆。非洲猪瘟自检生猪血样22439份，“瘦肉精”检测18331份，检测结果均为阴性，检测合格率100%；设立24家重大植物疫情信息收集点和9个疫情监测点，对柑橘黄龙病、红火蚁等疫情进行及时监测、及时防控。

【农机安全监理】 2019年，全市未发生1起农机安全事故。完成申报省级平安农机示范镇1个和金华市级平安农机示范合作社1个，成为金华市首个率先完成全域平安农机示范镇创建县。拖拉机报废清零工作再上台阶，共发放拖拉机报废通知820多份，注销报废高耗能拖拉机125台，农机窗口“最多跑一次”改革工作向纵深推进。

【农业经营主体培育】 2019年，市农业农村局积极开展各级示范性农民专业合作社、家庭农场创建活动，提升农业经营主体发展实力。至年底，全市共有注册登记家庭农场406家，其中浙江省级13家、金华市级19家、永康市级59家。注册登记农民专业合作社262家，其中国家级1家、省级3家。开展2018年度金华市农业龙头企业申报监测工作，监测金华市级龙头企业10家，合格上报金华市9家；新推荐申报金华市农业龙头企业2家。完成63家永康市级农业龙头企业的考核及2家新申报永康市级农业龙头的领导小组审核、公示。

（市农业农村局　童晓翠、张思思、刁紫琼、施荣华、吕陈蕾、徐溢、胡文嘉、吕悦、谢凤珍、张鹏博、项楠、程炜航）

林　业

资源保护

【概　况】 机构改革后设立永康市自然资源和规划局（以下简称“市自然资源和规划局”），加挂林业局牌子，新设森林资源保护科、国土绿化科，下属种苗管理和林技推广中心、森防站、野保站等事业单位，同时在各乡镇农业服务中心设置林业专职管理人员，负责落实全市林业管护相关工作。

【森林资源保护】 永康是典型的丘陵地区，“七山一水二分田”，全市森林面积88.709万亩，森林覆盖率56.47%，林木蓄积量414.047万立方米，乔木林地面积79.652万亩。永康坚决贯彻落实“两山”理念，以“建设森林城市，绿染五金之都”为目标，大力实施森林保护和绿化建设，先后荣获全国绿化先进县市、全国森林防火工作先进单位、省级园林城市等荣誉称号，2015年获评浙江省级森林城市，2019年11月成功创建国家森林城市。

【省级公益林保护】 永康市现有省级重点生态公益林445151亩，无国家级重点生态公益林。在公益林林地“一张图”调整基础上，通过招标确定省资源监测中心开展省级生态公益林界线与森林资源“一张图”落界整合工作。其中涉及全市40多个小班。因重点项目涉及等原因共调出168亩省级公益林，根据调一补一原则，对补入的公益林进行实地调查后足额补入，签署公益林保护管理协议。2019年通过招标，由省林科院编制了省级公益林公报。落实护林员统一着装、统一佩戴“公益林护林员”标志；对全市200多名护林员进行考评，更换部分考核不合格和年满65岁的护林员；因财政“一卡通”工作需要，收集农户身份证、银行卡复印件，对4655户林农发放信息进行更改。

【古树名木保护】 根据浙江省林业局《关于抓紧开展2019年古树名木保护工作的通知》（浙林绿〔2019〕32号）要求，经排查研究，全市8个镇街区的12株古树列入2019年保护对象（其中，一级古树4株，二、三级古树8株），预算投入资金9.3万元，基础建设部分含围栏保护、排水沟、挡墙砌筑、支撑保护等常规保护工作，由相关镇街区组织村级实施；技术保护部分含白蚁及其他病虫害防治、清腐防腐、复壮复绿等，由技术单位进行。2019年度，12株古树名木“一树一策”保护工程全部建设完成并通过验收。

【野生动物资源保护】 4月8日，永康市在金胜山公园举行2019年永康市野生动植物保护宣传月暨“爱鸟周”宣传活动。现场设置宣传展板25块、签名墙1块，悬挂野保宣传横幅22条，滚动播放野保宣传片，400余个市民踊跃参与该活动。活动现场共发放宣传资料、物品1200多份，利用农民信箱发送野保宣传短信35000多条。

绿化造林

【概　况】 2019年，省下达永康平原绿化建设2340亩、人工造林300亩、迹地更新320亩、森林抚育1.3万亩、珍贵彩色树种26.7万株的任务，永康市做到早动员、早部署，抢抓时机开展造林，完成平原绿化建设2426亩，占全年计划数的103.7%，其余任务都100%完成。

【义务植树】 2月11日春节上班第一天，市四套班子领导以及市机关部门主要负责人到龙川东路参加新春义务植树活动，拉开新一年全市绿化造林序幕。市委书记金政号召人人投身国家森林城市创建，以实际行动植绿、爱绿、护绿，共建共享美好家园。全市各镇（街道、区）、学校、企事业单位开展义务植树活动，参与义务植树活动共计20多万人次，共种植各类树木71万株。

市四套班子领导带头义务植树（市自然资源和规划局提供）

【创建“国家森林城市”】 11月15日，永康市被正式命名为“国家森林城市”。近年来，永康市始终围绕“一核、二屏、三廊、九带、多点”的森林城市建设总体布局，不断深化“森林浙江”和林业现代化建设，奋力实现“森林永康”生态战略目标。一是高层次推进，掀起森林城市创建的“全民热潮”。全媒介开展“创森在路上”系列宣传，高热度推进国土绿化活动，吸引更多市民参与到国家森林城市创建中来。自2017年创国森工作开展以来，永康市共举办“植树节”“爱鸟周”等生态科普活动16次，开辟义务植树点50多个，3年累计参加义务植树77.4万人次，植树223.7万株，连年义务植树尽责率达90%以上。2017年、2019年两次承办全省“我为汽车种棵树”大型公益活动，吸引

3000 多名市民参加。10 月，成功承办以“科技创新支撑引领高质量‘森林浙江’和现代化建设”为主题的第十六届林业科技周系列活动，促成国家林业和草原局北京、哈尔滨两大林业机械研究所与城西新区签署林业与草业装备协同创新战略合作协议，推进林草科技和永康五金产业共融共促，共同发展。二是大手笔投入，构建绿色精品工程的“生态网络”。3 年间，永康市投入各项创森资金 33.19 亿元，大工程、大手笔开展绿化精品打造，点线面结合构建全域化森林网络。全市国省道、铁路、县乡道路做到宜绿尽绿。三江六岸（永康江、南溪、华溪）投入资金 2.47 亿元，建成面积 62 万平方米的江滨公园。打造了城南入城口公园、金胜山森林公园、酥溪滨江景观公园、南溪湿地公园等多个绿化面积超 20 万平方米的大型景观公园，其中五金大道入城口公园 2016 年被评为浙江省十大最美入城口公园，2017 年被评为浙江省最美绿道。打造绿道网络，建成沿江绿道、登山步道、公园绿道等各类休闲步道 120 多千米，基本构建城乡覆盖的绿道网络。三是全要素统筹，实现生态建设层面的“乡村振兴”。通过全域推进带动大批镇（街道、区）、村（社区）级资金和社会资金投入绿化建设，实现乡村品位提升。重点打造城区休闲公园 202 公顷，改造提升现有公园 160 公顷，实现全域公园向公众免费开放。完成新造林合格面积 1682.07 公顷，山体林相改造增加彩色森林面积 878.27 公顷。建成九鼎公园、塔山公园、尖山公园、济邦公园等镇、村级森林公园 100 多个，建成以“整脏治乱、见缝插绿、因地布景”为原则的街角小品 1 万多个。全市 11 个建制镇全部创建省级森林城镇，拥有全国森林文化小镇 1 个、全国生态文化村 1 个、省级生态文化基地 9 个、省级森林人家 2 个、省级森林村庄 25 个。

“打赢蓝天保卫战，我为汽车种棵树——植树护绿大型公益行动”（市自然资源和规划局提供）

林政管理

【概　况】 根据省林业厅《关于切实做好 2018 年度全省县级森林资源监测工作的通知》和《关于开展 2019 年森林督查暨森林资源管理“一张图”年度更新工作的通知》要求，永康市 2019 年 5 月通过政府采购，请第三方服务机构——浙江省森林资源监测中心对永康市 2018 年度的森林资源进行年度监测，其基本数据是：全市森林面积 88.71 万亩，森林覆盖率 56.47%，林木蓄积量 414.05 万立方米，乔木林地面积 79.65 万亩。

【森林资源督查】 2019 年森林督查工作由市自然资源局和规划局组织全体林业干部进行，乡镇林技员负责本乡镇违法图斑的实地核查，局林业干部分组负责技术指导和督促工作。事前由省森林资源监测中心专家对所有参加的林业干部进行外业部分和内业部分的技术讲解。共进行现地核查遥感变化图斑 238 个，其中正常使用林地或林木采伐的图斑有 222 个，涉嫌林业违法行为的图斑有 16 个，涉嫌违法案件 15 起。15 起涉嫌违法案件中，予以立案调查 10 起，其中已办结行政案件 7 起，正在调查处理 2 起，森林公安立刑事案件侦查 1 起，不予立案5起。不予立案的案件已按规定进行销案处理。

【森林防火】 本着“宁重不漏”的原则，市自然资源局和规划局与应急管理局密切配合、通力协作，以“尽力减少火灾次数，坚决杜绝大火发生”为工作方针，紧紧围绕“预防”两个字展开工作。全年共接到森林火情报警59次，成灾0起。一是森林防火宣传到位。积极开展森林消防宣传活动。特别是在春节、清明和“除火患、保平安”护航中华人民共和国成立70周年期间，充分利用广播、电视、报纸、短信、微信公众号等宣传媒介，营造浓厚的森林消防宣传氛围。2019年以来，在全市范围内新安装森林防火中型宣传牌20块、森林防火小型宣传牌700块、语音警示杆20根，悬挂宣传横幅500余幅、张贴森林防火标语4000余张，发放森林消防宣传伞2400把、宣传抽纸18000盒、短信5万条，《永康日报》40多次进行四分之一版至全版森林消防宣传和高火险天气每日“防火锣”宣传，增强群众的森林消防意识。二是野外火源管理到位。春节、清明及护航中华人民共和国成立70周年大庆期间，3次发布《林区禁火令》，分别设定禁火期，严禁林区野外一切用火。全市200名护林防火员全勤上岗，划分巡护范围、明确职责，在人群密集的林区增设防火检查哨卡和管护力量，加大巡逻密度，收缴进山火种，做到见烟就管、见违章用火就查；在林区巡护、入山检查和设岗看守三个环节上确保人员到位；国有林场、森林公园、风景名胜区、自然保护区等重点区域，确定专人，划区包干，严防严守。

【松材线虫病防控】 永康市高度重视松材线虫病防控工作，政策措施有力，资金保障到位，责任落实到人。2019年落实松材线虫病防治经费3000多万元，通过多次召开全市森林消防暨松材线虫病防控工作会议、枯死松木清理工作会议，部署落实松材线虫病防治工作，层层建立责任制，把责任落实到山头地块和人员。做到监测普查无盲区、疫木监管无漏洞、疫点除治无死角，确保把松材线虫病疫情的危害控制在最小范围之内。按照《永康市2018—2019年度松材线虫病除治实施方案》全力开展枯死松疫木清理工作，全市共清理松疫木3.5万吨，清理面积4.1万亩，就地烧毁用工3621人次。清理疫木数及清理面积均完成省下达任务数。5—7月间，投入115万元，采用喷噻虫啉胶囊在县域边界线封锁施药，施药扑杀天牛计5万亩；采购2500套新型天牛诱捕器，开展3种诱捕器防效试验；东永高速永康东出口至方岩出口沿线约3000亩松林，建立注射免疫针剂的省级示范基地。2019年全市重要区域治松褐天牛面积75000亩。同时，加强疫木定点企业监管，远程监控系统24小时运转，并安排专人驻厂监管，确保疫木处理监管到位，相关监管制度、进出台账齐全。

【林地定额管理】 依法依规办理林地占用、采伐审核审批，2019年共受理征收占用林地项目97项(其中临时占用3项，林业生产占用2项)，依法审批面积75.38公顷，征收森林植被恢复费1671万元，其中占用林地定额73.98公顷，未超过2019年75公顷的林地定额；核发林木采伐许可证123份，共审批活立木蓄积1.216万立方米，远低于2.679万立方米森林采伐限额。严格按照“调一补一”原则组织开展生态公益林调整，永康市现有省级重点生态公益林44.52万亩，2019年调出168亩，现已全部足额补入，全年发放生态公益林效益补偿资金1603万元。

（市自然资源和规划局　陈晓阳、金攀）

水　利

水旱灾害防御

【概　况】 2019年，永康地区面雨量统计为1988.0毫米，比多年平均1524.8毫米偏多30%。根据全市雨量站站点统计，全年最大日雨量是在8月9日八字墙出现的日雨量189.0毫米。根据永康溪口水位站水位资料，2019年出现2次最大洪峰情况分别是：7月4日水位80.34米，8月10日水位80.14米。该站高水的划分水位是78.50米以上，所以本年度的2次洪水都可以列为高洪水。

【汛期防御动态】 2019年，永康市水务局（以下简称“市水务局”）汛前完成为期19天的水旱灾害防御大检查，检查1423处，下发度汛意见131条，并组织二次“回头看”检查，督促责任单位落实。开展水旱灾害防御应急演练，提升对突发强降雨事件的应对能力。梅汛强降雨及“利奇马”台风期间，根据永康市实时降雨情况、杨溪水库泄洪流量等情况综合测算，提前抢测洪峰出现时间和水位，为全市防汛决策提供依据。杨溪水库科学调度，利用降雨间隙期，充分发挥水利工程拦洪蓄调能力，分别于7月4日、7月8日、7月15日、8月10日4次开闸预泄降低水位，保证永康市汛期水库、河道安全。汛后，分2次下发水毁项目应急修复补助资金300万元到重点受灾的10个乡镇，并积极对水毁修复工程进行技术指导。同时，夏季高温天气，市属水库依照农户放水申请，有序进行抗旱灌溉放水，其间市属六大水库共计放水31次748.36万方，满足农业生产需求。

【水利工程受损情况】 2019年，受“利奇马”台风带来的强降雨影响，永康市水利工程设施受到较为严重的破坏，山塘损坏10座、河道堤防损毁12.784千米、冲毁堰坝12条，灾情主要发生在舟山溪、新楼溪、东溪、棠溪、塘里坑溪等，造成直接经济损失预估2486万元。

重点工程

【概　况】 2019年，市水务局实施水利工程“标准化”管理机制，完成51处水利工程“标准化”管理创建验收。完成12座水库除险加固竣工验收，3座水库除险加固工程完工验收以及12座水库完成大坝安全鉴定，完成山塘整治25座。

【北部水库联网工程】 北部水库联网工程包括上弄口—四大坑—洪塘坑水库联网，太平水库、洪塘坑水库、黄坟水库通过管道联网至南山水厂，充分合理挖掘利用本地水资源，提供城市供水第二水源。到2019年年底，各联网水库已通水，九里口引水隧洞全线贯通，黄坟水库扩建工程主体工程基本完工。

【桥下水厂迁扩建工程】 工程估算总投资19817万元，建设周期为2019—2021年，新水厂的供水范围覆盖龙山、古山、方岩大部分，从太平水库取水，供水规模为6万吨/日，建成后受益人口达12万人。工程于9月20日正式开工。

【水利工程质量与安全管理】 2019年，市水务局实施工程质量与安全日常化管理，开展质安监活动96次，发放质量监督意见书24份，并责令限期整改；开展水利工程质量“飞检”活动，累计检测187项次，实现水利工程飞检全覆盖。

【“美丽河湖”】 2019年，东溪、李溪顺利完成“美丽河湖”验收，完成创建任务26.6千米，东溪被评为金华市“美丽河湖”，李溪被评为省级“美丽河湖”；开展永康市“最美河流”评选活动，评选出10条永康市级“最美河流”：南溪（前仓镇后吴村段）、西溪（龙山镇段）、新楼溪、酥溪（经济开发区段）、八字墙溪、华溪（唐先镇段）、华溪（龙山镇段）、乌江溪（古山镇段）、永康江（城西新区段）和酥溪（象珠镇段）。

水资源管理

【概　况】 永康市顺利通过水利部国家县域节水型社会达标建设。通过节水型社会建设，永康市的万元GDP用水量从2015年的45.8立方米下降到2019年的30.92立方米，最严格水资源管理“三条红线”得到有效落实。

【金华市国家级节水型社会创新试点舟山核心区项目】 永康市舟山镇作为金华市国家节水型社会创新试点项目核心区之一，通过研究和示范农村智能节水综合管理及调配、农村生活污水再生回用“零排放”技术等，为南方丰水地区农村综合节水提供可复制、可推广的永康样板。

【农饮水达标提标工作】 2019年，永康市完成11万人的达标提标任务。同时，加大制度供给，编制印发《永康市农村饮用水达标提标行动计划》《关于完善农村供水工程运行管理体制的实施方案》和《农村饮用水达标提标工程补助方案》，落实农村饮用水“三项制度”和“三个责任”。继续实行最严水费收缴规定，全市710个村已完成水费收缴村665个（其中268个单联村中已完成水费收缴村223个），农村水费收缴率93.66%。

【城乡节水】 推进水平衡测试工作实现节水领跑，2019年共有25家企业（单位）水平衡测试（复测）通过验收，仅通过查漏补漏，全年可节水36.5万吨。全年完成一户一表改造700户，完成节水器具改造1000套，并在全市范围内开展自备水调查。

【水域保洁】 2019年，市水务局全力做好城区河道及市属水库的水域保洁工作，加大水域巡查力度，扎实开展“三禁护水”等行动。共打捞城区河道垃圾657吨，徒步进行河道巡查4806千米；各市属库区市属水库共清除库区垃圾523吨，劝阻钓鱼、游泳、烧烤人员4850人次；开展河湖库塘清淤工程，完成清淤总量7.86万方。

行政管理

【水情宣传】 2019年，在“世界水日”“中国水周”期间开展中小学生进水厂水库、《浙江省水域保护办法》专题讲座、“送政策下乡”及集市“摆摊”等系列节水宣传活动。

【行政审批】 2019年，市水务局做好行政许可和便民服务工作，共办理权力事项184件，代收行政规费636.45万元，公共服务6008件，受理项目百分之百在承诺期内办结；推进用水报装“一件事”，实现企业用水报装完成时限缩短至2个工作日。

【水资源费征收】 2019年，共征收水资源费14362918.73元，其中公共制水企业水资源费14099681.2元，自备水企业水资源费202831.5元，水力发电水资源费60406.03元；截至2019年12月31日，共有取水许可证43本，新增6本，到期注销33本。

【水土保持补偿费征收】 2019年，市水务局加大水土保持补偿费征收工作力度，对全市113个项目征收水土保持补偿费142.4万元。

【水土流失治理】 2019年，市水务局治理水土流失面积3.81平方千米。完成永康市西溪镇低丘红壤提升工程（2016年）竣工验收。完成19个生产建设项目的水土保持设施验收报备，报备数量走在金华市前列。

【“无违建河道”创建】 2019年，分别完成南溪（缙云交界处至前仓镇厚仁村段9.38千米）、华溪（太平水库至黄店村、东湖村至南溪汇合口共计20.53千米）、东溪（黄溪滩村至石江村8.6千米）和永祥溪（西翁村至西卢村4.8千米）共计43.31千米无违建河道的创建。

（市水务局　王晨慧）

工业经济

综　述

【概　况】 2019年，永康市紧紧围绕"打造中国乃至世界先进制造业基地"目标，加快转型升级步伐，促进工业经济高质量发展。全年实现规上工业总产值792.1亿元，同比增长2.1%，规上工业增加值152.2亿元，增长6%；工业投资27.7亿元，同比增长46.9%，技改投资20.7亿元，同比增长47.7%。

【小微企业园建设】 一是整合政策资源要素。完成《永康市小微企业园高质量发展五年规划(2018—2022)》编制并通过省级审核，出台《关于加快小微企业园高质量发展的实施意见》和《永康市小微企业园建设提升财政专项激励资金管理办法》，调整历史遗留工业用地置换比例，提出多样化补偿方式，为小微园推进创造有利条件。二是完善工作机制。建立联席会议制度、小微办集中办公制度，成立小微园审批服务队，大力实施审批制度改革，做好"三服务"工作，解决50多例疑难问题。形成市、镇二级联动和部门横向协同的工作机制，牢牢把握"省低效用地再开发政策红利"节点，倒排时间全力推进。三是加强数字园区建设。8个已建成园区通过省级小微企业园资格认定，获评高星级园区1个。依托大数据中心，基于"数字工业"云平台专题数据库，开发建设"数字小微园"智慧管理云平台，实现各小微园区标准统一、系统兼容、数据共建共享。四是加强考核督查。加大小微园建设工作在综合考核中的分值比重，实施周通报、月推进例会制度，坚持不定期督查。20个小微企业园集中开工建设，完成投资12.02亿元，年度目标完成率达171.7%。为各镇(街道、区)筹集解决小微园启动资金5980万元。小微园建设工作荣获省级小微企业园建设提升和金华市专业园区建设两大试点。

步阳集团大数据智能指挥中心(市经信局提供)

【产业数字化建设】 建立月度通报及例会制度，统筹省专家指导组和服务商力量，加强项目推进指导和协调力度。14个智能化工厂(车间)项目稳步推进，已有王力、步阳、群升、求精、三锋、千禧龙纤6个成功案例。防盗门、汽车零部件、保温杯、电动工具行业17个"企业数字化制造、行业平台化服务"试点项目顺利推进。汽车工业互联网平台同步上线，门业、电动工具、杯业陆续开展工业互联网平台调研及开发建设。宏伟供应链、两化腾工业互联网平台入选省级创建平台，永康市工业互联网平台建设及应用入围省工信重点领域提升发展名单，获激励资金1000万元。

【两化融合发展】 2018年，永康市两化融合发展指数为92.9名，列全省一类地区第15位，金华各县(市、区)第一位。完成省两化深度融合国家综合性示范区验收，做好省级信息经济发展示范区、省级软件和信息服务业创业基地的验收准备。分行业推进企业流程再造信息化项目备案12项，实施65项。宏伟供应链、两化腾入围省工业信息工程服务机构资源池第一批名单，新增两化融合管理体系贯标企业6家。建立工作协同推进机制，促进企业向“互联网+智能制造”转型升级，全年完成企业上云1000家。加大对200余家信息服务业企业的筛选管理和梯队培育，做大做强新凯迪、新迪智造、两化腾等3家规上企业，新培育成立优海、蒲惠、维拓、克劳德等4家信息服务业企业。

【分类企业培育】 一是抓细分行业培育。紧盯细分行业培育方案、工作推进两大主要环节，围绕永康市“2+3”特色细分行业——“智能门(锁)、保温杯(壶)、电动(园林)工具、智能家居(小家电)、医疗器械”等五大行业重点培育重点突破。制订培育方案，精准扶持有的放矢。2019年，五大细分行业实现规上工业总产值410.5亿元，同比增长13.93%；其中智能门(锁)行业实现规上工业总产值116.49亿元，同比增长28.84%。二是抓小微企业培育。筛选确定300家重点培育企业，联合税务、统计部门开展“小升规”督导，确定242家重点升规企业名单，明确责任分工，定期走访、分类施策。加强跟踪监测及动态调整，确保“应升规”“能升规”企业不遗漏。全年新增226家，净增176家。三是抓“专精特新”培育。筛选部分走“专精特新”发展道路、具有较大潜力的中小企业作为服务对象，入库培育企业240家，完成金华下达任务的110%。道明光学获评省“隐形冠军”企业，三锋实业等5家企业入选省“隐形冠军”培育企业，新增10亿元规模以上企业2家。永康“休闲运动车之都”特色区获“中国礼仪休闲行业特色区”称号。

【扩大工业项目建设】 实施重点工业建设项目周报制度，协调解决泊康科技、永车轨道交通、群升智能电网、安德电器、立久佳等5个企业项目推进难题，项目完成投资2.2亿元。飞哲、新多、杰诺等5个工业项目纳入项目库，总投资14.74亿元。抓牢振兴实体经济(传统产业改造)省级财政激励试点决胜年之机，结合防盗门、保温杯、新能源汽车等省级试点工作，在行业内推进一批重点项目建设。新增工业机器人535台。13个省“四个百项”重点技术改造示范项目完成投资4.66亿元；86个省5000项智能化技改项目完成投资22.77亿元，全年新备案技改项目195个，计划总投资23.6亿元。

【深化“亩均论英雄”】 一是加强组织领导。成立工作领导小组，加强统筹协调，将企业分类综合评价工作纳入市重点改革项目，部门联动推进。二是健全评价体系。制定出台工业企业亩产效益综合评价办法(试行)，合理设置亩均税收、亩均增加值等7项规上工业企业评价指标及工业性投资加分项。三是完善差别化政策。在已出台差别水价政策的基础上，完善电价、财政奖励扶持政策享受、项目核准和备案、电力直接交易试点等方面差别化政策措施。四是打造数据平台。工业企业亩产效益综合评价系统建成并正常运行，实现各部门数据共享，达到摸清基础数据、科学分析、精准施策的效果。2019年，永康市规上企业亩均税收21.6万元，亩均工业增加值107.4万元，均为金华第一。

【强化创新引领】 以创新驱动，增强制造

业竞争优势。安德电器、道明光学等2家企业产品入选浙江制造精品名单;道明光学、正阳实业获省优秀工业新产品二等奖,荣亚工贸、安德电器产品获省优秀工业新产品三等奖。持续强化创新体系建设,王力、三锋入围省级数字化车间/智能工厂,中坚"XCH62乘坐式智能绿色割草车"项目获选省装备制造业重点领域首台(套)。

【"低散乱"整治】 出台亩均税收1万元以下低效企业出清方案,坚持分类施策、因企制宜、精准出清,完成324家企业出清,完成金华下达任务数的900%。加快"低散乱危"整治提升,全面整治无证无照、无安全保障、无合法场所、无环保措施的"四无"企业(作坊)。完成淘汰落后产能24家,"低散乱"整治1072家,提前超额完成年度目标任务。综合运用法律、经济、技术及必要的行政手段,通过淘汰落后产能、技术改造、关停转产等方式,推进铸造行业布局优化、结构调整和转型升级。排查机械行业使用中频炉企业83家,责令关停使用0.25吨以上无磁轭铝壳炉企业2家。

【清洁生产改造】 开展清洁生产审核,从源头和生产全过程控制污染产生和减少排放,降低资源消耗。根据永康市产业特点,在八大五金行业中培育选树率先实行"绿色制造"的龙头骨干企业典型,选择一批技术水平高、示范效应明显的技术改造和信息化技术运用项目,推广成功做法。2019年,永康市开展清洁生产审核企业11家,4家企业入选省级节水型企业。三锋、王力高防被评选为"国家级绿色工厂",三锋36V双包锂电割草机、18V锂电角向磨光机等2个产品入选"国家级绿色设计产品"。

【优化企业服务】 深入开展"三服务"活动,着力做好难题协调、政策宣讲、业务指导等。收集交办"三服务"涉企问题278项,办结率85.6%;主办上级交办问题79个,解决78个,办结率98.7%。帮助企业办理环评手续赋码项目754个。开展企业专题培训、论坛、学习考察等活动20余场,参加人数2000余人。清偿拖欠民营企业账款2501.1万元,偿还率100%。推进企业投资项目行政审批制度改革,完善投资项目在线审批监管3.0平台运用,全面推行网上办、移动办、即办。简化涉企问题收办程序,纵深推进精准助企促发展,"金华亲清帮"运行应用各项数据均居金华第一。

工业管理

【概　况】 "管理科学"是现代企业制度的特征之一,是推动企业提档升级、高质量发展的需要。自2009年全市推广精益管理以来,永康市积极引进管理咨询机构、开展各类管理研修培训活动,提升永康市企业的管理水平,为促进永康市经济转型升级提供有效保障。

【细化奖励政策】 永康市于2011年出台企业精细化管理奖励政策,并分别于2013年、2016年、2018年对该政策进行修改和完善,奖励范围从纳税双百企业扩大到规模以上工业企业,奖励门槛从税收增幅15%以上降到10%,奖励幅度从咨询服务费金额的15%提高到30%,在项目申报、验收、核查等方面进行细化,增强了指导性、操作性,提高了政策执行力。

【兑现奖励政策】 自2012年永康市组织符合条件的企业开展精细化管理奖励补贴以来,已连续7年兑现该项奖励政策:2012年对6家企业共计奖励52万元;2013年对3家企业实施奖励24.5万元;2014年对6家企业奖励82万元;2015—2016年对6家企业奖励108万元;2017年对6家企业实施奖励108.4万元;2018年对6家企业实施奖励107.7万元;2019年对4家企业实施奖励61.66万元。截至2019年,市财政用于兑现精细化管理奖励资金的金额已达到544.26万元。

【企业培育服务】 组织25家制造业骨干企业到华为、雷柏、创维3家企业开展智能制造考察,深入学习机器换人、精细化管理、现场管理等领域的先进经验和具体做法。组织22家智能门(锁)与智能制造企业到富士康、和而泰、视源股份等企业学习智能门锁先进制造经验和工业互联网平台技术。为提高工业企业的精细化管理水平,强化管理创新能力,提升核心竞争力,促进转型升级,分层级、分对象、分类别开展培训活动,举办"小升规"专题培训班、企业管理创新暨转型升级培训班等10期培训班,培训人数达900余人。

【精细化管理成效】 截至2019年底,在永康市备案的管理咨询单位(机构)已有49家,备案的精细化管理相关项目61个。从已备案的企业精细化管理改善项目实施情况来看,永康市企业在管理改善上投入较大,持续时间较长,效果也非常明显。如浙江索普实业有限公司,与广州聚航企业管理咨询有限公司合作,2017年起投入80万元开展精细化管理项目,通过精细化管理体系导入及建立,生产更为顺畅,人员减少了10%,产值提高了15%;浙江信普工贸有限公司,与杭州精科企业管理咨询有限合作,2017年起投入65.8万元开展精细化管理项目,通过产线调整、生产作业规范、品质培训等产线更为合理,产品质量明显改善,车间总体平均效率增长20%,销售收入增长26%。

主要行业

技术装备

【概　况】 永康技术装备行业主要包括:金属制品业、通用设备制造业和专用设备制造业。2019年,永康市拥有规上技术装备企业83家,高新技术产业增加值72.9亿元,同比增长3.6%;装备制造业增加值113.5亿元,同比增长5.4%;金属制品业实现利润增长17.8%。4月11日,举办第十一届永康国际机械装备及工模具展览会。

技术装备制造(市经信局提供)

【重点企业】 **浙江星莱和农业装备有限公司** 成立于2015年,公司设立于永康市星月集团高新园区内,公司占地面积50000平方米,拥有国内领先的现代化农业装备研发生产基地,有员工300多人,其中中高级人才50多人。公司主营"星月神"品牌高速插秧机,具备年产8000台高速插秧机的制造能力,拥有数控加工、激光切割、机器人焊接、机器人自动化流水线等先进制造设备,零部件自制率达到80%,成为中国"最具性价比"高速插秧机。公司生产的高速插秧机已取得10多项专利,多个产品款型获得省级农业机械推广鉴定。与久保田、洋马、井关等日本品牌同台竞技,斩获技能比武冠军。星莱和农机研究院不断对农机产品的种类、动力进行完善,自主研发的小型三缸柴油机,成为"国产首台"达到国三排放标准的插秧机专用发动机。在国产同类产品中已占有50%以上的市场份额。星莱和被省农机局列为重点扶持企业,并通过国家级高新企业认定。

浙江优傲智能科技有限公司　成立于2013年,是一家着眼于工业自动化的优质新型机器人系统集成供应商。主营自动化设备及自动化系统、工业机器人及周边设备集成系统、机器人控制软件、智能控制系统及远程控制系统软件研发、设计、技术咨询、制造、销售等业务。为客户提供优质的、高性价比的机器人、机器人备件和工业自动化元件,工业机器人应用解决方案、安装调试、技术支持、售后跟踪及帮助客户提前计划和做好预算,以及为机器人应用企业和社会培养初级、中级和高级工业机器人操作工。对五金制造行业抛光、打磨、喷涂;门业、衡器业、健身器材业、校具业金属结构焊接;电动工具行业的机床上下料、装配、包装;大型冲压行业的物料搬运、码垛等领域具有丰富经验。

永康市杰地希机器人科技有限公司　成立于2014年,位于城西新区,占地面积30000平方米,注册资金1000万元,有员工60人,其中高级工程师占比20%,高级技术工人30%,主要从事智能制造设备研发,以及智能生产商业模式的创新。公司成功研发首条自主知识产权的门框全自动智能生产设备,且与周边企业建立柔性生产需求的合作。2018年已经完成两条生产线的试产,并取得国家高新技术企业、浙江省第二批服务型制造示范企业(平台)、2018年第一批浙江省科技型中小企业认定;获得浙江中小企业创新创业大赛三等奖;获得工信部举办的中国创客大赛前200强等荣誉称号。

【科技新产品】　智能码垛系统　优傲智能科技有限公司设计的智能码垛系统,可以通过编程完成各种预期的任务,安全性高,可以在有害环境下工作,节省人力,而且可以安装不同的末端执行器以完成各种不同形状和状态的工件搬运工作,减轻繁重的体力劳动,广泛应用于机床上下料、冲压机自动化生产线、自动装配流水线、码垛搬运、集装箱等的自动搬运。

门面自动识别成型生产线　永康市杰地希机器人科技有限公司的门面自动识别成型生产线,门面自动识别成型生产线工艺流程:自动识别长宽厚—自动定位—自动送料—自动成型—自动取料—自动码垛。生产一个完整门面工作节拍在30—35秒之间,门面压花精度控制在0.5毫米以内,表面平整度可达到精品门面要求,成功拥有多项发明专利,所生产的门面产量高、精度高、稳定性强,产品合格率提升20%,生产效率提高100%,人员减少50%。

车辆制造

【概　况】　车业在永康市开始于20世纪60年代,大规模兴起在20世纪末21世纪初。主要包括内燃机及配件制造、拖拉机制造、汽车制造、摩托车制造、铁路运输设备制造、城市轨道交通设备制造等6个行业。近年来,永康市车业企业积极探索新技术新工艺,研发新产品,形成以众泰汽车等为代表的整车生产企业,以泰龙集团等为代表的配件生产企业,产品涵盖轿车、电动汽车、混合动力汽车、专用车、特种车等多个领域。2019年,全市车业规上工业企业共88家,完成工业总产值88.3亿元,占全市规上工业总产值的11.15%。

【重点企业】　浙江四方集团公司　从属名称为浙江省永康拖拉机厂,创建于1961年,是全国最早生产手扶拖拉机和单缸柴油机的企业之一，是中国农机工业首批3A级信用企业。经过50多年的发展，企业已成为集科工贸为一体，农业机械制造、外经外贸、房产开发于一身，多元化发展的大中型综合国有企业。公司下设浙江四方股份有限公司、浙江四方进出口有限公司、浙江省四方现代农机装备研究院等7家全资或控股子公司。公司以水稻生产全过程机械化的农业机械为主导产品，具有手扶拖拉机、单缸柴油机、全喂入联合收割机、履带式拖拉机、旋耕机五大系列产品。具备年产手扶拖拉机系列10万台、单缸柴油机系列20万台、全喂入联合收割机5000台、履带式拖拉机5000台的生产能力。产品行销全国，出口55个国家和地区，是世界最大的手扶拖拉机出口生产基地之一，自1987年起蝉联全国手扶拖拉机行业出口第一。公司以创新设计、精细制造，为全球客户提供一流的产品和一流的服务，建立了市场、科研、生产一体化的运行机制和组织机构，拥有省级企业技术中心，具有从铸造、机械加工、热处理、冲压、焊接、涂装到拖拉机、收割机和单缸柴油机装配等完整的生产设备、自动化生产线、试验装备。公司建有集成化的企业管理信息系统(SFMAS)、计算机辅助产品设计(CAD)和计算机辅助工艺规程设计(CAPP)系统，主要零部件均由公司自行制造生产。公司生产的产品以“四方牌”为注册商标，“四方”商标为中国驰名商标。“四方”牌手扶拖拉机相继获得“最具市场竞争力品牌”“国家进出口商品免验证书”“中国名牌产品”等荣誉。

防盗安全门

【概　况】 永康门业是永康市重要的主导产业之一，起步于20世纪90年代初，发展于20世纪90年代中后期，到21世纪初出现繁荣景象。现在，永康门业已成为一个产业链较为完整、产品格局较为丰富、技术配套较为齐全、拥有自主品牌和创新研发能力及一定整合度的大型专业化产业集群，是永康市涉及面最广、从业人员最多、产业链最完善的产业之一。永康门业集群已经拥有中国门都、全国质量强市示范城市、中国门业出口基地、中国门业采购基地、中国五金工匠之乡等国家级称号。作为“中国门都”，永康门产品涵盖防火门、防盗门、室内门、非标门等品类，产值、产量均居全国之首，产量、出口量分别占全国的70%和66%，产品销往全球100多个国家和地区。全市拥有门业规上企业45家。2019年，实现工业总产值114.2亿元，同比增速27.8%，占永康市规上工业总产值的14.42%。

中国(永康)国际门博会获评中国十佳专业特色展会，是浙江省十大品牌展览会之一，已成为中国乃至全球重要的门业盛会。在不到10年的时间里，门博会实现展出面积翻番、参展企业翻番，外向度从不足30%激增至70%。2019年第十届门博会吸引了来自上海、北京、江苏等23个省(市)以及美国、韩国等国家和地区的946家参展企业，同比增加19家，发生交易额33.5亿元，同比增长4.7%。其中，达成意向23.42亿元，同比增长4.9%；现场成交10.08亿元，同比增长3.1%。

随着国家规范、环保及使用功能的转变，企业名牌意识也在不断增强。2007年王力和步阳分别参与制订了国家标准《防盗安全门通用技术条件》GB 17565—2007和《钢门窗》GB/T 20909—2007，同时2015年王力、步阳、群升、永康门业协会共同参与制定了浙江制造标准《ZZB 040—2015 防盗安全门》。

【重点企业】 步阳集团有限公司　成立于

1992年，是一家集防盗安全门、防火门、车库门、室内门、汽车铝轮毂研发、生产、销售及房地产开发于一体的大型民营企业，为中国防盗门行业龙头企业之一。具有年产500万樘防盗安全门、230万件汽车铝轮毂的生产能力，并已获各种专利500多项。多年来公司先后获得"中国名牌""中国驰名商标""国家免检产品""高新技术企业""国家级重合同守信用""省级企业研究院""高新技术企业省级研发中心""浙江省企业技术中心""浙江名牌""浙江省出口名牌""浙江省著名商标""浙江省知名商号""浙江省专利示范企业"等荣誉称号。2011年被建设部建筑金属结构协会评为中国门业最高"白金奖"。2012年被中国建筑金属结构协会评为"全国安全门行业标杆企业"。2014年被国家工商总局授予"重合同守信用企业"。2018年获中国消防协会科学技术创新三等奖。2019年获国家知识产权优势企业、浙江省商标品牌示范企业等荣誉。多年来，公司依靠科技进步、引进人才、增加技改投入、购置先进设备工艺、使公司不断焕发出新活力。2019年步阳集团实现销售收入29亿元，税收2.48亿元。

王力安防科技股份有限公司　创立于2005年。公司建有永康总部、上海、杭州、深圳和德国慕尼黑共五大研发中心，是集科研、设计、制造、销售、服务、自营进出口贸易于一体的门、锁业领军企业。旗下现有王力安全门、能诚安全门、华爵安全门、王力科技门窗、王力静音木门、舒格拉蒂、皇室公爵、王力进出口、王力固心锁业、王力智能锁等多个品牌。拥有员工5000多人，并引进国内外一流高学历专业技术及管理人才800余人，拥有600多项国家专利。曾获"国家标准参与制定单位""高新技术企业""全国安防行业质量领先企业""智能锁质量安全奖""德国红点至尊奖"等几十项殊荣，连续7年荣获中国房地产500强首选供应商荣誉。2019年，王力品牌价值达275.86亿元。王力智能锁成功入围全国首批绿色智慧社区白名单产品库，在全国50个重点领域，王力首批入选智能门锁行业企业标准"领跑者"名单。公司先后通过ISO 9001质量管理体系认证、ISO 14001环境管理体系认证、五星级品牌和售后服务体系认证、职业健康与安全管理体系认证以及"浙江制造"认证。2019年，王力安防实现销售收入19.5亿元，税收1.75亿元。

■ 有色金属业

【概　况】 有色(压延)金属加工制造，主要包括有色金属冶炼及压延加工业、金属废料和碎屑的加工处理，年利用铜、铝等再生资源100余万吨。永康市是浙江乃至全国重要的再生金属回收利用基地，也是全国最大的再生紫铜板带生产基地和再生铝加工基地。有色金属产业中涌现出鸿耀高新、天河高新、精美铝业、顺虎铝业等一批行业骨干企业。2019年，全市有色金属及金属制品行业实现规上工业产值353.8亿元，增速达到15.4%。

【重点企业】 浙江永压铜业有限公司　前身是永康市压延厂，创建于1983年，是一家有色金属压延加工企业，专业生产加工和销售纯铜板、铜带、铜排、铜棒产品的民营企业，拥有厂房面积10多万平方米，有员工120名。主要生产工艺为熔化—热轧—冷轧(粗轧)—精轧—回(退)火—裁边剪切—包装入库。公司曾获浙江省工商企业信用AA级守合同重信用单位、金华市三级安全标准化、统计诚信示范单位等荣誉称号。2019年，公司销售产值52773万元，缴纳税收1478万元。通过与浙江省冶金研究院的长期合作，技术设备不断更新，生产工艺不断提升。拥有自动控制的高速精轧1套，可逆冷轧机4套，并且拥有1套自动化表面清洗机。公司产品有厚度0.03毫米以上，宽度可达1000毫米的纯铜板带和直径达500毫米的铜棒等，产品多用于电器、水利、机械加工、民用建筑等行业。

天河集团有限公司　成立于1988年，连续25年为永康市纳税大户和纳税百强企业。2004年起，连续每年产值超10亿元。2010—2016年累计上缴国家税收9.5亿元。主要产品为铜板、铜带、铜排；有员工208人，其中大专文化以上占30%以上；有厂房面积、设备配置和人力资源具备年产2万吨紫铜铜板带的生产能力，2014—2016年实际生产紫铜板带18268吨、15097吨和15429吨；2017年产能达到19500吨。

浙江顺虎铝业有限公司　坐落于被誉为“中国五金之都”的永康市经济开发区，专业生产各牌号的铝合金板，产品广泛应用于航空航天、高铁、华为手机外壳、电脑外壳等高端领域。企业拥有雄厚的技术力量和全套国内最先进的铝合金板加工、生产和检验设备，并通过了ISO 9001质量管理等三体系认证，年产各种品种和规格的铝合金板材20000多吨。公司生产的5052、6061T6中厚板以及6061T6拉丝超平板被广泛应用于各种高精尖领域。公司拥有超强的自主研发能力，自主研发的航空用高强度高塑性大规格铝合金板被浙江省财政厅、浙江省经信委认定为2018年度浙江省装备制造业重点领域首台套产品；由公司主导的《一般工业用6061铝合金板材》《一般工业用5052铝合金板材》两个浙江制造标准于2020年5月成功发布；同时公司也获得浙江省科技型企业、浙江省知名商号、浙江省创新型示范企业、浙江省清洁生产阶段性成果企业、金华市企业技术中心、金华名牌、金华市著名商标等诸多荣誉。

【行业新动向】 2019年，金华市院士专家工作站建设协调小组正式下发文件，同意浙江顺虎铝业有限公司建立“金华市院士专家工作站”，意味着永康首家有色金属行业企业院士专家工作站获批通过。院士团队和顺虎已着手组建项目组进行世界性技术难题——铝合金板材应力消除和检测技术的研发，计划三年取得初步成效。项目成功后顺虎铝合金板将大批量应用于航空航天等高精尖领域。

电器厨具

【概　况】 永康电器厨具行业主要包括：电力和非电力厨具、计算机和电子设备制造业、电器塑料配件、拖把等。经过几十年的发展，永康本土涌现出了超人集团、安德电器、霸王衡器、好玩家居用品等几家优秀的龙头企业。永康市企业正不断优化产业结构，加快转型升级步伐，积聚新的发展动能，电器厨具行业外贸总体发展形势依然向好。

5月31日，在上海举办的厨电展上，嵌入式家电品牌Arda安德携I-Smart系列、A-touch系列、Black Forest系列、Super系列、Q系列、Master系列6个系列新品亮相(刘慧芳　摄)

【重点企业】 超人集团有限公司　创建于1983年，占地面积15.5万平方米，是小家电专业制造商，国家级高新技术企业，国家标准制定单位，全国家用电器标准化技术委员会会员单位。公司总资产12亿元，拥有浙江省唯一的省级小家电研究院，拥有一个省级技术中心，一个省级研发中心。两个生产制造基地，年产能力1800万台以上，拥有各类专业技术人才380多人，拥有国家专利技术518项，其中发明专利21项。

浙江安德电器有限公司　成立于2006年，是一家集研发、生产、销售高端厨房电器为一体的国家高新技术企业。公司主导产品为嵌入式电烤箱。公司连续十年列永康市纳税前50强，已发展成为国内高端厨房电器领域的重点骨干企业之一，嵌入式电烤箱的产销量排名全国同行业前列。公司注重品牌建设和市场开拓，在美国、瑞士、香港（地区）、新加坡等国家和地区设有分支机构，“Arda”商标已在中国、美国、德国等45个国家和地区进行注册，拥有自主品牌的烤箱、吸油烟机、灶具等产品出口美国、德国、澳大利亚等50多个国家和地区，连续多年荣获“自营出口先进企业”。公司荣获“中国出口质量安全示范企业”“浙江省著名商标”“浙江名牌”“浙江出口名牌”“浙江省知名商号”“浙江省AAA级重合同守信用单位”等品牌荣誉。先后被认定为国家高新技术企业、浙江省省级企业研究院、浙江省省级高新技术企业研究开发中心、浙江省企业技术中心、浙江省省级工业设计中心、浙江省博士后工作站、浙江制造嵌入式烤箱、嵌入式咖啡机品字标标准主起草单位。公司累计获得国家专利180项（其中发明专利11项，实用新型专利139项）。开发的烤箱、吸油烟机、灶具等多款产品获得“IF设计奖”“红点奖”“中国设计红星奖”“金华市工业设计一等奖”“浙江省省级优秀工业新产品三等奖”等奖项。

浙江星月电器有限公司　成立于2013年6月，企业专注于智能式家用空气净化机、智能式家用新风机、医用新风机、工程新风机、加（除）湿机、制氧机的研发制造。占地面积16多万平方米，拥有员工近200人，其中高级工程师20人，博士和硕士研究生11人，年产能达200万台。拥有总建筑面积为1500平方米的研发基地，拥有高素质的研发团队。产品分布于大半个中国，并在四川、河北、北京、辽宁等地建立了子公司。经销商数量达到100多家。还与海尔、华为、墨迹、蒙发利等十多家知名企业合作，研发产品并为他们提供优质服务。

■ 休闲器具

【概　况】 永康休闲运动车产量占全国总产量的65%以上。产品涵盖电动滑板车、平衡车、沙滩车、越野车，以及高档房车、无人机等数十个系列，远销欧美、非洲、澳洲的上百个国家和地区。骨干企业主要有：飞神车业、千喜车业、竣皓股份、星月集团、富冠工贸、索普实业等几家优秀龙头企业。

【重点企业】 浙江千喜车业有限公司　坐落于永康市经济开发区，有员工1000余名，生产及配套用地18万平方米。公司的主导产品为小飞哥牌系列电动车，电动车年生产能力达50万辆以上。公司已开发50多个系列近千种新品（包括电动助力车、电动轻便摩托车、高尔夫球车、电动轮椅车、智能轮椅车、四轮轨道车、旅游观光车等），拥有国家专利18项。产品畅销全球30多个国家和地区，先后获评浙江省著名商标、浙江名牌产品、国家免检产品、中国驰名商标、电动自行车“十强企业”等荣誉。

【科技新产品】 进口依维柯底盘双拓展房车　浙江飞神集团2018新款进口依维柯底盘双拓展房车，是基于进口依维柯New Daily底盘打造的自行式C型房车。对于房车来说，New Daily底盘在一定程度上与高端房车挂钩，底盘配置相比依维柯宝迪底盘要高出不少，类似自动变速箱、气动可升降悬架及空气弹簧座椅这类配置对于车友来说具有一定的吸引力。在底盘方面，进口依维柯搭载了3.0T涡轮增压柴油发动机，但在发动机动力参数上要优于国产依维柯宝迪的同排量发动机，底盘后轮还配备了气动可升降悬架，可提高车辆的通过性，跑高速时降低底盘也可提高稳定性。

凌鹰NC 250沙滩车　永康市凌鹰工贸有限公司生产的凌鹰NC 250沙滩车，配备宗申NC 250发动机，拥有前后可调气囊减震，前10后9越野胎，竞赛级加厚轮辋，竞赛级一体脚网，升级改进后的赛车，在延续使用宗申集团稳定的动力系统外，对车辆的进气和排气做了进一步的匹配和提升。

保温口杯

【概　况】 永康保温口杯行业起步于20世纪90年代中期。经过20多年的发展，保温口杯行业成为永康市八大行业的支柱产业之一。形成了产品开发、设计、制造以及销售一系列完整的产业链，成为全球著名的保温口杯生产基地。2010年11月，经过中国轻工业联合会组织的考核验收，授予永康“中国口杯之都”称号。2019年，永康市拥有规上保温口杯生产制造企业160家，从业人员超过5万人，年产量超6亿只，以不锈钢口杯为主，总产值超180亿元，其中80%出口，出口总额超过20亿美元，年总产量和出口量均占全国80%以上。

保温杯制造车间(市经信局提供)

【重点企业】 浙江飞剑工贸有限公司　成立于1998年，是一家集研发、生产、销售铝制及不锈钢材质运动水具及保温真空器皿于一体的专业制造商。公司位于永康市经济开发区华夏路387号，建筑面积5万多平方米，拥有年产1700万只水具的生产能力。公司是中国日用杂品工业协会口杯用品专业委员会委员单位、浙江省气排球协会副会长单位，是《运动水壶的安全要求》国家标准起草单位。连续获得“浙江省成长型中小企业”“浙江省创新型示范中小企业”“浙江五金名品”等荣誉称号。公司为国家高新技术企业、浙江省著名商标，曾是2008年运动水壶奥运特许生产商、2010年上海世博特许生产商；是首批进入军民融合的杯壶企业、中央电视台《发现之旅》战略合作伙伴。公司产品近25系列300多个品种，与国际知名品牌Hydro Flask、星巴克以及苏泊尔建立战略合作关系。拥有专利67项，其中：实用新型专利22项，外观专利44项，发明专利1项。

电动工具

【概　况】 电动工具行业是永康市八大支柱产业之一，是列入“浙江制造”培育的3个行业之一。永康市电动工具行业有2家企业参与3项国际标准制定，1家企业主导行业标准制颁布实施、4家企业制定7项外文标准，行业协会主导起草7项团体标准(浙江制造)。永康市有6人担任全国电动工具标准化技术委员会委员，是全国首个国家级“出口电动工具质量安全示范区”。2019年，永康市的电动工具总产量和出口量分别占全国的1/4和1/3，产品行销全球100多个国家和地区。中坚科技“XCH62乘坐式智能绿色割草车”入选2019年度浙江省装备制造业重点领域首台套。三锋实业“SF7J141电链锯”产品获2019年度浙江制造精品。闽立电动获批省级研发中心，正阳科技和三锋实业被列为浙江省隐形冠军培育企业。

电动工具制造车间（市经信局提供）

【重点企业】 正阳科技股份有限公司 是一家集研发、生产、销售为一体的电动工具制造企业。公司面积9万平方米，有员工1200多名，公司具有年产电动工具600多万台的生产能力，产品包括手持电动工具、台式电动工具和焊机产品三大系列100多个品种。企业配置有完整的研发和检测设备，实验室是国际认证机构Intertek卫星计划认可实验室和德国莱茵TUV、南德意志集团TUV合作实验室。建有浙江省省级企业研究院、浙江省企业技术中心、浙江省研发中心，主导或参与国家、行业和浙江制造标准25项，多个产品荣获省市科学技术奖，所有产品通过了CE，GS，UL，LCIE，CSA，CCC等相关认证。获取授权专利100多项，其中发明专利19项，企业被评为国家知识产权优势企业和浙江省专利示范企业。荣获“国家高新技术企业”“浙江省绿色企业”“浙江省AAA级守合同、重信用企业”“国家二级安全生产标准化单位”“浙江省创新示范中小企业”“金华市文明单位”等荣誉称号。

浙江中坚科技股份有限公司 创立于1997年，前身为永康市中坚工具制造有限公司，公司坐落于浙江省永康市经济开发区内，占地12.6万平方米，有员工800余人。于2010年12月完成股份制改造，2015年12月正式在深圳股票交易所A股挂牌上市。公司主要生产汽油链锯、锂电锯、数码发电机、坐骑式割草车、割灌机、绿篱修剪机、吹吸风机等多个产品系列，已形成年产各类园林机械和农业机械产品100多万台的生产能力。连续多年保持中国内资企业汽油链锯出口第一。公司是中国内燃机工业协会会员（小汽油机分会副理事长单位）、全国林业机械标准委员会委员单位。参与修订国家标准《GB 19726.1—2013 林业机械油锯安全要求和试验第一部分：林用油锯》，制定《LY/Y 1167—2014 林业机械 便携式油锯前护手器尺寸有何空隙》《LY/T 2401—2014 园林机械 以汽油机为动力的手推式草坪修边机》等行业标准。被评为国家高新技术企业，建有省级企业技术中心、高新技术企业研发中心，持有各类专利等知识产权70多项。成功开发二冲程汽油机排放优化、TG1000i数码稀土永磁发电机、排放优化38CC油锯、坐骑式割草机等多项科技成果，被列为国家重点新产品、省年度技术性贸易壁垒攻关项目，其主要技术已申请国家专利，积极应对欧美国家日趋严格的通用汽油机排放标准。直流电链锯、吹吸风机、背负式吹吸风机等新产品分别被列入浙江省科技厅新产品试制计划。

优秀企业

【浙江众泰汽车制造有限公司】 始建于2003年，是一家以汽车整车及发动机、变速器等汽车关键零部件为核心业务的民营企业，在浙江、湖南、江苏、山东等省布局了整车生产基地。旗下拥有众泰、江南两大汽车自主品牌，产品覆盖轿车、SUV、MPV和新能源汽车等细分市场，营销网络遍及国内各大中小城市，产品远销阿尔及利亚、智利、俄罗斯等国家和地区。众泰新能源汽车业务始于2008年，隶属于浙江众泰汽车制造有限公司品牌旗下的新能源板块，主要从事新能源汽车的研发、生产、销售和服务。整车研发主要以纯电动汽车为主，同步研发混合动力汽车。核心零部件研发重点发展驱动电机、电机控制器、动力电池系统、机电耦合装置、增程式系统、高压总成、整车控制器为主，在关键共性技术发展的整车集成技术、电驱动系统技术、能量存储系统技术、高压电气系统技术方面进行创新突破。众泰新能源自主研发的VCU（整车控制器）已经批量生产，并通过国家轿车质量检验中心检验。在驱动电机系统（MCU）和电池管理系统（BMS）方面也实现了全面升级。累计实现销售超过7万辆，占全国新能源纯电动汽车总体销量的18%。同时，众泰E200首战环青海湖（国际）电动汽车挑战赛，斩获最佳突破奖、最佳节电能力奖、媒体推荐奖三项大奖；众泰云100S加冕环洞庭湖国际新能源拉力赛荣获拉力赛公开组冠军。2017年，众泰汽车重组成功，并与福特汽车签订合资协议，相继登录国家平台央视《大国品牌》和“世界第一屏”美国纳斯达克大屏，全面打响众泰汽车从“中国产品”向“中国品牌”转变的战役。

【群升集团】 创办于1989年，公司总部坐落于永康，是一家涉及房配建材制造、房产投资、金融投资等领域的综合控股型公司。为支撑集团的持续发展，集团董事会确立了企业的中长期发展战略规划：按照专业化聚焦核心产业、多元化延伸关联产业的总体原则，在做强做大以群升门窗为核心的房配建材产业群的基础上，对相关的实业投资、房产投资和金融投资三大领域展开延伸投资，逐步构建大群升的多元化产业群，既形成各专业领域的核心竞争力，又发挥产业群协同效应，最终实现打造“世界房配王国”。多年来，各项经济指标、规模实力保持快速增长，在取得显著经济效益的同时，群升集团也得到社会各界和各级政府的高度认可，荣获“中国门业领军企业”“金华市优秀企业（金星奖）”“防盗门十大品牌”“防火门十大品牌”“浙江名牌产品”等诸多称号，“群升”商标被认定为中国驰名商标、浙江省著名商标，入选中国500最具价值品牌TOP 206。2019年，群升集团实现总产值19亿元，税收2.14亿元。

【浙江哈尔斯真空器皿股份有限公司】 创建于1996年，2011年于深交所中小板上市（股票代码：002615），成为中国不锈钢真空器皿行业上市第一股。公司是国内最具影响力的日用真空保温器皿制造企业，是国家高新技术企业、中国质量诚信企业。“哈尔斯haers”商标为中国驰名商标，具有日产10万多只不锈钢真空器皿的生产能力。公司有学士杯、女士杯、儿童杯等40多个系列500多个品种，产品畅销80多个国家和地区。2016年2月，收购瑞士百年品牌SIGG，开创了中国不锈钢真空保温器皿行业营销的先河。公司拥有有效专利269项，其中发明专利11项，实用新型85项，外观设计173项；著作权11项，其中软件著作权3项，美术作品8项。

浙江哈尔斯真空器皿股份有限公司（市经信局提供）

【浙江三锋实业股份有限公司】 公司注册资本8700万元，拥有占地7.1万平方米的两大生产基地，是一家集研发、生产、销售电动园林工具、动力低排园林机械、锂电园林工具、电焊机为一体的股份制民营企业。连续多年位居园林工具领域国内第一。连续13年为永康纳税百强企业，2019年公司实现营业收入7.8亿元。公司通过了ISO 9001、ISO 14001和ISO 45001体系认证，拥有浙江省行业内唯一通过ISO 17025体系认证(国家CNAS认可)的企业实验室，是国家标准主导制定单位、行业标准主导/参与制定单位、浙江制造标准主导制定单位，是全国林业机械标准化技术委员会、全国电动工具标准技术委会园林分技术委员会委员单位。共参与48项国家和行业等标准的制定，主导制造浙江制造标准4项。累计已授权专利190件，其中发明专利9件，实用新型专利71件(其中2件国际专利)，外观专利110件，软件著作权1项。先后获得国家绿色工厂、国家火炬计划重点高新技术企业、中国质量诚信企业、中国出口质量安全示范企业、全国工贸行业标准化样板区建设示范企业、省级企业研究院、浙江省企业技术标准创新基地、浙江制造双标认证企业、浙江省专利示范企业、浙江省先进质量管理孵化基地、浙江省精细化管理示范企业、浙江省绿色企业等荣誉或称号。

【浙江炊大王炊具有限公司】 公司创建于1983年，是一家专注于健康炊具研发、生产、销售为一体的现代化民营企业。从1996年开始使用炊大王商号，自1998年起使用“炊大皇”商标。公司炊具年产能1500万只、厨房烧烤小家电年产能300万只。在国内拥有上百家专卖店，产品远销欧盟、北美、澳洲等60多个国家和地区。2019年实现销售收入5.84亿元，上缴税收2870万元。公司是中国五金制品协会副理事长单位、中国五金制品协会烹饪器具分会执行理事单位，是烹饪器具国家标准制订单位之一，先后起草和参与制订8项国家行业标准。负责起草“铝制不粘锅”“超耐磨铝及铝合金铸造不粘锅”2项浙江制造团队标准。拥有国家专利150多项，其中发明专利3项。相继获得了国家高新技术企业、国家知识产权优势企业、省知名商号、省名牌产品、省出口名牌、省专利示范企业、省级企业研究院、省工业旅游示范基地等荣誉称号。

【飞神集团有限公司】 创建于2000年，厂区占地30万平方米，固定资产18亿元，产业涵盖休闲运动车、智能康复车、新能源特种车、高端房车四大产业，拥有年产100多种车型200万辆的生产能力，产品畅销国内及欧美、亚太等50多个国家和地区，公司拥有55项发明、实用新型、外观专利，是国家高新技术企业、国家知识产权优势企业、浙江省著名商标、浙江省名牌产品、浙江省出口名牌、浙江省守合同重信用AAA级企业。

【浙江飞哲工贸有限公司】 创建于2013年4月，是一家集研发、制造和营销高压铸铝采暖散热器、厨房小家电产品的专业化高新科技和具有自营进出口权资格的大型现代化产业公司。拥有一流标准的现代化绿色环保型智能制造工厂，占地面积54150平方米，建筑面积61842平方米，另有66666平方米已获省批复，在挂牌程序中。有员工1300余人，专业技术研发人员216人。是省级研发中心，拥有省级工业新产品7项，已授权发明等各项专利66项，正在申请阶段的专利还有56项。2019年，实现销售收入66272万元，纳税4374万元。公司通过并实施GB/T 19001—2016/ISO 9001:2015质量管理体系；GB/T 24001—2016/ISO 14001:2015环境管理体系；GB/T 28001—2011/OHSAS 18001:2007职业健康安全管理体系；GB/T 29490—2013知识产权管理体系。

【钢海集团有限公司】 始创于1992年，前身为永康市第一钢管厂，1995年更名为浙江钢海实业有限公司，2004年8月正式组建钢海集团——集团下属浙江索普实业有限公司、永康市钢海工贸有限公司、永康奥钢实业有限公司等全资(控股)子公司。公司总资产28亿元，注册资金1.28亿元，占地面积30余万平方米，职工2000余人，是一家以焊接钢管、钢材加工配送、户外休闲用品为主，集建筑搪瓷、物流运输等为一体的多产业、多元化经营的企业。公司主导产品直缝焊接钢管有圆、方、扁三大系列，共3000多种不同规格，产品畅销我国东南沿海地区和内地10多个省市，钢管制成品和户外健身旅游休闲用品等外贸产品远销欧美、日韩和东南亚地区。公司有50条焊管生产线和6条冷轧带钢生产线。2019年实现钢管、平板、直销带产量39万多吨，销售收入18.7亿元，上缴税收5800多万元。获得了“中国建设银行AAA级信用单位”“浙江省百强工业私营企业”“浙江省知名商号”“金华市民营企业50强”等多项荣誉和称号。

工业信息

【概　况】 近年来，永康市深入实施数字经济“一号工程”，大力推进企业信息化改造、“企业上云”、工业互联网等工作，为发展数字经济奠定坚实基础。2019年，全市2019年两化融合发展指数为97.62，名列全省一类地区第17位，金华各县(市、区)第1位。永康市工业互联网平台建设及应用入围省工业和信息化重点领域提升发展名单，获得省级专项资金1000万元；入围浙江产业数字化转型20强地区，列第14位。

【产业数字化改造提升】 永康市大力推进智能制造。以智能制造为主攻方向，围绕传统八大五金行业的改造提升，全力推进14个智能工厂(车间)项目，汽车零部件、防盗门2个行业“企业数字化制造、行业平台化服务”一企一线改造试点项目建设。通过两年的努力，已有王力、星月等6家智能化工厂(车间)的成功案例，王力、三锋获选省级智能工厂，汽车零部件和防盗门行业数字化改造完成。不断强化云平台服务能力，全年新增上云企业1000家，累计5300家企业上云。同时，持续推进工业互联网平台体系建设。成功举办汽车零部件行业提质扩面现场会、全市智能制造企业家座谈会，加快推进门业、电动工具、杯业等行业工业互联网平台建设。永康市汽车零部件行业试点企业已联入优海汽灵灵工业互联网平台，防盗门行业工业互联网平台初步建成，首批行业企业成功接入。钱一塔自动线已进入试生产阶段。电动工具、杯业等行业工业互联网平台持续推进。宏伟天马、两化腾叮咚工业互联网平台入选省级工业互联网平台创建名单。积极培育智能制造工程服务机构。引入智能制造专家服务组，落实与省智能制造专家委员会和驻永专家指导组成员单位的长效对接机制，促成企业与专家指导组深入对接。培育新迪智造、两化腾、司贝宁、优傲等本地智能制造服务机构，引进优海、维拓、软体机器人等优秀工程服务机构落地永康。2019年，入选省智能化改造工程服务公司2家，入围省工业信息工程服务机构资源企业2家。

【推进数字产业化融合发展】 重点培育与五金产业升级有关的智能终端、电路板制造企业，着力打造以汽车电子、智能家居、智能设备等为代表的特色电子制造业，2019年，在库数字经济核心产业规上企业18家。推进省级软件和信息服务业创业基地、省级信息经济发展示范区建设。全市共有规上软件和信息服务企业3家，引入外地软件和信息服务业企业7家。宏伟供应链、两化腾2家企业入围省工业信息工程服务机构资源池第一批名单。积极引导企业通过运用推动移动互联网、物联网、人工智能、大数据、云计算、区块链、5G网络、IPv6等关键技术，全面提升企业创新能力和服务能力。选取行业龙头企业列入“登高”计划，发挥引领示范带动作用。截至年底，众泰、王力、超人、三锋等9家企业获得工信部两化融合管理体系贯标认证。

【推动信息化治理效能】 永康市广泛运用大数据、云计算、物联网、人工智能等新技术，打造工业大数据平台，打破跨部门分散数据隔离，激活政府大数据、实现政务数据融合应用，推动政府治理和决策。完成省级“城市大脑”典型应用试点示范申报。全市建成无线局域网（Wi-Fi）AP点位5000个，“互联网+政务服务”取得新突破，政府服务方式“打破信息孤岛、实现数据共享”，将“最多跑一次”改革打造成为永康市全面深化改革的金字招牌，推动政府数据开放共享；全面推行电子政务，实行网上办事，充分体现政务服务理念的现代化、治理模式的现代化以及治理手段的现代化。

【信息化项目典型案例】 永康市求精热处理厂　永康市求精热处理厂是一家拥有20余年历史的热处理加工企业。2017年借着厂区搬迁契机，求精热处理厂引进先进生产工艺，不断加强信息化应用；2019年底建成智能化工厂，不仅引进了具有国际先进水平的设备，还自主研发首创了集生产、仓储等为一体的热处理智能制造系统，实现计划排产、生产流程控制、质量监测、环保监控、能耗管理智能化，仅需几名员工监管调度，车间就能够实现24小时不间断生产。求精热处理厂的智能化指挥中心连接控制18个生产端，大屏幕实时滚动各项生产管理数据，设备运行情况、变压器数值、环保数值、生产数据、能耗情况、绩效情况等一系列数据每2分钟刷新一次，实现整个生产过程透明化、可视化管理。通过研发APMS生产管理软件和WMS智能物流仓储软件，将自动化、信息化、智能化理念应用于热处理生产过程中，提高生产效率，实现热处理高效、自动化、重现性好的工艺要求。年热处理能力增加1.5万吨以上，部分车间人员减少40%，劳动生产率提高20%，能耗降低10%，质量提升5%。

永康市求精热处理厂（市经信局提供）

浙江三锋实业股份有限公司　公司先后投入近8000万元，集中推进数字化体系建设，打通企业数字化神经网络。智能化系统全面覆盖供应商体系、智能仓储管理系统。物料和半成品进出库管理实现一码到底，实现生产过程中数字采集和质量管控。通过对生产人员、设备、物料等资源数据的实时采集，实现对生产、质量、成本、效率、安全等关键数据的实时监控，建立了产品从投入到产出的高效生产计划调度管控链条。实时发布生产进度、质量、工时损失等预警信息，生产相关部门实时关注生产运行状态和生产异常问题，实现人、机、物融合联动。通过建立信息中心及数据中控平台，优化升级网络系统，上线WMS，MES，APS等系统，实现供应链协同、项目集成研发、生产过程实时调度和进料入库自动化等功能。改造后，电机产线从7—8人减到1人操作中控系统就可以完成每天600套的生产任务。产品研发周期缩短25%,库存周转率提高30%,装配一次合格率提高至95%;生产效率提高20%以上、产品不良品率降低20%以上。通过搭载信息物流融合系统,逐步实现生产线自动化、设备智能化以及物流数字化;通过网络可视化等信息互联技术实现操作简单化,大幅提高生产效率。2019年,三锋股份现代园林工具智能化工厂获评省级智能工厂。

浙江千禧龙纤特种纤维股份有限公司 2010年,千禧集团成立浙江千禧龙纤特种纤维股份有限公司,主攻高强高模聚乙烯纤维。2015年,集团加大投入,不仅将其定位为集团的主导产业,还淘汰部分老产业,腾出20000平方米用于千禧龙纤的扩大发展。2019年年底,千禧龙纤高强高模聚乙烯纤维智能化工厂改造项目正式通过验收,通过中控设备的MES系统,实现远程监督指导各条流水线的正常生产。通过MES系统和ERP系统的无缝集成,建立大数据控制中心,辅助生产调度和运营决策。在生产过程中,实时采集工艺参数、能源数据、环境数据,实现了信息的传递与反馈、预警与控制。而数据对比后形成的报表,能让工作人员在第一时间处理异常。在前纺和后纺关键的溶解、挤出、萃取、烘干、牵伸等工序上,千禧龙纤还增加温度、湿度、张力等检测项目,实时采集数据,对工艺参数进行精细化控制。中央集控中心通过自动化生产设备、自动化检测设备与信息化软件进行集成;整个生产过程实现数据采集、过程监控、TPM设备管理、质量管理、生产调度以及数据统计分析;达到生产现场的信息化、智能化和柔性化的智能制造管理;设备24小时的稳定生产和运转,可实现年产高强高模聚乙烯纤维600吨;企业员工减少50%,企业全员劳动生产率提升15%,产品质量提升20%。

(市经信局 供稿)

四方工业

【概　况】 浙江四方集团公司(以下简称“四方集团”),从属名称浙江省永康拖拉机厂,创建于1961年,位于永康市永拖路57号,是全国最早生产手扶拖拉机和单缸柴油机的企业之一,是中国农机工业首批3A级信用企业。经过50多年的发展,企业已成为集科工贸为一体,农业机械制造、外经外贸、房产开发于一身,多元化发展的大中型综合国有企业。公司下设浙江四方进出口有限公司、浙江四方股份有限公司、浙江四方集团房产开发有限公司等8家全资或控股子公司及2个省级技术中心、重点企业研究院。公司以水稻生产全过程机械化的农业机械为主导产品,具有手扶拖拉机、单缸柴油机、全喂入联合收割机、履带式拖拉机、旋耕机五大系列产品。具备年产手扶拖拉机系列10万台、单缸柴油机系列20万台、全喂入联合收割机5000台、履带式拖拉机5000台的生产能力。产品行销全国,出口55个国家和地区,是世界最大的手扶拖拉机出口生产基地之一,自1987年起蝉联全国手扶拖拉机行业出口第一。公司生产的产品以“四方”牌为注册商标,“四方”商标为中国驰名商标。“四方”牌手扶拖拉机相继获得“最具市场竞争力品牌”“国家进出口商品免验证书”“中国名牌产品”等国家级最高荣誉。近年来,公司致力于开发适用南方水田作业的耕作机械和收获机械,努力把企业打造成中国南方最大的农机制造企业和农机出口企业、国际知名的农机品牌企业。

2019年,四方集团实现营业总收入11.42亿元,同比增长12.06%;出口创汇10462万美元,同比下降7.9%;手扶拖拉机销售 27801 台，同比增长 2.47%；柴油机销售 62164 台，同比下降 14.86%；履带拖拉机销售 117 台，同比增长 62.5%；履带收割机销售 62 台，同比下降 50.79%。

【农机行业态势】 2019 年，全国农机工业继续呈低速运行业态，全年农机工业业务收入 2400 亿元，与上年基本持平，增幅为历年最低。2019 年农机行业主要运行特点为：农机新常态特征更明显，即产品大型化、智能化、无人化；行业洗牌加剧，全国规模以上农机企业比上年减少 340 多家；市场刚性需求下降，一方面，农机行业经过 10 年黄金发展时期，农机产品社会保有量大幅增长，用户购机欲望下降；另一方面，农民种粮成本上涨，粮食价格下降，造成用户需求疲软；行业同质化、低价格恶性竞争不断加剧，生产企业积极性受挫；行业技术升级加快，主要表现在生产企业制造装备和制造工艺提升、产品高效节能、拖拉机动力换向和自动驾驶技术产业化、国四新产品研制成功；农机出口好于机械工业，随着国家"一带一路"政策的推进，以及国内农机生产企业不断提高国际市场竞争力、外资企业在中国投资的工厂逐渐达产和扩大产量，拉动了出口增长。

【出口创汇运营】 2019 年，农机行业出口形势严峻，传统农机产品出口销量持续下滑。出口退税率降低、国内同行强有力的竞争等多重困难下，据海关统计，全国出口手拖同比下降 32%，单缸柴油机同比下降 25%。四方集团通过挖掘潜力、完善服务、扩大市场的覆盖面，提高市场占有率，完成了出口四方牌手拖 24070 台，柴油机 55291 台（含配套机）。手拖出口量国内排名第一。

【传统手扶拖拉机技术升级】 四方集团自 1961 年建厂以来，专攻水田耕作机械近 60 年，是全国最早生产手扶拖拉机的专业厂家。面对农机新常态，市场新需求，四方集团打造手扶拖拉机升级版——"四方"牌大马力手扶拖拉机。该产品相较于传统的 15 马力手扶拖拉机，具有明显的升级优势，自批量投放市场以来深受用户喜爱。

"四方"牌大马力手扶拖拉机（四方集团提供）

【新一代耕作机械研发】 四方集团近年来以南方水田保护性耕作机械市场的需求升级为导向，自主研发三角履带行走，抗下陷性能强有效保护土壤、操作灵活舒适、作业效率高的 SF 752 履带拖拉机，受到用户喜爱。2019 年，四方集团启动第二代保护耕作机械 SF 902 履带拉机的研发。SF 902 是一款采用方向盘操纵、实现液控差速转向、具有 360 度原地调头等功能，核心技术达到国内领先水平的新一代大马力履带拖拉机。该项目的启动标志着四方产品转型升级进入新时代。

第二代保护耕作机械 SF 902 履带拉机（四方集团提供）

（四方集团　卢萱）

电力事业

【概　况】　2019年,永康市供电公司(以下简称"市供电公司")在市委、市政府的坚强领导下,紧紧围绕永康市"打造中国乃至世界先进制造业基地"的发展战略,有序推进电网建设、优化营商环境、社会用电安全等工作。全年全市有电力用户35.23万户,其中大工业用户899户、专变用户5492、一般工商业用户5.73万户、居民用户28.80万户、农业用户635户。光伏用户4795户,容量达到11.34万千瓦。1—10月,永康全社会用电量43.46亿千瓦时,总量名列金华地区第3位,同比增长9.12%;工业用电量31.31亿千瓦时,同比增长6.72%。公司安全生产日已有6368天,实现连续18年安全生产无事故。

【永康电网建设】　2019年,市供电公司争取建设资金5.21亿元。其中,主电网建设资金3.2亿元,110千伏及以上工程11个。220千伏太平—深泽工程(永康段)、220千伏倪宅变扩建和110千伏炉头变补强工程已投产;220千伏永康—莹乡线路政策处理全部开通;永康—太平线路政策处理有序推进;220千伏清渭变通过可研审查;110千伏下田桥变土建施工顺利;双锦变实现开工建设;邵宅变、世雅变取得土地指标;110千伏九铃变完成可研评审。配电网建设资金2.01亿元(占金华地区总投资15.7%),2019年50个续建项目全部完成;新建项目开工41个,截至10月底完工10个;新建改造10千伏线路58条,线路总长438千米;完成安置区项目8个、台区公变项目125个。

【签订电力工程合作框架协议】　2019年6月,市供电公司促成市人民政府与国网金华供电公司签订电力工程合作框架协议,协议明确永康市财政性资金或国资出资的市政建设配套电力工程200万元以下的直接委托供电公司实施,200万元以上委托供电公司组织招标。并对投资项目涉及电力工程的经费承担方式,设计、监理和施工方式,形成资产等做出明确规定,有效期5年。

【服务小微企业园建设】　2019年,市供电公司主要领导带队走访全市所有16个镇街区,主动上门服务,提前了解小微企业园用电需求。建立专属客户经理机制,动态及时跟踪,制定一园一策方案,落实一对一精准服务。每周汇总分析全市36个小微企业园建设进度情况,确保电力不"卡脖子",全力助推经济转型升级。

【电力保障工作】　2019年,市供电公司确保看守所、人力市场等重点工程可靠供电。圆满完成五金博览会等保供电任务21起,积极应对城市亮化、抗冰抢修、抗台救灾等急难险重任务。投入专项资金1200万元,主动服务小城镇环境综合整治,完成石柱镇、古山镇、芝英镇、城西开发区配套电力设施建设。助力新一轮"158"碧水蓝天工程,严格限制农村三相电使用范围,配合相关部门开展"拆违治危"整治行动,累计出动配合拆违206人次,配合停电510户,拆除低压线路14.6千米,拆除用户表计240只。

【用户电力设施安全专项整治】　2019年,市供电公司为遏制因用户电力设施引发的火灾、电网故障等事故的发生,与市应急管理局、发改局等部门联合开展为期3年的用户电力设施安全隐患排查整治。全年完成19家中高考单位、10家小水电、19家省级文保单位排查工作,排查企业用户699家,帮助消除隐患345处,对一时无法完成整改的58家用户以书面通知书的形式告知应急管理局和当地政府。开展"生命之安"精准扶贫试点活动,上门排查前仓镇新下、大坞等村51名低保户及低保边缘户的表后线路，对其中34户进行表后电气设备扶贫改造。

【扩大低压直供范围】 2019年，市供电公司按照优化营商环境两年行动计划，单户供电容量城区(含乡镇属地)不超过160千瓦，农村不超过100千瓦，可以采用低压接入方式，减少用户办电成本。对能够解决配电工程土建项目且较集中的客户，尝试由供用电双方共同投资，确保工程和设备质量符合规范，投产后电力资产无偿移交，由供电部门负责运维管理，减轻用户运维成本和安全风险。

【深化“最多跑一次”改革】 2019年，市供电公司推广线上办电业务，下放315千伏安以下业扩职能，推进水电气网联动报装“一件事”，全市低压办电环节2个、平均办电时长1.99个工作日；高压办电环节3个，平均办电时长23.07个工作日，处于全省领先水平。加快推广小微企业“三零”、大中型企业“三省”办电服务模式，业扩结存容量压缩50%。

【执行降价降费政策】 从2019年4月1日起，浙江省一般工商业电价平均降低每千瓦时2.19分；7月1日起，平均电价再降低每千瓦时5.29分，全年降幅超过10%。同时通过组织符合条件的931户用户继续实施电力直接交易，让企业“轻装上阵”。

【推进不停电作业】 2019年，市供电公司大量采用负荷热导、发电车保供、带电作业、零点检修等手段转移百姓用电负荷，降低停电对百姓的影响。全市1—10月停电时户数2.71万户，同比下降55.72%，降幅为金华第一；供电可靠性达到99.95%，有了较大提升；发生一类障碍89次，同比下降29.46%；开展配网不停电作业1421次，同比增长28%，名列金华第二。

（市供电公司　供稿）

经济开发区

【概　况】 2019年，永康经济开发区(以下简称“开发区”)在市委、市政府的正确领导下，克难攻坚，全力推进各项工作，在示范试点、高质量发展、项目政策处理、环境卫生整治等方面取得重大突破。获“浙江省第4次经济普查先进集体”称号，共完成4008家法人和产业活动单位、9124户有证照个体经营户的入户登记、数据审核、验收上报、事后质量抽查等各项工作。

【循环化改造全省第一】 开发区循环化改造18个项目，计划总投资28.9亿元，已完成24.16亿元，开工率100%，完工率100%，投资完成率93%；省级到位资金955万元，已拨付897.5万元，资金拨付率93%。全省作为首批改造试点的共有7个开发区参与比拼，分别是杭州、丽水、金华、江山、诸暨、桐乡、永康。经现场打分、提问答辩、专家评审，永康经济开发区以综合成绩第一名进入第一梯队，获得优秀。同时，在此基础上，正式申报争创国家级绿色循环升级示范区。

■ 园区建设

【概　况】 2019年，开发区重点推进智能化改造和无人化车间打造，10个智能化无人工厂(车间)项目中有7个进入实施，有技改项目99个，1—11月完成投资10.36亿元。新增国家级两化融合贯标企业5家(飞剑、正阳、三锋、众泰、炊大王)。截至年底，全市完成两化融合贯标的企业有8家，全部来自开发区。新增股份制企业9家(其中新注册2家，股份制改造7家)。全市累计27家企业主导和参与制定的53项“浙江制造”

标准中，开发区企业占14家32项；全市29家企业获得的51张"浙江制造"认证证书中，开发区有16家企业31张证书。

【工业固废处置"五步法"】 "政府引导、企业付费、第三方服务"的"互联网+"工业固废处置模式在全市推开，"五步法"成效显著——"特派员"上门指导，确保源头精准分类；手机App线上下单，产废情况实时更新；量身定制清运方案，确保规范高效收运；专业化二次分拣，实现价值最大化；强化高压严管，堵住工业固废非法处置漏洞。至年底，已有90%以上企业注册App，规上企业全覆盖，共处置低价值、无价值工业固废9787.6吨，其中焚烧发电8574.25吨，填埋126.75吨，回收利用749.83吨。该做法属全省首例，获袁家军省长等领导批示肯定和省市多家媒体进行专题报道。

【智慧安监应急处置模式创新试点】 开发区与北京安科院合作，探索建立"数字化、信息化"安全监管和应急处置新模式，在开发区4期和苏溪老工业区区块全面开展试点。只需一部手机，即可全面掌握系统数据信息，实现"企业信息清清楚楚、工作状态明明白白、隐患闭环全程管控、安全状态实时检测、应急资源全面联动"。已纳管企业218家。

【民生工程】 2019年，开发区强力推动畅通工程建设，抓好道路交通治堵保畅保平安工作。名园大道延伸工程完工，历时13年的诚信路延伸工程顺利施工，大坟山沿段路基工程及水泥稳定层已完成，因用地指标问题而停滞多年的东吴西路延伸、王力南侧道路、学院北路延伸等工程也有序推进。完成东清线长恬段堵点消除，2个路口交通信号灯完成设计。标划开发区主要干道及新建道路标志标线44863平方米，新增停车位1308个，解决公共区域雨天道路积水问题，补办群升集团等企业规划许可证，完成春洲铝业、锐升园林等11家企业土地分割，20家企业工业项目建筑方案文本审查，19家企业临时土地证转正式证项目。

【"三改一拆"】 在获得2018年度金华市"无违建乡镇(街道)"以及2018年度"三改一拆"行动突出贡献集体等荣誉的基础上，2019年，开发区继续坚持集中整治和常态管理相结合，应拆尽拆、拆用结合。共组织行政执法、国土、供电等部门，联合实施拆违34次，出动人力1500余人次、机械设备80台次，累计拆除违章建37宗、18.89万平方米，完成年度任务15万平方米的126%，以全市第一完成年度拆违任务，拆后利用率超过90%。

【返还地开发】 开发区22个村(按照原29个村行政村)有村集体留用地(返还地)，曹园、夏溪、大坟山沿、荆山陈、长城、栋陇(部分物业出租)、邵宅、溪碧山、雅应等9个村已建设完毕，其中溪碧山、雅应为2019年度完工。黄城里村引入第三方进行城市综合体建设项目开发，规划基本完成，已完成审批。苏溪村、杜山头村、长恬村、湖塘村等村正在方案制定及规划审批过程中，荆山夏村、陈路塘村、邵塘村已有部分开始动工建设。完成荆山陈、西朱等村14户农房改造或特困户批基工作，并对兰街、荆山陈、陈路塘、西朱、溪碧山、车马何等村35户批基户进行定桩放样。

【重点工程】 2019年，开发区完成政府投资约7000万元，涉及开发区中心幼儿园扩建及附属工程等15个建设项目。H 05至四环线、雅应至堰头道路提升、长恬村生活污水治理、栋陇公墓道路、安息堂附属工程、黄塘下返还地土石方等工程已全面完工；开发区中心幼儿园扩建及附属工程完成二层楼面浇筑；九州东路延伸工程完成70%建筑垃圾清运工作；堰头至下堰头道路工程已进场施工，完成10%雨水管道建设；东吴东路道路进行施工图审查;九鼎公园二期工程进行初步设计。

【环保整治】 2019年,开发区完成《开发区废气治理方案》编制。空气检测站于6月建成并投入使用。已完成摸排重污染企业105家,相关设备、工艺、污染源等数据完成收集。首批127家五金涂装企业已完成整治。新发VOC企业35家,其中8家关停、26家完成审批、1家正在进行环评审批。83家企业的用电在线监控系统完成安装。25件中央督察信访件和7件省督察信访件全部整改。企业环保规范化整治任务数328家,已完成272家,完成率82.92%。规上企业办理环评审批手续任务数198家,已完成152家,完成率76.77%。绿色、生态、环保主题进一步突出。全面开展环境整治、环保整治,淘汰落后产能15家,低小散整治92家;全面引导企业绿色生产,新增清洁生产企业3家,省级绿色企业2家,省级节水型企业3家。首批18家环境卫生厂区创建企业已完成初排并对照整改。

【生态建设】 认真开展企业雨污分流"回头看"、六小行业整治、农村生活污水提升改造、排水口治理等工作,做到全域纳管、全域排查、全域治污。已完成企业排查421家,六小行业排查475家,中小学校排查4家,对苏溪、兰街等6个村完成农户接管排查工作,发放排水许可证企业28本、六小行业114本、在建工地6本。新增绿化面积10万多平方米,完成芝英连接线、酥溪两岸等绿化景观工程,因地制宜打造苏溪湿地公园、综合性南湖环湖公园。加大新建道路雨污管网铺设扩大纳污区域面积、打通支路、断头路等方式提升道路管网覆盖率,超额完成2019年排查城镇污水配套管网6千米的任务。完成2个市控排水口的"一口一策"制定,开展2轮村级巡河专题培训,完成2处金华市黑臭水体暗访督查点整改,新增19块入河排水口公示牌,更新5条河流河长公示牌。

【长效管理机制】 2019年,开发区坚持"全区动员、全民动手、全员参与、全域提升"的原则,推进"四城联创"工作。一是对各个区块环境卫生、污水排放、出店占道经营、占用城市公共空间、污水排放等问题进行具体整治,重点清理蚊虫滋生地,8月顺利完成病媒生物防治检查验收工作。二是建立创建网格责任制,以党工委书记为网格长的一级网格,下设10个由班子担任网格长的二级网格,负责网格内的创建工作。建立问题督办制度,截至10月底,共发放督办单68份,督办点位1033个,其中涉及市级交办点位数201个。三是创新推出网格、村、部门"三级月考"制度。截至10月底,各网格共晒需整改照片935张,有效、大力促进全域环境整治。

【社会治理】 在堰头村、郑村等多个村完成"无案无讼无访"、平安村创建和三治融合善治示范村建设,其中兰街村被评为2018年省级民主法治村。强力推进"1+3+N"大调解工作体系建设和进一步完善社会稳定"一体两翼"工作体系建设。建立1个多元化大调解中心,3个流动调解站和N个村企调解委员会。积极探索点面相连、互动联调、网格全覆盖的"1+3+N"大调解工作体系建设,共化解矛盾纠纷150多起。探索建设"一体两翼"(一个主体、两个抓手)基层社会稳定工作体系,确立永康经济开发区管理委员会为基层社会稳定的责任主体,以建设"2.0版全科网格"和"一三九"涉稳处置机制为抓手,共化解重大矛盾纠纷20件,死亡案件调处12人,其中工亡8人、意外死亡4人,协议金额共计650万元。成功调解职工意外死亡重大案件12起。解决疑难复杂案件45起,挽回经济损失560万余元。开展领导班子带队"扫黑除恶宣讲活动"20

多场次，建立固定宣传阵地270处，线上线下发放推送各类宣传资料65000多份，制作墙体喷绘广告约4600平方米，制作横幅、标语9600多幅，永康市扫黑办交办的26件扫黑除恶核查线索已全部核查回复。

【平安建设】 全区消防安全形势稳定，2019年火情有大幅度下降。开展地毯式的消防安全隐患排查行动5次758人次，联合执法10余次。新增微型消防站20家，开发区共计微型消防站50家。在16个居住出租房重点村和4个企业网格率先建成182个充电桩，可供1223辆电动自行车同时充电。1—9月开发区火灾共计20起，经济损失28.1万元，火灾同比下降28.57%，经济损失同比下降75.84%。在安全生产方面，对开发区企业1900余家，各类场所68家，进行安全风险分级管控和隐患排查治理，排查隐患共2078处，完成整改2024处，下发限期责令整改通知共21份，层层签订安全生产目标管理责任书共计1756份，压实企业主体责任，同时做好挂牌督办、教育培训、标准化创建、专项整治等工作。信访维稳方面，完善重点稳控人员建档包案，在重要的时间节点严格实行每日零报告制度，进行一对一稳控，组建应急小分队，严格执行领导带班坐班值班制度，严格落实每日接访，切实做好维稳信访工作，稳控重点人员共有61人，其中SJ人员6人，开展信访维稳研判会议12批次，领导接访8批次，收到或处理各类信访件763件、来访29件、来信25件、来电448件、网上投诉261件，全面排查矛盾纠纷230人次。其中堰头工业区改造户去北京上访4批次，全年化解息访重点信访户2人。

产业经营

【概　况】 2019年，共完成规上工业总产值267.3亿元，同比下降11.6%。完成固定资产投资12.93亿元，其中工业投资10.89亿元，服务业投资2.04亿元。完成研发费用8.7亿元，同比增长21.5%。实现乡镇税收16.6亿元，其中工业税收11.7亿元。完成自营出口额109亿元。受两链风险、中美贸易战、国内汽车行业深度调整等因素影响，车业产业形势严峻，但是休闲用品、门业、杯业等传统行业继续保持良好的发展势头，同比增长分别为19%，18%，17%。钛保温杯、特种纤维等新兴材料优势持续突显，其中千禧龙特种纤维同比增长85%，钛杯作为飞剑现在和未来的主打产品，已体现产值2000万元，同比增长90%；智能锁、电动医疗床等电子产品崭露头角，全年王力智能锁体现产值1.5亿元左右。

【重点项目】 金华市“十百千万”暨第二季度“晒比拼”永康现场会在开发区召开。以王力安防智能家居和泊康科技跑步机项目为代表的省重大产业项目建设顺利推进。现有在库5000万元以上项目19个，5000万元以下项目86个。对符合统计入库要求的项目，做好入库资料的收集整理和报表填报的指导，盯牢重点项目进度，同时挖掘有潜力的投资项目。重点项目中，王力安防智能家居项目已完成投资1.12亿元，主体工程在建施工；泊康科技智能跑步机生产线建设项目已完成投资1.17亿元，主体工程在建施工；道明光电光学级PC/PMMA共挤薄膜/薄片生产线建设项目计划总投资1.23亿元，本年完成投资3150万元。

【内资招商】 2019年，开发区完成内资招商14.38亿元，完成全年任务的102%。浙商回归投资8.55亿元，完成全年任务的105%。开发区万亩千亿新产业平台各项指标达到金华考核目标。技改立项38个，已完成44个，完成全年任务的115%。完成22个企业基本建设项目投资备案，总投资42125万元。

企业培育

【概　况】 2019 年，开发区企业培育不断创新，新增国家级高新技术企业 20 家，省科技型中小企业 30 家。加快骨干企业培育，积极培育“专精特新”“隐形冠军”企业。2 家企业申报“隐形冠军”企业（超人科技、道明光学），5 家企业申报“隐形冠军”培育企业（三锋、千禧龙、正阳、哈尔斯、安胜），55 家企业申报“专精特新”入库培育（超额完成 10 家）。“小升规”培育方面，15 家小微企业达到 2000 万。

【小微园建设】 2019 年，堰头小微园和西朱小微园都取得了一定的进展。堰头小微园，已完成炉头、堰头、荆山夏 3 个村的征地工作，征地面积为 18 万平方米。移坟工作基本完成。控制性规划方案、农转用手续已完成审批。需签订拆迁协议的 33 户企业中，有 31 户已签订协议，签约率 94%。区域内所有生产企业都已停产、腾空，累计拆除厂房面积占全部建筑 98.7%。已签约户基本腾空拆除，建筑垃圾全部清运，电力基础管道基本铺设，道路建设工程已进场施工。西朱小微园，小微园工程分 3 个区块再次完成工程招投标，其中第一标是 1#、2#、5#、6# 厂房，第二标是 3#、4#、7#、8# 厂房，第三标是 9#、10# 厂房，已基本开始动工建设。

（经济开发区　供稿）

城西新区

【概　况】 2003 年，永康市委、市政府根据永康工业发展实际，提出“一城两翼”的工业布局，在永康西部划出 38 平方千米设立一个培育中小企业的工业功能区，成立城西新区建设开发指挥部。2006 年 10 月，经市委批准，正式成立城西新区管理委员会。2012 年 9 月，在城西新区建设中国南方农机产业园。2013 年 2 月，省政府将农机产业园改为创建永康现代农业装备高新区。

2019 年以来，城西新区借力“四城联创”，以改善群众居住环境为目标，提出“三无四化五清”的人居环境整治思路，对水、气、路、巷、线、面开展全方位整治。召开四个千人大会，扭转干部思想观念，提振干部精气神。扎实开展“不忘初心、牢记使命”主题教育，聚焦“在干中学、在学中促”，结合推进环境整治与疑难问题攻坚两项工作，搭建“年轻干部红色整治分队”“治水党小组”“党支部晒拼创”平台，凝聚红色细胞、锤炼红色队伍、发挥红色力量，开展疑难问题攻坚、文明治堵、环境整治百日攻坚等行动，攻破重点难点、遗留问题 56 项。根据新区实际，把危旧房拆除、街角小品打造、外立面上色、文旅新业态培育、线路套管等 30 余项内容纳入整治范围，共开展整治行动数千次，发动数万党员干部参与，清理垃圾 1 万余车次，对 270 余家企业进行雨污分流改造，外立面上色 184 万平方米以上，新增车位 4000 余个，危旧房拆除 5.3 万平方米，新增街角小品 500 余个。排塘、下谢、上溪塘成为全市“整治样板”。

永康江城西新区段(城西新区提供)

新区动态

【概　况】 2019年，城西新区开展“以老带新、初心传承”“我和我的网格”活动，加大年轻干部培养力度；结合“四城联创”、工业经济“小升规”等重点(中心)工作开展主题教育系列活动。深入调查研究，对所发现的问题立整立改，实施“戴盔工程”，组织党员干部、学校、村企等开展“关爱生命、文明出行”的道路交通安全劝导活动；结合“包乡走村”“一包四联”等开展连心服务团活动，市领导、班子成员定期下村走访调研，积极帮助村庄村民解决难点问题；推进整改落实，督促各村企党支部做好办实事工作落实，并上墙公示；顺利完成后进村转化。

【“五水共治”】 2019年，城西新区以提升烈桥溪、倪宅溪水质为总目标，以梅垄、花川两个工业功能区雨污分流为重点，切实破解各项治水难题。抓好工业区块雨污分流大排查，发放排水证376本，省级“污水零直排区”创建工作全力推进，并完成验收；严厉打击企业污水偷排、漏排现象，全域水质较大扭转，烈桥溪、倪宅溪平均水质为Ⅳ类。

【党建引领】 2019年，城西新区注重干部源头管理。调整机关干部体制，全部干部纳入工作片管理，将联村、攻坚、联企统一起来，调动区村干部工作积极性。强化整治立规，向基层组织、党员干部提出十大拷问，把“扭转四个观念、完善四大考核机制”作为活动要点，激励村与村互比、干部与干部互比，激发村干部干事热情；以严党纪、强问责、促提升为抓手，采取班子成员带、联村干部抓、治村导师帮、代表委员促等方法，做好新村融合“后半篇”文章，整顿软弱涣散的党支部，落实村干部“小微权力清单”，规范区村干部办事程序，健全值班、公开、考核等各项制度；以“三资”改革为契机，对工程招标、“三资”监管、财务公开等内容进行细化规范，破解“假作为、乱作为”问题，推动干事创业程序化、规范化。同时，注重奖惩效果运用，通过“三色预警”、书记质询、约谈警示等方式，对12名村干部和46名党员发放“黄色预警”通知书，进行集中约谈；严肃查处违纪党员，受到党纪处分8人。

新区建设

【概　况】 2019年，城西新区划分为43个工业网格，由班子成员任网格长、机关干部任网格员，依托制度化管理，实现全员联企、定期走企、服务为企，联合相关部门开展组团式服务，梳理、解决涉企疑难问题30余件。大力开展工业区块整治。先后召开工业大会、工业区整治动员会、四城联创推进会，提出整治标准，规定整治时间，明确整治要求，各企业纷纷响应新区号召，清垃圾、拆钢棚、粉外墙、补绿化，共拆除乱搭乱建近2万平方米，外墙上色9.1万平方米。

【创新方法攻坚克难】 城西新区确定46个大项、58个小项涉及市重点工程、新区重点工作、民生实事、人居环境整治等作为攻坚项目之后，整合攻坚力量，把工作片分成日常工作组、项目攻坚组，抽调精干力量组建工作专班，采取“达标销号”的方式，对标作战、对表落实、对点包干，列出任务“分解表”、进度“时间表”、执行“路线图”，已攻克90%以上堵难点项目。以“党建＋”推动重点工作开展，开展党工委书记到村上党课、书记质询会、现场问政、乡贤助力、小组攻坚等活动，已攻破金台铁路遗留问题政策落实、“美丽城防”移坟工作、安德电器东地块征地等56项。同时，成功解决省环保厅督办违章厂房拆除、银桂路延伸、花溪路连接三环线等问题，解决李一村特困户批基安置、木长降第二批农房改造、寺口方整村搬迁、下宅方农房改造等一批遗留问题，攻克330国道政策处理、金州科技项目土地平整、花川区块自来水管网埋设等难点问题。

【夯实农业基础】 2019年，城西新区共完成粮食播种面积7950亩，完成标准农田质量提升640亩，对本辖区内的重大动植物疫病防控工作，完成农业“标准地”改革工作，新增“标准地”面积200亩。认定标准地存量面积1000亩。抓好绿化造林、森林消防、松材线虫病死树清理等工作，实现各村“三资”全纳管。

【救助“消薄”】 2019年，城西新区进一步完善低保申请、入户调查、民主评议、审核审批等工作环节和程序。强化管理机制，发挥家庭经济收入核对的作用，坚持流动管理原则，应保尽保、应退尽退。全年有低保户131户、162人；低保边缘户67户、81人。低保新增6户，注销14户；低边新增1户，注销14户。已完成低保、低边共198户的系统信息完善。城西新区以埠头、下宅方、月桂村抱团参股的形式成立城西新区农村集体经济发展有限公司，抱团项目申报中。

【落实代办服务】 2019年，城西新区积极实行“无证明城市”改革，在市取消证明事项213项的基础上，城西新区进一步梳理区、村“无证明事项”清单，新增19项无证明事项。建立40名区村两级代办员，加强对代办员培训，延伸便民服务职能，提升代办员工作技能。截至年底，新区各窗口线上、线下办结量6838件，较上年同期下降2000余件。其中，生育服务登记率先实现零次跑，群众只需在家动动手指即可成功办理。

【社会治理进步】 2019年，城西新区积极开展扫黑除恶、平安创建、禁毒、反诈骗等宣传工作，营造浓厚氛围，上报涉黑涉恶线索2条。实行全科网格，加大技防投入，所有行政村完成“雪亮工程”监控全覆盖。定期分析信访形势，主动化解2件永康市级信访积案，是全市涉纪信访百日攻坚行动中，率先完成矛盾化解，实现信访稳控总体平稳。全面开展消防安全排查整治、肇事肇祸精神病排查、社会矛盾纠纷等各项专项整治，共排查出矛盾纠纷68件，其中劳资纠纷58起，其他纠纷10起，化解成功率达100%。

【美丽乡村建设】 2019年，城西新区按照“立足当前、着眼长远、布局合理、特色鲜明”的要求，排塘、下谢等村邀请专业设计单位进行规划编制，以村容村貌为主攻方向，坚持点上出彩、线上成景、面上美丽，提升美丽乡村建设品质，做大做强乡村建设“金名片”。围绕“十无”评分标准落实创建内容，结合人居环境整治做好基础清洁工作，确保村庄内无明显垃圾，农户房前屋后整洁有序；有序推进立面上色、绿化种植等工作。花川村、楼塘村、排塘村、联丰村下山自然村和下谢村下谢自然村5个村顺利通过“十无村”验收。

【助力“四城联创”】 2019年，城西新区细化任务，实行目标管理。将创建任务逐一分解到各方组织，并结合人居环境整治工作，对创建各项工作进行常态化强调和推进。广泛发动，通过媒体、广播、微信群、宣传册等开展导向宣传，做到家喻户晓、人人明白；组建23支“四城联创”志愿服务队，每个月常态化开展志愿活动，助力创建工作。将辖区划分为12个大网格，由主要领导担任一级网格长，班子成员担任二级网格长，全体机关干部、职能部门成员、村主职干部和“两代表一委员”担任网格员，进行全覆盖、无死角的网格管理；推行“周三晨查”“交叉检查”“日常巡查”“两代表一委员督查”“红黄牌限期督办”等制度，对发现的问题进行及时交办，共指出问题1800余个，实际解决1700余个，基本做到立查立改。

【土地开发】 2019年，城西新区盘活存量建设用地，城镇低效用地再开发，“四未土地”已消化供地632.75亩，完成率105.45%。应益村老村地块土地复垦工程完成设计预算，并已经通过专家评审。“三改一拆”提前完成全年任务，共完成161939平方米，完成率为107.96%，拆后利用率为84%。

产业开发

【概　况】 2019年，城西新区完成国家高新技术企业申报确认14家，科技型中小企业24家，股份制改造6家、技改项目入库36家，个转企22家，重点技术改造项目10家，省级技术企业中心1家，两化融合示范企业3家、隐形冠军企业申报1家等。

【小微园建设】 2019年，利康小微园19幢厂房已全部结顶，建筑面积为17万平方米；下田桥健康产业小微园一期17处地块已开工；朱家塘范宅小微园正在办理挂牌手续。正在谋划中兴小微园、李店小微园改造。

【工业企业发展】 2019年，城西新区内的工业企业更加注重新产品研发。四方集团研发的轻型履带式旋耕机和新型履带式拖拉机、新多集团研发的智能无损果蔬分拣装备项目实现量产。众兴科技研发的谐波减速器，完全攻克了谐波减速器国际上第四代S型齿形设计难题。长杏生物质研发的生物质复合材料，通过了全球四大实验室之一SGS的权威认证，具有完全自主的知识产权。同时，加大项目招引力度。全年共招引重大项目7个，包括众兴科技谐波减速器、立久佳健身器材、金州科技新墙体材料、安德电器洗碗机、飞哲工贸850万套智能小家电、新多200套农产品无损检测与分选装备等项目。10月，与国家林业和草原局北京林业机械研究所、哈尔滨林业机械研究所签署合作框架协议，致力于打造林草装备高新产业基地。新区全力推进“小升规”工作。联合发改、经信、税务等部门，为小升规培育对象企业提供全方位服务，小升规企业净增31家。规上工业总产值108.3亿元，同比增长12.9%，固定资产投资总额9.76亿元，工业投资4.84亿元，服务业投资4.92亿元。全年税收收入4.77亿元。新增省级科技型中小企业数24家，股改企业完成6家。

（城西新区　供稿）

江南山水新城

新区规划

【概　况】 江南山水新城规划面积16平方千米，范围东至花园大道、西至五金大道、北至城南路、南至金温高铁，规划居住人口规模10万，远景人口规模不高于15万，是城市的有机组成部分。依托山水生态和高铁站区位优势，突出“山水＋生活＋产业”，将自然山水与城市格局相结合，集聚创意设计、科技研发、文化休闲旅游等高端产业，打造优雅城市的“核心区”，进一步巩固永康金义都市区副中心城市和永武缙产业带中心城市地位。

【考察编制】 作为永康市未来城市建设的主战场，江南山水新城规划编制工作受到社会各界的广泛关注。江南山水新城管委会与上海同济项目团队共同砥砺前行，深度交流沟通、反复雕琢打磨，双方紧抓关键点、重要问题和规划细节，实地踏勘26次，碰头对接48次，深入学习考察9省30市，正式汇报过程稿多达20余稿，细节完善稿不计其数。2019年，双方共同调研新江湾城片区、徐汇滨江等上海核心活力片区，将调研成果融入新城实际，高标准、高质量完成概念规划、城市设计、控制性详细规划。

【开门规划】 江南山水新城规划过程中，得到了多位浙江省、金华市领导的密切关注和现场指导。同时，本着开门搞规划的原则，新城规划与永康市城市总体规划、永康交通专项规划、市域绿地规划衔接10余次。管委会就规划空间结构、功能布局、用地调整、道路体系、形态优化等方面，主动和自然资源与规划局、发改局、交通局、建设局、水务局、教育局、卫健局、文广旅体局等部门协调会商20余次，联合供电公司、钱江水务、移动、电信、联通、广电、铁塔公司、新奥燃气、市政等单位召开协调会5次，得到各部门单位的全程支持和通力配合。管委会还多次邀请部分退休老领导、两代表一委员及永康文人墨客召开座谈会；多次邀请自然资源局总规划师、原金华市规划局总规划师、蓝绿双城设计总监等相关专家专题审查了规划过程稿；多次通过报纸、电视及微信公众号等方式宣传新城规划的思路和理念，征询社会各界的意见和建议。

【严格程序】 江南山水新城规划严格履行法定程序。在进行多轮意见征询和修改完善后，5月31日，江南山水新城管委会向市四套班子汇报了规划成果。6月20日，江南山水新城规划设计通过专家评审。7月19日，《永康市江南山水新城控制性详细规划》通过市规划委员会审议。8月5日，《永康市江南山水新城控制性详细规划》通过市十七届政府第三十七次常务会议审批。8月7日，市委十四届六次全体会议通过《中共永康市委关于高品质建设江南山水新城的决定》。8月26日，《永康市江南山水新城控制性详细规划》通过市十七届人大常委会第二十三次会议审议批准。

■ 新区动态

【筹建市民中心】 2019年，管委会联合浙江工业大学工程设计集团有限公司进行前期策划研究，5月份完成策划研究文本，并向市四套班子领导及相关部门征求意见和建议。分批考察学习了苏州高新区文体中心、钱江新城市民中心、西湖区文体中心、富春山博物馆、衢州文化艺术中心和便民服务中心、金华义乌便民服务中心等项目的先进做法、成功经验、建设模式、运营情况。在前期研究的基础上，积极对接中国建筑上海设计研究院、浙江大学建筑设计研究院、同济大学建筑设计研究院、华东建筑设计研究总院、中信建筑设计研究总院、中南建筑设计院、上海风语建筑展示股份有限公司等国内顶尖设计团队。10月份，形成市民中心调研成果和建设初步设想方案。

【拉开路网框架】 2019年，江南山水新城管委会与各条道路设计团队进行了多轮对接，确定了道路断面、地下管线、交叉口布设、路面结构和路面附属、路基工程、绿化带设置、与水系慢性系统连接等设计导则。南四环正在开展土地清表工作；南都路完成项目建议书批复和可研文本编制，林地报批已上报省厅，农转用报批正在组卷，其中南都路与330国道交叉口南匝道项目路基工程已完成，桥梁工程完成桩基础34个，承台和立柱13个，桥台1个；完成一联五跨满堂支架基础硬化，正在进行上部结构施工。其他一期道路完成设计招标和项目建议书批复，基本确定设计方案，其中解放南路已完成科研专家评审。

【推进安置区建设】 2019年，管委会坚决贯彻市委、市政府对江南山水新城提出的安置先行原则，协助江南街道做好大塘沿等村的安置区立改套工作。每月召开安置区建设推进会，明确江南山水新城、江南街道、安置村三级职责分工和工作任务，从城市品质、安置形势、价值利益等方面进村入户进行政策宣传，统一思想，转变观念，做好与高品质新城相匹配的同时，确保群众利益最大化。协助江南街道开展大塘沿村诉讼案件应诉工作，未因诉讼案件而停滞工作，而是积极带领相关村干部赴杭州、湖州学习考察安置区建设样板，对接安置区重建项目合作意向单位研究合作方案，同时农转用指标、资金、道路配套等资源均予以优先考虑与倾斜。

【协助征地政策处理】 2019 年，江南山水新城根据市委、市政府的工作要求及项目需要，研究征地拆迁工作新机制，分步有序地开展征地工作，协助江南街道启动南四环、南都路、解放南路等第一期项目的征地工作并列出工作计划。南四环已基本完成征地工作，正在开展土地清表；南都路完成废品回收点拆除，拆迁面积约 23000 平方米。

【谋划白云工业区搬迁】 在落实市委、市政府精神的前提下，着重考虑业主的合理诉求，重点扶持注重做实业的优良企业，让实体经济发挥应有的作用。2019 年，管委会联合江南街道实地调研临溪小微园区 3 次，开展白云工业区搬迁新思路调研，拟结合小微园区政策，采用货币收购、异地安置双轨制。

【开展未来社区和第四代住宅研究】 2019 年初，袁家军省长在政府工作报告里，明确提出 2019 年浙江要启动“未来社区”建设。2019 年，管委会邀请蓝绿双城、浙江华宇建筑设计院、上海爱家集团、上海建筑设计院、中国中元集团等知名专业团队启动第四代住房和未来社区的研究。根据《浙江省未来社区建设试点工作方案》及新城实际，江南山水新城所有社区都将按照未来社区理念打造，积极构建未来九大场景，第四代住宅研究已形成第二轮成果，进展顺利。

【深化地名系统研究】 2018 年以来，为凸显新城的江南山水韵味和组团片区特色，江南山水新城管委会结合新城规划，秉持“名都其实、规范有序、雅俗共赏、突出特色、好找易记”的基本原则，全面开展地名系统研究。其间，联合市文联收集民间故事 78 个，整合编辑《三帝起南屏》书籍 1 本，联合浙师大形成地名研究系统初稿。2019 年 8 月，根据市委主要领导的指示和《江南山水新城控制性详细规划（修编草案）》“请你来协商”活动的建议，部分政协委员和群众代表积极参与到新城地名系统深入研究中来，已召开推进会 2 次，形成中期研究成果 10 个。

（江南山水新城管委会　供稿）

旅游经济

开发建设

【概　况】 2019年4月，永康市下发《关于推进永康市全域旅游创建工作的通知》，全面推进全域旅游各项创建工作，全市上下共抓旅游氛围浓厚。完成《永康市全域旅游发展规划》编制工作，已发文实施。着手编制《永康市工业旅游专项规划》。对照浙江省全域旅游示范县创建标准，制作台账资料、全域旅游宣传片，梳理汇总近3年永康市旅游发展专项资金使用情况，其中2017年3121.7万元、2018年3220万元、2019年3688.9万元；从2017年起，解决全市文旅项目及相关配套设施用地19.72万平方米。落实全域旅游产业测算，其中2018年永康旅游产业增加值占GDP比重为7.2%，旅游从业人员占全社会从业人员比重达8.5%。在客运东站建立旅游集散中心，在全市各景区、旅行社、星级饭店等处设立旅游咨询点，在入城口、高铁站、各镇(街道、区)发布全域旅游宣传广告，营造创建氛围。配合市人大做好全域旅游发展工作的视察工作，对永康市全域旅游发展提出的意见做出回复。

【全域旅游大数据中心(数字文旅体)应用服务系统项目建设】 永康市文化和广电旅游体育局(以下简称“市文广旅体局”)按照数字化转型要求，遵循全省“一张网、一朵云、一盘棋”的建设要求，结合并集成“诗画浙江全域旅游信息服务系统”，以“行业监管、产业监测、服务公众”为宗旨，按照1个文旅体数据仓与行业监管、产业监测、公共服务3个应用平台“1+3”的系统架构，整合全市A级景区、宾馆酒店、旅行社、博物馆、文化馆、图书馆等信息资源，在2019年底完成系统初步建设，可查看永康市9个国家A级景区客流量、游客来源地分析、部分景区停车场数据、OTA在线监测数据等内容。

【旅游景区、旅游风情小镇建设】 2019年，永康市与浙江银泰文旅集团成立永银旅游开发公司，计划5年内由银泰文旅集团投资15亿元，修复和建设文旅设施，将景区建设申报为“浙江诗路文化带”的重点项目，使方岩景区重放光彩。方岩景区受到浙江省文化和旅游厅警告后，市委、市政府高度重视景区整改提升工作，由两办发文专门成立方岩景区整改领导小组，方岩景区旅游开发项目建设工作专班专项推进，定期开展工作例会协调推进工作。目前，方岩景区换乘中心开工建设，全景图、导览图、主要景点介绍牌等更新到位，东门旅游厕所已开工，景区内服务设施、停车管理、厕所环境卫生、交通标志、垃圾桶统一规范、商铺明码标价等问题基本整改到位。指导水莲园周景区、大陈景区创建国家4A级旅游景区。水莲园周景区石潭山居精品民宿完成地基工程，映湖书舍内部装饰基本完成，映湖广场新设4块电子屏，基本完成电子屏布设，完成游客中心停车场划线、增设标牌、充电桩等，准备迎接国4A验收。大陈景区游客中心内部增设电子屏等配套服务设施，通往历山旅游标牌设计改稿中。打造放心景区，将盘龙谷、虎踞峡景区列为今年放心景区申报创建对象；指导大陈景区设立放心消费维权服务站，并在民宿、餐饮店内设置放心消费承诺书、消费服务台等，进一步强化放心景区放心消费氛围。雅吕景区“60间”古建筑修复基本完工，唐仁公祠修缮完成，引入农家乐，打造亲子游公园，在村口处新建桥基本完工。指导前仓镇、芝英镇推进省旅游风情小镇对标创建，前仓镇舜耕风情小镇已通过公示。前仓镇正积极打造的“舜耕小镇”，以历山、盘龙谷、虎踞峡等优质山水生态资源为基础，以中国文教用品精品街串联起厚吴、大陈、塘头、石雅、历山等美丽乡村风景线，将打造成为集生产基地、贸易市场、养生度假、旅游观光、民宿体验、文化休闲为一体的旅游经济共同体特色小镇。指导舟山、芝英成功创下省3A级景区镇。推动舟山镇列入第四批省旅游风情小镇培育名单。指导飞龙山、雅吕景区、西山景区等开展旅游规划编制工作。做好“三服务”工作，指导水莲园周景区创建国家4A景区，安胜科技股份有限公司创建省工业旅游示范基地。指导方岩景区(刘英烈士陵园)、舟山镇方山口村(红三团纪念馆)成功创建首批金华市红色旅游教育基地，园周村成功创建首批金华市中小学生研学实践教育基地。

【文旅项目建设】 将厚吴古村落保护、方岩景区提升项目、永康市博物馆群建设申报列入浙江省诗路文化带建设重点项目；厚吴古村落保护项目为诗路历史名城名镇(村)类项目，计划投资额1.5亿元，主要为对厚吴现有的古建筑进行修复、保护、开发；方岩景区提升项目为诗路山水及海洋文旅类项目，计划投资额3亿元，包含方岩学术交流中心五峰书院改造、历史文物建筑的修缮保护、景观环境的改造提升等内容；永康市博物馆群为诗路文化研究及宣传展示类项目，计划投资6.2亿元，项目建成后将包括中国五金博物馆、永康博物馆＋永康规划馆、永康非物质文化遗产展示馆、民间收藏博物馆、湖西遗址公园等为一体的博物馆群落。梳理2019年重点旅游招商项目，包含舟山镇舟二古村、雅吕千年古村落、象珠古镇、石柱镇塘里村、前仓镇厚吴古村等5个项目，并上报金华文旅局，提升项目招商影响力。联合招商局，筹划开展象珠镇、芝英镇、舟山镇的旅游项目招商活动。全市13个纳入国家旅游项目系统的项目2019年计划投资19.18亿元，完成投资23.86亿元，完成率为124.41%。

【五金文化建设】 将五金文化街区项目列入局长项目，与五金城集团共同推进，同时将该项目列为市级文旅体产业融合发展示范基地培育对象；拟定首批入驻街区的传统五金金属艺术大师11人名单；起草完成《永康市金属艺术大师认定与奖励暂行办法(征求意见稿)》；金银、铜、锡、钉秤历史文化项目完成纪录片数字转化。同时，联系五金城集团推进五金文化街区概念性规划编制。

(市文广旅体局资源与市场开发科　供稿)

营销活动

【概　况】 2019年，市文广旅体局签约完成杭州、温州加油站点宣传广告；在金都市场附近、330国道边、永康高铁南站等地投放永康旅游形象宣传广告。在金海湾大酒店楼顶发布“诗画浙江·百县千碗——永康‘十大碗’”，推进永康全域旅游发展广告。积极参加2019年中国国际旅交会、浙江(江苏)旅游交易会、金华(上海)文旅推介活动、“来金华红红火火过大年”金华文旅(上海)推介等宣传营销活动，向外界宣传推介永康旅游资源。组织文旅企业参加新春文化庙会暨金华非遗一台戏展演活动，弘扬永康市优秀传统文化，充分展示永康市非遗项目的历史价值和独特魅力。永康方岩非遗展演登上浙江卫视，九狮图亮相湖南卫视华人春晚大舞台，“精工美器——五峰堂藏锡器珍品展”被浙江卫视报道。前仓镇大陈村获评2018浙江旅游总评榜之年度人气旅游景区村。将赫灵方岩小镇、五金文化街区申报列为厅市合作共建文旅金名片，进一步展示永康市丹霞风貌和五金历史文化内涵。将方岩风景区申报列为浙江省诗路旅游目的地，推介永康市独有的胡公文化、丹霞奇观。

【组织旅游推介会】 2019年，市文广旅体局组织开展旅游推介会，全国100多家旅行社和2500多名市外游客组团来永旅游和考察，进一步提升永康市全域旅游影响力。外省组团来永游客增多，依托旅游政策，江苏无锡、福建漳州、上海市场游客增多明显，永康旅行社、兴欣旅行社、康熠旅行社、江南旅行社地接业务不断拓展，开始扭转永康市地接市场多年不振状况。安泰旅行社与盘龙谷景区、西溪影视基地签订合作协议，运行富有成效。据统计，2019年旅游总收入253.6亿元，同比增长19.98%，旅游总人次2454.02万人次，同比增长19.96%。

【组织参加各级特色旅游商品大赛】 2019年，市文广旅体局组织相关企业参加中国特色旅游商品大赛。永康市铜雕雕塑工艺有限公司制作的铜茶道系列，荣获铜奖；荣盛达锡制品有限公司制作的纯锡制“迷你”药盒，一本堂艺术品有限公司制作的铁壶套装，荣获浙江省特色旅游商品称号。组织朱子岩工匠钉秤创作室、桑子安锡雕工作室参加浙江诗路IP文创产品大赛，进一步宣传永康市五金文化和文创产品。

2019年永康市旅游景区(点)一览表

序号	景区(景点)	票价(元)	地　址
1	方岩	65	方岩风景区
2	石鼓寮影视城	65	方岩风景区
3	五峰书院	25	方岩风景区
4	灵岩	20	方岩镇灵岩寺前村
5	刘英烈士陵园	免费	方岩镇橙麓村
6	大陈景区	免费	前仓镇大陈村
7	盘龙谷生态旅游区	免费	前仓镇塘头村
8	西溪影视基地	免费	西溪镇寺口村
9	绿地生态园	免费	花街镇大屋村
10	国际会展中心	免费	永康城区五湖路
11	虎踞峡景区	40	前仓镇塘头村
12	水莲园周景区	免费	江南街道园周村
13	塘里景区	免费	石柱镇塘里村
14	舟山二村	免费	舟山镇舟山二村

续 表

序号	景区(景点)	票价(元)	地 址
15	龙川文化园	免费	龙山镇里麻车村
16	五指岩景区	20	唐先镇中山村
17	石苍岩风景区	免费	唐先镇长塘头村
18	后吴古村落	免费	前仓镇后吴村
19	西津桥	免费	永康城区龙川西路
20	南山木语风情小镇	免费	石柱镇前郎村
21	桃花源生态旅游度假小镇	免费	花街镇吴坑村
22	永康西山景区	门票50元 全票168元	永康市西溪镇西山景区

(文广旅体局资源与市场开发科 供稿)

行业管理

【概 况】 2019年,市文广旅体局开展文化旅游市场安全管理、组织和参加旅游行业培训和旅游品质提升等方面工作。安全生产工作以安全生产大检查行动、“防风险保平安迎大庆”消防安全执法检查专项行动、安全生产月活动、防汛抗台工作情况等四个方面为重点。旅游行业培训工作以急救知识和技能培训、乡村文化和旅游人才培训、全域旅游大美乡村建设培训和指导市风景旅游业协会结合对口支援开展学习考察活动为重点。同时做好旅游企业服务品质提升工作。

【文化旅游市场安全生产】 一是开展文化旅游体育行业安全生产大检查,制订方案并组织相关人员分头开展检查行动。5月10日,召开由文广旅体班子全体成员和局机关各科室和局属各单位负责人、省文保单位、网吧经营业主、旅游企业代表、电影院、歌厅代表共80人参加的年度安全生产工作会议。以列入消防隐患重点单位的5家星级饭店为主,开展旅游企业安全对标对表检查,还抽查了1家景区、1家星级饭店和4家旅行社。二是开展“防风险保平安迎大庆”消防安全执法检查专项行动。以安全生产工作为重心,5—10月,在全市文化、广电、旅游、体育领域,通过明确工作目标、建立组织机构、开展消防培训和演练、企业自查自改等方式开展“防风险保平安迎大庆”消防安全执法检查专项行动。三是开展安全生产月活动。围绕“防风险、除隐患、遏事故”的活动主题,积极组织开展急救知识和技能培训、消防培训和演练以及“安全生产万里行”等安全生产月相关活动,防患于未然,确保安全生产形势稳定。四是做好防汛抗台工作。以A级旅游景区和民宿为防汛安全重点防范对象,切实做好梅雨期间安全防范工作,通知临时关闭虎踞峡景区和盘龙谷景区,通知未关闭的A级旅游景区做好相关防范工作。通过提前发布预警信息、及时关注气象部门和上级部门发布的台风消息,做好值班值守等一系列防台抗台工作,做好防御超强台风“利奇马”的工作,确保永康市文化和旅游系统安全,将损失降到最低限度。

【旅游行业培训】 一是开展急救知识和技能培训。为提高旅游从业人员应急处置能力、掌握基本急救技能，市文广旅体局于6月11—12日举办急救知识急救技能培训，主要内容有心肺复苏、常见急症处置、四项包扎技术等，并采取了理论教学和实际操作相结合的形式。二是举办乡村文化和旅游人才培训。7月19日，在紫微花园宾馆组织全市文化站站长、旅游工作联络员和部分旅游从业人员举办文旅产业融合专题培训，省旅职院专家杨国强和叶志良来永为学员授课。三是举办全域旅游大美乡村建设培训。8月27—30日，举办全域旅游大美乡村建设培训班，各镇(街、区)分管领导、有关部门单位分管领导、部分省工业旅游示范基地和旅游企业约50人参加培训，并先后考察缙云、松阳和江山的美丽乡村建设。四是指导市风景旅游业协会结合对口支援开展学习考察活动。11月12—16日，市文广旅体局指导协会组织包括星级饭店、旅行社、旅游景区在内的30多人考察团到四川理县、成都等地开展学习考察活动，了解当地旅游资源，促进当地旅游业的发展。

【旅游企业服务品质提升】 一是通过检查，提升旅游企业服务品质。8月7日，金华市文化和广电旅游体育局组织来永开展暑期文化和旅游市场交叉检查，共检查了1家歌厅、1个网吧、1个影剧院、1家宾馆、1个景区和2家旅行社。9月3日，金华市文化和广电旅游体育局组织来永开展旅行社双随机抽样检查，对永康市江南、天顺、龙川、快乐丽州、春秋、行天下、兴欣、康熠等10家旅行社开展掌上执法检查，督促旅游企业规范合法经营。9月30日和10月2日，由分管领导带队，对明珠大酒店、四季风尚酒店、紫微大酒店和方岩风景区进行节前和节中消防安全检查。二是通过专业培训，提升旅游企业服务品质。9月16—18日，参加省文化和广电旅游厅在开化举办的2019年全省文化和旅游安全培训暨应急演练活动。9月24—25日，参加在杭州举办的全省《品质饭店评价规范》培训班。此外，11月6日，组织参加金华市旅游饭店消防应急演练培训；11月12日组织旅行社和景区参加金华市“十佳金牌讲解员”“十佳金牌导游员”培训比赛，方岩风景区选手朱叶飞、永康国际会展中心选手卢美玫获“十佳金牌讲解员”荣誉称号；11月21—22日，组织参加金华市旅游饭店服务品质提升专题培训等；12月31日，永康宾馆和明珠大酒店分别获评金桂级和银桂级品质饭店。

2019年永康市星级饭店一览表

序号	饭店名称	地址	星级	联系人	联系电话
1	永康宾馆	永康市江城路4号	四星	张　如	13758976706/676706
2	永康市明珠大酒店	永康市紫微北路8号	四星	舒肖精	13868959399/539399
3	永康振东大酒店	永康市望春东路108号	三星	胡淑君	13566758690/638489
4	永康紫微花园宾馆	永康市金都路1号	三星	李晓静	13819909166/629166
5	永康市紫微大酒店	永康市紫微南路48号	三星	舒雅珍	13858906188/616188
6	永康市四季风尚酒店	永康市紫微中路149号	二星	陈文刚	18867978690/342075
7	永康市金海湾大酒店	永康胜利街和平桥头	二星	文洪坤	15757958397/793886

2019年永康市旅行社一览表

序号	旅行社名称	经理	电话	地址
1	浙江省永康旅行社有限公司	胡建中	87139584	永康市龙川中路238号
2	永康市天马旅行社有限公司	吕慧瑶	87121122	永康市胜利街51号3楼
3	永康市春秋旅行社	胡爱琴	87179009	永康市南苑东路61—2号
4	浙江省永康市康熠旅行社有限公司	胡　伟	87178129	永康市华丰中路46号2楼
5	永康市快乐丽州旅行社有限公司	姚俊娅	87129166	永康市东城街道九铃东路3218号2楼
6	永康市江南旅行社有限公司	李华君	87137988	永康市东城街道丽州北路193号1单元401室
7	永康市安泰旅行社有限公司	朱照莉	87178200	永康市东城街道望春东路88号6楼610室
8	永康市大地旅行社有限公司	赵　钢	87126577	永康市城南路575号
9	永康市新天地旅行社有限公司	徐艳莉	87123528	永康市东城街道九铃东路3024号2楼
10	永康市天顺旅行社有限公司	李丽珍	87588268	永康市东城街道望春小区134—136号第2层
11	永康市行天下旅行社有限公司	周晓琴	87182967	永康市江南华丰西路123号3楼
12	永康市长运旅行社有限公司	胡水田	87196666	永康市金城路528号—5
13	永康市龙川旅行社有限公司	应桂枝	87218946	永康市东城街道金城路61—63号1楼
14	永康市西津旅行社有限公司	李丽赟	87180225	永康市迎春路38号
15	永康市光大旅行社有限公司	胡亚光	87232202	永康市城南路665号
16	永康市启程旅行社有限公司	程　鹏	87102200	永康市江南街道白云中路3幢5号
17	永康市美美旅行社有限公司	王成龙	87123516	永康市芝英镇后城街226号2楼
18	永康市兴欣旅行社有限公司	吴苏杏	87038178	永康市前仓镇后吴村丹桂路90号2楼
19	永康市鑫途旅行社有限公司	潘时恩	87230113	永康市江南街道溪心南区7幢5号

（市文广旅体局市场管理科、行政审批科　供稿）

乡村旅游

【概　况】 2019年初，市文广旅体局与市农办联合发文公布2019年省A级景区村创建名单，联系确定专业指导团队，对永康市34个省A级景区村庄，27个旅游厕所创建工作进行一对一的实地指导，重点推进省3A级景区村庄象珠1—4村、清渭街村、端头村创建和高等级旅游厕所新改建工作。全年共成功创建省A级景区村庄34个，其中省3A级景区村庄3个，分别为象珠1—4村、清渭街村、端头村，新改建30座旅游厕所，完工率120%，其中国家3A级旅游厕所5个，分别为水莲园周景区游客中心厕所、停车场厕所、雅吕村北厕所、红柿园村红柿子厕所、龙川文化园游客中心厕所。与省里对接，象珠镇象珠1—4村、清渭街村被成功列入2019年度“师生助力全省万村景区化建设”活动指导对象。大陈村、后吴村、石江村、塘里村、雅吕村、舟山二村申报创建金华市乡村旅游重点村。舟山古民居、塘里村被成功列入浙江省百个3A级景区村庄的新玩法编撰名单，接受《趣村游》编辑部采访。前仓镇大陈村书记陈建伟成功入选文化和旅游部乡村文化和旅游能人支持项目人员名单。

西山景区玻璃桥(市文广旅体局提供)

【厕所革命】 根据“建管结合、以管为主”原则，由各业主单位对所属区域内厕所安排人员实施日常管理，由各镇(街道、区)进行日常督查，引导和督促各相关单位切实做好旅游厕所的建设和管理。积极寻求新的管理模式，逐渐探索出从“费用承包”到“以厕养厕”，再到“商厕结合，以商养厕”模式，落实旅游厕所的保洁管理人员、经费、管理制度与质量要求，大力推广大陈“第五空间”以商养厕的管理模式，为“厕所革命”的可持续运作提供内在动力。积极组织开展厕所革命公益宣传活动，推动文明如厕进景区、进社区、进农村、进校园，在“中国旅游日”“五一”“十一”等重要时间节点，制作文明如厕、文明旅游宣传材料在游客集中场所发放播放。充分发挥厕所革命志愿者的作用，深入景区、乡村旅游点、旅游街区等游客集中场所宣传文明如厕，带动全市上下形成积极、健康、向上的厕所文化。厕所革命的推进，有效引导构建健康文明的旅游方式和生活方式。开展旅游厕所建设情况自查，2015—2018年，永康市上报并纳入国家旅游厕所管理系统的旅游厕所共113座，目前完成建设109座，拆除2座，重复录入2座；做好2018年中央下拨旅游厕所建设资金自查，推进28万元补助资金补助到各镇街区。目前各处旅游厕所处于开放状态，为广大游客和周边群众提供如厕服务，有效提升永康市旅游公共服务设施，为永康市全域旅游发展奠定基础。

【创建培育民宿】 2019年，市文广旅体局修订有关奖补政策，全市已建及在建民宿286家。定期调研西溪镇金园村民宿发展工作，指导民宿业主在现有基础上增加文化内涵，结合影视元素、乡村农耕等做好细节打磨，争取打造成为一户一特色的等级民宿。

【评选永康“十大碗”】 2019年，通过社会投票和专家评选，确定“诗画浙江·百县千碗——永康‘十大碗’”为白切鹅肥肝、永康肉麦饼、五指姜土鸡煲、烟熏永康干、酒糟舜芋、银炉永祥笋、铜罐萝卜钱、金针扣肉、农家猪三福、太平鱼头。在“诗画浙江·金华百味”评选活动中，永康市的百工乡宴获“金华特色宴”荣誉称号，全家福荣获“金碗”称号，白切鹅肥肝、干菜铜罐饭荣获“银碗”称号。

2019 年永康市特色民宿一览表

序号	特色民宿	地　　址
1	清镜山院民宿	西溪镇金园村水清安自然村 43 号
2	鸿祥客栈	西溪镇金园村
3	恬园精品民宿	西溪镇金园村
4	忘归庄民宿	西溪镇金园村水清安自然村 18 号
5	云衣居民宿	西溪镇金园村陈敢塘自然村 5 号
6	漫居民宿	西溪镇金园村 2 号
7	安馨逸居民宿	西溪镇金园村 48 号
8	小黄莺民宿	西溪镇金园村陈敢塘 21 号
9	春叶客栈	前仓镇大陈村
10	大陈铜院里客栈	前仓镇大陈村
11	大成小爱客栈	前仓镇大陈村 5 号
12	兰莲客栈	前仓镇大陈村
13	美妮客栈	前仓镇大陈村 37 号
14	栖迟客栈	前仓镇大陈村 11 号
15	永康市前仓梅菊客栈	前仓镇大陈村 38 号
16	永康市前仓隐庐客栈	前仓镇大陈村 30 号
17	永康市前仓竹桥客栈	前仓镇大陈村 186 号
18	永康市原野客栈	前仓镇大陈村 29 号
19	永康市追远客栈	前仓镇大陈村 25 号
20	泽平客栈(古桥邻居)	前仓镇大陈村 360 号
21	前仓流萤客栈	前仓镇大陈村
22	前仓巧爱客栈	永康前仓镇大陈村
23	如归客栈	前仓镇大陈村
24	闻樟小苑	前仓镇大陈村 349 号
25	遐逸客栈	前仓镇大陈村
26	永康市后栋小筑客栈	前仓镇大陈村 351 号

（市文广旅体局资源与市场开发科　供稿）

商业贸易

国内贸易

商贸流通

【概　况】 2019年，永康市社会消费品零售总额实现254.2亿元，同比增长6.6%；批发零售业商品销售总额1353亿元，同比增长10.2%；住宿餐饮业营业额59.33亿元，同比增长10.79%。批发业零售额835.64亿元，增长11.2%；零售业零售额517.34亿元，增长8.6%；住宿业零售额10.8亿元，增长9.9%；餐饮业零售额48.56亿元，增长11%。

综合经营

【概　况】 2019年，面对错综复杂的外部环境和宏观经济下行压力，永康全市上下认真贯彻落实国家和省、市的各项决策部署，坚持稳中求进的工作基调，坚持新发展理念，主动对标高质量发展要求，全力做好"六稳"工作，产业结构进一步优化，发展活力不断激发，民生福祉持续增进，经济运行呈现总体平稳、稳中有质的发展态势。

【商贸网点建设】 永康市华联商厦溪心店于2019年年底完成主体建设；解放街重建地块、永康市中央仓储物流中心、古山小城市培育试点综合开发一期项目等商贸重点工程推进顺利；永康市盘龙谷旅游发展有限公司开启盘龙谷生态旅游区项目的建设。

【商贸企业实力增强】 2019年，永康市品牌流通企业数量不断增加，永康宾馆被省商务厅等7个部门评为省重点流通企业，永康市被列为第一批省级供应链创新与应用试点城市，浙江中国科技五金城集团有限公司、浙江伟丰肉食品有限公司2家企业被评为省级试点企业，永康市农贸果蔬粮油批发市场被认定为省第二批公益性农产品市场。全年新增限上商贸企业46家。

电子商务

【概　况】 永康电商在雄厚的五金产业基础上兴起，从领域分布来看，以工业电商为主，农业电商、服务业电商为辅，呈现多点开花、全面发展的局面。2019年，永康市网络零售稳步增长，累计实现网络零售额842.5亿元，居全省第6，金华市第2；同比增长15.5%。由于受平台偏好、产品属性等因素影响，永康市传统企业或中小网商对第三方电子商务平台选择倾向前3名依次是淘宝、天猫、京东。累计在天猫、淘宝、京东上产生的网络零售总额占永康市在全网产生的网络零售总额的比例分别约为51.5%，30.5%，16.9%。在重点监测第三方电子商务平台上共有各类活跃网络零售网店3.97万家，相当于注册零售网店总数的56.8%；活跃网络零售网店总数在全省排名第2。电子商务就业创业氛围良好，直接解决就业岗位约10.9万个，间接带动就业岗位约28.6万个。

【农村电商成为全国标杆】 永康市坚持“以做工业的思维做农业，以做电商的思维做扶贫”的理念，电商振兴乡村、精准扶贫取得新成效。2019 年 5 月，作为浙江省唯一代表，永康市跻身“全国十大农村电商典型县市”，并受国务院发文表彰激励。近年来，永康淘宝村呈现集群化、爆发式发展，永康市淘宝镇从 2018 年的 9 个增至 13 个，淘宝村从 2018 年的 77 个增至 124 个，位列全国淘宝村集群榜单第 2，成为“超大型淘宝村集群”。在中国农村电子商务大会组委会组织的 2019 中国农村电商致富带头人评选活动中，浙江方圆农业科技有限公司创始人孙灵娟荣获“2019 中国农村电商致富带头人”称号。开展农村电商示范培育工作，成功申报省级电子商务示范村 33 个，居全省第 3。

【农村电商示范工作】 8 月，作为典型激励县，永康市被纳入全国电子商务进农村综合示范范围，并获得 2000 万元中央奖励专项资金扶持。为开展好国家级电子商务进农村综合示范项目，结合永康实际，形成电子商务进农村综合示范工作实施方案，交市政府常务会议审议通过并已发文上交省商务厅。为做好电子书商务进农村综合示范工作，用好中央专项资金，永康市商务局（以下简称“市商务局”）前期召集企业开展申报会，鼓动企业积极申报农村电商项目，共收到 30 余个农村电商项目。并根据申报项目上门考察对接，筛选出合适的项目，为全面铺开电子商务进农村综合示范工程做好前期准备。

【跨境电商树浙江先锋】 凭借五金产业集群优势，永康市被列入省首批产业集群跨境电商试点市。5 月，经浙江省商务厅领导实地考察，以最高等级（A 级）圆满通过考核验收。2019 年，永康市组织开展多场培训、招商和竞赛等活动，促进传统企业转型升级。一是联合阿里国际站举办数字外贸达人赛金丽衢决赛，分享优秀的跨境电商运营经验；二是联合亚马逊持续开展跨境电商大培训活动，已在龙山镇和城西新区开展，累计培训企业 200 多家；三是联合谷歌开展“数字全球、五金品牌出海之路”跨境高峰论坛，同时，为引进谷歌数字营销思维，降低企业人才培养成本，经协商，为企业争取了价值数千元的数字营销人才培训零收费公益场，开展了为期 2 天的永康市品牌出海跨境电商数字营销培训会。

【全国首个京东经济仓落户永康】 永康市在京东平台上注册的企业达 2900 多家，为更好地为电商企业服务，赋能电商企业，市商务局积极与京东集团洽谈，引进全国首个京东经济仓落户永康（注：经济仓是京东物流面向市场化客户分层需求，新孵化的中小件 B2C 经济型仓配一体产品，是以京东运营体系为核心，以物流分配资源为基础，为品牌商、渠道商、零售商提供高性价比的仓配订单履约服务）。

【法律专题培训活动】 为帮助企业应用落实《电子商务法》，市商务局召开全市电子商务法培训大会，邀请知名律师、电商法专家开展电商法专题讲座。讲座结束后，郭虎律师制作“广告违规表述负面清单”供企业学习，并在以后不定期推送，形成长效学习机制。同时邀请司法局、律师协会相关人员入群，随时为企业答疑解惑，提供司法相关案例分析，提高企业对电商相关法律的认知。

【学习借鉴优秀电商经验】 为创新电商发展模式，深入推进永康电商发展，市商务局多次邀请省内电子商务服务领军企业、知名园区发展企业及投资企业来永康调研指导，并多次到跨市、跨省考察学习优秀的电商发展经验。在实地考察的基础上，博采众长、集众之智，为永康各镇（街道、区）电商发展提供思路。

（市商务局　吕瑞橙、段小丽、李小娅、邓英超）

市场服务

【概　况】 浙江金汇五金产业集团有限公司前身为永康市市场开发服务中心，于1995年成立，原隶属永康市工商行政管理局，为企业化管理、自收自支的事业单位。2001年12月，与工商行政管理部门脱钩。脱钩后，市场开发服务中心仍以事业法人单位存在，直接隶属市政府。2010年3月，为满足发行企业债券条件需要，将永康市市场服务中心改制为公司制法人，作为资本运作平台，正式组建浙江金汇五金产业有限公司，注册资本金为5亿元。2019年，经整合重组，组建浙江金汇五金产业集团有限公司，性质为国有独资企业。集团公司下辖丽州商城、永康农贸城等大型市场和站前物业有限公司，下属市场占地面积140466平方米，建筑面积达135256平方米，市场经营面积14.6万平方米，拥有员工285名，经营户2040多户，从业人员5210名，市场年交易额约37亿元，市场年成交量26万多吨，蔬菜批发总量占永康全市总批发量95%以上。公司先后获得“中国商品交易服务系统先进单位”“省级市场开发服务中心先进单位”“省级文明单位”“四星级文明规范市场”“省文明示范农贸市场”“省级治安安全示范单位”等荣誉称号，连续13年荣获永康市纳税百强称号。

国企改革后，浙江金汇五金产业集团有限公司于2019年12月31日正式挂牌运营，并按程序注销“永康市市场开发服务中心”，事业身份人员按本人意愿进行分流。2019年，金汇集团下属各市场、子公司租金收入约9595.87万元。

【丽州商城】 丽州商城位于永康市九铃东路3011号，创建于1991年，1993年投入使用，占地面积8000平方米，建筑面积为25000平方米，市场经营面积15500平方米。2015年进行提升改造、转型升级后，市场现有摊位875个，营业房83间，共有摊位(房)958个，出租率达100%。拥有经营户1460人，为社会提供就业岗位3600多个，系全市最大的日用品零售专业市场。2019年10月，丽州商城顺利通过四星级文明规范市场延续创建验收，丽州商城菜场通过省放心农贸市场延续创建验收。

【农贸城】 永康市农贸城果蔬粮油批发市场项目(以下简称农贸城)坐落于东城街道大塘王村以北，占地面积132466平方米，总建筑面积为110256平方米；总投资5.25亿元，分3期实施。项目开工时间2009年10月，完工时间2019年4月29日。1期工程于2009年10月30日开工建设，2011年全面竣工并投入使用；市场2期工程于2014年1月26日通过竣工验收并投入使用；3期项目于2016年8月启动建设，总投资3.0898亿元，其中粮油精品市场提升建设工程投资概算2493万元；占地面积14036平方米；建筑面积31788平方米；开工时间2018年11月16日，完工时间2019年4月30日。

农贸果蔬粮油批发市场(3期)粮油批发市场工程2019年5月完成验收，并获金华市建设局绿色建筑标志项目，6号配套用房荣获2019年金华市建设工程双龙杯。粮油精品市场提升建设工程于2019年4月完成验收并进行公开招商；5月18日投入试营业。3期附属道路工程于2019年5月完成竣工，永康农贸果蔬粮油批发市场(3期)智能化停车安防及市场门楼工程安装完成，至此，农贸果蔬粮油批发市场工程建设全面完工。

市场设水果批发、蔬菜批发、粮油批发、水产批发、自产自销等5个交易区，并配备电子商务、物流配送、农产品精品展示、农产品检测中心、大型停车场、冷库等配套服务功能。经过10年的建设、培育、发展，市场已经形成，租金收入实现连届翻番，成效明显，市场集聚效应显现。

2019年，农贸城完成第5届摊(位)房经营权换届招商，共收取租金5506万多元，同比增长74%，有经营户580户，从业人员1610名。

【站前物业】 永康市站前物业管理有限公司成立于2001年6月，由永康市城市建设开发有限公司与永康市站前区投资开发中心工会共同出资设立，注册资本50万元，为独立核算的一级法人单位。主要负责管理辖区内所有商业经营性资产租赁及日常物业管理工作，办公地址设在步行街1期北区3楼。

2019年初，为完善步行街商业业态，明确市场定位，站前物业公司整体经营权提前划转至金汇集团。集团接管后，着手对步行街商业业态的布局规划、解决到期经营户续租、美食一条街建设，对步行街1期自来水管网改造项目、2期电力改造项目、弱电上改下工程、步行街修缮改造及夜景提升工程进行全面施工，已全部完工，并顺利完成步行街区、站前区资产拍租。为完善步行街商业业态，在步行街3期打造特色美食街项目，已完成初步设计论证。

【发债及融资担保】 2019年，成功发行"19浙五金"第1期、第2期债券16亿元。集团共持有"15浙五金""16浙五金""19浙五金"债券，存续余额为26.2亿元。

全年通过流动资金、质押、担保、商业承兑汇票开具等贷款方式，完成21.72亿元的资金筹集工作。先后为铁投公司提供项目保障资金5.8亿元；为市政建设投资公司、总部中心落实还贷资金4亿元；为交通集团、教育发展公司、市政建设等5家单位承建的36个国有资本保障投资项目提供资金支持1.56亿元；为交通应急建设、北部水库联网等项目拆借工程款1.8亿元；落实北部水库联网工程项目还贷资金2亿元；为农机产业园暂解还贷资金1.25亿元；为国投公司提供3亿元用于国企注资；共为市重点项目提供资金支持19.41亿元。

集团还分别为城中村开发有限公司、总部中心、农机产业园、北部水库联网工程等单位提供融资担保，担保总金额为29.6亿元。

（金汇公司　吕和平）

粮油流通

■ 粮油市场

【概　况】 永康市属粮食主销区，随着人口增速的放缓及经济由高速发展向高质量发展的转变，粮食需求略有下降。中晚籼米仍然是永康市居民口粮的主要品种。

2019年度社会粮食供需平衡调查统计显示，全市年初粮食库存8.81万吨，年末库存8.20万吨；全年粮食总产量5.69万吨，县市外购进20.30万吨，销往县市外2.69万吨，粮食消费总量23.91万吨(其中口粮消费20.67万吨)，粮食自给率为23.80%。年初食用油库存0.30万吨，年末库存0.29万吨；全年食用油总产量0.09万吨，县市外购进1.38万吨，全年食用油消费1.48万吨。

永康市粮油市场的交易主要通过集市贸易、粮油经营大户批发分销和城乡超市、副食店零售等多种方式进行，流通环节包括粮油收购(采购)、粮油加工、粮油销售、粮食转化(饲料用粮、工业用粮)等。2019年，在永康区域内经营的粮油主要骨干企业有

11 家，其中国有粮食企业 1 家，即市粮食收储有限责任公司；重点非国有粮食经营加工企业 8 家，分别为永康市金丰粮油有限公司、永康市万盛粮油食品有限公司、永康市益丰粮油有限公司、永康市金胜粮油有限公司、永康市杨溪粮油有限公司、永康市鼎盛米厂、浙江旺盛达食品商贸有限公司、永康市中祥粮油有限公司；重点非国有粮食转化企业 2 家，分别为永康市西城畜禽饲料供应站、永康市江南林友饲料经营部。

2019 年永康市粮油流通情况一览表

单位：吨

项目		2019 年粮油供给			2019 年粮油需求			
		合计	粮油产量	县市外购进	合计	粮油消费量		销往县市外
							其中口粮	
粮食	合计	259900	56900	203000	266000	239100	206700	26900
	小麦	30400	200	30200	30400	30400	30400	
	稻谷	190200	50800	139400	195800	171500	170100	24300
	玉米	24100	2200	21900	24400	21800	1800	2600
	大豆	12600	1100	11500	12700	12700	2100	
	其他	2600	2600		2700	2700	2300	
食用油	合计	14746	909	13837	14824	14824	14824	
	菜籽油	1570	290	1280	1540	1540	1540	
	花生油	2215		2215	2325	2325	2325	
	豆　油	3629		3629	3554	3554	3554	
	葵花油	280		280	290	290	290	
	调和油	4000		4000	4000	4000	4000	
	其他油	3052	619	2433	3115	3115	3115	

【粮油储备】 粮油是关系国计民生的战略物资，地方储备粮油主要用于地方政府保应急、控价格、稳市场，是区域内粮油应急保供的第一道防线，是地方政府应对突发事件和加强粮油市场调控最重要、最直接、最有力的手段。永康市粮食收储有限责任公司负责全市储备粮油及政策性粮油的承储任务，主要储备品种有早籼谷、中晚籼谷、小麦、中晚籼米及菜油。近年来，为适应居民消费需求，永康市粮食储备品种结构不断调整优化，同时应用了薄膜密闭压盖、机械通风、充氮低温气调等先进的绿色储粮技术进行保质保鲜。储备粮严格做到“一符三专四落实”，储备粮油数量真实、质量良好、管理规范，质量合格率、品质宜存率、卫生达标率均为 100%。

【粮食应急供应】 为确保在发生各种自然灾害及突发公共事件等紧急状态时，有粮可用、有粮可调，保证全市粮食市场供应和价格基本稳定，依据《粮食流通管理条例》所赋予的职责，市商务局根据应急保障工作需要，修订完善粮食应急供应预案。按照

"合理布点、全面覆盖、平时自营、急时应急"的原则,在全市16个镇(街道、区)设立粮食应急供应网点25个,日供应大米能力380吨;确定永康市杨溪粮油有限公司和永康市鼎盛米厂2家单位为粮食应急加工定点企业,应急加工能力为130吨/日;落实应急运输企业1家,应急运输车辆30辆,日应急运输能力400吨。

【粮食库存清查】 根据国家七部委《关于印发全国政策性粮食库存数量和质量大清查检查方法的通知》和浙江省粮食安全和推进农业现代化工作协调小组粮食安全办公室关于《全省政策性粮食库存数量和质量大清查自查督导工作方案》(浙粮安办〔2019〕11号)的文件精神,市商务局高度重视,遵循"有仓必到、有粮必查、有账必核、查必彻底、全程留痕"的要求,开展5次大清查业务专题培训,参训人员100余人次。以3月31日为检查时点,扎实有效开展大清查自查自纠工作。5月13日,普查组正式进驻永康市,开展2019年度政策性粮食库存数量和质量大清查普查工作。对纳入大清查范围的政策性粮食数量、质量及政策执行情况进行全面清查,共清查2家企业6个库点,粮食47360.351吨。普查组对永康市此次大清查工作给予充分肯定,并认定永康市政策性粮食库存数量真实、质量良好,政策执行到位,粮油储存安全和粮库安全生产工作水平总体良好。

【新增冻猪肉储备】 2019年,由于各种因素的叠加,猪肉价格不断上涨,猪肉供应相对紧缺。为有效应对猪肉市场供应的变化需求,根据上级工作要求和部署,永康市及时落实新增冻猪肉储备工作,经与财政等部门协商,通过在线询价方式,在9月底确定浙江海富达冷藏物流有限公司为永康市冻猪肉储备的承储企业并签订代储合同,按时保质保量完成冻猪肉储备任务,为永康市猪肉市场的调控奠定基础。

永康市冻猪肉储备(市商务局提供)

【建成粮油批发市场】 为有效改善粮食交易环境,促进全市粮油流通,永康市政府将粮油市场建设作为一项重要的民生工程来抓,于2008年底成立永康市农贸城有限公司,筹划建设永康市农贸果蔬粮油批发市场,并于2010年3月开工建设。该项目位于东城街道大塘王村花园大道1388号(330国道以北200米,新东永二线旁),规划面积为13.25万平方米,总投资5.25亿元,由浙江金汇五金产业有限公司负责建设和管理。粮油批发市场(3期)工程于2019年5月完成建设并投入使用,累计完成投资3亿元,当年实现交易总额0.8亿元。

购销活动

【概　况】 2019年,永康市积极开展以"优粮优产、优粮优购、优粮优储、优粮优加、优粮优销"为内容的粮食"五优联动"试点工作。贯彻落实《国有粮油仓储物流设施保护办法》,重视粮食仓储设施建设,完成市粮食储备中心项目的临时用电、监理招标和预算审核工作。粮食收购总量保持平稳,粮食收购企业政策执行到位。市粮食收储有限责任公司发挥国有粮食企业的主渠道作用,做到敞开收购、应收尽收符合质量要求的粮食，并积极开展以执行政策好、工作衔接好、计量作价好、结算兑现好、售粮服务好，卖粮农民满意为主要内容的“五好一满意”活动，做到“四上墙五公开”“五要五不准”，切实保护种粮农户利益和积极性。公司全年收购早籼稻、中晚籼稻共计2.75万吨，连续两年收购数量保持在2.7万吨以上。

【收购管理】 2019年，全市共落实粮食订单334户、4786.7公顷、21876余吨。订单农户数早籼稻比上年增加14户，中晚籼稻比上年增加9户，种粮农户群体进一步壮大。全年三等早籼稻收购价格为每50千克123元，区域内种粮农户按订单投售每50千克奖励30元，订单收购价格每50千克153元；三等中晚籼稻收购价格为每50千克133元，区域内种粮农户按订单投售每50千克奖励10元，订单收购价格每50千克143元(列入“五优联动”试点品种的甬优15号和嘉优中科13—1在订单收购价格基础上予以优质加价每50千克3元，即每50千克146元)。

【收购服务】 市商务局积极开展政策宣传，做到“阳光收购”，让农民售“明白粮”“舒心粮”。主要粮食收购库点均配置了水分快速测定、电子过磅、除杂机、输送机等各类机械设施设备，为农户提供免费服务。大徐粮库、中心粮库2个粮食烘干服务中心坚持零利润的经营方式，共烘粮4800多吨。烘干后的粮食直接投售，做到“一条龙”“一站式”服务，农户售粮服务满意率100%。

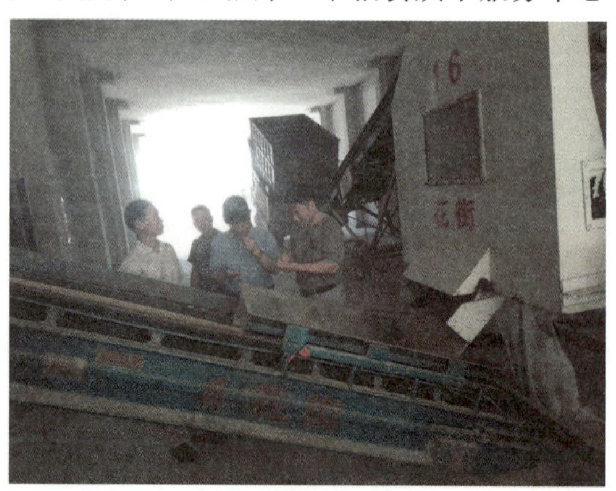

粮食收购“一站式”服务(市商务局提供)

【购销衔接】 针对永康市粮食自给率低、对外依存度高的现状，市商务局积极引导和鼓励重点经营户巩固发展省际粮油购销关系，2019年从江苏、安徽、江西、河南及东北等主产区共调购粮食20万余吨(折合原粮)，有效满足了永康市粮食市场的供给。与此同时，按照“优势互补、平等合作、互相配合、互惠互利”的原则，进一步深化省外粮源基地建设，与2个粮食主产区共签订3333.3公顷的粮源基地协议。2019年，市粮食收储有限责任公司通过网上拍卖、委托加工等方式共分批轮换销售县级储备粮18322吨，其中早籼谷5770吨、中晚籼谷11550吨、中晚籼米1002吨，按时完成储备粮轮换补库任务。

粮市管理

【概　况】 2019年，永康市出台《永康市推进粮食产业经济发展的实施方案》，完善粮食宏观调控体系。市商务局按照《粮食流通管理条例》和相关法律、法规、规章的规定，运用全国粮食流通监管热线、“双随机一公开”等平台，依法加强粮食流通市场管理，全年永康粮油市场货源供应充足、价格基本稳定、质量良好安全。

【粮食流通督查】 依据“双随机一公开”要求，通过定期和不定期、单独和联合、专项和综合、日常和重点相结合的检查方式，深入组织开展粮食流通市场监督检查活动和多层次全方位的粮油消费知识、法律法规等宣传。加强对粮食收购资格的审查，全年核查粮食收购企业4家，分别为永康市粮食收储有限责任公司、永康市杨溪粮油有限公司、永康市鼎盛米厂、浙江旺盛达食品商贸有限公司。重点做好粮食收购、储备粮管理、军粮供应和应急成品粮库存等工作的检查，并在重大节假日期间联合市场监管、卫生等部门开展粮食市场专项督查，全年监督抽查粮油及其制品93批次，全市合格率98.92%。依法依规开展粮食经营必要库存量核查和全社会粮油供需平衡调查统计等工作，2019年，全市粮油统计报表单位共11家，其中仓储统计报表单位1家，粮食经营(加工)报表单位7家，粮油加工转化报表单位3家。组织开展当年收获粮食质量调查和品质测报工作。设立粮油价格监测点3个，分别为永康市金丰粮油有限公司、永康市益丰粮油有限公司和永康市鼎盛米厂，测报品种为早籼谷(中等)、晚籼谷(中等)、晚籼米(普通)、晚粳米(普通)、特一面粉、特二面粉和转基因豆油(一级)共计7个。

【创建“放心粮油示范县”】 自2017年底公布成为“放心粮油示范县”试点县以来，市商务局按照上级要求和《永康市创建省级“放心粮油示范县”工作方案》(永政办发〔2017〕137号)，联合市场监管、财政等部门积极开展“放心粮油示范县”试点工作。26家示范单位积极配合创建工作，以“六统一”为基准，共装饰门店标志300多平方米，装修店容仓房3000多平方米，购置增添防潮木垫板1000多平方米，并制定了《永康市放心粮油示范店经营服务规范》《永康市放心粮油示范店卫生管理制度》《永康市放心粮油示范店服务承诺》等制度。

(市商务局　金志伟)

供销合作

供销业务

【概　况】 2019年，永康市供销社共实现商品销售总额12.3亿元，实现利润总额452万元，比上年同期404万元增长11.9%。2019年，全资、控股企业净资产收益率24.4%，上缴税收696万元；资产总额6.5亿元；所有者权益4982万元(其中社员股金71万元)。其中，社属骨干重点企业华联商厦商品销售总额1.88亿元，利润总额367万元，上缴税收455万元；华联配货公司商品销售总额1899万元；物华回收公司商品销售总额2505万元。

【为农组织建设】 2019年12月，召开永康市供销合作社联合社第六次代表大会。会议审议通过《永康市供销合作社联合社代表大会工作报告》及《永康市供销合作社联合社章程》，根据《章程》选举产生第六届理事会、监事会领导机构。成立特色产业农合联，组建了蚕桑、方山柿、葡萄等6家产业农合联，新增华联商厦省级城乡商贸服务中心1家。

【农产品购销服务】 发挥供销社在农民专业合作社、农产品经纪人协会中的引领作用。积极组织开展“四社”创建申报工作，重点推荐唐八仙五指岩生姜、伟丰两头乌等优质特色农产品作为京东“中国特产·浙江馆”首批上线产品，永康市三泉水果专业合作社获评“2018年度全国农民专业合作社示范社”。组织农经人协会会员前往浦江县靓松家庭农场、枸杞番茄生态园、众惠农业科技开发有限公司、俊翔生态农业示范基地，学习现代化葡萄种植栽培生产、蔬果高技术嫁接、5G智能水肥控制系统等现代化农业栽培技术，掌握绿色标准化及产业化经营技能本领，走农业产业化发展之路，还带队赴湖州德清首届全国“美丽田园”、金华(华东)农产品展示展销馆等，拓宽农产品销售渠道。全年共组织销售本市农产品3.3亿元，助力销售对口地区农产品200多万元。

【“三位一体”信用服务】 积极推进信用服

务功能建设，多渠道缓解农民“融资难、贷款难”问题。联合永康农商银行的“农合贷”、浙江省农业信贷担保有限公司的“浙里担”、社有企业永康市康合农业开发有限公司等平台，开展信用评定数546家，信用评定率100%，授信数521家。其中100万元以下免担保授信的合作社会员115家，100万元以下免担保授信的合作社会员2019年贷款余额2146万元。

【农资供应服务】 永康市做好农资淡季储备，确保全市农资供应。2019年，共有农资经营连锁店62家；储备化肥4300吨（其中复合肥3000吨、尿素500吨、磷肥500吨、钾肥100吨、碳胺200吨），农药360吨（其中杀虫剂120吨、除草剂190吨、杀菌剂50吨），农地膜100吨。

【农村环境服务体系建设】 农村生活垃圾分类回收集中处置体系建设试点工作成效显著，建立了“分类投放、分类收集、分拣清运、回收利用、分类处置”的工作流程，和集再生资源回收、餐厨垃圾处理及资源化利用、不可回收垃圾就地减量化处理、有害垃圾处置于一体的生活垃圾协同处置体系；实现了低价值物和有害垃圾兜底回收，餐厨垃圾减量80%以上，其他垃圾降解达95%以上，真正实现垃圾全链条处置减量化、资源化、无害化。已有的21个农村生活垃圾协同处置绿色发展基地均已正常运维，另有5个新增试点已获批筹建中。2019年，共回收处置垃圾15326.3吨，其中厨余垃圾11065吨、其他垃圾1879吨、有毒有害垃圾0.302吨、低价值物2382吨。农村垃圾分类工作登上央视《新闻调查》栏目，并通过新华社浙江分社进行全球融媒体直播，获得全球各地网友点赞。

服务向一般工业固废回收领域拓展。针对当前工业固废处置成本高，企业自行处置无序、混乱的情况，市供销社与永康市海呈再生资源有限公司合作，共同出资组建永康市供联海呈环境服务有限公司，通过“互联网＋集中处置”的“五步法”模式，在全市范围内开展一般工业固废回收处置工作，切实推进工业固废处置“源头减量化、收运规范化、处置无害化”。全年回收处置一般工业固废5262吨。

全面推进农药废弃包装物回收和资源化利用服务。2019年，累计回收农药废弃包装物28吨，回收率达95%以上，无害化处置率达100%。

【深化东西扶贫协作】 2019年，永康市与四川理县签订两地合作框架协议，深入推进产销合作消费扶贫。搭建超市＋“理县馆”线下销售模式，在社有企业华联商厦溪心店选取40余平方米的黄金铺位打造“理县馆”，展销来自理县和阿坝州的生态水果、菌菇、蜂蜜等30余种农特产品，作为工会职工福利采购定点单位。拓展电商＋扶贫线上销售模式，引导金华舨隐农业开发有限公司与当地种植户、青创会建立产销合作关系，依托当地果园建立舨隐农业四川基地，有效嫁接樊登读书会、舨隐农业等线上平台搭建线上特色扶贫馆，2019年实现销售额233万元。

【开创社有企业新局面】 社有企业华联商厦积极探索，寻求突破。2019年初，华联商厦在溪心区块打造了永康首家集精品超市、亲子游乐、餐饮主题、教育培训、社交游憩等多种复合功能于一体的大型综合商场，全年实现销售额4857万元；华联总店及丽州店进行大规模布局调整。总店将原二楼鞋区移至三楼四楼，二楼引进潮牌服装并准备增设轻餐饮区，同时将二楼超市移至一楼，打造成精品超市，此次调整是开业20多年来首次大规模调整；华联丽州店则以打造“社区超市”为目标，通过增设冷藏链设备、果蔬产品，丰富商品种类，使其更加贴近居民生活所需，果蔬产品销售较原来增长100%。同时，华联微商城还推出“同城配送”服务，方便百姓购物。

华联配货有限公司积极开拓业务，做好“味事达”、自有品牌“宝莱旺”的销售和公办学校食用油配送，并延伸拓展其他配送业务。对业务人员和门店进行责任考核，通过开源节流的方式，从管理中求效益。2019年，实现销售额1899万元，增长率7.3%。

供销网点

【概　况】 截至2019年底，市供销社系统有供销企业11家，供销网点8个，城乡废旧物资回收站（点）70个。主要企业有：

华联商厦　成立于1996年11月，属市供销社全资控股企业。2019年，华联商厦有在职员工（含厂方促销员）600余名。华联商厦连续获得全国巾帼文明岗、省消费者信得过单位（2003—2009届）、省AAA级守合同重信用单位、省百城万店无假货示范单位、省商业服务业优秀企业、金华市优秀诚信企业、金华市优秀企业金星奖、金华市商贸流通优秀企业、金华市维护消费者权益先进集体、永康市首家“金华市首批商品准入制度示范单位”等百余项荣誉称号。

为尔进出口公司　2001年7月，经国家对外经济贸易合作部批准成立。由浙江省永康供销集团（公司）变更为永康市供销总社社有独资企业，是一家具有独立法人资格的市级外贸公司。2015年3月停止进出口业务，主要以供销大厦物业管理为主。

华联配货连锁有限公司　成立于2006年，由市供销社与华联商厦共同投资成立，注册资金306万元。公司获得商务部“万村千乡市场工程”试点单位、浙江省城乡连锁超市龙头企业、金华市诚信经营企业、永康市第三产业优秀单位和食品安全先进企业等荣誉称号。

供联总公司　于1995年12月8日成立，为市供销社直属单位，实行独立核算，自负盈亏。2019年，公司主要负责原基层社改制后剩余资产代保管，属管理型的非经营性企业。

供联海星环境服务公司　成立于2019年10月，由市供销总社与海星再生资源有限公司联合创办，是一家集专业性、服务性和公益性为一体的科技型环保企业。公司在全国首创一般工业固废处置“五步法”模式。

兴合农资有限公司　2002年成立，主要担负全市30多万亩土地的化肥、农药、农地膜等农业生产资料的组织供应任务。

康合农业开发公司　2013年由市供销社筹资100万元注册成立。主要打造服务“三农”主平台，参股农民专业合作社及农业项目开发，向农产品经纪人协会会员发放扶农贷款。

物华回收有限公司　成立于2000年，是市供销社所属的再生资源回收加工企业，主要从事再生资源、废旧金属回收、加工及配送；报废汽车、旧家电回收拆解和市场经营管理服务等业务。该公司是中国再生资源协会副会长单位，国家商务部再生资源回收体系26个试点城市永康试点承办单位，浙江省循环经济试点基地承办单位，浙江省工商AAA级重合同守信用企业，金华市文明单位，永康市纳税百强企业。

土特产公司　1998年转制后成立有限责任公司，股东23人。主要产品有蚕茧、蚕丝绸制品、茶叶等。公司位于市经济开发区科源路165号，注册商标有“丽州”“永强”。丽州牌蚕丝被获2013年浙江省农博会永康参展农产品唯一金奖，丽州牌丝绸制品是金华名牌。

环城供销有限责任公司　原称环城供

销社，建社于建国初期。1998年环城供销社进行改制重组，1999年改组为股份合作制企业。环城供销社自改制以来，一直沿用原企业名称，2007年经永康市工商行政管理局批准，将名称变更为永康市环城供销有限责任公司。2007年11月13日，召开股东大会进行换届选举，产生新一届董事会。公司原有经营网点4家：南苑路15—17号环城供销楼下；胜利街56号购物中心；第二购物中心位于丽州商城，于2013年10月承租期满；第三购物中心位于丽州中路22号，也于2010年底整体转让。到2016年底，公司不再经营，南苑路15—17号资产由公司对外出租。

富民商贸有限公司　2000年由原芝英供销社改制重组后成立，为股份制企业。

群合副食品有限公司　成立于1955年10月，原为县土产副食品采购供应站。1998年转为股份合作制企业，现址设于南苑路1号2楼。

环城供销有限责任公司、富民商贸有限公司以及群合副食品有限公司，都是以出租房产、管理房产为主的非经营性企业。

【供销网点遍布城乡】 华联商厦网点　华联商厦有总店、丽州店、溪心店3家经营网点，共有经营面积2.8万平方米。自2003年以来连续11年被列入永康市纳税百强企业，且先后获得了全国级巾帼文明岗、省消费者信得过单位、省百城万店无假货示范单位、省AAA级守合同重信用单位等百余项荣誉称号。

华联配货有限公司网点　截至2019年底，公司有直营超市5家，加盟便利店460家，并与200余家便利店、220余家商超、8家机关食堂、19家邮政营业点建立了食品配送业务关系。有营业面积2000多平方米，配货中心仓库1200平方米，从业人员35人，配送车辆4辆，新建农村连锁便利店15家。

农资供应网点　截至2019年底，兴合农资公司在城乡有供应网点62家。

【物资回收分拣中心】 永丰废钢铁分拣中心位于西城街道，占地面积5.02万平方米，有综合性仓储交易房17个，仓储面积1.1万平方米，经营户17户，从业人员1500多人，主要服务于永康地区废钢铁、废不锈钢的回收、拆解、分拣。

【废旧金属经营与废旧物资收购】 永康废旧金属材料市场创建于2002年，总投资7500多万元，主要经营废有色金属材料，是浙江省百强市场、浙江省区域性重点市场。2019年，交易市场占地8.45万平方米，有仓储房538间，仓储面积3.15万平方米，挑选加工场地5000平方米，现代化办公大楼9990平方米；有经营户300多户，从业人员3000余人，相关配套流动收购从业人员6000多人，是集仓储、现货交易和期货交易为一体的废旧物资综合性交易市场。2019年交易废有色金属25万余吨，交易额51亿多元，已成为永康及周边地区原材料供应基地、华东废旧金属材料集散中心。

至2019年底，全市已建立了城乡一体化的70个废旧物资收购站（点），这些站（点）作为永康市物华回收有限公司的子公司，实行公司规范化经营管理。

■ 合作经济

【概　况】 截至2019年底，市供销社共有参办领办专业合作社39家。2019年，春茧收购价格为每千克45元，夏茧每千克42元，中秋茧每千克50元，晚秋茧收购价格为每千克55元。较上年同期相比每千克春茧下降8元，夏茧下降8元，中秋茧基本持平，晚秋茧上涨4元。

联农蚕桑专业合作社线上线下相结合推广彩色蚕套装，通过学校推广、微店、网店销售等方式，累计销售6000份，对于品牌推广起到促进作用。加强彩色茧项目在碧湍里蚕桑基地的实施，浙江省蚕桑产业技术团队项目第1期项目已经完成，第2期正在实施中，第3期报批完成。2019年，市供销社作为“天然彩色茧生产技术规程”标准的起草单位，成功申报了“金华市地方标准”。

【农产品经纪人协会】 2019年，农产品经纪人协会顺利完成换届，选举产生第三届农产品经纪人协会理事会理事15人，产生了3位“80后”青年农民企业家理事，他们凭借“抖音＋农产品”“互联网＋农业”等出色的现代化营销管理水平高票当选。此次选举促进了协会班子向年轻化、知识化转变。协会会员增至92人，销售各类农产品3.3亿元，组织培训会员100多人次。协会先后组织了10名理事赴四川理县开展东西部扶贫协作产业对接，召开了新型职业农民技能提升精品班，赴浦江考察农业产业化发展、智慧农业新技术等先进经验，组织部分理事会员产品入驻华东(金华)农产品批发市场。

协会会员积极促进电子商务发展，借助淘宝网、“特色中国馆”、聚划算、微店等形式进行农产品推广和交易。永康舜芋搭载“雪龙2号”极地科考破冰船三度出征，承担了为科考人员提供补充营养的光荣任务。福正食品、方左家庭农场等会员单位依托宁波食博会、省农博会、上海农展会、湖州“美丽田园”展会等展示展销渠道，大力推介永康农特产品，农产品深受外地客商青睐。

■ 资产管理

【概　况】 2019年，市供销社加强社有企业的运营监管，及时全面了解企业经营成效和财务状况，完善社有企业华联商厦招商工作监督办法，制定新的华联商厦工作考核方案，对社有企业人事任命、项目建设、物资采购、资产出租进行严格把关，参照国有企业管理制度高标准规范管理。督促下属企业制定资产租赁办法，资产出租尽可能公开招投标，进行协议出租的也尽可能接近市场价格，租赁收入稳步增加。社有资金严格按照规定，实行竞争性存放。认真清理所有债权债务，采取有效措施积极追讨，2019年全部收回物华公司1900万元借款、农资公司150万元借款。

2019年底，原基层供销社尚有7处剩余资产，总面积1.8万平方米，由供联总公司负责对这几处资产进行统一管理。2019年，趁着小城镇综合整治契机，积极与石柱镇、舟山镇沟通衔接，对位于两镇上的老旧剩余资产进行修缮，不仅美化了外表，也增加了安全系数，同时还积极谋求通过资产置换或改造形式来盘活社有资产，确保社有资产保值增值。

【财产和经营场所安全管理】 2019年初，市供销社制订年度安全生产工作计划，严格编制《防汛防台抗旱物资供应应急预案》《安全生产经营事故及突发性事件应急处置预案》。严格落实“每月一排查”制度，重点加强商场等人员密集型场所、出租场所、在建工程工地和单位大楼等重点领域的检查，重点突出“春节”“五一”“端午”“国庆”等重要时间节点的检查。每季由市领导带队对社有资产进行全面安全排查。2019年以来，安排全系统安全生产检查和巡查共12次，排查安全隐患12起，责令整改12起。供销大楼配备了专业的微型消防站，9楼、10楼增添区域式控制器，并对1992年留下的消防栓泵进行全面的更新升级，进一步提升了大楼的消防硬件水平。

积极开展安全生产知识宣传，营造良好的宣传氛围。2019年以来，通过发放各种安全生产宣传资料，张贴安全生产横幅标语、电子屏、宣传窗,不定期开办消防知识讲座和消防演习等形式,培训职工 300 余人次。

(市供销社　杨佩佩)

烟草专卖

【概　况】 2019 年,永康市烟草专卖局(分公司)(以下简称“市烟草局”)聚焦全省系统“131”战略深化落地任务,聚力“三场硬仗”攻坚任务,迈实高质量发展步伐。全年累计完成卷烟销量 3.76 万箱,完成销售额 16.16 亿元,实现利税 4.7 亿元。全年查获各类涉烟案件 426 起,涉案卷烟 43349.4 条,执行行政处罚 396 起,移送其他部门 59 起,上缴罚没款 490636.95 万元,列为一级国标网络案 1 起、二级国标网络案 2 起。

烟草业务

【烟草终端建设】 2019 年,市烟草局推进“新平台上建新终端”工作目标,促进终端功能化建设,提升零售经营能力。一是掌控终端资源,提升选点精准度。由数据团队成员牵头,8 月完成全部现代终端客户的信息收集,10 月完成终端资源调查报告。二是规划终端层级,提升布局合理度。以普通终端为基础,加速推进现代终端建设,开展“香溢零售合作店”现场招募会,挑选出一批优质客户开展合作店建设,以期打响永康“香溢零售”品牌。三是推广平台经营,提升客户盈利度。运用“香溢坊”“香溢购”“香溢通”平台实现零售店全店铺管理模式,提升零售终端的数据驱动意识和门店管理能力,同时利用“香溢家”平台帮助客户实现对新老顾客的会员制管理。全年建成香溢合作店 25 户,现代终端覆盖率达 21.76%。

【烟草品牌培育】 2019 年,市烟草局以“培育重点规格,发展全国品牌”为指导方针,结合数据驱动、标签供货、品牌检测等多项调控手段,形成较为高效的品牌培育体系。一是数据指导,加强品牌选点精确度。利用终端信息库、批发销量数据、终端经营数据等维度的评价指标,形成多个品牌的客户经营能力评价表,开展重点品牌的精确选点、标签供货。二是实时监测,满足消费市场需求度。实时监测重点规格市场价格变化、存销比变化、库存变化情况,通过宏观调控实现一类烟稳价稳量,二类烟提升份额,三类烟保障供应。三是多措并举,提升培育方式丰富度。以品牌日活动为切入点,结合终端改造工作,实现“宣传海报上墙、特色陈列上柜、推荐标签上包”。重点品牌卷烟实现销量 35280.25 箱,同比增长 2.4%。

【烟草平台推广】 2019 年,市烟草局以“一钉四香”的全面铺开,为打好“互联网+营销”硬仗提供更完善的平台支撑。一是发挥先行者优势,注重标杆模范。“四香”建设始终坚持从“点上突破”到“面上开花”,充分发挥重点示范客户在平台推进过程中的引领作用。二是发挥竞赛制导向,注重目标引领。“香溢坊”自律互助小组实行进度挂图通报,“香溢家”消费者会员开展特色“吸粉竞赛”,“香溢购”非烟商城推进“订单数排位赛”,多赛并举助力新平台推广。三是发挥新平台作用,注重数据指导。多方位采集经营数据和终端数据,通过编写《经营指导书》对客户进行有针对性的指导。

专卖活动

【烟草专卖行政许可】 2019 年,市烟草局持续推进“最多跑一次”改革,推广网上申请和移动端 App 办理,全年网上申办率实现 100%。助力“无证明城市”创建,针对年初辖区行政村规模优化整合的情况，主动衔接民政部门，调取数据与现场取证相结合，“让数据多跑路，让群众少跑腿”。主动清理中小学校周边许可证，积极联系教育主管部门核实在册中小学校名录，解决中小学校周边许可证历史遗留问题，实际清退29户，清退率61.7%。全年共受理许可事项2439次，其中准予新办785户、延续1070户，年末有持证户5106户。

【专卖市场监管】 2019年，市烟草局抓实违法违规卖烟大户监管，实施清单管理，动真格、出实招，严打“二次批发、左右市场、扰乱价格”违法行为，实施停业整顿10户，取消经营资格3户(含“三籍”重点户)，劝退歇业2户。扎实开展常规监管和专项行动，在“双随机”监管基础上突出关键节点监管，开展“蓝天”行动、“元旦”“春节”“五一”“端午”“中秋”“国庆”监管、“百日会战”等多个专项行动，确保常态监管与高压监管“双管齐下”。积极开展专卖法律法规宣传，除在“3·15”消费者权益日、“5·15”打击和防范经济犯罪宣传日等关键节点在城区、主要集镇设摊普法外，还定期组织送法下乡入社区。

监察稽查

【烟草打假打私】 2019年，市烟草局以“大数据、大联动、大治理”为方针探索“互联网+专卖”新模式下打假打私新路径。打击新型加热不燃烧卷烟网络案成效显著，2019年“2·27”案快侦快办，已有4人判刑，查获烟弹实物319.3条，涉案金额400余万元，被列为省公安厅督办案件、一级国标网络案件；“3·28”案抓获首名嫌疑人；新立1起“9·19”案。

【烟草规范经营】 2019年，市烟草局发挥内管平台的数据预警优势、“三员协同”平台协作优势、“查投结合”机制市场响应优势，规范业务经营行为，防范真烟外流。每月召开专销联席会，及时通报数据、协调政策、讨论措施；“三员协同”在“钉钉”App发起协同、核实确认、反馈落实，实现寓监管于协同。动态监测防范真烟外流，实时监测敏感品规市场表现，监控批量收购，数据驱动实施精准堵截。推进查投结合机制运行，以“一案双查”落实违法违规客户管理，推进“查多多投、查少少投、流多少投、差大少投”的查投结合机制运行。全年无行业通报或督办的违法违规经营问题。

(市烟草局　程佳、胡盈盈、金卓骏)

中国科技五金城

市场建设

【概　况】 2019年，中国科技五金城集团(以下简称“五金城集团”)实体市场成交额500.1亿元(不包括博览会)，比上年增长4.1%；网上市场交易额356亿元，比上年增长5.3%。集团实现租金和展会等实际经营性收入2.63亿元；实现净利润5900万元，比上年增长32.8%；上缴税金4916万元，比上年增长60.3%，连续13年跻身全市纳税百强，居第17位，较上年进位12位。获评中国商品市场综合百强，入选浙江省第一批省级供应链创新与应用试点企业。100家省级服务业集聚示范区综合评价排名从全省第43位升至第38位。

【市场交易商务】 2019年，五金城集团完成内设机构调整和中层岗位竞聘工作，内设机构总数、中层岗位职数分别减少3%和1.6%。紧抓省国资委国有控股混合所有制企业员工持股试点的机遇，强力推动集团混改工作，并取得实质性突破。制定出台混合所有制改革方案和员工持股方案，完成会展中心等重大资产剥离整合和审计评估，完成涉改人员分流，多渠道开展遴选工作，确定意向战略投资方。集团混改增资项目获市政府批准，2018 年 11 月 20 日成功在金华产权交易所挂牌。

实施“走出去”战略，以辐射服务国内大市场为切入点，直营、区域代理、经销等多模式同步推进，“五金优选”全国布局不断加快。永康五金东北直销中心在吉林四平开业并成功运营。“五金优选”在浙江省内高速服务区开设专柜，产品入驻“中石化”全国集采中心平台，金华体验店成功开业，参展中国（泸州）西南博览会等展会。融合文创内涵，嫁接“五金文化”等元素，提升产品附加值。开展私人定制业务，满足客户个性化需求。建设永康五金跨境电商创业园，引入平安银行。“五金优选”已累计设立直销中心和各类网点 26 家，业务辐射全国 10 多个省（市）。

永康五金东北直销中心开业（五金城集团提供）

持续优化营商环境，深入开展“三服务”活动，切实帮助广大商户纾困解难。联手农行推出低息借贷服务，联合税务部门开讲“税务课堂”，联合市场监管部门举办“知识产权与法律维权”讲座及咨询服务活动，五金城市场创建“放心消费示范一条街”，组织经营大户考察东北市场，助力市场商户提升能力、扩大市场。评选出“公司化、网络化、品牌化、外向化”经营大户 52 家，“诚信经营户”384 家，五金指数采集先进单位 15 家。深入推进安全整治，做好消防安全管理、常规安全检查，持续打造“平安市场”。突出抓好市场秩序和环境卫生整治，优化配套设施，提升绿化养护，创造整洁有序的市场秩序。

【拓展内涵外延】 2019 年，五金城集团深入学习贯彻习近平新时代中国特色社会主义思想，扎实开展“不忘初心、牢记使命”主题教育，坚持把学习教育、调查研究、检视问题、整改落实贯穿始终。会展中心开设“不忘初心、牢记使命”主题教育馆，共接待来自各机关、企事业单位、学校等单位团体 50 多批 1000 多人次。高度重视抓好市委巡察反馈问题的整改，以问题整改清单方式，一对一地向分管领导、责任部门、责任人进行交底，强化跟踪落实，全力落实 6 个方面 20 项反馈问题的整改任务。深入推进党风廉政建设，以政商亲清、治理清晰、管理清廉、纳税清爽、诚信经营等“四清一诚”推进“清廉国企”建设。创新报、微、网融合宣传阵地建设，《五金城》报获评“中国企业报百强”。注重团建工作，团委获评“金华市级先进团组织”称号。办好员工食堂，组织员工参赛永康马拉松，增强员工凝聚力。履行社会责任，帮扶四川理县联系县、永康市经济薄弱村、结对户，开展“慈善一日捐”，累计投入善款 16 万余元。

党员商户参观主题教育展示馆（五金城集团提供）

■ 展会举办

【概　况】 2019年，五金城集团举办中国五金博览会、中国（永康）国际门业博览会、首届中国（永康）安全与应急产品博览会、农展会等重点展会。全年共办展会38场（次），吸引国内外参展商6113家，总展出面积48.7万平方米，总交易额206.4亿元，展会经营总收入9400万元。

【第24届中国五金博览会】 2019年9月26—28日，第24届中国五金博览会在永康国际会展中心成功举办，共吸引参展企业1688家，同比增长8.8%，展出总面积达8.5万平方米；发生交易额158.8亿元，同比增长2.1%；参展参会6.8万人。高新技术成果项目展展出科技项目190项，1067人参加洽谈科技项目（技术）163项，现场达成合作意向57项；第7届中国五金工业设计展1501家企业（单位）7094人参加对接工业设计项目1047项，现场达成合作意向197项；网上五金博览会访问量147.76万人次，同比增长3.3%；第6届中国（永康）网货节访问量134.98万人次。

第24届中国五金博览会开幕式（五金城集团提供）

该次博览会较以往有明显的创新和突破。坚持国际化导向，实现高质量发展。国家商务部支持，中国国际贸易促进委员会、中国商业联合会、中国轻工业联合会、中国科技金融促进会、中国发明协会、中国五金制品协会6家国家级协会继续作为该届博览会主办单位，中国国际贸易促进委员会浙江省委员会、浙江省永康市人民政府为承办单位。在开幕式上，浙江省市场监管局副巡视员张志益发布省首批10项“浙江制造”外文标准，永康质量标准建设当之无愧成为“品字标”国际化进程的先锋军。

坚持市场化发展，展位需求稳定增长。该届博览会共吸引了2011家企业申报参展，最终审定参展企业共1688家。其中272家企业申报特装展位，面积18584平方米；1416家企业申报2147个标准展位。外地（永武缙地区外）参展企业占比达58.1%，比上年增加6.1%，主要来自上海、江苏、福建、湖北、河北、浙江等20多个省（市）以及瑞典、意大利、韩国等国。另外，神雕集团、掌声工坊、荣盛达、朱子岩钉秤工作室等20家永康市工艺美术协会成员也以团体名义共同参展，以永康金属雕的区域品牌集体亮相博览会。

坚持专业化运营，首设机械联合展区。2019年博览会首次开设机械装备联合展区，由宁波海德国际会展有限公司组织130多家企业集聚博览会，联合展区整体数量达到300多个，展出面积6000多平方米，同比增长约50%。人诚机械、汉德锯业、德孚机械等本土知名机械装备企业的自动化、智能化机械手、机器人，功能涉及搬运、焊接、车削、激光切割等方面，可以单独运作，可组成工作站，可集成为生产线或高端自动化设备，为产业链上游企业创造了合作机会。

坚持平台化思维，激活营销创新模式。博览会开幕当天，一场以“数字全球·五金品牌出海之路”为主题的跨境高峰论坛在永康国际会展中心同步举行。论坛由永康市政府主办，市商务局、市经信局、五金城集团、市电子商务公共服务中心、浙江领聚数字技术有限公司共同承办，引入全球第一营销平台谷歌官方资源，促进全市五金企业利用互联网平台及智能化营销等新技术进行品牌化与数字化转型，打造数字经济时代出海竞争力，全面推动永康数字品牌化中心功能建设。同期举行永康数字人才万人计划启动仪式。博览会期间还举办了以“设计赋能、绿色发展”为主题的第7届中国五金工业设计展，从创新链技术研发到创意链科研院所，从制造链骨干企业到创投链孵化与人才平台，覆盖设计全产业链的龙头骨干企业。展会期间，市科技局邀请到了上海科学院、上海交大技术转移中心、武汉理工大学、沈阳工业设计产业技术研究院、天津大学内燃机研究所等国内知名高校院所的领导和专家来展会洽谈科技合作。9月27日，为献礼中华人民共和国成立70周年，浙江卫视大型融媒体新闻“一起翱翔”栏目组来到博览会现场，在中国蓝新闻App、中国蓝新闻微信公众号，以及全省近百家广电集团客户端等同步直播博览会商交盛况。

坚持品牌化引领，汇集尖端制造产品。博览会展出总面积8.5万平方米，共设置13个展馆，分设机电产品类、电动工具类、工具五金类、机械设备类、日用五金类、五金电器类、车类、健身休闲类、其他五金类展馆、中国五金工业设计展及高新技术成果展展区等。五金城集团“五金优选”自营电商平台，携旗下“古森”“睦尚”“尚五金”等一系列品牌入驻永康名品精品展示厅，并对天猫旗舰店进行招商。除了中高端五金产品的批发、零售，“五金优选”平台上还可提供私人定制产品服务，上新激光切割、3D打印等新工艺，并探索将“永康工匠”引入平台。

坚持服务化体系，精细管理保障安全。展会前期，市领导带队围绕运力保障、日常安全管理、安全防范措施等内容进行重点检查。市交通运输管理部门和相关单位把驾驶员安检、车辆安检、旅客安检、实时监控等措施落实到位，严格执行安全检查制度，全力强化应急保障能力。重点对馆内音响设施、流动摊贩进行清理，与入馆参展企业签订承诺书，并通过网站流动飘窗温馨提醒、布展前期大排查等方式，将不符合参展范围的展品、音响设施清理出馆。在市市场监管、综合行政执法、公安等职能部门协助下，展馆内举牌游行、展位音响使用等现象得到有效控制，展馆内外秩序得到优化。会展中心增设游客中心，智能化售检票系统升级改造后有效解决购票拥堵问题，并招募200多名志愿者开展展会指引、辅助检票、维护秩序、禁烟控烟等内容。此外，免费摆渡车、双飞车辆接送服务、邮政收寄快递服务、免费无线网络全覆盖服务、法律咨询服务、知识产权投诉中心等功能一应俱全。

【第十届中国(永康)国际门业博览会】 2019年5月26—28日，第十届中国(永康)国际门业博览会在永康国际会展中心成功举办。共有来自22个省、市、自治区和美国、韩国等国家和地区的参展企业947家，展出总面积8.5万平方米，境外参展企业190家，占比20%。3天会期，共发生交易额33.5亿元，同比增长4.7%。达成意向23.42亿元，同比增长4.9%；现场成交10.08亿元，同比增长3.1%；实现展位费收入4015万元；3天共售门票71986张。

第十届中国(永康)国际门业博览会开幕式(五金城集团提供)

展会招商实现“五个转变”。一是申报企业数量向增速减缓转变。从申报企业数上看，自3月1日启动网上展位申报以来，截至5月25日，共有申报企业1266家，比上年同期增长2.6%。经审核有947家企业取得参展资格，其中680家企业取得标准展位1240个，267家企业取得特装展位面积27832平方米。二是展位审核从求数量向求质量转变。参展企业申报资料的审核，优先向外地优质企业和本地大型企业倾斜。从地域分布上看，取得参展资格的企业中，永武缙地区企业412家，占参展企业总数的43%，外地企业535家，主要来自浙江、广东、山东、江苏等22个省市自治区。参展的国(境)外企业190家，占比达20%。三是锁类企业从中低端向高端转变。该届门博会新材料、新技术、新创意占有相当大的比重。参展的锁类相关企业267家，标准展位337个，特装面积6704平方米。四是展会内容向服务企业引导企业转变。除了展示和交易，还与中国建筑金属结构协会、浙江省建筑门业协会开展钢质门行业十年“专利优胜企业”“标准化先进单位”等一系列表彰活动。同期举行的第二届防盗门防火门创新发展论坛，也将汇聚行业内的众多专家、学者，共同围绕行业发展的焦点、难题予以剖析，并探求解决之道。五是展会环境向优质化转变。加强申报审核及布展前期排查，将不符合参展范围的展品清理出馆，重点解决展会期间高分贝、高噪音的宣传活动问题，要求入馆参展企业签订承诺书。

特装展位装修绿色发展。为了进一步倡导绿色展览发展计划，该届门博会设置特装展位评比，通过企业自行申报、网络评选、专家评审，评选出16家特装企业。通过奖励企业和搭建公司来引导展位搭建设计向绿色、环保潮流趋势升级。

科技产品不断升级，首次出现芯片制造企业。门博会上，智能化成为门业发展的新方向，如猫眼、智慧物联、智能小管家机器人、智能家居等。江苏邦融微电子有限公司、上海庆科信息技术有限公司是以指纹专用芯片为主营业务的集成电路设计企业，首次参展，为指纹锁企业提供完善的芯片设计、方案实现、技术支持等多方面业务。

强化三个“服务”。一是提高服务质量。2019年门博会在报名后第3天开始展位审核，相较往年提前10天，为特装展位企业留足了设计时间。首次向参展企业赠送门票，根据参展企业交易证数量赠送相应多的门票，满足参展企业经销商参观所需。二是增强服务能力。年初，五金城集团有计划地分批组织员工外出招商，到成都走访四川门业协会、大型门企；到北京借筹办2019中国(北京)国际自动门、电动门及高性能门窗展览会之际开展第十届门博会宣传；到辽宁沈阳等地进行招商。三是提升服务功能。租用一批临时卫生间摆放至南广场并落实卫生间保洁工作。邀请中国移动公司对展馆网络进行改造，确保参展企业顺畅使用网络。租用4辆小型中巴车作为免费摆渡车，设置市场班车停靠点，方便客商出行。

科学决策、组织协调、提高客商满意度。市政府专门成立门博会组委会及办公室，全面统筹门博会工作。开通1条免费公交专线，投入3辆免费公交车，用于金城市场到国际会展中心内的人员摆渡，累计接送约6000人次。组织社会志愿者100名、大学生志愿者40名，做好咨询讲解、门票微信导购、人员疏散引导、禁烟劝导等服务工作。门博会期间未发生重大偷盗案件及人员受伤情况。

【首届中国(永康)安全与应急产品博览会】 2019年5月10—12日，第一届中国(永康)安全与应急产品博览会在永康国际会展中心成功举办，以“提高灾害防治能力、构筑生命安全防线”为主题。共有来自全国各地的206家企业，展示上千项当前最先进的应急产品、设备和应用，展出总面积2.6万平方米，吸引7.2万名观众参观，其中专业观众超1.2万人。央视《朝闻天下》播报了博览会开幕盛况，中新社、人民网、凤凰网等20多家全国权威媒体和100家全国各省市网站媒体对博览会进行了报道，《浙广直播》、爱奇艺等十几个平台对开幕式进行直播，总浏览量超百万。该届博览会是应急管理机构改革完成后第一个全国性高规格的应急产业博览会，有全国副处级以上干部和专家40人应邀参加。

《朝闻天下》播报展会开幕(五金城集团提供)

博览会组织举办了两场高峰论坛。“2019中国应急产业发展与应急法制建设高峰论坛”邀请中国政法大学、中国人民公安大学、中国科学院大学、全国个体防护装备标准化委员会、河南理工大学、中国应急管理学会公共安全标准化委员会、中海油应急技术服务公司的国内应急方面顶级专家，分别就我国应急建设发展进行演讲。论坛还对全民公共安全和风险意识进行宣传教育，增强公众应急避险意识和自救互救能力起到有效的作用。“民生·民力·民安——安全与应急产业链发展高峰论坛”围绕基层应急指挥中心建设、社会救援力量发展、应急产业互联网+、新型光学产品在应急救援中的运用等方面，首次让永康走在应急产业前列的企业、社会救援队在论坛上发声，近40万人在大佬微直播观看，中国网、网易新闻也对论坛进行了报道。

自3月份筹备办展以来，市应急管理局向全国各地市发送2000多份邀请函，最后有来自51个县市区的240多名应急管理同仁参观。市社会救援队全程参与了博览会安保、咨询、接待、宣传等工作。该届博览会结合“5·12全国防灾减灾日”宣传，在教育、发改、经信、科技等部门大力支持下，吸引7.2万名观众参观。博览会还免费发放1万份首日封，微信扫码抽奖送出上千件安全礼品。展会采用扫码换证观展、扫码抽奖形式，收集到有效采购商信息6000余条。

（五金城集团　供稿）

总部中心

总部工作

【概　况】 2019年，永康市总部中心办公室(以下简称“市总部办”)拓宽入驻招商渠道，完成第三批人才公寓销售，加快配套工程建设。区域入驻企业836家，比上年度增加企业40家；办公人员10884人，比上年度增加79人；人才公寓入住1167套，比上年度增加220套。全年区域税收完成5.582亿元，比上年度增加0.912亿元。全年共接待各级领导及国内各省市政企考察团20批次，接待人数350多人。总部中心发展服务工作得到省长袁家军的高度重视，“三服务”和主题教育得到团省委、省巡回指导组及各级领导的充分肯定。

【省长袁家军到总部中心调研】 4月10日，省长袁家军先后来到永康市、武义县和金华开发区，深入考察了五金精品馆、新能源汽车小镇等“万亩千亿”新产业平台，以及斐络设计、道明光学、零跑汽车、金澳兰机床、寿仙谷药业等企业，调研传统产业改造提升、实体经济转型升级、战略性新兴产业发展和重大项目、重大平台建设情况。到总部中心斐络工业设计调研时强调，工业设计是工业产品升级的重要推手，希望工业设计在地方产业转型升级中发挥出更大的作用和贡献。

4月10日，省长袁家军到总部中心调研（永康日报社提供）

【打造“龙山经验都市版”】 总部中心以区域党建为依托，以部门联动为抓手，联合政法委、法院、司法局、公安局、卫健局、东城街道等部门，在总部中心金贸大厦设立综合法律咨询、纠纷调解、心理疏导、消防宣传等免费接待调处服务平台，设立警花工作室、法官工作室、律师工作室、老胡警调岗、心理咨询室等民间优质调解组织，安排96名律师每星期五天轮值，对于涉及职能部门较为复杂的矛盾纠纷和涉稳问题，及时通过网上系统上报，并联合相关部门解决，切实将各类矛盾化解在苗头、处置在前端、解决在基层，为企业、经济、人才提供一站式受理、一条龙服务、一揽子解决的家门口服务。成立以来，共接待劳资纠纷调解134批次，调处72起，经调解达成22起，未调解成功递交仲裁的50起，1起放弃诉讼。

【第三批人才公寓销售】 2019年10月6日，总部中心人才公寓第三批向社会特定人才销售工作开始。报名时间为10月6—13日，报名地址为总部中心金典大厦1楼报告厅。本期销售项目为金智公寓86套、金博公寓107套、金英公寓19套（面积约150平方米，分摊面积约为46平方米），金桂公寓168套（分43平方米、53平方米、73平方米三种户型，数量分别为80套、80套、8套，分摊面积分别约为12平方米、14平方米、19平方米），数据以产权证为准。其中拟售公寓中的金英公寓19套限《永康市经济社会发展急需人才目录》中规定的前7类急需人才购买。共接待报名515人，其中451人通过资格审查。11月9日，在市机关会议中心8111会议室进行永康总部中心人才公寓第三批向社会特定人才公开销售抽签，共393人参加抽签，抽取房源232套，预计收入购房款2.4亿元。

【生活垃圾分类省级示范小区创建】 2019年，总部中心根据市四城联创工作部署，投入20多万元，引进自动打开投放垃圾系统及设备，建成占地约16平方米的管理用房，以有害垃圾、厨余垃圾、可回收垃圾、其他垃圾进行定时定点的“两撤两定四分”法投放，按标准要求开展创建工作。

开发工程

【世贸中心项目工作专班会议】 8月28日，世贸中心项目工作专班会议召开。会上，各与会人员发表了自己的建议看法，常务副市长周启标指出，任务很光荣，情况很复杂，工作很机动，纪律很严格，要求与会人员要有使命感、责任感，要根据工作需要尽快让酒店开业。先摸清底数，建立工作机制，争取早日完成任务。

【中心广场工程施工有序推进】 总部中心

广场总用地22300平方米、总建筑面积48467.51平方米、概算投资21907.54万元。在完成场内杂物清理、临时施工专用变压器安装及围墙、废土漕运过水池建设之后，实施封道土方开挖、基坑边坡喷浆、锚杆施工。已完成基础围护桩320根、浇筑桩基及其他混凝土方量约8500立方米，土方开挖完成95%，基础工程桩完成约100根。中心广场项目施工现场的建筑废土外运、工地扬尘治理、安全管理等成为永康市标化工程。开工以来，安全无事故。

【四期大楼景观工程竣工验收】 截至2019年底，总部中心四期大楼景观工程完成乔木800棵、球型苗木700棵、灌木34万株种植，完成480米人行道、草坪7100平方米、5300米S型侧石铺设，沥青浇捣9000平方米，电线电缆管道预埋及点水管安装，地下管道、路基施工及沼气池安装全面完成。

■ 入驻企业

【拓宽招商渠道】 总部中心四期大楼在坚持打造“两区三高地”目标不变的前提下，通过多种途径招商宣传，先后接待11批具有影响力的市内外机构和意向入驻四期企业30家，共引进科技型、服务型企业6家。市电商公共服务中心确定入驻总部中心四期大楼金溢大厦，为电商企业提供一站式综合解决方案。原入驻四期金创大厦31个商会42家移入三期现房并交清尾款办理所有手续，商会企业入驻工作全面完成。

【盘活总部中心】 截至2019年底，共办理公寓转让备案手续40宗，办公楼正常转让备案手续6宗；公寓竞拍转让备案手续222宗，成交15套；办公楼拍卖预备案手续37宗，成交12宗；跟踪好公寓和大楼售后工作。落实人员收取去年第二批人才公寓尾款，收取尾款4611万元，完成162户业主房屋交接手续；通过电话、上门、法院协调等形式，催缴大楼历史遗留企业尾款，向7家尚有欠款企业送达律师函，完成2家企业尾款、利息收取工作。

【与阿里巴巴集团本地生活项目签署战略合作框架协议】 12月17日，举行永康市政府与阿里巴巴集团本地生活项目签署战略合作框架协议，该项目由总部办牵线搭桥。国内首个阿里巴巴本地生活服务中心有望落户永康。合作重点是以“阿里巴巴本地生活合作项目”为基础，为永康市提供一套完整的“一城两业三智慧四支撑”的城市和社区生活方案，促进城市数字化管理水平提升，推动地方经济增长和产业结构升级。尤其是要通过对与群众生活密切相关的不同业态进行数字化升级改造，实现永康市传统零售企业数字化改造升级，推动原先以商圈为核心的商业格局转变成以人为核心的本地生活服务新格局，进一步释放服务业发展新活力。

【多种有效载体强化区域服务功能】 2月21—23日，总部中心第六届人才招聘会在永康总部中心开幕，269家企业参与招聘，提供就业岗位1650个，共吸引来自市内外人才2000多人次前来交流对接。举办以“诗词迎新年”“从春节档电影看中国电影产业发展”“永康解放亲历”“明心净心守初心”为题的4期总部论坛，满足不同人才需求。整合总部区域内培训机构资源，每月在各总部大楼推介区域培训课程，为入驻企业提供免费服务，实现培训资源的共享。1—11月共推介网络营销、外贸英语、销售思维、演讲口才、法律知识等课程11类，累积课时130节。举办纪念五四运动100周年“青春·拍起来”“正青春·彩虹跑起来”的活动，创新性的活动吸引500名总部白领参加；举办“我爱学意语”等文化沙龙活动和第六届羽毛球比赛，丰富区域人才文体活动。

建立总部中心微信公众号，6月份正式开始运营，为企业提供餐饮服务、物业服务、法律服务等各项服务。

4月29日，总部中心党委、团委举办“正青春·彩虹跑起来”活动（永康日报社提供）

（市总部办　黄啸鸣、陈湛、潘朱婧）

对外贸易

自营进出口

【概　况】　2019年，永康市实现自营进出口总额326.25亿元（包含一达通出口33651万元），同比增长4.35%。其中自营出口322.53亿元（包含一达通出口33651万元），同比增长5.1%。出口总额居金华第2位，增幅居金华第5位。2019年，永康市实现进口3.72亿元，同比下降35.62%。截至年底，永康市有出口实绩的企业1416家，比上年度增加116家。年出口额超1亿美元的企业2家；年出口额超5000万美元的企业10家；年出口额1000万美元以上的企业100家。

【出口市场】　2019年，永康市产品出口遍及200多个国家和地区，产品销往200多个国家和地区。其中对欧洲出口110.02亿元，同比增长6.68%，占比34.49%；对亚洲出口82.44亿元，同比增长2.95%，占比25.82%；对北美洲出口83.33亿元，同比增长7.97%，占比26.12%；对拉美出口21.93亿元，同比增长4.33%，占比6.86%；对大洋洲出口9.97亿元，同比增长6.38%，占比3.12%；对非洲出口11.47亿元，同比下降0.24%，占比3.6%。近年来，永康市对墨西哥、尼日利亚、印度等新兴国家和地区市场不断进行开拓，取得实效，分别增长24.28%，23.82%，17.56%。

【出口产品】　2019年，永康市出口产品以传统五金产品为主，八大行业共出口294.42亿元，占出口总额的91.28%。其中餐厨用品出口99.83亿元，同比增长13.93%，保温杯（瓶）快速增长，出口55.23亿元，同比增长23.61%；电动工具出口52.74亿元，同比增长9.49%；车业出口25.95亿元，同比下降19.4%，其中摩托车及配件快速增长，出口16.23亿元，同比增长0.94%；技术设备出口47.70亿元，同比增长8.82%；休闲器具出口44.11亿元，同比增长4.59%。

2019年永康市商品出口情况一览表

行业	出口（万元）	上年同期	同比（%）	占总出口比重（%）	行业分类	出口（万元）	上年同期	同比（%）
车业	259474	321948	－19.40	8.13	内燃机及配件制造	29258	36202	－19.18
					拖拉机	19525	18988	2.83
					汽车及配件	48346	105917	－54.35
					摩托车及配件	162345	160841	0.94

续 表

行业	出口（万元）	上年同期	同比（%）	占总出口比重（%）	行业分类	出口（万元）	上年同期	同比（%）
门业	73711	69583	5.93	2.31	木门	5828	8050	－27.60
					钢质门	63335	57974	9.25
					锁配	4548	3559	27.79
餐厨用品	998306	876218	13.93	31.28	杯	127252	116102	9.60
					保温瓶（杯）	552271	446781	23.61
					锅	264781	268125	－1.25
					非电力餐厨	54002	45210	19.45
电动工具	527375	481655	9.49	16.47	磨具、齿轮	22707	17743	27.98
					手工具	37842	31188	21.34
					风动或液压电动工具	466826	432724	7.88
电器厨具	163115	152522	6.95	5.11	电力厨具	96331	82351	16.98
					通讯、计算机制造	1446	2103	－31.24
					拖把等	21333	21719	－1.78
					电器机械（发电机、发电机组）	44005	46349	－5.06
休闲器具	441053	421680	4.59	13.82	金属家具制造	148709	138865	7.09
					文教体育用品制造业	235803	221620	6.40
					沙滩车	55833	60408	－7.57
					自行车制造	708	787	－10.04
金属材料	4151	3089	34.38	0.13	有色金属冶炼及压延	4151	3089	34.38
技术设备	477029	438363	8.82	14.94	金属制品	161789	151688	6.66
					矿山、冶金、建筑专用技术设备	27697	24142	14.73
					农、林、牧、渔专用技术设备	42675	37304	14.40
					医疗仪器专用设备	50856	40895	24.36
					木材、非金属加工专用设备	50996	50733	0.52
					机床、焊接通用设备	18099	23219	－22.05
					泵、阀门、压缩机通用设备	74547	71361	4.46
					衡器	50370	39021	29.08

2019 年永康市出口国家和地区情况一览表

大 洲		出口（万美元）	同期（万美元）	增减（%）	出口（万元）	同期（万元）	增减（%）	占总出口比重（%）
欧洲		159642	156531	1.99	1100202	1031320	6.68	34.49
	欧盟	117119	114505	2.28	807212	755183	6.89	25.30
	俄罗斯	29930	29288	2.19	206066	192238	7.19	6.47
亚洲		119523	121430	－1.57	824430	800774	2.95	25.82
	日本	11484	10665	7.68	79270	70557	12.35	
	东盟	30056	31506	－4.6	207330	208226	－0.43	
	伊朗	2366	8242	－71.29	16401	53664	－69.44	
	印度	20896	18570	12.52	143997	122484	17.56	
北美洲		120888	116722	3.57	833300	771809	7.97	26.12
	美国	114207	109498	4.3	787252	724174	8.71	24.67
拉丁美洲		31766	31839	－0.23	219269	210162	4.33	6.86
	巴西	7480	7108	5.23	51699	46914	10.2	
	墨西哥	7738	6482	19.38	53381	42953	24.28	
大洋洲		14425	14157	1.89	99682	93700	6.38	3.12
	澳大利亚	12361	12211	1.23	85423	80799	5.72	
非洲		16647	17439	－4.54	114742	115022	－0.24	3.60
	南非	2354	2426	－2.95	16246	16023	1.39	
	尼日利亚	5218	4404	18.49	35938	29025	23.82	
合计		462892	458117	1.04	3191625	3022788	5.59	100

■ 外贸工作

【组织参展】 2019 年，市商务局：一是抓好境外重点展会的组织参展工作。出台《2019 年度国际市场重点拓展计划》，支持企业境外参展，开拓“一带一路”沿线市场，全年共重点组织企业参加 34 个境外展，共有 370 家企业享受到境外参展补助。二是继续做好境内重点展会的参展工作，完成第 125、第 126 届广交会，第 29 届华交会、第 18 届消博会的参展工作，完成第 2 届中国国际进口博览会的企业组织、后勤保障工作。

【品牌建设】 2019 年，市商务局加快出口名牌培育工作，全年新增 4 只浙江出口名牌，复核 2 只；新增 5 只金华市出口名牌，复核 5 只。2019 年度出口品牌工作考核获省厅三等奖，已连续五年在省厅考核中获奖。

【对接“义新欧”班列】 2019 年，市商务局积极对接“义新欧”班列，出台《永康市义新欧专项资金管理实施细则》，支持企业通过“义新欧”班列进出口货物，有效拓展沿线市场。全年通过“义新欧”班列出口货物集装箱 377 个。

【应对中美贸易摩擦】 成立永康市应对中美经贸摩擦专班，定期召开外贸专班工作会议，对稳外贸稳外资、应对中美经贸摩擦工作进行全面部署。出台《永康市人民政府办公室关于应对贸易摩擦确保外贸稳定增长的实施意见》，围绕“建立常态化应对工作机制、积极开拓多元化市场、加快培育扩大外贸新业态和经营主体、推动外贸出口优化升级、优化外贸营商环境、加快推进国际产能合作、加大金融支持和外汇指导力度、加大出口退税支持力度、加大法律救济帮扶力度、建立出口订单预判制度”十大方面，制定重点工作分工表，做好“稳外贸、保出口”。加强中美贸易摩擦应对工作，通过企业实地走访、召集企业座谈、发送电子调查问卷、广交会现场调研企业等多种形式，对全市涉美贸易企业进行重点排查，详细了解企业生产经营、外贸出口情况。

【提升助企水平】 2019 年，市商务局落实“外贸主体培训计划”，举办外贸主体培训会，对超 200 家企业进行培训，加强对外贸易经营者备案登记的指导和宣传，全年共扩大外贸备案企业 381 家。举办人民币汇率走势分析会、义新欧班列对接会、广交会行前会、出口信用保险政府联保签约会、永康市“订单＋清单”预警响应培训会、“华溪论汇”等多场培训会，对企业关注度高的问题，有针对性地提出意见建议，增强企业应对贸易摩擦的能力。做好外贸政策兑现工作，完成兑现各级各项外贸扶持资金 5537.8 万元，受益企业 500 多家。

2016—2019 年永康市外经贸情况一览表

年度	进出口权企业（家）	实绩企业（家）	进出口总值		进口值		出口值	
			实绩（美元）	比上年（±）（%）	实绩（美元）	比上年（±）（%）	实绩（美元）	比上年（±）（%）
2016	2217		37.87 亿	10.99	0.99 亿	－69.94	36.88 亿	－6.03
2017		1194	40.39 亿	6.57	0.89 亿	－11.79	39.51 亿	7.07
2018		1335	47.39 亿	17.33	0.87 亿	－1.83	46.51 亿	17.72
2019		1444	47.31 亿	－0.16	0.54 亿	－38.26	46.78 亿	0.58

注：1.外向度即外贸依存度，计算办法为：外向度＝进出口总值÷GDP；2.贡献率计算方法为：贡献率＝出口净增值÷GDP 净增值；3.拉动度又叫贡献度，计算方法为：贡献率＝贡献率×GDP 增长率；4.人民币兑美元按当年末国家汇率折算。

■ 涉外服务

【概　况】 2019 年，永康市新批外商投资企业 7 家，合同外资 5126 万美元，实际利用外资 124 万美元。按企业类型分，2019 年新批中外合资企业 4 家，实到外资 45 万美元；新批外商独资企业 3 家，实到外资 79 万美元。按行业分，2019 年制造业占比最高，共 3 个项目，在全市总量中占比 42.86%，合同外资 1274 万美元，实到外资 60 万美元；批发和零售业 2 个项目，占比 28.57%，合同外资 21 万美元；租赁和商务服务业 1 个，占比 14.29%，合同外资 3828 万美元，实到外资 64 万美元；科学研究和技术服务业 1 个项目，占比 14.29%，合同外资 3 万美元。按投资来源分，2019 年投资来源以亚洲为主，实到外资 79 万美元，占全市总量的63.71%;欧洲45万美元,占比36.29%。

【境外投资】 2019年,永康市新批对外投资项目5个,中方投资额1913万美元。

(市商务局 王信宇)

招商引资

【概　况】 2019年,永康市实现省外产业项目到位资金27.5亿元,签约引进3亿元以上项目13个,完成5亿元以上项目7个,20亿元以上项目2个,完成“标准地”签约项目落地4个。11月5日,永康市人民政府与四川长江液压件有限责任公司签署战略合作协议,正式建立长期战略合作关系。近两年来,市招商中心围绕医疗健康、军民融合产业,各招商组组织17个招商考察团队回永对接项目,牵头组织永康市20多家企业赴西安、深圳、上海等地考察对接,签订3份合作协议、7份合作意向书,落实投资生产项目1个。

【充实招商引资项目库和专家库】 2019年,市招商中心制定《关于报送2019年全市重点招商引资项目的通知》,重点抓招商引资项目库建设,充实完善全市重大项目库,已入库项目68个,对项目库实行动态管理,随时充实、更新,形成“储备一批,推介一批,实施一批”的滚动式项目梯队。同时,建立招商引资专家库,录入意向投资商、高级技术人才、博士教授名册448条。

【招商信息共享机制】 2019年,市招商中心制定出台《关于建立重大招商项目信息统筹、共享机制的通知》,收集西溪镇、西城街道、东城街道、科技局报送的上海风戢公司高端酒店、浙江蓝城集团投资项目、电动平衡车项目等统筹信息4条,向金华市投促中心报送招商推介信息5条。

【参与省、金华市大型招商推介活动】 在上海松江、深圳举办的两场“标准地”招商推介会上,丹弗中绿润滑油和金州科技新型绿色建材生产线建设项目与永康市签约,总投资10.2亿元。做好11月份金华发展大会项目签约及招商推介活动,签约总额达65亿元。完成宣传载体制作,结合当下永康市产业发展趋势和营商环境的优化,编印新一轮《永康招商宣传手册》和编摄永康招商宣传视频,在不同场合对永康进行宣传和推介。

【“三服务”活动】 2019年,市招商中心先后走访金指数、微蓝葡萄酒等20余家商会企业,记录企业反映的诉求问题并向上级部门反馈。对优化永康市营商环境开展调研,每个班子成员均撰写了调研报告。活动开展以来,全员8名干部共开展各类走访活动64次,共服务企业56人次,涉及企业38家,服务来访群众56人次,服务基层16人次,涉及村社区4个,圆满解决涉企问题20个。

商会建设

【概　况】 永康“五金工匠走四方,府府县县不离康”的民谣,正在演变并提炼成“勤修百艺,勇闯天下,学创并举,义利双行”的新永商精神。2019年,有10万多名永康人在外创业,省外投资累计超过3200亿元,创造经济总量超过8500亿元。全市共有市外永康商会38家,拥有会员6000多人。

【商会管理】 2019年,针对在外永商融资难、融资贵等问题,市招商中心联系永康农商银行,根据商会企业在外经商、本地无抵押资产等特点,制定配套金融服务方案,并以最低的利息给予借贷。首批20家商会与农商行所属分行进行一对一联络,8月开始,农商银行与市招商中心共同走访了银川、包头、南宁、昆明、乌鲁木齐商会，进行了多次交流座谈，签署战略合作协议，对接商会会员企业800多家，办卡、开户454个，发放贷款约1860万元。

北京、上海、杭州、西安、粤港澳大湾区先后成立永康博士联谊会分会。在筹备过程中，各商会及永籍当地人士积极参与，主动作为。杭州、上海、乌鲁木齐商会响应国家脱贫攻坚的号召，主动对接市招商中心，在商会内部开展捐款捐物活动，共筹集款物20万元，帮扶四川理县脱贫致富。四川、贵州、新疆、湖北、吉林5个受浙江帮扶所在的省份商会积极开展产业投资、贫困人员就业、消费扶贫等多种形式扶贫工作。杭州永康商会回永开展回乡送医、高考填报咨询活动，为病患和高考考生提供了及时的帮助。

5月18—19日，2019"情暖家乡·送医回永"大型义诊活动在经济开发区长城村、石柱镇塘花村举行(市招商中心提供)

【商会表彰】 2019年，为表彰各地市外商会在弘扬永商精神、凝聚永商力量，助推"全面奔小康、永康新腾飞"工作中的作用，充分发挥商会工作的主观能动性，促进在外永商"产业、资本、总部、人才、公益"回归，经各在外商会自主申报、主管部门评审，市政府对先进市外永康商会进行表彰，具体名单为上海永康商会、杭州永康商会、乌鲁木齐永康商会获一等奖；南京永康商会、武汉永康商会、东莞永康商会获二等奖；包头永康商会、宁波永康商会、衢州永康商会获三等奖。对获得一、二、三等奖的商会，分别奖励2万元、1.5万元、1万元。

(市招商中心　应琛)

海关监管

【概　况】 2019年，金华海关驻永康办事处(以下简称"海关办事处")共受理进出口报关单8213份，其中出口报关单8007份，同比下降32%，进口报关单206份，同比下降25%。征收两税90.33万元人民币，同比下降93%。加工贸易手册设立67份，金额1.3亿美元，分别下降12%及增长97%。E账册实际进口862万美元，同比下降22%。签发各类原产地证书21886份，货值8.49亿美元，与上年基本持平，已备案签证企业2869家，帮助辖区企业享受入境国家和地区关税优惠1.8亿元。出境货物报关前服务635批，货值1488.0万美元，批次同比下降12.8%，货值同比增长23.3%；入境货物报检19批，货值109.0万美元，同比下降44.1%和72.8%。开展出口货物退货调查174批次，同比上升190%；通报调查5起，与上年同期持平。

【加工贸易监管】 2019年，海关办事处加强政策宣传，针对意向企业主动上门实施一对一宣传20余次，实地服务走访正阳科技、顺泰公司、安德电器等加工贸易企业30余次，讲解加贸管理新政、走私违规典型案例等，提高企业守法意识。利用加贸监控分析系统定期开展风险监控，组织业务规范自查，发现问题及时整改。同时落实海关总署关于全面推广应用金关二期加工贸易管理系统的相关要求，加工贸易手(账)册设立一律通过金关二期系统进行，已办理金关二期手册 45 本,联网监管电子账册 1 本。加强涉案企业涉案加工贸易货物监管,每月至少一次实地到力士达查看剩余料件,关注力士达和摩兴 2 起案件进展情况。全年办理加工贸易手册 67 本,整理销毁加工贸易档案 152 册,自查自纠加工贸易保证金 2 票。

【出口商品通报退货调查】 2019 年,海关办事处开展 5 起欧盟通报调查,包括平衡车 4 起、儿童服装 1 起,共出动执法人员 10 余人次。结合通报问题,开展出口平衡车相关企业调研 2 家,重点调查法国通报平衡车防水等级 IPX 4 测试不合格相关情况。开展退货调查 174 批,其中现场调查 45 批,根据调查情况,向杭州海关报送 1 份出口法国电动车因质量问题退运的重大事项报告。

【出境竹木草制品检验监管】 2019 年,海关办事处开展出境竹木草注册登记评审及注销等工作,受理初次申请 1 家、换证申请 8 家、证书到期注销 3 家,完成现场评审并获得新注册登记 9 家。根据年初制定的监督审核工作计划,开展出境竹木草注册登记获证企业年度监督审核 3 家。完成出境竹木草制品日常检验及出证,全年共受理出境竹木草制品报检 723 批。

【工业产品检验监管】 2019 年,海关办事处开展出口危险化学品及其包装生产企业安全风险排查和政策宣传,走访辖区 1 家出口危险化学品企业、1 家出口危险货物包装生产企业并落实危包代码调整工作,对 2 家新申请出口危险货物包装生产企业开展指导,对 1 家新申请出口危险货物包装使用鉴定企业开展检验,全年共受理出口危险货物包装使用鉴定 10 批。对 3 批进口旧机电重点开展到货地检验,对其中 1 批自日本进口的 8 台旧车床、1 批自以色列进口的旧印刷机、1 批自韩国进口的旧注塑模具存在不合格问题进行技术整改。完成 1 批进口医疗设备不合格退货检验并出具证书:永康瑞金医院使用的 1 台进口彩超机(2018 年 5 月进口),质保期内频繁出现故障且经多次维修无法解决故障问题,经检验,该台医疗设备确实存在品质问题且系发货方所致,出具检验证书,企业已完成退换货。对永康笑迎盈工贸有限公司于 2018 年 5 月进口的机电设备不合格整改事宜进行持续跟进,继续整改。

【优化服务助推城市建设】 2019 年,海关办事处全力压缩通关时长,组织辖区 5 家报关行专题研讨压缩通关时长,贯彻落实杭州海关、金华海关压缩通关时间会议精神。每日对前一日的通关时长进行统计汇总,分析超长单原因,及时进行跟踪处理。实地走访辖区 5 家报关行,听取意见建议,商讨压缩通关时长工作。与金华关保持密切沟通,及时掌握各县区时长数据,学习先进工作经验。提升统计监测服务水平,以办事处掌握的海关统计数据资源为基础,搭建短信推送平台,向市委市政府及相关部门、媒体等发布最新外贸数据短信和统计预警材料,为地方领导决策提供服务。通过短信平台推送定制短信 256 条次,发表政务信息 62 篇、外宣 38 篇,为企业查询各类海关数据 138 次。与市税务局就简化加工贸易企业数据核报工作达成共识,由税务局直接向海关查询进出口数据,不再需要企业自行前往海关查询,节省企业时间成本,助力“无证明城市”建设。

【无水港业务模式调查研究】 为促进永康无水港开展国际物流业务,有效发挥无水港在进出口货物跨境流转中的重要节点作用,海关办事处同各职能部门到义乌、东阳、金义综保区了解跨境电商、市场采购等业务模式开展资质、运作环节、政府扶持等情况,并多次与市商务局、无水港经营企业对无水港可能开展的业务模式进行研究。完成《金华海关驻永康办事处关于促进永康无水港业务发展的调研报告》，经金华海关领导审阅，专报送永康市委市政府主要领导。

（海关办事处　黄炜）

城乡建设

综　述

【概　况】 2019年，永康市完成省政府下达的农村生活污水处理设施标准化改造任务52个，省级危房治理任务1490户；竣工市级以上重点工程5项、便民工程21项；新建城乡绿道23.61千米、城镇污水主管网60千米，全部完成镇级工业区雨污分流改造，完成农村公厕改造83座；5项市政基础设施工程荣获金华市级以上荣誉，1项建设工程获得省"钱江杯"优质工程奖，8项建设工程获得金华市"双龙杯"优质工程奖；建筑业企业总产值首次超过百亿元，为109亿元；完成公租房抽签配租17户、申请预登记150户、发放租赁补贴125户，高层次人才用房抽签配租10户；成功创建国家园林城市。

城区面貌(市建设局提供)

【创建国家园林城市】 全市实现建成区绿地率38.05%、绿化覆盖率42.50%、城市公园绿地服务半径覆盖率81.0%、人均公园绿地面积12.53平方米，各项指标均达到国家园林城市标准，在2019年10月通过国家现场验收，年底正式发文宣布永康市成为"国家园林城市"。

【城市框架环境提升】 竣工龙川东路沿江绿化工程、南溪大桥、金城路(望春路—城东路)精品街改造工程、石柱至城区污水管网建设工程、南溪湾生态湿地景观公园岩生植物园等5个工程建设；新建城乡绿道23.61千米，完成率196.75%，基本贯通全市高脚杯状"绿道"闭合圈。三江六岸亮化工程获"保俶杯"金奖，丽州路精品街改造工程、南苑西路建设工程、龙川东路延伸工程荣获金华市"双龙杯"奖；南溪大桥工程荣获金华市"市政公用工程安全文明施工标准化工地"称号。南溪湾生态湿地景观公园、南四环(胡则路)工程取得较大突破，北三环实现全线开工，便民零星及水电配套工程完成21项，代建工程15项。

【村镇建设提质】 开展日处理规模30吨以上农村生活污水处理设施标准化运维工作，是2019年"省政府十大民生实事"之一，下达永康市的提升改造任务35个，永康市完成52个。全面完成19个镇级工业区雨污分流改造，新增集镇污水主管网60千米；完成农村公厕改造83座。开展第二轮危房治理，完成省级治理任务1490户，完成率100%。做好贫困家庭危房及时救助工作，完成农村困难家庭危房救助改造29户，并通过验收和补助款发放。

【建设行业发展实现新突破】 行业摸底调查结果显示，2019年永康市建筑业企业总产值为109亿元，首次超过百亿元，同比增长21%。全年新增建筑业企业5家(建筑工程施工总承包2家，装饰专业承包2家，劳务1家)，新开工建设房地产项目9项、建筑面积 63.28 万平方米，发放预售证 22 份、批准预售 41.68 万平方米。执行《关于进一步推进建筑业发展的若干意见》，20 家建筑业企业申报经济扶持奖励 753 万元，至此市政府已连续 8 年兑现扶持奖励政策，奖励金额达 2700 多万元。推进绿色建筑和建筑工业化发展，完成市人力资源市场项目实施装配式建造。推行中心城区新建住宅全装修，古丽花园、解放街重建项目已实现施工建设；新出让的北苑地块、丽州北路地块、经济开发区中央服务区 Z-02-02 地块，要求实施住宅全装修；丽州北路地块、经济开发区 Z-02-02 地块，要求实施装配式建造。全年新开工住宅全装修项目的建筑面积共计 19.36 万平方米。

【燃气及建筑市场整治】 规范城镇燃气经营行为，落实《瓶装燃气行业实施动态监督管理》制度，对 20 家燃气企业或供应站点进行不良行为记分；组织各燃气企业及供应站开展入户安检工作，共安检用户数 34881 户；加强对各供应站点从业人员的规范管理，对各瓶装燃气企业二维码信息化工作不足的供应站点负责人进行约谈，共计约谈供应站点 15 家。严肃处理违规建筑市场行为，开展包括合同履约、民工实名制、分账制管理、关键岗位人员考勤等建筑市场行为专项检查 13 次，涉及项目 63 项次，企业 145 家次，总建筑面积约为 150 万平方米；通过日常检查、巡查等活动，全年对 16 家企业及 11 名项目监理（总监）予以通报批评，对 2 家企业负责人进行约谈，对存在不良行为的 3 家企业报请上级主管部门做出进一步处理。开展“挂证”等行为专项整治，全市工程建设领域专业技术人员共 1149 人次通过省诚信平台审核，1047 人次通过整改补充后上报省诚信平台，个别特殊情况按要求进行承诺公示。

【房地产交易市场整顿】 2019 年，永康市住房和城乡建设局（以下简称“市建设局”）落实《进一步加强房地产经纪机构管理》制度，在全市范围推行房地产经纪机构备案制度，先后组织 2 期金华市房地产经纪从业人员岗位证书培训班，共有 600 多人报名。第一期培训后，393 人参与岗位证书考试，362 人考试合格。

【网络审批平台建设】 2019 年，市建设局试运行投资项目审批 3.0 系统，严格完成“最多 90 天”的新要求，办理审批事项 9450 多件。推行招投标电子文件雷同筛查系统，加强对各个招投标环节的网络数据监控，凡投标文件制作机器码（包括网卡米 AC 地址、硬盘序列号）存在相同情形的，投标文件直接拒绝，及时发现和制止招投标过程中的围标串标等市场乱象行为。运行透明售房网及网签系统，办理挂牌、网签、房产交易、租赁备案、房地产经纪公司备案、商品房合同备案等 9491 件。启用城建档案馆藏软件系统，对 126 个工程的建设档案进行预验收，共入库 4122 册案卷。试运行公租房网上申请审核系统，基本可实现“一证通办”，申请公租房原先需要提供十几种申请材料，现只需申请家庭提供身份证和申请表，其他证明全部通过部门核查和数据查询的方式实现，办理全流程时限从原来的 3 个多月时间缩短为不超过 10 个工作日。

（市建设局　吕建平）

建设规划

规划编制

【启动国土空间规划编制】 2019 年，市自然资源和规划局深入贯彻落实《中共中央、国务院关于建立国土空间规划体系并监督实施的若干意见》，立足国家、省级、市级层面的战略部署，准确把握现阶段永康市发展面临的形势和要求，全面启动国土空间规划编制。多次与深规院及各大土规院对编制内容进行深入探讨，制定国土空间总体规划编制工作方案，计划在资源环境承载能力和国土空间开发适宜性评价（即“双评价”）基础上，划定生态保护、永久基本农田、城镇开发3条空间管控底线，形成国土空间发展蓝图。9月27日经公开招标，《国土空间规划（2020—2035）》由深圳市城市规划设计研究院和浙江远卓科技有限公司联合体承担编制。对各乡镇开展调研走访、收集相关资料，与企业、产业团队进行集中座谈，充分征求各部门意见。

召开《永康市国土空间总体规划（2020—2035）》编制动员会（市自然资源和规划局提供）

【加大城镇有机更新力度】 2019年，市自然资源和规划局采取了以下措施：一是稳步推进各类规划编制研究，完成《飞凤路街区控制性详细规划（修编）》《许码头片区城中村改造规划》，开展石材市场区块、周塘区块及应家区块控规编制，持续推进《黄棠片区城中村城市设计》，结合未来社区思路指导田川村设计方案等多个规划主要成果，为永康市城市有机更新、城中村改造、城中工业区“退二进三”等多项重点工作提供坚实的规划基础。二是保障重点项目建设，指导地块开发，积极协同东城街道、江南街道、经济开发区、发改局等相关部门，完成《城塘、黄棠区块E-01-16地块控规（调整）》《后槽桥地块控制性详细规划》《中央服务区二号地块控制性详细规划（调整）》《检察院东侧控制性详细规划（调整）》《溪心D南地块修规调整》《城南区块A-05/06、B-04/11地块控制性详细规划（调整）》等控规新编或调整。在土地利用总体规划管理方面，完成前仓镇等9个乡镇的局调、2个中心城区的局调、黄坟水库扩建方案。

【优化路网 提升城市承载力】 2019年，市自然资源和规划局开展《永康市中心城区道路系统专项规划》编制。道路专项规划作为城市发展骨架，支撑国土空间规划所确定的城镇空间与城镇开发边界的确定，通过重塑中心城区道路网络体系，促进城市交通可持续发展，同时也为城市治理交通拥堵提供科学依据。提出中心城区道路系统整体布局方案，确定中心城区道路网平面定位、道路横断面布局、道路竖向控制要求。提出道路立交控制方案。完成金华市下达的开发12.5万平方米地下空间建设和专用停车位2500个（含公共停车位200个）的考核任务，2019年完成地下空间20.2万平方米，完成任务的161.6%；新增专用停车位2690个，完成任务的107.6%，其中包括新增538个公共停车位。

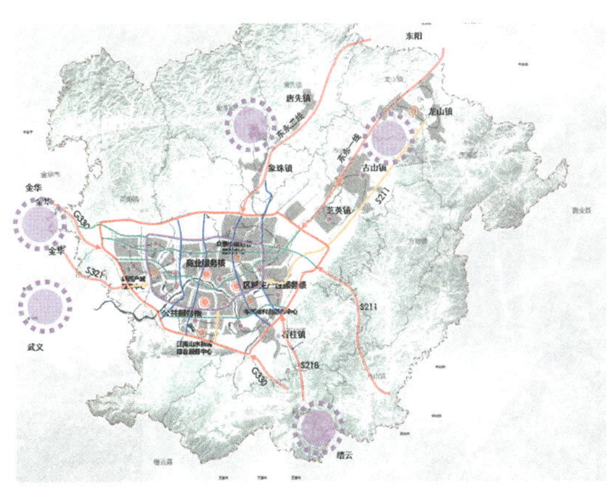

永康市中心城区道路系统专项规划（市自然资源和规划局提供）

【谋划引领 协调保障项目落地】 2019年，市自然资源和规划局采取了以下措施：一是积极推进项目用地报批。按照2019年用地计划预安排完成南溪湾生态湿地景观公园、人力资源市场工程二期等地块出图48项，小微园地块21项，其他城镇区域白垤里等地块10项，保障农村饮用水提质工程泵站、农民建房专项指标等62项。二是及时出具用地红线和规划设计条件。出具2019年拟出让地块共5宗11个地块的规划设计条件。完成唐先镇大后等8个小微园用地红线图及规划设计条件(另小微园公用配套设施用地9个)。完成经济开发区黄城里留用地等25项地块用地红线图及规划设计条件。三是立足方案审查提速，推动重点项目落地。完成8个小微园方案审查，31个市政配套设计方案审查，30多个村庄规划和修编方案审批，出具50多个村的村庄规划方案初步审查意见。

【完善村庄规划 助力乡村振兴】 2019年，市自然资源和规划局采取了以下措施：一是推动农房设计和建设落地试点，完成“浙派民居”示范村舟山镇后畈自然村村庄规划编制和审批，会同住建部门开展规划实施指导工作；拆除10间旧房，全面开展示范点建设，推动其他村民开展农房改造。二是提升乡村产业功能定位分区管控，结合全域旅游、田园综合体建设等新兴美丽经济模式，积极探索乡村规划和产业发展新动态，做好新时代的村庄规划编制和实施管理工作。配合完成20个村美丽乡村建设项目初步设计方案审查和考核验收。三是加强特色镇村规划研究。牵头“行政村规模调整后如何做好后半篇文章”调研活动，提出振兴乡村经济规划具体举措。四是开展农房改造帮扶服务。以“三服务、转作风、破难题”为宗旨，设立西溪镇寺口村旧房改造帮扶组，协调解决西溪寺口村用地规划、农房改造、商业街建设等问题，尽量缩短办理程序和办事时限，助力西溪影视城发展。完成西溪镇寺口村控规和修规编制并报批，完成该村农房改造第一批23户安置户相关用图出具、规划和用地报批结，商业街建筑方案设计和施工图纸设计等。

“浙派民居”示范村舟山镇后畈自然村规划鸟瞰图(市自然资源和规划局提供)

■ 规划管理

【简化审批流程 提升服务效能】 2019年，市自然资源和规划局以深入推进“最多跑一次”改革和政府数字化转型，全面提升自然资源主管部门空间治理能力和行政审批效率，进一步深化“放管服”改革和优化营商环境为总目标，依法依规对建设工程项目审批制度进行全流程、全方位再梳理，着力构建科学规范、阳光透明、高效便捷的项目审批体系。以房屋建筑和城乡基础设施等工程建设项目为主要对象，围绕各个审批阶段大力整合审批办理环节，促进多部门、全过程工程建设项目审批办理流程协调统一和深度融合。一是立项用地规划许可阶段办理。积极探索部门职能整合，在金华市率先实行用地预审和规划选址合并办理，“一张蓝图体现、一张表单申请、一次论证核实、一网申报流程”的成果经验为兄弟县市做表率。实行建设用地规划许可证即时办理制度，以出让方式取得国有建设用地使用权的建设项目凭建设项目批准、核准、备案文件和出让合同即时办理，以划拨方式取得国有建设用地使用权的建设项目凭建设项目批准、核准、备案文件即时办理。二是工程建设许可阶段办理。景观风貌重点管控区域外的一般性企业投资工业类项目和小型工程项目由建设单位和设计单位按照规划条件进行承诺，不再单独组织建设工程设计方案审查。对景观风貌重点管控区域内的工程建设项目或者景观风貌重点管控区域外但对景观风貌影响较大的工程建设项目，建立由市自然资源和规划局牵头、其他相关部门参与的建设工程设计方案联审机制；联审通过后经依法公示即核发建设工程规划许可证，其他部门不再对设计方案进行单独审查。对标准地出让工业项目、企业投资小型工程项目和带设计方案出让的其他工程项目进一步合并精简办理事项，缩短办理时间。三是竣工验收阶段办理流程。全面推行"测验合一"改革，按照"统一标准、联合测绘，以测带核、核审分离、多验整合、依法监管"的思路，积极培育竣工测绘机构，由建设单位委托测绘，并将测绘结果与批准的施工图进行比对，出具竣工综合测绘报告，提交各职能部门办理相关核验手续，改变了多头验收重复验收的旧习，实现了"一次委托、统一测绘、成果共享、信息互通"。

【强化技术革新 转换审批模式】 2019 年，市自然资源和规划局根据"一窗受理、集成服务"的改革要求，运用互联网、大数据技术，主动融入投资在线平台 3.0 版政务运行体系，项目审查阶段实现"多规合一"线上论证、联合审查、并联审批、实时流转、信息共享。推动办理结果数据共享和达到条件后的在线即时办理。工程建设许可阶段由市自然资源和规划局牵头负责，灵活采取线上线下会商会审方式，限时组织协调相关部门、限时完成本阶段所有事项的审批办理。精简审批环节，减少、合并审批事项，实现联动审批，提高现场办理能力。一是下放审批权限。按照方便企业和群众办事的原则，进一步依法下放工程建设项目审批权限，着力推进"放管服"。二是调整审批时序。将用地预审意见或国有建设用地使用权出让合同作为使用土地证明文件申请办理建设工程规划许可证，用地批准手续在施工许可前完成即可，实现并联审批。三是推行告知承诺制。申请人按照要求做出书面承诺的，提前进行批前公示或建设工程规划许可，提高政务服务效率，强化诚信社会建设。

【健全规范制度 强化效能监管】 2019 年，市自然资源和规划局坚持外优服务、内修技能的服务理念，围绕技术创新和制度改革，全面加强干部队伍建设，增强服务意识。一是强化指标控制。以事前定指标、事后强监管的方式提升监管效能。在全省审批事项"八统一"要求的基础上，按照事项、环节、材料只减不增的原则，梳理各个阶段的审批审查事项范围和联合办理流程，多部门统一制定办事指南、申请表单、材料模板，实行多项审批联合运作模式，缩减办事流程。根据前台受理、后台联审的联动机制，责任到人，全程监督、限时办理。二是加强事中事后监管。对于实行告知承诺制的审批事项，在规定时间内对申请人和有关当事人履行承诺的情况进行检查；对申请人未履行承诺的，撤销行政许可决定，记入申请人诚信档案，并依法追究申请人和有关当事人的法律责任。三是强化沟通服务。以"三服务"为契机主动对接工作，探索优化营商环境机制，积极向市政府提交《永康市工业用地规划用途变更利用》《适度放宽工业用地控制指标的意见建议》等调研报告。建立项目审批回访制度，落实干部线上交叉回访，做到办结事项有回访、意见建议有反馈、管理服务有提升。

【立足精准服务 助推项目实施】 2019年，市自然资源和规划局坚持以精准服务的理念规范行政审批行为，做到高效便捷推进工程建设项目。全年共审批1300多个事项，按时或提前办结率100%。其中，林业审批318项：征收占用林地项目97项，审批面积75.3万平方米；核发林木采伐许可证123份；核发植物调运检疫合格证7份；陆生野生动物许可33项；核发林木种子生产经营许可证2份；办理木材运输证56份。土地审批607项：供地124宗，面积273.7454公顷；建设用地预审16宗，面积11.2002公顷；国有划拨补办出让75宗，收取土地出让金4752.4830万元；完成临时用地审批47宗，面积161187.36平方米；设施农用地上报备案共9宗，生产设施、附属设施用地面积6158.37平方米；各乡镇特困户批基共上报备案336户。规划审批393项：选址10项，用地面积71万平方米；用地许可84项，用地面积139.1万平方米；工程许可183项，建筑面积130.1万平方米；规划核实116项，建筑面积74.6万平方米。及时组织审批永康中学、外国语学校、龙川学校、五金技师学院、东库城中村改造、悦虹湾、融悦湾、东溪湾、海棠湾等四五十项项目方案联审、论证及审批。

（市自然资源和规划局　郦鸣亚、应宏磊、姚萍、陈红敏）

建设管理

建设管理

【概　况】 2019年，共监督在建工程项目449个（含子单位工程），其中房屋建筑工程393个，建筑面积886.4万平方米，市政公用工程56个，工程造价16.26亿元。全年组织各阶段质量验收638项次，办理质量安全监督手续143项，共出具《建设工程质量监督报告》118份，面积173.3万平方米，其中民用建筑（含公共建筑）101.7万平方米，工业建筑71.6万平方米。办理起重机械安装（拆卸）告知登记93项次，起重机械使用登记141项次。

现场检查房建项目施工质量（市建设局提供）

【优质工程】 2019年，永康市创下浙江省"钱江杯"优质工程1个，创下金华市"双龙杯"优质工程8个，永康市"方岩杯"优质工程11个，3个工程项目被评为金华市房屋建筑安全文明施工标准化工地，1个工程项目被评为金华市绿色施工工地。

【消防验收接管】 2019年7月1日，建设工程消防验收职责划入市质（安）监站。自7月1日以来，共组织消防验收65次，复查78次，发放《建设工程消防验收整改通知书》63份，出具《建设工程消防验收合格意见书》46份，面积约48.4万平方米。

【小微园项目建设】 为推进小微园项目建设，2019年，市建设局执行监督员联络制，即监督员监督、服务建设项目网格化管理。延伸"最多跑一次"改革，建立"容缺受理"机制；"三位一体"有效监督服务，即工程质量、施工安全和消防工程一并纳入监督服务范围；加强指导、提前服务，有针对性地多次开展施工技术交底。开通小微企业项目“绿色应急机制”，提高小微园建设效率，确保小微园建设项目早日投入使用。

【工地扬尘管理】 2019年，市建设局加强日常对城区范围内建筑工地开展扬尘治理督查工作，运用视频监管智能监控系统，监督施工现场扬尘治理措施落实情况。6月4日，召开全市扬尘综合整治专项行动现场会。6月21日，召开金华市扬尘治理建设工地施工现场会，金华市及各县市区有关领导等共计80余人参与观摩，对永康市建筑扬尘治理工作做出高度评价。

【工程质量检查】 2019年，市建设局对房建类工程质量巡查29项，对51项工程进行复查，加大对违法违规行为的查处力度，共发放《工程质量督查意见书》65份，《质量监督整改通知书》16份。针对检查情况，8月份下发《关于全市建设工程质量监督巡查情况的通报》，按相关规定，对7个存在较多质量问题的项目进行了通报，通报批评2家施工企业及1家监理单位和相关人员，其中5家施工企业及相关人员报请上级主管部门做进一步处理。

住房公积金

【概　况】 2019年，全市共归集住房公积金10.05亿元，比上年增加0.74万元；净增缴存职工人数2044人，超出考核指标1.64个百分点；缴存余额29.08亿元，比上年26.57亿元增加2.51亿元。累计为1166家单位51299名（正常缴存职工38308人，封存12991人，销户2028人）职工建立住房公积金制度。

2019年新增的公积金办理银行网点（中国银行金胜路支行网点）（市建设局提供）

【住房公积金提取】 2019年，共为6404户职工提取7.55亿元（其中购建房提取2.43亿元，偿还贷款提取3.39亿元，完全丧失劳动能力和死亡提取1772.16万元，调离本市提取1666.81万元，租房提取3148.09万元，离退休提取1.04亿元，其他54.81万元）。较上年7.28亿元增加0.27亿元。

【住房公积金贷款】 全年共为1154户干部职工发放住房公积金贷款4.56亿元；收回贷款3.35亿元；余额25.93亿元；占贷比89.2%。个人住房公积金贷款逾期率为0.031‰，低于年度工作考核指标0.969个万分点。

【住房公积金运用和使用】 增值收益5415.03万元，业务收入10032.52万元，业务支出4617.49万元，按60%提取贷款风险准备金3249.02万元，管理经费294.40万元，城市廉租住房建设补充资金1871.61万元。

【住房公积金扩面】 一是通过报纸、电台、电视等媒体宣传带动住房公积金扩面；二是下发文件允许各单位、企业根据实际情况，按5%—12%自主确定缴交比例；建立考核机制，鼓励银行参与等方式政策带动扩面；三是加强对贷后停缴的催缴力度，通过电话、律师函催缴，执法带动扩面。永康分中心已累计为6631名非公企业职工建立了住房公积金制度。

【深化“放管服”改革】 宽条件，放宽提取、贷款条件限制。减材料，在全部事项实现网上办、掌上办、跑零次、材料电子化100%的基础上，开展逝者身后事、退休一件事、个人贷款事项联办；取消填写《提取申请表》，取消证件材料复印，办理业务实现免填表、免复印，解决群众的麻烦事。增网点，与5家银行达成合作，共计34个银行服务网点可以办理住房公积金业务。

【调整住房公积金缴存比例】 根据省厅《关于进一步减轻企业负担增强企业竞争力的若干意见》(浙政办发〔2018〕99号)精神，改进住房公积金缴存机制，允许企业在缴存基数5%—12%范围内，自主确定缴存比例。

【公款竞争性存放保值增值】 自2016年以来已累计开展公款竞争性存放6次，涉及资金9.02亿元(2019年公款竞争性存放2.2亿元，8月首次开展协定存款竞争性存放)，预计利息收入5292.39万元(协定存款不计入)，实现公款的保值增值。

市政建设

【市政污水处理设施建设】 2019年，全市新增城镇配套污水管网建设达到60千米，而金华下达永康市的任务为45千米。城市污水厂、芝英污水厂清洁排放改造都已通过验收并投入运行。10个城镇生活小区污水零直排建设，完成率100%。基本完成2个省级节水生活小区创建。完成雨水管网17.3千米，完成率115%；雨污分流改造14.3千米，完成率110%；提标改造13.28千米，完成率133%。另外，完成六小行业排水设施现场勘察320人次，完成房产、公建配套污水排放方案审查15个，完成雨污分流排水设施现场勘察35个。

【南四环线(胡则路即南溪大桥北侧—330国道)工程】 位于永康市东城街道黄棠村东南侧，西起南溪大桥东侧桥台，向东往330国道方向至桩号K1+360，起止桩号k0+467至K1+360，沥青混凝土路面，道路全长为893米，道路标准段宽60米，双向8车道，为城市主干路。合同价为6233.2925万元，于2018年11月9日开工，2020年4月20日完工。

【南溪湾生态湿地景观公园——岩生植物园一期、二期工程】 位于永康市江南溪心区块南溪湾生态湿地公园内，工程施工内容包括登山步道、景观道路、绿化施工、室外水电等专业工程，合同造价为1229.3265万元，于2018年11月5日开工，2019年12月23日完工。

【江南街道居民区"一通五化"第七期工程】 位于丽州南路东侧、永三中路南侧，包括白云小区、华丰路街区、南苑路街区，雨水管道DN300埋设长度为1715.52米，雨水管DN400长212.41米，污水管DN300长2665.54米，水泥混凝土路面硬化面积约27266平方米，合同造价为906.8702万元，于2018年9月15日开工，2019年11月20日竣工。

【龙川东路沿江绿化工程】 坐落在南溪东岸、龙川东路(溪心大桥至南溪大桥段)以西区域，绿化宽35—60米，全长1300米，总面积约72000平方米，主要包括绿化、景观节点及亮化等，合同造价为2506.6741万元，于2019年3月18日开工，12月27日竣工。

【南溪大桥建设工程】 位于永康市溪心村四环路跨越南溪处，西交望江路，与四环路衔接，东交龙川东路。建设路线全长367米，南溪大桥主线桥全长267米，其中主线桥(108+80)米独塔双索面钢箱梁斜拉桥，宽40米。主桥塔高69米。三跨引桥共长75米，宽33.5米，西侧主线接线道路长100米，宽33.5—39米不等；慢行桥全长149米，采用异形钢箱连续梁桥，标准宽度6.5米，至桥塔处扩大到11米。项目总建设面积23602.35平方米。合同造价为12159.7802

万元，于2017年5月8日开工，2019年6月26日竣工。

南溪大桥（市建设局提供）

【金城路（望春路—城东路）精品街改造工程】 金城路优化改造工程西起望春路，东至城东路，道路长约960米（含望春路交叉口范围）。工程改造内容包含：道路白改黑工程、排水工程、管线工程、绿化工程、交通设施、路灯照明等附属工程。合同造价为2797.2966万元，于2019年11月1日开工，2020年3月30日完工。

【石柱至城区污水管网建设工程】 位于石柱镇、东城街道，建设管网总长度约2.4千米，其中D 800污水重力主管1800米，D 500压力管610米。合同造价为1022.5468万元，于2019年9月1日开工，2020年5月20日完工。

公用事业

【城市照明维护管理】 2019年，市建设局落实日常夜间巡查制度，及时排除故障，加强小区街道的巡查、维修，切实方便群众生活。全年共维修路灯4392盏/次，安全出车61025千米。验收并完成审计白马郡路灯工程、西塔桥路灯亮化工程。对4个区域实施路灯新建工程，分别是：兴达路区域路灯新安装7米单叉灯3支，广电路高镇桥至溪中桥路新安装10米长挑臂灯9支、13米中杆灯2支，东永一线的荆山夏重新安装路灯变压器，飞凤社区新安装7米单叉灯4套。对东永二线、330国道等主要道路的灯杆、线路、基础等维护抢修约210杆/次。处理路灯及附属设施被撞毁事件29起，赔偿费用18万元。完成路灯线路、变压器抢修维护47起。接到路灯报修电话166次，基本都在24小时内完成修复，并做好处理结果回复工作。

老旧小区改造（市建设局提供）

【运维管理农村生活污水处理设施】 实行农村生活污水处理设施第三方运维管理，已接收移交给第三方运维管理349个行政村，处理终端387座。自建终端设计污水处理量1.93万吨/日，受益农户11.38万户，管网长度1392千米。2019年共组织开展农村生活污水治理项目综合验收42次，总计完成验收224个村。全年第三方自检3500个水样，市级抽检1200个水样，出水水质达标率86%。开展农村生活污水专项规划编制工作，完成规划文本三稿，已于网上公示。

【保障燃气供应】 2019年，市建设局积极推进瓶装燃气信息化管控工作，气瓶实名登记工作全面展开，气瓶二维码建档比率稳步提升，气瓶建档、充装、配送基本实现信息化可追溯。2019年，全市钢瓶二维码建档量达到95004只，充装扫码量465172只，实名制配送量633477只。迎接各级平安创建、维稳安保明察暗访专项检查7次，督促燃气企业查漏补缺，完善燃气经营企业基础设施建设，检查、复查全市燃气储备站、供应站(点)70余家，共参与800余人次，对发现的问题积极落实整改。

■ 住房保障

【概　况】 永康市保障性安居工程基本建成1864套，基本建成面积28.79万平方米，完成任务率487%。保障性安居工程竣工1474套，竣工面积27.59万平方米，完成任务率100%。

保障性安居工程交付入住1474套，交付入住面积27.59万平方米，完成任务率100%。2019年，发放公共租赁住房租赁补贴48户(计划为10户)，补贴资金10.91万元；公租房租金补贴共136户，共26.25万元。开展公租房统一管理系统升级改造建设，已完成招标代理和招标公告等公开招标前期工作。

【公租房政策调整】 2019年，出台《永康市公共租赁住房保障管理实施细则》，2020年1月1日起实施。政策将城镇住房困难家庭、新就业职工和外来务工人员纳入保障范围；申请材料精简为只需提供身份证；家庭对象条件审批实行“秒审”，从申请到确定保障资格最长不超过10个工作日；日常管理建立“预警”机制，依托浙江省公租房统一管理系统，对接大数据局，建立公租房预警管理系统。

【保障性住房常态化】 公租房轮候家庭实物抽签配租44户，由于2019年公租房政策调整，公租房未开展申请工作，实行预登记，共预登记165户；人才用房共受理10户，9户审核通过，公开抽签配租12户。一季度发放公租房租赁补贴39户28320元，二季度39户28112元，三季度47户30416元，四季度29户22248元，全年公租房租金补贴共136户，计262515元。完成2017年公租房520户年审，完成2019年人才用房84户年审工作。

【北苑经济适用房审计】 开展永康市北苑经济适用房一期工程和二期(一)工程竣工财务决算审计，审计问题基本整改到位。

【保障信息录入全省统一平台】 完善住房保障信息系统中的保障房历史数据录入，累计保障受益家庭39571户，收益人数124783人，受覆盖率达到25.44%。

■ 房产管理

【规范公房管理】 共管辖944套，其中出租795套，空关149套，共计收缴租金784.9万元，追回欠缴租金1.3万元；收到维修申请32份，完工28份，退回1份，收到电话报修40余起，已完成39起，其余未完成；累计巡房20次，发现公租房转租4例，3户已退房，1户恢复资格；消防检查20次；无偿划转4宗(共计8间)公房至芝英镇人民政府管理。

公房危房维修(市建设局提供)

【房产中介培训】 2019年，市建设局协助金华房协开班2期金华市房地产经纪从业人员岗位证书培训班，共有600多人报名。第一期培训后，393人参与了岗位证书考试，362人考试合格。

【培育白蚁防治市场】 3月，公开招投标白蚁防治公司，同时备案管理，对已招投标的白蚁预防施工单位做好施工质量监督；入库登记已招标的5吨药物。联合委托白蚁防治服务公司，调查传统村落和历史文化名镇名村的白蚁危害情况。

【白蚁防治】 3月份起，共完成现场指导、质量监督的单位196个，处理服务等纠纷15起，实验室共完成抽样检测68份。签定白蚁预防合同94份，预防面积2019226.3平方米，减免费用4038452.6元，完成档案390份。完成白蚁预防项目244个，完成面积3222507.36平方米。自3月份起，共完成现场指导、质量监督的单位204个。处理服务等纠纷15起。白蚁站实验室共完成抽样检测71份。接待来电、人员来访共390次，经核实开具白蚁灭治派工单201份，技术支持21户。

【房产交易】 2019年，共办理挂牌、网签4438件，房产交易6953件。租赁备案15件。房地产经纪公司备案76家；商品房合同备案175件。梳理本单位“无证明”业务，取消证明1项，数据核查1项。举办永康透明售房网网签培训会，有120余人参与培训。

房地产业

【概　况】 2019年，永康市完成投资38.1亿元，同比增长12.5%；新开工建设7个项目，总建筑面积43.2万平方米，比上年减少75.6%；竣工2个项目，面积16万平方米，比上年减少50%。

【房地产销售】 2019年，全市新批预售新建商品房66.3万平方米(5918套)，同比下降17.5%；其中住宅57.3万平方米(4714套)，同比下降19.3%。网上备案新建商品房58.4万平方米(5073套)，同比上涨35.4%(43.9%)。其中住宅51.7万平方米(4326套)，同比上涨27.4%(上涨27.1%)。

【保障房建设】 2019年，全市保障性安居工程基本建成1864套，基本建成面积28.79万平方米，完成任务率487%。具体项目为：古山三村农房改造项目1474套，建筑面积27.59万平方米；西山头城中村改造项目390套，建筑面积1.2万平方米。其中古山三村农户改造项目已竣工、交付。全年发放公共租赁住房租赁补贴48户(计划为10户)，补贴资金10.91万元；公租房租金补贴共136户，共26.25万元。

【2019年主要在建楼盘】 融悦湾　融悦湾由永康凯滨置业有限公司开发，地处永康市北苑区块，距离永康市政府约3千米。项目总规划用地约27.6亩，总建筑面积54214.08平方米，规划容积率1.8，计算容积率的总建筑面积约为33057.44平方米(305套住宅)，不计容积率的总建筑面积约为21156.64平方米，预计开发周期3年，总投资额将近4.9亿元。

悦虹湾　悦虹湾由永康滨盛房地产开发有限公司开发，地处永康市北苑区块。项目总规划用地约60.38亩，总用地面积40256平方米，规划容积率1.8，计容积率的总建筑面积约为73837.12平方米(规划住宅668套)，不计容积率的总建筑面积约为45637.13平方米，预计开发周期3年，总投资额将近13亿元。

百悦文苑　百悦文苑由永康中梁宝龙置业有限公司开发，为解放街重建项目住宅部分，位于解放街东侧，时代广场北侧，毗邻永康中学、大司巷小学。项目由3栋叠墅、9栋小高层和2栋高层组成，总计696户。高层、小高层主力户型面积约115—

143平方米，叠墅主力户型面积约160—180平方米。项目性质为商服，城镇住宅小区，规划审批总用地面积为40059.00平方米，总建筑占地面积13907.70平方米，总建筑面积158485.72平方米（其中地上建筑103928.5平方米，地下建筑54557.22平方米），住宅面积95031.77平方米，商业面积7957.55平方米，物业用房729.74平方米。建筑工程内容共14幢（北苑3#、4#为多层住宅，其他的为高层住宅），住宅696套，商业198间，项目预计总投资3亿元。

丛桂公寓　丛桂公寓由永康中梁宝龙置业有限公司开发，本为解放街重建地块商业部分，位于老解放街西侧，南龙广场北，毗邻永康中学、大司巷小学。总用地面积28753平方米，规划容积率≤3.97，总建筑面积约为114318.33平方米，项目包含大型商场及1380套公寓，总投资额将近35亿元。

物业服务

【物业管理两个突破】 2019年，永康市共审核物业专项维修资金使用申请25项次，为历年来最多。新湖绿城物业永康分公司成立永康市首个物业企业党支部，实现“红色物业”零的突破。

检查物业小区消防设施(市建设局提供)

【指导业委会成立】 截至2019年底，永康市累计成立69个业主大会和业主委员会，基本涵盖区域相对独立的物业小区。其中高川花苑、世贸滨江、香格里拉、中浙阳光、西山花苑等小区业委会已成功换届4次。

【金华市物业管理示范项目】 2019年7月，绿城物业和新湖绿城根据创市物业管理示范项目要求，分别成立创优工作小组，协调公司的人力物力，通过服务现场的自查自纠，服务基本面有较大提升，并提交金华市物业管理示范项目的申报材料。12月公布的考评结果中，永康丽州玫瑰园、总部中心3期被评为金华市物业管理示范项目。

【物业服务年度考核】 邀请物业行业专家、消防大队及项目所在镇(街道、区)的相关负责人开展为期一个月的考核，全市30家物业企业参加。考核内容包括物业管理的资料档案、秩序环境、设施设备、消防安全等，累计检查项目55个，并评选出年度“优秀物业企业”。

建筑市场

【全面推行企业“红黑榜”】 全面推行永康市建筑业企业诚信行为“红名单、黑名单”管理制度，建立健全建筑业企业诚信行为数据库。全年办理建立建筑类、监理、勘察设计、代理咨询等企业诚信档案296家；统计公布2018年度“红名单、黑名单”，红名单企业53家、黑名单企业12家。对不履行法定职责、工程管理不善、存在不良建筑市场行为的企业和个人予以公示，直至暂停或取消招投标资格和承接工程业务的资格。

【建筑市场行为检查】 2019年，开展包括合同履约、民工实名制、分账制管理、关键岗位人员考勤等建筑市场行为专项检查13次，涉及项目63项，企业145家。经日常检查、巡查，全年对16家企业及11名项目监理(总监)予以通报批评，对2家企业负责人进行约谈，对存在不良行为的2家企业报请上级做进一步处理。

【专项整治】 2019年，解决企业个人证书注册纠纷11项、调解劳动合同矛盾3项、调解工程款结算7项，破解招标投标质疑36项。全市全年共计2196人行业专业技术证书通过省诚信平台审核，存在“挂证”问题的企业和人员通过教育引导，6人自觉按要求进行注销。

【规范建设工程招投标】 2019年，开展各类建设工程招投标项目现场监督81项、受理招标申请、招标文件备案、招标结果备案等89项，占全市工程类（包括交通、水利、农林）招标总数的68.1%；项目总投资约14.16亿元，比上年增长5.9%；推行“无证明城市”改革，取消不合理不需要的程序，5次修改招标文件范本。

【规范工程造价管理】 贯彻实施工程量清单计价规范、浙江省建筑工程预算定额等工程造价新标准，统一使用工程施工新合同范本。大力推进实施“营改增”，工程材料采集发布采用含进项税和不含进项税两种价格。

【采集、发布建设工程造价信息】 开展全省住宅建筑全装修造价信息门类信息的采集工作，永康市被列为住宅建筑全装修门类专项的主要信息采集基地，7家品牌门业被成功纳入省级《住宅全装修造价信息》。全年采集建设工程主要材料价格信息五大类9项62条，品牌产品四大类14种459条；发行《造价信息》月刊12期共计2760册，为12家优秀建筑业企业做了形象宣传；《造价信息》副刊目四大类14种品牌产品459条信息。

建筑市场造价信息期刊（市建设局提供）

勘察设计

【概　况】 根据《永康市工程质量安全提升行动实施方案》（永建综〔2017〕69号）的要求，积极落实勘察单位项目负责人、设计单位项目负责人的责任，在工程设计使用年限内，承担相应的质量安全责任。强化勘察单位工程勘查现场和室内试验质量控制，确保勘查成果准确。设计单位严格执行工程建设强制性标准，强化设计文件技术交底和现场服务。

【工程质量终身责任制】 严格落实勘察设计单位工程质量终身责任书面承诺、永久性标牌、质量信息档案等制度，确保各项制度100%落实到位。凡不按规定提交质量终身责任承诺书的不得办理工程质量监督手续，凡未设立永久性竣工标牌、质量信息档案不按规定移交的不得办理竣工验收备案手续。

【提升建筑设计水平】 全面推行规范化、精细化、标准化、信息化管理，积极贯彻“适用、经济、绿色、美观”的建筑方针，坚持适用经济，突出建筑使用功能；坚持绿色低碳，在确保建筑使用安全的前提下，最大限度节约资源、保护环境，实现可持续发展；塑造美观形象，充分发掘城市文化资源，强化文化传承创新，体现历史文化内涵。贯彻落实《建筑工程设计招投标管理办法》，完善激励机制，促进设计企业和人员专业水平的提高。

【施工图审查网上统一受理制度】 严格抓好民用建筑施工图设计文件审查工作，严格建筑节能的施工图设计文件审查，要求施工图审查机构将民用建筑节能内容开展专门审查，要求对建筑节能设计是否符合要求提出结论性审查意见，对不符合建筑节能标准的，不予审查通过，确保建筑节能标准在设计阶段执行率达100%。2019年，新建民用建筑约132万平方米，全部强制执行和落实相关建筑节能设计标准。

【建设工程勘察设计管理】 2019年，市建设局根据《关于加强工程勘察质量管理做好外业见证工作的通知》落实勘察外业见证制度，要求见证人员以旁站的方式对现场勘察工作进行检查、核实，严格执行“先勘察、后设计、再施工”的基本建设程序。每年组织开展勘察设计专项检查，2019年共检查在建工程6项，涉及设计单位6家，勘察单位5家。下发1份整改通知书，企业按照要求进行了整改。

10月，浙江省浙中地质工程勘察院对道明安防产业园建设项目一期进行现场勘探(市建设局提供)

建筑行业

【概　况】 截至2019年底，永康市共有建筑业资质企业72家，其中特级资质企业2家，一级总承包企业5家(建筑工程施工总承包3家，市政施工总承包2家)，一级装饰专业承包资质企业5家。建筑行业甲级设计资质企业2家，建筑行业乙级设计资质企业1家。2019年新批水利水电总承包资质企业1家，吸收合并外地市政二级企业1家。全年建筑业总产值为104.6亿元(进入统计口径企业50家)，同比增长16%，增速在金华各县市区排名第一。其中省外产值43.3亿元，同比增长70%。新签订合同额165.8亿元，同比增长106.9%。新办理施工许可证120项，新开工房屋建筑工程247.45万平方米；其中永康市企业施工64项，建筑面积139.52万平方米(占比56%)；外地企业施工56项，建筑面积107.93万平方米(占比44%)。2019年，建筑业在永康市缴纳税收2.8759亿元，同比增长10.96%；进入全市纳税百强优胜的永康建筑业企业14家，占企业总数的19.4%。其中，进入纳税百强企业7家，占企业总数的9.7%。

【推进绿色建筑】 实施《永康市人民政府办公室关于加快推进绿色建筑和建筑工业化发展的实施意见》和《永康市绿色建筑专项

装配式建筑现场(市建设局提供)

规划》，市人力资源市场项目实施装配式建造完成。推进中心城区新建住宅全装修，古丽花园、解放街重建项目正在施工建设。2019年，新获评二星级绿色建筑设计标志4项：永康市客运中心、农贸果蔬市场粮油批发市场（3期）、锦绣佳园1期、永康市盛世（联合）商贸中心；新申报二星级绿色建筑设计标志1项：大司巷小学迁建工程。

【两项措施推进行业管理】 第一项，完善落实扶持政策。形成《关于加快建筑业提升发展的实施意见（送审稿）》，上报市委市政府。落实《关于进一步推进建筑业发展的若干意见》，20家建筑业企业申报经济扶持奖励753万元。第二项，加强行业监管。实施《永康市建筑业企业红、黑名单管理实施办法》，进行施工工地消防安全专项整治，监管工程全年无安全生产亡人事故。严格监管工地扬尘治理工作，对监管项目建设主体和管理部门都实行责任定人网格化管理。

【创建无欠薪县市】 2019年，永康市实施《永康市建设工程工人工资款分账管理实施细则》，全面落实建设工程工人工资款分账管理，对接使用金华市建筑工人实名制平台，对在建项目分账管理工作进行检查督促，成功创建无欠薪县市。

（市建设局　李王盛、卢莉娜、吕建平、应攀、李艳蕾、胡政感、施黎明、高永宇、潘志伟、吕将）

环境保护

生态环境

【概　况】 2019年，金华市生态环境局永康分局（以下简称“生态环境分局”）紧紧围绕市委、市政府决策部署，紧盯环境质量主要指标和重点任务，以改善环境质量为核心，以迎接第二轮中央生态环保督察为重点，克难攻坚，统筹推进新一轮“158”碧水蓝天工程，扎实开展污染防治攻坚战，全市环境质量稳中趋好。截至11月9日，永康市PM2.5浓度为33$\mu g/m^3$，同比改善5.7%，AQI优良率为91.4%，比上年同期提升3.9个百分点，空气质量综合指数为3.75，同比改善9.8%，无重度污染和严重污染天数。1月—10月，金华市控以上6个地表水断面全部达到Ⅲ类水质，达标率为100%。其中桐琴交接断面达到Ⅲ类水质，氨氮0.572毫克/升，同比改善0.3%，高锰酸盐指数3.8毫克/升，同比改善10.5%。章店断面达到Ⅲ类水质，符合水十条要求。杨溪水库等全市重点饮用水水源地水质达标率为100%，其中杨溪水库达到Ⅱ类水质，太平水库、三渡溪等6座重点水库全部达到Ⅲ类以上。

【蓝天保卫战】 2019年，由市蓝天办统筹推进，联合公安、建设、交通运输、综合执法等部门，强化道路扬尘和建筑工地扬尘治理，推行渣土运输市场化运营管理，降尘量从2018年的11.8吨下降到2.7吨，市区空气环境得到明显改善。6月21日，金华市打赢蓝天保卫战现场会在永康市成功召开，永康市秸秆垃圾焚烧高空智能监管项目、企业异味废气治理、扬尘治理、餐饮油烟治理等创新亮点工作举措得到各方点赞。

【环境卫生厂区创建】 2019年，永康市以城西新区为创建试点，在金华全市首创推行环境卫生厂区创建工作，打造企业生态发展新标杆。

【环保审批服务】 2019年，永康市环保审批服务实行首问负责，提前介入，不断优化流程，缩短办理时限，提高效率。逐件进行回访，实现回访率100%，满意率98%以上。截至11月，共审批建设项目751个，同比上升142%。

【第二轮中央生态环境保护督察迎检】 2019年，生态环境分局为迎接第二轮中央生态环境保护督察，全力开展“回头看”行动。聚焦中央、省级环保督察反馈问题和交办信访件，实行逐件“回头看”，根据核查情况，189件中央环保督察和144件省级环保督察信访件全部按规定程序办结，中央6个反馈问题完成4个点上问题整改，2个面上问题有序推进。省级19个反馈问题完成7个，其余12个问题达到序时进度。同时，全面做好迎检工作准备。9月1日开始，专门开展“迎大庆、保安全、维稳定”环保专题行动，在全市范围集中受理群众举报投诉，全面发现和推动问题整改，并不断巩固整改成果，坚决严防问题反弹回潮。同时根据省、金华市迎检工作会议精神和上级部署，做好前期资料收集准备和汇报材料起草工作。相关督察期间集中办公场所已由市整改办牵头准备。

【"美丽永康"建设】 2019年，生态环境分局全面助力"美丽永康"建设。紧扣"清水永康江 清新丽州城"一个总目标，大力实施"158"碧水蓝天工程，协助市委市政府召开生态环保大会暨省环保督察整改工作推进会予以部署落实，牵头编制永康市省级环保督察整改方案，推动部署今年环保重点工作，推进省级环保督察反馈问题整改，推动全市上下共抓环保。督促指导16个镇(街道、区)完成2018年度生态环境状况报告；推动建立16个镇(街道、区)生态环境所，均已挂牌成立，基层环保力量得以充实。梳理永康市生态文明建设示范县(市)创建工作短板，并下发《关于落实永康市创建省级生态文明建设示范市指标责任分工的通知》，明确责任分工；经市政府常务会议审议，下发实施《永康市生态文明示范创建行动实施方案》，全面推进创建工作。

【污染防治攻坚战】 2019年，生态环境分局制定《2019年度蓝天保卫战各有关部门重点任务工作清单》，印发实施《打赢蓝天保卫战2019年工作计划》和《重点区域大气污染防治精细化管理工作实施方案》，明确全年工作任务和部门职责，从点到面，持续推进大气污染防治工作；开展五金涂装行业整治长效常态监管现场督查，累计现场督查268家企业，编制督查发现问题清单通报各镇街区，明确整改期限；持续推进机动车排气污染防治工作，定期开展机动车环检机构的监督检查，有序推进机动车遥感监测及黑烟车抓拍系统建设工作；完成编码登记非道路移动机械1005台，上牌量占金华地区总数的41.15%；在金华市率先完成13个乡镇(街道)、1座工业园区VOCs空气自动监测站建设并全面投入试运行。开展"清尘行动"暨城区范围建设工地运输车辆专项整治行动，截至11月10日，四部门共出动11211人次，检查工地1382场次，车辆5285辆，发现问题1340个，立案处罚529起。排查全市餐饮饭店4556家，办理餐饮油烟案件183起。开展以"五水共治"为核心的河道排污口排查、河道水质提升攻坚专项调研，对西门溪、烈桥溪、倪宅溪、雅庄溪、四路溪开展水质调查监测并编写水质分析报告，累计完成1093组样品检测，出具监测数据9786个，编制监测报告204份、编制空气质量周报44份、月报11份；饮用水源地月报11份，编制《永康市环境质量月报》11期，《2018年永康市环境质量报告书》1份；开展重点断面水质状况预警预报跟踪监测工作，对世雅、塔海、小花园、后槽桥、南溪、章店、桐琴等7个断面的水质预测和桐琴桥、章店的自动监测开展异常预警；以水质下降明显区域为排查重点，组织开展"零点突击"专项执法行动4次；开展饮用水源地水质保障性监测工作，对杨溪水库、太平水库、洪塘坑水库、三渡溪水库、黄坟水库、上黄水库、珠坑水库等饮用水水源地开展水质监测，同时联合水务、公安、综合执法、交通等部门开展联合巡查。注重以科技推动生态环保工作，完成VOCs用电设备监控管理信息系统服务项目招标工作，498家企业安装用电监控设备并投入运行。完成永康市生态环境综合监管平台建设招标。加强危险废物信息化管理，10家年产100吨以上危险废物的重点企业全部纳入联网监控范围，全面启用浙江省危险废物全过程管理信息系统，实现产生、运输、处置全过程信息化管理；积极推进工业固废"互联网+集中处置"试点工作，充分发挥第三方服务公司的作用，指导企业规范处置工业固废，截至10月底，已下载注册无废城市App企业达到1782家，已签订焚烧填埋固废清运服务合同993家，共规范处置无价值工业固废5479.54吨。永康市一般工业固废处置"五步法"的调研报告，获得省长袁家军，副省长高兴夫、彭佳学批示肯定。

【污染物总量控制】 2019年，生态环境分局确定4个主要污染物减排目标任务，梳理、上报2019年水、气减排计划重点项目；对涉及全省全口径的永康市重金属重点行业企业清单进行校核；梳理重点行业VOCs治理减排项目，督促企业完成减排任务，19家企业基本完成。健全完善建设项目主要污染物排放总量指标管理制度，新增部分的排污权严格按照区域总量平衡的原则，按规定的比例进行外部削减替代，并通过排污权交易方式取得，共出具建设项目总量平衡替代意见628条，在金华名列第一；同时做好环境统计质量控制，完成工业企业报表系统、环境统计系统填报和污染物排放环节核算工作；严格执行建设项目总量准入制度，持续开展政府储备排污权电子竞价，共办理排污权交易378笔，政府储备排污权出让收入925.1135万元。按照省和金华市普查办要求，截至11月，共完成比对核查27540家，完成普查19858家，其中工业源18504家，农业源21家，生活源723家，集中式治理设施573处，移动源45家。5月底前，在全省率先完成19096家污染源审核和核算工作。同时完成上报污染源普查初报定库数据、普查工作总结和数据分析报告编制。

【生态环境执法监管】 2019年，生态环境分局深入开展“零点突击”“净土清废”“静音护考”等专项执法行动，依托“互联网＋监管”模式，有效运用“双随机一公开”的抽查方式，不断完善环境保护长效管理机制，强化环境网格化监管，严厉打击环境违法行为。截至11月，已查处环境违法行为案件224起，下发行政处罚决定书153份，处罚总额1344.47万元。办理重大案件43起，查封案件31起，限制生产4起，移送公安案件8起，其中刑事案件移送8起，采取刑事强制措施3人。加强司法联动、区域联动，推进公检法及生态环境部门在打击生态环境犯罪中的协调配合，有效预防和处置辖区内及跨界环境污染问题；联合水务等部门开展跨部门双随机抽查，逐步扩大生态环境领域跨部门“双随机”范围，严惩重罚各类环境违法主体。紧扣信访减量、环境维稳的工作重点，积极回应群众诉求，共受理信访投诉645件，同比下降42.36%；加强辐射安全监管，开展国家辐射安全监管系统巡查及辐射工作单位现场监督性检查；开展安全隐患排查，严格落实企业主体责任，检查企业65家，排查整改隐患30个。

【优化服务】 2019年，生态环境分局深化“最多跑一次”改革，实行环保事项“一窗受理、集成服务”，首问负责，内部流转，提前介入，主动服务，提高效率，不断优化流程，缩短办理时限。实行网上办理、邮寄送达，让群众企业“不用跑”。环保事项办结后，对每一个项目都进行回访，实现回访率100%，满意率98%以上。截至11月，共审批建设项目751个，同比上升142%。促进第三方监测市场建设，将以往服务企业有关的委托监测全面转化为主动上门服务，实现所有涉企监测工作“跑零次”；联合第三方实验室实施对地表水断面、重点排污口、农村污水处理设施终端等开展监测，完成监测点位2100多个；积极开展第三方机构监测行为监督工作，对在永康市开展环境监测业务的有关单位进行实验室体系检查、数据比对、密码样检测等质量管理检查工作。加强环保宣教和信息服务，定期向公众开放设施展示在环境监测方面取得的成效，并接受公众意见，提高群众满意度；及时受理并答复群众政府信息申请；利用微信公众号、《永康日报》等各类媒体，广泛宣传普及环保政策法规；公布2018年度永康市环境状况公报；开展广场咨询等“6·5”世界环境日系列活动。助力永康市民营经济发展，完成全市700多家规上工业企业大走访、大调研，指导帮扶企业规范环保手续，提升污染防治能力。建立企业环保培训常态化机制，完成重点源企业、规上企业、涉VOCs企业、集聚点、固废管理、镇街区分管领导和生态环境所工作人员等环保业务培训13批次，培训2000人次以上。

（生态环境分局　供稿）

国土资源

土地资源利用

【概　况】　永康作为一个工业型城市，经济发达，但土地资源有限，用地供需矛盾突出。为进一步助推经济发展方式的转型升级，市自然资源和规划局聚焦“四未”土地攻坚处置、低效用地再开发、助推小微企业园建设等重点工作，严控增量、盘活存量，积极向上争取新增用地指标，提升土地节约集约利用水平。

“统筹发展空间，强化资源保障”动员大会（市自然资源和规划局提供）

9月29日，永康市召开“统筹发展空间，强化资源保障”动员大会，全面部署开展“空间规划编制行动、用地指标争取行动、‘四未’处置攻坚行动、存量盘活挖潜行动、拆后利用提速行动、土地综合整治行动、土地收储出让行动、流程整合再造行动”等八大专项行动，计划用3年时间达到既定目标，全面提高土地资源节约集约利用水平，实现国土空间统筹利用，满足高质量发展的需求。

【科学编制土地供应计划】　按照节约集约、供需平衡、有保有压、城乡统筹、有序推进的原则，科学合理安排2019年国有建设用地供应，充分发挥国有建设用地供应计划在宏观调控中的作用，积极做好稳增长、促改革、调结构、惠民生、防风险工作，切实提高土地资源供给质量和效率。以“严控增量、盘活存量、优化结构、提高效率”为主线，牢固树立“亩产论英雄、集约促转型”理念。优先保障民生项目、重大基础设施项目、省市重点项目、现代服务业和战略性新兴产业项目用地需求，促进产业转型升级及城乡统筹发展，促进民生改善和生态保护，促进房地产市场健康良性发展，为全市经济持续健康发展、社会和谐稳定和两美永康建设提供有力支撑和保障。

【强化用地政策引领】　积极探索土地利用政策，强化用地管理。针对上级部门及市委市政府提出的发展战略和重大工作思路，围绕经济、资源可持续发展的关键点及群众的关切点，积极探索新政策。根据“四未”土地清理处置的要求，结合永康市实际，全面提出加快批而未供土地和供而未用土地处置的实施意见，制定3年攻坚计划；为进一步推进小微企业园建设，妥善解决历史遗留问题，拓展发展空间，会同制定《关于加快小微企业园高质量发展的实施意见》；为深入推进资源要素市场化配置，切实提升永康市工业用地节约集约利用水平，探索弹性用地出让管理办法及闲置土地流转盘活办法等。

【严格规范土地供应】 严格执行《招标拍卖挂牌出让国有建设用地使用权规定》《划拨用地目录》《禁止、限制用地项目目录》，严格规范土地出让行为，加强“净地”出让等相关工作，按“标准地”管理办法推进“标准地”出让，新批工业用地100%按照“标准地”供地。2019年完成金州科技、群晖智能电网等重大项目供地，顺利完成北苑2个区块、中央服务区Z-02-02地块、中央服务区Z-02-03区块、王染店区块等城区板块的挂牌出让。2019年全市共出让国有建设用地使用权166宗，面积735.75亩，土地出让金39.7亿元。其中：出让工业用地70宗，面积351.3亩，出让金6.9亿元；经营性用地94宗，面积322.05亩，出让金32.33亿元。

【节约集约利用土地】 牢固树立“以亩产论英雄”的节约集约用地导向，坚持以土地利用方式的创新助推经济发展方式的转变，深挖内潜，注重存量盘活，大力促进土地集约利用。通过提高存量土地利用效率、增强用地保障能力，以“四未”土地处置和开展城乡低效用地再开发为手段，分类施策，扎实规范推进存量建设用地资源挖潜。加快推进民生工程和新兴产业用地服务工作，做好新农村建设及特困户批基、设施农用地和临时用地项目的审批，保障城市建设发展及转型升级需求。

【聚力“四未”处置攻坚】 为促进永康市“四未”土地清理处置工作扎实有序推进，结合省“批而未供、闲置土地”清理处置行动，在深入学习江苏常熟、浙江瑞安先进经验和做法的基础上，局代市政府草拟《“四未”土地处置攻坚专项行动》，充分利用规划与国土系统融合优势，将各镇(街、区)辖区内批而未供地块具体坐落位置叠加至天地图App，逐宗施策，加快推进批而未供土地消化利用。通过综合施策，有效盘活存量土地，拓宽存量建设用地空间，推动存量建设用地提质增效。2019年，全市消化批而未供土地2721.03亩，盘活存量建设用地2652.07亩，完成城镇低效用地再开发1500亩，完成无房户、危房户供应373户。

【提速小微企业园建设】 按照“产业集群、企业集聚、土地集约、要素集中”的原则，大力推进“三改一拆”拆后土地有效利用，以小微园建设为抓手，重点做好镇村工业小区整合，有分类、有梯次地推进存量挖潜、低效开发力度。2019年，全市共完成8个批次的城镇低效用地再开发建设用地报批，面积共计1481.5亩，主要用于低效用地再开发项目、小微工业园项目的供地，保障了低效用地再开发工作的顺利开展。同时，建立小微园报批“绿色通道”，全线提速各项报批进程，在项目供地环节，对小微园地块进行单独规划编制并要求按标准地带方案出让，将挂牌出让改为拍卖出让；在材料齐全的情况下，承诺35个工作日内完成供地手续，大大缩短办理时效。2019年，共出让小微园项目地块64宗，面积共计173.93亩。

【加强建设用地批后监管】 进一步完善建设用地批后监管制度，明确职责、细化措施、建立流程，强化对建设用地履约监管，规范建设用地开发建设，提高土地利用率。以《国有建设用地使用权出让合同》《国有建设用地划拨决定书》的履行为重点，定期开展动态巡查，通过信息公示、预警提醒、开竣工申报、现场核查、跟踪管理、竣工验收、闲置土地查处、建立诚信档案等手段，实现对辖区内建设用地供后开发利用的全程监管。

土地执法管理

【概　况】 始终将保护、节约、集约利用自然资源及维护群众权益作为宗旨，坚持依法行政，有法必依、违法必究。在对土地违法行为的处理上，完善土地执法联动机制，建立联合执法、联合制止工作格局，抓早抓小，努力将违法行为发现在初始、解决在萌芽。

【卫片执法监督检查】 2019年，开展对2018年度土地卫片执法工作的监督检查。经查，2018年度卫片共计495个，分割后为705宗，图斑面积共计3734.6亩。其中，合法用地图斑332宗、面积1902.5亩，违法用地图斑62宗、面积709.95亩，其他用地311宗。62个违法图斑依职权移交其他部门处理，立案查处率为100%。2018年度卫片违法耕占比为1.23%。

【行政复议答复及行政诉讼应诉】 梳理自然资源行政争议主要问题和类型，健全行政答复应诉工作机制。认真研究行政争议案件中出现的新情况、新特点，同时积极加强与司法局、法院及上级部门的沟通协调，共同研究行政复议和诉讼工作中发现的共性问题、疑难问题，全力开展行政争议化解工作，扭转同类案件多发高发态势。2019年度行政诉讼案件主要集中在土地出让合同纠纷、不动产登记、信息公开、信访等方面。市自然资源和规划局坚持行政负责人出庭制度，依法履行答辩、举证、出庭等法定职责，落实行政负责人出庭率100%。本年度共接到行政诉讼案件20件，行政复议案件5件。

【持续开展法治教育宣传】 市自然资源和规划局切实做好自然资源“七五”法治宣传教育工作。对内，建立领导班子定期学法制度，每年至少举办2次法治专题讲座，加强对部门工作人员的法治教育培训和法治能力考察测试。邀请法律顾问为全体干部员工解读《〈政府信息公开条例〉解读及实务》和新修订的《土地管理法》。建立健全行政执法人员和法制审核人员岗前培训和业务培训制度，组织符合条件的人员参加行政执法培训，及时参加执法证考试。对外，为提高普法教育社会参与度与普法教育覆盖面和渗透力，积极响应金华市《关于加强社会公共场所普法教育阵地建设助推全国文明城市创建的实施意见》，全面加强社会公共场所普法教育阵地建设，进一步落实“谁主管谁普法”的普法责任制，坚持普治并举，把推进依法行政和普法教育有机结合起来，在“4·22世界地球日”“爱鸟周”“6·25全国土地日”“林业科技周”“12·4国家宪法日暨全国法制宣传日”等法制宣传日，通过发放宣传册、拉横幅、LED大屏、报刊等方式进行宣传，同时加大对微信、微博等新媒体宣传方式的利用，深入开展自然资源法治宣传教育。

土地规划管理

【概　况】 2019年，永康市共有新增建设用地指标1337亩，其中农用地1306.8亩，耕地1004.2亩。具体为：年初上级下达指标291亩(农用地273亩，耕地152亩)；跨省调剂指标532.6亩(农用地532.6亩，耕地512.7亩)，其中综合功能服务站专项指标33亩；上级下达和追加农民建房专项指标133亩(农用地122亩，耕地66亩)；奖励省统筹补充耕地指标16.4亩(农用地15.2亩，耕地9.8亩)；申请省重大产业奖励指标58亩(农用地58亩，耕地32.7亩)；向省争取追加指标306亩(农用地306亩，耕地231亩)。本年度共组织上报22个批次，批准面积3217.4亩(农用地1322.8亩，耕地782亩)，其中城镇低效用地再开发批次8个，上报面积1720.6亩(农用地9.6亩)；盘活批次2个，上报面积18.6亩(农用地18.1亩，耕地15.3亩)；计划批次10个，上报面积913.3亩(农用地764.7亩，耕地293.1亩)；跨省城乡建设用地增减挂钩实施方案批次 2 个，上报征地面积 564.9 亩（农转用面积 530.4 亩，耕地 473.6 亩）。未超过上级下达新增建设用地指标，完成农转用报批任务。其中：民生类使用新增建设用地指标 681 亩（含市重点工程——五金技术学院、芝英小学、花川小学、大司巷小学、市重点项目拆迁安置、农民建房等），基础设施类使用新增建设用地指标 364.4 亩（含南都路、经七路、变电所、泵站、水厂等），两类占全市年度所得用地指标总量的 78%。完成 2 个省重点工程建设项目的用地报批，其中永康市东站货场扩能及配套设施工程 750.2 亩于 2019 年 5 月通过省审批，金华至台州铁路（永康段）工程 1755.8 亩于 2020 年 3 月通过部审批。

【严格保护耕地】 依据三调阶段性成果，结合今后重大建设项目、生态建设和永久基本农田核实整改等需要，征询各镇（街、区）、市发改委、交通局等相关部门和空间规划科等局内部科室的意见，划定永久基本农田储备区 10778 亩，并进行实地核实，形成永农储备区划定初步方案，经金华市级论证后上报省厅审核。2019 年，全面完成储备补充耕地项目核查；完成耕地奖补资金发放，共计 2758 万元；上年度耕地保护责任制考核良好。

【全域土地综合整治】 贯彻落实新发展理念，坚守耕地保护红线，挖掘永康市有限的土地资源，以全域土地综合整治和生态修复为抓手，努力构建集中连片、产业融合、生态宜居、集约节约的国土空间新格局，促进生产、生活、生态空间统筹协调。2019 年完成垦造耕地 526 亩，旱改水 104 亩，建设用地复垦 108 亩，耕作层剥离 380 亩。全力推进芝英一村、江南石溪、舟山舟三、唐先尖山湾等全域土地综合整治项目。目前芝英一村全域项目已完成古建筑修复、风貌冲突的建筑物修整改造、古道修复改造，完成殡葬用地整治、村庄空闲地改造提升等工程；完成旱改水项目（一期）263 亩工程建设，积极谋划 2020 象珠、花街全域土地综合整治项目。

【土地征收】 完成清理 2004 年 9 月—2018 年 8 月期间核定的参保指标工作。2019 年，完成土地征收批次 19 个，合计征收面积 3891.1995 亩（包括永康市东站货场扩能及配套设施工程）；完成批后“两公告”411 个；核定被征地农民参保指标 1664 人次，可兜底参保 14 个村；共支付征地费用 4.72 亿元。

地质矿产管理

【概　况】 2019 年，市自然资源和规划局发布《永康市地质灾害防治规划（2016—2020 年）》《浙江省永康市矿产资源规划（2016—2020 年）》，制定《永康市 2019 地质灾害防治方案》，与各镇（街道、区）签订《地质灾害防治工作责任书》，全面落实永康市地质灾害防治和矿政管理的任务和工作责任。

【地质灾害防控体系建设】 建立全市地质灾害群测群防监测网络体系，落实防灾责任人、监测员和监测责任人，建立重点防范制度，开展地质灾害防范应急演练，在主汛期、台汛期，对地质灾害重点防范区的城镇点、交通线路、重要基础设施和地质灾害隐患点进行全方位排查，全年共完成地质灾害巡查 198 次，派出专家 106 人次，发送地质灾害预报预警 936 条，发放防灾避灾知识读本 505 册，建立积极防灾、科学减灾、主动避灾的安全防范理念。按照应搬必搬的治理要求，科学开展以避让搬迁为主，搬迁与工程治理、即查即治相结合的地质灾害综合治理工程，重点推进除险安居“三年行动计划”。到 2019 年底，全市减少地质灾害隐患点46处以上，受威胁的群众减少1623人，其中避让搬迁8处、新建安置小区3个，圆满完成“新溪—山后胡”联网公路滑坡地质治理工程和舟山镇方丘水库左岸（省政府重点民生工程之一）滑坡点治理工程的核销工作，为除险安居“三年行动”永康市收官之年画上圆满句号。总资金投入约9200万元。

【优化矿业权市场配置】 按照《浙江省矿山粉尘治理专项行动实施方案》，联合市蓝天办对5个机制砂场开展粉尘防治工作联动检查。贯彻落实市委、市政府“五水共治”部署，开展地下水动态监测网络建设和监测维护工作，新建监测点3个，对全市24个监测点进行水位、水温、水质的定期监测，其成果与环保、水务等部门融合共享，为地下水污染防控、地下水资源保护与合理开发利用提供科学依据。开展“四边三化”废弃矿山治理工作，重点推进“四边区域”可视范围内废弃矿山治理，积极引导废弃矿山生态修复与全域土地综合整治和乡村振兴综合战略相结合，完成唐先镇健民萤石矿等4处废弃矿山的地质环境恢复治理，圆满完成《浙江省废弃矿山生态修复三年专项行动实施方案》的工作计划。完成西城街道藻塘村砖瓦用页岩矿采矿权证发放工作，优化永康市矿业权市场配置，并编制西城街道藻塘村砖瓦用页岩矿绿色矿山创建方案。2019年末完成省级平台永康市经济开发区和永康现代农业装备高新技术产业园区的压覆矿评估工作，为全面落实“最多跑一次”改革决策部署，深化“标准地”改革提供优质服务。

【土地污染状况和土地质量调查】 按照《浙江省土地质量地质调查行动计划》工作部署，永康市土地质量调查工作于2018年6月完成公开招投标，中标单位浙江地质勘查院。对照工作要求，2019年度：3—5月，样品整理、加工及分析测试，部分数据陆续发回；6—8月，依据实验室提供的测试数据，采用地球化学勘查一体化系统软件常规网格化方法进行成图，分析样品质量及土地污染情况，并根据分析结果编写了异常查证设计书，安排异常查证野外工作；9月通过样品分析数据验收，编制《永康市农业两区1:10000土地质量地质调查成果报告》，建立永康市永久基本农田示范区档案，并通过专家组验收；12月完成《永康市土地质量调查异常区查证报告》。土地质量调查的基础数据将为今后土地数量、质量、生态“三位一体”管护提供技术支撑，为永康市生态文明建设、农业产业结构调整等提供科学依据。

（市自然资源和规划局　黄浙军、胡华东、楼晓、吕娉娉、陈红敏）

城乡环境

【概　况】 永康市综合行政执法局（以下简称“市综合执法局”）共行使市容、规划、市政、绿化、教育、林政、人防等21个方面410项职能。下属3个事业单位：市政管理处、园林管理处、环境卫生管理处。局机关行政编制数13名，实有数9名，综合行政执法大队参照公务员管理事业编制230名，实有数210名。

2019年，一般工业固废处置“五步法”得到袁家军省长两次批示肯定和高兴夫副省长、彭佳学副省长的批示肯定，并将其作为全省“无废城市”创建的两个模版之一推广，国务院主办的《经济日报》以及《浙江日报》《金华日报》《今日头条》等媒体对试点工作进行专题报道；全市域范围持续开展户外广告专项整治工作得到市领导批示肯定；市综合执法局全年信访件办结率、回复率、积案化解率均为100%,差错率0;清廉执法工作在省纪委、监察厅主办的《反腐败导刊》上刊发;永康第二届马拉松赛事期间"全方位无缝对接,赛事垃圾'零时差'清理"环卫保洁工作法得到参赛选手点赞。

【工业固废处置五步法】 面对近年来工业固废处置这一民生难题,市综合执法局坚持以习近平生态文明思想为指引,充分发挥市场的决定性作用,坚持"谁产废谁付费"原则,创新责任分担、利益共享机制,在财政"零投入"情况下,引入第三方服务公司,让专业人干专业事,以"党委领导、政府主导、企业付费、第三方服务、多方共赢"的形式,从2019年5月开始,率先在经济开发区开展工业固废处置试点工作,建立一般工业固废从"分类、回收、运输、终端处置"全过程数字化、可追溯、闭环式处理体系,创新形成一般工业固废处置"五步法"永康模式:第一步,"特派员"上门指导,确保源头精准分类;第二步,手机App线上下单,实现在线交易;第三步,量身定制清运方案,确保规范高效收运;第四步,专业化二次分拣,实现固废价值最大化;第五步,强化高压严管,堵住工业固废非法处置漏洞。经过试点,"五步法"一般工业固废处置模式于2019年10月17日在永康全市推广。

■ 综合执法

【概　况】 2019年,市综合执法局为全面推进依法行政,进一步强化执法监督,持续推进执法规范化建设,实行"全员办案"制度,积极探索"非接触性"柔性化执法办案模式。全年共办理案件2300起,其中:办结犬类案件45起;非法办学教育类案件1起;市容类案件450余起;市政公用类180余起;无照经营类案件500余起;城市绿化类案件10起;毁坏林木,非法出售野生动物等林业类案件6起;固废垃圾、污水等环保类案件160余起;涉水违建及违法捕捞等水务类案件10起;国土资源类案件18起;违法装修等建筑业相关案件8起;违反城乡规划类案件17起;教育与体育类3起;安全生产类1起。

【城乡立面视觉污染清理】 2019年,市综合执法局以"整治一批、规范一批、提升一批"为目标,在全市范围持续开展户外广告专项整治行动,强力拆除破损老旧、违规设置的户外广告。全年共拆除高炮广告45个、楼顶广告230余处、路灯杆广告近800处、墙体及其他大型广告1600余处,合计拆除面积15.5万平方米;规范门头店招2650块,清理违规设置灯箱500余块、横幅4000余条、"牛皮癣"9300余处,立案处罚违法设置"牛皮癣"等案件300余起。

开展城乡立面视觉污染清理行动(市综合执法局提供)

【常态化犬类管理】 2019年,市综合执法局牵头制定养犬管理实施意见,划分养犬管理区域;加强依法文明养犬宣传力度,开发"互联网+"养犬管理登记系统,规范优化养犬登记;强化部门联动,实行严管重罚;加强内外监督,建立综合治理体系,养犬管理实现常态长效。一年来,共发放宣传折页、倡议书等资料10.5万份,制作宣传展板86块,悬挂宣传横幅260条,粘贴宣传挂图2000余张,设立文明养犬标志近300块,报纸、电视台宣传报道46次，推送依法文明养犬温馨提示手机短信18万余条；累计办理养犬免疫、登记4100余只，重点管理区办证率达86%；组织开展进社区、小区养犬免疫登记“一站式”服务活动66场次；组织捕捉、处理流浪犬、走失犬1000余只；查处违法违规养犬案件数近800件；犬只伤人数同比上年减少近2100人次，同比下降15.5%。

【清廉执法建设】 2019年，市综合执法局围绕市委关于清廉永康建设的决策部署，以“权力运行规范化、执法办案阳光化、党风廉政建设常态长效化”为目标，抓重点、创亮点、强基础，以“四全”举措全面推进清廉执法建设，为优雅城市大美乡村建设提供坚强有力的综合执法保障。

【垃圾分类“两定四分”】 2019年，市综合执法局开展垃圾分类“八进”宣传活动170余次，通过报纸、电视台、微信公众号等媒体平台开展宣传报道150余次，结合每月5号“雷锋广场日”开展垃圾分类志愿活动11期，参与人数近4800人次；各街道、社区认真组织垃圾分类入户宣传指导工作，通过面对面、一对一的宣传指导，共发动党员、志愿者上门宣传超过11万人次，发放指导手册约13万本、分类标志约11万张，张贴楼道宣传画5000余张；对生活垃圾进行分类清运并做到日产日清，确保生活垃圾全程密闭化运输，杜绝“跑冒滴漏”。全年共清运垃圾约4.7万车，总计21万吨，其中：城区垃圾清运约2万车、9万吨，乡镇垃圾清运约2.7万车、12万吨；制定《永康市城区垃圾分类实施细则》《2019永康市城区垃圾分类实施计划》《永康市城区全域推进垃圾分类实施方案》，抓好楼道长、志愿者、网格员以及执法队员4支队伍建设，加大垃圾分类违法行为执法处罚力度，用末端执法推进源头分类。2019年，共立案查处垃圾分类违法行为1400余起；城区垃圾分类覆盖率达73%，其中党政机关、事业单位、公共场所管理单位覆盖率达100%，居住小区覆盖率达63%；完成3个省级垃圾分类高标准示范小区创建。

【大气污染防治】 2019年，市综合执法局全面推进餐饮油烟治理。完善“一店一档”机制，建立“定期打卡”巡查制度和“一巡六查”管理制度，加强餐饮行业油烟油污排放的监督、检查和处罚力度。其中金华市综合行政执法系统餐饮油烟整治现场会和金华市蓝天保卫战现场会先后在永康召开，市综合执法局牵头打造的餐饮油烟示范一条街作为参观介绍点位，餐饮行业整治工作得到上级领导肯定，杭州市综合执法局专程考察学习餐饮整治工作经验。全年共排查全市餐饮饭店3200余家，其中需要安装油烟净化装置的有2400余家，安装率最终达到100%；查处餐饮单位未安装或不正常使用油烟净化装置案件84起，查封6起。

加大秸秆焚烧管控力度。在全市各社区、村宣传栏等张贴、宣传、发送《关于禁止非法焚烧秸秆、落叶及其他垃圾行为的通告》2100余份，处罚露天焚烧行为561起。发送《关于餐饮行业在禁燃区内禁止使用高污染燃料的通告》800余份，取缔占道蜂窝煤380余起，立案处罚2起。

推进扬尘治理。强化施工工地和渣土运输管理，共查处未冲洗、未封闭、跑冒滴漏等不规范运输行为70起，暂扣车辆100余辆，责令路面冲洗3.2万平方米。合理安排洒水路线，持续加强路面保洁保湿，全力控制道路扬尘污染，共洒水约2.7万车次、22万余吨。

市容监察

【概　况】 2019年，市综合执法局以“四城联创”创建工作为抓手，紧紧围绕市委、市政府“优雅城市，大美乡村”工作主线，采取“错时执法、定点值守、轮班巡查”等方式和“白加黑”“无假日”的连续作战模式，坚持每天16小时执勤，全面提升城区市容秩序整治力度。全年共规范出店经营1.76万起，劝离流动摊点1.35万个，暂扣无证摊点630余个；拆除户外广告合计15.5万余平方米，清理“牛皮癣”9000余处；查处违法停车5.4万余起；发送违章建设责改通知书1400余份，组织拆除违建面积158万余平方米。

【市容环境“十乱”整治】 针对市容管理中乱摆乱占、乱拉乱晒、乱停乱放、乱搭乱建、乱堆乱放等“十乱”现象，2019年，市综合执法局动真碰硬，攻坚破难，强力开展“十乱”大清查大整治专项行动，清理无主建筑垃圾等330多吨；清理占道地锁、路障、花盆、水槽等6600余个；整治出店经营4400起，流动摊贩3700余个。

【推进“四城联创”】 为打好“四城联创”创建攻坚战，市综合执法局成立“四城联创”办公室，先后召开创建动员部署会议、创建推进会议、攻坚誓师大会、创建“治乱”攻坚推进会等，开展市容秩序专项整治行动。创建工作开展以来，共完成回复创建交办书12个，清理无主生活垃圾、建筑垃圾等4.5万吨；清理占道路障、花盆、水槽等6300余个；拆除各类户外广告设施8100余块，总计面积约6.8万平方米；拆除违章建筑约58万平方米；整治出店经营5500余起，流动摊贩4800余个；开展蓝天保卫战专项行动，餐饮油烟、露天焚烧、扬尘治理等共处置120起；开展“僵尸车”专项整治行动，清理“僵尸车”300余辆；开展经济开发区工业固废处置试点工作，对578家企业及30家再生资源回收站进行现场检查，共计发放整改通知书及相关法律责任宣传单1200余份。

【缓解停车难】 2019年，市综合执法局在充分挖掘停车资源、增设停车泊位的同时，以慢行系统和城区7条治堵重点道路以及26条精品街为重点，开展停车乱象专项整治活动。全年新增机动车停车泊位共计4300余个，施划非机动车停车泊位2800余平方米；发放文明停车温馨提示单1700余份，查处违法停车约5.5万辆，强制拖离严重影响交通的违法停车420余辆，暂扣非机动车200辆，清理“僵尸车”460余辆。已在中心城区实施停车收费，共计1750个泊位。

开展停车乱象专项整治(市综合执法局提供)

环境卫生

【概　况】 2019年，市综合执法局紧扣市委、市政府中心工作，通过健全完善环卫清扫保洁网格管理机制、加大清扫保洁力度，不断提高环境卫生工作的精细化、标准化、规范化、长效化管理水平。全年总清扫保洁面积达1155万平方米，清运垃圾约25万吨，其中城区垃圾清运近11万吨、乡镇垃圾清运约14万吨。拥有各种作业车辆175辆，主要负责市区主次道路、居民小区、经济开发区、城西新区的清扫保洁和全市城乡垃圾清运，市区环境卫生设施维护和管理。

【精细化清扫保洁】 加强全市1155万平方米的长效保洁工作，主要街道保洁时间不低于16小时，一般街道保洁时间不低于12小时，并按需对重点路段延长保洁时间。安排洗扫车对路面进行不间断清扫,并安排28条洒水路线,保证每条路线每天洒水不少于4次。在建工程较多地段增加洒水、洗地次数,全力控制道路扬尘。2019年,路面洒水共出动2.7万车次,洒水22万余吨。

进行精细化清扫保洁(市综合执法局提供)

【基础设施建设】 坚持不懈抓好34座城乡垃圾中转站、77座公厕和2座垃圾填埋场的维护和管理工作。对垃圾中转站进行深度清洁和修缮,清洗垃圾压缩车厢,对中转站周边环境卫生进行全面清扫和冲洗,清除垃圾卫生死角。加大公厕保洁力度,确保洁净舒适的如厕环境,更换城区公厕指示标志,修缮公厕基础设施,满足城市居民和流动人口如厕需要;全面加强扩容工程建设和填埋场维护,做好全市生活垃圾的处理工作。全年共处置生活垃圾约31.7万吨,其中填埋处置9.7万吨、焚烧处置约22万吨。清洗城区垃圾桶约27万只、果壳箱约9.3万只,更换破损果壳箱280余只、垃圾桶近2000套、垃圾桶盖2300余只,维修破损果壳箱570余只。

市政管理

【概　况】 突出重点,打造亮点,优化城市道路通行体验,保障管网畅通有序,强化桥梁管理养护,切实做到任务不落实不松手,攻坚克难,狠抓落实,不断推进市政实施管护精细化。全年共完成各种路面修复约5万平方米,雨污管网疏通清淤346千米,“污水零直排”管网排查100千米,井盖井座更换148处,隔离桩安装1900余个,桥梁病害维护近5000平方米。圆满完成溪心桥、华川桥养护,沥青项目改造等重点项目。

【市政设施管护】 市综合执法局对城区23条主要街道市政设施进行精细管护,修复胜利街、金城路、望春路、龙川东路等路段小平板近900平方米,冷补沥青4500余平方米,侧石近100米,隔离桩1700余个;修复永武二线、五金大道、溪心路等城区主次干道沥青路面2.8万平方米;修复城北西路、卫星路等城区主次干道破损水泥路面5300余平方米;修复园区九鼎路、九州路、银川路等破损水泥路面3200余平方米。

【一桥一卡管理】 市综合执法局加强桥梁设施巡查,填写《城市桥梁日常巡检日报表》,建立桥梁健康电子档案,推进桥梁巡查养护常态化、规范化。清理城区桥梁伸缩缝、泄水孔,消除污物,防止雨水和垃圾泥土渗入引起阻塞,零星道板维修约31平方米;处理丽州桥下、望春桥下限高架被撞事故10余次;增设溪心桥提示牌1套、龙门架1座;更换高镇桥、溪心桥东桥头伸缩缝止水带约90米;修补九州桥、阳关桥等18座桥锈胀露筋约140平方米;安装九铃立交桥、火车站人行天桥限高牌4块;刷新金山西路铁路桥下等栏杆油漆约720米;西门溪桥(九铃路)桥面铺装维修约50平方米;金胜山隧道立面清洗1次。

园林绿化

【概　况】 2019年,市综合执法局深入推进城区园林绿化精细化、精品化管护工作,负责城区、五金科技工业园区共270万多平方米绿地、1.5万多株行道树的养护和城区广场、沿江人行道及沿江附属小品、护栏等园林设施的维护管理工作。以创建国家园林城市为目标，落实网格化管理，在不间断巡查管辖范围内绿地的基础上，加强对街角等管理薄弱区域等巡查整治；同时，对精品街及“路长制”路段绿化工作实行考核制管理。全年共补植香樟、桂花、樱花、紫薇等乔木近200株；补植杜鹃、红叶石楠、小叶栀子、红花等灌木55万余株；种植海棠、孔雀草、三色堇等草花23万余株；对江南小区、南苑东路等路段区域进行裸土改造、绿地补植，共铺设草坪、种植麦冬等15万余平方米；对龙川公园、香樟公园等路段区域进行提档改造、绿地补植，共播种格桑花种子2.8千克，涉及面积1300余平方米；修剪灌木、绿篱约260万平方米；除草和化学防治约569万平方米；清运绿化垃圾3700余车次。

【病虫害防治】 2019年，市综合执法局为防止苗木遭受病虫的侵害，安排工人开展苗木病虫害防治近90万平方米，乔木近7000株；为确保夏季绿化苗木的良好生长，巩固绿化成果，启用绿化带供水系统。采取“人歇车不歇”模式，开展夏季抗旱保绿。全年开展绿化带浇灌1700车次，搭设遮阳网5000余平方米。为防范雪灾，修剪道树整枝1.45万棵，涂白保护行道树2000棵。

【“立体绿化”】 2019年，市综合执法局为丰富城区园林绿化的空间层次结构和城市立体景观艺术效果，通过学习考察先进城市经验做法，充分利用空间资源，以纵向扩展绿化的形式进一步增加城市绿量，开展“立体绿化”建设工作。全年完成飞凤山公园公厕、龙川公园停车场挡墙、望春桥橡皮坝挡墙、丽州商城绿地、迎春路公厕等立体绿化480平方米，栽种藤本月季、凌霄等近600株。

（市综合行政执法局　供稿）

交通物流

公路交通

行业改革

【概　况】 2019年6月3日，永康市深化国有企业和国资管理体制工作动员部署会召开，市委书记金政、市长朱志杰为交投集团授牌。6月4日，交投集团挂牌成立。7月，注册成立子公司交投道路建设有限公司，负责工程项目承建管理工作；10月底完成划转原干线公路、联网公路项目建设职责，移交到道路建设公司。9月12日，永康市交通运输局（以下简称"市交通运输局"）党委下属7个党组织整建制划转至交投集团党委；9月29日，交通运输局与交投集团进行各子公司行政管理权交接工作；10月完成交投集团管理人员调动及干部任命事项，并完成集团班子领导工作分工。

【市交通运输综合行政执法队挂牌成立】 10月24日，永康市交通运输综合行政执法队挂牌成立。此次改革，整合市公路管理段、市道路运输管理局、市交通工程质量安全监督管理站的公路路政、道路运政和工程质量安全监督管理等执法力量，组建永康市交通运输综合行政执法队，在永康市交通运输局挂牌，实行"局队合一"的体制，负责全市交通运输领域综合行政执法工作。

10月24日，永康市交通运输综合行政执法队挂牌成立（市交通运输局提供）

公路建设

【概　况】 2019年，永康市共投入公路建设资金约10.6亿元，不断推进交通基础设施建设，织密公路路网。330国道永康段改建工程进展顺利，至2019年，已完成项目总体形象进度85%。义永公路木渠段政策处理取得大突破，仅在一个星期内便基本完成131户房屋拆迁工作。规划省道安吉至洞头公路永康段（枫坑隧道）积极开展项目前期专项工作，为工程顺利实施打好扎实基础。新建农村联网公路永祥至平田、石四线至横桥塘等路线共计10千米。实施美丽经济交通走廊建设工程，共5条路线，总计32.81千米。

【330国道永康段改建工程】 330国道永康段改建工程为省重点建设工程，起于永康前仓镇与缙云新碧镇交界的光瑶村，连接330国道缙云段改建新线位的终点，永康花街镇杨公村处，与老330国道相接，路线全长29.26千米，按双向6车道一级公路标准设计，设计速度100千米/小时。全线设两处连接线：322省道连接线，长约2.95千米，按双向两车道二级公路标准设计；老330国道连接线1.72千米，按双向4车道一级公路标准设计。工程概算总投资49.4亿元，建设资金由永康市政府主导，市财政投入资金42.6亿元，省交通运输厅配套资金6.8亿元。工程分两期实施，施工工期48个月。一期工程：主线石柱互通至应益连接线交叉及现330国道连接线、S322连接线。二期工程：主线起点至石柱互通及应益连接线交叉至终点段。一期土建工程于2014年11月完成招标，2015年1月开工建设，6月完成土地征用报批，2015年7月由省交通运输厅下发施工许可证，12月全面贯通节点工程白云隧道。二期工程于2016年12月完成招标并随即动工建设。2019年，330国道全年完成投资5.6亿元，一期土建工程累计完成形象进度100%，二期土建工程累计完成形象进度90%，完成项目总体形象进度85%。

【义永公路雅吕至义乌段工程】 7月底，义永公路木渠段政策处理取得大突破，仅在一个星期内便基本完成131户房屋拆迁工作，至此义永公路永康境内政策处理全部完成。至年底，义永公路2019年全年完成投资1.1亿元。枫坑隧道是规划省道安吉至洞头公路的组成部分，是永康境内连通义乌与永康的最后1.9千米。项目起点位于特长隧道枫坑隧道义乌、永康交界处，终点与永康木渠至童宅段起点顺接。路线全长约1.92千米，其中特长隧道1908.5米/0.5座(双洞平均)。采用交通运输部颁发的《公路工程技术标准》(JTGB 01—2014)中的双向6车道一级公路标准，设计速度80千米/小时，分离式隧道净宽2×14.0米。其余技术指标应采用部颁相应技术标准的规定值。

【美丽经济交通走廊建设工程】 该工程总投资11194.78万元，有5个子项目总计28.18千米：双舟线(象珠段)道路改造里程为8.18千米；石四线道路改造里程为3.58千米；上芝线道路改造里程为3.65千米；双舟线(花街段)道路改造里程为9.08千米；东永二线至岩洞口道路改造里程为3.69千米。

公路管养

【概　况】 2019年，公路养护工程项目包括花城路改造工程、G330温寿线永康前仓至七里经堂段公路养护大中修工程、S312永武线永康溪口至李店段公路大中修工程、农村公路大中修工程等。

1月21日，工人给道路增设警示标志(林加强　摄)

【公路日常清扫与养护】 2019年，共完成危险边坡整治8处，清扫路面33987千米，清捡杂物36662千米，清理边沟1034千米，清除路障11016立方米，清塌方577立方米，修补坑洞3941平方米，路面沥青灌缝贴缝69607米，清理桥梁伸缩缝57990米。每个月不定期对330线、东永线、临石线、永武线进行“月查季评”养护检查考核，并就考核情况出具养护检查通报，并上报金华市公路管理局和永康市交通运输局。全年共检查乡村公路128条计328.5千米，其中乡道64条，村道64条，桥梁41座的养护质量检查，出具养护通报4份和64份考核表。

【公路改造与修复】 花城路改造工程　该工程总投资约10964.53万元，改造工程长度5346米，改造路幅宽度34米。实施内容为原水泥混凝土路面改沥青混凝土路面，俗称“白改黑”。于2018年8月26日开工，2019年9月完工。

双舟线、世方线、石四线美丽公路工程（2标）　该工程总投资约1604万元，对后山头至古竹桥路段4千米及部分路段进行路线改造，路面拼宽，对原水泥混凝土路面及部分基层进行处理后，加铺沥青面层。由于方岩镇水网改造工程，工程延期至2019年8月开工，于11月中旬完工。

G330温寿线永康前仓至七里经堂段养护大中修工程　该工程总投资约2972万元，主要对永康前仓至七里经堂段沥青路面病害处治后回铺沥青混凝土，工程于2019年8月开工，10月底完工。

S312永武线永康溪口至李店段大中修工程　该工程总投资约289万元，主要对永武线部分路段病害处治后回铺5厘米细粒式沥青玛蹄脂碎石混合料，工程于2019年10月开工，10月底完工。

永武线美丽公路工程　该工程总投资约3064万元，主要对永武线沿线绿化景观及设施进行提升，包括对道路两侧以及中分带绿化提档，对武义交界处等主要节点景观打造、港湾式停靠站建设等。项目提升改造长度3.08千米（不包括翁埠村互通部分总长1千米）。

农村公路大中修工程　共实施7条路线，总里程56.6千米，还包括全市零星破板修复10条，共24.9千米。工程于8月底开工建设，12月底主体工程已完工。

G330洞合线（永康段）灾害修复工程　该工程总投资约307万元，主要对部分灾毁严重路段进行处理。

【美丽经济交通走廊创建】 2019年，永康市投入6.4亿元打造五金腾飞走廊，其中330线34.33千米、东永线25千米全部实现“白改黑”及绿化提档，大永线实施公路两侧绿化美化工程；投入近3亿元打造风景生态走廊，对公路绿化改造提升140千米，重要公路两侧可绿化路段绿化率达到100%；投入9.93亿元打造历史人文走廊，实施等级提升改造工程62千米、新改建工程29千米、大中修工程（含美丽公路工程）129千米，改造加固桥梁19座、隧道6座，实现县乡道“白改黑”45千米，三级及以上公路里程增加30千米，农村公路优良中等路率达96.8%。7月31日，省厅对永康市美丽经济交通走廊达标县进行考核验收。12月，永康市顺利获评“万里美丽经济交通走廊达标县”。

【“四好农村路”示范县创建】 2019年，永康市为创建“四好农村路”示范县，为全市16个镇街区各挑选出一条具有代表性的农村公路，并把它打造成各乡镇的示范公路，为各乡镇“四好农村路”的建设起一个抛砖引玉的作用。330线路长制公示牌安装12块；对舟山镇、石柱镇50条农村公路安装养护公示牌56块，对湖石线、黄杨线、舟山—后畈、白沙—溪塘等19条农村公路进行路肩整治和绿化补植，其中清理边沟5998米，路肩整平73439平方米，修复挡墙109立方米，撒播三叶草籽59827平方米。10月，舟山镇、石柱镇顺利通过第一批“四好农村路示范乡镇”创建验收。

【公路应急工程】 全年共下达任务指令单81份，应急工程完成挡墙修复5810立方米，路面板块修补浇筑738.8平方米，边沟浇筑255.4米，其中针对7月份强降雨及8月份“利奇马”对公路造成的影响，启动“三防”预案，安排机械及人员在3日内全部完成阻塞公路的抢通，11月底前全部完成修复。安排对330线、临石线、永武线等国省道路面修补坑洞约10000平方米，330线K179+800善塘岭路段清理上边坡塌方约120立方米，大路任—铜山完成挡墙砌筑2600立方米。

路政整治

【概　况】 2019年，市交通运输局围绕小城镇公路“道乱占”整治、非现场执法、路警联合治超等重点工作开展路政管理活动。全年共出动路政执法人员7725人次，发现违章案件4867起，查处违章案件4867起，拆除违章建筑147平方米，清理堆积物925立方米，拆除非公路标牌1942块，整治占道经营1505起，路政许可45起；处理路损事故213件，赔偿金额34.71万元；查处货物脱落、扬洒车178辆，处罚金额17.93万元；查获超限超载车辆1068辆（其中非现407辆），卸载超限量货物24137.71吨，除不可卸载的车辆外，卸载率达到100%。

【“道乱占”整治】 以各中队管辖路段划分，加大巡查力度，不定期组织力量开展乱停车、乱堆物、乱摆摊、乱开挖、乱建筑、乱竖牌“六乱”专项整治行动，强化路域环境的管控，并以“回头看”的形式，查漏补缺，防止死灰复燃。同时积极主动与各乡镇沟通，针对乡镇集市占道经营现象商讨联合整治事宜，开展多部门联合整治更好地提升路域环境。全年共计开展联合整治9次，开展专项整治18次。同时对照《浙江省小城镇环境综合整治行动考核验收办法》，配合指导乡镇科学规划和实施停车场、农贸市场等道路交通配套基础设施建设。2019年底，11个乡镇已完成小城镇环境综合整治达标乡镇创建工作。

【道路安全隐患治理及事故多发点段整治】 2019年，由市公路管理段负责实施整治点（段）76处，其中省级挂牌事故多发点2处、金华市级2处、临水临崖安装护栏（408米）1处、永康市级3处、其他隐患点（段）68处。2019年底，省级事故多发点整治2处、金华市级2处、临水临崖安装护栏（408米）1处、永康市级3处均已全面完成整治，并通过验收核销。涉及10条干线公路68处隐患点，年初已完成方岩大道隐患点（段）共8个点位的整治，其他点（段）于12月4日完成招投标工作。

【扬尘治理】 2019年，市交通运输局采取多措施治理扬尘。一是采取多种形式，广泛开展宣传。充分利用现代科技宣传手段，借助公路沿线电子显示屏、路政巡查车电子显示屏等设施，滚动播放宣传内容，扩大覆盖范围。二是根据方案，加强源头管理。要求连接国省道、重要县道的主出入口必须硬化，并在出入口增设蓄水槽，车辆出厂（场、站）要冲洗轮胎，加盖篷布，密闭运输，从源头上制止抛洒滴漏。同时要求车辆进出厂（场、站）连接线与公路岔口处设置规范的标志及安全设施，有专业清扫人员或冲洗机械进行清扫保洁。三是强化措施，规范执法，确保整治有实效。辖区各中队在加强日常管理的同时，针对货运车辆交通违法的特点，强化对330国道、临石线等重点地段、重点区域以及重点时段的管控。灵活调整人员配置，采取定点检查与流动巡逻相结合、日常管理与集中整治相结合的方式。

【超限超载治理】 一是依托固定治超站，加大日常路面执法力度，开展错时流动巡查执法。同时，不定期联合驻站交警共同上路巡查执法。二是以路警联合执法为着力点，开展24小时固定联合治超执法。利用路面监控系统和非现场执法系统对过往货车进行预检，再进行拦截检查，实现治超“精准打击”，提高路面执法效果和效率。三是积极推进全省百日专项整治行动，加强对330国道、东永线和永磐公路等超限超载严重的路线进行有针对性的整治，强化对高速公路出入口的巡查。四是以永磐公路整治为切入点，全面探索推进各部门参与综合治超，进一步提高联合执法深度融合。通过“本部门巡查＋路警联合整治＋多部门综合治理”的方式，采取“日常路政巡查＋路警突击整治＋多部门设岗检查”措施，全力做好永磐公路治超路面执法工作。

道路运输

【概　况】 2019年，永康市实现客运量1193万人次，旅客周转量39105万人千米，货运量1169万吨，货运周转量87004万吨千米。截至年底，全市拥有营运客车1002辆，营运货车1255辆。城际公交班线1条(永康—武义)，公交车9辆。城市公交班线20条，公交车215辆。城乡公交班线101条，公交车242辆，建制村公交通村率100%。出租车企业3家(双飞、康迪、旅行社)，出租车308辆。大型物流场站3家(鑫茂物流、城西物流、跨境港)，物流企业和托运站约474家。市级客运站4个(客运东站、客运西站、紫微站以及在建的客运中心)，镇级客运站5个(西溪、古山、舟山、花街、芝英)。各类汽车维修企业约590家。机动车驾驶员培训机构11家。

【“四好农村路”建管养运】 近年来，永康市城乡道路客运一体化发展水平达到5A级，从原先的31条线路，发展成101条线路，增加座位数14470个。打通农村物流最后一千米，建立农村物流市、镇、村三级配送体系，依托“村村通”民政工程建立乡村客运站点、农村淘宝、邮政服务网点，进一步打通“工业品下乡、农产品进城、电商进村、快递服务入户”双向多向运输服务，有力支撑乡村“脱贫致富”，促进乡村振兴。2018年，中国淘宝村”榜单，永康市黄城里、大花园等74个村入选。永康在全国十大淘宝村集群中位居第7。全年网络零售额突破720亿元，排名全省第4。2019年，永康市成功入选2019年电子商务进农村综合示范县。推动实施“美丽公路＋”旅游、产业、扶贫等发展新方式，有效盘活地区资源，带动特色种养业、农村电商、客货运输、乡村旅游等产业发展，有效增强永康市农村地区的“造血”功能。截至年底，永康市共有5个村通过省3A级景区评定，51个村庄通过省A级景区村庄评定。

运输管理

【渣土运输整治】 2019年，为推进新一轮“158”碧水蓝天工程，市交通运输局开展渣土运输大整治。永康市渣土车多以个人拥有为主，规模小高风险、经营分散难管理，渣土运输市场鱼龙混杂。年初，市交通运输局通过实地排摸、座谈交流、政策出台等方式，将永康市渣土运输车辆从一盘散沙中汇聚起来，6月25日，经招投标入围成立5家渣土运输企业。截至年底，5家企业已拥有207辆渣土运输车，双飞公司90辆，富越26辆，鑫通24辆，布莱克斯42辆，义乌丰平25辆。为打造清新优雅丽州城，通过一周一会一反馈、部门联合执法常态化、重要路段设卡一日一巡查等方式多措并举来规范永康市渣土运输市场。截至年底，非现场执法发现26辆渣土车不规范上路，稽查大队现场检查发现无营运证23辆，无从业资格证22辆，扬洒152辆，教育121辆。

【深入推进“最多跑一次”改革】 2019年，市交通运输局紧扣重点，抓牢“最多跑一次”改革工作，刀刃向内，自我革命，全面深化“放管服”。一是借助互联网优势，让数据多跑腿，群众少跑腿。全年，通过“一窗平台”受理事项3件；“政务网”受理190件；“多证合一、一照一码”受理19件。二是常办事项“零次跑”，打造便捷服务。截至年底，1067辆普货车辆享受到年审签注和盖章的一条龙便捷服务，411辆普货车辆享受到道路运输证配发零次跑，1999件包车客运备案实现自助自动办零次跑，1033人享受到从业人员资格认定事项零次跑服务，累计让群众少跑5098次。三是积极推动“无证明城市”创建工作。通过数据共享、部门核验等方式共取消9项证明材料。全年共办理1806件无证明事项，减少证明材料2981份，节省办事群众跑腿时间3613小时。办事群众回访满意率99.98%。

【优化交通运输能源使用结构】 2019年，为进一步改善城市环境质量，优化交通运输能源使用结构，根据上级要求，市交通运输局一方面稳步推进，加快淘汰老旧营运柴油车辆；另一方面更新改造，补齐出租汽车行业清洁能源化短板。为加快推进永康市老旧营运车辆淘汰工作，打好营运柴油货车污染治理攻坚战，降低营运车辆污染排放，市交通运输局采取资金补助、限制使用、严格超标排放监管等疏堵相结合的措施，大力推进老旧营运车辆淘汰更新，有效减少营运车辆氮氧化物、颗粒物排放。以省运管局下发的1067辆运营柴油货车为基础数据，进行运营柴油货车大排查，通过交警、运政等部门数据的共享和比对，全年永康市共淘汰197辆老旧营运车辆。2019年，市交通运输局草拟《永康市清洁能源巡游出租汽车推广方案（征求意见稿）》相关文件，稳步推进清洁能源巡游出租汽车的推广工作，全市巡游出租汽车全部完成“油改气”。

【驾培行业技能大比武】 为加快永康市教练员队伍建设，给教练员一个展示技艺、展示自我的平台，提高驾培行业的整体形象，提升汽车驾驶员教练员技术技能水平，培养更专业更敬业的汽车教练员队伍，促进全市驾培行业规范教学，9月，市交通运输局牵头举办全市驾驶培训教练员技能竞赛活动。11月，永康市先行驾驶员培训学校教练员吕洪斌在2019年浙江省机动车驾驶培训教练员职业技能竞赛中，获得全省个人第一名的好成绩。

■ 城乡公交

【农村三级物流畅通最后一千米】 2019年6月，在全省农村物流高质量发展现场会上，浙江双飞运输有限公司成为金华地区唯一一家获评浙江省首批农村物流品牌企业的单位，同时该公司的客运物流融合项目获评浙江省首批农村物流创新发展项目。2018年以来，永康市积极探索构建覆盖市镇村的农村物流三级体系，按“政府主导、市场运作、客货并举、城乡普惠”的原则，力主打造“两体系、两模式、一平台”特色农村物流网络。2019年，交通运输局、双飞运输有限公司持续发力，优化农村物流网点布局，丰富农村网点功能，完善末端物流网络，整合利用便利店、邮政等“小动脉”，将出行服务、驾培报名等纳入网点功能建设，使门店踏出“1＋N”多元化服务，将更多服务带到群众家门口，初步建立“县市级分拨、乡镇级中转、村级配送”的农村物流三级网络节点体系。

全年建成市级分拨中心3个,镇级物流服务站4个,村级物流服务网点271个。

【东阳至永康城际班线开通】 9月,永康市开通永康到东阳城际公交线路,助力永康市实现城际公交一体化。该趟线路运行于永康汽车东站与东阳汽车东站之间,途经桥下、芝英、杜山头等地,单程60千米,用时90分钟,永康市与东阳市各投入29座客运车辆4辆,日发2班次/辆,共计16班次。

【"三服务"惠民生】 9月30日,市远通公交公司开通K18路公交车,同时对K6路公交线路西端终点进行延伸,两条线路的终点均为城西新区,为城西新区工业区企业员工和附近居民逾3万人解决出行难问题。11月22日,将K7路公交线路北端终点延伸至农贸城,延伸里程约2千米,让市民出行更便捷,进一步优化公交线网布局。截至年底,市远通公交公司19条线路共568个站点的线网全部实现公交站点500米半径全覆盖的国家标准。

【智慧公交建设】 2019年,永康市继续安装应用电子智能站牌,完成移动支付全覆盖。公交智能电子站牌能向候车乘客实时提供各线路公交车行驶动态、抵达本站的时长、发车情况等,方便乘客根据需要选择所乘线路。市远通公交公司在2018年安装38个电子智能站牌的基础上,2019年又新建智能候车棚50个。同时,市远通公交公司完成移动支付全覆盖,209辆车全部实现银联云闪付App、公交App扫码支付和手机pay、银联实体卡支付,并完成金华市民卡上线。

【试行智能调度系统】 截至2019年底,市远通公交公司所有公交车辆均已安装智能调度系统软件,智能公交调度指挥中心招标和云服务器搭建也已完成,将随着市客运中心建成投入使用。届时不仅将实现"一人管多条线路",还将集行车安全、文明服务稽查管理、应急指挥等功能于一体,真正做到智能管理、降低人工成本,提升公交运营管理效率。

【上线公交防疲劳驾驶系统】 2019年,市远通公交公司在全部209辆公交车上安装新型防疲劳驾驶系统,对驾驶员的不规范驾驶行为、危险驾驶行为进行监测和报警,进一步提升行车安全,促进驾驶员规范驾驶。

【城乡公交优化】 围绕城乡公交线网优化工作,多次到各乡镇现场调研,解决群众提出的出行不便问题。2019年,新开通途经董坑、上蒋、下谢、乌牛山、横山南村、万古塘、张岭村、石桥头、张溪头、胡宅、宅江脚、长坑村等12个村庄的城乡公交,方便广大群众出行。2019年,城乡公交共计完成200个候车棚建设。12月26日,完成芝英运输服务站的建设并投入使用,连枝站完成改建工作。

【云平台助力智慧出行】 1月17日,永康通App增加"城市公交模块"上线运营。至此永康通App实现全市公交扫码支付。近年来,双飞大力推进智慧云平台搭建。对内整合机务、安全、业务管理平台,对外搭建应用型App"永康通"。截至年底,已完成公交支付、线路查询、汽车票购买、包车、轿车维修、项目招标等业务模块的上线,其中公交移动支付覆盖全市所有公交车、定制公交以及永武部分城际公交,"永康通"用户达7.3万人,日均活跃7000人次。

(市交通运输局 章燕君、施金果、金江丽、胡卓鑫、应嫔嫔、吴薛恒、傅琪琪、胡颖端、钱海燕)

金台铁路

【概 况】 金台铁路永康境内总里程35.6千米,其中正线约22.5千米(永康东至永康南疏解线约6千米,永康南至武义枫山段约11千米,其中永康境内约7千米),涉及永康市城西新区、江南街道、石柱镇、前仓镇、舟山镇5个镇(街、区),47个行政村,有需要拆迁的村庄近10个,拆迁总面积约10万平方米。永康境内总用地约1068亩(不含永康东站),总投资约25.95亿元,累计完成投资20.2亿元,2019年以来完成投资7.5亿元,线下工程全面完成,线上铺轨完成50%。金台主线已完成交地工作,总交地面积1062.5835亩,完成全部坟墓迁移,迁移坟墓733穴。完成房屋拆迁,全市红线内拆除房屋208户。

金台铁路施工现场(金台铁路永康段工程建设指挥部提供)

永康地区金温铁路客货运迁建工程作为金台铁路的Ⅰ类变更设计(浙发改设计〔2017〕85号),总投资158398万元,变更设计范围为永康地区金温铁路客运迁建至永康南站工程;永康地区金温铁路客运迁建至永康东站工程的永康东站及综合货场;新碧联络线线路长度5.848千米。项目位于永康市江南街道、前仓镇、石柱镇金台铁路沿线,总用地1350亩。

累计完成投资14.42亿元,2019年以来完成投资14亿元。金温货线迁建工程完成地面基础工程量75%,其中永康南客运还建工程基本完成,新碧联络线完成地面基础工程量75%,永康东站完成地面基础工程量70%。金温货线迁建工程全面完成土地交付,交地面积1350亩,全面完成前仓镇剩余2家企业厂房拆除。

【永康东站土地交付攻坚】 2019年6月6日,金台铁路永康段工程建设指挥部联合省统征办、金台公司、市国土局召开土地报批规费缴纳等相关事宜协调会;6月11日,市府办召集指挥部、石柱镇、前仓镇召开永康东征地工作前期部署会;6月14日,金台铁路永康段工程建设指挥部联系石柱镇、前仓镇开展林地前期调查工作,对后续工作进行提前谋划。6月24日,获悉土地完成审批后(正式批复未下发),金台铁路永康段工程建设指挥部第一时间启动土地交付政策处理工作并向省重点办做了汇报;根据省自然资源厅要求出具永康东站平面布置图作为补件;协调省统征办于6月28日在正式批复未下发前先行赴现场进行红线交桩放样。6月27—28日,省重点办专门赴永康市进行督查协调,要求金台公司、二十四局、指挥部、前仓镇、石柱镇加强沟通协调,在土地获批的前提条件下,加快施工进度,保障金台铁路和金温铁路客货运线迁建工程同步建设、同步交付、同步通车。因任务艰巨、时间紧迫,石柱镇、前仓镇组成攻坚小组,以"白加黑、五加二"的工作状态依次推进村界踏勘、地面附着物评估赔偿、土地分户丈量、补偿款申领及发放、林业砍伐证办理、林木招投标及清运、拆迁协议拟定等一系列政策处理工作。经各单位紧密配合,集中攻坚,顺利完成永康东站1350亩土地交付任务。

【永康东站电力迁改】 因铁五院设计纰漏,需对金温货线永康段迁建工程永康东站电力迁改工程重新设计并委托实施,涉及三条线路迁改,分别为:一条500千伏金永5877线、金康5878线;一条220千伏永明43D7线、永珠43D8线;一条220千伏永康—莹乡双回输电线。

2019年6月底，永康东站进场施工后发现，电力迁改估算费用约10300万元，与初步设计中992万元的概算存在极大偏差，需增加投资，重新设计迁改方案。获悉该情况后，金台铁路永康段工程建设指挥部第一时间委托开展方案设计并向省重点部门办做了汇报，于9月初提出迁改建议方案。9月17日，省发改委在杭州组织召开永康东站电力线迁改专家论证会。省电力公司、省交投集团、永康市政府、金台铁路公司等相关单位负责人参加会议，根据会议纪要(浙发改基综〔2019〕404号)，要求省电力公司于2020年1月底前完成迁改任务。10月15日，省重点办结合实际情况，要求永康东电力迁改于2020年6月底前与金台铁路全线同步建成。

经省电力公司向华东电网申请，11月6日，省电力公司设备部副主任郭锋反馈，华东电网对500千伏金永5877线、金康5878线在整个2020年均无停电窗口安排。对此，常务副市长周启标高度重视，第一时间带队赴华东电网请求支持。在永康市的极力争取下，成功获得2020年3月18日—4月9日为期22天的停电窗口。经12月2日市长办公会议研究后，永康市已于金华供电公司签订委托框架协议。随后，金台铁路永康段工程建设指挥部与金华供电公司完成相关委托合同签订，推进电力迁改现场施工顺利实施，确保3月18日前具备停电施工条件。

(金台铁路永康段工程建设指挥部　陈凯)

物流联托

【概况】　近年来，基于五金制造业及商贸业的优势地位，也得益于鼓励各方办物流的政策，永康物流业发展迅猛，经营业户“遍地开花”。2019年，全市有物流企业、托运站(含挂靠)约474家，大型物流场站3家(入驻鑫茂物流、城西物流和跨境港的物流企业分别为106家、28家和3家)，经营线路256条，货运专线70条，辐射全国100多个省、市、县地区，从业人数近万人。2019年，永康市货运量1169万吨，货运周转量87004万吨千米。

【物流行业安全规范管理】　2019年，市交通运输局为消除物流和危化企业的安全隐患，多措并举推进物流行业安全规范管理。一是加强对货运物流企业的监管。要求货运企业全面落实“3个百分百”:物流开包检查100%、信息登记100%、实名制100%。与货运物流企业签订综合安全生产责任书168份，开展各类隐患排查整治行动，共组织参加安全生产检查678人次，检查企业301家次，排查隐患43起。全面梳理、排查道路危货运输车辆年审情况和卫星定位装置安装率、入网率、上线率、合格率、12吨以上货车GPS安装率等情况；充分利用车辆监控系统，加强对危化品运输车辆的动态监管，要求危险品车辆集中停放。二是加强对信访投诉案件的处理。2019年，货运全年物流信访共387件，占运管局总信访量的1/3。在投诉件处理方面，市运管局高度重视，做到及时处理、妥善协调、高效服务，所有投诉举报均在第一时间给予当事人回复和查处结果，未出现不满意件。

物流实名制检查(永康运管局提供)

【行业转型升级】 物流业作为永康市工业经济的发展"命脉",为永康市五金产品的运输提供了强有力的运输保障。自2019年4月金华召开全市物流大会以来,市交通运输局结合实际,加速探索永康本土物流业现代化发展路子。一是精准施策,力促物流企业做强做大。在结合金华物流十大举措的基础上,市交通运输局与发改、财政等部门多次召开联席会议交流探讨。6月25日,《关于印发加快永康市现代物流业发展的若干意见(暂行)的通知》(永政办发〔2019〕40号)物流优惠政策出台落地。二是整合资源,培育无车承运试点企业。8月,永康市3家物流企业入选无车承运试点企业。目前,该3家企业无车承运人平台已有注册司机车辆4411辆、注册货主1808位,已完成订单12459件,运费交易总额达2086.94万元。双飞公司主动对接税务部门,在税务部门指导下专门成立了智运分公司,配备专业运营团队来管理无车承运人平台,平台整个流程的合法性、合规性得到了税务部门的认可。双飞公司在前期业务拓展上走访了永康市30家制造企业及物流企业,确定达成合作意向1家,年物流运费预计在700万元以上。双飞公司计划3年内持续投入1000万元以上,用于平台功能的迭代升级,以丰富平台功能。三是深入人心,做好物流政策宣传贯彻。物流政策出台后,市交通运输局成立政策宣讲分队,由主要领导、分管领导、科室负责人等担任各小分队队长,结合"三服务",深入物流企业开展现代物流政策宣讲工作,并通过座谈交流、实地察看等多种方式,倾听企业心声,了解永康市物流企业转型的难题与瓶颈,积极指导企业开展现代化转型工作。2019年底,市交通运输局牵头制定《加快永康市现代物流业发展的实施细则》(永交〔2019〕42号),助力物流政策落到实处。

【中欧班列首抵永康】 4月,中欧班列俄罗斯专列直抵永康市,为永康市物流业带来利好。该项举措节约了企业运输成本和时间成本,提高了运输经济效益,也为永康市物流业实现"引进来"和"走出去"平衡发展奠定坚实基础。

【构建现代物流体系】 9月,永康市召开全市服务业暨现代物流业发展大会,旨在破解永康市物流发展与经济发展不平衡、不充分、不匹配的问题,做好现代物流业促进永康市高质量发展这篇文章。一是立足产业,画好物流蓝图。物流和产业是一对"孪生姐妹",永康产业高质量发展需要现代物流支撑,现代物流业又能促进生产企业降本增效。物流园区的建设规划必须符合永康市产业布局规划,为产业提供高水平的服务。二是谋求合作,做好整合文章。永康现有物流企业"多小散乱",已不适应当前高质量发展要求。为降低成本,更好地服务永康经济发展,市交通运输局利用好物流政策,做好现有物流企业兼并重组工作,鼓励物流企业自主进行整合、兼并、重组,改变永康家庭作坊式物流生产模式。充分利用"无车承运"平台企业优势,实施物流信息化建设,打通信息孤岛,提升服务水平。谋求战略合作,实现市场、企业和项目与国际知名物流企业的深度合作,为永康五金走向世界搭建平台,实现互利共赢。三是精心组织,抓好落实提升。明确目标,不断建立和完善现代物流服务体系;鼓励制造、商贸企业运输服务项目剥离,以"两业联动"为基础模式,积极推动本地物流企业和制造业、商贸业、农业联动发展,完善农村三级物流体系;深入物流企业,扎实开展"三服务"工作,不断提高科学决策、有效组织协调的能力和水平,扎实推进现代物流业发展。

(市交通运输局 傅琪琪、施金果)

邮电通信

通　信

电信服务

【概　况】 中国电信永康分公司(以下简称"永康电信")是国有骨干通信网络公司,经营范围包括:在永康市范围内,经营基础电信业务、增值电信业务、各类固定电信网络与设施(含本地无线环路)业务,基于电信网络的话音、数据、图像及多媒体通信与信息服务,按国家规定进行国际电信业务对外结算,经营与通信及信息业务相关的系统集成、技术开发、技术服务、信息咨询、设备销售和设计与施工,设计、制作、代理、发布国内各类广告。主流服务有:4G/5G移动手机、宽带、固定电话、ITV数字电视、监控系统、企业云网、综合布线等。2019年,中国电信继续大力推行光纤入户建设,其中100兆以上高速宽带用户使用比例已经接近90%。2019年继续开展4G无线网络优化和5G网络建设,无线网络覆盖率达到99%以上。2019年中国电信永康分公司大力继续发展服务网点建设,根据市民需求进一步优化服务网点,全市服务网点已覆盖全市主要乡镇和社区。

中国电信永康市城中桃源路营业厅(永康电信提供)

【优化电信服务】 为保证服务标准的实现和服务质量的提高,永康电信设立服务质量监督岗位,做到专人受理。全面推行"首问责任制"。2019年,通过10000咨询投诉平台共受理用户各类咨询投诉6260余件,用户投诉量同比下降32.9%;并通过短信即时测评、发放用户意见征询函、参加315现场活动等方式方法,对用户反映的问题进行答复解决。永康电信重点聚焦业务规则优化、协议条款优化、业务宣讲规范、综合治理不良信息,通过优化业务规范、完善网络监控,打击不良网络广告,严格执行业务规范,控制垃圾短信;严格规范主叫号码正确真实传送,打击骚扰电话和诈骗电话。专项治理电话黑卡、垃圾短信等,加强营销网点身份信息核验能力及技术手段,推进未实名老用户补登和单位用户实名登记等,截至年底,用户实名率99.7%。

2019年,永康电信积极致力于互联网与实体经济的深度融合,为永康市地方经济发展增添活力,催生一系列"互联网+"经济新业态。如云业务、工业互联网成为驱动企业数字化转型的重要动力,持续通过物联网、企业上云等信息技术赋能实体经济,形成一批行业领先的工业互联网型企业,让数字消费持续释放居民需求潜力。2019

年，永康电信继续与市委组织部、公安局、环保局、教育局、农业局等单位合作，组建并完善"党建网""治安动态视频监控系统""环保网""教育网""16个镇街区信息网站"等。

【加强电信网络建设】 2019年，永康电信以宽带提速、机房退网、L网建设、美丽乡村整治为抓手，加大宽带千兆提速改造工程力度，全面提升永康楼道、小区光接入网络能力，为光接入网络改造打下坚实基础。

持续扩大光网覆盖和网络升级。同步推进光网和4G网络覆盖建设，提供双百兆网络服务。光纤入户覆盖家庭能力35万户；4G网络覆盖已覆盖城区及所有乡镇。经过几年来的大规模投入，永康电信光纤到户(FTTH)覆盖家庭突破15万户，骨干网上联增加430G，宽带覆盖永康所有行政村，农村宽带用户近9万户。

提高接入速率。2019年，永康电信加快光网用户大提速，推进百兆普及、千兆引领。全市发展50M/500M宽带业务，农村扩大光网覆盖区域，年末宽带平均签约速率达到100Mb/s。开展信息惠农专项行动扩大农村宽带普及。截至2019年末，电信宽带用户接入速率100Mb/s及以上的比例超过90%，其中200Mb/s的比例突破70%，500Mb/s的比例超30%。电信用户自助测试的接入速率平均符合度达100%。

丰富内容应用。2019年，永康电信整合内外部资源，丰富信息消费内容，推出高清IPTV、翼支付等自有品牌的互联网应用；参与智慧城市建设，推动互联网应用创新发展；持续开展"宽带服务质量提升"工作，坚决杜绝"三强"；开发手机App，方便用户自助排障和报障；提供家庭组网等服务。宽带服务满意度始终保持较好水平。加强网络信息安全。2019年，永康电信继续落实网络与信息安全"三同步"要求，提升网络安全防护水平和网络与信息安全保障能力。大规模部署多种安全技术手段，保障用户安全使用网络。

助推美丽乡村建设。2019年，在全市大力推进美丽乡村建设的同时，永康电信把握契机，从进一步优化、美化、净化各乡镇农村整体环境，有效规范农村架空弱电线路私拉乱接、接线不规范等现象入手，重点对影响农村景观和安全弱电线等进行改造、整理或拆除，按照横平竖直、贴墙、捆扎等方式进行集中铺设，基本消除私拉乱接现象，确保线路整齐、美观、安全，使农村面貌得到明显改善。

结合效益经营，永康电信做好4G网络优化与建设，提升无线网络质量。4G网络L1.8G到2019年底共完成室外基站建设749个，4G网络L800 M截至年底共完成室外基站建设398个，覆盖永康所有行政村，主城区、经济开发区的覆盖率为99.23%，平均下载速度24.82 Mbps，平均上传速率23.56 Mbps；VoLTE覆盖率为98.85%，MOS大于3.5的比例为98.91%；金丽温高铁覆盖率98.26%，平均下载速度35.12 Mbps；金丽温、台金高速覆盖率97.95%，平均下载速度33.52 Mbps。

为确保网络维护的规范性和专业性，永康电信完成多次网络优化工作，保证网络安全运行。按实际情况完善通信应急预案，不定期进行专题演练，在雨季加强网络巡查和网络安全检查工作。组织各专业做好设备的预检预修工作，引入故障预处理App使用，提高故障定位准确率。提升网络运行质量，确保网络通信畅通和网络信息安全。全年完成对一些单位的专网整合并入政务网的工作，VPN3的网络也在全面部署改造。

2019年，新增万兆OLT 3套，新增PON口128个。积极贯彻落实永康市"互联网+"

的实施，加大宽带超百兆尤其是千兆用户的提速改造工程力度，全面提升永康楼道、小区、农村光接入网络能力。接入网光缆17556.79皮长千米，接入网光缆纤芯215865.36芯千米；乡村接入网光缆14812.36皮长千米，乡村接入网光缆纤芯180245.71芯千米；本地中继光缆54.66皮长千米，本地中继光缆纤芯2942.34芯千米。本地管道为994.43千米，本地管道孔为2215.63孔千米。杆路杆程为1523.02千米。

（永康电信　俞若芳、田景、孙雷）

联网通信

【概　况】 中国联合网络通信有限公司永康市分公司（以下简称“市联通公司”）由中国联通有限公司永康分公司和浙江省通信股份有限公司永康市分公司于2009年1月1日合并重组而成。公司拥有覆盖永康城区和各乡镇、结构合理、技术先进、功能强大的现代通信网络，主要经营固定通信业务，移动通信业务，国内、国际通信设施服务业务，数据通信业务，网络接入业务，各类电信增值业务，与通信信息业务相关的系统集成业务，等等。

【网络建设】 2019年，市联通公司结合市场发展实际需要，采用FTTH＋B模式建设，优化设计，提高投资效益，充分利用现网资源，在光改的同时完成机房下电退租，逐步实现固网机房和移网基站合一。快速推进网络建设、优化和隐患整治，网络支撑保障能力和品牌口碑稳步提升，积极开展行业内外共建共享的深度合作，完成直供电改造2个，新增4G站点100多个，并启动5G网络和核心机房建设。

【5G网络共建共享工作部署视频会议】 2019年10月12日下午，浙江联通与浙江电信在浙江联通大楼二楼会议室联合召开5G网络共建共享工作部署视频会议，全面启动5G网络共建共享工作。永康区域的联通电信5G共建共享基站由联通公司负责承建。开展5G网络共建共享，是贯彻落实习近平总书记重要指示精神和党中央重大决策部署的重要举措，是推动通信行业可持续发展的必由之路。联通公司与电信公司5G网络共建共享工作，力求共同打造一张优质安全可靠的5G网络。

【信息化建设】 2019年，市联通公司着力推进宽带业务合作、产业互联网发展；加强市县联动，提升“IDC＋云计＋ICT”专业一体化运营能力，以互联网＋、企业上云、云光慧企、物联网为代表的创新型平台类业务实现突破；积极实施多领域智慧行业项目，打造智慧管理模式，推进智慧制造、社会综合治理、大数据建设，2019年成功签约车联网、三位一体、高考维保、企业上云、服务器托管等多个项目。

（市联通公司　应红燕）

财政税务

财政管理

【概　况】 2019年，永康市财政局（以下简称“市财政局”）紧扣市委、市政府中心工作、重点部署，始终围绕“暖心财政、数字财政、清廉财政”建设，发挥财政职能作用，奋力推进永康经济社会平稳、健康、高质量发展。全年财政总收入94.53亿元，增长0.6%；一般公共预算收入59.93亿元，增长6.3%，一般公共预算收入中税收收入51.08亿元，增长5.5%。一般公共预算支出87.28亿元，增长16.6%。全年财政收支平衡。

【收支管理】 2019年，永康市财政收支稳中有进，财税部门强化协同合作，加强收入监测，合理把握组织收入力度和节奏。一般公共预算收入占财政总收入的63.0%，一般公共预算收入占GDP的9.0%，税收收入占一般公共预算收入的85.2%。财政收入保持高质量增长，主要指标处合理区间。实施积极财政政策，保持较大支出强度，大力压减一般性支出，兜实兜牢“三保”支出底线。一般公共预算支出87.28亿元，其中8项支出增长21.25%，位列金华第3。开展财政资金竞争性存放22次，资金总额66.18亿元，增加收益1.13亿元。全年盘活结余资金4.2亿元，盘活闲置资产2.6亿元。

【体制改革】 2019年，市财政局根据“集中财力办大事”政策，编制《永康市集中财力办大事财政政策体系方案（2019—2022年）》，集中财力办大事资金安排占项目支出的85.0%以上。构建市县预算编制“1+5”绩效模型，成立最高规格领导小组，制定完善基本支出、项目支出、投资强度、综合开支、资产配置等预算编制标准。1个机制，5套标准，获省财政厅发文推广并向全国推广，相继在《浙江日报》《浙江财政》《中国财经报》等多家媒体刊发。强化财政监督管理，内外联动先后开展专项监督检查18次，组织开展学生资助、临时救助、“两项补贴”等财政支持脱贫攻坚政策落实情况专项督查，明确主体责任，强化内控建设，全市282家行政事业单位内控制度建立率100%。

【会计核算】 2019年，市财政局做好国库集中支付，全年累计监控资金34.90亿元，核实并纠正违规资金0.79亿元。完成业务受理审核、网上支付、资金核对、日清月结等工作，全年共发直接支付令2753个，授权支付令89089个，其他支付令12904个。做好14个单位报销审核、会计核算、工资发放和档案管理等工作，全年共发放工资41836人次，金额3.92亿元，代扣五险一金等1.17亿元。

【票据管理】 2019年，市财政局完善非税公共支付体系建设，拓宽公共支付平台建设广度，推出公共支付自助机应用。全年接入非税执收项目66项，执收单位356家，接入代收机构16家，累计提供服务135万人次，收缴资金110.55亿元，非税收入电子化收缴率98%。推进医疗电子票据改革，截至12月底，已通过验收上线医疗机构7家，合计开具医疗电子票据184万份，资金5.42亿元。结合“浙政钉·掌上执法”App系统落实“双随机”检查，增强票据监管力度。

【乡财管理】 2019年，市财政局做好16个镇（街道、区）预算、决算和集中支付等工作。全年实现收入资金36.09亿元，拨付资金33.98亿元，动态监控取消疑点、纠正处理682条，涉及资金4800余万元。建全乡镇财政（国库）集中支付管理模式，推行系统标准化、审批无纸化、监控智能化、安全多元化。做好一事一议财政奖补工作，成功列入省厅2019年度第二批一事一议财政奖补助推美丽乡村建设项目试点市，获批省级财政奖补资金2000万元。

【造价审价】 2019年，市财政局共审核概算、预算和结算项目433个，审查金额56.76亿元，审定金额53.76亿元，共核减资金3.0亿元。全力保障市政府重点工程，深入市场调研，实时掌握市场价格动态；开展多次专项培训，就工程项目工期、价款、变更、违约、索赔等方面内容进行详细讲解；加强中介编制质量监管，从严把控源头监管，严格做好项目估算、设计概算和施工预算等环节的投资控制，提升资金绩效。

【政府采购】 2019年，市财政局完成实际政府采购金额5.93亿元，项目数1555个，完成行政事业单位车辆购置审核46辆。打造良好政府采购营商环境，全面取消政府采购投标保证金，助力本地供应商拓展政府采购市场，推动政采云会议、培训定点上线。扎实做好项目采购监管，创新政府采购大数据风险管理，开展政府采购代理机构检查，配合做好公开招标制度落实情况检查。推进公务用车管理平稳分流，实现公务用车审核全面纳入政采云平台。

市财政局召开中层干部“晒比拼”活动汇报会（市财政局提供）

（市财政局　陈祎莉）

国有资产

【概况】 2019年，全市国有经济保持平稳发展态势，全市国有企业主要指标有了新的增长，质量效益创历史新高。截至12月底，永康市国有企业资产总额318.45亿元、净资产118.26亿元，实现未经审计的营业收入合计34.08亿元、利润总额1.71亿元，分别较上年同期增长9.58%，11.48%，3.37%和5.56%。主管规上其他营利性服务业企业营收增速约17%，超额完成市政府下达的9%的年度任务，有效拉动全市GDP。

【国资国企改革】 2019年，在市委、市政府出台《关于深化国有企业和国资管理体制改革的意见》《永康市国有企业整合重组方案》的基础上，永康市人民政府国有资产监督管理办公室（以下简称“市国资办”）相继出台《永康市国有企业改革人员分流办法》《关于做好国有企业改革期间档案工作的意见》等系列配套文件，向市政府提交《永康市国有资本投资建设管理办法》《永康市国有资本投资建设项目融资管理办法（送审稿）》，形成“1+N”国资国企改革政策体系，为后续因企施策、分类改革提供了“施工图”。按照市场化转型和实体化运作要求，构建“1+8”市属国有企业管理框架，确立以管资本为中心的“市国资办/国投控股—市属国有企业—下属企业”层级管理体系。

1月17日，国资办挂牌（华丽萍　摄）

2019年，市国资办按照“一企一策”原则，制定国投控股及8家市属国有企业的具体组建方案，以及行政事业单位经营性资产划转方案。四大公益类市属国企6月份挂牌成立，领导班子人员选聘、内设机构设置等工作基本完成，第三季度正式进入完全实体化运作；商业类市属国企部分班子成员已经到位。

按照“整合重组一批、划转移交一批、保留发展一批、清理注销一批、退出收回一批”的思路，除部分委托部门管理的企业外，原属于29个部门的145家国有企业已基本完成与部门脱钩，完成资产划转48家，成功注销16家僵尸企业或低小散企业，收购或退出15家企业国有股权，事转企11

6月3日，深化国资国企改革动员部署会召开（华丽萍　摄）

家，基本建立统一出资人制度，国有企业经营性资产基本实现大整合，经营性资产集中统管任务取得阶段性成果。

2019年，市国资办以“三服务”活动为载体，通过座谈会、现场调研、征求意见、部门会商等方式，搜集改革问题105个、协调解决问题85个。五金城集团股份制改革取得实质进展，成功剥离集团资产7.5亿元、负债2.1亿元；稳妥解决员工身份问题，完成报表审计、整体资产评估等工作；完善集团混合所有制改革方案，并于11月在产权交易所成功挂牌；对接3家战略投资企业，积极引入资金投资。

【资金筹集】 2019年，市国资办科学谋划项目建设资金。根据2019年度国有资本保障建设项目计划，理顺保障机制，提高抗风险能力，重新梳理核实项目资金预计需求情况，制定下发《2019年度国有资本保障建设项目资金安排方案》《关于2019年度国有资本保障投资项目委托建设相关事项的通知》等文件，明确全年国有资本保障建设项目的资金安排。

加大融资支持项目建设。启动国有资本投融资体制改革，积极承接公益类项目建设资金保障任务。2019年，全市国有企业承担公益性建设项目120项，其中续建项目28项、新建项目26项、前期项目20项、预备项目36项。通过企业债券、银行贷款等方式累计融资28亿元，完成年度计划的186.67%，有效保障老金温铁路迁建、330国道改建等105个公益类项目建设有序推进。妥善解决国家门类检测中心等一批历史遗留项目资金保障问题，成功化解政府隐性债务5.05亿元。

打造优质融资平台。国投控股AA+资信评级启动，财务审计完成。

积极服务民生事业。积极参与东西部扶贫协作、“消薄”等专项行动，国资系统全年累计完成物资捐赠80.65万元，消费扶贫

291.48万元，搭建消薄帮扶项目平台公司1个，启动帮扶项目1个。

【国有企业监管】 2019年，市国资办开展国企资金集中统管。开展全市国有企业存量资金、债务情况摸底清理。全市142家国有企业货币资金合计39.56亿元，银行账号534个，清理注销银行账号58个。制定出台《永康市国有企业“资金池”管理办法（试行）》《永康市国有企业“资金池”操作规定》等系列文件，完成“资金池”初步建设，首期入池资金预计9.56亿元。全年共调度资金23笔，金额达20亿元，通过开展资金公开竞争存放，提高资金使用效益，收益提升约750万元，极大地支持永康市经济社会发展。

推进监管职能转变。根据“三定”规定，将行政事业单位国有资产监管职能划转市财政局，优化调整机关内设科室。围绕“最多跑一次”改革，着力开展业务材料简化、流程再造工作，对国企审批事项进行整体“瘦身”，优化流程18项。

强化出资人监督。加强国有产权管理，实施重大项目中介机构评审制，规范推进国有股权划转、资产转让、资产出租、融资发债等。全年全市国有企业重大事项报批合计65项。加强企业财务监管，探索实行国有企业财务快报月报制度，定期编写国有企业财务分析报告，初步建立国有企业财务动态监测工作体系。强化动态监管，优化流程，推进信息共享，开发建设永康市国有企业出资人监管信息平台，完成内部试运行工作，全面上线方案、时间节点已明确。

完善监管制度。出台《改革市属企业工资决定机制实施办法（暂行）》《永康市市属企业负责人经营业绩考核与薪酬核定暂行办法》《永康市属国有企业中层管理人员管理指导意见》等系列文件，规范国有企业薪酬考核、工资分配、人事管理工作流程。

（市国资办　华丽萍、赵晨园）

税　务

【概　况】 2019年，永康市税务局（以下简称“市税务局”）认真贯彻落实习近平新时代中国特色社会主义思想，推动全面从严治党向纵深发展。不断巩固国税地税征管体制改革成果，各项工作有序运转。坚持依法征收，完成各项税费收入（不含职业年金）122.02亿元，其中组织税收收入89.68亿元，为平衡财政收支、促进经济社会事业发展提供有力的财力保障。税制改革实现新突破，落实减税降费政策，发挥税收政策在促发展、调结构、惠民生方面的重要作用，助推永康市实体经济发展。“放管服”改革提档升级，创新纳税服务和规范税务执法，推动税收治理迈上新台阶，税收营商环境持续优化，征收管理形成新优势，队伍建设迸发新活力。

【税务征管】 做好征期“全过程”管理，实行错峰申报，致力于解决慢申报、未申报问题，切实提高按期申报率。充分运用关键数据模型测算指标，通过加强土地增值税清算、重点税收风险排查、3亩以上工业用地实地调查、行业风险应对工作、各类工业区房产税和城镇土地使用税税源核查、加强二手房税收管理、清理欠税等征管手段，进一步夯实征管基础。平稳有序地做好省立两项非税收入和社会保险费征收职责划转工作。认真做好全省集中版城乡居民基本养老保险费和基本医疗保险费征缴软件的上线运行，加强对社会保险费登记率、申报率、零申报率和入库率等征管关键指标的管理。全面部署城乡居民基本养老保险费和基本医疗保险费集中征缴工作，完成全市44万户城乡居民基本医疗保险费划转后的首次征缴，实现征缴率达99.5%以上。对标推进个人所得税改革、深化增值税改革等，确保各税种改革落实到位。做好企业所得税年度汇算清缴和后续审核，规范环保税、耕地占用税等税种的征收工作。认真落实永康市委、市政府部署，发挥税务部门的职能作用，助力完成工业企业"小升规"(小微企业转型升级为规模以上企业)培育。2019年新增规上工业企业226家，净增177家，规上工业企业总数达到935家，新增、净增数居金华首位、全省前列。

【纳税服务】 2019年，市税务局深入推进"最多跑一次"改革，全面做好多部门信息共享与合作，推行新办企业申领发票半小时办结、不动产交易"一窗受理、集成服务"、车辆购置税办理无纸化等便捷服务。全面落实"无证明办税"改革，整合梳理增值税优惠备案等16项"无证明办税"清单，累计为13598户次纳税人办理"无证明"事项，深受纳税人欢迎。创新推出纳税人"智慧学堂"，在评选金牌讲师、办税员导师增强师资的基础上，开通"直播课堂"，为深化税收培训辅导"最多跑一次"提供了永康样板。"智慧学堂"项目获评浙江省税务系统管理创新项目二等奖。

【税务党建】 2019年，市税务局按照"守初心、担使命，找差距、抓落实"的总要求，扎实开展第二批"不忘初心、牢记使命"主题教育。活动开展以来，局党委研究主题教育3次、主题教育领导小组研究主题教育6次、纪检组调研检查第二批主题教育4次、专题中心组学习18次，开展革命教育、微党课比赛、观看爱国影片、诗吟诵等各类文体活动8次。开展"万名党员进万企领导干部下基层""服务企业、服务群众、服务基层"等专项活动，领导班子成员带头开展走访服务，征集涉税需求和意见建议，共走访企业1848户、走访基层单位6个、与基层干部谈心150人次、征集意见建议36个、解决纳税人困难18个。认真做好机构改革和减税降费两项工作的专项巡察问题整改工作，推动全面从严治党更严、更紧、更硬。结对帮扶永康市西溪镇下赵村脱贫，以"三年见效"为目标，牵头筹集23万元启动资金帮助建立千亩果园基地；同时，积极联系财政等部门，专门争取了100万元的财政预算基金用于扶贫基地规模化发展，增强结对村的自身造血能力，切实帮助结对村摘帽致富。充分发挥群团的桥梁纽带作用，先后开展"青运动·乐活永康""展巾帼风采、谱税美芳华"等专项活动，以及"爱心助学""一巡三查"等志愿活动，增强凝聚力向心力，树立永康税务干部的良好社会形象。继续开展兴趣小组活动，进一步丰富干部职工业余生活。积极参加金华市税务局"扬帆新税务、同心创辉煌"文艺汇演，节目舞蹈《蜕变》和情景剧《税月日记》获得好评。2019年，市税务局西城税务所党支部被评为永康市"红旗党支部"。

(市税务局　应永丰)

经济调控

发展管理

计划制定

【概　况】 2019年永康市根据国内外宏观经济形势，结合永康市实际，按照市委工作总体部署，衔接"十三五"规划目标，兼顾经济高质量发展要求，永康市发改局（以下简称"市发改局"）制定2019年经济社会发展的主要预期目标，具体如下表所示。

2019年永康市经济社会发展主要预期目标

指标名称	2019年预期目标（增长率）
全市地区生产总值（GDP）	6.5%左右
一般公共预算收入	9%
社会消费品零售总额	10%
城镇居民人均可支配收入	与经济增长基本保持同步
农村居民人均纯收入	与经济增长基本保持同步
城镇新增就业人数	1.2万人
城镇登记失业率	<3.5%
单位生产总值综合能耗和化学需氧量、二氧化硫、氨氮、氮氧化物排放量	确保完成上级下达的目标

【创新驱动】 2019年，全市实施智能化技改项目50项以上。加快省级五金产业创新服务综合体建设，争取申报国家高新技术企业15家、省级科技型中小企业75家、浙江省高新技术企业研究开发中心4家，申报产品试制计划50项以上。重点做好10亿元级企业培育工作，力争新增年产值超10亿元工业企业2家。完善"小升规"扶持政策，力争净增工业"小升规"企业150家。新增省"隐形冠军"培育企业5家以上。亩均税收1万元以下低效企业基本出清，开工建设小微企业园20个以上。力争健康医疗器械产业产值突破15亿元，军工"三证"企业达到13家。制定出台《进一步加快永康市服务业持续发展的若干政策意见》。做强生产性服务业，做优生活性服务业，谋划中国五金物流港等一批服务业项目，推动现代物流业与制造业深度融合发展。

【项目招引】 2019年，永康市加大项目招引力度。结合健康医疗器械和军民融合等战略性新兴产业，积极创造条件招引、储备一批优质重大项目。优化项目审批服务。力争实现企业投资项目竣工验收前审批"最多90天"，"最多跑一次"实现率100%。深化"标准地"改革，新批工业用地的80%按照"标准地"供地。推进在建项目保质提速。建立健全市镇长项目库动态管理、项目全程跟踪服务体系。全面加强对重大项目的全过程监管,促进投资效率提升。

【区域提升】 2019年,永康市完成《城中村改造专项规划》,力争拆迁房屋建筑面积10万平方米以上。确定并实施江南山水新城路网框架。全面完成11个镇小城镇环境综合整治,争创20个以上省A级景区村庄。创建省级美丽乡村示范镇1个、美丽乡村32个、美丽走廊30千米、"浙派民居"示范村2个。建设改造提升农村公路50千米以上。深入推进新一轮"158"碧水蓝天工程。新建城区污水管网10千米,镇级50千米。确保金华市控5个地表水断面Ⅲ类及以上水质比例达到100%。

【民生工程】 筹建永康五金技师学院,创建5—8家技能大师工作室。全力打好基本养老、基本医疗保险扩面攻坚战,新创建兼具日间照料与全托服务功能的示范型居家养老中心4家。全面深化"县管校聘"和民办教育综合改革。深入推进公共文化服务体系建设,实施"5个百"文化惠民、"百幢文物建筑"抢救工程。全面实施健康永康战略,深化医药卫生体制改革。打好风险化解攻坚战。

■ 经济运行

【概　况】 2019年,全市地区生产总值增速6.2%;一般公共预算收入增长6.3%;社会消费品零售总额增长6.6%;进出口总额增长0.3%。城镇、农村居民可支配收入增速均高于GDP增幅;城镇新增就业人数2.32万人;城镇登记失业率1.92%;单位生产总值综合能耗、化学需氧量、二氧化硫排放量、氨氮排放量、氮氧化物排放量均完成上级下达目标。

【经济发展】 2019年,全市实现规上工业总产值792.1亿元,同比增长2.1%。全年集中开工20个小微园,拓展发展空间3150亩,带动全市固定资产投资150亿元。召开服务业发展大会,出台扶持服务业高质量发展23条、现代物流业发展11条。电商产业发展迅猛,预计全年网络零售额增长15%,总量位居全省第6。荣获全国十大农村电商典型县市,受国务院正向激励。获批全省首批供应链创新与应用试点城市,获中央服务业发展资金专项激励。双飞运输有限公司等3家物流企业入选无车承运人平台试点。新增省工业旅游示范基地1个,国内外游客接待量、旅游总收入均增长20%以上。

【企业创新】 建成王力、三锋等6个智能化工厂(车间),完成"企业数字化制造、行业平台化服务"项目5个。新增"个转企"377家,净增"小升规"175家,培育"专精特新"企业240家。新增国家高新技术企业59家、省科技型中小企业152家。新增浙江出口名牌8个、金华出口名牌6个,居金华首位。全省集中开工重大项目和省、市重点建设项目分别完成年度计划的121.9%,130.4%,127.0%。18个市领导负责重大项目完成年度计划的81.8%,同比增加33.7个百分点。

【环境建设】 成功创建国家森林城市、国家园林城市。实施浙中生态廊道项目34个,新增绿道建设23千米,完成率达196.8%。全面完成11个小城镇环境综合整治,舟山、前仓、西溪、石柱获评省级样板镇。深化"千万工程",创建省美丽乡村示范镇1个、特色精品村5个。打造"美丽河湖",建成东溪、李溪美丽河道26.6千米。在全省率先开展垃圾分类"绿卡"模式,创建省高标准农村生活垃圾分类处理示范村2个。累计处置无价值工业固废5479.5吨。新增污水管网60千米,完成50个农村运维终端标准化改造。省级园区循环化改造示范试点以全省第一的成绩通过省终期验收。区域环境改善明显，5个金华市控地表水断面全部达到Ⅲ类以上水质，全年AQI优良率达90.7%，无重度污染天数。

【社会事业】 2019年，全市民生支出达73.5亿元，占公共财政预算支出84.2%，增长16.9%。教育基本现代化市高分通过创评，首次提出“县管校聘”改革“五级遴聘”模式；教师进修学校附属初中等15个项目开工建设；4所幼儿园通过省二级幼儿园评估，新增公办幼儿园4所。挂牌成立杭州医学院附属永康市第一人民医院，建成医共体2个，成立名医工作室5家，新中医院、城西新区卫生院投入使用。全市基本养老保险参保率98.6%，实现城镇新增就业2.32万人，城镇登记失业率1.92%，老年证实现“零跑联办”，绿康丽州家园正式开业。医保卡建成金华统一医保结算平台，市民卡实现金华全域互联互通。千金山陵园一期投入使用，骨灰堂建设实现全覆盖。“龙山经验”被列为省基层治理创新典型案例。

■ 行政审批

【企业投资项目审批提速】 2019年以来，企业投资项目审批“最多100天”升级为“最多90天”，改革力度加大，改革要求更高。市发改局继续以“最多跑一次”改革为牵引，推进企业投资项目审批简化、优化、标准化，通过全流程跟踪服务项目，跑出永康企业投资项目审批“加速度”。市内企业投资备案项目均100%实现“最多90天”的目标，开工前审批全流程用时39.8天，相比上年提速43.9%。

【部门间办事“最多跑一次”】 将“上门服务”“容缺受理”“一次性告知”等企业群众到政府部门办事“最多跑一次”的先进经验和做法推广应用到部门间“最多跑一次”事项办理。2019年，共完成255项政府投资项目审批（其中项目建议书13项，可行性研究报告70项，初步设计104项，其他68项）。项目审批平均用时3天，相比上年同期审批时间提速40%。

【实施“标准地”制度】 “标准地”改革实施以来，永康市积极拟定“标准地”出让具体操作实施规范性指导意见，出台《永康市标准地出让管理暂行办法》。4月份，在金华市发改委的组织下，永康市参与上海开展的“标准地”招商活动。政府带“地”招商，企业看图下“单”，通过市场化来选择项目、引进项目，变“找市长”为“找市场”，深入推进资源要素配置市场化改革，优化政府营商环境。除负面清单外，2019年永康市新批工业用地100%按“标准地”模式供地，全年共有23块工业用地完成按照“标准地”供地。

【“投资项目周三审批会商日”】 为深入推进“三服务”活动，针对项目审批中存在的牵涉部门众多、权责难以厘清等难点问题，切实提高审批效率，加速项目落地，市发改局牵头设立“投资项目周三审批会商日”。按照“周一定期申报、科室集中审查、周三定期会商”的“三部曲”。自5月8日以来，发改局已连续开展22期“投资项目周三审批会商日”活动，基本解决审批难题185个。通过协调解决项目审批中的各类难题，帮助项目业主打通开工前审批“最后一公里”，永康市建设项目进度明显加快。

■ 经济体制改革

【概　况】 2019年，永康市委认真贯彻落实中央、省委和金华市委关于全面深化经济体制改革的决策部署，聚力高质量发展，以提升经济活力、优化经济环境、壮大经济实力为重点，全面完成经济体制改革年度目标任务，改革成果惠及更多百姓，为加快建设现代化都市区贡献永康力量。

【打造系列“永康样本”】 2019年，永康市推进“三强一制造”战略，开展分行业质量整治专项行动，“品字标浙江制造”走在全省前列。国家、行业标准累计发布数和认证数稳居金华首位、全省前列。国家五金工具及门类产品质检中心投入使用。产业数字化步伐加快，防盗门、汽车零部件、保温杯、电动工具等启动“企业数字化制造、行业平台化服务”试点。工业互联网平台建设及应用入围省重点领域提升发展名单。全市两化融合发展指数列全省一类地区第15位。数字产业化势头强劲，和阿里巴巴签订本地生活项目合作协议，获评省供应链创新与应用试点城市，宏伟供应链入围全国供应链创新应用试点。深入推进省级军民融合创新示范区建设，永康市军民融合产业孵化园挂牌成立。开放合作进一步扩大，无水港被列入义乌国际贸易改革试验区试点范围。深化省知识产权工作示范市试点，完善8890知识产权统一服务平台，助企开展检测技术帮扶和科研成果转化。积极培育科技创新主体载体，经济开发区、浙商回归园列入G60产业园区联盟。深化金融供给侧结构性改革，构建“两链”风险防控体系，持续高压严厉打击恶意逃废，拓宽不良资产处置渠道，探索形成对金融风险全天候监控的“永康样板”。强化平台支撑，集中开工建设20个小微企业园，制定出台工业企业亩产效益综合评价办法。强化人才支撑，成立杭州、西安、深圳、上海博士联谊分会。国家信用监测环境明显好转，全国排名大幅提升。

【做强本地特色亮点】 重点改革破题前行，“最多跑一次”改革全面推进，健全全流程跟踪服务项目，跑出审批“加速度”，投资项目审批用时全面提速。建成运行全市一体化信用平台，公共信用评价良好以上政府、事业单位达100%。深化“互联网＋政务服务”应用，实现政务服务办理过程业务数据的共享。“工伤一件事办理”全国首创，在全省改革例会上作典型交流发言。完成省两化深度融合国家综合性示范区验收。建成五金跨境电商创业园，获评省产业集群跨境电商试点县。网络零售总量居全省第6位，获评全国十大农村电商典型县市，获国务院正向激励。外贸出口逆势增长，积极应对中美贸易摩擦，落实稳外贸20条措施。大力培育外贸品牌，广交会出口产品设计奖数量居全省第1位，浙江出口名牌新增数居金华首位。国家工业企业电商统计调查试点、金华市企业统计“四大体系”规范化建设试点取得阶段性成效。实施投资新政，创新“6＋X”项目审批推进机制。国资国企整合重组持续推进，组建“1＋8”核心市属国有企业，4家公益类集团公司进入实体化运营，五金城集团成功在产权交易所挂牌。深入推进“中国制造2025”浙江行动试点示范和省振兴实体经济（传统产业改造）试点工作。实施“凤凰行动”，新增股份制公司列金华第1位。全域土地综合整治有效推进，盘活存量用地，消化批而未供土地。强化人才支撑，做好博士大会“后半篇文章”。

■ 物价管理

【概　况】 2019年，市发改局价格科认真贯彻落实全国价格工作会议精神，坚持稳中求进工作总基调，坚持以推进供给侧结构性改革为主线，围绕市委、市政府的中心工作，积极开展清费减负工作，维护市场价格基本稳定，为永康市经济持续健康发展及社会和谐稳定营造良好的价格环境。

【核定源口水厂自来水价格】 为促进水资源的节约、保护工作，改善水环境质量，理顺水价关系，规范供水价格，根据国家发展改革委、住房城乡建设部《关于加快建立完善城镇居民用水阶梯价格制度的指导意见》（发改价格〔2013〕2676号）等有关规定，市发改局经成本测算和履行听证等法定程序，并报请市政府批准，核定源口水厂居民生活用水第一阶梯水价为1.50元/吨，其他阶梯水价按规定在此基础上叠加；非居民生活用水和特种用水水价为2.12元/吨；供水价格于源口水厂正式供水之日起执行。

【解决永康医院（原红十字会医院）看病停车难】 为解决永康医院（原红十字会医院）看病停车难问题，永康市研究后决定公布永康医院停车收费标准：1小时内免费；超过1小时的，3小时（含）以内3元；以后每2小时加收2元，依此类推，24小时内最高不超过20元。执行公务的军车、警车、综合执法车、消防车、救灾抢险车，环卫清运车、医疗救护车、市政工程抢修车辆等免收停车费。

【降低石鼓寮景区门票价格】 为进一步增强人民群众获得感、幸福感，促进永康旅游业转型升级，根据《浙江省发改委转发国家发展改革委关于持续深入推进降低重点国有景区门票价格工作的通知》（浙发改价格〔2019〕215号）要求，结合永康市实际，决定降低石鼓寮景区门票价格：石鼓寮景区门票价格由65元/人次降为55元/人次，自2019年9月1日起执行。

【象珠、黄坟、洪塘坑、珠坑、上黄水厂征收居民生活用水污水处理费、水资源费】 根据《浙江省价格条例》有关规定，市发改局先后召开关于象珠、黄坟、洪塘坑、珠坑、上黄水厂征收居民生活用水污水处理费、水资源费意见征求会与座谈会。经市政府同意后，拟定象珠、黄坟、洪塘坑、珠坑、上黄水厂征收居民生活用水污水处理费为每吨0.45元、水资源费为每吨0.2元。

【拟定永康管道天然气配气价格】 通过对永康市燃气企业管道天然气3年配气成本进行监审，市发改局拟定永康管道天然气配气价格为0.7元/立方米。

【推进永康市非居民用水超定额累进加价】 为进一步促进城镇节约用水，发挥价格杠杆的调节作用和用水定额的引导作用，永康市推进非居民用水实行超定额累进加价制度的实施。非居民用水超定额加价按年用水量分3档。第一档：在核定额度以内的，执行现行供水价格标准。第二档：超过核定额度30%（含）以下的，超过部分在现行供水价格基础上加价0.5倍缴纳。第三档：超过核定额度30%以上的，超过部分在现行供水价格的基础上加价1倍缴纳。“两高一剩”，即高耗能、高污染、产能严重过剩等行业实行用水定额管理的企业，第二档和第三档分别加价0.6倍和1.2倍缴纳自来水费。

【开展农产品调查】 永康市的农产品成本调查主要分为农户基本信息调查、农户种植意向调查、早稻成本直报调查和晚稻成本直报调查。按时在4月、6月、8月、11月向省局上报农户基本信息调查情况、农户种植意向调查情况、早稻成本直报调查情况和晚稻成本直报调查情况，并加以分析形成书面材料。

【城市供水定期成本监审】 根据《中华人民共和国价格法》《浙江省政府制定价格成本监审实施细则（试行）》等规定，于2019年3月8日—6月29日对永康市钱江水务有限公司上年度城市供水成本进行监审，并及时上报金华和省局审核。

【价格监测、预警】 2019年，永康市列入监测且与上年同期有可比性的重要商品有50个，分别在每月的5日、15日、25日向各监测站点收集当月各重要商品的实时价格信息，同时与上年同期进行比较，形成书面分析材料。每季度对粮食价格进行计算且与上期粮食价格进行环比，形成书面分析材料。每月每季度定期向金华上报相关价格监测数据与分析，同时在政府部门网页上进行公开发布，让广大群众能及时了解最新价格动态与走向。并且做好价格预警机制，确保实时监测，发现问题及时上报与处理。

特色小镇

【概　况】 2019年，永康市围绕"显优势、突特色"的目标，认真分析资源禀赋，从产业特色、资源配置、功能环境、综合效益等方面综合发力，出台《关于加快特色小镇规划建设的实施意见》，用于土地、人才、项目保障等要素加大支持力度推动特色小镇培育建设工作。共有浙江省、金华市特色小镇3个，其中省级培育类小镇2个，分别为众泰汽车小镇、赫灵方岩小镇。金华市创建类小镇1个，为ATV酷玩小镇。

【众泰汽车小镇】 2019年，众泰汽车小镇累计完成投资53.6亿元，占计划总投资的97.45%。众泰汽车小镇以众泰新能源汽车

众泰小镇湿地公园(市发改局提供)

产业为核心，推动新能源汽车研发、生产、体验、旅游等多维度发展，致力于打造国内外知名的汽车特色小镇。众泰汽车小镇已创建众泰纯电动汽车研究院、威力园林机械研究院等省级重点企业研究院，新能源汽车研发及产业化项目、全地形车项目初步投产。

【赫灵方岩小镇】 2019年，赫灵方岩小镇累计完成投资19.89亿元，占计划总投资的62.16%。赫灵方岩小镇以方岩景区旅游产业为核心，通过资源整合，推动风景区和城镇的同步发展。景区已开发特色纪念品、各类文创产品，引导包括红色文化、传统技艺、传统节目的传承及发扬，开展"微笑方岩"优质服务活动，提升景区旅游服务。赫灵方岩小镇客厅已投入使用，旅游集散中心、19条主干道路基本建成，旅游商贸服务区框架初步成型。

【ATV酷玩小镇】 ATV酷玩小镇被列入金华市级创建名单。ATV酷玩小镇以举办中国全地形车锦标赛为依托，集中布局全地形车生产、赛事、培训、运动、旅游等产业。ATV酷玩小镇小微孵化园已引进3家优质健康类企业，龙川文化园体验运维基地稳步推进中，每年举办中国摩托车越野锦标赛，机车文化蓬勃发展。

（市发改局　徐贝莉、王珏、毛章元、蒋译萱、朱滔）

审计管理

【概　述】 2019年，永康市审计局(以下简称"市审计局")共完成审计项目23个。审计查出主要问题金额38943万元，其中：违规金额5730万元，管理不规范金额33213万元。发现非金额计量问题39个。移送司法机关、纪检监察机关和有关部门处理事项3件，提交审计信息40篇，被采用28篇次，上报《审计专报》10篇，获市领导批示10项。

【工商企业审计】 2019年，市审计局将国有企业改革作为审计的重点，进一步加强对国有企业和国有资本的审计监督，并对永康市2017—2018年服务业扶持奖励资金使用情况进行专项审计调查。

4月4日—5月13日，对永康市龙川园林绿化服务中心（以下简称“龙川园林”）2016年1月—2018年12月资产、负债、损益情况进行送达审计。审计结果表明，龙川园林会计账务记录基本清楚，资产负债以及经营损益情况基本真实、合法。从2018年起，因面临国企改革，龙川园林已暂停园林绿化的经营。但其在外单位人员福利、奖金管理、高温补贴发放、工会经费使用等方面，仍存在薄弱环节。为此审计建议，一要严格遵守财经纪律。不得无依据、自立名目、超标准、超范围发放福利。不得随意曲解相关政策内容，无依据发放或超标准和变相提高标准、扩大对象范围发放各类奖金补贴。二要加强会计基础工作，增强依法纳税意识。三要健全内部控制制度，建立薪酬与企业效益挂钩机制。

6月27日—10月15日，对全市2017—2018年服务业扶持奖励资金使用情况进行专项审计调查。审计结果表明，全市服务业发展扶持政策不断完善，对现代服务业集聚区载体建设、优化服务业结构、促进新兴产业发展发挥了积极的引导作用。但扶持奖励资金在项目实施和监管、资金使用、政策制定等方面仍有待改进。

【财政金融审计】 2019年，围绕党中央、国务院《关于全面实施预算绩效管理的意见》、中共中央办公厅《关于人大预算审查监督重点向支出预算和政策拓展的指导意见》及上级审计机关部署要求，4月22日—6月14日，组织开展2018年度本级预算执行情况审计，在重点把握财政资金分配、管理总体情况的基础上，突出对预决算编制、预算支出、预算绩效管理等情况的审计监督。在《2018年度本级预算执行和其他财政收支审计工作报告》中，主要反映了7方面26项30个具体问题，截至12月，应整改事项中已整改到位或基本整改18个，已部分整改仍需继续整改7个，正在整改3个，因不可追溯需今后在工作中予以规范或通过改革完善体制机制后解决的2个。应整改问题金额1.0897亿元，已整改金额1.0747亿元，问题金额整改到位率为98.63%。

在2018年度本级预算执行情况审计中，市审计局创新审计手段，建立审计整改挂销号制度，进一步促进规范财政资金管理，提高财政资金使用绩效。一是运用大数据进行比对分析，查出涉嫌违规领取失业保险金疑点达2100多人次，共计520多万元，违规金额占比12%。而且存在部分企业、员工隐瞒稳定就业实情，提供虚假的解除（终止）劳动合同证明，向社保部门领取失业保险金的现象。该问题通过专报信息反映，得到市委书记和市长的分别批示，将问题线索移送市纪委监委进一步调查处理。二是围绕“富民强省十大行动计划”，积极关注促进民营经济高质量发展各项政策落实情况，提炼的《审计建议完善“亩产效益”政策并加快结果运用》审计专报得到市领导批示，推动出台《关于印发永康市工业企业亩产效益综合评价办法（试行）的通知》，促进了审计成果的转化。三是通过重点延伸审计积极清理拖欠民营企业中小企业账款情况，发现全市两项专项基金（散装水泥专项基金和新型墙体材料专项基金）预收款清算工作进展缓慢，不符合现阶段全市“优化减负降本政策，促进民营经济高质量发展”的精神，专门撰写《两项涉企基金预收款结算清退工作应加快》的审计专报，获得市领导批示，相关单位立即制订整改方案，对符合政策的单位（企业）进行集中清退，有效为民营经济减负增效。四是利用大数据跨行业关联分析技术，审计查出部分企业法人、股东违规领取就业困难人员社保补贴问题，以及不符合“低保低边”标准的村干部、企业法人被认定为最低生活保障对象或边缘对象享受多项财政补贴等问题。市审计局已将相关线索移送至主管部门，进行相关整改。

5月17日，审计组正在对2018年度本级预算执行情况审计中关注的失业保险金数据进行比对分析(朱蓓　摄)

【行政事业审计】　重点监督检查养老、教育、惠民等政策措施执行和完成情况，开展养老服务体系建设情况专项审计调查、民办教育发展情况专项审计调查、永康市第一人民医院财务收支审计、金华市住房公积金管理中心永康分中心、永康市第一中学财务收支审计、永康市慈善总会财务收支审计等项目。

5月8日—7月30日，组织实施永康市民办教育发展情况专项审计调查，重点查看营利性与非营利性民办学校分类管理改革推进、民办学校财务运行、收费管理、规范招生、党建等方面情况。针对审计中发现的民办学校存在财务管理不规范、信息公开内容不全面、个别学校校址与登记不符等问题，审计提出加快民办学校分类改革管理、完善制度建设、加强对民办学校的财务监管、进一步规范民办学校办学行为等建议。

8月9日—10月16日，围绕全市养老服务目标任务完成、主要工作成效、政策措施落实、组织体系建立运行情况，组织永康市养老服务体系建设情况专项审计调查，揭示了全市养老机构专业工作人员配备不足、享受养老服务老年人数占比远低于目标、居家养老服务照料中心难以可持续发展、未实施城镇新建住宅小区配备居家养老服务设施工作等问题。

3月5日—3月28日，对市慈善总会2017年10月—2018年12月财务收支情况的真实性、合法性、效益性进行送达审计，重点审计救助资金的管理使用情况。

2月26日—3月18日，对金华市住房公积金管理中心永康分中心所管理的2018年度住房公积金和单位经费进行审计。促使住房公积金永康分中心组织力量开展数据库清理和公积金“贷后擅自停缴”专项整治，保证公积金平稳、有序运行。

4月3日—4月30日，对永康市第一中学2016年1月—2018年8月的财务收支情况进行审计。针对审计发现内控管理制度不够完善的情况，永康市第一中学积极落实整改，一是出台《永康一中教职工住房分配及引进人才租房管理办法》，明确住房分配对象及房租标准；二是更新《永康一中贫困生的评定标准、程序和管理办法》，加强经济困难学生资助资料的审核；三是签订《永康一中校园热水系统合作协议的补充协议》，进一步规范电费收缴管理。

5月14日—8月26日，对永康市第一人民医院2016年1月—2018年8月财务收支情况进行审计。针对审计中发现的合同签订不规范、要素约定不明确、执行不到位等问题，建议所有合同统一由院办组织实施，签订时邀请财务、内审、法律顾问等相关部门参加，按规定明确约定合同的各项要素。

8月14日，在永康市民办教育发展情况专项审计调查中，审计人员现场查看学校图书室管理情况（朱凤兰　摄）

【基建外资审计】 2019年，共完成基建审计项目222个，送审金额15.30亿元，审定金额15.19亿元，净核减1109万元。同时为贯彻落实审计署对投资审计转型的工作要求，市政府同意市审计局提出的"逐步退出"意见，将投资额为30万—1000万元（含）的政府投资项目结算审计由三审制改为二审制，将审计重点从单一工程造价结算审计方式转移到对政府投资项目的全方位监督上来，同时对投资额为1000万元以上的政府投资项目继续开展三审制，由审计部门为市政府把好重大工程项目造价审核的最后一道关口。7月开始，市审计局正式退出送审金额30万—1000万元（含）政府投资项目工程造价审计，着重关注工程项目全过程审计，组织开展1个工程竣工决算审计、5个工程专项审计调查项目。

4月15日—5月24日，对永康市浙中生态廊道建设情况进行专项审计调查。重点关注浙中生态廊道的机构设置、项目建设管理、绩效、拖欠民营企业账款等情况，并抽查南溪湾生态湿地景观公园等6个重点项目、示范项目、示范段项目。审计调查结果表明，市政府高度重视浙中生态廊道建设，通过两年的建设，项目绩效不断凸显。但在项目前期规划、建设管理、资金使用等方面仍存在一些问题，需要进一步改进和完善。为此审计提出树立主体责任意识、加强工程建设管理、严格入库审核、加强PPP项目监管、强化总体规划指导性和约束力等建议。

6月15日—11月28日，对金胜山公园建设管理情况进行专项审计调查。审计发现，金胜山公园已成为广大市民锻炼身体和节日休闲的重要场所，但在金胜山坟墓迁移、运营管理等方面仍须进一步改进。

7月18日—10月11日，对市社会福利中心工程项目截至2019年6月底工程资金管理和建设运营情况进行了专项审计调查。

9月26日—11月15日，对市农贸果蔬粮油批发市场工程建设情况、管理情况、市场运营情况等进行专项审计调查。针对审计中发现的工程建设、管理及财务收支上等方面存在问题，建议市农贸城有限公司强化工程建设管理，增强档案管理意识，规范财务管理。

6月10日—11月25日，对永康市镇（街区）中心幼儿园建设管理运营情况进行专项审计调查。结果表明，全市学前教育事业快速发展，学前教育事业资源迅速扩大，但学前教育发展不平衡不充分问题依然突出，市镇（街区）中心幼儿园在工程建设、运营、管理方面仍须加强。

8月6日—11月26日，对市丽州南路延伸工程竣工决算进行审计。针对审计中发现的合同管理、建设管理、资金管理、招投标管理等方面存在的不规范行为，审计建议市城市建设投资集团有限公司通过加强学习，进一步提高业务水平，完备工程管理，及时办理竣工财务决算。

【经济责任审计】 2019年，在市委、市政府的统一部署下，有计划、有重点地组织开展领导干部经济责任审计，切实关注领导干部履职尽责的实事实效，充分发挥经济责任审计在权力监督制约方面的积极作用。先后对总工会、文学艺术界联合会、经信局、广播电视台、五金城集团、西城街道、唐先镇、花街镇8个单位11名领导干部开展任期经济责任审计，重点关注领导干部贯彻落实党的方针政策情况和公共资金、国有资产、国有资源的使用情况。通过审计，对被审计者做出了任期经济责任评价，查出违规金额28.51万元，管理不规范金额3968.23万元，非金额计量问题30个。

在对乡镇领导干部任期经济责任审计中，市审计局试行对同一单位同步实施“三项审计”，即同步实施花街镇原党委书记原镇长任期经济责任审计、花街镇原党委书记原镇长自然资源资产离任审计、花街镇2018年度财政决算审计。通过对3个项目进行同一立项、下发一个审计通知书、组成一个审计组、召开一次审计进点会，统一进行审计取证等工作，分别得出领导干部《经济责任审计报告》《自然资源资产离任审计意见》，有效整合审计资源，提高审计成果的利用率。

从经济责任审计结果看，各部门单位、镇(街道、区)能围绕市委、市政府的决策、部署，积极开展工作，基本完成市委、市政府下达的各项工作任务。大部分单位都能较好地履行经济决策权、经济管理权。但审计中也发现部分单位存在资产出租欠规范、工程项目管控不到位、内控机制不健全等问题。对此，市审计局在相关领导干部经济责任审计报告中做了反映，做出审计处理决定和整改建议，督促相关单位限期予以整改，并积极进行跟踪检查。

(市审计局　王颖)

统计工作

■ 统计综合

【概　况】 综合统计是统计工作的重要组成部分。基本任务是借助其他专业开展统计调查工作所取得的成果，广泛搜集、整合、开发丰富的统计信息资源。从产业、行业间的相互联系中，开展对国民经济运行和社会发展状况的统计分析研究和发展趋势的预测工作，系统展示国民经济和社会发展过程中的特点，揭示发展中存在的深层次矛盾和问题，及时为党委、政府领导及有关部门提供综合性的决策、咨询、建议，并努力做好为社会公众咨询、宣传、服务工作。2019年，永康市统计局(以下简称“市统计局”)认真贯彻落实国家、省市统计工作精神，坚持以数据质量为中心、以优化服务为抓手，强化预警监测、加强调研分析，积极主动作为，按时完成各项常规和专项统计调查工作，为助力永康经济社会发展提供统计保障。

【工业企业电子商务统计调查国家级试点】 2019年6月，金华工业企业电子商务统计调查国家试点，在永康先行先试。永康市通过解剖麻雀、驻点调研、调查问卷等多种形式推动试点工作，全面摸清6种电商销售模式，初步掌握工业电子商务规模，取得阶段性成果。

【企业统计基础规范化建设】 2019年，通过开展企业统计基础“四大体系”规范化建设，积极探索企业统计管理体制改革的有效形式，建立健全与国家治理体系和治理能力现代化要求相适应的企业统计基础规范化建设体制机制。根据《永康市企业统计基础“四大体系”规范化建设工作方案》，永康市专门成立工作指导组，并形成系统的实施方案及绩效考核办法。开展试点以来，工作指导组严格按照规范化建设标准、量化评分机制，联合镇街区分批分专业，集中筛选部分大中小型企业，进行指导、检查、预审。分专业举办了20余场业务培训会，走访指导企业100多家，对1200名企业统计人员开展全面系统的培训，实地核查数据企业40余家，并根据检查情况确立榜样企业，举办分行业现场推进会。

【强化“中国·永康五金指数”产业导向作用】 “中国·永康五金指数”是全国首个五金指数，其价格指数与景气指数进入商务部“商务预报”网站发布。作为全国专业市场中拥有“双指数”并在国家级平台进行数据发布的五大指数之一，2019年1月，五金指数在《人民日报(海外版)》开设专栏，全年共发布专业景气指数分析12期，价格指数评析52期，影响力辐射至全球80多个国家和地区，影响生产、采购与销售商的市场行为，其产业风向标作用日益凸显。

【数据监测预警】 2019年，市统计局每月及时向市委、市政府领导及相关经济部门发送主要经济指标快报、《经济月报》《各县市主要统计指标》《各镇(街道、区)经济指标完成情况》和经济运行情况分析。通过“永康统计”公众号等及时公布经济运行数据。为目标督查考核做好经济指标研判，按季为市委、市政府目标搜集、整理全市主要经济指标目标完成情况，并负责对各项职能目标完成情况及基础资料进行检查核实，提出解决差距的办法，为市委、市政府提供监测预警和统计服务。

【编印统计资料】 2019年，市统计局编印《2019年永康市国民经济和社会发展统计公报》，在《永康日报》上全文刊登。编印涵盖与国民经济发展息息相关的工业、固定资产投资、贸易、财政、金融、外贸等主要指标的《永康经济月报》，做到及时公开发布。《永康经济月报》按月150册的数量发送；发放《2019年永康统计年鉴》400册和《浙江省各市县经济指标排序》200册；做好每月每季镇(街道、区)经济指标进度报表。

【撰写统计分析和各类信息】 2019年，市统计局围绕市委、市政府的中心工作，积极撰写专题统计分析报告和各类信息。截至10月底，为市委、市政府提供有较高参考价值的统计分析10余篇，各类信息200余篇，其中，被省级采用7篇、专报9篇、两办5篇、内网39篇。

经济普查

【概　况】 按照国务院统一部署和《永康市人民政府关于开展第四次经济普查的通知》(永政发〔2018〕40号)要求，永康市进行了第四次经济普查。此次普查的标准时点为2018年12月31日，普查时期资料为2018年年度资料，普查对象是在永康市境内从事第二产业和第三产业的全部法人单位、产业活动单位和个体经营户。通过这次普查，摸清了永康市第二产业和第三产业的发展规模、布局和效益，了解了永康市产业组织、产业结构、产业技术、产业形态的现状以及各生产要素的构成，掌握了全部法人单位资产负债状况和新兴产业发展情况，查实了各类单位的基本情况和主要产品产量、服务活动，全面准确地反映了供给侧结构性改革、新动能培育壮大、经济结构优化升级等方面的新进展。

【永康市第四次经济普查主要数据公报(第一号)】

一、单位基本情况

2018年末，全市共有从事第二产业和第三产业活动的法人单位2.35万个，比2013年末(2013年是第三次经济普查年份，下同)增加0.67万个，增长40.1%；产业活动单位2.46万个，增加0.66万个，增长36.8%；个体经营户6.95万个。

2018年永康市的单位数与个体经营户数一览表

	单位数(个)	比重(%)
一、法人单位	23487	100.0
企业法人	21616	92.0
机关、事业法人	327	1.4
社会团体	177	0.8
其他法人	1367	5.8
二、产业活动单位	24607	100.0
第二产业	12821	52.1
第三产业	11786	47.9
三、个体经营户	69529	100.0
第二产业	19910	28.6
第三产业	49619	71.4

2018年末，在第二产业和第三产业法人单位中，位居前3的行业是：制造业12472个，占53.1%；批发和零售业5248个，占22.3%；文化、体育和娱乐业1153个，占4.9%。在个体经营户中，位居前3的行业是：批发和零售业33039个，占47.5%；制造业19550个，占28.1%；住宿和餐饮业7841个，占11.3%。

2018年永康市按行业分组的法人单位与个体经营户数一览表

	法人单位(个)	个体经营(个)
合　计	23487	69529
采矿业	6	4
制造业	12472	19550
电力、热力、燃气及水生产和供应业	26	5
建筑业	232	351
批发和零售业	5248	33039
交通运输、仓储和邮政业	238	2506
住宿和餐饮业	213	7841
信息传输、软件和信息技术服务业	232	192
金融业	15	—
房地产业	355	71
租赁和商务服务业	897	679

续　表

	法人单位(个)	个体经营(个)
科学研究和技术服务业	360	167
水利、环境和公共设施管理业	64	9
居民服务、修理和其他服务业	248	4146
教育	536	277
卫生和社会工作	66	270
文化、体育和娱乐业	1153	422
公共管理、社会保障和社会组织	1102	—

注:1.表中合计数含从事农、林、牧、渔专业及辅助性活动和兼营第二、三产业活动的农、林、牧、渔业法人单位与个体经营户;2.表中数据不足最小计量单位的以"…"表示,无数据以"—"表示(下同)。

2018年末,全市共有第二产业和第三产业企业法人2.16万个,比2013年末增加0.66万个,增长43.6%。其中,内资企业21576个,占99.8%;港澳台商投资企业20个,占0.1%;外商投资企业20个,占0.1%。内资企业中,国有企业21个,占全部企业法人0.1%;私营企业20976个,占97.0%。

2018年永康市按登记注册类型分组的企业法人单位情况一览表

	企业法人单位(个)	比重(%)
合计	21616	100.0
内资企业	21576	99.8
国有企业	21	0.1
集体企业	37	0.2
股份合作企业	3	…
有限责任公司	434	2.0
股份有限公司	105	0.5
私营企业	20976	97.0
港、澳、台商投资企业	20	0.1
外商投资企业	20	0.1

二、从业人员

2018年末,全市第二产业和第三产业法人单位从业人员31.74万人,比2013年末下降1.57万人,下降4.7%,其中女性从业人员11.34万人。第二产业从业人员为23.17万人,第三产业从业人员为8.55万人。个体经营户从业人员21.35万人。

在法人单位从业人员中,居前3位的行业是:制造业19.99万人,占63.0%;建筑业3.09万人,占9.7%;批发和零售业2.46万人,占7.8%。在个体经营户从业人员中,居前3位的行业是:制造业8.36万人,占

39.2%;批发和零售业 8.10 万人,占 38.0%;住宿和餐饮业 2.35 万人,占 11.0%。

2018 年永康市按行业分组的法人单位与个体经营户从业人员数一览表

	法人单位从业人员(人)	个体经营户从业人员(人)
合　计	317383	213485
采矿业	44	39
制造业	199867	83634
电力、热力、燃气及水生产和供应业	907	16
建筑业	30855	860
批发和零售业	24601	81047
交通运输、仓储和邮政业	3802	5679
住宿和餐饮业	3220	23541
信息传输、软件和信息技术服务业	1404	551
金融业	820	—
房地产业	3832	200
租赁和商务服务业	5865	1676
科学研究和技术服务业	1680	465
水利、环境和公共设施管理业	3076	24
居民服务、修理和其他服务业	2006	12189
教育	12176	1167
卫生和社会工作	6217	697
文化、体育和娱乐业	3322	1700
公共管理、社会保障和社会组织	13496	—

注:表中合计数含从事农、林、牧、渔专业及辅助性活动的法人单位与个体经营户从业人员;金融业从业人员不含银保监会、证监会监管的单位。

三、资产负债状况和营业收入

2018 年末,全市第二产业和第三产业法人单位资产 2886.48 亿元。其中,第二产业法人单位资产占 42.1%,第三产业法人单位资产占 57.9%。

2018 年,全市第二产业和第三产业企业法人营业收入 1904.33 亿元。其中,第二产业营业收入占 65.6%,第三产业营业收入占 34.4%。

2018年永康市按行业分组的法人单位资产负债状况和营业收入情况一览表

	法人单位资产总计(亿元)	法人单位负债合计(亿元)	企业法人单位营业收入(亿元)
合　计	2886.48	＊＊	1904.33
采矿业	0.15	0.03	0.17
制造业	1136.4	638.66	1129.2
电力、热力、燃气及水生产和供应业	20.97	9.83	38.58
建筑业	57.79	20.83	80.39
批发和零售业	324.02	161.12	462.03
交通运输、仓储和邮政业	40.41	27.03	15.83
住宿和餐饮业	6.92	4.31	6.26
信息传输、软件和信息技术服务业	6.86	0.82	4.33
金融业	331.08	＊＊	13.78
房地产业	306.89	213.34	68.76
租赁和商务服务业	381.79	284.49	31.66
科学研究和技术服务业	7.07	1.59	4.32
水利、环境和公共设施管理业	11.88	1.82	1.59
居民服务、修理和其他服务业	3.18	0.39	3.58
教育	35.77	2	3.06
卫生和社会工作	26.42	8.31	2.20
文化、体育和娱乐业	28.13	16.64	38.59
公共管理、社会保障和社会组织	160.75	45.39	—

注:1.表中企业法人单位,包括机构类型为企业的法人单位,以及执行企业会计制度的非企业法人单位;2.由于金融部门不反馈货币金融服务和其他金融业负债合计分地区数据,所以不发布金融业及合计负债数据,以"＊＊"表示。

四、高技术制造业

2018年末,全市规模以上高技术制造业企业法人9个,占规模以上制造业的1.4%;全市规模以上高技术制造业企业法人资产9.33亿元,营业收入7.19亿元,分别占规模以上制造业1.24%和0.95%。

五、主要经济结构变化情况

2018年末,在全市第二产业和第三产业法人单位中,企业法人占92.0%,比重比2013年末提高了2.2个百分点;机关、事业法人占1.4%,下降了0.8个百分点;社会团体和其他法人占6.6%,下降了1.4个百分点。企业法人从业人员占全部法人单位从业人员的89.1%,基本持平;机关、事业法人从业人员占7.6%,提高了0.4个百分点;社会团体和其他法人从业人员占3.3%,下降了0.4个百分点。

在法人单位中,第二产业占54.2%,比

重比2013年末下降了4.2个百分点;第三产业占45.8%,提高了4.2个百分点。第二产业法人单位从业人员占全部法人单位从业人员的73.0%,比2013年末下降了3.5个百分点;第三产业法人单位从业人员占27.0%,提高了3.5个百分点。

【永康市第四次经济普查主要数据公报(第二号)】

一、工业

(一)企业法人单位数和从业人员

2018年末,全市共有工业企业法人单位12503个,从业人员202153人,分别比2013年末增长29.47%和下降9.62%。

在工业企业法人单位中,内资企业12473个,占99.76%;港、澳、台商投资企业14个,占0.11%;外商投资企业16个,占0.13%。内资企业中,国有企业4个,占全部企业的0.03%;集体企业15个,占0.12%;私营企业12114个,占97.12%。

在工业企业法人单位从业人员中,内资企业占98.58%,港、澳、台商投资企业占1.11%,外商投资企业占0.31%。内资企业中,国有企业占全部企业的0.06%,集体企业占0.06%,私营企业占92.07%。

2018年永康市按登记注册类型分组的工业企业法人单位和从业人员数一览表

	企业法人单位(个)	从业人员(人)
合　计	12503	202153
内资企业	12473	199279
国有企业	4	113
集体企业	15	123
股份合作企业	2	24
有限责任公司	266	5921
股份有限公司	66	9603
私营企业	12114	183478
其他企业	6	17
港、澳、台商投资企业	14	2247
外商投资企业	16	627

在工业企业法人单位中,采矿业5个,制造业12472个,电力、热力、燃气及水生产和供应业26个,分别占0.04%,99.75%和0.21%。

在工业企业法人单位从业人员中,采矿业占0.02%,制造业占99.41%,电力、热力、燃气及水生产和供应业占0.57%。在工业行业大类中,金属制品业、通用设备制造业、汽车制造业从业人员数位居前3,分别占41.09%,11.33%和5.75%。

2018年永康市按行业分组的工业企业法人单位和从业人员数一览表

	企业法人单位(个)	从业人员(人)
合　计	12503	202153
煤炭开采和洗选业	1	4

续　表

	企业法人单位(个)	从业人员(人)
有色金属矿采选业	1	4
非金属矿采选业	3	35
开采专业及辅助性活动	1	1
农副食品加工业	30	217
食品制造业	19	74
酒、饮料和精制茶制造业	8	139
纺织业	137	1327
纺织服装、服饰业	114	1208
皮革、毛皮、羽毛及其制品和制鞋业	60	1553
木材加工和木、竹、藤、棕、草制品业	188	1823
家具制造业	280	5089
造纸和纸制品业	214	2631
印刷和记录媒介复制业	192	1561
文教、工美、体育和娱乐用品制造业	1174	11659
石油、煤炭及其他燃料加工业	5	149
化学原料和化学制品制造业	116	1387
医药制造业	8	150
化学纤维制造业	3	230
橡胶和塑料制品业	927	8299
非金属矿物制品业	596	6249
黑色金属冶炼和压延加工业	86	2274
有色金属冶炼和压延加工业	186	3911
金属制品业	4530	83064
通用设备制造业	1230	22902
专用设备制造业	522	6807
汽车制造业	232	11616
铁路、船舶、航空航天和其他运输设备制造业	406	8060
电气机械和器材制造业	602	12700
计算机、通信和其他电子设备制造业	103	1164
仪器仪表制造业	173	2544

续　表

	企业法人单位(个)	从业人员(人)
其他制造业	321	2122
废弃资源综合利用业	2	6
金属制品、机械和设备修理业	7	44
电力、热力生产和供应业	16	718
燃气生产和供应业	3	57
水的生产和供应业	7	375

（二）主要经济指标

2018 年末，工业企业法人单位资产总计 1157.52 亿元，比 2013 年末下降 1.08%。负债合计 648.52 亿元。全年实现营业收入 1167.95 亿元。

2018 年永康市按行业分组的工业企业法人单位主要经济指标情况一览表

	资产总计(亿元)	负债合计(亿元)	营业收入(亿元)
合计	1157.52	648.52	1167.95
煤炭开采和洗选业	…	…	…
石油和天然气开采业	…	…	…
黑色金属矿采选业	…	…	…
有色金属矿采选业	0.02	0.01	0.01
非金属矿采选业	0.13	0.02	0.16
开采专业及辅助性活动	…	…	…
其他采矿业	…	…	…
农副食品加工业	0.92	0.24	0.77
食品制造业	0.24	0.05	0.30
酒、饮料和精制茶制造业	4.13	2.58	4.06
烟草制品业	…	…	…
纺织业	3.92	1.59	5.89
纺织服装、服饰业	3.34	0.77	5.25
皮革、毛皮、羽毛及其制品和制鞋业	3.79	1.48	7.36
木材加工和木、竹、藤、棕、草制品业	5.19	1.33	6.36
家具制造业	19.47	10.99	21.59
造纸和纸制品业	11.37	5.55	14.96
印刷和记录媒介复制业	6.30	2.05	7.57

续 表

	资产总计(亿元)	负债合计(亿元)	营业收入(亿元)
文教、工美、体育和娱乐用品制造业	46.59	20.80	52.80
石油、煤炭及其他燃料加工业	0.43	0.11	1.13
化学原料和化学制品制造业	10.75	5.24	8.33
医药制造业	0.38	0.09	0.94
化学纤维制造业	3.31	0.69	1.35
橡胶和塑料制品业	36.84	14.46	40.65
非金属矿物制品业	22.99	10.32	28.42
黑色金属冶炼和压延加工业	31.52	23.87	44.16
有色金属冶炼和压延加工业	26.50	16.79	60.52
金属制品业	406.14	233.78	403.37
通用设备制造业	120.12	66.88	114.25
专用设备制造业	40.08	24.66	31.30
汽车制造业	180.22	116.95	132.15
铁路、船舶、航空航天和其他运输设备制造业	49.61	30.20	43.62
电气机械和器材制造业	75.52	34.19	62.34
计算机、通信和其他电子设备制造业	3.78	1.36	5.71
仪器仪表制造业	14.04	9.00	14.19
其他制造业	8.61	2.54	9.65
废弃资源综合利用业	0.08	0.06	0.02
金属制品、机械和设备修理业	0.23	0.05	0.19
电力、热力生产和供应业	13.80	6.73	32.66
燃气生产和供应业	2.45	0.94	4.00
水的生产和供应业	4.71	2.16	1.92

(三)战略性新兴产业

2018年末,全市从事战略性新兴产业生产的规模以上工业企业法人单位45个,占规模以上工业企业法人单位的7%。其中,新材料产业17个,占工业战略性新兴产业企业法人单位的37.8%;节能环保产业9个,占20%。

(四)数字经济核心产业

2018年末,全市从事数字经济核心产业(制造业)生产的规模以上工业企业法人单位14个,占规模以上工业企业法人单位的2.2%。其中,计算机、通信和其他电子设备制造业2个,占工业数字经济核心产业(制造业)企业法人单位的14.3%;电子信息机电制造业8个,占57.1%;专用电子设备制造业4个,占28.6%。

(五)企业研发活动

2018年,开展R&D活动的规模以上工业企业法人单位409个,比2013年增长41.03%,占全部规模以上工业企业法人单位的63.8%。

2018年,规模以上工业企业法人单位R&D人员折合全时当量4650人年,比2013年增长22.3%。

2018年,规模以上工业企业法人单位R&D经费支出11.32亿元,比2013年增长20.47%;R&D经费与营业收入之比为1.50%。

2018年永康市按行业分组的规模以上工业企业法人单位R&D经费支出及投入强度情况一览表

	R&D经费支出(万元)	R&D经费与营业收入之比(%)
合　计	113255.2	1.50
制造业		
造纸和纸制品业	154.5	0.17
文教、工美、体育和娱乐用品制造业	2152.9	1.10
石油、煤炭及其他燃料加工业	414.6	4.04
化学原料和化学制品制造业	679.9	1.53
化学纤维制造业	1724.3	13.03
橡胶和塑料制品业	1445.5	1.35
非金属矿物制品业	1341.6	1.37
有色金属冶炼和压延加工业	3237.9	0.60
金属制品业	41561.3	1.66
通用设备制造业	10591.9	1.51
专用设备制造业	2079.6	1.53
汽车制造业	33623.9	2.72
铁路、船舶、航空航天和其他运输设备制造业	2884.8	0.95
电气机械和器材制造业	8629.6	2.11
计算机、通信和其他电子设备制造业	526.9	2.08
仪器仪表制造业	2048.8	2.64
其他制造业	157.2	1.30

2018年,规模以上工业企业法人单位全年专利申请量1446件,其中发明专利申请222件,分别比2013年增长46.36%和131.25%;发明专利申请所占比重为15.35%,比2013年提高5.63个百分点。

二、建筑业

(一)企业法人单位数和从业人员

2018年末,全市共有建筑业法人企业单位232个,从业人员30855人,分别比2013年末增长71.9%和下降1.2%。

建筑业企业法人单位中，内资企业231个，占99.6%；港、澳、台商投资企业0个，占0%；外商投资企业1个，占0.4%。内资企业中，国有企业1个，占全部建筑业企业法人单位的0.4%；集体企业1个，占0.4%；私营企业217个，占93.5%。

建筑业企业法人单位从业人员中，内资企业占99.9%，港、澳、台商投资企业占0%，外商投资企业占0.1%。内资企业中，国有企业占0.1%，集体企业占1.1%，私营企业占88.6%，其他有限责任公司占10.2%。

2018年永康市按登记注册类型分组的建筑业企业法人单位和从业人员数一览表

	企业法人单位(个)	从业人员(人)
合　计	232	30855
内资企业	231	30815
国有企业	1	17
集体企业	1	324
有限责任公司	12	3153
私营企业	217	27321
外商投资企业	1	40

建筑业企业法人单位中，房屋建筑业占11.2%，土木工程建筑业占16.4%，建筑安装业占13.3%，建筑装饰和其他建筑业占59.1%。

建筑业企业法人单位从业人员中，房屋建筑业占71.2%，土木工程建筑业占15.2%，建筑安装业占0.8%，建筑装饰和其他建筑业占12.8%。

2018年永康市按行业分组的建筑业企业法人单位和从业人员数一览表

	企业法人单位(个)	从业人员(人)
合　计	232	30855
房屋建筑业	26	21963
土木工程建筑业	38	4675
建筑安装业	31	272
建筑装饰和其他建筑业	137	3945

(二)主要经济指标

2018年末，建筑业企业法人单位资产总计57.79亿元，比2013年末增长55.6%。负债合计20.83亿元。全年实现营业收入80.39亿元。

2018 年永康市按行业分组的建筑业企业法人单位资产总计一览表

	资产总计(亿元)	负债合计(亿元)	营业收入(亿元)
合　计	57.79	20.83	80.39
房屋建筑业	32.09	9.44	57.69
土木工程建筑业	16.85	8.64	11.28
建筑安装业	3.12	1.25	1.70
建筑装饰和其他建筑业	5.73	1.50	9.72

【永康市第四次经济普查主要数据公报(第三号)】

一、批发和零售业

(一)企业法人单位数和从业人员

2018 年末,全市共有批发和零售业企业法人单位 5248 个,从业人员 24601 人,分别比 2013 年末增长 51%和 30%。

在批发和零售业企业法人单位中,批发业占 39%,零售业占 61%。在批发和零售业企业法人单位从业人员中,批发业占 49%,零售业占 51%。

2018 年永康市按行业分组的批发和零售业企业法人单位和从业人员数一览表

	企业法人单位(个)	从业人员(人)
合　计	5248	24601
批发业	2035	12076
农、林、牧产品批发	35	104
食品、饮料及烟草制品批发	63	287
纺织、服装及家庭用品批发	380	1947
文化、体育用品及器材批发	234	771
医药及医疗器材批发	11	61
矿产品、建材及化工产品批发	296	1931
机械设备、五金产品及电子产品批发	806	5406
贸易经纪与代理	54	364
其他批发业	156	1205
零售业	3213	12525
综合零售	47	816
食品、饮料及烟草制品专门零售	148	492
纺织、服装及日用品专门零售	429	1188
文化、体育用品及器材专门零售	257	856
医药及医疗器材专门零售	152	474

续　表

	企业法人单位(个)	从业人员(人)
汽车、摩托车、燃料及零配件专门零售	212	2453
家用电器及电子产品专门零售	160	1142
五金、家具及室内装饰材料专门零售	559	1827
货摊、无店铺及其他零售业	1249	3277

在批发和零售业企业法人单位中，内资企业占99.9%，港、澳、台商投资企业占0.08%，外商投资企业占0.02%。内资企业中，股份有限公司占0.6%，有限责任公司占1.3%，私营企业占97.1%。

在批发和零售业企业法人单位从业人员中，内资企业占98.3%，港、澳、台商投资企业占1.69%，外商投资企业占0.01%。

2018年永康市按登记注册类型分组的批发和零售业企业法人单位和从业人员数一览表

	企业法人单位(个)	从业人员(人)
合　计	5248	24601
内资企业	5243	24184
国有企业	1	17
集体企业	3	324
股份合作企业	1	20
有限责任公司	69	956
股份有限公司	32	343
私营企业	5091	22474
其他企业	46	50
港、澳、台商投资企业	4	414
外商投资企业	1	3

(二)主要经济指标

2018年末，批发和零售业企业法人单位资产总计324.02亿元，比2013年末增长118%。其中，批发业企业法人单位资产总计205.08亿元，零售业企业法人单位资产总计118.94亿元，分别比2013年末增长78%和253%。负债合计161.12亿元。全年实现营业收入462.03亿元。

2018年永康市按行业分组的批发和零售业企业法人单位主要经济指标情况一览表

	资产总计(亿元)	负债总计(亿元)	营业收入(亿元)
合　计	324.02	161.12	462.03
批发业	205.08	129.00	307.98
农、林、牧产品批发	0.98	0.11	1.07
食品、饮料及烟草制品批发	2.51	0.87	3.34

续 表

	资产总计(亿元)	负债总计(亿元)	营业收入(亿元)
纺织、服装及家庭用品批发	12.23	4.92	26.10
文化、体育用品及器材批发	4.35	0.91	7.82
医药及医疗器材批发	0.47	0.21	1.20
矿产品、建材及化工产品批发	39.67	30.49	80.69
机械设备、五金产品及电子产品批发	112.35	83.68	159.63
贸易经纪与代理	2.35	0.74	3.06
其他批发业	30.17	7.07	25.07
零售业	118.94	32.12	154.05
综合零售	4.63	3.39	7.28
食品、饮料及烟草制品专门零售	2.86	0.90	3.62
纺织、服装及日用品专门零售	6.36	2.43	16.51
文化、体育用品及器材专门零售	4.42	1.24	5.48
医药及医疗器材专门零售	1.99	0.38	2.71
汽车、摩托车、燃料及零配件专门零售	20.78	13.56	56.33
家用电器及电子产品专门零售	4.36	1.61	8.54
五金、家具及室内装饰材料专门零售	8.34	2.55	12.13
货摊、无店铺及其他零售业	65.20	6.06	41.45

二、交通运输、仓储和邮政业

(一)企业法人单位数和从业人员

2018 年末,全市共有交通运输、仓储和邮政业企业法人单位 238 个,从业人员 3802 人,分别比 2013 年末增长 103.4%和下降 32.6%。

在交通运输、仓储和邮政业企业法人单位中,内资企业占 99.6%,外商投资企业占 0.4%。

在交通运输、仓储和邮政业企业法人单位从业人员中,内资企业占 99.2%,外商投资企业占 0.8%。

2018 年永康市按登记注册类型分组的交通运输、仓储和邮政业企业法人单位和从业人员数一览表

	企业法人单位(个)	从业人员(人)
合　计	238	3802
内资企业	237	3773
有限责任公司	10	1295
股份有限公司	1	2
私营企业	226	2476
外商投资企业	1	29

（二）主要经济指标

2018年末，交通运输、仓储和邮政业企业法人单位资产总计40.41亿元，比2013年末增长132.1%。负债合计27.03亿元。全年实现营业收入15.83亿元。

2018年永康市按行业分组的交通运输、仓储和邮政业企业法人单位主要经济指标情况一览表

	资产总计（亿元）	负债总计（亿元）	营业收入（亿元）
合　计	40.41	27.03	15.83
道路运输业	35.89	24.18	8.79
多式联运和运输代理业	0.55	0.14	0.68
装卸搬运和仓储业	2.31	1.62	1.45
邮政业	1.66	1.09	4.91

三、住宿和餐饮业

（一）企业法人单位数和从业人员

2018年末，全市共有住宿和餐饮业企业法人单位213个，从业人员3220人，分别比2013年末增长4.4%和下降23.3%。

在住宿和餐饮业企业法人单位中，住宿业占53%，餐饮业占47%。在住宿和餐饮业企业法人单位从业人员中，住宿业占40%，餐饮业占60%。

2018年永康市按行业分组的住宿和餐饮业企业法人单位和从业人员数一览表

	企业法人单位（个）	从业人员（人）
合　计	213	3220
住宿业	113	1281
旅游饭店	5	263
一般旅馆	106	1014
其他住宿业	2	4
餐饮业	100	1939
正餐服务	86	1750
快餐服务	3	33
饮料及冷饮服务	3	43
餐饮配送及外卖送餐服务	1	8
其他餐饮业	7	105

在住宿和餐饮业企业法人单位中，内资企业占100%。内资企业中，国有企业占0.5%，集体企业占0.5%，有限责任公司占1.4%，私营企业占97.6%。

在住宿和餐饮业企业法人单位从业人员中，内资企业占100%。

2018 年永康市按登记注册类型分组的住宿和餐饮业企业法人单位和从业人员数一览表

	企业法人单位(个)	从业人员(人)
合　计	213	3220
内资企业	213	3220
国有企业	1	482
集体企业	1	3
有限责任公司	3	231
私营企业	208	2504

(二)主要经济指标

2018 年末,住宿和餐饮业企业法人单位资产总计为 6.92 亿元,比 2013 年末下降 18%。其中,住宿业企业法人单位资产总计 3.83 亿元,餐饮业企业法人单位资产总计 3.09 亿元,分别比 2013 年末下降 36%和增长 23%。负债合计 4.31 亿元。全年实现年营业收入 6.26 亿元。

2018 年永康市按行业分组的住宿和餐饮业企业法人单位资产总计一览表

	资产总计(亿元)	负债总计(亿元)	营业收入(亿元)
合　计	6.92	4.31	6.26
住宿业	3.83	3.07	2.48
旅游饭店	0.53	0.48	0.59
一般旅馆	3.29	2.59	1.87
其他住宿业	0.01	0.003	0.02
餐饮业	3.09	1.24	3.78
正餐服务	2.86	1.17	3.39
快餐服务	0.04	0.006	0.07
饮料及冷饮服务	0.02	0.001	0.10
餐饮配送及外卖送餐服务	0.01	0.003	0.01
其他餐饮业	0.16	0.06	0.21

四、信息传输、软件和信息技术服务业

(一)企业法人单位数和从业人员

2018 年末,全市共有信息传输、软件和信息技术服务业企业法人单位 230 个,从业人员 1102 人,分别比 2013 年末增长 69.6%和 147.1%。

在信息传输、软件和信息技术服务业企业法人单位中,内资企业占 100%。

在信息传输、软件和信息技术服务业企业法人单位从业人员中,内资企业占 100%。

2018 年永康市按登记注册类型分组的信息传输、软件和信息技术服务业企业法人单位和从业人员一览表

	企业法人单位(个)	从业人员(人)
合　计	230	1102
内资企业	230	1102
集体企业	1	4
有限责任公司	4	10
私营企业	225	1088

(二)主要经济指标

2018 年末,信息传输、软件和信息技术服务业企业法人单位资产总计 3.74 亿元,比 2013 年末增长 317.6%。负债合计 0.45 亿元。全年实现营业收入 4.33 亿元。

2018 年永康市按行业分组的信息传输、软件和信息技术服务业企业法人单位主要经济指标一览表

	资产总计(亿元)	负债总计(亿元)	营业收入(亿元)
合　计	3.74	0.45	4.33
电信、广播电视和卫星传输服务	0.15	0.01	0.16
互联网和相关服务	0.97	0.17	1.34
软件和信息技术服务业	2.62	0.27	2.83

五、金融业

(一)企业法人单位数和从业人员

2018 年末,全市共有金融业企业法人单位 15 个,从业人员 820 人。

(二)资产总计

2018 年末,金融业企业法人单位资产总计 331.08 亿元。全年实现营业收入 13.78 亿元。

2018 年永康市按行业分组的金融业企业法人单位主要经济指标一览表

	资产总计(万元)	营业收入(万元)
合　计	3310727.6	137812.7
货币金融服务	3310499.2	137767.2
资本市场服务	211.6	23.0
保险业	4.2	4.1
其他金融业	12.6	18.4

注:金融业企业法人单位汇总范围包括人民银行、银保监会、证监会监管的单位和监管范围之外从事金融行业的单位。货币金融服务和其他金融业负债合计数据来自人民银行提供的基层数据汇总。

六、房地产业

(一)企业法人单位数和从业人员

2018年末，全市共有房地产业企业法人单位353个，比2013年末增长29.8%。其中，房地产开发经营企业52个，物业管理企业41个，房地产中介服务企业137个，分别比2013年末增长44.4%，17.1%和218.6%。

2018年末，全市房地产业企业法人单位的从业人员为3814人，比2013年末增长62.7%。其中，房地产开发经营企业1141人，物业管理企业513人，房地产中介服务企业633人，分别比2013年末增长35.7%、下降33.1%和增长216.5%。

2018年永康市按行业分组的房地产业企业法人单位数和从业人员数一览表

	企业法人单位(个)	从业人员(人)
合　计	353	3814
房地产开发经营	52	1141
物业管理	41	513
房地产中介服务	137	633
自有房地产经营活动	118	423
其他房地产业	5	1104

(二)主要经济指标

2018年末，全市房地产业企业法人单位的资产总计为306.80亿元，比2013年末增长35.6%。其中，房地产开发企业271.38亿元，物业管理企业3.89亿元，房地产中介服务企业6.97亿元，分别比2013年末增长44.2%,72.1%和956.1%。负债合计213.33亿元。全年实现营业收入68.76亿元。

2018年永康市按行业分组的房地产业企业法人单位主要经济指标情况一览表

	资产总计(亿元)	负债总计(亿元)	营业收入(亿元)
合　计	306.80	213.33	68.76
房地产开发经营	271.38	204.19	62.45
物业管理	3.89	0.35	1.49
房地产中介服务	6.97	0.43	2.30
自有房地产经营活动	15.58	8.33	2.42
其他房地产业	8.98	0.03	0.10

七、租赁和商务服务业

(一)企业法人单位数和从业人员

2018年末，全市共有租赁和商务服务业企业法人单位880个，从业人员5735人，分别比2013年末增长51.2%和18.9%。

在租赁和商务服务业企业法人单位中，租赁业占6.7%，商务服务业占93.3%。在租赁和商务服务业企业法人单位从业人员中，租赁业占3.1%，商务服务业占96.9%。

在租赁和商务服务业企业法人单位中，内资企业占99.8%，港、澳、台商投资企业占0.1%，外商投资企业占0.1%。

在租赁和商务服务业企业法人单位从业人员中，内资企业占99.6%，港、澳、台商投资企业占0.3%，外商投资企业占0.1%。

2018年永康市按登记注册类型分组的租赁和商务服务业企业法人单位和从业人员数一览表

	企业法人单位(个)	从业人员(人)
合　计	880	5735
内资企业	878	5715
国有企业	3	16
集体企业	177	593
股份合作企业	1	7
有限责任公司	26	1081
股份有限公司	1	10
私营企业	669	4005
其他企业	1	3
港、澳、台商投资企业	1	16
外商投资企业	1	4

(二)主要经济指标

2018年末，租赁和商务服务业企业法人单位资产总计381.19亿元，比2013年末增长172.6%。其中，租赁业企业法人单位资产总计0.41亿元，商务服务业企业法人单位资产总计380.78亿元，分别比2013年末增长17.1%和173%。负债合计284.29亿元。全年实现营业收入31.66亿元。

2018年永康市按行业分组的租赁和商务服务业企业法人单位主要经济指标情况一览表

	资产总计(亿元)	负债总计(亿元)	营业收入(亿元)
合　计	381.19	284.29	31.66
租赁业	0.41	0.07	0.58
商务服务业	380.78	284.22	31.08

八、科学研究和技术服务业

(一)企业法人单位数和从业人员

2018年末，全市共有科学研究和技术服务业企业法人单位342个，从业人员1387人，分别比2013年末增长82.9%和35.4%。

在科学研究和技术服务业企业法人单位中，内资企业占100%。

在科学研究和技术服务业企业法人单位从业人员中，内资企业占100%。

2018 年永康市按登记注册类型分组的科学研究和技术服务业企业法人单位和从业人员数一览表

	企业法人单位(个)	从业人员(人)
合　计	342	1387
内资企业	342	1387
国有企业	3	36
集体企业	2	63
有限责任公司	8	33
私营企业	329	1255

（二）主要经济指标

2018 年末，科学研究和技术服务业企业法人单位资产总计 5.66 亿元，比 2013 年末增长 22.8%。负债合计 1.10 亿元。全年实现营业收入 4.32 亿元。

2018 年永康市按行业分组的科学研究和技术服务业企业法人单位主要经济指标情况一览表

	资产总计(亿元)	负债总计(亿元)	营业收入(亿元)
合　计	5.66	1.10	4.32
研究和试验发展	1.38	0.51	0.87
专业技术服务业	3.53	0.51	2.80
科技推广和应用服务业	0.75	0.08	0.65

九、居民服务、修理和其他服务业

（一）企业法人单位数和从业人员

2018 年末，全市共有居民服务、修理和其他服务业企业法人单位 246 个，从业人员 1970 人，分别比 2013 年末增长 79.6% 和 22.7%。

在居民服务、修理和其他服务业企业法人单位中，内资企业占 100%。

在居民服务、修理和其他服务业企业法人单位从业人员中，内资企业占 100%。

2018 年永康市按登记注册类型分组的居民服务、修理和其他服务业企业法人单位和从业人员数一览表

	企业法人单位(个)	从业人员(人)
合　计	246	1970
内资企业	246	1970
国有企业	1	6
有限责任公司	4	86
股份有限公司	1	4
私营企业	240	1874

(二)主要经济指标

2018年末,居民服务、修理和其他服务业企业法人单位资产总计2.32亿元,比2013年末增长79.8%。负债合计0.39亿元。全年实现营业收入3.58亿元。

2018年永康市按行业分组的居民服务、修理和其他服务业企业法人单位主要经济指标情况一览表

	资产总计(亿元)	负债总计(亿元)	营业收入(亿元)
合　计	2.32	0.38	3.58
居民服务业	0.83	0.12	1.30
机动车、电子产品和日用产品修理业	1.04	0.21	1.61
其他服务业	0.45	0.05	0.67

十、水利、环境和公共设施管理业

(一)法人单位和从业人员

2018年末,全市共有水利、环境和公共设施管理业法人单位64个,从业人员3076人,分别比2013年末增长30.6%和下降2.5%。其中,行政事业及非企业法人单位19个,从业人员2304人,分别比2013年末增长18.8%和下降5.3%。

(二)主要经济指标

2018年末,水利、环境和公共设施管理业企业法人单位资产总计3.72亿元,比2013年末下降29.7%。负债合计0.84亿元。全年实现营业收入1.59亿元。

行政事业及非企业法人单位年末资产8.16亿元,比2013年增长741.2%。本年支出(费用)合计1.92亿元。

十一、教育

(一)法人单位和从业人员

2018年末,全市共有教育法人单位536个,从业人员12176人,分别比2013年末增长44.9%和11.5%。其中,行政事业及非企业法人单位321个,从业人员10206人,分别比2013年末下降3.0%和0.9%。

(二)主要经济指标

2018年末,教育企业法人单位资产总计3.91亿元,比2013年增长714.6%。负债合计0.84亿元。全年实现营业收入3.06亿元。行政事业及非企业法人单位年末资产31.86亿元,比2013年增长94.0%。本年支出(费用)合计16.76亿元。

十二、卫生和社会工作

(一)法人单位及从业人员

2018年末,全市共有卫生和社会工作法人单位66个,从业人员6217人,分别比2013年末增长32.0%和31.4%。其中,行政事业及非企业法人单位38个,比2013年末下降7.3%,从业人员5307人,下降48.5%。

(二)主要经济指标

2018年末,卫生和社会工作企业法人单位资产总计2.89亿元,比2013年增长702.8%。负债合计2.39亿元。全年实现营业收入2.20亿元。行政事业及非企业法人单位年末资产23.53亿元,比2013年增长72.8%。本年支出(费用)合计21.45亿元。

十三、文化、体育和娱乐业

(一)法人单位及从业人员

2018年末,全市共有文化、体育和娱乐业法人单位1153个,从业人员3322人,分别比2013年末增长634.4%和142.0%。其中,行政事业及非企业法人单位26个,比2013年末增长36.8%,从业人员338人,下降6.9%。

(二)主要经济指标

2018年末,文化、体育和娱乐业企业法人单位资产总计26.07亿元,比2013年增长548.5%。负债合计16.58亿元。全年实现营业收入38.59亿元。

行政事业及非企业法人单位年末资产2.06亿元,比2013年增长58.5%。本年支出(费用)合计0.43亿元。

十四、公共管理、社会保障和社会组织

2018年末,全市共有公共管理、社会保障和社会组织法人单位1102个,比2013年末下降3.1%,从业人员13496人,下降19.9%。行政事业及非企业法人单位的本年支出(费用)合计48.91亿元。

统计稽查

【概　况】 统计执法是统计监督的方式之一,是统计行政机关依照法定的权限、程序和方式,对公民、法人和其他组织在统计活动中贯彻执行统计法律法规和统计制度的情况进行监督检查,以及对统计违法行为进行查处等各种活动的总称。2019年,市统计局以提高统计数据质量为中心,着重从"夯实基础、强化执法、深化普法、规范行政行为、提升素质"等方面来加强永康市统计法制工作,为深化统计改革和促进统计事业科学发展提供法治保障。

【夯实统计基础】 2019年,继续推进企业统计电子台账建设工作,开展清单式大走访,按专业理清责任并验收检查,确保企业原始记录、统计电子台账、统计报表数据一致。按照"着眼长远、立足当前、先易后难、循序渐进"的方针,选择统计基础较好的企业继续开展统计诚信示范单位评定工作,确保诚信单位能起带头示范作用,以此促进企业的统计基础和统计台账建设。

【加强执法检查】 2019年,将提高统计数据质量作为执法检查出发点和落脚点,围绕重点专业(行业)是否存在提供不真实、不完整统计资料和拒绝提供统计资料等为重点内容,开展经常性统计稽查,做到统计稽查实施与中心业务工作有机结合。研究制定《全市统计数据质量集中整治工作方案》,编制印发《重点统计法律法规政策选编》;分专业召开镇(街道、区)工作部署会议共计25场次;市统计局对自查汇总表进行数据审核,并对重点企业进行实地核查。全市共稽查38家企业,其中责令整改10家,立案处理1起,办结案件1起,罚款1000元。

【深化统计普法】 2019年,市统计局着重加强统计法律法规的普及工作,建立统计普法领导机构,明确分管领导,设立专兼职人员,配备必要的宣传设备。结合经济普查等大型普查、专项调查、年定报等各类会议、培训,将普及《统计法实施条例》《统计违纪违法责任人处分处理建议办法》等作为一项重要内容进行传达学习。利用"中国统计开放日"等活动,通过《永康日报》、《永康金报》、微信公众号"永康统计"、经济普查文艺汇演、走进四经普广场活动等多种形式开展统计宣传。

(市统计局　供稿)

经济监管

综　述

【概　况】 永康市市场监督管理局(以下简称"市市场监管局")重组于2019年1月18日,是主管全市产品质量、特种设备、食品药品、医疗器械、化妆品安全监管和市场综合监督管理与行政执法工作的市政府工作部门。2019年获评全国消费维权新闻宣传县市级优秀单位,省非洲猪瘟防控工作表现突出集体。

10月22日,永康市市场监督管理局举行市场监管综合行政执法队揭牌仪式(市市场监管局提供)

【多项举措获肯定】 2019年,市市场监管局创新"公众号+监管"模式,对餐饮后厨进行实名曝光,舆论倒逼整改提升,获王文序副省长批示肯定。局公众号跃居全国城市市场监管系统第2。大力推进"质量永康"建设,"浙江制造"标准发布数和认证数稳居金华首位、全省前列。囊括全省首批10项外文标准,"品字标"国际化进程领跑。全省率先实现"品字标"贴标用标4个百分百。国家五金工具及门类产品质量监督检验中心通过省级验收。牵头保温杯(壶)产业培育,成立金华市保温杯(壶)产业联盟。浙江制造、杯(壶)行业培育、食品安全等获省市领导批示肯定。牵头推进省行政执法平台全域应用,食品安全共治共管入选金华"互联网+监管"改革十大典型案例。推进知识产权创新,"中国创新百强县"永康市位列第9。牵头"小微企业3年成长计划",永康市小微企业成长指数列全省县(市、区)第3位,是省"小微企业3年成长计划"工作优秀县(市、区)。企业开办集成服务经验在金华全市推广。

市场管理

企业登记

【概　况】 2019年,市市场监管局依照国务院、省委优化营商环境工作要求,以企业"一件事"改革为抓手,全面实现企业开办"减环节、减材料、减时间、减费用、减次数",实现企业开办"零见面""无纸化",实现企业注销"一网通办"。企业开办速度在全省名列前茅,市场创业创新活力进一步激活,市场登记主体数量稳步增长,总量保持金华第2名。

【期末实有情况】 截至2019年底,全市实有市场主体共117434户,同比增长10.49%,资金总额1154.01亿元,同比增长

12.07%。实有内资企业40835户,同比增长16.35%;注册资本(金)1065.76亿元,同比增长13.07%,其中:私营企业39929户,同比增长16.61%,注册资本(金)949.92亿元,同比增长13.16%。外资企业146户,同比减少1.35%,注册资本4.75亿美元,同比减少2.18%。实有个体工商户76148户,同比增长7.66%;资金数额86.40亿元,同比增长9.16%。实有农民专业合作社257户,同比减少2.28%;出资总额为1.845亿元,同比降低6.77%。

【主体新设情况】 2019年,永康市新设立登记市场主体21854户,同比增长6.52%,新增注册资本136.74亿元,同比增长20.08%。各类市场主体增幅情况如下:新设内资企业共7566户,同比增长9.91%;内资新增注册资本120.37亿元,同比增长5.71%。其中新设私营企业7483户,同比增长10.55%,新增注册资本111.41亿元,同比增长5.70%。新设外资企业9户,同比减少25%,新增注册资本4139万美元,同比增加76.88%。新登设个体工商户14272户,同比增长4.83%,新增资金数额16.36亿元,同比减少2.49%。新设农民专业合作社7户,与上年同期持平,新增出资总额168万元,同比减少98.07%。

2019年永康市市场主体登记基本情况一览表

<table>
<tr><th colspan="4">项　目</th><th>单位</th><th>期末实有</th><th>本期登记</th></tr>
<tr><td rowspan="8">企业</td><td colspan="3">企业总数</td><td>户</td><td>40981</td><td>7575</td></tr>
<tr><td rowspan="5">内资企业</td><td colspan="2">户数</td><td>户</td><td>40835</td><td>7566</td></tr>
<tr><td colspan="2">注册资本(金)</td><td>万元</td><td>10657625</td><td>1203681</td></tr>
<tr><td rowspan="3">其中:私营企业</td><td>户数</td><td>户</td><td>39929</td><td>7483</td></tr>
<tr><td>注册资本(金)</td><td>万元</td><td>9499222</td><td>1114129</td></tr>
<tr><td>从业人员</td><td>人</td><td></td><td></td></tr>
<tr><td rowspan="2">外商投资企业</td><td colspan="2">户数</td><td>户</td><td>146</td><td>9</td></tr>
<tr><td colspan="2">注册资本</td><td>万美元</td><td>47479</td><td>4139</td></tr>
<tr><td rowspan="3">个体工商户</td><td colspan="3">户数</td><td>户</td><td>76148</td><td>14272</td></tr>
<tr><td colspan="3">资金数额</td><td>万元</td><td>864016</td><td>163624</td></tr>
<tr><td colspan="3">从业人员</td><td>人</td><td></td><td></td></tr>
<tr><td rowspan="3">农民专业合作社</td><td colspan="3">户数</td><td>户</td><td>257</td><td>7</td></tr>
<tr><td colspan="3">出资总额</td><td>万元</td><td>18450.88</td><td>168</td></tr>
<tr><td colspan="3">成员总数</td><td>个</td><td></td><td></td></tr>
</table>

2019年永康市私营企业发展基本情况一览表

行业代码	行业分类	期末实有		本期登记		本期注销	
		户数（户）	注册资本（出资金额）（万元）	户数（户）	注册资本（出资金额）（万元）	户数（户）	注册资本（出资金额）（万元）
合计		39973	9499222.00	7514	1114129.00	1847	273250.00
A	农、林、牧、渔业	274	60098.00	35	4781.00	12	5229.00
05	农、林、牧、渔服务业	36	14213.00	6	770.00	2	1050.00
B	采矿业	3	1010.00				
11	开采辅助活动						
C	制造业	19384	4257484.00	2493	295207.00	580	79814.00
43	金属制品、机械和设备修理业	5	470.00	3	160.00	1	
D	电力、热力、燃气及水生产和供应业	17	21100.00	5	5100.00	2	2000.00
E	建筑业	629	366339.00	155	66432.00	40	5369.00
F	批发和零售业	11702	1397816.00	2940	286408.00	559	53623.00
G	交通运输、仓储和邮政业	384	82382.00	89	15834.00	33	9685.00
H	住宿和餐饮业	287	26332.00	43	5201.00	19	843.00
I	信息传输、软件和信息技术服务业	516	134762.00	195	48643.00	50	9066.00
J	金融业	74	69583.00	1		3	
K	房地产业	381	484763.00	122	39405.00	21	4914.00
L	租赁和商务服务业	1664	1234981.00	398	61202.00	133	25572.00
M	科学研究和技术服务业	2010	731422.00	577	189851.00	133	51469.00
N	水利、环境和公共设施管理业	60	65818.00	18	19792.00	2	10.00
O	居民服务、修理和其他服务业	434	59474.00	86	10120.00	37	4712.00
P	教育	308	9614.00	170	4619.00	12	375.00

续 表

行业代码	行业分类	期末实有		本期登记		本期注销	
		户数（户）	注册资本（出资金额）（万元）	户数（户）	注册资本（出资金额）（万元）	户数（户）	注册资本（出资金额）（万元）
Q	卫生和社会工作	46	8534.00	18	3026.00	4	1057.00
R	文化、体育和娱乐业	1790	485897.00	159	56695.00	207	19512.00
	其他	10	1813.00	10	1813.00		

2019 年永康市内资(非私营)企业登记及累计情况一览表

	国有企业		集体企业		公　司		其他企业	
	注册资本（万元）	户数（户）	注册资本（万元）	户数（户）	注册资本（万元）	户数（户）	注册资本（万元）	户数（户）
期末实有	74	24962	90	10480	716	1104414	27	18547
本期登记					81	89552		
本期注销	2		5		25		1	

2019 年永康市外资企业登记及累计情况一览表

(一)按企业类型分

项　目	期末实有				本期登记			
	户数（户）	投资总额（万美元）	注册资本（认缴出资金额）（万美元）		户数（户）	投资总额（万美元）	注册资本（认缴出资金额）（万美元）	
			小计	其中：外方			小计	其中：外方
合计	146	68722.00	47479.00	40407.00	9	11856.00	4139.00	3982.00
中外合资	44	37464.00	26901.00	19829.00	4	286.00	271.00	114.00
中外合作(法人)								
中外合作(非法人)								
外资企业	33	31258.00	20578.00	20578.00	3	11570.00	3868.00	3868.00
外商投资股份有限公司								
外商投资企业分支机构	69				2			

(二)按行业分

项目		期末实有				本期登记			
		户数（户）	投资总额（万美元）	注册资本（认缴出资金额）（万美元）		户数（户）	投资总额（万美元）	注册资本（认缴出资金额）（万美元）	
				小计	其中：外方			小计	其中：外方
合计		146	68722.00	47479.00	40407.00	9	11856.00	4139.00	3982.00
A	农、林、牧、渔业								
05	农、林、牧、渔服务业								
B	采矿业								
11	开采辅助活动								
C	制造业	52	38481.00	27595.00	22579.00	3	272.00	257.00	107.00
43	金属制品、机械和设备修理业								
D	电力、热力、燃气及水生产和供应业	2	1400.00	800.00	392.00				
E	建筑业	1	1200.00	600.00	600.00				
F	批发和零售业	56	3572.00	2752.00	2558.00	3	28.00	28.00	21.00
G	交通运输、仓储和邮政业								
H	住宿和餐饮业	6	4990.00	4990.00	4990.00				
I	信息传输、软件和信息技术服务业	10	1650.00	1650.00	1650.00				
J	金融业	5				1			
K	房地产业	3							
L	租赁和商务服务业	6	12826.00	4489.00	4235.00	1	11553.00	3851.00	3851.00
M	科学研究和技术服务业	5	4603.00	4603.00	3403.00	1	3.00	3.00	3.00
N	水利、环境和公共设施管理业								

续 表

项 目		期末实有				本期登记			
		户数（户）	投资总额（万美元）	注册资本（认缴出资金额）（万美元）		户数（户）	投资总额（万美元）	注册资本（认缴出资金额）（万美元）	
				小计	其中：外方			小计	其中：外方
O	居民服务、修理和其他服务业								
P	教育								
Q	卫生和社会工作								
R	文化、体育和娱乐业								
	其他								

【主体注销情况】 2019年，永康市共有10866户市场主体办理注销登记，同比增长13.03%。企业共注销1897户，同比增加18.93%。注销内资企业1890户，同比增长18.79%，其中私营企业注销1857户，同比增长18.58%；外资企业注销7户，同比增加75%。注销个体工商户8956户，同比增长11.95%。注销农民专业合作社13户，同比降低27.78%。

■ 合同监管

【概　况】 2019年，市市场监管局重视合同管理，开展立体式宣传，强化舆论监管。通过各种媒体宣传市场合同监管的职能，让社会公众重视合同备案的重要性，鼓励消费者申诉举报，维护自身合法权益。实行局所联动，加大推进力度。根据汽车销售、修理、快递等行业网点分布广的特点，要求基层市场监管分局（所）配合行动，对各自辖区内营业网点检查、整治同时铺开，定期汇总，形成合力，从而震慑行业的合同条款规范。

【合同格式条款侵害消费者权益专项整治】 2019年，市市场监管局按省局合同格式条款专项整治要求，开展合同格式条款备案工作，重点对商品房买卖、物业管理、汽车销售行业合同格式条款备案和合同进行抽查，结合总局评审意见和省局公布的“霸王条款”，按照“霸王条款”的表现形式，严谨分析、准确把握每份格式合同中有无“排除消费者合法权利、加重消费者责任、免除自身责任”等条款。约谈商品房买卖、物业管理、汽车销售行业部分企业6家，并下达责令整改告知书6份。完成格式条款合同备案207份。

【“守合同重信用企业公示”活动】 2019年，新增AAA级“守合同重信用”企业6家、AA级14家、A级37家。以保质保续展为目标，不断拓展守合同重信用工作的领域和范围，推进永康企业诚信建设。一是精心培养，各监管所认真做好“守重”企业申报的摸底调查工作，建立“守合同重信用公示企业”信息库，选择规模大、效益好、信誉高、有潜力和带动作用强的企业，作为"守重"企业重点培育对象，积极引导和支持企业参与省、市"守重"企业争创活动中来。二是科所联动，有服务企业品牌建设为目标，积极指导企业加强合同管理，通过培训、现场指导，建立重点企业一对一帮联络员，提升守重申报质量。三是严格审核，对有失信和违法行业守重公示企业，进行撤销清退，全年共撤销守合同重信用公示企业14家。

【动产抵押登记实现"零次跑"】 为企业融资开辟"绿色通道"。一是规范和完善动产抵押登记程序，提高抵押登记工作效率。二是深入企业走访开展上门服务，通过走访了解企业生产经营过程中在资金流转上的实际困难，鼓励企业以动产抵押的方式取得金融部门资金上的支持。三是规范抵押登记办理制度，对动产抵押登记实行首办责任制，凡资料齐全符合法律规定的，网上提交网上办理，对资料不齐的实行一次性告知，实现"最多跑一次"。全市办理动产抵押登记134份，为企业融资16.4亿元，调解争议合同86件。

■ 执法检查

【概　况】 2019年，市市场监管局查处各类案件285起，罚没款834.30万元，其中大案要案96起。

2019年永康市市场监管案件查处情况一览表

案件类型	数量(件)	罚没款(万元)
违反反不正当竞争法	21	387.46
违反商标法	54	78.15
违反产品质量法	83	78.91
违反广告法	19	45.10
违反认证认可条例及或规定	19	47.06
违反计量法	7	1.66
违反特种设备安全法	5	22.50
无照经营	3	1.68
传销	1	31.00
违反烟草专卖法	24	4.50
违反价格法	5	2.98
违反食品安全法律法规	26	22.20
违反药品管理法	6	98.66
违反医疗器械监督管理条例	1	2.20
其他案件	11	10.24
合计	285	834.30

【"保健"市场乱象专项整治】 2019年，市市场监管局共查处食药、化妆品相关案件22起，案值1783万元，罚没122.7万元。其中某医疗器械有限公司虚假宣传案罚款

20万元，3个分公司主动注销；某生物科技有限公司虚假宣传案罚没款80万元。整治前，永康市辖区共有会销单位29家，整治后只剩下8家，各单位通过约谈，强化检查，大部分已主动停业或外迁。各会销场所都悬挂了“三项制度”：消费安全警示牌、承诺公示牌、产品信息明示牌，认真履行会议报备制度，签订了会议承诺书，各直销网点全部履行了7天无理由退货承诺，并公示上墙。全年保健食品虚假宣传投诉举报3起，比上年减少6起。有2个政协委员提交关于保健品虚假宣传问题的提案，通过回访表示，现在保健品销售市场比较规范，社会上负面的反映已经很少。

【口杯行业专项整治】 2019年，共查获案件27起，移送公安4起，刑事强制措施4人，罚没款34.47万元。涉及生产、转印、印刷、原材料、配件加工、网络销售等环节。案件类型涉及商标侵权、产品质量、非法使用武装部队标志、虚假广告、无照经营、工业产品生产许可等。

【涉企收费检查】 涉企收费检查及公平竞争审查是2019年国务院重点督查的民生项目之一。按照上级的要求，市市场监管局认真对3个行政单位及26个下属单位进行了检查，发现问题5起，责令退还基础设施配套费、工程保证金、第三方评估费用等1600多万元。

【知识产权保护】 2019年，市市场监管局共查办知识产权案件54件，移送公安4件，涉及电动工具、园林工具、口杯、线路板、电线、服装、服务商标等。专利工作是2019年机构改革后市市场监管局的一项新职能，全年共受理专利投诉12起，都得到了解决，同时与专利代理机构积极沟通，强化业务学习。

【职业投诉举报处置】 截至2019年9月底，市市场监管局受理职业投诉举报5490起，同比下降60%，举报主要集中在广告违法，专利标注不规范及“三无”产品，其中广告类占80%。

【扫黑除恶工作】 2019年，市市场监管局严把市场主体准入关。加强对容易滋生黑恶势力行业的工商登记监管，严格资格审查，健全完善落实规范管理、重点监控机制，对可能涉及“套路贷”“现金贷”“保健品会议营销”的企业和个体经营户进行依法严格审查，强化监管。加强监督执法工作。对可能涉黑涉恶的线索仔细排查、深入挖掘，共排摸涉黑涉恶线索4条，移交相关部门处理。开展涉及“套路贷”户外广告、大众媒体、微信公众号等开展广告检查及监测，检查户外广告牌50余块、其他广告200余条，联合金融咨询公司进行检查，共实地排查20家，发现异常企业15家。强化招投标监管。针对在市场摊位招投标过程中人员恶意竞标的黑恶势力现象，及时做好宣传、维稳工作，排查在招投标中非法强揽等不正当行为，做到一发现苗头就配合相关部门予以打击。严格落实属地监管职责。依法打击在商贸集市、批发市场、大型超市等场所进行欺行霸市、强买强卖的黑恶势力，尤其是敏感时期，加大对“涉恐物资”的监管力度，做到底数清楚，职责清晰。“打伞治恶”，一方面，加强本单位的内保工作和干部职工的教育管理，防范可防性案件的发生，杜绝本单位的干部职工参与黑恶势力犯罪或充当“保护伞”；另一方面，深挖隐藏的涉黑涉恶线索，充分运用大情报、大数据等信息化和人力情报手段，对重点人员、重点场所、重点领域和群众举报的线索进行排查，深挖隐藏在幕后的涉黑涉恶线索。

商标管理

【概　况】 2019年，永康市新增注册商标

14700多件，累计数达7.4万余件，进一步健全了省、市商标品牌示范乡镇(街道)、示范企业和驰名商标梯级培育库。按照“培育一批、创建一批、提升一批”的思路，认真有序做好中国驰名商标，省、市商标品牌示范乡镇(街道)，示范企业的推荐工作，对参加省、市商标品牌示范乡镇(街道)、示范企业进行申报培训。全年新增省级商标品牌示范企业1家、金华市级商标品牌示范企业12家。年底全市有行政认定中国驰名商标15件，省级商标品牌示范企业9家，金华市级商标品牌示范企业32家，金华市级商标品牌示范街道2个。

2002—2019年永康市商标发展情况一览表

单位：件

年份	国内注册商标	境外注册商标	驰名商标	浙江省著名商标	金华市著名商标	农副产品商标	服务商标	品牌基地(国家级)
2002	1576			10	20	29	15	
2003	1810			15	28	41	15	1
2004	2763			19	41	58	27	1
2005	3967			26	53	73	32	1
2006	5187	50	1	36	61	91	51	1
2007	6996	107	2	38	72	134	68	1
2008	8056	185	3	43	80	165	103	1
2009	9978	217	3	47	89	197	186	1
2010	12894	289	4	52	95	322	269	1
2011	15870	437	6	59	104	527	322	1
2012	20111	503	7	65	118	710	387	1
2013	23306	611	7	70	130	936	497	1
2014	26679	921	9	70	99	1021	695	1
2015	32001	305	11	75	106	918	2137	1
2016	39649	305	13	76	113	1133	2590	1
2017	48877	305	13	48	78	1541	3448	1
2018	57702	333	15	15	36	2012	4810	1
2019	74067	400	15	0	0	2532	6823	1

注：统计数据均为累计数；境外注册商标统计口径为一国一类一标；驰名商标统计口径为国家市场监管总局、商评委认定。

2019 年永康市驰名商标分类情况一览表

单位：件

国内注册商标	制造业	农副产品	服务业
16365	13832	520	2013
驰名商标	制造业	农副产品	服务业
15	15	0	0

2019 年永康市拥有中国驰名商标企业情况一览表

企　业	商标名称	认定年份
超人集团有限公司	超人(剃须刀)	2006
浙江四方集团公司	四方 SIFANG 及图	2007
浙江哈尔斯真空器皿股份有限公司	哈尔斯	2010
王力集团有限公司	王力(门)	2008
星月集团有限公司	星月神(门)	2011
浙江道明光学股份有限公司	道明(DM)	2011
步阳集团有限公司	步阳(门)	2012
富新集团有限公司	富新	2014
新多集团有限公司	新多 XINDUO	2014
天行集团有限公司	天行	2015
大力科技集团有限公司	大喜	2015
群升集团有限公司	群升及图	2016
浙江金凯德工贸有限公司	图形	2016
浙江炊大王饮具有限公司	炊大皇及图	2018
浙江炊大王饮具有限公司	COOKER KING	2018

2019 年永康市拥有浙江省商标品牌示范企业情况一览表

企　业	负责人	认定年份
超人集团有限公司	应　正	2015
浙江哈尔斯真空器皿股份有限公司	吕　强	2017
春天集团有限公司	吕春梅	2017
王力集团有限公司	王跃斌	2017
星月集团有限公司	胡济深	2017
浙江华亚杯业有限公司	程宝书	2018
浙江金凯德工贸有限公司	俞立风	2018
浙江巨力工贸有限公司	应美英	2018
步阳集团有限公司	徐步云	2019

广告管理

【概　况】 2019年，市市场监管局开展虚假违法广告整治大行动，把食品、药品、医疗器械、医疗、房地产、教育培训、非法融资集资等内容的广告作为重点，进行全面集中整治。集中力量对全市国道、省道和4个入城口、五金大道、花园大道等两侧的户外广告开展检查，对车站、会展中心、五金科技园、步行街、建材市场等场所的户外广告进行检查。共检查灯杆、路牌、高炮广告1032块、车载移动广告84块、LED显示屏广告617块，整改不规范用字广告58块。查处各类虚假违法广告案件100起，罚没款135.4万元。

2019年虚假违法广告整治大行动期间，执法人员对户外广告进行检查（市市场监管局提供）

消费维权

【概　况】 2019年，市市场监管局围绕中心深挖热点，不断发力化解消费纠纷。全年共受理调处消费者投诉15495件，为消费者挽回经济损失372.587万元。投诉主要集中在家用轿车、电子电器、网购快递、装饰装修等方面。通过各类新闻媒体发布消费警示（提示）30篇。实现消费者投诉受理率达100%，处理率达100%，回访满意率达98%以上的目标。

【处置群体性预付卡投诉件】 2019年4月10日，入驻永康大润发顶楼的某洗车店由于合同违约停止其所有服务项目，造成其营业期间所有在该店办理预付卡的724名消费者利益受损，在消保委会统一协调下，会同公安局、商务局等部门，采取约谈、协商、签订书面协议等方式成功调解，为消费者挽回经济损失126.838万元。

【创新方式培育放心消费】 2019年，市市场监管局进一步贯彻落实省政府大力推动消费升级、大力实施“放心消费在浙江”活动，继续深入开展“放心消费在永康”，优化整体消费环境，提升消费服务。共培育放心商店253家，放心网店76家，放心餐饮44家，放心工厂184家，无理由退货承诺313家。拓点扩面，打造“石柱大陈乡村放心消费示范区”，将放心消费创建向纵深推进，由城市走向农村。打造“放心民宿”“放心餐饮”“放心商店”等多种业态放心消费单位的区域性放心消费示范区。因地制宜，创建“五金产品放心消费示范街”，将放心消费创建以区域为单位，由分散走向集中。利用五金城的五金区域特色，结合精品一条街建设，打造特色放心消费示范街，唱响“买五金到永康”的品牌。

3月15日，在大润发广场设主场、镇街区设6个分会场，举行“信用让消费更放心”为主题纪念“3·15国际消费者权益日”系列活动（市市场监管局提供）

附:2019年永康市消费者权益保护委员会开展工作情况

截至2019年底,永康基层消费维权网络已建有消保委分会10个,消费教育基地4个,招募20名消费维权义工,新增消费维权服务站(点)16个。

深入开展年主题宣传活动。(一)舆论先行:3月11日,由市场监管局局长带队上线永康电台《行风热线》栏目,就消费维权热点话题与消费者近距离互动,宣传健康消费、解答维权困惑、支招权益维护,为3·15系列活动预热;在新闻媒体上连续刊发"主题年"宣传专刊6期,详细解读"信用让消费更放心"年主题含义和目标,公布2018年度消费维权典型案例及消费提示,揭露批评违法行为,营造知法、懂法、守法、用法的良好舆论氛围。(二)1个主会场、6个分会场并进:3月15日,由35个政府职能部门、企事业单位(包含2018年省市消信单位)、行业协会、会议营销企业及消费义工等400人共同参与在大润发广场举行的"信用让消费更放心"年主题大型现场咨询、受理举报投诉及便民服务活动。活动现场采取永康电台全程现场直播。活动现场集中展示2018年度消费维权十大典型案例及食品、药品、传销等多种宣传展板。本次活动现场共接受消费者咨询245人次,受理各类申诉21件,发放各类宣传资料3.67万多份。另外,在芝英、古山、龙山、象珠、石柱、方岩设立6个分会场,同步开展宣传咨询服务活动。市人大常委会副主任、市消保委主任及其他成员单位的领导参加了现场宣传咨询活动。(三)纪念活动丰富多彩:一是发布2018年度消费维权分析报告;二是发布2018年度市场维序情况报告;三是为荣获市、县级部分消信单位授牌;四是保健品行业发布诚信承诺并签字;五是开展罚没违法物资集中销毁行动,涉及20余吨价值100多万元的日用品、化妆品、药品等罚没物资进行无害化处理后集中填埋。

积极发挥社会监督职能。一是联合市教育局、消费义工开展校园配送企业消费体察活动。二是针对《问政时间》中曝光的永康市预付式消费中"预约难、退(转)卡难、退费难、跑路"等问题,同市商务局、永康电视台对涉事单位进行消费维权约谈。宣传讲解法律法规规定,明确经营者作为消费者合法权益第一责任人的责任与义务,同时向经营者发放了《关于加强预付式消费维权保护建议书》。三是针对"西安奔驰"事件暴露的汽车行业乱收费问题,结合永康市汽车销售现状,组织开展"大走访"活动,约谈相关行业企业,查摆问题,牢固树立责任意识,完善工作机制,切实保护消费者合法权益。同时,积极招募消费者参与永康市源口水厂自来水价格听证会,反映消费者的意见和建议,为政府科学决策提供参考。四是开展放心消费示范单位消费体验评价工作。

主动开展消费教育活动。开展消费教育"七进"活动,采取多种形式,普及科学消费、生态消费、安全消费等知识,进一步提高消费教育的引导力。如联合市人行、市食品药品检测中心开展"诚以修身、信以立志"——3·15消费者权益保护公益讲座进校园活动;联合市商务局、市电子商务促进会等单位举办大型《电子商务法》培训。组织消费义工服务队进社区开展消费维权法律法规宣传免费提供便民服务,此举深受社区群众的欢迎。另外,市消保委配合相关职能部门积极妥善处置《问政时间》中曝光的预付式消费问题,发布消费警示8篇。

助力放心消费建设。一是规范经营行为,助推放心消费。牵头召集相关部门以行政约谈和签订承诺书的方式,规范8家影院免费提供3D眼镜行为和4家景区门票价格秩序。二是为进一步提升经营者的诚信水平，推动示范引领作用，营造安全、放心的消费环境，组织开展了“金华市消费者信得过单位”评选活动，推荐7家企业申报金华消费者信得过单位创建，最终获评5家。三是组织开展3种商品的比较试验，赋予消费者更多的知情权和选择权，让消费者买得放心，吃得开心，住得安心。

市个体劳动者协会

【概　况】 2019年，永康市个体劳动者协会（以下简称“市个体劳动者协会”）紧紧围绕上级工作部署，并在市市场监管局的指导下，致力于推进协会规范发展，各项工作再上台阶。

【“三服务”活动】 4月24日下午，市个体劳动者协会联合市市场监管局、市司法局、金华市律师协会知识产权专业委员会、浙江省（永康）知识产权维权援助中心联合金华市律师协会永康分会举办《竞业限制与商业秘密保护》培训会。国家高新技术企业、专利示范企业、科技型企业、工业设计公司、专利中介机构以及律师共计230余人参加培训。本次培训会特邀请浙江师范大学教授杨勇胜以《竞业限制与商业秘密保护》为主题，结合永康知识产权保护实际和新修订的《反不正当竞争法》《商标法》与知识产权相关司法解释进行专题讲座。讲座介绍了竞业限制和商业秘密保护的范围、企业不得实施侵犯商业秘密的几类行为、侵犯商业秘密的侵权责任和违反竞业限制的违约责任，并就如何保护商业秘密提出3点保密措施。

【“小个专”党建工作】 2019年，市个体劳动者协会深入企业，指导华丰菜场、家具市场、顺虎铝业、五金城集团电商产业有限公司等单位开展党建工作。“小个专”党建工作受到省“互查互学互促”检查组的高度肯定。

食品药品管理

食品监管

【概　况】 2019年，市市场监管局将食品生产流通业务线的业务范围、监管依据、许可、归档等相关工作进行梳理，统一了检查表格、要求、形式。多次开展名特优食品作坊、放心农贸市场创建、市场快检技能以及后续处置、食品经营许可登记等业务培训。编制《非洲猪瘟防控明白纸》《食品生产小作坊基本要求》等规范性资料，提升食品安全监管队伍的整体业务能力。

【食品生产流通环节监管】 2019年，市市场监管局在食品生产领域监管方面，完成落实主体责任自查43家，完成率95.6%。组织开展食品生产企业主要负责人、食品安全管理员考试，考试覆盖率100%，合格率91.5%。组织开展了食品生产企业风险等级评定工作，评定率100%。先后组织开展“红糖”“供校地产食品”“重点地产食品风险隐患治理”“粉条粉丝面制品”“桶装饮用水”等整治活动。在保健食品监管方面，配合执法大队开展“保健食品”市场乱象百日整治行动，牵头落实保健食品科普知识宣传“五进”工作，开展宣传活动37次。在流通领域监管方面，先后组织开展“校园及周边食品”“问题辣条”“农村假冒伪劣食品”“果品”“肉制品”“豆芽菜”等整治行动。2019年新增电子追溯市场2家，分别为溪心菜场和古山三村菜场。在食品安全抽检以及后续处置工作上，共安排抽检各类食品860批次，其中食用农产品400批次、预包装食品241批次、食品生产加工小作坊食品180批次、食盐13批次、网络食品5批次。不合格6批次，合格率为99%，不合格后续处置率100%。抽检数量、覆盖率、合格率、不合格处置率均达到要求。

【非洲猪瘟防控】 自非洲猪瘟疫情暴发以来，市市场监管局采取多项举措，切实保障食品生产经营环节猪肉产品质量安全，严防问题肉品流入市场。根据上级要求，肉制品生产企业必须配备非洲猪瘟病毒检测设备，开展自检。引导肉制品生产企业达成协议，采用了联合采购检测设备，既没有增加企业很多的负担，又能满足非洲猪瘟疫情防控的需要。经检测，永康肉制品生产流通领域非洲猪瘟病毒检测均为阴性。因阶段性成效明显，被评为省非洲猪瘟防控先进集体。

【省名特优食品作坊和亮化达标小微食品生产企业创建】 该项工作事关金华市局重点工作指标、专项工作指标、民生实事、政府工作报告任务。市市场监管局高度重视，提前谋划，通过开会动员、全面排摸、帮助制作整改方案及绘制工艺流程图、引入预考机制等一系列手段，提升作坊的食品安全意识、规范管理理念，完善软件硬件。10月初，率先完成了名特优食品作坊和亮化达标小微食品生产企业考核验收。

【微信公众号＋餐饮监管】 2019年，市市场监管局创新推动"微信公众号＋餐饮监管"模式，充分发挥公众号宣传、曝光、互动等功能，推出"餐饮后厨大提升"栏目。一是强力曝光。对学校(含托幼机构)食堂、大型餐馆餐饮及热门餐饮街区的后厨进行客观、公正曝光，并进行星级评定，为消费者提供专业、权威的消费参考。抓住开学季，对全市范围内的幼儿园、中小学学校食堂开展系列后厨曝光行动，让师生、家长对校园食品安全有充分的了解。及时跟进"回马枪"检查，推出"整改单位回头看"系列，对整改情况再次"张榜公布"。二是互动推进。增设"你点我查""我执法你参与"等环节，回应群众呼声，点到查到，邀请40多名热心市民作为"陪查员"，通过自己的朋友圈"直播"检查过程，形成强大的舆论监督压力，倒逼经营者主动转型升级。公众号曝光系列共开展36期，首期阅读量突破1.5万，粉丝数达2.3万，新媒体有效阅读量超120万人次，留言讨论达8450条。在8月发布的全国城市市场监管部门微信公众号50强中，永康市餐饮系列公众号排名第4位，位列县(市、区)级全国第2、浙江省第1。

【线上线下整治提升餐饮食品安全】 2019年，市市场监管局采用线上线下整治相结合的方式提升餐饮食品安全。一是线上整治抓线索、严查处。在线巡查餐饮单位635家次，掌握涉嫌违法经营行为线索62条。科所联动线下核查，出动执法人员202人次，检查网络餐饮单位105家次，已立案查处3家，警告、责令改正6家。二是线下整治强覆盖、促提升。制定《城区餐饮食品安全提升专项整治方案》，以合法规范经营、硬件设施提升、文明用餐公益宣传、经营场所环境卫生为重点内容，清单式记录，确保问题逐个突破，督促餐饮单位横向对比，纵向自查。共出动执法人员516人次，检查餐饮单位208家，整改到位98家，责令改正94家，已全面整改到位。三是规范查处定标准、谋长效。对问题进行分类统计，罗列查处依据，统一处罚标准，节约执法成本，形成行业规范整治震慑力。以图文形式定制第二版《餐饮单位基本要求》手册，发放到户，高效指导自查，推进整治成果长效化。

【智慧餐饮监测平台建设】 2019年，市市场监管局分别与多家生产商沟通协商，最终选定一家并签订《智慧监管智能监测服务采购合同》，进一步推进智慧监管平台建设。

【打造传统美食本土品牌】 2019年，市市场监管局前期调研永康肉麦饼发展现状，与市质量技术监督检测中心签订委托合同，并参与制定《金华地方传统小吃·永康肉麦饼》金华市地方标准等立项工作,致力于树立行业标准,打造本土品牌,弘扬传统美食。

药械监管

【概　况】 2019年,市市场监管局共检查药械生产、经营、使用单位612家次,行政约谈30家,责令改正5家,警告5家,立案查处11家,罚没款总计98.23万元。建成潘川村、里岭脚村、下赵村、大陈村、山后胡村5个送药上山进岛便民服务点,辐射人群186400人,服务群众1700余人次。

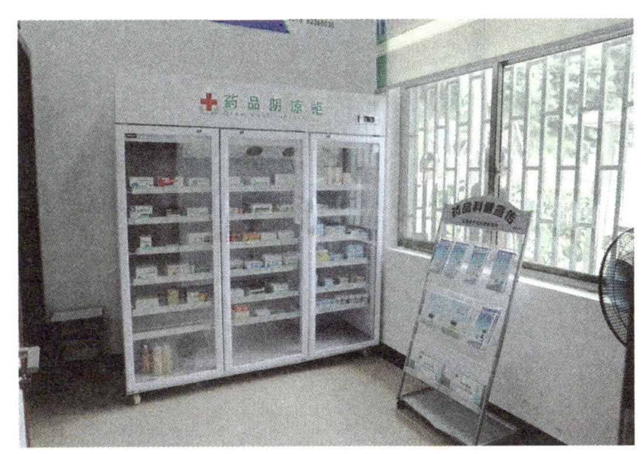

6月29日,永康市首批"送药上山便民服务点"在唐先镇里岭脚村卫生室和潘川村卫生室揭牌成立(市市场监管局提供)

【"药剑"行动】 2019年,市市场监管局对中药饮片质量、流通领域特殊药品安全、执业药师虚挂、疫苗流通、口腔医疗机构医疗器械使用、网络销售医疗器械开展专项整治,共出动执法人员150余人次。

质量技术监督

特种设备监管

【概　况】 截至2019年底,全市在用的特种设备14666台,其中锅炉185台(1.3%),压力容器1078台(7.4%),电梯8940台(61.2%),起重机械3172台(21.6%),场(厂)内机动车辆743台,大型游乐设施7台,索道1条。全年办理"特种设备安装告知"1500台,立案查处5家。

【特种设备安全监管执法】 2019年,市市场监管局以"防风险、保安全、迎大庆"为主线,突出元旦、春节、五一、中秋等重要节日和全国"两会"、门博会、五金博览会等重大活动,周密组织开展"护航中华人民共和国成立70周年"特种设备集中整治行动,重点对大润发超市、永康宾馆、高铁南站、方岩景区等公众聚集场所特种设备进行专项检查,并严格按照省局关于开展2019年特种设备监督检查工作的要求,以重点检查和"双随机"相结合的方式,组织开展特种设备生产和使用单位监督检查。共出动检查执法人员690多人次,检查特种设备使用单位430家,检查设备356台(套),发现一般隐患36项,完成整改36项,整改率100%。自7月开始,印发《关于开展特种设备安全大检查行动的通知》,在全市范围内开展为期2个月的特种设备安全大检查,坚持拉网式、无缝隙、无死角检查,推动全市企业主动扛起安全主体责任,严厉打击特种设备违法违规行为。截至11月底,全市共发出特种设备安全监察指令书35份,排查隐患12处,对3家违法违规单位进行立案查处。

【涉危化品特种设备专项整治】 在江苏盐城"3·21"特大爆炸事故发生后,2019年4月,市市场监管局由特种设备科牵头,联合基层所(分局)迅速行动,对永康市三环、兰歌、三超等危化品生产运营企业以及气瓶充装单位开展地毯式排查整治,共检查企业21家,责令整改3家,立案查处1家,坚决防范和遏制永康市危化品行业生产安全事故发生。

【有机热载体锅炉安全专项整治】 2019年

8月起，市市场监管局在全市范围内开展为期半月的有机热载体锅炉安全专项检查，共检查使用单位100余家，检查锅炉120余台，发现并及时处置锅炉无证作业、水质不合格等40项安全隐患，发出安全监察指令书18份，立案2起。

【超期未检电梯专项整治】 2019年，市市场监管局把超期未检电梯整治工作纳入重点工作来抓，建立工作台账，明确整改主体，注重追踪问效，通过短信群发、电话通知、实地查看等多种方式督促有关企业按时报检、及时整改。对于拒不报检的单位，要求相关基层所（分局）进行立案查处。全年每个月电梯定期检验率均保持在95%以上。

【电梯安全监管改革创新】 2019年，市市场监管局加快推进电梯安全监管改革创新，根据省局的统一部署，结合永康市工作实际，在全市组织开展电梯按需维保和调整检验周期工作。截至12月，全市已有710台电梯纳入按需维保试点。

【特种设备双重预防机制建设】 2019年，市市场监管局以特种设备风险分级管控和隐患排查治理“双重预防”机制建设为总体思路，在全市深入推进分类评价和三项制度工作。截至11月底，已有649家单位完成特种设备安全分类评价；40家企业开通重大风险日志管理系统等安全防范三项制度，特种设备双重预防机制更趋成熟。

【特种设备安全“三进”宣传】 2019年，先后开展特种设备安全宣传“进企业、进场所、进社会”活动10余次，对《特种设备安全法》《特种设备安全监察条例》等相关法律法规进行专门宣传介绍，制作“特种设备安全宣传手册”1000份、文明乘梯安全警示标牌5000余张，并通过市市场监管局微信公众号普及特种设备安全知识、组织开展有奖知识竞赛答题，提高公众防范安全意识。共组织电梯、起重机械、锅炉等各类特种设备作业人员培训15期，培训人数达2000余人次。

■ 质量与标准计量

【质量提升】 2019年，全市新增金华市政府质量奖2家、永康市质量奖5家；获省、市QC活动奖项8项；省级、市级中小学质量教育基地2家。积极配合省局质量发展处开展儿童床护栏、平衡车等缺陷消费品产品召回，占该次召回数量的73%。召开保温杯（壶）产业发展大会，成立金华市保温杯（壶）产业联盟，强化行业自律。签署《金华市保温杯（壶）产业联盟关于杯壶设备采购的联合声明》和《承诺书》，加强设备制造行业管理。同时，加强知识产权培训，进一步提升保温杯（壶）行业人才培养和储备。

【标准制定】 2019年，永康市有248家企业现行有效506项标准，涵盖555种产品，其中：国家标准14个，行业标准19个，地方标准1个，企业标准471个，团体标准1个。全年新增54家企业，主导或参与12项国家标准、14项行业标准、26项“浙江制造”团体标准（其中主导国家标准制修订2项，行业标准1项，“浙江制造”团体标准23项）的制

9月26日，在第24届中国五金博览会开幕式上，发布全省首批10项“浙江制造”外文标准，永康市“超人”“正阳”“中坚”“东立”“安德”“闽立”等6家企业包揽全部10项外文标准（市市场监管局提供）

修订工作。3月，对16个镇(街、区)下发《关于推进永康市企业进行企业产品标准自我声明公开工作的通知》(永质强办〔2018〕2号)，将该项明确为年度考核内容之一。截至7月底，全市完成746家规上工业企业标准化统计监测数据填报工作，填报率和通过率均达到100%。

【计量工作】 2019年，市市场监管局对用于贸易结算、安全防护、医疗卫生、环境监测方面的计量器具全年检定38000多台件；新建计量器具标准考核4项(氧气吸入器，心电图，血压计，B超机)；开展"5·20世界计量日"活动，包括光明计量进校园、计量惠民进社区，活动期间现场受理计量咨询服务和投诉、出动服务人员41人次，服务群众600余人，发放宣传资料200余份，并陆续在《浙江市场导报》、《永康日报》、永康电视台等媒体进行报道；开展对2家重点用能单位能源审查；对全市眼镜制配场所开展计量监督检查，整治验光配镜行业乱象；对燃气炊具的生产许可证转3C强制性产品认证进行专题培训，服务企业21家。

产品督查

【产品质量提升工作】 2019年，市市场监管局开展了防盗安全门、"遛娃"神器产品、电动平衡车质量整治提升工作。共出动执法人员562人次，出动执法车辆172辆次，检查企业190家次；共计抽检防盗安全门66批次，电动平衡车11批次，合格71批次，批次合格率92.21%。共立案11起，合计罚没款20.82万元。

【热点产品专项检查】 2019年，市市场监管局组织开展成品油、非棉纤维质量、文具产品专项监督检查。出动执法人员165人次，检查企业46家次，在检查过程中未发现企业存在违法违规的行为。

【产(商)品监督抽查】 2019年，市市场监管局进行流通领域专项监督抽查5次，对车用燃油类、家用纸制品类、卫生间用品类、文具类、一次性餐饮具类、冬季取暖电器等23种143批次产品进行抽检，合格116批次，抽样合格率81.1%。生产领域对防盗安全门、电动工具、木门、纱线平地拖、不锈钢真空保温容器、电子台案秤、砂轮、液体加热器8类产品263家生产企业生产的263批次产品进行抽检。合格250批次，不合格13批次，批次合格率为95.1%。

【产品不合格后续处理】 2019年，永康市企业生产产品接受各级产品质量监督抽查，不合格95批次，不合格产品主要集中在液体加热器(23批次)、电动工具(8批次)、健身器材(8批次)、砂轮(7批次)、电子计价秤(6批次)、防盗安全门(5批次)、电饼铛(5批次)、电焊钳(3批次)等品类。已责令整改68家企业，复查合格53家，立案处罚39起，已结案28起，合计罚没款23.12万元。

【工业产品生产许可证监管】 2019年，市市场监管局做好省级发证产品的申请受理工作，并开展生产许可证证后监督检查工作。共受理发证20家，名称变更2家，范围变更2家。开展危包、安全帽产品获证企业证后监督检查。开展"双随机、一公开"事中事后生产许可实地核查抽查工作，共出动执法人员45人次，检查企业15家，对巡查中发现的不规范企业、不规范行为责令其进行整改。在检查过程中，发现有6家砂轮企业已经停产，依据工业产品许可证管理要求，企业依法注销工业产品生产许可证。

创建品牌产品

【概　况】 2019年，永康市紧紧围绕"全力打造中国乃至全世界先进制造业基地"的目标，以"三强一制造"建设为抓手，持续推进质量品牌建设。

2019 年,永康市 30 家“品字标”企业全部实现“四个百分百”:产品及外包装“品字标”贴标率 100%、“品字标”团体标准先进性指标明示率 100%、生产经营场所“品字标”亮标率 100%、企业广告“品字标”植入率 100%(市市场监管局提供)

【“品字标”国际化进程领跑全省】 首批 10 项“浙江制造”外文标准正式发布。该 10 项外文标准全部出自永康企业,它们将代表“浙江制造”的水平迈出国门,走向世界。“浙江制造”翻译成外文并通行于“一带一路”,意味着“浙江制造”标准进一步向国际化迈进。

【“五个制度”打造品字标“四百示范”】 2019 年,市市场监管局大力推行“两备案一考核”,通过备案制、考核制、示范制、激励制、督查制等 5 种制度,全面打造“品字标”企业“4 个百分百”,即辖区内 30 多家“品字标”企业实现“品字标”贴标率 100%、先进性指标明示率 100%、生产经营场所亮标率 100%、企业广告植入率 100%。

【品字标“五集中”培育模式】 2019 年,市市场监管局出台《永康市 2019 年第一批“浙江制造”标准集中制订计划》,继续加强“品字标浙江制造”培育库建设,推进标准研制、“品字标”认证等工作,已建立 70 家重点培育企业和 101 项重点培育产品库。全年全市新增主导“浙江制造”标准 23 项,新增认证企业 7 家,国际互认证书 11 张。新增认证证书 20 张。

■ 质量技术监督检测中心

【概　况】 永康市质量技术监督检测中心(以下简称“市质检中心”)成立于 1998 年,隶属永康市市场监督管理局,承担各级政府下达的各类产品的质量监督抽查、委托检验、仲裁检验,执行授权范围内的量值传递,强制检定和法律规定的其他检定、校准,以及标准制(修)订、培训、翻译、咨询等服务。中心拥有 2 个省级质量检验中心,分别是浙江省五金和电动工具产品质量检验中心、浙江省防盗门质量检验中心,1 个法定机构计量测试检定所,1 个标准化研究院,1 个永康市五金工具及门类产品质量检验中心。承建的国家五金工具及门类产品质量监督检验中心(浙江)(筹)财政投资 1.9 亿多元,划拨土地 41 亩,使用权面积 3.5 万平方米。配备了国内外各类“高精尖专”检测仪器设备 800 多台(套),拥有全国最大规格 7 米×7 米防火卷帘烧试炉、金华市首座 5 米法电波暗室。2019 年,中心共有工作人员 70 余人,其中专业技术人员学历构成中包括柔性聘请的博士生 4 名、硕士生 12 名。

【与应急管理部天津消防研究所签署战略合作框架协议】 3 月 13 日下午,战略合作框架签字仪式在市会议中心举行。此次双方的战略合作,是高定位推进永康市实施质量强市发展战略和助推浙江省防火门企业核心竞争力相融合的一项创新举措。通过战略合作质检中心将有效依托应急管理部天津消防研究所技术力量,提升自身软实力,为深入企业开展“三服务”,为永康市门类产业发展提供技术支撑,全面推进永康市门类企业高质量发展夯实基础。

【获浙江省物品编码工作先进机构一等奖】 5 月 16—17 日,由浙江省物品编码中心主办的全省物品编码工作推进会议在杭州顺利召开，永康工作站再次荣获浙江省物品编码工作先进机构“一等奖”。奖项根据“2018年度工作目标责任”的要求和条码工作数据统计结果综合评定。旨在加强各级物品编码办事机构工作效率，推进物品编码特别是商品条码在物流供应链管理、产品追溯、电子商务等领域的应用。

【《电子防盗锁》新标准宣贯会】 7月19日，为规范电子防盗锁行业有序生产和经营，指导生产企业准确理解和把握新标准的条款要求和内涵，市质检中心联合全国安全防范报警系统标准化技术委员会、公安部安全与警用电子产品质量检测中心在市会议中心召开《电子防盗锁》新标准宣贯会。市经信局、行业协会等相关部门的领导参加，永康市及周边地区企业共130多位代表前来参加培训。宣贯会上，标准主要编写者、高级工程师张文弘对新旧版本电子防盗锁标准的主要差异进行了阐述，针对产品的分类、分级与代码、技术要求、试验方法及检验规则等相关标准问题进行详细讲解，并为相关企业代表提出检测问题进行答疑解惑。

【获“2019中国科技创新示范单位”称号】 9月8—9日，第16届中国科学家论坛在北京钓鱼台国宾馆、国家会议中心召开。市质检中心荣获“2019中国科技创新示范单位”称号，《智能家居防盗门的指纹锁总成》荣获“2019中国科技创新发明成果奖”。

【国家质检中心项目通过省级预验收】 10月20日，国家质检中心二期工程（防火门烧试楼、EMC检测楼）全面竣工。10月25—27日，通过国家认可委、国家认监委11人专家评审组的现场评审，获得CNAS国家实验室认可、CMA国家资质认定授权五金及五金材料、电动工具、门类产品、电磁兼容检测（EMC）和欧盟RoHS指令等4大领域104个产品，1740个项目（参数）的检验资质。10月27—28日，顺利通过省级预验收。

【技术能力再提升】 成功当选全国安全防范报警系统标准化技术等5个国家级委员会委员。深入开展国家、省级3个科研项目，授权专利9项，发表论文16篇。开展能力验证/测量审核14次，与莱茵、德凯、通标、天翔等国际知名检测机构开展国际比对及数据互认工作，参与《锁具测试方法》等3项国家标准制定工作、主持，参与“浙江制造”团体标准15项。

【质量服务再推进】 2019年，新建开展煤气表、医疗器具等5项计量最高标准的制订。持续开展“三服务”活动，协助企业解决50多个技术问题，科研成果转化7项。积极配合开展品质标认证及标准申报、研制等工作。积极推进“最多跑一次”改革暨质量基础“一站式”服务平台应用试点工作。新建智能门锁、园林工具耐久性测试等3个“智慧检测”项目，开放实验室服务1200多批次，惠民利企减负150多万元。

（市市场监管局　供稿）

金融保险

中国人民银行永康市支行

【概　况】 中国人民银行永康市支行(以下简称“市人行”)的主要职能是:负责在辖区贯彻执行货币政策,管理人民币流通,监督管理银行间同业拆借市场和银行间债券市场,实施外汇管理,监督管理黄金市场,经理国库,维护支付、清算系统的正常运行,指导、部署金融业反洗钱工作,负责反洗钱的资金监测,负责金融业的统计、调查、分析和预测以及中国人民银行的其他职责。内设五部一室,即办公室、货币信贷管理部、营业管理部、货币发行部、外汇管理部和保卫部。至2019年末,共有正式在编员工25人,其中班子成员3人,中层干部10人。全部员工中男员工17人,占68.00%;女员工8人,占32.00%;本科及以上学历19人,占76.00%;具有中级职称资格以上11人,占44.00%。

【加强窗口指导】 市人行落实深化民营和小微企业金融服务政策,出台《永康市2019年货币信贷工作指导意见》,提出信贷工作目标和举措。2019年末,永康市各项贷款余额1023.41亿元,比年初增加101.65亿元,增长11.03%,增速同比提高7.64个百分点。从结构上看,住户贷款余额425.59亿元,比年初增加43.93亿元,增长11.51%,增速同比提高2.51个百分点;企业贷款余额597.81亿元,比年初增加57.72亿元,增长10.69%,增速同比提高10.94个百分点。从投向上看,对实体经济的支持力度明显加大,2019年末永康市企业及个人经营性贷款余额798.18亿元,比年初增加77.66亿元,增长10.78%,增量占各项贷款增量的76.4%。同时,积极运用再贷款工具加大对小微企业、“三农”领域的信贷支持。为永康农商行续贷再贷款1亿元,积极引导商业银行利用再贷款支持永康实体经济发展。

【加强银企对接】 2019年,市人行多形式开展银企对接活动。组织开展“金融精准助企促发展”走访调研,组织全市金融机构对82家企业进行深入走访调研,开展对省76家规上企业融资问题的调研,协助8家企业解决有关融资的需求和困难。组织开展“百户千企”纾困行活动,收集企业融资难、融资贵相关问题44个,为企业解决问题35个,解决融资金额23.7亿元。组织开展“万家民企评银行”活动,同时对企业融资需求进行调查排摸,为企业对接融资需求近20亿元。开展税收好无贷款企业对接活动,筛选出近1000家税收好无贷款企业名单,要求金融机构对名单企业进行走访对接。举办一季度政银企恳谈会和永康市金融服务实体经济暨首届“金融超市”政银企对接会。同时,合理引导企业贷款利率下降。2019年末,企业贷款加权平均利率5.32%,比年初下降0.56个百分点,其中小微企业贷款加权平均利率5.56%,比年初下降0.49个百分点。实施“融资畅通工程”,优化营商环境,引导商业银行大力支持民营经济高质量发展。

【优化信贷结构】 2019年，市人行优化投向结构，信贷主要投向小微、制造业领域。全市2019年新拓展小微企业1032户，新增小微企业贷款16.07亿元，增长6.85%。加大制造业贷款投放，全年全市新增制造业贷款31.84亿元，增长7.59%，增量、增速均居金华各县(市、区)前列。此外，全市新增个人经营性贷款19.94亿元，增长11.05%，增幅提高1.05个百分点。加强应用推广创新产品，不断优化企业贷款结构。推广应收账款抵质押贷款，应收账款融资服务平台完成融资笔数70笔，融资金额25.58亿元。

【提升服务水平】 2019年，市人行助力"最多跑一次"改革。实现外汇企业名录登记、企业外债网上办理，提升业务办理效率。顺利取消企业账户核准制，做到"两个不减、两个加强"。做好国库业务，全年共办理收入业务2498707笔，退库业务24845笔，更正业务210笔，拨款业务11186笔，处理国库集中支付业务累计15101笔。全年柜面审核累计发现不合规业务168笔，其中拨款20笔，涉及金额19705.24万元；退库136笔，涉及金额5835.87万元。助力税务部门减税降费红利落地生花，保障小微企业普惠性税收返还，累计处理9647笔退库业务，总金额达401.35万元。推进"云闪付"增量扩面。2019年全市云闪付App注册用户享受"一元购"人数140060人次，占金华全市的18.38%。推进"党建+移动支付"工作，推动辖内各机关企事业单位使用"云闪付"缴纳党费。截至2019年末，辖内29家单位已完成上线，涉及106个支部、2023名党员，其余37家单位已提出申请。组织辖内20家银行共同出资300万元，开展"半价坐公交"云闪付优惠活动。强化信用体系建设，营造"守信得益"的良好氛围。开展"守银行信用企业"评定工作，全市获评金华市级"百佳守银行信用企业"称号的企业共9家。开展信用户、信用村、信用镇评定工作，全市有信用户40026户，金华市级信用村50个，信用镇5个，省级信用村9个，省级信用镇1个。进一步完善信用查询服务，2019年新布放征信自助查询机3台。加强人民币管理，做好现金投放回笼工作。收缴假币4189张，共计金额32.65万元。对辖内金融机构全额清分工作和小面额供应情况进行调查并提出整改要求。对祭祀用品和蛋糕店违规使用人民币图样的情况进行调查整治，净化人民币使用环境。

6月11日，市人行到夏溪村进行金融知识下乡宣传(陈小诺　摄)

【维护金融稳定】 2019年，市人行按季或按月进行金融形势分析，及时向永康市委市政府报告金融形势状况。针对工业土地及房产评估价偏低、抵押率偏低情况，形成调研报告并提出对策措施向市委、市政府报告；针对银保监资产分类新规(征求意见稿)实施可能对永康市产生的影响及时进行前瞻性分析，要求金融机构尽早做好应对准备；积极化解"两链"风险，全年累计为37家企业调整计息方式，涉及贷款8.6亿元；为24家企业进行贷款展期，涉及金额6.12亿元；通过资产转让、核销等方式共处置不良贷款19.61亿元。2019年末，永康市金融机构不良贷款余额13.96亿元，比年初减少0.83亿元，下降5.61%；不良贷款率1.36%，比年初下降0.24个百分点；做好金融消费者保护有关工作，市人行组织制作的漫画《羊妈妈的爱心提示》微信阅读量达13000人次，开展校园金融消费者权益保护知识公益讲座，组织金融机构开展集镇广场宣传；做好反洗钱有关工作，移送8条可疑交易线索，公安部门通过可疑交易破获案件1起；牵头召开金融系统扫黑除恶相关工作会议，辅导扫黑除恶应知应会知识；配合做好金融纠纷调处工作，永康市金融纠纷调处取得积极进展；做好包商银行接管期间永康市金融稳定的有关工作。

【服务外向经济】 2019年，市人行助推外贸高质量发展，高度重视中美贸易摩擦影响，与近40家对美出口重点企业建立定期联系机制。做好“华溪论汇”品牌，全年开展活动6次，引导企业树立“财务中性”意识，切实防范汇率风险。运用“政务服务网上办理”平台，优化行政许可业务受理流程。双管齐下，在受理环节成功实现名录登记、外债登记等行政许可业务线上、线下同时受理。跨国公司集中管理试点，提高集团内资金调集和归集的便利化程度。2019年12月20日，外汇管理局浙江省分局正式向浙江哈尔斯真空器皿有限公司出具了跨境资金业务备案批复，核准外债额度28000万美元，境外放款额度4200万美元。

2019年永康市金融机构人民币存贷款情况一览表

单位：万元

项目来源名栏目	本期余额	比上月增减额		比年初增减数		项目来源名栏目	本期余额	比上月增减额		比年初增减数	
		2019年	2018年	2019年	2018年			2019年	2018年	2019年	2018年
一、各项存款	12656284	483340	260690	1386799	1105563	一、各项贷款	10142107	56030	6237	946934	294297
（一）境内存款	12653757	483789	260675	1386532	1105223	（一）境内贷款	10142107	56030	6237	946934	294297
1.住户存款	7930950	149401	108145	1131403	823649	1.住户贷款	4255630	70320	-14688	439202	315120
（1）活期存款	4053367	82337	79014	504609	341206	（1）短期贷款	1975289	16746	11440	179687	85039
（2）定期及其他存款	3877583	67064	29131	626794	482442	消费贷款	367158	5791	1116	-8378	-49406
2.非金融企业存款	2423984	269235	202528	135173	66882	经营贷款	1608131	10955	10324	188065	134446
（1）活期存款	1278877	59650	137314	-20726	113981	（2）中长期贷款	2280341	53575	-26128	259516	230081
（2）定期及其他存款	1145107	209585	65214	155898	-47099	消费贷款	1884791	53645	-21119	248195	190940
3.机关团体存款	1890950	17846	-36378	19208	182028	经营贷款	395550	-70	-5010	11321	39141
4.财政性存款	225790	47757	-3806	82769	-15856	2.非金融企业及机关团体贷款	5886476	-14291	20924	507732	-20824
5.非银行业金融机构存款	182084	-450	-9814	17979	48521	（1）短期贷款	4873736	1205	54128	440456	-97260

续 表

项目来源名栏目	本期余额	比上月增减额		比年初增减数		项目来源名栏目	本期余额	比上月增减额		比年初增减数	
		2019年	2018年	2019年	2018年			2019年	2018年	2019年	2018年
(二)境外存款	2527	−449	15	268	340	(2)中长期贷款	737315	−2644	−32606	21084	−89042
二、金融债券	9968			3		(3)票据融资	275426	−12852	−598	46192	167674
其中:境外发行						(4)融资租赁					
三、卖出回购资产						(5)各项垫款					−2196
四、借款及非银行业金融机构拆入						3.非银行业金融机构贷款					
五、联行往来(净)						(二)境外贷款					
六、应付及暂收款	168286	−8809	11999	1920	−33667	二、债券投资	333959	10737	−5718	109105	73184
七、各项准备金	354325	−16155	314	63459	7563	其中:境外债券					
八、所有者权益	460159	20295	46253	−49111	237854	三、股权及其他投资	100		−26330	−357620	
其中:实收资本	91380					四、买入返售资产	39250	−20640	9198	−40638	16720
九、其他	−1413147	−183897	−119573	−143226	−407042	五、存放非银行业金融机构款项					
						六、联行往来(净)	1585708	235214	206069	254068	807306
						其中:境内存放二级准备金	116795	−483	−13077	−25769	−51864
						七、金银占款					
						八、中央银行外汇占款					
						九、应收及预付款	87405	12861	9748	−7857	80446
						十、投资性房地产					
						十一、固定资产	47347	573	478	−1768	−4061
资金来源总计	12235876	294775	199682	1259844	910271	资金运用总计	12235876	294775	199682	1259844	910271

2019 年永康市小额贷款公司基本情况一览表

机构名称	开业日期	经营状态	首次报数日期	机构退出日期	注册机关	注册地	注册地地区区码	营业地	营业地地区区码	从业人员数(个)	注册资本金(亿元)	前三大股东情况					
												第一大股东		第二大股东		第三大股东	
												名称	持股份额(%)	名称	持股份额(%)	名称	持股份额(%)
永康市华丰小额贷款有限责任公司	2008/11/11	正常经营	2009/9		永康市工商行政管理局	永康市	3307840	永康市总部中心金诚大厦1楼1号	3307840	9	1.00	浙江省永康市协恒实业有限公司	30	浙江航鹰锁业有限公司	10	永康市胜达工贸公司	10
永康市富源发展小额贷款有限公司	2012/4/11	正常经营	2012/5		永康市工商行政管理局	永康市	3307840	永康市松石西路1111号	3307840	5	1.50	浙江富源工贸有限公司	30	浙江弘盛工贸有限公司	10	浙江永天机电制造有限公司	10
永康哈尔斯小额贷款有限公司	2012/10/29	正常经营	2012/11	2019/7	永康市工商行政管理局	永康市	3307840	永康市总部中心金典大厦6层	3307840	4	1.00	浙江哈尔斯真空器皿股份有限公司	30	浙江永美链条有限公司	10	朱陶勇	10
永康市中领小额贷款有限公司	2012/11/6	正常经营	2013/1		永康市工商局	永康市	3307840	永康市古山镇经纬西路381号、383号、373号	3307840	5	1.00	浙江流青房产开发有限公司	30	浙江宇峰实业有限公司	10	永康市珠峰气筒有限公司	10
永康市永安小额贷款有限公司	2013/7/31	正常经营	2013/11		永康市工商局	永康市	3307840	永康市芝英镇芝英六村南市街72号	3307840	8	2.00	永康市永安休闲用品有限公司	23	浙江旋风工具制造有限公司	10	浙江弘正工贸有限公司	10

(人民银行永康市支行　供稿)

商业银行

■ 中国工商银行股份有限公司永康支行

【概　况】 中国工商银行股份有限公司永康支行(以下简称“市工行”)分设于 1986 年 5 月。2019 年,有正式员工 263 人,下辖 5 个部门、1 个营业部、14 个二级支行。截至 2019 年末,市工行各项存款余额达 204.58 亿元,同业占比 31.29%,位居同业第 2;各项贷款余额 105.92 亿元,四行占比 22.63%,位居同业第 2。先后被授予总行文明单位、先进基层党组织,浙江省文明单位、卫生先进单位、治安安全单位、银行业文明规范服务示范单位、“党建带工建、三级联创模范职工之家”,省分行先进单位、先进基层党组织、企业文化建设先进单位、先进职工之家、3 年内控案防先进支行,金华市模范职工之家、思想政治工作先进单位、公民道德建设先进集体,市分行先进集体、先进基层党组、服务工作先进单位、宣传工作先进集体等称号。支行营业部被中华全国总工会授予“模范职工之家”称号;2019 年,支行被评为纳税百强单位;城西支行被中国金融工会全国委员会评为“全国金融五一巾帼标兵岗”。

【党建引领发展】 2019 年,市工行党总支及各党支部认真开展“三会一课”,深化“两学一做”学习教育常态化、制度化,开展“不忘初心、牢记使命”主题教育。持续壮大党员队伍。截至 2019 年底,市工行共有 12 个基层党支部(其中 1 个离退休党支部)。全年共培养 20 名入党积极分子、2 名预备党员、3 名正式党员。制定《永康支行关于开展形式主义官僚主义集中整治工作的实施方案》,结合“三服务”相关要求,切实做好服务客户、服务员工、服务网点工作。市工行设立党群活动中心,内设职工书屋,在原有藏书基础上新增红色读物,同时在一楼大厅设置党建文化长廊,内设“红色有声图书馆”,员工可扫描上面的二维码进行移动学习。开展丰富多样的党建思想宣传活动,组织党员赴永康市抗美援朝纪念馆、嘉兴南湖开展主题党日活动;赴绍兴开展“踏响青春旋律 点燃党群激情”春游活动;开展“青春心向党 · 建功新时代”主题演讲比赛;举办“学党史 知保密 强规范 保安全”内控案防知识竞赛;组织员工及家属观看爱国教育电影《我和我的祖国》。

【服务实体经济】 2019 年,市工行合理规划信贷结构与力度,深化对实体经济尤其是民营、小微企业的融资服务,坚持在促进社会责任与愿景目标有机统一的过程中实现自身持续健康发展。市工行坚持以“真做小微、做真小微”为指导思想,按照商业可持续原则,积极推动普惠金融业务整体向上发展。针对制造业企业,成立专营机构,提升专业化服务能力;优化小微信贷业务流程,提高审批权限;加大产品创新,在原先网贷通、经营快贷的基础上,新增 E 抵快贷、跨境贷等金融产品;配置普惠金融专项规模,定向支持小微贷款投放;大批量申请最优惠的贷款利率,降低小微企业融资成本。全年支行对公贷款较年初新增 3.21 亿元,其中制造业贷款净增约 2.7 亿元。普惠金融贷款余额(不含个人经营性贷款)较年初增加 2.22 亿元,增长 42.78%;全年新拓 65 户,较年初净增 50 户,增长 33.78%。发放个人经营性贷款 602 笔,金额 11.92 亿元。

【保障资产质量】 2019 年,市工行十分重视信贷风险防控工作,积极化解永康区域信用风险。一是坚持“稳健审慎、诚实守信、依法合规、尊重规律”的原则,全面掌握客户的真实情况、经营表现、发展前景和偿债能力,抓好业务拓展和风险管理。二是做好前中后台的相互配合。着力强化前台部门在风险防控中的“一道防线”职能,统筹客户营销、风险防控、产品创新一体化管理机制,不断开展对前台客户经理的培训,提高了解市场和客户的能力,把好客户准入关,增强尽调和存续期管理的真实性与及时性。授信部门做实授信,强化客户关联关系管理和真实性审查,主动加强实质风险把控。着力提升信管部门对市场和客户的敏感度,主动做好风险监测、预警和处置,把住风险总闸口,推动政策制度、风险措施、业务办理要求落地。三是大力清收不良贷款。用现金清收、打包转让、核销等方式加快不良资产处置,加强与法院等部门沟通联系,提高各环节处理效率，特别是抵押物评估后的挂拍速度。2019年市工行永康地区共清收处置不良贷款13674万元，截至2019年末，市工行不良贷款余额7007万元，不良贷款率0.66%，比年初下降0.03个百分点。

（市工行　供稿）

中国农业银行股份有限公司永康市支行

【概　况】 2019年，中国农业银行股份有限公司永康市支行（以下简称“市农行”）本外币各项存款余额278.19亿元，本外币各项贷款余额189.76亿元。市农行始终坚持“立足地方，服务实体经济”的市场定位，全年新增贷款21.69亿元，其中全年新增小微企业贷款123户3.7亿元。积极融入“互联网+”，推出面向三农的“惠农网贷”，面向工薪层的“网捷贷”，实现贷款申请、审批、还款全流程线上化、自动化、自主化操作，全年发放线上贷款1.5亿元。员工徐立斌荣获中国农业银行五一劳动奖章、全国金融五一劳动奖章，陈群莹获全国金融系统五四奖章。市农行荣获永康市金融支持地方经济发展先进单位称号。

1月13日，市农行成功举办600余名贵宾客户参加的“营养有道，送福永康”大型健康沙龙暨春节客户感恩活动。2月14日，永康市政府召开全市工业大会，市农行获评“永康市2018年度金融支持地方经济发展先进单位”。2月18日，市农行举办2018年度先进集体表彰暨2019年员工文化节。3月4日，市农行联合永康市广播电视台开展“万朵鲜花送雷锋”大型公益活动，为92名永康老百姓身边的活雷锋送去鲜花和祝福。3月15日，市农行积极开展“3·15”教育宣传周活动。3月28日，市农行出席永康市金融服务实体经济发展大会，并签署《2019年新增信贷发放责任书》。4月17日，市农行与市财政局到西城街道开展“三服务”活动。5月28日，市农行联合外汇管理局永康市支局举办国际结算重点客户外汇形势交流分析会。5月29日，市农行举办永康市小主持人大赛赛前要点和应变技巧培训会，共200余名客户携子女参加培训。5月29日，市农行参加“献礼祖国70华诞 共建金融和谐小家”现场展演暨“和谐小家”表彰仪式，3名员工荣获“和谐小家”称号并接受表彰。6月20日，金华市总工会党组成员、经审委主任毛婵莹、金华市财贸工会主席王敏为徐立斌、陈群莹劳模工匠工作室揭牌。7月29日，市农行结合“不忘初心、牢记使命”主题教育活动，开展“我的祖国我的歌”音乐微党课。8月15日，市农行参加2019年永康市金融服务实体经济暨首届“金融超市”政银企活动。8月26日，市农行走访慰问唐先镇帮扶结对村。9月26—28日，市农行共抽调30名员工现场助力永康五金博览会相关工作。10月29日上午，市农行参加唐先镇大后小微工业园开工仪式。11月24日，市农行举办职工趣味运动会。

【队伍建设】 2019年，市农行持续推动金融科技团队、财富团队、十大服务标兵团队建设，积极组建筑梦青春队、青年突击队等年轻队伍，开展争先创优活动，深化“人才强行”战略，积蓄年轻力量；为提升员工综合素质，市农行积极创新培训机制，导入人心管理理念，全行推行领导干部续航力培训、专家大讲堂穿透式培训、青年员工素质提升培训，满足不同层次干部员工的学习需求，推动学习力转化为生产力；创建“徐立斌陈群莹劳模创新工作室”，开展“身边正能量”的宣传，强化正面引导激励，在基层树立榜样。全年持续开展各类活动，营造积极向上、温馨和谐的“阳光”团队。

11月，永康农行成立徐立斌陈群莹劳模创新工作室(市农行提供)

【客户服务】 为了解企业需求，市农行全年组织开展由行长带领的客户走访活动，并根据实际坚决做到不抽资、不压贷，维护企业信心，同时积极向上级行争取信贷资源。2019年市农行累计上门服务500余次。为进一步提升客户服务能力，市农行加快网点转型，按照“不停业、深改造”原则，2019年通过优化功能分区、配置智能设备、应用智能系统，完成10个网点的智能化升级工作。市农行以数字化转型为战略引领，以场景建设为获客手段，大力发展以“小微网贷”“抵押e贷”为主打的线上金融，围绕衣食住行游娱等高频生活消费场所，构建各类智慧消费场景，围绕政府、财政、社保、学校、医院等机构类客户，构建“智慧＋”机构金融，全力推进城乡场景建设，探索新的业务模式和渠道服务。

【公益活动】 2019年，市农行秉承“服务客户、成就员工、回报社会”的企业宗旨，积极参加社会公益活动，成立一支由107名员工参与的志愿者队伍，与政府、媒体、公益组织共行动，先后组织开展环保登山志愿服务、“万朵鲜花送雷锋”等活动，全年累计开展各类志愿活动80次，参与人次850人次。

（市农行　供稿）

中国银行股份有限公司永康市支行

【概况】 中国银行股份有限公司永康市支行(以下简称“市中行”)成立于1993年8月20日。2019年，辖内有9个网点，其中1个支行本级，8个二级支行，在岗员工143人。截至年末，市中行本外币存款时点余额801544万元，比年初新增88276万元，本外币存款四大行市场占有率11.72%，较年初上升0.05个百分点。本外币各项贷款时点余额897074万元，较年初新增110904万元，本外币贷款四大行市场占有率18.94%，较年初上升0.94个百分点。

5月30日，举办中行杯——永康中行与永康职业技术学校气排球赛(市中行提供)

【商业银行业务】 2019年，市中行强化产品组合营销，增强资产配置能力，做大做强全量金融资产，发布《支行全量金融资产竞赛方案》，从产品、系统、队伍等方面提升专业服务能力，扩大客户基础，改进销售策略，将代发薪、手机银行、信用卡、第三方存管等有机结合，拓展场景生态圈，如四方集团、雄泰家居食堂，永康职业技术学校、永康第六中学的智慧校园项目，华丰菜场商圈拓展，慈善总会捐款项目等，持续优化产品和服务体验，加快推进支行向效益、质量、规模协同发展转变。支持镇(街道、区)利用城镇低效用地、“三改一拆”拆后土地等建设小微企业园，落实专人逐个与园区小微企业进行对接，挑选其中成长性良好的企业有针对性地营销。截至2019年底，已介入7个小微园区共11户企业，共支持772户小企业客户，普惠金融贷款余额18.63亿元。进入金胜社区、解放广场、大润发广场等地多次开展防范新型电信网络诈骗宣传，在践行“把中国银行建设成为新时代全球一流银行”战略目标的同时，提升中国银行的社会知名度，以市中行党建品牌“28号流动课堂”为载体组织开展各类保险沙龙、讲座、集市宣传、趣味游戏、烘焙等活动，向市民普及防范电信诈骗、人民币识别等方面的金融知识。

【风险管理】 2019年，市中行在处理不良方面，给予涉及“两链风险”的可救性主体政策上的支持，如某实业转批过程中，市中行以永康当地小微园拍卖为契机，多次走访意向资产公司，最终实现批转，取得支行有史以来首笔批量转让本息无损清收。对某3家企业因在2018年7月银保监检查相关平移项目中，被认为贷款分类不准确导致调为不良，经支行领导班子多次与总行、省行的反复沟通，最终于5月将3户合计20961万元完成上调。

【党建管理】 2019年，市中行领导班子认真开展领导干部对照检查活动，积极开展“不忘初心、牢记使命”组织生活会和民主生活会，积极贯彻落实中央八项规定精神和总行、省行党委实施细则，聚焦“四风”问题，查摆自身的不足，转变工作作风。同时通过座谈会、民主生活会，以及丰富的党组织活动，及时听取一线员工的心声，掌握员工的思想动态。通过开展2019“内控管理年”活动，切实紧绷内控案防之弦，不断强化全员合规意识，在全行集中开展观看警示案例视频，不断强化合规文化教育；对重点督导问题实行动态管理机制，落实条线整改职责，对整改不到位的持续督导、紧盯不放，直到真正彻底整改。

【社会责任】 2019年，在传统房贷的基础上，市中行最早争取到公积金贷款业务直通式服务银行试点，建立贷款审批、抵押登记一体化的工作流程，做到无缝衔接。截至12月底，共服务了永康地区国宾府、玲珑雅居等13个楼盘，交易金额达7.2亿元。市中行公积金贷款业务直通式服务银行实现永康市政府提倡的“一件事”全流程“最多跑一次”，切实提升群众办理贷款的“舒适感和便捷感”。同时继续深化党建引领，与金华海关驻永康办事处党支部签署党建共建协议，强化银政关系，做到资源共享，共同提升。积极开展“28号流动课堂”之“外汇结算来中行”，通过专家授课、案例教学、集中轮训、“送教上门”等多种方式为企业提供全方位的金融服务，提升客户体验，累计走访客户送教上门20余次。

（市中行　供稿）

中国建设银行股份有限公司永康市支行

【概　况】 中国建设银行股份有限公司永康市支行（以下简称“市建行”）成立于1978年1月1日。2019年底，市建行在岗员工191人，内设7个职能部门，下辖12个营业机构。截至2019年底，有一般性存款时点余额94.58亿元，在四行中余额占比14.47%；一般性存款日均余额106.41亿元，占比17.09%；各项贷款余额82.79亿元，余额占比17.69%。

【深耕普惠支持企业发展】 2019年，市建行把推进普惠金融业务作为转型发展的现实需求。截至年底，制造业贷款余额41.1亿元，比年初新增3.1亿元；完成对哈尔斯

市建行为车主免费办理ETC(市建行提供)

真空器皿有限公司新增授信1.5亿元，其中供应链支用3000万元；连续成功认购浙江金汇五金产业有限公司一期、二期合计3.4亿元公司债，并以年利6.5%这一低于市场价格的报价，开创浙江省建行投资公司私募债的先河；完成对国有资本投资控股集团16亿元综合授信，为后续国资重大投资项目实施提供信贷支持保障。

【建设金融生态圈零售优先】 2019年，市建行按照省市分行"零售优先"的战略部署，回归本源，主动服务客户。一是贯彻移动优先，通过加大对物理网点和离行式电子银行的维护、加大虚拟渠道的推广力度，延伸网点服务，构建"移动金融"综合服务体系。二是大力发展个人住房贷款，打造"要买房，找建行"的建行品牌形象。全年发放住房按揭贷款7.3亿元。三是创新跟进与提升民生生活质量的分期业务——汽车分期、家装分期等业务，全年累计投放分期贷款1.5亿元。四是大力推进个人消费、助业信贷投放，全年累计发放个人普惠和消费贷款8.2亿元。

【乡村金融服务点全面覆盖】 2019年，市建行主动作为瞄准农村市场，建设裕农通普惠金融服务点，支农支小。成功完成辖内404个行政村裕农通普惠金融服务点全覆盖工作，帮助广大村民实现在村口就能办理各类金融业务，打通乡村金融服务最后一公里。

【资产管控量质并提】 2019年，市建行处置不良贷款3.3亿元，其中下半年打包处置1户，以本金79%成交，金额3.2亿元，实现当年不良当年处置。支持企业化解"两链"风险，银企合作共渡难关，做到不收贷、不压贷、不延贷。

【多措并举激发管理新活力】 2019年，市建行对症下药，科学部署，不断提升管理水平。一是提升精细化管理。通过搭建高效的管理体系，规范明晰内设职能部门职责边界；为加强绩效管理，建立起部门、各条线、各专项工作的考核管理体系；为提升部门服务支撑，制订部门联系网点制度。二是加强信贷基础管理。健全风险管理架构，贯彻"风险管理进党委"的要求，推进落实信贷主体责任制度；充分运用各项管理工具，构建"人防、机防、制度防控"三位一体的防控体系，建立健全预警制度和预警机制，动态监测预警客户；加强制度执行力，严格贯彻落实各项原则措施，确保贷款质量。三是完善合规管理。通过系列活动强化员工合规教育，提升合规意识；在配合市人行协查工作中，市建行反洗钱工作部门切实履行反洗钱义务，受到市人行通报表扬；开户营销管理中通过详细问询、认真核查、仔细甄别一系列核查操作，成功制止嫌疑开户9户，作为先进经验在全省建行中进行推广。

【"劳动者港湾"建设】 2019年，市建行各网点秉承"开放共享、责任担当"的理念，充分利用网点资源，在"劳动者港湾"区域原有的为大众提供老花镜、雨伞、医药救急包等基础上，又配置了爱心座椅、微波炉、茶水车、婴儿车等多样化的便民服务设施，为户外劳动者提供临时休息的便捷场所。

（市建行　供稿）

■ 浙江永康农村商业银行股份有限公司

【概　况】 浙江永康农村商业银行股份有限公司(以下简称“永康农商银行”)于2015年1月8日由浙江永康农村合作银行整体改制而成。总行共设党委办公室、总行办公室(董事会办公室合署办公)、普惠金融部、重点客户部、金融市场部、信贷管理部、风险合规部、计划财务部、运营管理部、科技开发部、科技服务部、发展规划部、人力资源部、纪检办公室、审计部(监事会办公室合署办公)、安全保卫部等16个部室,下设14个中心。2019年在岗员工728人。有53家营业网点,其中1家营业部、17家支行、35家分理处,营业网点遍布永康城乡。截至2019年末,永康农商银行各项存款余额315.58亿元,占永康市市场份额的1/4;各项贷款余额203.37亿元,占永康市市场份额的1/5,存、贷款规模均居永康首位;实现利润总额5.22亿元,上缴各项税收2.15亿元。

永康农商银行设立社会救援专项基金(永康农商银行提供)

【服务乡村振兴】 2019年,永康农商银行开展“聚焦三农　普惠金融”乡村振兴大服务和普惠基础“提升季”活动,健全普惠金融示范村评选奖励机制,充分发挥3000万元乡村振兴奖励基金杠杆作用,发放奖励基金480万元。共完成评议村61个、评议农户11294户、建档8122户、走访8345户,新发放美丽田园、美丽家园农房改造贷款1397户、13.83亿元。与市农业农村局签订《消薄扶贫战略合作协议》,共发放帮扶类贷款222户、2645万元。全面独家代理全市“三资”会计业务,成功承办金华市农村普惠金融暨“三资”管理现场推进会,打响了“农商管家”服务品牌。

【优化营商环境】 2019年,永康农商银行坚持用足资源,聚焦“三农”与小微企业,持续加大产品创新力度,发放“小微信用贷”“拥军信用贷”等信用类贷款209户、3.56亿元;“家乡贷”25户、6035万元;全面推广“浙里贷”平台,推出“ETC易贷”“丰收支付贷”等产品,首贷4194户、6.66亿元;对15个小微园区,45家企业发放“微创贷”1.85亿元,成功签约道明小微园项目;成功发放全市首笔排污权抵质押贷款、生物活体抵押贷款,全面满足企业融资需求。坚持惠企减负,全面下调贷款利率,优化推广“年审制贷款”“小微企业循环贷”等产品,共为客户减负近5000万元。

【升级跑改合作】 2019年,永康农商银行深化政银合作,开办企业工商注册通、自助办税、不动产抵押登记全程网办、新生儿出生一站式联办等业务。全面取消企业账户开户许可和19项证明事项,推广43项免填单业务,试点智能柜员机应用,提升群众办事效率,获金华“无证明城市”改革推进会点名表扬。全省首家上线浙江农信“医疗金融云”,创新人脸识别信用医疗无感支付云平台,实现永康全区域线上、线下一体化的“智慧医疗+”服务。全力推广ETC业务,年内新增ETC 84798张,占全市新增量的56.64%。

【打造党建品牌】 2019年,永康农商银行打造“精品党建”七好标准体系,开展“一部一品”创建活动，成功打造10个特色品牌。与市农业农村局、市应急管理局、团市委等部局签署党建联盟战略合作协议，通过“联盟＋服务＋活动”，打造多层级党建联盟体系。共建党建联盟87个。部室层面组建18支党员服务队，按周到支行开展联动，全力做好“活动宣传员、基层服务员、工作督导员”，构筑了“三三”党建新格局。

（永康农商银行　程滨、程迅、赵卓献）

■ 中国农业发展银行永康市支行

【概　况】 2019年，中国农业发展银行永康市支行（以下简称“市农发行”）各项贷款余额163723万元，日均贷款173956万元，比同期增加31894万元，增幅22.45%6；各项存款余额46347.05万元，日均存款59145万元，比同期增加6148万元，增幅11.6%；不良贷款290万元，比年初减少681.87万元，减幅70.16%。实现账面利润3557.69万元。

【坚持党建统领】 2019年，市农发行扎实开展“不忘初心、牢记使命”主题教育活动，通过集中学习、自学和研讨的形式加强党员干部学习教育，全年累计组织集中学习35次。在金华市分行组织的“习近平新时代中国特色社会主义思想”知识竞赛活动中取得团体三等奖。主题教育活动期间，对标初心使命，精准施策抓落实整改，取得良好成效。结合实际，组织党员到爱国主义教育基地抗美援朝展览馆参观学习；组织全行员工捐款14200元，其中，贫困助学捐款2600元，“慈善一日”活动捐款3800元，慰问党员结对贫困户14户并送出慰问品及慰问金4800元，走访象瑚里经济薄弱村并送去慰问金3000元。

【政策准确执行】 2019年，市农发行准确执行政策，保障区域粮食安全。认真贯彻落实国家粮油收储政策，积极做好粮油信贷业务，保障粮农利益。切实加强粮食库存管理，夯实粮食安全的物质基础。认真开展全国政策性粮食库存数量和质量大清查自查工作，仔细核对分仓登记的台账数量、企业的保管账、统计账以及会计账等，确保企业粮食库存数量及库存值与市农发行库存台账登记情况一致。按照党中央、国务院及总行有关支持小微企业文件精神，积极对接营销优质客户，成功营销贷款企业2家，累计投放农业小企业短期贷款530万元。市农发行通过积极走访市政府、金融办、国资等部门，宣传和营销城乡一体化、农地等PSL资金贷款项目，争取项目储备，进一步提升服务效能。

【清收不良贷款】 2019年，市农发行大力清收处置不良贷款。辖内单笔最大额度不良贷款清收取得突破性进展，一笔久拖未决的存量不良贷款实现顺利清收。收回浙江毕尔锐思生物技术有限公司不良贷款本金600万元，并追加浙江龙邦塑业有限公司的保证担保和衢州正锐农业科技有限公司的抵押担保，有效缩小风险敞口；全额清收浙江绿地生态建设发展有限公司存量不良贷款本金24.8万元，欠息19.10万元；完成浙江斯莱特蚕业有限公司不良贷款核销工作，核销金额57.07万元。完善内控体系建设。按时完成2018年综合档案归档入库工作，综合档案管理考评结果良好；开展员工异常行为和非法集资排查、案防专项排查、安全评估、项目后评价检查、不良贷款审计工作；积极落实巡视检查反馈问题整改工作；进行顶楼防水、机房防鼠改造工作，消除安全隐患，确保全行安全稳定运行。2019年，市农发行内控评价等级结果为一类行A。

【强化经营管理】 2019年，市农发行积极采取以下措施：一是积极营销财政存款。健全信贷部门牵头，其他部门分工协作的存款营销工作机制，凭借高质量的投标方案，成功竞得7400万元一年期财政性存款。二是加强中间业务管理。成功向中长期贷款客户永康交通建设投资集团有限公司销售330国道永康市改建工程第IA标段交通工程险，实现代理保险手续费进项11.84万元。三是推进信息科技建设，增强财会基础管理水平。2019年，新微信平台、网银系统，集约化运营平台、新核心系统成功上线运行。四是严肃财经纪律，严格财务支出，对大额费用开支、资产购置与处置、重大财务事项等严格按照财管系统的操作流程，确保报账经费合法合规。五是妥善处理财务历史遗留问题，于5月初圆满解决5楼房产盘盈及确权问题。

（市农发行　供稿）

保险证券

中国人寿永康支公司

【概　况】 2019年，中国人寿保险股份有限公司永康市支公司（以下简称“中国人寿永康支公司”）在永康市委、市政府的正确领导下，面对激烈的市场竞争和复杂的客观形势，公司认真学习贯彻中央十九大精神和习近平新时代中国特色社会主义思想，不断增强公司核心竞争力，推动公司持续健康发展。拥有销售队伍2963人。2019年，共受理赔案6471件，合计给付金额3648.02万元。其中长期寿险赔案532件，赔款金额1877.27万元；短期险赔案5939件，给付金额1770.75万元。全年上缴增值税191.66万元，上缴地方税收950.28万元，共纳税1141.94万元。

【业务成果】 2019年，中国人寿永康支公司共达成总保费10亿元（全市第2），增长11.22%。其中长险首年期交达成18509.72万元，同比增长26.97%，完成率110.88%；十年期业务达成10420.51万元，同比增长58.82%，完成率114.98%；保障型业务达成7108.53万元，同比增长123.10%，完成率117.42%；短期险达成4619.98万元，同比增长17.88%，续期保费76234.74万元，同比增长8.76%。2019年，成功入围中国人寿“双百强县支公司”，在全省系统2019年度“重振国寿”标杆单位的竞赛中获评综合性县支公司“价值贡献奖”“价值成长奖”“队伍驱动奖”；在浙江国寿大个险北京表彰会上，中国人寿永康支公司被评为“70周年功勋县支公司”。公司党支部2019年被浙江省公司评为“标杆党支部”和“党建引领型支公司”。全年在永康的市场份额为40.68%。

【党建发展】 2019年，中国人寿永康支公司开展“不忘初心、牢记使命”主题教育活动以及党的十九大精神学习，参加社区主题党日活动。组建青年志愿者服务队，参加金胜社区平安巡查及创建平安永康“一巡三查”活动。

（中国人寿永康支公司　供稿）

银保监管

【概　况】 2019年，金华银保监分局永康监管组（以下简称“永康监管组”）认真贯彻落实上级部门和永康市委、市政府的工作部署，围绕全市重点工作，开拓创新，主动适应银保监机构改革新形势、新要求，完成全年各项工作任务。

【走访调研银企情况】 2019年，永康监管组深入基层一线，调查研究推动联系群众、了解情况、解决问题。在服务企业集中活动中，与15家企业开展面对面交流，了解企业融资“痛点”、银行贷款“难点”，听取企业对银行服务的意见建议；另一方面，召开银行机构座谈会，通报银行在企业服务中存在的问题，督导机构解决企业的合理诉求。

【强化政策传导】 2019年，永康监管组指导辖内机构构建互利共赢、共生共荣的长期合作关系。一是优化机构类型和网点布局增强服务能力。2019年，永康新设华夏银行金华永康支行、宁波银行金华永康支行等管理型支行2家，小微企业专营支行1家，支行分理处1家。二是减费让利降低企业融资成本。全市银行业新取消涉企服务收费项目近200个，下调涉企服务收费标准项目20余个，惠及企业10000多家；截至年底，全市加权平均利率6.0%，比年初下降0.5个百分点。三是落实政策传导基层实效。年内，监管组共对10家银行保险机构就监管政策是否落地进行督导，内容包含企业贷款、理财销售、保险合规等内容，切实要求机构落实监管政策，发挥政策杠杆撬动实体作用。

【帮助企业纾困解围】 2019年，永康监管组加强对16家债委会的指导协调。截至年底，会商帮扶金额64.95亿元；配合地方政府做好对众泰、安德电器等重点企业的纾困解围工作；鼓励银行业积极参与设立民营企业债券融资支持工具（CRMW），运用市场化手段为企业发债提供风险缓释和增信支持，如浙商银行永康支行为铁牛集团成功注册超短期融资券20亿元，支持困难企业恢复生产。

【强化行业引导】 永康监管组引导险企助力企业走出去，辖内4家拥有短期出口信用证保险经营资格的保险企业，6年间累计为永康地区出口企业提供近20亿美元的风险保障，支付赔款300多万元人民币，并为投保企业成功追回货款700余万元人民币；2017年以来，在政府保单统保项目中，为279家永康出口企业提供保障，保险金额共计2.35亿元。在2019年九号台风“利奇马”袭击永康市期间，辖内保险机构开通多渠道受理报案，开启理赔服务绿色通道，简化勘察理赔流程，加快结案进度，各项资源向查勘定损和防灾防损业务一线倾斜，理赔条线工作人员取消正常休假，24小时待命，冒雨勘验、当场定损。8月10—14日，永康保险机构共处理机动车辆保险、政策性农村住房保险、农业保险、企业财产保险、家庭财产保险、建筑工程责任保险等报案150件。

【严守风险底线】 2019年，永康监管组将坚守风险底线作为监管主业，坚持风险为本，在风险防控上系统抓机制，重点抓突破，打好“监、解、督、处、惩”组合拳。一是强化不良处置。截至年末，全市不良处置19.82亿元，其中核销8.29亿元、清收5.54亿元、打包5.43亿元。二是做好机构违法违规行为的检查惩处，以“巩固治乱象成果，促进合规建设”为主线，督促银行坚守合规有序经营底线，查实行为、查深管理，压实责任、紧盯整改，对永康农商行开展全面现场检查。三是做好担保圈真实情况摸排工作。9月底，摸排存量贷款5000万元以上企业担保圈33家，担保圈内198家企业贷款余额148.69亿元，约占同期信贷总量16%。四是持续强化其他重点风险隐患治理，联合开展P2P网络借贷和非持牌机构异地经营活动排查整治，严防外部金融风险传染。

【强化地方法人银行监管】 2019年，永康监管组切实履行属地监管责任，始终将永康农商银行和永康农银村镇银行2家小法人机构的监管作为重点监管工作。密切关注经营动态，紧盯各类监管指标，定期开展风险分析评估，及时做出风险提示。根据非现场监管制度和要求，扎实做好各项规定动作，开展对农商银行和村镇银行上年度的监管评级以及农商银行的年终监管评级；制定全年监管计划、发出年度监管意见、持续关注整改落实情况；组织开展三方会谈和审慎监管会谈；运用走访、参会等方式加强与各层级机构、人员的沟通。全年共对法人机构发出监管意见2份，监管提示单2份，促进2家法人机构坚守支农支小市场定位，不断完善公司治理、强化内控管理、提升风险管控和市场竞争力。

【创新激发内生动力】 2019年，辖内银行业面向辖内科技型企业推出无须抵押担保的“科技贷”特色产品，贷款利率成本仅为5.3%；以龙头民营企业为核心大力发展产业链融资，稳定上下游中小民营企业生产经营，实现“银企双赢”；为企业提供有针对性的进出口金融服务，规避出口风险。

辖内保险机构深化警保合作，让保险资源更多地投入到道路交通安全治理中，充分利用“保险+科技+服务”的优势，发挥保险的社会管理作用。开展“车驾管”便民服务，由保险公司设立机动车登记服务站，为车主提供申请6年内免检机动车检验合格标志、遗失补领机动车驾驶证、驾驶证损毁换证等8项业务；根据电动车使用者的职业特点，深入乡镇、企业等电动车聚集地，通过设点和流动式马路劝导方式开展电动车交通安全教育，增强电动车使用者的交通安全意识和法制意识，从根源上降低交通事故发生率，活动持续4个月，共赠送头盔4700余顶，开展宣教70余场；开展农村“两站两员”建设，通过农村交通管理员、交通劝导员和交通管理站、劝导站实现群防群治，缓解主管部门因为警力不足造成的管理缺失难题，补齐农村道路交通安全管理短板，实现农村交通安全管理覆盖率和农村车辆投保率“双提高”，农村地区交通事故伤亡率和保险赔付率“双下降”的目标。

8月27日，警保联动调研（永康监管组提供）

（永康监管组　供稿）

教育事业

综 述

【概　况】 2019年，永康市有普通高中6所，学生数11063人，学校占地面积719877.5平方米，校舍建筑面积422760.8平方米，图书藏书量840827册；职业高中2所，学生数4988人，学校占地面积205595.81平方米，校舍建筑面积125482平方米，图书馆藏书量282096册；九年义务教育，小学53所，学生数60547人，学校占地面积976579.06平方米，校舍建筑面积468974.71平方米，图书馆藏书量1730083册；初中24所，学生数24975人，学校占地面积1105013.05平方米，校舍建筑面积518550.57平方米，图书馆藏书量1468185册；幼儿园在园幼儿数39007人；特殊学校1所，139人，学校占地面积12211平方米，校舍建筑面积7755.38平方米，图书馆藏书量5000册。

【教育领域成果】 2019年4月26日，永康市高分通过省教育基本现代化市的评估验收。12月6日，高质量通过"浙江省区域推进语言文字规范化市"验收。2017—2018教育现代化水平监测位列金华市第一。2019年度金华市教育工作考核位列金华第一。2019年，高考成绩连续攀升，高考一段线上线人数再创新高，全市一段线上线总人数达到750人（不含300多名体育艺术生上线人数），吴泽炫等3名同学被北京大学录取，胡羽昊同学被国科大录取。中考普高录取分数线不断缩小与先进县市的差距，农村初中取得全面发展，一中、二中录取面基本实现农村学校全覆盖。精准帮扶出佳绩，对口帮扶的四川省理县中学2019年高考取得好成绩，上本科分数线25人，打破2008年以来无裸分上本科线的记录，《浙江日报》《中国教育报》刊文介绍经验，《永康市精准教育扶贫助四川理县改写11年无人考上本科历史》获市长尹学群批示，央视《新闻直播间》栏目报道该项工作，并为永康有效提高理县教学水平点赞。2019年全国职业院校职业技能大赛，永康斩获国赛三金一铜，技能比武成绩连续多年获金华市第一名，数控综合应用技术为浙江省唯一夺冠项目。"四大改革"打造升级版，"县管校聘"永康模式全面推进，打造省样板。信息化教育打造精品，全国推广经验全国性现场会在永康召开，永康市做典型经验介绍。家庭教育强势推进，在省内率先开展"家庭教育工作室""再现式家庭情景沙龙"。高中招生改革破解热点难题，项目建设大力推进，职技校教学楼学生宿舍等10个项目完工，五金技师学院、教师进修学校附属初中建设工程等15个项目开工建设，永康中学扩改建工程等11个项目在可研审批或设计审批中。一年四节彰显区域品牌特色，2019年中小学艺术节根植永康本土文化，挖掘五金资源，共收到20000余件作品，参展学校数量、作品数量和原创程度均远超前列，遍及所有城乡、山区以及特殊学校，艺术节活动得到全国各地学术专家和参观领导的高度好评，《中国教育报》、"学习强国"等主流媒体纷纷报道。名师工作有序推进，35个名师工作室主持人带领251名优秀教师工作室成员，以“领军教师”培育“拔尖教师”的团队成长模式，建设一支永康教育领军团队，评选出20个精品名师工作室。教师业务水平不断提升，13人荣获金华市教坛新秀称号，4人获评省教坛新秀；37人成为各类金华市名师名校长人选及培养人选。参加金华市保育员大赛，代表队获一等奖；全省工间操比赛获一等奖。校外培训机构整治迅速推进，联合相关部门开展系列配套动作，巩固非法办学整治成果。安保维稳措施得力，安全主题教育有序推进，校园安全隐患排查，一校一清单，确保措施落实。

（市教育局　朱春屏）

学前教育

【概　况】 2019年，永康市共有在园幼儿数39007人，幼儿园194所，其中公办幼儿园25所，2019年永康市学前教育投入占教育总投入6%。

【政策出台】 2019年9月，永康市教育大会出台《关于加快学前教育发展的十条意见》，明确提出加大学前教育投入。从2019年开始逐年提高到2021年的8%左右；设立学前教育专项经费500万元，列入专项资金管理，用于学前教育扶持。提高普惠性幼儿园生均公用经费标准。一、二、三级普惠性幼儿园生均公用经费从原来统一的500元/生·年调整为一级园1000元/生·年，二级园800元/生·年，三级园500元/生·年。配足配齐公办园教师编制。按《浙江省公办幼儿园教职工编制标准指导意见》的精神核定教师编制，在编制不能增加的前提下，建立教师雇员制实施办法。按3年招收400名左右的指标招收雇员制教师（其中拿出每年不超过20名的计划，用于人才引进和择优招录，待编制空余后可直接入编，入编前享受与在编幼儿园教师同工同酬待遇，以解决骨干教师的培养问题）。

【公办园扩容】 2019年9月，人民幼儿园、舟山镇第二中心幼儿园、花街镇第二中心幼儿园、龙山镇浙商回归园幼儿园开园，新增学位1170个。

【薄弱园整治】 2019年，永康市新园审批、地址变更实行“准二级”审批。8月，成功易地搬迁3所，按照“准二级”标准配备硬件设施，新增学位720个。加大改薄力度，通过综合运用年检、普惠奖补、等级评定、督导检查、整改处罚等方式促使薄弱园进行改造提升，引导没有提升空间的幼儿园主动关停。出台《薄弱幼儿园关停补助实施细则》，给予在规定期限内申请主动关停的幼儿园（教学点）适当补助。2019年永康市撤并薄弱幼儿园（教学点）15所。加大民办园扶持力度，积极开展普惠幼儿园认定工作，支持普惠性民办幼儿园提供面向大众、收费合理、质量合格的学前教育服务。2019年新增普惠性民办幼儿园7所。

【公办民办协同发展】 2019年，永康市公办园民办园协同发展。鼓励、指导三级幼儿园积极参评二级幼儿园，制定二级幼儿园创建工作计划表，对民办园实施“一园一策”重点帮扶，全年共有8所幼儿园通过省二级幼儿园评估；在三大共同体成功经验的基础上，9月建立7个以乡镇（街道）中心园为核心的教育集团，由中心园承担本辖区内学前教育业务指导，带动辖区内民办园升等二级；规范幼儿园教育教学管理，提升科学保教水平，全面防止“小学化”倾向；开展首批课改实践园成果展示，第二批幼儿园课程改革完成论证；组织2019学年全市幼儿园园长暑期培训会，首次将民办幼儿园青年教师纳入教师暑期业务知识考试对象，全市共有1000多名幼儿教师参考；11

月，组织60多名骨干教师赴杭州学习；8月，组织保育员参加金华市技能大赛，并获一等奖；11月，组织永康市保育员技能大赛，200多名保育员参加。

（市教育局　李俏华）

义务教育

【概　况】 根据永康市经济社会整体发展战略，市委、市政府将推进义务教育优质均衡发展纳入教育现代化战略、区域教育发展规划和城市总体规划，建立健全城乡一体化的义务教育均衡发展保障机制，在财政拨款、学校建设、教师配置等方面向农村学校倾斜，保障义务教育优质均衡发展。

【通过“浙江省区域推进语言文字规范化市”验收】 2019年，永康市全面回顾、总结、评估语言文字工作，确立“以城市为中心，以党政机关为龙头，以教育系统为基础，以新闻媒体为示范，以公共服务行业为窗口”的工作思路，大力普及普通话，推进用字规范化，推动永康市语言文字工作再上新台阶。12月6日，高水平通过“浙江省区域推进语言文字规范化市”验收。

【校园活动】 2019年，永康市举办第3届全市中小学读书节，开设“为你朗读”专栏，共推出26期；举行全市第5届小学生中华传统经典诵读大赛，城乡24所小学，近1400名同学参赛，决赛网络直播点击量累计达38.2万；组织10万学生参加“走进魅力永康，感受艺术之美”为主题的研学活动；全面开展城乡学校大课间活动，传递“每天锻炼一小时，快乐学习一整天”的健康理念；扎实推进近视防控工作，开展“爱眼护眼有高招”主题活动，实现中小学校全覆盖；推进文明校园创建，文明校园创建率达95%。

【家校合作】 2019年，永康市在全省率先系统开展“家庭教育”主题工作，从名家系列讲座，到家庭教育指导师培训，再到“家庭教育工作室”“班级家长课堂”“家长驻校办公”，促进家庭教育与学校教育形成合力。这在金华市家庭教育年会上作典型经验介绍。

【小学放学后托管工作】 2019年，永康市各小学放学后托管工作按“家长申请、班级初审、学校核准、统筹安排”程序，由学生和家长自主做出选择并向学校提出申请。因校制宜，分类施策，有刚性需求的学校全部实现放学托管服务。27000多名小学生参与托管，学生托管参与率为57%，参与学校中，教职工参加托管服务的比例为94%。

【心理健康教育】 2019年，全市建成心理健康教育示范点学校3所和标准化学校3所，顺利通过省级验收，永康市标准化项目建设达到100%，参加C证培训并通过面试人次251人。定期开展心理辅导教师骨干研修班培训研修活动，全年共集中活动14次。

【城乡学校招生取消“无监护条件证明”“务工证明”】 2019年，永康市继续实施“城乡分段、报名分类”统筹招生政策，贯彻落实“最多跑一次”和“无证明城市”改革精神，取消“户籍所在地无监护条件证明”和“父/母在城区务工证明”。

（市教育局　章会会）

普通高中教育

【概　况】 2019年，全市普通高中以办优质高中教育为目标，以深化普通高中课程改革为主线，立足课堂教学研究新高考，以教师业务成长为依托，以学生为本研究学科核心素养培育。全市普通高中进一步深化完善学生综合素质评价，坚持个体特色化、群体多样化导向，整合各类教育资源，提升办学水平和竞争力，全面实施高校考试招生制度综合改革，推行实施“一校一策”特色化发展。

【永康一中】 2019年，永康市第一中学高考成绩骄人：吴泽炫、徐璐彬、林李彤被北京大学录取，胡羽昊被中国科学院大学录取；胡铖渤等59位同学被C 9以上名校录取；一段线上线人数409人。9月10日，全市教育大会召开，市政府出台《关于实施3510复兴计划推进永康一中名校建设的意见》，并奖励2019年培尖工程200万元；会上步阳集团捐资100万元。2019年，永康一中再次被评为“全国优秀科技教育创新学校”。在金华市青科赛上，永康一中获奖等级和项目实现金华市五连冠；在省青科赛中，永康一中3个项目荣获一等奖、2项获二等奖，获奖等级和项目数居全省第一；7月，叶烺晴同学荣获第34届全国青少年科技创新大赛二等奖；11月，周钰蕙同学在浙江“科学玩家”青少年科学才能挑战赛决赛中荣获“十佳科学玩家”称号，黄明松老师被评为金华市科技追梦人、省优秀科技辅导教师。

【永康二中】 2019年，永康市第二中学继续深化“精准教学”改革，将信息技术和课堂教育教学相融合。5月12日，在理县中学体育馆举行“浙江省永康市精准教学装备”捐赠仪式，李冰副校长在理县中学首次实现与永康二中的同步课堂，开创教育精准扶贫新途径；11月5日，永康二中在浙江省精准教学论坛上作典型发言；11月6日，国家教育技术协会“信息时代的精准教学应用成果展示交流活动”在永康二中举行；永康二中被授予“第二批省精准教学实验项目学校”称号。永康二中通过“资助”“技助”“师助”等手段，助力四川理县开展教育“扶志扶智”工作。2019年，理县中学高考实现自2008年以来本科为零的突破。11月16日，中央电视台《新闻直播间》栏目报道永康市教育精准扶贫工作，为永康有效提高理县教学水平点赞。

【永康六中】 2019年，永康市第六中学一段线上线人数27人，中考成绩位列2000多名的吕聚航同学以599分的成绩被温州大学录取，实现学校普通类一本自主培养的首次突破。校美术名师工作室被评为金华市“精品名师工作室”，后吴美术写生基地落成，美术高考再续辉煌，47人参加美术高考，23人上美术一段线。其中王丝璐同学被中国美院录取，贾苏颖等多名同学被重点艺术类高校录取。

【古丽高中】 2019年，古丽高中荣获全国高中数学联赛浙江赛区团体优胜奖，黄俊豪同学获全国一等奖，填补永康市此项竞赛奖项的空白。此外，2人获全国二等奖，4人获全国三等奖。黄俊豪、胡力尹同学参加清华大学2019年“全国优秀中学生数学体验营”，表现优秀，获得二等奖。2019年全国中学生物理竞赛4人获全国二等奖。

【明珠学校】 2019年，明珠学校调整办学指导思想为“规范管理，深化改革，抓好落实，提升质量”，把“错位发展，特色发展”作为阶段性任务进行全方位多角度的落实。2019年高考一段上线人数86人，普通类35人，体艺类51人。一段线上线人数比2018年超出21人。1月，校啦啦操参赛队在第2届全国啦啦操创意展示大会中获特等奖，表演套路入选全国啦啦操教材。学校获评金华市艺术(美术类)特色学校、金华市第17届中小学生海陆空模型竞赛空模中学组二等奖、2018年度金华市民办教育优秀会员单位、2018年度浙江省民办中小学宣传工作先进单位、“演说中国”第2届全国青少年演讲与朗诵展示活动浙中展区金华市最佳组织奖。

【丽州高级中学】 2019 年，丽州高中学校课程改革不断深入，实行学部制管理，成立学业规划部，首次创办美术、音乐特色班。同时，学校获得 2019 金华市中小学生校园足球秋季联赛（永康）男子组一等奖、高中女子组一等奖。

（市教育局　任雪儿）

中等职业教育

【概　况】 2019 年初，国务院正式公布《国家职业教育改革方案》（以下简称“职教 20 条”），职业教育进入大改革大发展的新阶段。永康市坚决贯彻落实全国、全省教育大会精神和“职教 20 条”总体要求，制订并实施“永康职教 10 条”，以提升人才培养质量为核心，提升职业教育办学能力和水平，大力完善现代职教体系，推进职业教育现代化，服务经济社会发展。

【“永康五金技师学院”建设工程】 2019 年，省人社厅领导及职业能力建设处对永康五金技师学院的建设工作给予高度关注和支持，多次来永康指导具体建设工作，将永康技工教育教学工作纳入规范管理。在市委、市政府的大力支持下，占地 581 亩、计划总投资 23.7 亿元、建筑面积 38.7 万平方米的永康五金技师学院工程建设前期工作稳健推进。已完成新校园建设可研报告、建设方案论证，完成第一期征地、准备工程招标，12 月 25 日正式开工奠基。

【“三名”工程项目】 2019 年，在省级首批“三名”工程建设中期检查中，永康职技校的三项品牌建设均取得可观成绩。年度计划任务 123 项，实际完成任务 138 项，完成率 112.2%。中期评估获“二优二良”：胡桂兰省级名师工作室为“优秀”；省品牌建设专业（机电）为“优秀”；首批中职名校建设为“良好”；省特色优势专业（小企业会计）为“良好”。

【数字校园二期建设】 作为首批“浙江省数字校园示范学校”、国家级“职业院校数字校园建设实验校”，2019 年职技校紧紧围绕“智慧环境、智慧治理、智慧教学”，初步完成“三智”校园二期工程建设。完善校园监控系统；升级教学多媒体和移动终端教学设备；建成数字图书馆和移动图书馆；建成荷园校区录播教室；开发实训仿真软件；完善智能班牌系统；设立校内共享云盘。

【职业教育扩容工程】 投入 8760 万元的永康职技校扩容工程于 2019 年顺利竣工并通过验收，在本部校区与荷园校区共新建 5 幢大楼。包括 2 幢教学大楼，建筑面积 11119.2 平方米；2 幢学生宿舍楼，建筑面积 8384.65 平方米；1 幢多功能餐厅（含塑胶操场），建筑面积 5652.8 平方米。随着扩容工程的竣工，2019 年下半年招生规模近 1900 人，高一新生扩招近 800 人，较大缓解本地初中毕业生的升学压力以及行业企业的“技工荒”。至下半年，建筑面积 20000 平方米的产教融合大楼也已开工。

【人事改革试点】 2019 年，职技校顺利推进县管校聘工作，从校级干部选聘到中层干部聘任，从中层正职竞聘再到中层副职竞聘，从教学岗位竞聘到后勤岗位竞聘，相关工作经验在全市初中学校推广辐射；同时，职技校成为永康市首个开展职称自主评聘工作的试点学校。

【职业教育国际合作】 职技校开办商科、学前教育两个中外合作班。其中商科专业的 3＋3 本科班，对接院校为澳大利亚启思蒙政府理工学院、迪肯大学等；学前教育专业的 3＋2.5 专科班，对接院校为加拿大新喀里多尼亚学院。职技校选手在 2019“一带一路”暨金砖国家技能发展与技术创新大赛上荣获国际选拔赛与国赛 2 个一等奖、1 个全国二等奖、2 个全国三等奖；在 2019 年全省技工院校 CAD 机械设计世界大赛项目校际邀请赛中，荣获 1 个二等奖，1 个三等奖。

【师资队伍建设】 2019 年，职技校张欣欣获创新杯信息化说课大赛全国一等奖（第 1 名）；黄云霖、夏斌获中国技能大赛三等奖；蒋进 3 次被聘为技能国赛裁判。马林刚被评为“浙江省机械教研大组优秀青年教师”，吕方翠入围浙江省技工院校“最美思政教师”评选。吕方翠、孙若旗、丁喆获 2019 年金华市中职教师优质课评比一等奖。累计 80 多人次在国家、省市各类教学竞赛中获奖。王伟老师获评第 13 届金华市教坛新秀；郭丽华老师获评金华市最美教师。卫校吴旭艳老师获金华市中职学校教师文化课专业课评比一等奖，颜琴书获 2019 年浙江省中职学校“最美教师”提名，应舒情老师被评为永康市教坛新秀。

【职教科研成果】 2019 年，职技校成功结题的 16 项课题中，有 5 项获省级奖项。校本教材开发方面省市级获奖 7 门，其中省级精品课程 1 门、省级课程 3 门。论文省市级获奖或发表 64 篇。胡桂兰老师牵头开发的省课改教材《走进模具》配套 MOOC 资源在中国大学 MOOC 网上线。3 个典型案例获金华市一等奖，其中 2 个案例被评为省级优秀案例；王钟宝校长负责的项目参评省中职学校职教成果精品孵化项目，夏其明副校长负责的项目被省教育厅推荐参评教育部主持的全国技能大赛助力师资队伍建设典型案例；陈宏鹏老师被推荐参评全国技能大赛优秀选手成长典型案例。永康卫校完成金华市级重点教科研课题 1 项、规划课题 4 项，论文和教育成果获永康市级以上奖项 10 项。

【技能教学】 2019 年，职技校师生参加技能国赛并取得骄人成绩，师生项目总共荣获 6 个国赛一等奖、3 个国赛二等奖、4 个国赛三等奖，一等奖总数位居全国第 11 名。卫校获省级护理技能大赛中 2 个二等奖、3 个三等奖。蓓蕾学校合唱团在金华市中小学生艺术节上获 2 个金华市二等奖，胡华雅同学在 2019 年永康市和金华市的中小学生独唱比赛中均荣获一等奖。上半年，会高 151 班 39 人参加 2019 年国家初级会计师考证，26 人通过，通过率 66.7%，远超全国平均通过率。下半年以来，五金产业相关专业的高级工取证率约为 93%。

【高职考试】 2019 年，职技校高职考，349 人参考，348 人上线，上线率 99.7%。其中 45 人考上本科，本科上线人数居金华中职学校第 1 名。安保专业再创省内新高，4 名学生位列全省前 5。李鑫等 4 名学生因技能比武国赛获一等奖，被保送省内高职院校；蓓蕾学校 93 人参加高职考，全部上线；卫校高职考，156 人参考，155 人上线，15 人考上本科，高考上线率为 99.3%。另有 193 人通过“3＋2”大专班选拔考试进入相关大学。

【产教融合】 2019 年，永康市通过继续深入开展现代学徒制，实践产教融合，助推培养高技能人才。职技校与铁牛集团、哈尔斯、南龙集团、飞剑科技、步阳集团等十多家知名企业签约开展现代学徒制校企合作；创办飞剑智能制造班和步阳工匠班，主动将企业人才需求转化为学校人才培养目标；卫校加入温州医科大学牵头组建健康产业产教融合联盟，为浙江省培养“下得去”“用得上”“留得住”“干得好”的医疗卫生人才。

【“1＋X”证书试点】 2019 年，永康市将“1＋X”证书制度试点与专业建设、课程建设、教师队伍建设等紧密结合，提升职业教育质量和学生就业能力。在省教育厅的指导下，职技校作为浙江省协作组副组长单位中仅有的2所中职学校之一，在汽修、新能源汽车、电子商务3个专业上启动“学历证书＋若干职业技能等级证书”制度试点（简称“1＋X”证书制度试点）工作。且该校汽修专业成为全国首批试点、金华市唯一试点。试点工作围绕专业建设、课程开发、教材建设、课堂教学等方面展开，推进信息技术与教学有机融合，进一步完善专业人才培养机制。

（市教育局　程琳）

特殊教育

【概　况】　2019年，永康市特殊教育工作稳步推进，特殊教育服务质量进一步提升。市特殊教育学校被评为浙江省第一批特殊教育标准化学校。6所随班就读学校（烈桥小学、大后小学、长恬小学、西溪小学、舟山小学、世雅小学）的资源教室被评为金华市合格资源教室。

【专业培训活动】　2019年，永康市特殊教育指导中心开展4次专业培训活动，分别为面向永康市特殊教育学校教师、随班就读资源教师、送教上门责任教师和卫星班专职特教教师的专业培训活动，增强随班就读、送教上门和卫星班工作开展的规范性，强化检查和指导。

【特殊教育成果】　2019年，市特殊教育学校范立花老师荣获浙江省教坛新秀，陈炳更和朱梁荣两位老师在浙江省教育厅教研室教学论文评比中分获一、二等奖。继续深化个别化教育，积极落实浙江省个别化教育信息管理系统的学生建档和评估工作。完成残疾人之家、洗车房、无土栽培室、档案室的建设，安装感知觉训练的操作玩具。首次成功举办“一年四节”（体育节、艺术节、读书节、科技节）。在2019永康市中小学艺术展上，参展作品《来自星星的你》《我是你的眼》受到专家、参观者的一致好评。

【随班就读工作】　2019年，新增岩后小学为随班就读学校，随班就读学校由原来16所增加为17所，共有随班生76人。市特殊教育指导中心先后组织开展1次随班就读工作会议，2次专题培训（知觉动作训练、沙盘游戏）和2次随班就读课堂教学研讨活动。

【送教上门工作】　2019年，送教人数由13人调整为9人，分别为特教学校6人、古山小学1人、教进附小1人、城南小学1人。市特殊教育指导中心为送教上门责任教师提供特殊教育专项业务培训，原则上要求每周至少上门送教1次及以上，确保每学年送教120课时。

【卫星班工作】　2019年，卫星班有学生6名，工作开展正常有序，配有生活语文和生活数学的专职特殊教育教师，承担班级特殊教育课程的教学和班级日常管理工作，还配备任教融合课程城西小学教师8名。

（市教育局　任雪儿）

校园体艺

【概　况】　2019年，永康市教育局（以下简称“市教育局”）以“一年四节”（读书节、体育节、科技节和艺术节）为载体，围绕立德树人根本任务，搭建素质教育展示平台，开发学生潜能，启迪学生智慧，尊重学生个性，张扬学生特长，让全体学生的个性得到充分而自由的发展。

【阳光体育活动】　2019年，市教育局常态化组织开展永康市第12届中小学生羽毛球比赛、中小学生篮球赛、中小学生乒乓球赛、中小学生大课间活动展示比赛、田径运动会、足球联赛等多项赛事。6月6日，开展永康市第3届中小学生阳光排舞大赛，全市参赛队员分为城区小学组和学区小学组，共有21支代表队近500名选手参与角逐。邀请全国排舞广场舞推广中心浙江省中心副秘书长、国家级裁判担任总裁判，比赛全程直播，实时点播达30多万次，最高峰值达55.10万次收看。5月23日起，“永康教育发布”开辟专栏每日1期展示城乡各校大课间活动，宣传永康学校体育，传递“每天锻炼一小时，快乐学习一整天”的健康理念。

【中小学艺术节】 10月25日，永康市2019年中小学艺术节开幕。此次艺术节，根植永康本土文化，挖掘永康五金资源，参展学校覆盖永康城乡每一所中小学。6800平方米展厅的策展，20000余件作品突出五金特色、本土特色、学校特色、创意特色、环保特色、国庆特色，师生们利用铁丝网、螺丝钉、废旧布料、硬纸板等身边的原材料，发挥奇思妙想，展现五金之美、永康之美、艺术之美。每个作品旁边配有二维码，扫一扫能看到孩子们的思考与创想、智慧与感悟。此次活动得到全国各学术专家和参观领导的高度好评，《中国教育报》、“学习强国”、新华社等主流媒体纷纷报道，其中新华社网络版浏览量超100万人次。

永康市2019年中小学艺术节(市教育局提供)

【校园体艺】 2019年浙江省第5届青少年学生阳光体育运动会篮球比赛中，永康市唐先小学女子篮球队蝉联浙江省三连冠，首次包揽女子省赛甲乙组双冠军，并蝉联中国小篮球联赛浙江赛区冠军。民主小学男子篮球获金华市亚军。永康中学初中男子篮球队获金华市初中生篮球队冠军、浙江省三等奖，女子篮球队获亚军、浙江省二等奖。11月，大司巷小学获得全国排舞大赛小学甲组女生规定曲目第一名。2019年浙江省中小学生艺术节中，永康市古丽小学、世雅小学分别荣获合唱类、乐器演奏省一等奖，王慈溪小学荣获乐器演奏省二等奖。

(市教育局　朱新波)

成人教育

【概　况】 2019年，浙江广播电视大学永康学院(永康市社区学院)(以下简称“永康电大”)共招收开放教育437人，招生人数在全省县级电大排名第24名；奥鹏教育招生85人，在校生1786人。2019年，永康电大获评“全省电大系统招生工作先进单位”“浙江省社区教育优秀办学单位”“永康市思想政治工作先进单位”和全省电大系统“美在身边 共迎四秩”摄影比赛优秀组织奖。

【社区教育】 2019年，社区教育工作建设进一步提升。通过举行全市社区教育工作会议、全市成教干部培训、全市社区教育(老年教育)工作会议、全市社区教育骨干研修班等，提升社区教育工作队伍业务水平，加强社区教育工作队伍建设。6月12日，与唐先镇石桥头村签订《共建合作协议》，纳为永康市社区教育活动和大学生实践活动基地。社区教育“进农村文化礼堂”实现全覆盖。2019年，全市223家农村文化礼堂均挂牌成立社区教育进农村文化礼堂教学点，积极开展社区教育进文化礼堂活动，重点关注新型职业农民、青少年、老年人三类人群开展学习活动，推出健康教育、家庭教育等系列主题活动，16 所镇成人文化技术学校服务农村文化礼堂至少 75 场次，开展“永康农民大讲堂”6 场，面授培训人员 1000 多人。永康农民大讲堂获评浙江省社区教育优秀工作品牌，周奕旻老师被评为浙江省社区教育先进个人。持续推进成人“双证制”免费培训工程，开展“送教进企业”活动，成功举办成人双证制“太平洋保险班”。2019 年，全市共培训 1244 人，超额完成市下达的培训指标。超额完成浙江学分银行永康分中心各项社会培训成果信息录入工作。浙江学分银行永康分中心共设置家庭教育、健康教育、安全教育、家政教育、职业技能、社区文艺、休闲养生、栽培技术等十几项社会培训项目，相应开设亲子沟通、养生保健、交通安全、舞蹈培训、杨梅栽培等三十几门课程。全年浙江学分银行永康分中心录入学历教育 5001 人次，职业培训 504 人次，非学历教育 119116 人次，合计 124621 人次。

【老年教育】 11 月，省电大批文永康电大(永康市社区学院)增挂浙江老年开放大学永康学院牌子；12 月，市教育局批文东城街道成人文化技术学校等 16 家单位增挂浙江老年开放大学永康学院分院牌子。浙江老年开放大学永康学院及镇街区分院的挂牌成立，实现全市老年教育全覆盖。

（市教育局　程琳）

民办教育

【概　况】 2019 年，永康市学历教育段民办学校总数 31 所(含 14 所孵化类学校)，在校生 2.92 万人，民办学校学生总数约占全市学生总数的 28.7%。民办学校在办学条件、师资水平、管理水平等方面有较大提升。

【民办教育管理】 2019 年，永康市开展校外培训机构专项整治工作。针对大量培训机构因受到“建筑用途”和“装修工程投资金额在 30 万元以下”消防审批限制无法完成办学审批的难题，研究出台《关于社会力量办学办医审批涉及消防许可相关问题调解备忘录》，助力民办教育培训机构审批，有效推进无证办学整治；根据《永康市校外培训机构专项整治行动工作的方案》精神和要求，市府办牵头建立由教育、综合执法、市场监管、消防及各镇(街、区)参加的联席会议制度和部门联合执法检查机制，对无法完成审批、安全隐患大的 153 家非法机构进行处置；制定出台“培训机构规范管理十条规定”，明确证照、师资、消防、收费、教学、安全等规范办学要求，各民办培训机构设立公示栏，完成“信息上墙”。以年检为抓手，结合日常检查及“双随机抽查”结果，完成 2019 年度民办学校独立年检工作。监管信息以黑白名单、曝光平台等方式向社会公开，主动接受社会监督，实现长效监管工作。同时，教育部门联合审计部门对永康市民办教育开展专项审计，对审计中发现的各民办学校财务管理、招生、党建、信息公开等问题逐一进行整改，进一步规范民办学校办学行为，促进民办教育健康发展。

（市教育局　金克刚）

安全教育

【概　况】 校园安全工作是永康市社会安全工作的重点领域，更是“平安永康、和谐永康、幸福永康”建设的重要组成部分，它关系到全市学校的稳定和发展，关系到社会的和谐与稳定。2019 年，永康市不断强化学校安全管理工作，健全安全管理制度，落实安全工作责任。大力整治校园及周边安全隐患，从源头上防范安全事故的发生，确保永康市校园平安稳定，全市学校安全工作基本平稳有序。

【平安校园工作】 2019年5月14日，学校安全工作会议暨防溺水工作推进会在永康四中召开，会上教育局领导听取学校关于校门口管控安全的汇报，并对“平安校园行”开展工作做专门部署。永康市校园安全持续开展“护校安园”专项行动，深化“智慧安防校园”建设，出台“智安校园”建设3年行动计划。组织开展“校园安全十大专项治理行动”，落实平安校园建设常态化管理工作制度。建立完善安全管理动态监管、安全隐患排查分析、突发事件应急处置的工作平台。发放平安校园行学生安全读本9000余册，平安校园行宣传单90000余张。

【依法治校工作】 2019年，永康市教育系统调整法律顾问的聘任、管理和业绩考核制度体系，建立完善的学校法律顾问制度。深入推进依法治校示范校创建工作，全年永康市5所学校获得“金华市依法治校示范校”称号。

（市教育局　吕跃军）

师资建设

【概　况】 截至2019年12月，永康市共有在编教师4842名，其中中高级职称3055名，占比63.1%。省特级教师11人，省级教坛新秀16人，金华市级以上名师名校长12人，金华市教坛新秀54人。3月，在金华市“最美教师”评选活动中，职技校郭丽华获评金华市“最美教师”，应娟获得金华市“最美教师”提名奖。4月，在金华市中小学“1155”名师名校长评选和金华市第八批名师名校长推荐人选活动中，高镇小学施晓红获评金华市名校长，实验学校吕丽娜、民主小学周敏获评金华市名师。

【教师“县管校聘”管理改革】 2019年，永康市中小学全部完成“县管校聘”五级遴聘改革。3月，在7所试点校完成改革的基础上，所有高中段学校启动改革，11所初中段学校稳步推进。8月，所有高中段学校和11所初中学校完成改革。9月，召开37所小学和剩余的6所初中改革推进会，推进会以座谈会的方式指导43所学校校长开展改革。12月底，全面完成“县管校聘”改革工作。永康市教师管理服务中心与所有教师签订人事代理协议，实现统筹的合理性与交流的合法性。据统计，“县管校聘”总计调整班子成员82名，其中退出现职转任督学28名，免去职务转岗为普通教师4名，转任到其他学校20名，新提拔30名；中层岗位总人数从759人减到501人，退出中层岗位308人，新提拔中层122人；全市教师队伍岗位调整总计613名，统筹安排完成跨校竞聘教师131人。

【“三名”工程建设】 2019年，永康市深入实施名师培养工程，构建“金字塔”式名师培养机制、永康市名师名校长工作站，在制度化、专业化、规范化上下功夫。35个名师工作室主持人带领251名优秀教师工作室成员，以“领军教师”培育“拔尖教师”的紧密型团队成长模式，建设一支永康教育的领军团队，引领永康教育各学科专业发展。依据《永康市名师工作室管理暂行办法》和《永康市名师工作室考核细则》有关规定进行考核，评选出20个精品名师工作室。

【事业编制教师招聘】 2019年3月，永康市1100多人报名参加事业编制教师招聘，经审核后1107人符合条件参加4月中旬的笔试；5月，135人进入事业编制教师面试，67人通过面试。8月经过体检考察，2019年录用事业编制教师66人（含上年怀孕

2019年体检考察合格1人)。

【人才引进】 2019年,永康市继续以浙师大为平台开展专场招聘会,引进永康生源为主的优秀毕业生;继续走进名校,引进211、985高层次人才;继续面向全国引进领军教师和骨干教师。全年符合人才引进条件报名登记的有300多人,经考核达成签约意向109名,引进87名。

教育人才招聘会(市教育局提供)

【教师交流】 2019年,全市符合交流条件的教师487人,按比例参加交流57人,其中参加交流的骨干教师18人。各交流教师通过公开双向选岗安排交流岗位。此外,通过申报、审核,批准交流锻炼教师95名,其中44名新教师留城锻炼,51名教师培养式锻炼。

【教师培养】 2019年,永康市部署安排210名新教师(含雇员制)的岗前培训。岗前培训安排在8月份,为期12天,分军训和业务学习两部分。永康市平台注册当年完成的教师培训总学分数为927825.40分,人均完成学分数为108.53分,其中自主选课完成的总学分为681089.40分,占总学分数的79.67%;教师自主选课后的实际参训率为99.53%;90分及以上学分集中培训完成人数为3477人次,当年完成率为40.67%;按要求组织教师参加省级及以上培训,其中,参加国培5人,参加浙派名师名校长培训4人,完成率为100%。2018年9月1日—2019年8月31日,永康市教师进修学校共举办48个自主培训项目,开设80个培训班,共计4714人次参加培训。“教评学”完成率为100%,“学评教”满意率为99.67%。全年市教师进修学校共举办57个自主培训项目,开设870个培训班,共计4714人次参加培训。民办幼儿园教师培训,分27个点(幼儿园),选派21位优秀教师作为管理员分点进行管理,责任到人,加强培训管理力度,培训合格率达到100%。在浙江省教师专业发展平台上为民办幼儿园申报共开设25个项目,总参训人达2280人次。3月,继续组织班主任开展业务学习,组建班主任高级研修班,到湖南师范大学学习。针对骨干青年教师进行培养,组建8个骨干教师提高班,涉及科目有小学语文、数学、英语、科学、音乐、美术、学前教育、心理健康,围绕不同性质的学科开展针对性不同的活动。5月,市教师进修学校组织永康市第4期名师培养对象培训班的60名学员,开展提高教育科研论文写作能力的学习活动。

教师岗前培养(市教育局提供)

【雇员制教师管理】 设立永康市教师管理服务中心,申请银行开户,制定《雇员制教师薪酬待遇实施办法》《雇员制教师考核办法》,履行雇员制教师的管理考核、工资奖金的发放职能。根据公开选岗结果,第一批

57名雇员制教师于2019年2月正式与永康市教师管理服务中心签署劳动合同上岗工作，实现“中心＋学校”双线管理。2019年上半年，第2批雇员制教师通过招聘考试，8月，新增73名雇员制教师，与此同时，第1批雇员制教师有9人考入永康市在编教师队伍。

【职称自主评聘改革试点】 2019年，永康市完成高级、中级职称评审权下放的试点工作，永康职技校是永康市第一所试点职称自主评聘改革的学校。

【对口支援工作】 2019年，永康市做好援藏援疆援川教师选送、管理工作，选派援藏教师1名，援疆教师6名，援川教师14名。对口支援助力理县实现11年来裸分上本科零的突破，25人上本科；永康二中吕未寒老师被评为第9批省市优秀援疆干部人才，记功一次。

【人事常规工作】 2019年，开展教师职称评审工作。申报正高级职称评审4人，永康一中沈海燕老师通过省正高级评审。申报高级职称评审53人，47人通过金华市高级职称评审。申报中级职称评审226人，203人通过永康市中级职称评审。完成教师资格认定办理量达346件，教师资格定期注册达1428件。

（市教育局　胡锦绣）

项目建设

【概　况】 2019年，永康市有教育类项目56个，其中续建类17个，新建类17个，前期类项目12个，预备类10个，总投资44.35亿元，年度投资9.37亿元。全年完成建设项目16个：职技校教学楼、学生宿舍建设工程，建筑面积15204平方米，总投资4952万元；职技校荷园校区教学楼、食堂建设工程，建筑面积9999平方米，总投资3946万元；永康二中学生宿舍、后勤服务中心建设工程，建筑面积6127平方米，总投资2500万元；古山中学学生宿舍、食堂建设工程，建筑面积7300平方米，总投资2000万元；永康五中教学楼、游泳馆建设工程，建筑面积12153平方米，总投资4908万元；高镇小学教学楼建设工程，建筑面积3060平方米，总投资953万元；四路小学综合楼、食堂建设工程，建筑面积6463平方米，总投资1698万元；龙山镇浙商回归园幼儿园建设工程，建筑面积6700平方米，总投资2415万元；城西新区第二中心幼儿园建设工程，建筑面积6176平方米，总投资1975万元；凤凰城幼儿园装修工程，总投资400万元；城西香墅幼儿园装修工程，总投资600万元；唐先镇幼儿园装修工程，总投资300万元；职技校模具研发中心屋面改造工程，总投资141万元；2019年校舍零星工程，总投资1500万元；2019年校园文化建设工程，总投资500万元；永康六中塑胶运动场更新工程，总投资200万元；等等。

【重点校舍建设项目】 永康市教师进修学校附属初中建设工程项目总投资19980万元，总用地面积88亩，项目选址在溪心路以南，南都路以西的江南街道马竹岭村地块。总建筑面积51779.81平方米（地上建筑面积44226.77平方米，地下建筑面积7553.04平方米），容积率0.75，建筑密度25.56％。其中普通教学楼（一）建筑面积3586.61平方米，普通教学楼（二）建筑面积3923.89平方米，普通教学楼（三）（含多功能报告厅）建筑面积6814.85平方米，教学综合楼（一）建筑面积8912.23平方米，教学综合楼（二）建筑面积3516.69平方米，教学综合楼（三）建筑面积1405.46平方米，女生宿舍楼建筑面积3032.47平方米，男生宿舍楼建筑面积3478.97平方米，体育馆建筑面积2368.60平方米，1#传达室建筑面积304.61平方米，2#传达室建筑面积26.27平方米，司令台建筑面积109.77平方米，机动车停车位182个，非机动车停车位1338个，大巴车车位3个。

（市教育局　朱金胜）

教学研究

【概　况】 2019年，永康市教研工作按照全市教育工作总体要求，坚持服务、引领、指导的工作方针，以改革为动力，以发展为主线，以全面推进课程改革为重点，重实际，抓实事，求实效，着力把教研室打造成永康市的教学研究中心、课程发展中心、教学评价中心、教学参谋中心和教学服务中心。

【公办民办学结对共进】 2019年1月3日，永康市公、民办学校"结对共进"仪式暨市小学骨干教师送教活动在永康市魁山学校举行。公、民办学校"结对共进"活动是在前期民办学校与邻近公办学校结对帮扶工作基础上的升级，城区2所优质公办学校与优质民办学校成为"结对共进学校"。

【九所学校美术作品亮相国际舞台】 2019年12月21—23日，"非遗传承与基础美术教育的使命"国际研讨会于浙江师范大学召开。会议包括圆桌论坛、课堂展演、作品汇展等形式，从不同视野和角度展开学术研讨。受主办方特邀的永康市9所学校美术作品在此次活动中亮相。

（市教研室　王英豪）

招生考试

【概　况】 2019年，市教育部门共组织15次各级各类统一考试，参考学生29772人次。全年普通高校招生考试报名3471人，单招单考614人，高职扩招应届生报名130人、往届生3人。普通高校录取总人数3962人，录取率93.93%，其中普通类录取3278人（含高职提前招生367人，艺术类录取204人，体育类6人）；单独考试录取595人，高职扩招应届生录取87人，往届生录取2人。学考1月报名3653人、13155科次；4月报名3284人、9102科次；6月报名6488人、17853科次；全年共13425人、40110科次。4月，职业技能理论考试报考522人。2019年全国英语等级考试，3月份报考1092人，9月份报考321人，全年共计1413人。全年中考报名7543人。普通高中招生3806人，其中外地生源招生68人；职高、中专招生2816人。全年成人高校招生考试报名868人，录取788人。自考报名676人，免考2人，毕业申请4人。

【高职扩招】 2019年，教育部发布高职扩招百万计划。浙江省于2019年5月份组织高职扩招报名工作。永康市共有133人参与报名。应届生参加单独考试，于7月份进行录取。往届生参加第二阶段录取。永康市共录取89人。

【高中招生录取改革】 为改变永康市高中自主招生过多的无序现象，全市于2018年启动高中招生改革，改线下报名录取为线上报名录取，2019年基本完成整合。高中自主招生采用网上限时开放获取咨询号的方式，按号进校咨询录取。公办学校开发线上录取程序，加快录取速度，及时公布录取结果。既充分保护考生利益，又确保高中招生有序进行。

（市教育局　吕天圭）

教育督导

【概　况】 2019年，永康市教育督导工作紧密围绕督政、督学、评估监测三大职能，贯彻实施《浙江省教育督导条例》，以创建教育基本现代化、义务教育优质均衡为抓手，通过各类常规督导和专项督导，督促落实教育法律法规和教育方针政策，规范办学行为，提升教育教学质量。12月23日，市政府下发《永康市人民政府关于成立永康市人民政府教育督导委员会的通知》，成立永康市教育督导委员会。

【通过省教育基本现代化评估】 4月24—26日，省教育厅评估组对永康市创建省教育基本现代化市进行评估认定，通过实地检查、召开两代表一委员座谈会、教师代表座谈会、听取工作汇报、查阅台账资料、随机访谈等多种形式，对照省教育基本现代化评估操作标准41条指标，全面系统地了解永康市教育发展水平和公众对教育的满意度。评估组初步认定永康市教育发展水平达到浙江省教育基本现代化市的认定要求。

【建设教育督导管理平台】 2019年，建设永康市教育督导管理平台，通过网络资料上传与实地查看相结合，学校自评和责任督学、教育局相关科室评价相结合的方式，完成域内各级各类学校2018年度发展性评价工作。

（市教育局　杨铁金）

科学技术

综 述

【概 况】 2019年，永康市科学技术局（以下简称“市科技局”）全面贯彻落实省科技新政，以“深化创新环境、强化主体培育、加快平台建设、搭建科技桥梁、加强科技攻关”为主线，以增强企业自主创新能力、补齐科技创新短板、驱动经济高质量发展为目标，科技创新工作取得较好成效。永康市名列《中国区县专利与创新指数》“中国创新百强县”排行榜第9；省五金产业工业设计示范基地建设成效明显，得到副省长高兴夫批示肯定；浙江方园农业实现永康市创新创业平台国家级备案零突破；全省首家重点工业设计研究院“浙江斐络工业设计研究院”正式通过验收；科技公共服务平台屡获殊荣，浙江永康五金生产力促进中心获评全国“生产力促进奖”，永康五金产业集群公共服务平台获评全省中小企业公共服务平台网络运行优秀平台。

召开加快推进科技创新促进实体经济高质量发展大会（市科技局提供）

【创新环境】 2019年，市科技局牵头编制出台《关于深入实施创新驱动发展战略推动高质量发展的若干意见》，在推进招院引所、加大创新主体培育、支持科创飞地建设、扶持创新创业平台、提升创新券发放标准、培育科技服务机构等10个方面明显加大奖励扶持力度，强化企业创新主体地位，以点带面引导全社会加大创新投入。深入乡镇、企业举办研发费用归集统计和加计扣除操作实务培训会、国家高新技术企业申报培训会、“科技讲堂”共15场，培训1900多家次企业；开展企业研发项目信息管理系统推广培训，联合税务、统计部门指导帮助企业做好研发费用的归集，覆盖全市15个镇（街、区），涉及企业1300多家，全年企业研发费用税前加计抵扣额超7.5亿元，高新技术企业所得税减免额0.88亿元。

【主体培育】 2019年，全市新增国家高新技术企业59家，列金华各县（市、区）第一；新增省科技型中小企业152家、省高成长科技型中小企业20家，数量均列金华各县（市、区）第2；新增省级企业研究院6家、省级高新技术企业研发中心6家；通过金华市众创空间备案4家，完成验收省级新产品试制计划65项，金华、永康市级项目27项；共发放科技创新券907万元，审批使用661万元。截至2019年底，全市拥有国家高新技术企业153家，省科技型中小企业506家，省级高新技术企业研究开发中心49家，省级工程技术研究中心2家，省级企业研究院19家，重点企业研究院4家；累计发放创新券3451万元，累计使用2672万元。

【平台建设】 浙江永康五金产业创新服务综合体建设不断加速，已完成项目招标，4个服务平台软件开发基本完成，成功对接阿里云创新中心、Google、省科技信息研究院等多家拟入驻机构，正着手施工建设。工业设计示范基地不断提升辐射覆盖范围、服务能力，新入驻企业5家，服务企业超2000家、成果转化395项、转化产值56亿元；已有入驻机构34家，涵盖工业设计、模具设计、知识产权等服务类别，聚集设计人才409名，拥有高级工业设计师（含外籍设计师）15人、中级工业设计师20人；拥有全省首家省级重点企业设计院1家、省级工业设计中心1家、浙江省十佳工业设计企业4家、金华市级工业设计中心11家、金华市十佳工业设计企业5家，获“IF奖”“红点奖”等国际设计大奖共计14个。

【科技合作】 围绕永康市传统产业、高新技术产业、健康医疗器械产业需求，组织相关行业企业赴上海、苏州开展科技架桥活动，签署了多项科技、人才合作协议；继续实施大院大所名校引进战略，深化与中科院苏州医工所、中科院宁波材料所、上海理工大学等的战略合作；先后数次组织企业参加G60科创廊道新材料、人工智能、智能安防产业联盟，以及产业园区联盟的相关活动，经济开发区加入G60产业园区联盟，12家企业加入新材料、机器人、智能安防等G60产业联盟。成功举办第14届中国五金产品工业设计大赛，征集参赛作品1626件，吸引国内外近百所的高校师生、设计公司和独立设计师。举办第7届中国（永康）五金工业设计展，约1500家企业参展，共对接项目1047项，现场达成合作意向197项。举办高新技术成果交易展，亮相科技项目190多个，1067人（次）参加洽谈科技项目（技术）163项（次），现场达成合作意向57项；同时请进中科院上海分院、上海交大技术转移中心、武汉理工大学、沈阳工业设计产业技术研究院、天津大学内燃机研究所开展技术难题破解工作。

【技术攻关】 组织对汽车发动机缸体精密切削加工、电动工具产品仿真模拟分析、五金制品表面处理等9大项行业关键共性技术难题开展攻关，柴油机高压共轨供油系统项目和第四代谐波减速器研发项目取得重大突破。柴油机高压共轨供油系统项目产品性能超过美国卡特彼勒、德国博世同类产品水平，于7月份开始投产；第四代谐波减速器突破了日本HD公司独家控制的技术壁垒，已获上海航天集团20万台订单且于10月正式量产，有望打破日本HD公司长期的垄断地位。

2019年度永康市被认定研发机构名单一览表

（一）浙江省级研发中心

研发机构名称	依托单位
格普智能高效双玻光伏太阳板省级高新技术企业研究开发中心	浙江格普新能源科技有限公司
闽立电动工具省级高新技术企业研究开发中心	浙江闽立电动工具有限公司
飞剑杯壶省级高新技术企业研究开发中心	浙江飞剑工贸有限公司
鉴丰智能控制器省级高新技术企业研究开发中心	鉴丰电子科技有限公司
道明功能膜材省级高新技术企业研究开发中心	浙江道明光电科技有限公司
飞哲智能家电省级高新技术研究开发中心	浙江飞哲工贸有限公司

(二)浙江省级企业研究院

研发机构名称	依托单位
浙江省安胜保温容器先进成形技术研究院	浙江安胜科技股份有限公司
浙江省炊大王智能健康炊具研究院	浙江炊大王炊具有限公司
浙江省德昱汽车底盘悬架系统研究院	浙江德昱汽车零部件有限公司
浙江省千禧龙纤高性能特种纤维研究院	浙江千禧龙纤特种纤维股份有限公司
浙江省荣亚现代农业装备与智慧农业研究院	浙江荣亚工贸有限公司
浙江省王力智能安防研究院	王力安防科技股份有限公司

(三)金华市级研发中心

研发机构名称	依托单位
金华市星莱和农机高新技术研究开发中心	浙江星莱和农业装备有限公司
金华市雄泰家居抗冲击保温杯高新技术研究开发中心	浙江雄泰家居用品股份有限公司
金华市铄鑫智能锁具高新技术研究开发中心	永康市铄鑫安防科技有限公司
金华市天晟智能健康秤高新技术研究开发中心	浙江天晟电子有限公司
金华市新时代杯壶高新技术研究开发中心	永康市新时代实业有限公司
金华市星月安防智能门高新技术研究开发中心	浙江星月安防科技有限公司
金华市亚泰智能配电设备高新技术研究开发中心	浙江亚泰电力科技有限公司
金华市巨盾智能安检系统高新技术研究开发中心	浙江巨盾科技有限公司
金华市振兴实业抗菌环保型垃圾袋高新技术研究开发中心	永康市振兴实业股份有限公司
永康市杰拉华智能化电动工具高新技术研究开发中心	永康市杰拉华工具有限公司
金华市乔登健身器材高新技术研究开发中心	浙江乔登工贸股份有限公司
金华市卡罗特不粘锅具高新技术研究开发中心	浙江卡罗特工贸有限公司
金华市良工阀门高新技术研究开发中心	永康市良工阀门有限公司
金华市鸿丰家用电器高新技术研究开发中心	浙江鸿丰精工科技有限公司
金华市领航园林机械高新技术研究开发中心	浙江领航机电有限公司
金华市康利铖扫雪机高新技术研究开发中心	浙江康利铖机电有限公司
金华市浙南家用电器高新技术研究开发中心	浙江浙南电器有限公司
金华市道明功能膜材高新技术研究开发中心	浙江道明光电科技有限公司
金华市春天绿色节能门类产品高新技术研究开发中心	春天集团有限公司
金华市海力智能绕管器高新技术研究开发中心	永康市海力实业有限公司
金华市君之健运动器材高新技术研究开发中心	永康市君之健运动器材有限公司
金华市沪龙滑板车高新技术研究开发中心	浙江沪龙工贸有限公司

科技合作

【概　况】 2019年，市科技局立足企业转型升级发展需求，针对性地组织企业参加科技架桥活动，引导企业抱团出击，走进相关知名高校或形成一定规模的产业集聚区域对接人才和研发成果，涉及永康汽车、保温杯、日用五金、医疗器械等主导行业。

【组团赴上海科技架桥】 7月9—12日，市科技局组织29家龙头企业以及相关部门负责人到上海开展科技架桥活动。活动期间，先后参观了上海Google出海体验中心、上海大学部分重点实验室、上海交通大学材料学院成果展示厅，并与上海大学材料科学与工程学院、上海交通大学国家技术转移中心等签署了科技、人才合作协议。

【组团赴苏州接驳健康医疗产业】 9月4—6日，市科技局组织飞神集团、千喜集团、启迈斯公司、康飞公司、多德士公司等永康市十多家制造企业和设计公司走进苏州，共享2019医疗器械创新展览会呈献的盛宴，深度对接中科院苏州医工所，接驳国内外医疗器械行业发展生态圈，了解关注行业政策的最新变化，吸收产业创新前沿科技，加速传统五金产业转型升级速度，进一步培育永康市医疗器械产业做大做强。

【组团走进上海工博会】 9月17日，市科技局组织炊大王、飞剑、中信、东立等永康市15家企业走进上海工博会，领略涉及人工智能、自动化、工业互联网、数字化工厂等领域的尖端技术和产品，接轨全球一流制造技术和科技创新的发展趋势，助力传统产业转型升级。该届工博会有来自27个国家和地区的2610家展商参展，9大专业主题展涵盖了制造业从基础材料、关键零部件到先进制造装备、整体解决方案的智能绿色制造全产业链的最新产品和前沿成果。工博会期间，永康市企业参观了科技创新展、新材料产业展、工业自动化展、数控机床与金属加工展等展区，了解学习并主动对接国内外各类相关先进技术，针对产品和生产的数字化、智能化，主动与参展企业对接，期待后续进一步合作。

【光华龙腾设计十杰走进永康】 8月29—30日，市科技局首次请进“光华龙腾奖·设计业十大杰出青年”称号得主走进永康市多家行业龙头企业。光华龙腾奖是中国设计领域人才表彰最高奖，15年来共评选表彰“中国设计业十大杰出青年”140人。“中国设计业十大杰出青年”都是行业领军人物，长期致力于推动设计产业创新发展，在行业或地区都有极强的引领性和示范性，对产业的发展创新起到了真正引领的作用。双方深入沟通工业设计前沿理念，力求打破五金产业传统发展轨迹，探索全新商业模式，拉高创新设计标杆，推动“永康制造”加速迈向高质量发展。

科技创新

【概　况】 科技创新是促进产业转型升级、实现跨越发展的必由之路。近年来，永康市先后建立省级五金产业工业设计示范基地、省级科技企业孵化器、永康科技大市场等一系列科创平台，搭建了中国(永康)五金工业设计展、“五金杯”中国五金产品工业设计大赛、高新技术成果交易展等科技舞台，为推动五金产业转型升级提供了有效支撑。2019年，永康五金产业创新服务综合体已完成项目招标，进行施工建设；五金产业工业设计示范基地列入金华市产业创新服务综合体建设名单。

【省级五金产业工业设计示范基地】 2019

年，浙江省五金产业工业设计示范基地扎实推动工业设计产业发展，以工业企业服务平台建设、品牌提升、自主创新、成果转化等工作内容为主要抓手，着力推进基地建设，大力培育五金工业设计产业，加快五金产业集群转型升级。共服务企业超2000家，成果转化395项，设计成果转化产值56亿元。总经理程凤秀获得“光华龙腾奖·中华人民共和国成立70周年 浙江设计70人”称号；“基地”内浙江省斐络工业设计有限公司被评定为“浙江省国际科技合作基地”，并荣获永康市服务业“十强”企业称号。

【永康市科技企业孵化器】 永康市科技企业孵化器是省级科技企业孵化器，总使用面积为17300平方米，其中13000平方米直接用于孵化器企业，占总面积的2/3以上，其余是为在孵企业提供配套服务的公共配套设施。2019年，在孵企业产品销售额6300万元，税收252万元，拥有专利数62项，其中发明专利12项，发表论文数5篇。孵化器累计入驻企业113家，2019年在孵企业16家，累计毕业企业26家，汇聚专业科技人才345人，吸纳应届大学毕业生136人。其中，中、高级职称人数34人，硕士及以上人数12人，科技人员79人。

永康国科康复工程技术有限公司（中科院苏州医工所永康康复工程技术研发中心）于2019年入驻永康市科技企业孵化器，结合永康的产业特色、企业特点进行成果转化落地模式的探索，采取多种方式引入成熟项目，形成自研成果落地、外部成果引进、企业升级转型三位一体的医疗器械健康产业的发展模式，转化落地苏州医工所科研成果的同时吸引国内外优秀健康医疗器械人才和产品落地永康，分别达成香港理工大学智能胎动监测带、复旦大学工研院足底压力测试仪的项目合作。

【中国（永康）五金工业设计展】 2019年9月26日，以“设计赋能，绿色发展”为主题的第7届中国（永康）五金工业设计展在永康国际会展中心举办。该次展会展览面积达1200平方米，容纳了浙江省工业设计创新服务基地、宁波和丰创意广场、衢州慧谷工业设计产业园、台州市黄岩模塑工业设计基地、永康五金工业设计基地等5个省级工业设计示范基地，以及飞鱼设计、凸凹设计、风行设计、溯洄（上海）设计等40余个省内外设计企业参展，并展出“光华龙腾奖十杰”优秀作品。展会期间，共有1500多家企业参加工业设计对接项目1047项，现场达成合作意向197项。其中筋膜枪、多功能充电宝等网红产品成为2019年爆款。

【“五金杯”第14届中国五金产品工业设计大赛】 第14届中国五金产品工业设计大赛于2月正式启动，分设“飞剑”杯保温杯大赛、“一搏”杯收纳用品大赛、“易澄”杯环保设备大赛、“海力”杯卷管器大赛4个分项。经落实冠名企业、发动宣传、巡回指导、作品收集等工作，历时10个月，共征集到参赛作品1626件，吸引150多所高校的师生和500多个企业、设计公司的设计师参加，其中包括来自德国、意大利、荷兰、日本、土耳其、墨西哥、新加坡、印度、伊朗、以色列、塞尔维亚等国家和地区参赛选手的创意作品，通过初评、终评2次专家评审，共评出铂金奖1个，金奖3个，银奖8个，铜奖12个，优秀奖20个以及团体组织单位6个，共计总奖金63万元。

五金产品工业设计大赛颁奖现场（市科技局提供）

健康医疗器械

【概　况】 近年来，我国医疗器械产业发展迅猛，已成为高新技术产业新的经济增长点，作为永康市新兴产业培育的重要开端。2019年，永康市健康医疗器械产业规上总产值达到20.7亿元，同比增长7.36%。共有健康医疗器械生产企业67家，其中规上企业26家，国家高新企业15家，省科技型企业35家。

【研发平台】 2017年9月26日，永康市与苏州医工所合作共建的“中科院苏州医工所永康康复工程技术研发中心”在总部中心挂牌成立，成为第一家在县级设立的分支机构；2018年9月，中科院苏州医工所医疗器械国家专业化众创空间永康子空间正式揭牌，进一步体现了永康市与中科院苏州医工所的“强强联合”；2019年，苏州医工所已经与永康市10多家企业达成科技合作。近年来，市科技局组织市重点实验室等研发机构，推进科研条件建设和科技资源开放共享。依托中科院苏州医工所永康研发中心，永康市搭建成立人体状态检测实验室、老年护理实验室、虚拟现实康复实验室和运动障碍康复实验室、中科飞神联合实验室、中科千喜联合实验室等基本科研平台。

【项目研发】 永康市依托中科院苏州医工所的人才和技术优势，发挥医工所永康研发中心的桥梁纽带作用，多项新产品在合作研发中，如铂锐科技的认知障碍康复VR平台项目、金拓机电的筋膜拉伸机项目、中科千喜的家用分子筛制氧机项目、可旺工贸的腹部通润仪项目、天晟电子的多生理参数智能衣项目、吕氏科技的手持式超声波美容仪和智能人体健康理疗仪项目、优哈电器的智能轮椅多生理参数监测项目、顶信科技的智能化艾灸仪和智能胎儿监测带项目等。

【项目落地】 2019年，永康研发中心已与永康市11家企业开展实质性合作，促成了更多的高新技术成果在永康市落地和产业化。如中科爱司米的护理床及移运设备项目，中科千喜的家用分子筛制氧机项目。通过转移嫁接先进技术，提升原产品附加值。

高新技术产业

【星月电器】 浙江星月电器有限公司成立于2013年6月，2016年评为高新技术企业，2018年评为省级高新技术企业研发中心、浙江省创新示范中小企业。公司专注智能家用新风机、医用新风机、工程新风机、净化器、电风扇、除湿机、空气源热泵（空调、地暖）的研发和制造。自创品牌“造梦者”，先后获得151项专利，其中发明专利有12项，软件著作5项。公司搭建了物联网研发中心，专注研发；成立总部服务中心，并在全国销售地区成立城市服务中心（是新风行业唯一一个建立城市服务中心的品牌），拥有1000多名安装服务工程师；同时建立中央集控中心等软硬件系统，从来料检验到产品的生产、销售、运输、售后全流程追溯监控管理，实现信息化与工业化融合。

【雄泰家居】 浙江雄泰家居用品股份有限公司是一家集制造、进出口投资于一体的国际一流真空器皿制造商。主要生产不锈钢保温杯、玻璃杯、塑杯等产品，拥有自营进出口权，产品远销欧、美、非、亚等多个国家和地区，主要客户有YETI、米尔顿、海卓、膳魔师等。多年来，雄泰家居坚持走自主研发道路，启动多元化品牌战略，3年来投入1亿多元引进全自动生产线，设备、工艺全面提升。有12条生产线、8条喷漆线和16条包装线及诸多国内外先进的自动化设备，已通过三体系认证(ISO 9001：2015质量体系认证、OHSAS 18001：2007职业健康管理体系认证、ISO 14001：2015环境管理体系认证)。

【荣亚工贸阳光房】 浙江荣亚工贸有限公司创建于2013年，是一家专注于户外休闲园艺设施、现代农业设施和农业装备研发、生产和销售的国家高新技术企业，拥有科技研发人员52人，其中“国家特聘专家”1名，“双龙计划人才”1名，产品涉及智能家庭小农场系统、阳光种子培育温室、多功能组合工具房等。其智能化阳光房是公司省级科技新产品，通过对各类植物不同生长环境的研究，构建适应于植物生长的光、温、水、肥、气综合协调与控制决策模型，结合物联网技术研发，可通过手机端App和计算机进行远程控制。

荣亚智能家庭小农场(市科技局提供)

【“四方”中国优质农机品牌】 浙江四方股份有限公司创建于1961年，是全国最早生产手扶拖拉机和单缸柴油机的企业之一，是中国农机工业首批3A级信用企业，集科、工、贸为一体，农业机械制造、外经外贸、房产开发于一身。公司建有省重点企业研究院、省级企业技术中心、院士专家工作站等研发机构，拥有科研人员115人、专利124项(其中发明专利7项、实用新型51项)、累计形成国家及行业标准17项；拥有主要生产设备788台、主要生产流水线30条；拥有现代化进口加工中心，直读光谱仪、电子扫描显微镜和三坐标测量机等高精尖检测设备，是世界上最大的手扶拖拉机出口生产基地之一。

【正阳科技】 正阳科技创建于2004年，是集研发、生产、销售为一体的电动工具制造企业。建立有省级企业研究院、省级研发中心、省级技术中心、省级博士后工作站和Intertek等国际检测机构认可实验室；荣获国家知识产权优势企业，获各类授权专利109项，其中发明专利20项(国际发明专利2项)；主导或参与国家标准、行业标准起草12项，主导“浙江制造”团体标准起草5项，参与起草15项。围绕产品“轻型、智能、环保、多功能、高精度”的发展方向，正阳科技不断研制拥有自主知识产权的高精尖产品。其中，“高效节能正反转电钻的产业化研究”被列为国家火炬计划产业化项目，斜切割机产品荣获“浙江省优秀工业新产品(新技术)二等奖”，电圆锯产品荣获“浙江省优秀工业新产品(新技术)三等奖”，电钻、电动旋耕机等多个产品荣获“浙江省农业机械科学技术奖”和“金华市科学技术奖”等荣誉；7个产品通过“国际先进，国内一流”“浙江制造品字标”认证，多个产品被鉴定为国内领先；斜切割机、电木铣等产品在欧洲的市场占有率名列前茅。

科技奖励

国家高新技术企业(各奖励 20 万元)

浙江四方股份有限公司
永康市鹰鹏化工机械有限公司
浙江贝弘工贸有限公司
浙江巨盾科技有限公司
永康市鸿丰精工科技有限公司
浙江金凯德智能家居有限公司
浙江瑞源工贸有限公司
永康市尚野工贸有限公司
浙江立邦电器有限公司
浙江亿诺家居用品有限公司
浙江领航机电有限公司
浙江司贝宁照明电器有限公司
永康市昱华塑料制品有限公司
浙江星莱和农业装备有限公司
浙江伟超工具制造有限公司
浙江沪龙工贸有限公司
永康玛凯工贸有限公司
浙江阿尔郎科技有限公司
永康市禄祥环保科技有限公司
永康市奇磨电动工具有限公司
浙江星月安防科技有限公司
浙江康利铖机电有限公司
永康市奇邦工贸有限公司
浙江尚摩工贸有限公司
浙江卡罗特工贸有限公司
浙江南龙工贸有限公司
浙江和澄电气科技有限公司
浙江天晟电子有限公司
浙江省永康市协恒实业有限公司
永康市铄鑫安防科技有限公司
永康市君之健运动器材有限公司
浙江超虎智能科技有限公司
浙江爱格家居用品有限公司
永康市美斯特不锈钢制品股份有限公司
浙江新巨力安防科技股份有限公司
永康市家乐美工贸有限公司
浙江格林工具有限公司
浙江雄泰家居用品股份有限公司
浙江浙南电器有限公司
永康市久兴机械有限公司
永康骑客智能科技股份有限公司
浙江煌泰厨具有限公司
浙江乔登工贸股份有限公司
浙江德浩实业有限公司
浙江纳瓦斯工贸有限公司
浙江龙邦塑业有限公司
浙江百川工艺有限公司
浙江欣远实业股份有限公司
浙江旭杰环卫设备有限公司
浙江耘邦工贸有限公司
浙江亚泰电力科技有限公司
浙江喜泽荣制漆有限公司
永康市良工阀门有限公司
浙江索福绿建实业有限公司
永康市岘峰磁材有限责任公司
永康市珏灵电器有限公司
浙江赫德科技有限公司
浙江正清和日用制品有限公司

省级企业研究院一览表

序号	企业研究院名称	主办企业名称	奖励金额（万元）
1	浙江省安胜保温容器先进成形技术研究院	浙江安胜科技股份有限公司	50
2	浙江省炊大王智能健康炊具研究院	浙江炊大王炊具有限公司	50
3	浙江省德昱汽车底盘悬架系统研究院	浙江德昱汽车零部件有限公司	50
4	浙江省千禧龙纤高性能特种纤维研究院	浙江千禧龙纤特种纤维股份有限公司	50
5	浙江省荣亚现代农业装备与智慧农业研究院	浙江荣亚工贸有限公司	50
6	浙江省王力智能安防研究院	王力安防科技股份有限公司	50

省级高新技术研究开发中心一览表

序号	省研发中心名称	主办企业名称	奖励金额（万元）
1	格普智能高效双玻光伏太阳板省级高新技术企业研究开发中心	浙江格普新能源科技有限公司	30
2	闽立电动工具省级高新技术企业研究开发中心	浙江闽立电动工具有限公司	30
3	飞剑杯壶省级高新技术企业研究开发中心	浙江飞剑工贸有限公司	30
4	鉴丰智能控制器省级高新技术企业研究开发中心	鉴丰电子科技有限公司	30
5	道明功能膜材省级高新技术企业研究开发中心	浙江道明光电科技有限公司	30
6	飞哲智能家电省级高新技术研究开发中心	浙江飞哲工贸有限公司	30

（市科技局　徐江、胡娉婷、陈松林、胡建美、叶沐阳）

新闻传媒

《永康日报》

【概　况】《永康日报》于1956年5月1日创刊，1984年1月1日复刊。原为中共永康市委机关报，2004年1月1日正式加盟浙报集团成为旗下子报。2019年，《永康日报》获浙江省县市区域报"十强报"称号，"永报姐妹花工作室"获全国巾帼文明岗称号。

【大型新闻行动报道】 2019年，永康日报社(以下简称"日报社")做好中华人民共和国成立70周年报道，上半年组织开展"寻访红色足迹 书写时代印记"践行"四力"大型新闻行动，由班子成员带领全体采编人员，用两个月时间走访红色基地，提炼红色精神，共刊发主稿12篇、专题报道12个版面；下半年开设中华人民共和国成立70周年专栏5个，刊发相关文章50期。

【对外宣传工作】 2019年，日报社记者采写的23篇新闻稿件在《浙江日报》刊出，其中"三服务"典型报道《量身定制融资方案》在头版刊出。浙江新闻客户端推送点击量"10万＋"115篇，"20万＋"70篇，"30万＋"18篇，被中宣部"学习强国"平台采用58篇。

【采编教育培训】 2019年，日报社班子成员、中层干部继续对全体采编人员进行轮训，做到"一课一主题"，全年开课近20节。邀请集团领导和专家来社为全体采编人员面对面授课，组织中层以上干部收看集团领导、各版块业务骨干讲课视频20多节课。下半年组织全体员工开展业务知识竞赛活动。

【推进媒体深度融合】 2019年，日报社继续推进媒体深度融合，通过全面实施组织重构、流程再造，移动优先，打造新型融媒体传播体系。在浙江新闻永康频道、永康日报公众号、永康发布等基础之上，打造介于政务服务和生活服务之间的"一键生活"智能服务平台和重启永康新闻网，做精做强新媒体平台。截至年底，线上用户近80万，同比增长10%以上。8890"一键生活服务"App、小程序运行良好。至年底，App用户超10万。

【重大经营活动】 2019年，日报社加强活动策划，拓展运营项目。与永康市农贸城联合举办农贸城第6届年货美食节暨民俗风情节；开展2019永报读者林植树活动，吸引12家单位、商家，共计500多人参与。面对激烈竞争，做好报纸有效发行，全年报纸发行量近3万份。

【多元产业经营】 2019年，日报社加快多元产业培育，拓展有发展前景、经济效益好的创新性项目。积极与部门单位合作，承接美篇、微信等新媒体代运营业务；与森山签订企业抖音号运营，受到合作方认可。介入大型政务项目，与3家公司联合承办永康市电商公共服务中心，项目进展顺利；介入2019永康半程马拉松赛的招商及活动策划运营。抓好小记者培训、艺术培训、早教等项目，办好《梧桐树》期刊，做大做强教育产业。

【深耕政务服务】 2019年，日报社为部门、镇街区量身定做一些活动载体，组织开展了总部中心新春招聘会、最美一医人、“醉味道”永康市首届美厨娘私房菜大赛、“万家灯火·永电情深”主题活动等系列活动。“平安法治永康行”文艺巡演活动在2019年实现了扩面，在农村、企业、学校、社区、市场等巡回文艺演出45场。

（永康日报社　供稿）

广播电视

【概　况】 2019年，永康市广播电视台（以下简称“市广播电视台”）聚焦“四城联创”、市委市政府全会、重点工作晒拼创、小城镇环境综合整治、小微园建设等全市性重点工作，开设《四城联创，打造优雅城市》《携手四城联创》《四城联创红黑榜》《中国制造2025在永康》《永康五金逐鹿广交会》《服务企业、服务群众、服务基层》《用心三服务、记者帮你办》等60多个专栏和专题报道。其中《中国制造2025在永康》已推出30多期，《永康五金逐鹿广交会》已推出10篇。为做实“三服务”，《三服务解难题》将镜头持续对准市各套班子及各部门单位深入一线开展“三服务”活动的生动事例，对各部门单位在“三服务”活动中的好做法好经验进行提炼报道。同时，记者远赴四川理县走基层，挖线索，开展《精准支教显成效》系列报道，形成有故事、有情节、有角度、有主旋律的主题系列报道，已播出5篇。

为进一步丰富本土特色节目，吸引观众，从2019年5月起，华溪频道《西津茶馆》推出民生方言栏目《学说永康土话》，每天1期，并在周末进行重播，糅合微剧形式，结合专家采访，融合后期特效，观众纷纷留言点赞，累计播出30多期。

围绕中华人民共和国成立70周年和永康解放70周年的巨大变化，广播、电视、新媒体推出《壮丽七十年、奋斗新时代》《家国情、奋斗者》《回望永康70年》《重走红军长路手记》《身边永康人》《四城联创在行动》《金华精神　闪光一线》《我叫建国》等系列报道、短视频；开展“激情翱翔，腾飞永康”庆祝中华人民共和国成立70周年大型航拍新闻行动，突出16个镇（街、区）特色亮点，以短视频形式，全方位、全视角、全媒体展示中华人民共和国成立70年来永康经济社会文化等各个领域所取得的巨大成就。

“不忘初心、牢记使命”主题教育中，广播、电视、新媒体同步推出《领导干部谈初心》《胡公精神在身边》等系列报道，挖掘敬业爱岗、担当有为、奉献奋进的典型故事，弘扬时代精神。累计播出各类主题教育宣传报道200多条，在金华台等上级媒体播出20多条。

【外宣工作】 2019年，市广播电视台深入挖掘本地鲜活题材，精准对接上级媒体，紧扣中华人民共和国成立70周年、“三服务”、先进制造业基地打造等重点内容，累计在浙江卫视播出新闻100多条，浙江之声播出300多条，央视播出10多条，央广播出30多条。其中，市广播电视台首拍的“梦想西瓜摊”在央视新闻频道和客户端连发，仅新华社播发的点击量就破百万。此外，市广播电视台对接浙江卫视新闻联播片尾拉滚，展现永康最美风情，已在浙江卫视新闻联播片尾播出拉滚11篇。在2019年度浙江省广播电视对农节目服务工程建设考核和对农节目政府奖评选中，市广播电视台获得广播、电视对农节目服务工程建设考核优秀奖。此外，所送3件作品全部获广播对农活动和电视对农（栏目）节目省政府奖。

【舆论监督】 2019年，市广播电视台始终把办好《焦点时刻》《问政时间》作为全市作风建设的重要抓手来全力推进。年初提出了全年问政工作计划，并逐月向市委主要领导报送下一个月的精细栏目安排。全年重点聚焦四城联创、小微企业园建设、卫生与健康、蓝天保卫战、“三服务”等重点民生实事，着眼于问题解决和工作推动，实施舆论监督。已推出《焦点时刻》38 期，《问政时间》7 期，曝光和解决各类问题 80 多个。此外，《行风热线》继续以促进各部门转变行风政风、提高行政效能为目标，着力纠正损害群众利益的不正之风，及时解决群众关心的热点、难点问题，2019 年上线单位 53 家次，总共接待来电来访 1263 人次，向有关部门交转办件 177 件。

【融媒体中心建设】 永康市共投资 2500 万元，基本完成融媒体中心硬件建设，主要分指挥大厅区、决策编辑区、可视电台直播间、融媒体全景演播室、高标准中心机房五大功能区，总建筑面积 1200 平方米。其中指挥大厅区含 22 平方米 LCD 指挥大屏、一线记者办公位 36 个、指挥工位 11 个和小型洽谈区。可实现舆情监控、指挥调度、生产力数据统计、传播分析；展示报纸、电台、电视、App、网站、微信、微博新闻稿件量、稿件状态；新闻传播阅读数、点赞数、评论数、发布渠道分布、转载量、地域分布、访问终端统计等功能。决策编辑区可实现节目素材的上载和节目成品的审核、发布。可视电台直播间可实现电台音频、电视视频、手机端视音频三屏同时直播。全景演播室包括新闻坐播区、大屏站播区、点评区、访谈区、互动展示区、综合播报区、新媒体播报区 7 个实景区，节目表现形式更协调丰富。高标准中心机房双 UPS 电源供电、机房恒温恒湿，能实现融媒体中心现有技术设备的数据安全存储。

【媒体融合】 2019 年，在大力推进融媒体中心基础设施建设的同时，市广播电视台以融合传播为切入点，优化涉及融合传播的岗位人员设置，充实融媒体传播力量，把电视短视频和电台微剧作为融媒传播的新产品进行重点打造。已有 40 多篇短视频在新华社融媒体平台和学习强国平台上播出，受到省委宣传部《新闻阅评》点名表扬。7 月第 3 周，用稿量在新华社融媒拔得头筹，《一株葡萄能覆盖多大面积？比排球场还大》成为新华社浙江分社首条点击量破百万视频。10 月，《两万余件中小学生艺术作品集中展出》再次在新华社浙江分社点击量破百万。此外，市广播电视台选送的微剧作品《骂人的村支书》被评为全国最佳融媒微剧作品。融媒作品《金华垃圾分类博物馆奇妙之旅》获金华市垃圾分类创意现场大赛好新闻一等奖；《垃圾分类我来代言》《无死角监控、远程喊话！垃圾分类黑科技来了》获新媒体创意技能金华现场大赛优秀奖。

【文化展示】 2019 年举办第 34 届“华溪春潮”，以“回望 40 年、汇聚正能量、欢歌新腾飞”为主题，紧扣初心、信心、开心编排节目，深入挖掘《歌声激荡 40 年》《西瓜男孩》《永葆安康》等具有鲜明地方特色的人文、故事，加以整理和创新，在舞蹈、音乐、道具、灯光、音响等方面进行加工创作，以电视文艺的形式搬上春潮，进一步弘扬主旋律，弘扬社会正气，传递正能量，唱响好声音。前期，市广播电视台向市领导、各机关单位、社会各界征集节目创作线索，并由市领导带队前往理县开展“文化走亲”活动，力争将理县元素搬上华溪春潮舞台，助推文化扶贫。此外，按照开门办春晚的理念，市广播电视台开展“我要上春潮”海选活动，并在《西津茶馆》栏目播出 24 篇。同时，以“华溪春潮”为龙头，市广播电视台先后筹办“宝贝秀”“阳光灿烂六月天”“壮丽新中国、讴歌新时代”“经典诵读”“广场舞大赛”“首届最美慈善义工、慈善星级义工”颁奖典礼等 40 多场大型文艺活动。其中品牌节目“宝贝秀”已连续举办16届，参与人数6700多人次；“阳光灿烂六月天”连续举办13届，涉及学生演员约1000人。

【网络业务营收】 2019年，市广播电视台积极营销数字电视业务，拓展新造小区、拆迁安置区用户的新装业务。坚持抓好新装宾馆、旅馆、足浴等商业用户的新增和续费工作及各团购单位的新增和续费工作。全市共有数字电视用户数116800户；公安监控1300多个点，日常视频健康指数达到98%以上；村居监控3700多个点，覆盖全市除工业园外15个镇街区的274个村、小区、护林站。

【环境综合整治】 作为小城镇综合整治“线乱拉”专项整治的牵头单位，市广播电视台积极做好各管线部门“线乱拉”“上改下”的协调和督促工作。2019年完成西溪、唐先、象珠、前仓、石柱、方岩等6个镇小城镇线乱拉整治工作，并顺利通过省级验收。

【便民服务】 2019年，市广播电视台紧紧围绕市农村集体“三资”管理改革工作精神，推进“三资”管理公开化、透明化，提高村民知晓度。截至8月23日，全市569个村“三资公开”平台随永康互动电视页面已全部上线。积极推进“党员电教”工程，运用多媒体技术、互联网技术等现代化传播手段进行党员教育和党建宣传。8月23日，永康党建随永康互动电视首页面全部上线，全市完成296个村。截至9月16日，已上载图文信息60篇(每日更新)，视频16个。

（市广播电视台　供稿）

影视产业

【概　况】 在贯彻落实党的十九大精神和习近平新时代中国特色社会主义思想，坚定文化自信，推进新时代社会主义文艺繁荣发展的时代背景下，永康影视文化产业迎来良好的历史发展机遇。2018年，永康市人民政府出台《关于扶持影视文化产业发展的若干意见》，在鼓励企业做大做强、鼓励优秀影视作品创作、加大招商引资力度、鼓励固定资产投资等方面对原有政策进行了修改完善。2019年，永康市影视办(以下简称“市影视办”)多次到北京、上海、深圳、厦门参加相关电影节、文博会等展会，积极推介永康影视新政。市影视办强化管理服务，促进行业健康发展，及时掌握影视文化企业运营动态，提升服务效能，为影视文化企业提供优良的发展环境，共同促进永康影视文化产业发展。2019年，全市共入驻影视企业1296家，其中影视公司456家、影视工作室841家。

【兑现奖励】 2019年，市影视办召开影视发展工作会议，表彰各项先进，2013年起共兑现影视扶持奖励资金1.8亿元。兑现奖励过程中严格执行政策要求，积极做好服务管理，半年一奖。

【扶持精品】 2019年，永康市首部本土题材院线电影《大明监察御史》完成后期制作。本土方言的短视频剧《永康一家人》在筹拍中。由永康本土影视公司出品院线电影的《蓝色生死恋》《一路百花开》登陆各大院线；《岁月苍茫天地间》在剧本创作中。浙江和通影视文化股份有限公司的《奔跑的高跟鞋》剧本进行最后修改。举办第2届党建微视频大赛和“影视西溪杯”微电影大赛，其中部分优秀作品入选省委组织部、金华市委组织部电教教材。

【基地建设】 2019年，方岩石鼓寮影视基地与银泰文旅集团签订整体开发协议；西溪影视基地声名鹊起，浙江经视等媒体进行采访，获多个文旅影视项目洽谈；花街龙潭里、舟山石宕等新兴影视拍摄点正在培育之中。2019年，市影视办参加中国影视基地峰会、北京电影节、上海电影节、长三角文博会、深圳文博会、义乌文博会等全国重要影视专业展会宣传永康影视基地及永康影视企业创作作品。为扩大合作范围共赢发展，市影视办相继与深圳市越众文化集团有限公司、武义童话办、优尼影视等单位签订战略合作协议，提高永康影视合作的规格。

【氛围营造】 2019 年，市影视办在全市范围内寻找有比较深厚的文字功底，喜爱影视作品，对影视作品有比较独到的鉴赏能力的人才组建影评员队伍，对各种类型的影视作品不定期进行观赏、影评，扩大影视文化交流，鼓励精品创作，推动全市影视文化产业健康快速发展。共聘请 3 批影评员，影评员队伍不断壮大。此外，《影视永康》微信公众号推送信息 1443 期，组织影视业内人士开展影视文化沙龙 82 期，推出《永康影视》杂志 7 期。

（市影视办　吕晓慧）

文化艺术

文化产业

【概　况】 2019年，市文广旅体局紧紧围绕市委、市政府“全面奔小康，永康新腾飞”战略部署，以“文化引领、品牌提升、创新融合、强化保障”工作主线，高质量推进永康文化和广电旅游体育融合发展，为“全面奔小康，永康新腾飞”提供强大的思想力量、精神支撑、文化引领。

【文艺样式多种多样】 集中力量，创作编排8—12个多种形式的习近平新时代中国特色社会主义思想主题节目，组织文艺宣传小分队深入百村、千企、万户，以文艺形式宣传习近平新时代中国特色社会主义思想。组织开展“祝福新中国，腾飞新永康”庆祝中华人民共和国成立70周年文艺专场演出与巡演。举办“祖国在我心中”朗读比赛等系列阅读推广活动，弘扬社会主义核心价值观。组织九狮图赴台湾南投县巡回表演7场。组织永康铜艺、十八蝴蝶等29个项目参加国家、省、市展示展演30多场次。创新微信、直播等宣传手段，开展省内外文旅营销，帮扶四川理县并开展对口支援学习考察，参加国家、省、市各类展演比赛、博览会、参与杭州2022年亚运会市场开发。组织“中国五金之都·永康金属艺术精品会展”，传承和弘扬永康工匠精神。

中国五金之都·永康金属艺术精品会展现场(市文广旅体局提供)

【打造高质量文广旅体产品】 2019年，市文广旅体局注重品牌提升，推进以更高质量的文广旅体产品满足广大群众不断增长的美好生活需求。指导提升文化项目库节目，打造提升10个具有永康特色的文艺精品，并推动走向全省乃至全国。根据体育产业政策调整，调整公布体育产业创新服务项目，打造一批体育产业品牌，抓好体育产业重点项目建设，进一步推动永康市体育产业发展。

【非遗产业助力乡村振兴】 推动非遗产业发展融入乡村振兴，让非遗技艺在市场经济的大潮中借助市场规则“变现”，在满足人们生产生活所需、特色文化旅游产品打造、高端礼品定制加工中获取“真金白银”，不仅带动乡村老艺人和剩余劳动力就业、促进群众增收、拓宽致富路，还扩大文化消费、激活全域旅游、繁荣城乡经济，为乡村振兴积累起雄厚的物质基础。

(市文广旅体局产业发展与工业旅游科　供稿)

群众文化

【文艺宣传广泛覆盖】 2019年，市文广旅体局组织实施《永康市习近平新时代中国特色社会主义思想“飞入寻常百姓家”文艺宣传“百千万”工程》，以宣传习近平新时代中国特色社会主义思想为主题，把党的思想理论与永康的改革发展实践相结合，利用通俗易懂的语言、喜闻乐见的形式进行文艺宣传，计划通过三年时间，让新思想覆盖百村千企万户。全年，13 支文艺宣传小分队进农村(社区)、企业、军营、机关等共演出 120 多场次，覆盖 90 多个村、200 多个企业、2 万多农户。9 月 23 日，省文化和旅游厅简报(第 33 期)头条，以《永康市组织实施文艺宣传“百千万”工程》专题介绍该项做法与经验。

【免费开放持续深化】 2019 年，市文化馆全年选派师资对 108 个村开展舞蹈、腰鼓、民乐、书法等文艺培训，共培训学员 20000 余人次。组织第 18，19，20 期免费开放培训，开设广场舞、民族舞、形体舞、书法、篆刻、二胡、葫芦丝、萨克斯、吉他、素描、山水、花鸟、茶艺、摄影等 24 个课程项目，培训学员 2000 余名。服务群众文艺团体，提高免费场地使用效率，共有 30 多支业余文艺团队在文化馆常年开展训练活动，参加活动人数 1000 多人，全年训练达 2000 场次。市图书馆 2019 年总流通 108.56 万人次，图书外借 142.31 万册次。举办“名作家进校园”系列讲座活动 12 场，1.5 万余人次参加；举办健康讲座 10 场，影视表演文化公益大讲坛 30 场及其他各类讲座共计 66 场，受众 5000 多人次。

市文化馆免费书画培训(市文广旅体提供)

【阅读推广形式丰富】 2019 年 3—11 月，市图书馆与全省公共图书馆联动，开展永康市 2019 年全民阅读节系列活动，共开展阅读活动 40 余场，吸引读者 7 万余人次。市图书馆以“阅读＋户外跑＋答题”形式，把阅读、运动、观景相结合，在永康江畔游步道开展“书香伴我行”阅读马拉松挑战赛；在书香校园进行“争分夺秒最强大脑”阅读马拉松竞赛活动；阅读走进乡村学校“五四·少年说”主题演讲比赛活动；《竹雨作品私藏展》图书首发式活动；第 5 届浙江书展永康市园周村分会场系列活动；千诗集《永远在路上》图书首发式活动；等等。利用线上数字平台，开展“阅读，让我们的世界更丰富”——4·23 世界读书日活动；“阅读·悦自己”——童心绘童画《可布的图书馆》2019 年第 1 届全省少儿自制绘本活动。推出喜迎中华人民共和国成立 70 周年“祖国在我心中”朗读活动；“不忘初心、牢记使命”主题教育学习朗读会活动。

永康市博物馆举办各类展览活动献礼中华人民共和国成立 70 周年(市文广旅体局提供)

【文化活动深入企业】 2019 年，市文广旅体局制定实施《永康市非公企业文化建设三年(2019—2021)行动计划》，计划三年打造 100 家重点文化建设非公企业。2019 年第一批 58 家企业列入建设，完成“六个一”

建设目标。建立非公企业文化项目库，已有78个项目入库。组织举办首届非公企业文化节、首届非公企业趣味运动会。

（文广旅体局艺术与公共服务科　供稿）

艺术赛展

【文艺活动】　2019年2月15日，由市文广旅体局主办、市文化馆承办的“春到紫微——2019庆元宵群众文艺晚会”在市紫微园水上舞台开演。3月5日，市文化馆组织快闪《我和我的祖国》走进永康丽州商城。3月29日，由市纪委、市文联主办，市美协、市篆刻研究会、市文化馆承办的“涵养清廉文化·建设清廉永康”主题的美术、篆刻作品展在市文化馆一楼多功能厅开展。8月29—31日，永康市首届非公企业文化节暨“丽州之夏”文艺晚会在体育中心广场隆重举行，20多个非公企业的优秀文化团队为市民带来丰富的节目。9月20日晚，由市委宣传部、市文化和广电旅游体育局主办，市文化馆承办的“祝福新中国、腾飞新永康”永康市庆祝中华人民共和国成立70周年文艺晚会在市体育中心广场举行。10月29日，兰溪市文化馆组织美术爱好者前来永康市开展文化走亲活动，两地相约举办“兰石多情 丹青有约——兰溪永康文化走亲书画展”。组织习近平新时代中国特色社会主义思想“飞入寻常百姓家”文艺宣传120多场。

庆祝中华人民共和国成立70周年文艺晚会(市文广旅体局提供)

【展览活动】　2019年，市图书馆举办各种契合时代主题的展览，如廉政剪纸展、“传承雷锋精神践行中国梦”图片展、“壮阔东方潮奋进新时代”习总书记改革开放40周年大会讲话精神图片展、永康民间书画研究会国庆70周年书画展、“壮丽七十年、永康新腾飞”庆祝中华人民共和国成立70周年美术书法摄影艺术大展、庆祝中华人民共和国成立70周年剪纸大赛及展览活动、“伟大历程·辉煌成就”庆祝中华人民共和国成立70周年图片展、“盛世华诞荣耀中华”庆祝中华人民共和国成立70周年图片展、“不忘初心、牢记使命”主题教育图片展等30场，约有9万人次参观。

【艺术赛奖】　2019年4月15日，永康市3名故事员参加“浙江省第8届故事会”比赛并获得展演奖。6月23日，市文化馆应棋九泰获“新松计划”浙江青年话剧演员大赛浙江舞台艺术兰花奖优秀奖。8月21日，芝英镇松塘村文化礼堂排舞队凭借参赛作品《金甲骑士》获金华市第6届“文化礼堂杯”排舞大赛金奖。10月15日，市文化馆选送侍尧仙表演的舞蹈《军妈妈的口琴曲》、尹立平表演的舞蹈《相守一生》，参加2019浙江省群众舞蹈大赛决赛并取得“双银”。12月7日，市文化馆选手应棋九泰演讲的故事《一个不存在的学生》在2019欢乐金华百姓文化节——“和美金华”百姓讲故事大赛中以总分第一的成绩获得“百姓讲故事之星”。12月31日，金华市文化广电旅游局公布，永康鼓词《永康啰》获金华市第4届戏剧曲艺比赛金奖、永康鼓词《囡家去看戏》获铜奖。

（市文广旅体局艺术与公共服务科　供稿）

非遗保护

【“文化和自然遗产日”系列活动】　6月6日上午，由市文广旅体局主办，市非物质文化遗产保护中心、市文物办(博物馆)承办的2019永康市“文化和自然遗产日”宣传展示系列活动在市体育馆广场开幕。活动为期1个月,以“文旅融合·永康实践”“保护革命文物,传承红色基因”为主题,旨在通过“歌颂新时代·永康莲花大赛”、传统手工技艺活态展示、醒感戏(鼓词)展演、庆祝中华人民共和国成立70周年暨推进清廉文化建设永康鼓词宣讲进文化礼堂、“拱瑞手狮”参加浙江省文化和旅游厅举办的“非遗薪传”浙江传统舞蹈展评展演、送《浙江大地十亿年图片展》进社区、“丽州70年·八婺书画名家永康采风活动”等17项宣传展示活动,进一步提高全市人民群众文化遗产保护意识。

6月6日,拱瑞手狮参加2019“文化和自然遗产日”杭州主场城市开幕式(市文广旅体局提供)

【方岩庙会活动】 10月9日,为期5天的“民间民俗·多彩浙江”2019年方岩庙会在永康市方岩旅游集散中心拉开帷幕。系列活动包括方岩庙会开幕式非遗精品节目展演、“铿锵方岩”婺剧表演、传统手工技艺活态展示、“非遗方岩”文艺节目表演等12项大型活动。

民间民俗　多彩浙江——2019年方岩庙会活动(市文广旅体局提供)

【醒感戏“师带徒”传习】 6月6日晚上,“壮丽70年·奋斗新时代”2019永康醒感戏“师带徒”传习班结业汇报演出在唐先镇秀岩村岩洞口文化礼堂举办,展现永康戏曲“薪火相传”的新实践和新成果。汇报演出在婺剧音乐《花头台》拉开帷幕,《白蛇传》《司文郎闯地府》《铡美案·堂审》《精忠殇·风波亭》《十八吊》等节目的精彩演绎,彰显着永康市戏曲师徒超凡的艺术魅力和薪火相传中的新力量和希望。

醒感戏“师带徒”汇报演出(市文广旅体局提供)

【五金类非遗项目的数字化转化】 为推进中华优秀传统文化的创造性转化、创新性发展,加强文化遗产保护传承,市文广旅体局重点开展非遗项目转化发展工作，利用现代科技手段启动16个国家级、省级非遗项目创造性转化、创新性发展工作，其中，金、银、铜、锡、钉秤项目完成宣传纪录片转化，并推进宣传纪录片进旅游景区、宾馆饭店、祠堂礼堂等。

【非遗＋旅游商品】 3月20日，市非遗保护中心组织朱子岩工匠创作室（钉秤制作技艺）、浙江荣盛达锡制品有限公司（永康锡雕）、永康一本堂艺术品有限公司（铁锅、铁壶）3家企业参加浙江省文化和旅游厅组织的“2019中国旅游商品大赛暨浙江省优秀非遗旅游商品”评选活动。4月29日，浙江省文化和旅游厅公布首批浙江省优秀非遗旅游商品名单（共100项），永康市锡雕作品《喜团圆茶罐》、铸铁作品《一本堂铁壶套装》、钉秤制作技艺作品《中华龙秤》3项非遗旅游商品成功入选。市文广旅体局充分利用非遗优秀旅游商品评选活动，进一步推进“百个永康优秀传统文化项目”转化发展，让越来越多的非遗项目从展览品走进普通百姓生活，更好地服务于经济社会发展。

【第4批金华市非物质文化遗产旅游景区、生产性保护基地】 11月15日，金华市文化广电旅游局公布第4批金华市非物质文化遗产旅游景区、生产性保护基地名单。江南街道入选金华市非遗主题小镇，江南街道勤丰村入选金华市民俗文化村，浙江炊大王炊具有限公司入选第4批金华市非物质文化遗产生产性保护基地。

【非遗节目斩获多项大奖】 10月26日，国家级非遗项目永康鼓词代表性作品《永康啰》受邀参加在上海举办的第6届“缤纷长三角·浦东北蔡杯”曲艺邀请赛，荣获金奖。2019年，市非遗保护中心选送各类精品非遗节目参加省市各类重大赛事活动，斩获第11届浙江·中国非物质文化遗产博览会（杭州工艺周）最佳组织奖、第7届浙江民间艺术“映山红奖”评选活动“优秀民间文艺表演奖”（映山红奖）等7个重要奖项。

9月20—23日，第11届浙江·中国非物质文化遗产博览会（杭州工艺周）颁奖晚会，非遗保护中心获最佳组织奖（市文广旅体局提供）

【戏曲类非遗传承】 2019年，市非遗保护中心坚持“抢救第一、保护为主”，突出戏曲类非遗活态保护与重点保护相结合，抢抓戏曲保护的黄金期，挖掘录制出鼓词《金镯玉环记》《赠锋剑》《金扇宝箱记》《粉妆楼》《天宝图》《朱砂记》等作品。新编醒感戏《宠子殇》，并于6月28日在象珠镇雅吕村进行汇报演出。全年，共送戏曲类非遗节目进文化礼堂、企业等演出100余场。

（市文广旅体局文化遗产科　供稿）

文化市场

【概　况】 2019年，永康市共有文化经营户614家。其中网吧139家，新开7家，关停19家；歌舞娱乐场所30家，新开4家，关停1家；印刷企业286家，新开15家；出版物44家、网络文化3家、电影院7家、文艺表演团体30家。2019年，出动检查人数1507人次，出动次数435次，检查文化经营场所2928家次；立案46起，其中：一般案件36起，当场处罚10起，罚款147500元，停业整顿2家，没收违法所得2106元，没收违法物品7000件。

2019 年永康市文化经营场所分布情况一览表

区域 \ 行业	网吧	歌舞娱乐场所	印刷企业	出版物	网络文化	电影院	文化表演团体
东城街道	29	10	25	8	1	2	8
西城街道	15	9	42	10	1	2	6
城西新区	12	2	12	1			1
江南街道	8	1	17	5	1	1	2
经济开发区	33	5	24	3		1	1
花街镇	2		4	1			2
石柱镇	4		31				
前仓镇	2		18	2			2
象珠镇	4		11	2			2
唐先镇	3		4	2			
龙山镇	4		15	1			1
西溪镇	4		9	1			1
方岩镇	2		5	1		1	
芝英镇	7	1	46	3			2
古山镇	10	2	23	3			1
舟山镇				1			1
合　计	139	30	286	44	3	7	30

【文化市场监管】 2019 年，市文化市场综合行政执法队进一步健全落实以“党政同责、一岗双责”为核心的安全生产责任制，形成一级抓一级、一级对一级负责的安全生产格局。健全部门联合检查机制，加强与公安、市场监管等部门的沟通与联系，加大联合执法力度，严厉打击各种违法违规行为。积极落实日常监管机制，制定月检查计划，确保日常检查的高频率，保证每天有 1 组执法人员在市场检查，便于及时发现问题，落实整改。把握节假日、重点节点巡查。扎实推进“双随机”抽查，严格落实每月不少于 2 次的抽查频率。2019 年，共组织双随机抽查 27 次，其中跨部门双随机 3 次，出动执法人员 84 人次，检查各类文化经营单位 222 家次，发现问题场所 3 家。

【强化专项行动】 一是实施“防风险保平安迎大庆”专项检查。全力防范化解安全风险，坚决防范火灾事故发生，为中华人民共和国成立 70 周年创造良好的消防安全环境，在全市文化市场等领域开展“平安护航中华人民共和国成立 70 周年大会战”综合整治行动。二是开展扫黑除恶专项行动。根据部署要求，认真分析当前文化市场特别是娱乐场所行业内涉黑涉恶问题的新动向，紧盯娱乐场所涉黑涉恶犯罪，排查掌握的线索并努力核实，及时发现并主动向公安机关提供违法犯罪线索，切实铲除娱乐场所行业内的黑恶势力。三是强化出版物市场、印刷复制企业监管。开展为期 3 个月的印刷企业专项检查。四是深入开展“扫黄打非”专项行动。开展系列专项整治行动，特别对学校周边文化经营场所始终保持高压检查态势,“扫黄打非”各项工作取得明显成效。

印刷企业专项检查(市文广旅体局提供)

【文化市场综合行政执法改革】 2019 年,市文化市场综合行政执法队整合文化、文物、出版、广播电视、电影、旅游、体育领域行政执法职责,组建永康市文化市场综合行政执法队伍,并承担“扫黄打非”等有关工作任务。实行“局队合一”的体制,以市文广旅体局的名义执法。加强执法队伍的建设,提高执法人员的业务素质是确保各项工作任务完成的基本保障。为进一步在执法人员中牢固树立社会主义法治执法为民的理念,努力建设一支具有政治过硬、业务精通、纪律严明、作风正派、形象良好的文化市场行政执法队伍,从“练内功”入手,较好地提高全体执法人员的执法水平。

(市文化市场综合行政执法队　供稿)

文物古迹

【献礼建国 70 周年】 为庆祝中华人民共和国成立 70 周年、永康解放 70 周年,2019 年 9 月以来,永康市博物馆陆续举办各类庆祝 70 周年主题的展览 4 场。展览内容涉及书法、摄影、绘画、篆刻等艺术作品,吸引观展人数达 5 万多人次。《壮丽七十年 永康新腾飞 庆祝中华人民共和国成立 70 周年——美术书法摄影艺术大展》共展出绘画作品 88 幅。《永康解放 70 年——八婺书画名家作品展》共展出 23 位八婺艺术家的书法、绘画作品 70 幅。《联墨香盛世——“夏溪杯”庆祝新中国成立 70 周年联墨展》共展出作品 123 幅,大多出自永康本土联墨方家之手。《“承·启”书、画、印作品展》共展出作品 82 幅,作品内容多以永康元素为创作题材。这 4 场展览浓缩了丽州文化发展史,既歌颂了中华人民共和国成立 70 年的伟大成就,又展现了人民努力奋斗、追求幸福生活的生动画卷。以此讴歌民族精神、弘扬优秀传统,向伟大的祖国献礼。

【厚吴村古建筑群、陈大宗祠被公布为全国重点文保单位】 2019 年 10 月 16 日,发布《国务院关于核定第 8 批全国重点文物保护单位的通知》(国发〔2019〕22 号),永康市厚吴村古建筑群和下柏石陈大宗祠被公布为第 8 批全国重点文物保护单位,实现永康市国保单位零的突破。

厚吴古建筑群全景图(市文广旅体局提供)

陈大宗祠太子台(市文广旅体局提供)

(市博物馆　李函、徐菖浩)

卫生与计生

综　述

【概　况】 2019年，在习近平新时代中国特色社会主义思想指导下，永康市卫生健康局(以下简称“市卫健局”)落实新时代卫生与健康工作方针，围绕县域医共体建设、医疗卫生领域“最多跑一次”改革、公立医院综合改革、“3＋1”医防体系等重点任务，以更大力度更高质量抓实医政医管各项工作，为人民群众提供优质安全高效满意的医疗服务。在推进医共体建设、医疗卫生服务领域“最多跑一次”改革、深化公立医院改革、推进名医工作室建设、保障医疗质量安全方面取得良好效果。

【公立医院】 2019年，市卫健局进一步深化公立医院综合改革。一是严格控制医药费用不合理增长。按照公立医院改革的要求，加强对各公立医院的医疗费用监测，实行公立医院控费工作季例会制度，及时通报各公立医院控费情况，督促各公立医院严格执行控费指标。2019年永康市除医疗服务收入占比外全部达标。二是制定医共体绩效评价体系，实施医共体绩效考核。考核以医共体建设55项任务清单为标准，结合市直医院考核指标、2019年“最多跑一次”改革、公立医院综合改革相关工作，并将考核评价结果与财政补助、医保基金支付、薪酬总体水平、单位评优等挂钩。三是继续推进医疗服务价格改革。制定出台新一轮医疗服务价格调整文件，继续实行DRGsg管理，完善分级诊疗体系，强化双向转诊服务，建立现代医院管理制度，完成医院章程制定工作。

【医疗工作】 按省委、省政府、省卫健委统一部署，在2018年试点开展的基础上，2019年，医疗卫生服务领域“最多跑一次”改革向基层医疗机构、公共服务领域延伸，市直医院全面落实改革各项工作举措，基层医疗机构全面实现预约诊疗和智慧结算服务，按要求完成“两卡融合、一网通办”，推进“云胶片”“云影像”应用，使全市医疗卫生服务领域“最多跑一次”改革举措进一步提质增效。网上预约按时就诊率达92.9%，高峰期现场排队时间平均为3.615分钟，门诊智慧结算率达70%以上，病房智慧结算率达50%以上，已有3家医院开展“互联网＋医疗”、3家医院开展“互联网＋护理”、2家医院开展“互联网＋药事”、6家医院开展刷脸就医、3家医院开展出生服务，全部医院已开展医事服务“三个一”、实现多能岗及用血直免服务。全部基层医疗机构都已完成号源池整合，开展慢病长处方服务达到100%，开展中药代煎配送服务达到100%，提供便民惠民的基层医疗服务达到100%，各基层医疗机构门诊开展智慧结算覆盖率100%，80%基层医疗机构开展常态化夜间门急诊医疗服务和住院服务。

【预防免疫】 2019年，永康市免疫规划工作卓有成效，各项工作全面落实，永康市各类免疫规划疫苗接种率均达到国家要求，保持在较高水平。金华首家预防接种示教基地建成，首批预防接种新上岗人员进入基地进行为期两周的实操培训。永康市免疫规划代表队在金华市总工会组织、金华市疾控中心承办的免疫规划技能比武中荣获团体一等奖，并获多个个人奖项以及技术能手称号。

【综合医务】 2019 年，永康市推进名医工作室建设，各公立医院成立 25 家名医工作室。3 月 7 日，永康医院成立胡京辉妇科名医工作室；4 月 14 日，第一人民医院成立邵逸夫医院蔡秀军教授名医工作室；5 月 6 日，妇保院新建浙江肿瘤医院杨红健乳腺外科名医工作室；8 月，妇保院新建胡东晓妇科肿瘤名医工作室。此外，不断完善医疗资源共享中心建设。进一步发挥和巩固 120 指挥、病理会诊、消毒供应、影像会诊、心电会诊、临床医学检验中心等共享中心的作用。影像会诊中心日均会诊 15 家基层医疗机构的影像资料 110 余份，实现半小时内完成阅片和审核，并通过中心平台将报告回传单位；市心电会诊中心日均会诊各医疗单位心电图 30 余份；市消毒供应中心日均消毒基层各类消毒包 60 余个；病理会诊中心每周会诊约 3 例，120 急救指挥中心日均接诊病人 35 次。临床医学检验中心日均受理各类标本 120 余份。

4 月 14 日，浙江大学医学院附属邵逸夫医院蔡秀军专家工作站正式入驻永康市第一人民医院（市卫健局提供）

爱国卫生

【概　况】 2019 年，永康市继续以城乡环境卫生整洁行动工作为依托，充分发挥基层组织主体作用，最大限度地调动部门、市民积极性，深入开展爱国卫生月活动，强化病媒生物防制措施，大力助推农村户厕改造，不断推进卫生城、镇、村创建和健康促进单位创建等专项行动，爱国卫生工作成效显著。卫生厕所普及率达 99.78%，成功创建国家卫生镇 3 个，省级卫生村 30 个，无烟单位 33 家，基层健康促进医院 15 家，市级健康促进医院 3 家，健康村和健康社区 151 个，健康家庭 288 户，健康促进学校（铜牌）2 家，申报银牌和金牌各 1 家。

【爱国卫生运动】 6 月 10 日，市委、市政府召开“四城联创”工作大会对国家卫生城市复审工作作全面部署推进，举全市之力克难攻坚。以城区道路路长负责制为基础调整《永康市国家卫生城市复审和创建浙江省示范文明城市督查考评办法》，利用文明卫生每月创建考核巩固国卫城市创建成果。开展第 31 个爱国卫生月活动，贯彻落实“坚持预防为主，深入开展爱国卫生运动，倡导健康文明生活方式，预防控制重大疾病”的决策部署，以“共推‘厕所革命’，共促卫生健康”为主题，在各镇（街道、区）开展环境卫生整治和医疗卫生机构厕所整治专项行动，并进行专题巡回讲座。强化以环境卫生治理为主、物理防制和化学药物消杀为辅的病媒生物防制策略，坚持对病媒生物防制工作实行目标管理。发动镇、街道（区）开展病媒生物防制工作，及时发出预警，不断规范开展病媒生物防制、密度监测和控制水平评估等工作，有效降低永康市城乡病媒生物密度，8 月顺利通过城区国家病媒生物控制水平的C级认可省级复评。

计划生育、人口与老龄工作

【概　况】 2019年，全市出生6219人，与上年同期相比，下降13%，出生人口回归到2014年以前的水平，国统出生性别比109.56；6258人享受奖扶、特扶和二女户奖励，共发放奖扶金1090万余元；婚前医学检查率95.5%，国免项目孕前优生健康3475人，检查率96.53%；免费计划生育技术服务覆盖率100%；建好各类标准的母婴室47个，完成率为112%；批准再生育审批169例，受理生育登记5945例；计划生育审核4520例；完成64名百岁老人的慰问；完成省卫健委2019年度人口与家庭动态监测调查200户。计划生育未发生群体性上访和进京去省上访事件，未发生行政复议、行政诉讼案件。市卫健局《奉献新时代 激情献五月——金华市计生协开展"5·29会员活动日"活动喜庆中华人民共和国成立70周年》作品获得中国计生协举办的第2届"计生协好新闻"三等奖。《永康十八蝴蝶献礼中华人民共和国成立70周年》剪纸作品获得中国计生协举办的第3届会员艺术作品征集活动书画类优秀奖。

【阵地建设】 2019年，市卫健局全面推进"五心合一"的综合卫计服务平台建设，完成石柱中心卫生院和西溪中心卫生院2家单位的平台建设；按照"一场六室"标准，完成村级卫生室的改造，实现资源共享。共完成7个村级卫生室(站)改造；在全市经常有母婴逗留的医院、车站、大型商场、游乐场所、旅游景点、省级以上美丽乡村等主要公共场所建立"母婴/哺乳室"，为妇女提供私密、卫生、舒适、安全的休息和哺乳场所。已建好各类标准的母婴室47个，完成率为112%，2个被金华总工会评为五星，3个被评为四星，4个被评为三星；完成老龄委职能交接和培训工作，老年电大招生100名，开设4门课，老年大学招生2200名，开设6门课程。进一步做好老年活动中心消防安全工作，加强老人活动安全管理，全年活动中心未发生任何安全事故。

【服务提质】 2019年，永康市四套班子相关领导完成对全市64名百岁老人的慰问。所有乡镇卫生院均开展优生优育优教促进工作，全市8个妇幼和卫生院通过省、市级"三优"指导中心示范点验收。开展国免工作，国免项目孕前优生健康3475人，检查率96.53%；推进流动人口健康教育促进和卫生计生基本公共服务均等化工作，全年为流动人口儿童预防接种68400针次；育龄妇女施行"四项手术"1543例，减免金额达12.8万元；生育服务登记73例。流动人口卫计政策知晓率达到90%以上，流动人口在永康市接受免费服务率达到90%以上，流动人口免费药具获得率达到90%以上，符合条件的流动人口育龄妇女获得出生缺陷干预、免费孕前优生检测等项目服务。

【医养护结合】 截至2019年底，永康市户籍人口61.92万人，60岁以上12.95万人，占20.9%，65岁以上9.75万人，占15.75%，80岁以上2.22万人，占3.59%，百岁老人96人。初步统计，失能、半失能和高龄的老人约有2.83万人，按照联合国的标准，永康市已进入老龄化社会。全市能以不同形式为老年人提供养老的机构数量(老年公寓)为34家，养老床位4214张，日间照料中心等养老设施总数326家。二级以上综合医院开设老年病科医院4家(一院、中医院、二院、永康医院)，全年老年医学科门诊19545人次，住院4199人次。辖区内开设为老年人提供挂号、就医等便利服务绿色通道的医疗机构22个(不含村卫生室、诊所、门诊部)。为老年人提供医疗服务的康复医院、护理院、安宁疗护机构等专业医疗机构数9家,共有床位数3827张,其中老年康复护理床位2010张。

【奖励扶助】 2019年,永康市建立计划生育特别扶助家庭信息档案,实行双岗联系人制度,进行一年不少于4次的随访和帮扶。开展亲情抚慰活动,营造尊重特扶家庭的社会氛围,帮助、引导和鼓励特扶家庭参与村、社区的各种文化活动。

计划生育公益金是政府对遭遇特殊情况的计生困难家庭给予的经济救助,每年在半年和春节前集中两次进行慰问。同时,积极协调市妇联、团市委、市红十字会、市志愿者协会等部门,引导志愿活动,从日常照顾、心理疏导、走访慰问、助老陪聊等方面对特扶家庭进行关怀。全年共组织慰问309人次,计30.38万元。

在所有的医疗机构都为计生特扶家庭开设绿色通道,并免费签约责任医生;定期为失独家庭进行健康体检和上门义诊。对于49周岁以上的失独家庭,每年统一组织进行一次价值500元的免费体检,全年共体检138人次。失独家庭成员因病或因意外伤害入住市公立医疗机构,给予每天45元(全年不超过60天)的住院护工补贴和社保报销后自付部分10%(全年不超过4000元)的住院补助。全年共13人予以补助,计16058.1元。

加大对"失独家庭"的关心关爱,提高特殊家庭扶助标准。2019年共有265人次享受特别扶助,发放特扶金357.72万元。女方满42周岁、独生子女不幸死亡的,当年给予一次性慰问金10000元。全年共慰问7户,发放7万元。为全市42周岁以上失独家庭成员购买一份最高赔付8万元的意外伤害和疾病医疗保险。

对有再生育意愿的失独家庭,在人类辅助生殖技术医疗机构中的诊疗服务自付费用部分,按实际费用据实结算,累计补助最高标准5万元。2019年,共为1户失独家庭提供人工辅助,补助3.89万元。协助3户失独家庭办理收养手续,与民政、公安部门及镇街道区联系,提供协助办理证明。

对经鉴定属于并发症的人员,实行免费定点治疗、定期复查,直到治愈或医疗终结。全年共对21人次予以报销,合计61823.21元。认真细致做好计生奖扶工作。共有3584人享受独生子女奖励扶助,共发放516.096万元;二女户2409人,发放231.264万元。

【人口动态监测】 根据《国家卫生健康委办公厅关于开展2019年人口与家庭动态监测调查的通知》(国卫办人口函〔2019〕789号)、浙江省卫生健康委办公室(浙卫办人口家庭发函〔2019〕2号)文件精神,国家、省卫生健康委抽取永康市芝英镇亳塘村、石柱镇池宅村、前仓镇大陈村、象珠镇山西村、城西新区楼塘村等5个村共200户家庭作为调查对象,从2019年11月24日至2020年1月15日,永康市圆满完成2019年人口与家庭动态监测调查任务。

【计生协会活动】 2019年,市计生协会组织开展"5·29"会员活动日活动。开展以"共奋进建新功,喜庆中华人民共和国成立70周年"为主题的活动,内容涵盖党的十九大精神宣讲、关爱计生家庭、青春健康教育进校园、幸福一家人才艺大比拼等。5·29期间永康市开展宣传服务活动16场,服务2000人次,其中开展大型活动1场,覆盖人群800人次;开展生育关怀大讲堂活动。针对老年人、育龄妇女、儿童等群体特点采用"点单式"宣讲,引导广大群众要关注自身健康、学会自我保健、培养科学文明健康的生活方式。举办生育关怀大讲堂9场,培训

823 人；开展青春健康教育活动。与市教育局联合下文，推动学校对青春健康日常化教育。组织讲师团深入学习进行授课。开展面向青少年的青春健康教育课 29 场，覆盖人群 4212 人；帮扶计生困难家庭。开展失独家庭保险，为 156 人投保特殊家庭保险，共投保 46800 元。开通绿色理赔通道，及时理赔，提高理赔率。截至 11 月，共理赔 9 人次，合计 18977 元。开展重阳节慰问、节假日慰问共 32 人次，累计金额 2.8 万元。

5 月 13 日，计生协会开展“生育关怀相随，计生服务相伴”公益讲座（市卫健局提供）

（市卫健局　胡颖鹏）

体育发展

群众体育

【概　况】 2019年，市文广旅体局组织开展永康市首届非公企业趣味运动会、2019永康市太极邀请赛、2019永康市健步走活动、永康市第九届象棋棋王赛、永康市武术运动会、2019永康市健身气功站点联赛等50多场比赛。此外，9月份完成永康市篮球协会换届工作。

非公企业趣味运动会（市文广旅体局提供）

【群众体育赛事】 3月2—3日，在会展中心举办永康市气排球友谊赛。4月3日，举办永康市第二届铁人两项赛。9月7—8日，在会展中心举办永康市迎中秋羽毛球混合团体赛。9月，在园周村举办2019年永康市健身排舞比赛。10月，在市体育中心体育馆举办“农商银行杯”太极拳邀请赛。10月1—2日，举办永康市第九届象棋棋王赛。11月6—10日，举办永康市第四届围棋天元赛。11月17日，举办永康市首届武术运动会。12月，举办2019男子篮球联赛暨永康市首届非公企业篮球赛和永康市第三届城镇乒乓球比赛。

【体育培训】 2019年，开展太极拳公益培训千人计划，开设16个班，近千人受益；举办围棋、象棋三级社会体育指导员培训班；举办体育舞蹈教练员、社会体育指导员培训。开展国民体质测试，共测试3900余人，国民体质测试合格率达93.2%，经常参加锻炼体育人口（不含学生）比例28.3%。

【承办上级体育赛事】 6月，举办2019年浙江省“海力杯”木兰拳邀请赛，共有来自全省各地17支代表队200多名运动员参加；9月，举办金华市体育舞蹈公开赛（永康站）暨永康市第十一届体育舞蹈锦标赛及国际巨星表演，共有500多名运动员参加；同月，举办浙江省老年柔力球（套路）展示活动，共有来自全省各地的15支代表队300多人参加。

（市文广旅体局体育发展科　供稿）

竞技体育

【概　况】 2019年，永康市竞技体育成绩取得突破，在国家级比赛中，叶杰龙参加全国第十四届冬季运动会并获得雪车项目铜牌，胡俊豪参加全国第二届青年运动会并获得乒乓球男子团体第一名，董垚攀参加2019全国少年跆拳道锦标赛并获得男子73公斤级第一名。在浙江省级比赛中，唐先小学获得2019年中国小篮球联赛浙江赛区

U12 女子组冠军。在 2019 年浙江省青少年(儿童)乒乓球锦标赛中胡寒瑞获得男子 C 组单打冠军、吴倩获得女子 C 组单打亚军、吴倩/王心月(金华)获得女子 C 组双打季军、胡婧雯获得 B 组女子双打第一名,李泽欣获得 2019 浙江省大学生乒乓球锦标赛男子乙组单打第一名。

【上级体育赛事】 7 月 24—26 日,承办 2019 年全国车辆模型锦标赛。11 月 15—18 日,承办 2019 第五届“飞神”杯全国车辆模型公开赛(永康站比赛)。7 月 18—21 日,承办浙江省青少年车辆模型锦标赛。4 月 20—21 日,承办 2019 年浙江省自由式轮滑积分联赛永康站比赛。7 月 10—14 日,承办浙江省第十届中小学生校园足球联赛(小学男子乙组总决赛)。10 月 25—27 日,承办 2019 年浙江省青少年户外体育活动营地展示大会。

【青少年阳光体育】 深入推进阳光体育运动,实施国家学生体质情况监测,常态开展学生体育锻炼,积极筹备系列学生阳光体育竞赛,促使学生体质水平逐年提升,学生体育事业蓬勃发展。教师进修学校附属学校获得“2019—2022 周期浙江省体育传统项目学校阳光体育后备人才基地”称号,唐先小学获得 2019 年浙江省第五届青少年学生阳光体育运动会篮球比赛女子甲组、乙组双料冠军,在 2019 年浙江省第五届青少年学生阳光体育运动会乒乓球比赛中,陈宇翔获初中组男子单打第一名,周逸玮获小学甲组男子团体第一名,李彬欣获初中组女子团体第一名。

“古丽中学”杯 2019 金华市体育舞蹈公开赛永康站暨永康市第十一届体育舞蹈锦标赛(市文广旅体局提供)

(市文广旅体局体育发展科　供稿)

场所建设

【概　况】 2019 年,市文广旅体局围绕“新时代、新永康、新腾飞”发展目标,持续加强体育场地设施规划建设,着力建设功能齐全、配套完善、布局合理的体育场地设施网络。全市 16 个镇(街、区)本级均建有灯光球场和室内活动室,23 个社区均建有体育活动场所,社区多功能运动场得到发展,基层体育设施得到普及,完成建设社区多功能运动场 5 个,小康体育村提升工程 11 个,人均体育场地面积达 2.47 平方米,基本形成城市“15 分钟健身圈”。

【十大民生体育实事】 2019 年,便民体育设施建设纳入永康市十大民生实事,提出“建设 3 个社区多功能运动场,实施小康体育村升级工程 10 个”的目标。3 月初,组织各镇(街道、区)进行项目申报,根据申报情况,到每个申报单位现场实地勘察,确认土地性质,建设规模;4 月初,确定拟建设名单,并下发《永康市 2019 年建设社区多功能运动场与小康体育村升级工程实施方案》。4 月份,召开市体育民生实事项目建设推进会,进一步明确社区多功能运动场与小康体育村升级工程的建设标准,要求严格按照标准实施,规范项目招标、采购,落实责任,并建立工作群,实时跟踪项目建设情况,每月到实地去督查指导。在推进民生实事的建设过程中,注重收集整理各项目台账资料,及时下拨补助资金,获得群众充分肯定，收到良好的社会效益。2019年超额完成了5个社区多功能运动场和11个小康体育村升级工程建设。

芝英镇雅庄村运动场(市文广旅体局提供)

【体育场地统计调查】 根据《浙江省体育局关于开展第四次全国经济普查体育场地统计调查2019年“健康浙江”考核体育场地统计调查工作的通知》(浙体群〔2019〕110号)精神，开展全市体育场地统计调查。截至5月31日，完成全市2670个体育场地的普查工作。此次普查场地中，可使用的体育场地数2145个，已注销场地数525个；在可使用的2145个体育场地中，历年底册体育场地1065个，此次新增体育场地1080个，体育场地面积为188.81万平方米；全市人均体育场地面积2.47平方米/人。

(市文广旅体局体育发展科　供稿)

体育市场

【概　况】 近年来，永康体育市场发展迅速，基本形成集体育健身、运动休闲、体育竞赛表演、体育用品制造销售、体育培训和体育彩票销售等为一体的结构合理、充满活力的体育市场体系。永康区域2019年完成销量1.806亿元，区域市场份额45.81%。电彩销量1.71亿元，其中竞猜型彩票销量0.99亿元，即开型彩票903.63万元。

【赛事推动经济发展】 11月16日，第五届“飞神杯”全国车辆模型公开赛(永康站)开赛。自2015年首办全国车辆模型公开赛以来，这已是飞神集团连续5年承办此项赛事。此次比赛共有来自上海市、浙江省等7个省区市21支代表队近150名选手参赛。其中漂移项目比赛将作为2020年世界车辆模型锦标赛选拔赛。12月8日，永康成功举办“农商银行杯”2019永康半程马拉松赛。这是永康市第2次举办大规模的马拉松赛事，对继续落实“体育＋经济、旅游、文化”战略，展示永康城市形象和经济社会发展实力有推动作用。

【小镇建设带动产业集聚发展】 近年来，市委、市政府高度重视体育事业的发展，不断加大政策扶持引导力度，结合赛事引领产业融合，明确整合制造业优势，构建特色高端运动装备制造基地，重点打造服务、竞赛表演、运动休闲、体育培训、体育会展等特色产业。同时，立足永康市体育休闲产业优势，围绕打造省级运动休闲小镇的建设目标，在思想认识、顶层设计、部门联动上下功夫，全方位做细做实创建前期工作，全面优化产业发展环境。突出运动和休闲这个特色，全力开发运动休闲旅游资源，使运动休闲小镇成为推动永康市体育产业发展的重要抓手，吸引优秀休闲运动制造业龙头企业，以运动休闲特色小镇推动产业集聚并形成辐射带动效应，推动永康市经济高质量发展。连续4年举办中国摩托车越野锦标赛(永康站)，持续激活赛事经济，并逐步拓宽体育赛事种类，同步举办马拉松、羽毛球等赛事，建成马术皮划艇训练基地等，以品牌赛事活动展示龙山的人文风情，以赛事活动带动辖区经济及运动文化的长足发展，进一步推动永康市运动休闲产业的集聚升级。

（市文广旅体局产业发展与工业旅游科　供稿）

体育产业

【概　况】 永康市扎实践行习近平总书记“在基层抓体育就是要抓全民健康，抓体育产业发展”重要指示精神，以成功创建国家体育产业示范基地为契机，围绕打造具有国际品质的全国高端运动装备样板区的目标，全面实施“一核三心”体育产业战略布局，初步形成以体育制造为支柱，体育场馆为依托，体育健身、竞赛表演、体育旅游、培训市场等运动休闲产业协调发展的体育产业结构体系。永康市把做大体育产业蛋糕作为优化产业结构的重要抓手，以体育制造业为引领，发挥龙头企业模范带头作用。2019 年，永康市涉及体育产业的规模以上工业企业 84 家，从业人员 18114 人，体育产业入库名录 1506 家。

【创建项目】 2019 年，永康市鼓励相关企业积极申报各级体育产业培育项目，促进体育产业转型升级。永康市江南街道园周村股份经济合作社的“长城”登山项目入围浙江省运动休闲旅游优秀项目；浙江启迈斯工贸有限公司和永康市特勒车业有限公司成功入围金华市体育产业（运动休闲）基地、示范基地；花街镇大屋村入围金华市第 4 批体育＋特色村居；龙山镇的中国摩托车越野锦标赛（永康站）成功入围浙江省重点培育品牌体育赛事名录库；市泊康科技股份有限公司的物联网智能跑步机开发项目和龙山镇人民政府的 2018 中国摩托车越野锦标赛（永康站）入围浙江省体育产业发展资金项目库。

【打造“永康质造”】 把做大体育产业蛋糕作为优化产业结构的重要抓手，以重点行业为引领，发挥龙头企业模范带头作用，优化产业结构。浙江飞神集团、泊康科技股份有限公司、浙江立久佳运动器材有限公司、浙江飞剑工贸有限公司这 4 家龙头企业再次腾飞，扩大规模建设新厂房，以备迎接更大的生产需求。

【品牌赛事助推产业融合】 以培育赛事经济为抓手，通过打造品牌赛事、培育优势体育项目等，进一步激发竞技赛事的产业潜力。成功举办“万马奔腾，活力永康”2019 永康半程马拉松赛事。本次比赛档次更高，参与人数更多，影响力更大，沿途设置了 17 个文艺类加油站，氛围更好，受到市委、市政府主要领导的高度肯定。连续 5 年举办全国车辆模型锦标赛，在赛事推动下积极开展科技体育进校园工作，全市 5 所学校开设科技体育兴趣班，举办本级科技体育节，打造科技体育城市新名片；举办“国字号”越野摩托车赛事助推体育小镇建设；全市打造“体育惠民，共享健康”服务品牌。

（市文广旅体局产业发展与工业旅游科　供稿）

街道与镇

东城街道

【概　况】 东城街道是永康政治、金融、商贸、文化活动中心，东邻经济开发区，南连江南街道、石柱镇，西接西城街道，北与象珠镇接壤。街道下设3个工作片，10个社区，15个行政村，8个城区经济合作社，总人口49778人，区域面积40平方千米。

2019年，东城街道规上工业总产值54.35亿元，累计增速10.19%；税收收入73956万元，同比增长8.87%，其中工业税收31084万元，同比增长17.53%。规上新产品产值9.47亿元，同比增长31%；内资招商4.5亿元，完成率225%。“企业上云”数335家，完成任务的100.9%。“专精特新”企业培育15家，完成率100%。东城十里牌智创园顺利开工建设，并谋划建设大园童小微园，完成组卷报批及规划方案调整。依托五金城、总部中心、会展中心、农贸城等区位优势，加快第三产业发展，开发高镇商业区、英阁陶瓷市场、大花园门业市场等。全街道有蔬菜、花卉、养殖等农业产业基地12个，西竹园蔬菜基地成为永康市放心菜基地、金华市最大的大棚蔬菜基地、省级无公害蔬菜示范基地，列入省级农业示范园区。深入推进小北溪田园风景线、朱明溪休闲度假线、创意农业观光旅游风景线建设，高镇被评为省级“美丽宜居浙江样板”双百村，下店午村被评为省级美丽宜居示范村，大塘王村被评为省AA级景区村庄，累计创建省级美丽乡村特色精品村1个，金华市美丽乡村精品村1个，市级美丽乡村精品村6个、秀美村4个。

东城街道智创园开工典礼(东城街道提供)

【“三服务”活动】 2019年，东城街道健全班子成员领办重点工程和重点难题工作制度。领导班子成员带头示范，完成重点课题15项、手记156篇、报告15篇，走访企业494家、群众3241户、村(社)31个。深化“三五工作法”、“三共”党建网格模式、“支部建在项目上”、“党工委攻坚会开到村”、“135”红色杠杆机制、“三服务”+“四城联创”工作机制、“三比三看”等制度，加强干部队伍建设，提高为民服务水平。各村社设置“连心破难”服务团23个，发放连心破难服务卡片24100余张，街道班子带头开展“三服务”活动每周至少2次以上。各基层党支部纷纷开展连心服务办实事活动。

【党风廉政建设】 2019年，东城街道加大正风肃纪力度，加强基层党风巡查，开展清廉街道、清廉村居建设。全年运用第一种形态46人次(其中诫勉谈话10人，提醒30人，其他谈话6人)；立案21件，结案14件，共处理党员21人(其中开除党籍8人),自办案件2件,配合市纪委办案9件。加强纪检信访积案件化解力度。实行信访工作包案制度,信访"百日攻坚"的7件信访件达到办结率100%,满意率100%。

【城中村改造东城模式】 2019年,东城街道在全市率先推行"党建引领+自主开发+市场运作"机制,塔海、东库、黄棠、应家、山荷里等11个自然村、14.56万平方米,共2921人、1004户进入改造;开工建设安置房1500余套,面积40万平方米。其中,车头、塔海自然村拆除率100%;田川村被成功列入全省24个首批未来社区试点创建名单。

【重点工程"五个一"举措】 2019年,东城街道以"一个指挥部、一张作战图、一线工作法、一碗水端平、一把尺考核"为抓手,先后完成技师学院、南四环、北三环等15个项目征地协议签订,征地任务48.23万平方米,占2019年全市新增用地计划的53%,任务量占比全市第一。完成北苑、东库、古丽中学北侧等供地任务,共计8.5万平方米,出让金4.5亿元。

【效益农业】 2019年,东城街道规模种粮大户完成全年粮食播种面积3971亩。完成十里牌村511亩土地整理工程初步验收;抓好1500亩高标准农田提升项目建设工作。开展畜牧业绿色示范创建,永康市承阳家庭农场通过省、市级美丽生态牧场验收。完成永义村美丽田园示范点规划。全年完成现代农业投资1500万元。

【平安建设】 2019年,东城街道完成街道平安综合体建设,东城街道综治中心按照一类综治中心标准建设并通过验收。推进基层治理规范化建设,成功创建"三治六无"善治示范村(居)13个,加强村级矛盾纠纷调解队伍力量,推进"雪亮工程"建设,已接入公安和"四个平台"的监控4344个,15个行政村实现视频监控全覆盖。基层治理4平台已流转督办各类件16784件,办结率99.8%。完善矛盾纠纷多元化解模式,创新推行"一警情三推送"机制。落实安全生产网格化管理,市安委办重点安全事故隐患挂牌整改单位2家,及街道本级重点安全事故隐患整改单位30家,整改到位。

【宣传工作】 2019年,东城街道加强四城联创、垃圾分类、平安创建等宣传力度。发放健康、文明、禁毒等宣传资料达1万多份,签订责任书5000余份,健康知识讲座3场,防溺水安全主题讲座2场,垃圾分类宣讲活动6场。开展四城联创相关主题文艺演出12场,会同市文广旅体局在11个村社同时开展习近平新时代社会主义思想进万家暨四城联创主题文艺汇演。举办以"幸福社区·邻里如亲"为主题的社区邻居节系列活动。深化创建工作网格化管理,抓好环境综合整治,加强长效管理。全年新建文化礼堂4个,成功举办"村晚之星"等文体活动。

【改善人居环境】 2019年,东城街道推进"五水共治"、"三改一拆"、垃圾分类和美丽乡村建设等工作。华溪、朱明溪、小北溪断面水质稳定在Ⅲ类。完成高镇商业区高鑫区块和望春小区等2个生活小区"污水零直排区"建设。开展朱明村、葛塘下村2个农村生活污水治理村终端标准化提升并完成验收。打造朱明溪、小北溪田园风景线建设与农业旅游线,创建美丽乡村"十无村"4个,创建垃圾分类优秀村6个,垃圾分类高标准小区1个。推进"三改一拆",累计拆违53084.72平方米,完成率106.2%。

【"无证明城市"改革试点】 2019年,东城街道创新"1对1责任到人"的工作方法,通过统筹推进、整合资源、责任到人,将"无证明城市"改革融入基层治理。总计精简事项425项,清理不再对外开具的市级证明材料

100项，不再对外开具的街道本级证明材料19项，385项民生事项实现“一证通办”，实现率达100%。

（东城街道　程望槐）

西城街道

【概　况】 西城街道于2001年7月由原古丽镇实行撤扩并分掰后设立，位于永康市区偏西北部，东邻象珠镇和东城街道，南与江南街道隔江相望，西与城西新区和花街镇相邻，北与象珠镇雅吕工作片和白窑岭相接，金温铁路和330国道横穿而过，辖区面积54平方千米，北高南低，除林地外多半是陇中田，也有马宅畈、童宅畈、溪边畈几块百亩以上的畈田和郎家、樟圹、下田园的矮坡丘陵。截至2019年底，有人口2.9万。

西城街道办事处是永康市政府派出机构，为财政全额拨款预算单位，内设党政综合办、党群工作办等8个职能科室和1个行政服务中心。下辖古丽、西山、永方等6个工作片、17个行政村、7个城区经济合作社、5个社区居委会。2019年，财政总收入8741万元，财政支出7803万元。

2019年，西城街道粮食规模种植涉及17个行政村，面积8697亩，在马宅、郎下、驮陈村实施标准农田质量地力提升工程1237亩，发放耕地地力保护补贴5039户，补贴面积13698亩。完成“标准地”工作，新增一般性农业“标准地”项目1个计210亩；耕地地力保护补贴发放5039户，补贴面积13698亩。实行山塘水库物业化维修管理，鸦塘自然村乌龟坑山塘、横桥黄坟坑山塘整治完工验收，小北溪（飞龙山—童宅段）河道综合整治工程年底完成竣工验收。积极参与国家森林城市创建，全年完成平原绿化120亩，“一村万树”推进村建设完成5个；开展松材线虫病防治，清除松木1200多吨；做好森林防火工作，重点落实森林消防队伍训练，器材维修养护，森林消防队伍节假日值班、巡查等。

以永义线、永方线2条风景线打造为基础，童宅村村口至柘川村童宅境内公路拓宽工程完成。完成美丽庭院建设200个，塔秀、柘川、童宅、潜村创建“十无”村庄。郎下、山下、横山下等村农房改造有序进行，沉积多年的横桥村农房改造进入新阶段。完成53座农村公厕改造。完成2019年永康级文明村申报全覆盖，建立新时代文明实践站24个，新建村文化礼堂7个，举办习近平新时代中国特色社会主义思想“飞入寻常百姓家”文艺演出8场，开展“身边好人”推荐每月上报1名。农村集体“三资”管理会计业务以政府购买服务形式委托农商行规范开展代理，自交接后收入1294笔、支出2875笔。采取公开栏公开与互动电视公开相结合，由代理会计按时将原始凭证和附件上传到公开平台，24个村（社）完成互动电视安装，全面公开接受监督。

2019年，主要经济指标持续增长，实现规模以上工业总产值43.87亿元，同比增长14.67%。实现利税总额4.11亿元，同比增长22.88%，研发费用投入1.05亿完成年目标数91.3%。完成工商税收83516万元，同比增长16.6%；实现固定资产3.35亿元，完成年目标数50.62%。完成3亿元以上项目招引任务1个，完成率100%；省外产业项目到位资金0.364亿元，股份制改造企业3个，完成率150%。走访工业企业800多家、12000余人次，梳理各类难题116件、解决110件，解决率95%。工业“小升初”培育目标8个、完成2个，应税销售额达到1500万元以上企业数3个；完成低小散企业90家，完成率117%；开展每月一次街道主任安全检查日制度，签订安全生产责任书855份，落实整改18家涂装企业、13家铝镁抛光企业，验收市级挂牌隐患企业2家。27件中央环保督查件、16件省环保督查件均按要求整改到位，定期开展“回头看”，进行常态化监察。28家五金涂装企业，15家关停搬离或关停喷漆工艺，余下13家企业均完成相关环保设施建设、检测并在环保局备案。新发现五金涂装企业4家，已进行处置，VCOS整治完成率100%。

西城街道是永康市交通中心，设有铁路永康站、长途汽车西站、紫微城乡公交汽车站，辖区36个行政村都通公路，城乡公交有城区至方村的永方公交线、城区至童宅延伸至栢坑大塘头交通线、城区至烈桥、城区至塔石等交通线，还有新永康至义乌线的穿山隧道，接通了八字墙至象珠线。松石西路全线贯通，全面连接城西路和飞凤路。北三环工程完成43.96万平方米的土地征用政策处理，部分路段进场施工，涉及房屋征迁的4个村评估、确权、拆迁协议在签订中，涉及厂房征迁的5个企业中有4家已完成拆除，横山脚、姚家龙、栢新安置区规划方案在送审中。

【教育卫生医疗】 西城街道辖区内有永康中学和明珠学校2座中学，有烈桥、大徐、大司、山下、山下小学，还有水碓头、溪边设2个教学点，在职教师224人，在校学生12961人；公共预算安排投入业务教育经费26275.12万元，事业收入12106.12万元。辖区内有幼儿园19个，幼师135名，在学幼儿6297人，学前教育投入1117.13万元，事业收入3115.43万元。辖区内有西城卫生院，下辖社区卫生服务站2家、村卫生室9家、医务人员90人，固定资产585.5万元，还有私营诊所、医务室等44家。

【妇联工作】 2019年，西城街道通过各种渠道对妇女进行法律、家事调解知识宣传，并通过妇女微信群宣传发动妇女积极参与村里的各项工作。5月19日，西城街道妇联和五联社区妇联在溪边村与市里其他部门一起开展与爱同行综合公益活动。5月26日，在郎下村开展“家庭幸福、健康同行、清洁城乡、告别陋习”服务基层服务百姓活动。在儿童节，西城街道妇联，关工委联合南龙百货公司一起开展书画大赛，给延边山区小朋友“捐一本书，献一份爱心”捐书活动。暑假期间，郎下村邀请在校大学生、准大学生给留守小朋友授课，有约50个小朋友参加了活动。藻塘村聘请老师给村里30多个小朋友开展用电、用水、用火等安全知识的授课。

【维稳与法治建设】 围绕“创无积案城市”创建目标，积极开展各项维稳工作，排查化解各类矛盾纠纷。受理群众信访件473件，所有信访件全部按期规范化办结，达到办结率、准确率、满意度参评率全部100%；接上级要求稳控人员5批次，重点人员稳控方面总体平稳；成功化解国家级及永康市级共3件积案。推行民情民访代办制度，确保“小事不出村、大事不出村(社)、矛盾不上交”，共录入54件事项。深入开展“扫黑除恶”宣传活动，对7类涉恶人员采取刑事强制措施39人；办理套路贷团伙1个，采取强制措施6人；判决车贷涉恶团伙1个计9人。上报6条涉黑涉恶线索，核查上级交办线索21件。邪教人员转化4人。禁毒宣传进文化礼堂4处、进学校2所，播放禁毒公益短片《毒之殇》6场。消防安全检查人员密集场所、高层建筑、小区、企业等单位223家，排查出隐患683处，发放整改通知书155份，安装智能充电桩24组。排查矛盾纠纷22起，调处22起，在线调处105起。做好民兵整组，充分利用退伍军人、街道应急分队、村联防队等力量，充实民兵队伍。8月，西城街道派出6名熟练操舟和橡皮艇优秀民兵赶赴台州参与台风“利奇马”灾后救援,30名基干民兵赶赴灾区救援。走访慰问参战老兵等重点优抚对象100多名,帮扶救助退役军人70多名。积极开展退伍军人和其他优抚对象的信息采集工作,采集信息1400多人。向部队输送“双合格”新兵18人,男兵16人(大学毕业生4人)、女兵2人,大学生比例达到95%,无退兵。

【公共服务及社会保障】 2019年,公共服务不断完善,虹霓绿地度假养生中心项目与蓝城集团顺利签约,永康五金技师学院(筹建)完成21.6公顷征地并完成报批。“四个平台”共处理事件14470件,办理率100%,群众满意率100%。街道便民服务中心深化“最多跑一次”改革,梳理出46项街道“最多跑一次”和“无差别受理”事项并制成办事指南,在网上发布。深入推进“互联网+政务服务”,全面推进政务服务事项一网通办,到11月止,办件量4206件。推进“无证明城市”改革,梳理出涉及本街道审批事项不再对外开具的证明材料清单19项。全面复核全街道低收入家庭,注销低保对象33户,注销低保家庭15户,新增低保家庭6户,18人申请慈善相关项目救助,新办理护理补贴对象120人,新增困难残疾人生活补贴对象5人。

【环境治理】 完成明珠新城、四方、三角贩、应店等4个区块的“污水零直排”创建;西门、虹霓和小营盘等4个小区完成排查,共排查管线100余千米、管线点16000多个,于年底前完工。全年共拆违96宗,拆除建筑面积40多万平方米,25个村(社、居)成功创建无违建村。潜村危旧房整村拆除,共拆除190多户、面积近2万平方米。大力开展全域化环境大整治,创建“街道—班子—村(社区)—共建单位”工作网格,开展“四城联创”攻坚,顺利通过病媒生物防治评估。17个行政村完成整村推进综合环境整治,共开展集中行动276次,清理垃圾2317车。

5月16日,开展全域化环境大整治(西城街道提供)

【党建引领】 西城街道党工委下辖4个党总支,7个党委,85个党支部。2019年有党员2423人,发展新党员31人。推动领导干部履行“一岗双责”,研究分析2018年市委巡察发现的20个问题,形成销号整改方案,针对2019年上半年主体责任反馈意见,制定针对性整改意见并抓好落实。全面开展街道机关干部个人风险点排查,开展街道班子和中层干部廉政谈话45人次,对村党员干部廉政谈话156人次。发放农村干部33项小微权力清单886份,召开各种层次会议传达86场次、2597人次。开展第二轮农村基层党风交叉巡察,发现线索14条、问题65个,挽回经济损失10多万元。第一轮被巡察的4个村,共交办整改问题12个、线索1个,拟党纪立案1人,提醒约谈10人,调整出纳岗位2人。农村津补贴巡察发现问题35个,清退资金31万元,提醒约谈76人,党纪拟立案1人,诫勉1人。镇村工程招投标专项检查,交办线索1件,提醒约谈5人,问题整改12个。

【地方特色】 飞龙山景区 飞龙山景区位于童宅直坑,距城区8千米,也称石佛山,方圆5千米山水天造锦绣。原有兴福寺,建于后汉乾祐三年(950),后毁,现已新建,名“不二寺”。寺后是石佛山，寺左边有大小石笋山，一道瀑布如白练从石笋山一泻而下，寺前有月湾形10亩水域。此地被列为重点风景名胜区，命名为“能靓谷”，准备开发改造，已完成山地流转和报批手续，正在设计完善阶段。

上黄水库人工湖　景区内设游船，船随山转，一路景观有仙大门、金月亮、老鼠头、仰天灯盏、弥勒佛等。景区内设茶室、音乐、棋馆、美食保健等综合休闲项目。

街道辖区内还有省保市保文物点8处，其他文物史迹80多处，其中的徐震二公祠、西津桥、童信石牌坊尤为著名。徐震二公祠是一座具有浓郁民族风格和地方特色的古建筑，也是永康迄今保存最完整的清代古祠堂，为省级文物保护单位。西津桥位于市区西南，建于清康熙年间，多次重修，是迄今为止全国最长的古廊桥，属浙江省文物保护单位。童信石牌坊位于童宅村，四柱三楼、抹角柱、双层柱础（上鼓形、下方形）正楼翼角、檐下重丁斗拱、额坊刻“良二千石”字，坊身雕刻、高浅并施，由明景泰年间（1450—1456）彰州知府童信建造，为市内仅存的2座古牌坊之一，为市文物保护单位。

（西城街道　供稿）

江南街道

【概　况】　江南街道位于永康市区西南部，北临永康江，西、南分别与武义、缙云接壤，东邻东城街道、石柱镇，金丽温高速公路横贯境内，五金大道连接起城市内外环线，区位交通优势得天独厚。全街道总面积74.5平方千米，原有47个行政村，经2018年调整后为28个行政村，6个社区居委会（南苑、下园、丽丰、金胜、西津桥、南都），7个经济合作社（民丰经济合作社、华溪经济合作社、西津经济合作社、下园朱经济合作社、上水碓合作社、王染店经济合作社、溪心经济合作社），人口9.5万人。

2019年，江南街道办事处在推进重点工程与重大项目建设、规范基层治理、“三改一拆”攻坚、“最多跑一次”改革、美丽乡村建设、创建示范小区、重点产业转型升级、优化“大美江南”、强化基层基础建设、“四城联创”工作等方面走在全市前列，取得丰硕成果。江南街道被评为浙江省森林康养小镇、城区生活垃圾分类“三化”示范街道，成功创建4个美丽乡村达标村（“十无”村），“一村万树”推进村7个，浙江省高标准生活垃圾分类示范小区1个，省级垃圾分类高标准示范小区2个，金华市级示范小区2个，“定时定点”示范商业街1个，江南街道园周村被评为国家森林乡村、浙江省民主法治村、金华市深化“后陈经验”村务监督示范村。

2019年，街道规上工业总产值21.25亿元，累计增速10.94%；固定资产投资额8.72亿元，完成全年目标任务的170%。其中，服务业投资7.8亿元，工业投资0.92亿元，纳税人税收5.5956亿元，同比增长6.33%，完成任务率排名第3，工业税收1.54亿元，完成任务率排名第一。项目招引到位资金1.07亿元，技术研发费用0.2亿元，3亿元以上项目招引完成2个。

【服务企业】　辖区规上企业中有80%是成长中的小微制造企业，基于街道工业用地指标紧张，暂时无法满足企业扩能生产需要的现状，街道积极开展“三服务”活动，主动帮助企业对接环保、商务、经信、税务、金融等部门机构，为企业转型发展解决难题。2019年，街道完成股份制改造企业1家，新增国家级高企3家，“小升规”净增4家，个转企25家。

2019年，落实安全生产主体责任，与企

业签订安全生产责任书487份，检查企业487家，落实隐患整改116处。落实街道挂牌整改企业3批30家，全部完成整改核销工作；完成3级安全生产标准化企业新创6家，复评13家。开展安全培训，全年主要负责人发证89人，完成率127%；安全管理人员发证71人，完成率100%；特种作业人员发证64人，完成率100%。智慧用电系统安装51套，完成率113.5%。

小微园建设有力推进。11月22日，临溪小微园第一批3#、4#地块共计5000多平方米土地完成出让。石溪小微园3.4公顷区块完成建筑方案编制，并完成出让报批。羊蹄山小微园和上把赵小微园已完成控规编制。

【项目进展】 2019年，涉及重点项目7项，全部按计划时间节点稳步推进。其中，江南山水新城项目群完成目标任务；330国道永康段改建工程、金温高铁建设工程、金台高铁建设工程、南溪湾生态湿地景观公园、江南街道小微企业园一期项目、外国语学校建设工程均已完成政策处理；永车轨道交通装备配套产业园项目有序推进。

2019年，以江南街道作为业主的政府投资项目有14个，其中前期类1个、新建6个、续建8个、十大民生实事1个，大司巷小学（江南校区）建设、110千伏双锦输变电工程、永武线美丽公路、“一通五化”第七期工程、国家标准气象观测及防灾减灾业务用房、教师进修学校（附属三期）建设等工程均完成目标任务；柘后湾水库除险加固、教师进修学校附属初中建设、永康变500千伏变电站2号主变扩建220千伏送出工程、凤凰城幼儿园装修、永康崇德学校等完成政策处理；江南街道公墓二期进入招投标准备阶段，连接线预算方案更改；入城口改造提升工程安置区麻车头区块35亩完成农转用并放样，15亩完成农转用。

【城乡建设】 2019年，以开展“四城联创”和“十乱”整治大会战为抓手，共整改乱搭乱建55处，取缔流动摊点5704个，规范出店经营、乱堆放3613家，清理占道物品47车，处理噪声举报154起，规范乱停车435车次，整治占道经营469起，督促门前屋后乱堆放清理655起，清理违规设置条幅160条、占道广告牌252块。

“三改一拆”力度不减，至年底共拆除60宗、共计25.0081万平方米，完成全年任务数100%，拆后土地利用率为85.95%。危旧房治理，截至年底，拆除危旧房20宗、腾空防控178宗，共完成治理198宗，完成省级、金华市级的全年任务数。持续推进拱瑞下、下处、马岭下等村的农房改造工作，其中马岭下村涉及改造农户158户，已安置89户，已有规划但需农转用指标20户；下处村涉及改造农户150户，已确权115户，拆除80户。城中村改造，民丰许码头区块规划方案通过市级论证，下园朱经济合作社完成测绘、确权、评估等。

【生态建设】 严格落实干部联企制度和五金涂装行业整治长效机制，结合中央环保督察回头看工作和信访件内容定期检查五金涂装企业。2019年，环保规范化整治43家，五金涂装企业整治22家，关停13家，已办理环保审批手续4家，一般固废处置签约企业158家。大力推进五水共治、垃圾分类、黑臭水体排查整治工作。各行政村（社）对重点支流、河段，小微水体、入河排（污）水口等进行全面排查，对6处疑似黑臭水体进行水体采样并全部完成整改。深入开展污水零直排工作，加快推进生活小区类建设，完成11个区块的排查；32家“六小行业”整治全面完成；山龙小区、白塰溪排污整治工程进展达到40%。

2019年，成功创建4个美丽乡村达标村（“十无”村）：石溪、永利、傅店、园周（周元自然村）。常态化开展“美丽党建”督查考核，发现问题立行立改，各创建村进步明显，于11月25日通过市农业农村局验收。

【农林水利】 强化农业主体培育，鼓励规模种植，全年完成早稻播种面积400多亩。2018年度江南街道高标准农田建设项目（西徐、西翁、小章店村1500亩农田渠道设施）于2019年9月进场施工；定期抽样检测上市农产品，全年完成302个批次的抽检工作。清理病死松树1682.94吨，平原绿化126亩，申报金华市森林村庄4个（上把赵、仁村、南山、马竹岭村），“一村万树”推进村7个（溪心、溪口、上处、栗园、马竹岭、白垤里、大溪塘村）。

定期组织街道、村两级防汛检查，确保水库、山塘等设施安全度汛，及时制止河道内非法采砂和开挖破坏河道堤防等行为。6月，配合市应急管理局在临溪村开展防汛演练。马岭下村石足坑山塘、里龙溪村里坑山塘、黄塘山村和塘山塘、大溪塘村胡鲤塘、下皇渡村横塘、朱岭脚村石城山山塘、西徐村灌区改造工程于11月份完工验收；完成柘后湾水库及里坑山塘的标准化管理创建工作；栗园柘后湾水库除险加固工程于10月进场施工，已完成非开挖涵洞施工，清淤完成工程设计方量。上处河道整治工程、园周前山路塘、西翁坟山塘整治、大溪塘水库标化提升工程完工。清塘湾水库提升工程有序推进。

【民生保障】 农村饮用水提标达标工程有序推进，完成石溪龙凤自然村、青塘、西周、南山村自来水改造；永利、周元、马岭下签订施工合同；朱岭脚、上山门、下山门、仁村、永青西卢、上范、里龙溪、白雁口、上处、下处、刘家、水坑下、石溪、栗园等村协调从城市管网扩网供水，并委托省规划设计院完成设计。

2019年，江南街道28个行政村全面推开生活垃圾分类，所有行政村均配置4分类垃圾桶及2分类（可腐烂、不可腐烂）垃圾桶。园周、下山门两处生活垃圾“三化”处理中心，共覆盖12个自然村，服务人数约为1.0176万人；覆盖村均发放120升可腐垃圾专用桶4只，园周“三化”处理中心每天可处理可腐垃圾3吨；有阳光堆肥房4处，分别为上范、溪口、上把赵、下皇渡，覆盖19个自然村，服务人数约为1.5万人。

“消薄”任务圆满完成。8月底，江南街道28个行政村集体经济收入都达到15万元以上，其中经营性收入已达到8万元以上，圆满完成“消薄”任务。

社会保障有效托底。2019年，完成9993人次社保退休人员认证，完成率100%；慰问住院企业退休人员1253人，慰问死亡退休人员家属并发放丧葬补助金83户，重阳节慰问困难人员49人。农保新参保人员达到1501人，已办理待遇领取申请156人，并对54位参保死亡人员发放20个月的丧葬补助费。核销低保对象26户、26人，新增10户、16人；清退、核销低保边缘对象6户、10人；临时救助21户；完成移民扶持项目3个。全年共完成合作医疗市外报销99份，申请特殊病种23件，受理中途参保4251人，大额发票核对10份，网上监管88件，医院身份查验88件，医院意外调查6件，宣传咨询9954人次。总医疗费用83.56万元，合计报销金额33.68万元。

【综治维稳】 按照一类乡镇标准建设街道综治中心，设置完成接待大厅和各类功能科室，完成制度和人员整合。形成街道、村（社区）、小区三级综治网络结构，在村（社区）设立综治工作中心，建设完成村级心理咨询室。系统整合群众接待、矛盾调解、视频监控等功能，有序开展，统筹协调辖区民警、社会组织积极参与。

深化“党建＋社会基层治理”工作，在金水湾小区设立综治中心，整合警务、人民调解、民情民访代办、社区服务等功能，建设市内首个“智安”小区，通过技防、人防等手段，提高街道治安防控能力和水平。

2019年接到群众信访540件(8890便民服务中心321件、来信27件、来访26件、网上信访166件)，办结率100%；积极做好积案化解工作，上级信访积案交办件17件，已化解14件；全年受理165件行政诉讼案件，胜诉4件，化解7件，剩下1件和153件同类案件还在审理过程中。2019年处理劳动人事争议107起，其中劳资纠纷80起，调解工伤案件24起，赔偿金214万元。浙江调解系统案件录入率100%，巡查网络公司27家，书面审查企业210家。常态化开展矛盾纠纷排查和分析研判工作，村(社)每周、街道每月开展。全年共排查各类矛盾纠纷141余起，成功调解141起，涉及288人、金额158.62万元。

统筹推进外来人员排查和出租房消防隐患排查工作，2019年累计检查出租房5700户，联合派出所检查辖区单位个人520家，发现火灾隐患487处，下发责令整改通知书211份，下发行政处罚决定书22份，拘留2人，处罚单位3家，处罚个人19人。

(江南街道　供稿)

芝英镇

【概　况】 芝英是永康最大的农村集镇，清朝时期是浙江省八大集镇之一。清代属游仙乡，民国期间原属游仙乡三十一都，1931年属芝英镇，1961年11月属芝英人民公社，1984年恢复芝英镇，2001年7月属芝英街道，2009年又恢复芝英镇并沿用至今。芝英镇位于永康市中部、城区东面，距城区12千米，东永一线穿境而过。其是国家级历史文化名镇(第6批)、省级中心镇、“美丽乡村”示范镇、金华市工业重镇，辖区面积68平方千米，下设4个工作片、42个行政村，常住人口10万多人，本地人口5.4万人。

芝英镇是永康经济的副中心，2019年全镇实现规上工业产值66.50亿元；实现规上新产品产值25.20亿元，占规上产值37.89%，同比增长24.9%；完成固定资产投资2.67亿元；完成内资招商1.4亿元；实现外贸出口额21.4亿元。完成财政税收38832万元；全年净增规上企业12家，完成“个转企”48家，完成信息化项目立项数1个；破除规上僵尸企业2家，完成低散乱危整治企业92家。

芝英镇是千年古镇，历史文化底蕴深厚，自东晋时期建镇已有1700多年历史，是古应国文明在中国南方的发源地，祠堂群落独一无二，在不到0.2平方千米的老集镇范围内有应氏祠堂近百座，现存较为完整的有53座。拥有省历史文化保护村落建设重点村4个(芝英一村、芝英六村、芝英七村、芝英八村)，芝英一村完成历史文化古村落保护利用建设，顺利通过省第4批历史文化村落保护利用重点村验收并录入中国传统村落名录；芝英八村有序开展省第6批历史文化村落保护利用重点村建设工作；芝英六村、七村2019年度成功申报省第8批历史文化村落保护利用重点村名单，为全省唯一获得2个名额的乡镇。下柏石村陈大宗祠入选为第8批全国重点文物保护单位，为全市首批全国重点文物保护单位。

2019年，芝英镇获得和谐劳动关系和“双爱”活动省级先进单位荣誉称号；建设成立全省首个镇级应急服务中心；上徐店村、下徐店村、球川村(前俞、后沈、大塘)、儒堂头村成功创建美丽乡村“十无村”。

【“三改一拆”攻坚破难】 芝英镇通过集中拆违周行动，加大治危拆违力度，重拳出击，攻坚破难，于2019年8月完成全年拆违任务15万平方米，拆违利用率超过80%。做好日常巡查，实行新增违法建筑每周零报告制度，分区域进行全面巡查，对新发违章建筑及时处置。加速小微企业园开工建设，不断推动芝英工业产业转型升级，为芝英工业发展提供更多优质空间。郭段、亳塘小微企业园开工建设，西卢小微企业园完成控规报批。

【环保问题严抓立改】 芝英镇生态环境所与市环境监察大队日常检查与突击检查相结合，重点打击非法排污，检查企业862家，处理环保举报投诉案件165起，发出整改通知87份，立案查处企业17起，处罚款额183万元，启动查封扣押程序3起。11件中央环保督察信访件、12件省级环保督察信访件，全部办结。整治涉及五金涂装企业122家，整治提升低小乱危(作坊)企业92家，淘汰落后和过剩产能3家，完成违法违规建设项目清理59家，破除规上僵尸企业2家。

【美丽乡村提升改造】 提升原有创建的美丽乡村，对照新时代美丽乡村建设标准"十无十有"进行改造完善。雅庄村苏溪绿道完成打造和验收工作。"污水零直排区"创建2个镇级工业区完成永康市级验收；4家市场、13个生活小区、30家企事业单位、169家六小行业基本完成建设。芝英镇首个高层建筑区块溪岸村下溪田地块完成挂牌出让，创乡镇商住土地出让价新高，并开工建设。芝英六村、黄店村、溪岸村、王上店村等农房改造顺利进行中。芝英一村全域土地与生态综合整治1期工程已完成，2期工程进场施工。

【垃圾分类持之以恒】 芝英镇卫生保洁全域市场化运作管理模式持续推行，地面、水面、立面保洁，公厕、绿化养护、小广告清理等各项工作常态化开展。巩固提升垃圾分类工作，抓实垃圾处理终端情况，定期公开垃圾分类检查动态，跟踪检查结果，夯实分类效果。对偷倒混装生活垃圾、工业垃圾的违法行为进行严厉打击，全年行政执法部门立案39起，结案15起，共处罚金9.8万元。

【民生实事抓好抓实】 芝英第二中心幼儿园规划建设9个班，已完成主体结构建设；新谋划芝英小学规划用地面积4万平方米，建成后可容纳48个班，已完成征地报批。新建文化礼堂12家。超额完成农业"标准地"改革，新增面积650.46亩；完成桥里、黄店2个区块示范区申报，连片面积1000亩以上。完成黄龙坑、八口塘、下里塘、胡祖塘山塘标准化提升，完成赤岩塘与下里塘水库除险加固工程。创建放心餐饮4家(3家社会餐饮和油川小学食堂)，雅庄村农村家宴放心厨房成功创建B级放心厨房。芝英三村芝英菜场完成改造，年租金收入超过384万元。完成3个金华市级交通隐患点整治，4户贫困户危旧房改造，4座农村公厕改造。基本完成三镇联建污水主管网、集镇污水主管网4期5期工程建设，新增污水主管4.9千米、雨水主管3.1千米，道路"白改黑"2.8千米。年度征兵工作保质保量完成，2019年度入伍17人，其中大学生12人、占比70.6%。成立全市首个乡镇级"雷锋广场"志愿服务队，累计开展服务16场，服务群众2600余人次。

【平安芝英建设见效】 围绕平安芝英创建目标，整合优化调解资源，合力处置矛盾纠纷，"龙山经验"落地生根。2019年，共排查调处各类矛盾纠纷328件，调处成功320件，涉及金额800余万元，矛盾纠纷和重大矛盾纠纷较上年分别下降4%和50%，村、镇两级调委会案件调处成功率100%。"雪亮工程"建设增加安装社会治安视频监控探头80个。消防安全委员会成员完成调整，消防装备和人员配备进一步完善，新增

10个行政村配备微型消防车，建立专职消防队1支17人、森林扑火队5支50余人、志愿消防队5支40余人。全年专职消防队出警25起90余人次，支援周边乡镇出警3起；森林扑火队出警20余起200余人次，志愿消防队出动2起20余人次，共挽回经济损失1000多万元。开展宗教场所规范化建设，开展宗教领域“四治”专项行动，“5＋1”进宗教场所，整治宗教乱象。“扫黄打非”基础站点和新时代文明实践站全覆盖。11件信访积案已化解9件，化解率达81％，金华市级以上积案全部化解，多件耗时10年以上积案得到化解，进京访批次、人次分别同比下降33％、71％。

【地方特色】 芝英二期工业区应急服务中心　芝英二期工业区应急服务中心是浙江省首个镇级应急服务中心，坐落在芝英镇二期工业园区，该应急服务中心引进物联网、云计算、视频多网融合等技术，建立了集预警、通信、指挥和调度于一体的管理平台。一是利用安全风险数据平台建立起区域内各企业、商铺等主体安全风险信息数据库，实行风险及隐患动态管理；二是利用安全体检站平台督促企业完善隐患排查治理，逐步形成隐患的闭环管理，以减少事故的发生；三是利用综合管理平台通过标签化管理形成人员、车辆、装备等关键基础要素电子台账，并通过电子化流程实现对各基础要素的合理组织、分配、维护和周转，在应急救援中最大限度地发挥各块资源的作用。

芝英二期工业区应急服务中心(芝英镇提供)

全国重点文物保护单位——陈大宗祠

下柏石村陈大宗祠于2019年10月7日被国务院核定并公布为第8批全国重点文物保护单位，宗祠位于千年古镇芝英下柏石村内，始建于清康熙三十二年，坐西朝东偏南20度，总体布局为前后三进，设有戏台、厢房、钟鼓亭、茶亭等，占地约970平方米。前厅，面阔五间间两弄，进深六檩用四柱。戏台为四柱重檐攒尖顶，位于前厅与正厅之间，与正厅隔天井。天井两侧设钟鼓亭。正厅，面阔五间，梁架为八檩，明间五架梁前双步后单步，为直梁，整个大厅除椽子外，通绘彩画。正厅与后厅明间之间设过厅(茶厅)，过厅两侧为水池、厢房。后厅，梁架为7檩，明间5架梁前后单步，为直梁。宗祠布局巧妙，建筑精美，前中后3厅逐级升高，其意为步步高升，后厅“太子台”以石为柱，坚韧不拔的“石头精神”激励着一代又一代的下柏石人。宗祠内雕梁画栋，风格独特，建成至今里面都没有蜘蛛网，让人倍感神奇。里面还有一座老戏台，虽历经百年沧桑却依旧屹立不倒，古戏台保存完好，至今仍可正常使用。戏台支柱是一个个方形石柱子，台上的图案栩栩如生。

陈大宗祠(芝英镇提供)

(芝英镇　供稿)

石柱镇

【概　况】 石柱镇地处永康市东部，与市区仅隔一条牛筋岭，永康江上游段李溪贯穿全镇，金温铁路、330 国道、金丽温高速、石临省道等公铁交通网络呈放射状与周边地区相接，毗邻前仓镇和舟山镇。全镇区域面积 65.42 平方千米，辖 24 个行政村(划分为俞溪头片、石柱片、新店片、江瑶片)、2 个居委会，常住人口 4.8 万人，耕地面积 24385 亩。2019 年，规模以上工业企业 33 家，完成规上工业总产值 16.75 亿元，同比增长 10.6%；固定资产投资总额 5.43 亿元。石柱镇用时 3 个月全面完成金温铁路客货运线迁建工程 55 万平方米交地任务。石柱镇省级湿地公园政策处理全面完成，共征地 1060 平方米、租地 52 万平方米。全面拆除东永高速连接线田畈林村钉子户厂房及金台铁路工程涉及石锦村遗留户房屋，成功破解该历史难题。

【"三农"工作】 2019 年，石柱镇深入推进粮食功能区及生态循环农业建设，探索农村主导产业经营模式。扎实推进一事一议项目，全面深化"机器换人"示范镇工作，加快推进农村饮用水达标提标工程，不断加大投入推进平原绿化工作，塘里村成功创建国家森林乡村。伟丰肉食品有限公司成功创建浙江省美丽生态牧场。姚塘粮食功能区通过"田渠＋村渠＋池塘＋湿地"的生态衔接方式，成功打造永康市首条长达 2000 米的"最美生态沟渠"。新塘水库除险加固工程完成验收。加大集体经济薄弱村帮扶指导力度，24 个行政村完成百分百"消薄"。

【现代服务业】 2019 年，石柱镇厚植"旅游业＋"优势促进全域旅游发展。塘里村积极打造集孙氏文化体验、古村景观、养生度假为一体的综合性旅游景区，入选金华地区省 A 级景区村庄样板村。大力发展休闲农业和乡村旅游，南山木语风情小镇建设稳步推进，入围第 4 批全国森林康养基地试点建设单位，旅游收入、游客数量呈持续上涨趋势。

【"五水共治"】 2019 年，石柱镇积极开展宣传联动，引导干部群众踊跃参与治水事业，做好公众满意度测评。严格落实河湖长制，全年完成问题处置 125 件。"污水零直排区"创建工作全面铺开，已完成全区域建设方案编制；加快集镇污水管网建设工程，主管网已完成 80%，支管网已完成 92%。3 个生活小区已完成管网铺设。下里溪、阳龙、泉湖等 3 个镇级工业功能分区污水零直排区创建已全部完成。

【小城镇环境综合整治】 2019 年年初，石柱镇按照"人文石柱·匠艺小镇"目标定位，深入实施环境卫生、城镇秩序、乡容镇貌"三大提升"工程，用时 4 个多月，集镇环境面貌得到极大改善，功能品质大幅提升，小城镇环境综合整治攻坚战取得决定性胜利，7 月顺利通过省级验收，获评浙江省小城镇环境综合整治样板镇。

【美丽乡村建设】 2019 年，石柱镇深入实施乡村振兴战略，不断推进美丽乡村风景线打造，美丽田园生态绿道(后莘—塘里—磨山村段)建设工程已完工，至此后莘—塘里—磨山村段休闲风景线串点成线。镇村干部合力攻坚，泉湖、田畈林、前塘头、里溪寨、华川、下陈、前罗等 7 个自然村美丽乡村"十无村"创建全部通过市级验收。全面推进"公厕革命"，累计完成改造 70 座，其中旅游公厕 2 座，不断提升乡村品质。阳龙自然村旅游公厕获评"国家 A 级旅游厕所"。

【政府法治建设】 2019 年，石柱镇深入推进"最多跑一次"政务服务标准化建设，定期组织窗口人员参加业务培训，保障“一窗受理、集成服务”改革落到实处。积极响应“无证明城市”改革号召，组建镇、村两级代办员队伍，全年代办事项共2168件。全面开展“三服务”及“不忘初心、牢记使命”主题教育活动，共收集问题115个，解决103个，推进2项重点工程加快实施。狠抓《问政时间》《焦点时刻》等电视问政栏目曝光问题实施整改。深入推进法治政府建设，执行民主集中制和“三重一大”决策制度，依法接受镇人大的监督，有效纠正不正之风和腐败问题。严格执行中央“八项规定”精神，一般性行政支出和“三公经费”明显下降。

【民生事业】 2019年，石柱镇结合中华人民共和国成立70周年庆典，举办“民族一家亲，共筑中国梦”主题教育文艺汇演。开展各式民俗文化活动，举办“习近平新时代中国特色社会主义思想飞入寻常百姓家”文艺晚会7场，开展文化走亲2场、送戏下乡3场。推进民族团结进步工作“石榴籽”工程，将石柱村打造成民族团结进步示范点。新增文化礼堂4个。石柱镇第二中心幼儿园建设工程，已通过控制性详细规划批复。石柱小学教学楼、食堂体艺楼建设工程已完成工程量的20%。积极响应“最多跑一次”改革，石柱卫生院全市率先开展“移动开方+药品配送到家”服务，创新举措作为典型被省卫健委点赞。

【社会保障】 2019年，石柱镇认真落实“3条保障线”制度，做到应保尽保，农村合作医疗征收率达到99%以上。圆满完成省十大民生事实——“残疾人之家”建设工作，得到省级领导高度肯定。新建居家养老照料中心1家，村级骨灰堂基本实现全覆盖。狠抓石柱敬老院改造项目落实，完成工程量60%。圆满完成征兵工作，兵役登记率达到100%，共19名新兵应征入伍。建成退役军人服务站示范点6个。全年全镇共出生401人，计生率93.76%，征收社会抚养费2例，计25.9万元。

【地方特色】 塘里村　塘里村位于永康市东南部，距离城区10千米，距集镇石柱2千米，属低丘山陵地带。有农户146户，人口360余人。近几年在市委、市政府的指导帮助下，塘里村先后获得“中国传统古村落”“浙江省AAA级景区”“浙江省美丽宜居示范村”“浙江省生态文化基地”“浙江省森林村庄”“金华市文化示范村”“金华市十佳文化礼堂”“永康十大最美乡村”“永康市街角小品示范村”等荣誉称号。

塘里村是三国东吴孙权后裔的聚居地，村中建有孙权文化广场、孙权铜像。有传说中的孙权母亲吴国太到永康进香的街角小品《吴国太进香》，60多米长的《梦回三国》文化墙，大气宏伟。孙权文化园建设工程从2013年开始，是以40多亩后山为面，以800多米游步道为线，以“下车门”“纳福亭”“千秋阁”等亭台楼阁长廊为点的休闲公园。

塘里村在农房改造中修旧如旧，保留了所有泥巴墙老房，进行了改造与修复，投资少、速度快，已完成2/3，“三巷九院”初见雏形；最重要的是留住了乡愁，走出了一条农房改造的新路径。

近年来，塘里村通过美丽乡村、街角小品打造，正从美丽乡村向美丽经济转变：“罗锅农庄”“央金人家”“塘里私厨”“手工油纸伞”“掌声工坊”等民宿先后开张，就连上辈留下的一座破牛栏也被改造成“牛栏咖啡”馆，可容纳300多人的塘里书画中心也已经结顶，美食一条街、生态体验园正在设计中。

塘里村通过街角小品建设切实将社会主义核心价值观融入村民的日常生活中。实施家训家规倡导、村规民约全覆盖、优秀文化传承、最美风尚培育等活动。创新建立“五共六区”党建工作法，充分发挥党员干部模范带头作用，开展村庄美化工作，党员带头捐款；村里环境美化，党员领头包干；村情民俗风貌，党员美化示范。从2009年开始，全体党员为村里各项建设捐款出力，以党风带民风。

南山木语风情小镇 南山木语风情小镇位于石柱镇前郎村，规划占地面积约2700亩，总投资超1亿元，以园林景观和木屋居住为特色，距离永康市中心15分钟车程。南山木语风情小镇主要以大面积山地为主，包含一条宽沟一座水库和若干水塘。

南山木语风情小镇所在的前郎村是美丽乡村精品村，地处永城之东，距城15千米，地属山区，村保留有市文物保护点2处（莲塘庙和“厅”）、市文物保护单位1处（宇溪公祠）。前郎村积极开展乡村整治，已通过农村三清四改工作，先后被评为“浙江省文化示范村”“金华市文化示范村”“金华市村庄整治建设示范村”“金华市森林村庄”“永康市森林村庄”“永康市美丽乡村建设秀美村”。前郎村兴办婺剧团长达60多年之久，有婺剧剧本20多个，道具齐全，自2006年起连续举办了7年的春节联欢晚会，曾于2009年、2011年参加永康市委宣传部举办的“夏令纳凉晚会”，并代表石柱镇进行专场演出。

（石柱镇　李广旭）

前仓镇

【概　况】 前仓镇位于永康市东南端，总面积78.69平方千米，下辖17个行政村，户籍人口约2.7万人。2019年，前仓镇以习近平新时代中国特色社会主义思想为指导，全面贯彻落实党的十九大和十九届二中、三中、四中全会精神，坚决落实市委决策部署，坚定不移实施“文教名镇、旅游强镇、农业重镇”三大战略，较好地完成了镇第3届人大第6次会议确定的各项目标任务，为前仓高质量发展、高水平全面建成小康社会奠定关键性的基础。

【经济质效在转型升级中持续提升】 面对错综复杂的宏观形势，前仓镇科学研判，精准施策，落实班子“1+1”跟踪服务，开展“对标比拼勇赶超”活动，以“亩均论英雄”，引导规上企业提高亩均效益，鼓励支持骨干企业通过技术改造、产品创新、合作重组等方式做大做强，推动经济稳中求进、进中求好。2019年全镇规上工业总产值完成7.33亿元，增速10%，完成全年任务的106.8%；固定资产投资总额达5.12亿元，完成全年任务的146.28%，其中服务业投资4.58亿元，完成全年任务的154.73%。此外前仓镇新增规上企业8家，新增国家级高企2家，均完成年度任务的200%。

【发展动能在项目攻坚中持续增强】 坚持发展以项目为导向，不断营造“大抓项目、抓大项目”的浓厚氛围，更好地发挥投资的关键作用和重大项目的示范带动作用，持续增强发展后劲。前仓镇招商引资3亿元以上的市镇长工程——盘龙谷“坡地村镇”试点项目挂牌出让，完成基建投资500多万元。攻坚推进2019年度市领导负责的重大项目2个，永康地区金温铁路客货运线迁建工程（前仓段），涉及13个村、110户房屋拆迁，累计完成拆除建筑面积达65900平方米，拆迁量占永康市该工程50%以上，完成征地面积50多万平方米。330国道前仓段改建工程，完成璋川连接口、馆头村、溪坦村、光瑶村、世彰村、善塘村全部征地工作，征地面积24万平方米，移除坟墓137穴，仅剩溪坦村22户征拆工作和一些遗留问题的扫尾工作。前仓镇破解前仓文教产业园政策处理工作难题，实现顺利开工，已完成园区控规编制、方案论证和环评规划第一轮公示。

【镇村环境在内外兼修中持续改善】 前仓镇开展国家卫生乡镇创建工作，小城镇环境综合整治通过省级样板镇验收，溪坦、世彰、秀山3个村通过“十无”村创建。大力推进全域旅游，成功创建永康市首个浙江旅游风情小镇和4A级景区镇，举办2019年舜耕风情马拉松赛事。践行“绿水青山就是金山银山”理念，落实水环境质量提升、饮用水达标提标、河长制，开展“污水零直排区”建设，实施新一轮“158”碧水蓝天工程。2019年以来，完成31家“低散乱危”企业整治任务；完成千吨万人饮用水源地问题排查；14个单联村供水村完成水费收缴工作；石角、法莲、璋川、塘头和大坞5个村基本完成饮用水提标整改；11个村通过农村生活污水综合验收，2个农村生活污水治理设施完成标准化运维验收。在2019年永康市“十大最美河流”评选中，南溪后吴村段取得第一名的好成绩。

【社会事业在共建共享中持续进步】 2019年，前仓镇坚持以人民为中心的发展思想，不断加强民生保障。前仓等15个村居家养老服务中心运行正常；“残疾人之家”项目给辖区残疾人搭建综合服务平台；城乡居民医保参保率达99.5%；投资1950万元的前仓第二中心幼儿园实现开工；推动后吴小学与附小教育集团联合办学，让附小优质的教育资源惠及更多农村孩子。推动基层治理能力现代化，综治信访确保平安。开展“扫黑除恶”，圆满完成保卫中华人民共和国成立70周年大庆任务；创建无邪教乡镇，受到省级媒体关注报道；完成镇综治中心标准化建设，实现全科网格全镇覆盖；积极开展信访积案化解工作，成功化解1起国家级信访件、1起金华级信访件；推行民情民访代办制，17个村均设立民情民访代办点，全年民情代办95件。生动实践“龙山经验”，化解1起重大矛盾纠纷，为以后解决复杂疑难重大纠纷积累宝贵经验。

【政府职能在改革深化中持续转变】 坚持以“最多跑一次”改革为牵引，全面发力、多点突破，加快政府职能转变。部署“无证明城市”工作要求，梳理对应前仓镇实际情况的无证明事项53项。健全政务服务体系，镇行政服务中心建立“一窗受理”平台，设置综合办事自助服务机。此外，前仓镇牢牢把握意识形态主导权，纵深推进全面从严治党，扎实开展“不忘初心、牢记使命”主题教育，以“三服务”活动贯穿全年工作始终，营造务实高效廉洁的政务环境。“三服务”活动自开展以来，前仓镇共收集问题110个，解决率98%。

（前仓镇　供稿）

舟山镇

【概　况】 舟山镇位于永康市东南部，是永康、丽水交界处，距永康城区约19千米。交通四通八达，台金高速及省道石临线贯穿于此。镇域面积77.7平方千米，辖25个行政村，总人口2.5万人。舟山镇是饮用水源保护区，坚持“生态优先、保护优先”的生态立镇理念，全域不发展工业，原生态风貌良好，森林覆盖率66%，常年空气清新、水流清澈，有“秀水舟山”的雅称。特色产业和自然环境优势明显，传统村落具有浓厚的地方文化特色。舟山镇旅游资源丰富，拥有百幢古民居、一组岩宕群、一片湿地(杨溪源生态湿地——省级最具特色湿地)、一种名果(方山柿——国家地理标志农产品)、一条古道(铜山岭古道——省级最美森林古道)、一座纪念馆(红三团纪念馆——省级党史教育基地)、一片神秘古岩画区、一拨美丽乡村。舟山镇利用自身优势，走出富有本镇特色的发展之路。获评国家级卫生乡镇、省级生态镇、省级森林城镇、省级森林休闲养生小镇、省级文明镇、省级平安农机示范镇、省级美丽乡村示范镇、小城镇环境综合整治省级样板镇、金华市“四好农村路”示范乡镇、金华市“无违建乡镇”、金华市首期“整治环境、靓化金华”两年行动“十佳”乡镇、金华市党建示范创建乡镇、金华市美丽乡村示范镇、永康市垃圾分类示范镇等。

【列入第四批浙江省旅游风情小镇培育】 2019年，舟山镇依托古民居、岩宕、湿地、方山柿等特色资源，深挖文化，彰显特色，大力发展红色亲子游、生态采摘游、古民居团队游。前3季度共接待游客11万余人次，新增农家乐5家，新增民宿床位240余个，带动经济收入560余万元。4月13日，举办越野中国·古道越野赛，吸引国内外840名选手参赛，26家媒体全程网络直播，累计吸引观众900余万人次。6月，方山口村依托红三团纪念馆，推出“穿红军衣、吃红军饭、走红军路、听红军故事”红色旅游研学基地。10月25—27日，举办第十二届“中国方山柿之乡”文化旅游节。举办“不忘初心、牢记使命”重走红军路山径赛，进一步传承红色基因，并宣传推广方山柿知名度、提升美誉度，促进柿农增收。

古民居群鸟瞰图(舟山镇提供)

【垃圾分类获肯定】 以端头经验为基础的“舟山模式”在全域推开，切实达到垃圾精细化分类效果。每周减量率可达54%。实现全镇的厨余垃圾就地处理不出镇的目标。垃圾分类工作年初受到省长袁家军批示肯定，并上央视新闻调查栏目。新华社中英文全球直播端头垃圾分类工作。

【国家级卫生乡镇创建】 2019年，舟山镇对集镇范围内石临街、舟山街、古民居区块等重点区域进行集中整治，共开展集镇区巡查整治100余次，整治出店经营、占道经营312起，乱堆乱放139起。全镇25个行政村全部开展自查自改，共清理沟渠85条，大小池塘42口，清理清运生活垃圾、建筑垃圾130车。集镇区面貌焕然一新。

【“四好农村路”示范乡镇创建】 舟山镇累计完成路面保洁24.8千米，路肩培护24.8千米，边沟疏通7千米，设置防撞护栏1.5千米、各类标志标牌32块警示桩8根，完成所有乡道里程碑、百米桩、标志牌等沿线设施设置，实现公路两侧有文化、有绿化、有景观。2019年，成功创建“四好农村路”示范乡镇。

【“不忘初心、牢记使命”主题教育】 2019年，舟山镇围绕“五个一”进行学习：记一本笔记本、过一次政治生日、做一次“初心五检”、干一件民生实事、走一段红军路。“四个抓”：抓学习教育、抓调查研究、抓问题检视、抓整改落实。“三个做”：做好基层服务、做好民生实事、做好难题化解。全镇班子确定10个调查课题、10个疑难攻坚问题，完成调查报告10篇。通过“三会一课”“主题党日”等活动带动全镇25个村级党支部、1180余名党员读原著、学原文、悟原理，针对流动党员和年迈党员，通过送学上门、媒体推送、以考促学等灵活多样的形式，增强学习的针对性和实效性。

【“三服务”活动】 2019年，舟山镇做实做细做好“三服务”。一是推出专家团＋小分队。成立由舟山镇“两代表一委员”共计23人组成的“专家团”，每月组织“两代表一委员”接访，开展人大代表“周三服务日”活动，解决一批群众期盼的民生问题及一些信访问题；成立由党员、村民代表、乡贤组成的红黄蓝“三服务”小分队，25个行政村全覆盖，共计346人，实现“三服务”队伍向基层延伸覆盖。二是机制创新。班子会开到村，班子成员与村干部面对面交流对接。先后到端岩村、舟二村进行现场办公，共梳理经济、文化、农房等方面问题20余个，已基本解决。三是服务发展。镇领导牵线，帮助舟二、方山口、端岩等村主动对接旅行社引入团队游。3月份起已接待120余个团队上万人次。

【水源保护】 舟山镇把保护水源作为第一要务，成立专门团队对杨溪源生态湿地开展日常运维管理，舟山溪、新楼溪水质常年保持Ⅱ类。全市率先完成污水零直排区创建。河道保洁实现物业化管理，河道保洁人员每天对主要溪流干道进行巡查和清理。农村生活污水建设、运维管理：一是标准化提升任务全部完成，2019年，舟山镇4个标准化运维点全部完成提升改造；二是日常运维扎实开展，依托第三方浙大水业公司进行专业化运维，镇、村作为监管主体实行有效监管，确保各个终端出水稳定。

【美丽乡村建设】 2019年，端岩村获评浙江省美丽乡村特色精品村；红柿园村获评浙江省高标准农村生活垃圾分类示范村；台门村获评金华市美丽乡村精品村；外木坦村、香山村、东风村获评金华市美丽乡村秀美村；前村获评永康市美丽乡村“十无”村；申亭村获评金华市垃圾分类优秀村。

【蓝天保卫战】 2019年，舟山镇开展餐饮油烟整治并定期巡查，督促餐饮店规范使用油烟净化装置、定时清洗，实现油烟净化装置安装率100%。加强对施工现场扬尘和渣土运输的检查，加强垃圾房和田野等重点领域的巡查力度和频率，坚决禁止垃圾和秸秆焚烧行为。通过系列整治，有效改善辖区空气质量，PM2.5浓度全市最低。

【推进全面深化改革】 舟山镇行政服务分中心深入贯彻“最多跑一次”改革总要求，以数字化转型、“四张清单一张网”“无证明城市”改革等为抓手，着力解决群众办事的难点、堵点。扎实推进“无证明城市”创建，便民服务平台公布“最多跑一次”事项清单实际可办理的事项34件；2019年共办件1790件、办结1790件，法定时限办结率达100%。

【民生实事】 2019年12月30日，源口自来水厂通水。新楼幼儿园改建完成并投入使用。新增10家文化礼堂，实现行政村文化礼堂全覆盖。完成新增与提升平原绿化134亩，新增村庄绿化25亩，绿化提升109亩。完成2座山塘综合整治除险加固工程。完成9座农村公厕改造。完成5座水库除险加固工程的竣工验收。完成派塘山及新楼325亩山改旱地项目验收后续种植。完成后畈片、前村、台门、上桥、高下杨400多亩垦造水田项目的水稻种植。

【地方特色】 *古民居群* 以舟二村为代表，至今仍保留着上百幢清末至民国初年的古建筑群。其中，80多幢古建筑有历史记载。有市级文保单位或文保点30多处，20多处古民居正在进行修复。村内水系、街巷格局保存完好，有众多的宗祠、民居、商业店铺、古井、骑街楼。其中，黄印若公祠最具代表性。它建于1907年，是一座中西合璧的四合院式建筑。正大门是石库门，门面仿西洋建筑风格。走进院中，其柱子雕刻成旧时西洋花瓶样式，抬头满满都是雕刻精致的中国古式斗拱，人物、鸟兽、山水跃然其上，雕刻手法多样，栩栩如生，展现了旧时匠人的精湛技艺。二楼转角处有个窗洞，被拘于闺房“大门不出，二门不迈”的“大家闺秀”可以透过这个窗洞遥望远方。

“条石之乡” 舟山素有“条石之乡”的美誉，岩宕群面积达20万平方米，是历代舟山人的采石遗址，位于台门村、白岩下、里木

坦一带，绵延至道坦，鬼斧神工，恢宏壮观。昔日繁忙的采石场，留下的是江南水墨巨幅，碧水青山，宛若人间仙境。

国家地理标志农产品——方山柿　方山柿作为地方传统名果，已有上千年栽培历史，宋朝时方山柿曾作为贡品供皇室贵胄享用，南宋永康状元陈亮有赞“尝方山柿，其味如兰”。方山柿初花期在5月中旬，11月中上旬果实成熟可采摘。一般在栽种8年后达盛产期，盛产期可长达120年。2008年起，每年10月底至11月初举办“中国方山柿之乡”旅游节，已连续举办12届。方山柿因其丰富的营养，独特的美味深受消费者青睐，具有广阔的市场前景。柿饼加工已通过QS认证。2003年，方山柿被评为浙江名牌；2003—2007年连续5年获浙江农业博览会金奖；2006年获浙江省著名商标。2008年，新楼被中国经济林协会命名为“中国方山柿之乡”；2014年，方山柿又荣获第七届全国柿生产和科研研讨会“十大优质产品”美誉。2015年，获国家地理标志农产品，是永康首个获得该殊荣的农产品。

杨溪源湿地　永康最大的饮用水源杨溪水库，位于舟山边境；舟山溪、新楼溪两条母亲河穿境而过。杨溪源湿地，处于杨溪水库上游，生态区位十分重要，堪称永康的“绿肾”，不仅保障了100多万永康人饮用水安全，也使舟山镇拥有了一片自然风景的观光胜地。“碧水舟山”因而得名。杨溪源湿地有“浙江最具特色湿地”美誉，已通过省级湿地公园规划论证。

省级党史教育基地——红三团纪念馆　红三团纪念馆所在徐公祠，是中国工农红军第十三军第三团和永康苏维埃政府诞生地旧址。徐公祠内古色古香，红色氛围浓厚。在这里，缅怀先烈，感知红色历史，憧憬绿色未来。

全省十大最美人文森林古道——铜山岭钱王古道　铜山岭钱王古道被评为全省十大最美人文森林古道，全长9千米，从铜山村起始一直通往方岩后浅村，因吴越国时期开采铜山铜矿而形成，是钱王（钱镠，谥武肃）巡视铜山铜矿走过的古道。古道路面状况保持良好，沿途森林茂密、竹海幽幽，走古道体验山民生活，领略铜山十八寮风采，别有乐趣。

古岩画　2019年在台门、白岩下一带的白岩山上发现神秘古岩画。推断创作者是古越人，用以祭祀。古越族人距今已有100多万年历史，生活在长江中下游及以南地区，浙东南也属于其中。古越人有两种较普遍的生活方式，小部分居住在江河入海处小山上过着渔猎生活，大部分居住在浙

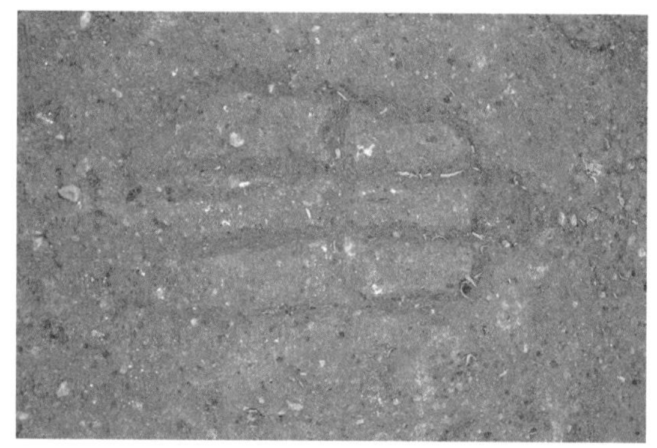

舟山镇古岩画1

舟山镇古岩画2

舟山镇古岩画3(舟山镇提供)

东南大山深处过着采集狩猎生活。古越人崇尚祭祀之礼,每逢重大事情就召集族人进行祭祀活动。他们在酋长召集下,请来本族据称能通天地鬼神的巫师主持祭祀仪式。四周的古越人虔诚伏地肃穆而听。最后,巫师用石斧、石刀等在岩石上刻下画面,用于计时、记录采集数量多少、预测收成多少、祈祷祝福等。舟山岩画的出现填补了金华岩画的空白,为永康市史前历史文化研究提供了新的线索。

(舟山镇　供稿)

古山镇

【概　述】 古山镇地处永康市腹地,总面积48.2平方千米,下辖35个行政村,本地户籍人口4.4万人,外来人口5.4万人。先后被评为全国千强镇和省级小城市培育试点镇、中心镇、教育强镇、体育强镇、森林城镇、生态镇、卫生镇。

古山镇投资环境优越,镇区位于永康经济发展主轴的中心位置,距城区17千米,境内东永高速、217省道、417县道联通诸永高速、金丽温高速、330国道,直接辐射东阳、义乌、缙云、武义等地。2019年,有镇域企业2170家,规上企业75家,民营经济占全镇经济总量95%以上。全年古山镇固定资产投资完成7.06亿元,同比增长8.43%,其中:工业4369万元,同比增长7.85%;服务业6.6亿元,同比增长8.47%;规上工业总产值47.67亿元,同比增长16.43%。全镇税收4.8亿元,同比增长3.35%,其中工业税收4.1亿元,同比增长1.43%。

作为永康五金产业发肇之地,拥有车业、门业、杯业、电动工具、休闲器具、技术装备、金属材料、衡器等支柱产业链,五金产品达到5000多种,省级名牌产品9个,驰名商标10个,5家企业参与不锈钢器皿国标制定,1家企业参与防盗门国标制定,拥有外观、实用、发明等各项专利1300多个,高新技术企业17家,高新技术产业增加值达13亿元,五金产业正向着集约化、现代化、智能化快速蓬勃发展,全力争创“永武缙五金产业带第一镇”。

古山五金市场(古山镇提供)

古山镇在2014年4月启动小城市培育建设,三年一轮,前两轮共投入98亿元,建设了193个项目。东永一线立面改造、方岩大道景观提升等60个项目逐步完工。仓储、物流、电商、商贸等新兴服务性产业逐步兴起,投资15亿元实施人口集聚工程已完工,住户陆续入住;首期投资53.61亿元,包含永康市第二人民医院迁建、教育基地、城市服务中心等8个板块的PPP模式开发项目陆续开工建设。小城镇环境综合整治扎实推进,13条主干道“白改黑”、50多千米管线“上改下”、行政村“入户飞线”整治等项目相继完工,推动古山村容镇貌发生翻天覆地的变化。

古山历史悠久、人杰地灵，完好保存金江龙村古戏台、古山一村胡氏旧宅（七棚头）古建筑群、寺下胡村太婆山新石器时代遗址、胡库画眉岩洞天等独特风貌，积极传承陈亮、胡公、吴绛雪、刘伯温等名人文化。村村开展环境整治、垃圾分类、生活污水处理、森林村庄创建等建设，投入专项资金全力扶持大美乡村建设，打造街角小品 850 个，美丽乡村达标村 7 个、省级卫生村 21 个、金华市级卫生村 14 个、省级历史文化保护重点村落 3 个。

胡库文化礼堂(古山镇提供)

【农房改造再添新地标】 大园东村是古山东永一线的黄金地段，距永康市区 15 千米，区位优势显著。全村主要从事废旧钢铁经营，拥有专业市场 1 个，每年为村集体经济收入创收近千万元，造就了远近闻名的永康“小深圳”。2018 年开始，大园东村着手打造电子商务大楼，即古山镇大园东村农房改造安置清水地块项目，总投资 3200 多万元，于 2018 年 3 月 3 日正式奠基动工。2019 年，2 幢 15 层高楼顺利结顶，进入电梯间装饰工程招投标阶段，成为古山镇又一地标式建筑。

【行政村规模调整】 古山镇按照“并建制、并‘三资’、并人心，促发展、促民生、促振兴”的既定目标，圆满完成行政村规模调整任务，原来的 55 个行政村调整为 37 个。1 月 14 日，古山镇召开行政村规模调整新村成立大会，对新村党支部、村委会、监委会、经济合作社进行授牌，涉及规模调整的 31 个行政村合并成 13 个新村。

行政村规模调整后，由于原来分属于不同村，部分合并后的自然村之间道路不畅，修建“连心路”成为古山镇助推新村做好规模调整后半篇文章的第一件实事。“连心路”的修建，共涉及 4 个合并村 5 条，长度 2740 米，总投资 1200 余万元。

【“初心五检”基地】 利用镇内的特色文化、廉政文化、红色文化等资源，在前黄村、晏塘村、胡库下村、星月集团挂牌 4 个各有特色的“初心五检”体检基地，组织全镇党员干部分批到体检基地进行体检，通过沉浸式体检流程，查摆问题 1732 个，梳理出 8 名“亚健康”党员干部进行诫勉谈话，4 名“不健康”党员干部进行停职歇职。结合“村干部整治立规创优年”、换届“回头看”、“四不”专项整治等活动，对不合格党员、不守规矩干部、软弱落后党组织进行全面整治，约谈提醒 13 人，村干部免职 6 人，党员除名 1 人，开除党籍 5 人。该做法被浙江党建电视平台《党建播报》栏目等多家媒体报道。

【水环境生态修复】 通过在河道种植芦苇、菖蒲、再力花、睡莲等水生植物，华溪水质呈现肉眼可见的好转。2019 年，古山镇设计开展桃花湾水域荷花区块的建设，利用公园池塘、乌江溪等水域的联通，使树木、草坪、土壤与河道水生植物构成生物体系，彻底改变桃花湾水环境。桃花湾公园建设总投资 3000 多万元，总用地面积 26000 多平方米，已建成滨水平台、游步道、景观带等景观，吸引了大量城镇居民在此处散步休闲。

【胡周村、雪塘村托管交接】 7 月 17 日，在方岩镇人民政府举行行政村托管仪式，落实市十七届政府第三十三次常务会议精神，古山镇胡周村、雪塘村委托方岩镇管理，方岩镇原高峰村资源、资产委托古山镇管理，落实各项交接工作。3个村分别召开村务联席会议、村民代表会议讨论同意并向市政府提出书面申请。

【周末难题会诊和月度后进工作督查】 古山镇创新探索实施周末难题会诊和月度后进工作督查制度，由镇主要领导牵头召集相关干部，每周末利用半天或一天时间，对疑难险重的工作现场进行会诊；在月度底由纪委牵头，各相关部门集中对后进工作进行督办，集中精力破解遗留问题，强力推进重难点工作的开展。周末难题会诊共召开18期，会诊难题35个；月度后进工作督查6次。通过难题会诊，打通因政策处理问题搁置近3年的华釜大道，总长度2.5千米，路基总投资1300万元，连接5个行政村。

【老年证“零次跑”办理】 为将“最多跑一次”改革向纵深推进，市民政局新推出老年证“零跑联办”，古山镇迅速响应，率先完成乡镇一级该项业务的办理。每月中旬从公安部门调取数据，摸排符合老年证办理条件的老人，提前发现群众需求，通过部门联动提前完成数据审核录入，制作好老年证，经由民政办事窗口、民政助理员，再由村联络员或代办员直接送到老年人手中，让老人们足不出户就能免费拿到老年证。2019年，古山镇共办理老年证598本。

【通过创建国家级卫生乡镇技术评估】 35个行政村常态化整治村容村貌，2000多名党员干部身穿红马甲深入村庄开展整治，共清运垃圾4.5万吨，立案查处环境类案件32件，处罚金额达234.5万元。推进公厕改革，完成公厕改造108个。新建垃圾“三化”处理中心2个，新增机动车停车位500余个。累计规范出店经营3059起，清理墙面广告约2789处，检查“六小行业”130余家，查处违章停车6100起，清理僵尸车10余辆。确定每周的星期三、星期日为创国卫日，全镇干部放弃休息时间入村走巷，查漏补缺。4月通过省级“创国卫”暗访，7月通过省级技术评估，12月通过国家暗访，等待公示和命名。

【“薪火党建计划”】 以提高两新组织“两个覆盖”质量为重点，以打造“争双强、当先锋”两新党建组织古山品牌为目标，创新开展两新党组织“薪火党建计划”，以合同制的方式聘请离退休党支部、企业党支部、居委会党支部等党员担任“薪火党建指导员”，进入未组建党支部规上企业进行一对一帮扶，帮助非公企业建立党组织，完善各项党建工作制度，规范阵地建设，积极发展优秀党员，提升企业凝聚力，同时推动两新党组织特色“工匠党支部”创建，首批将聘请6—12位指导员，进入企业进行帮扶指导。

【“一警情三推送”】 永康市“一警情三推送”工作推进以来，古山镇高度重视，率先试水，推行纠纷警情快速处置、分级推送、多元化解，纠纷警情持续下降，民转刑案件事件零发生，纠纷警情零上访，重复报警的纠纷数和警情数均大幅下降。9月份以来，古山派出所共向古山镇基层治理四平台推送矛盾纠纷143起，至年底已联动化解142起，化解率达99.3%。同时，通过联动模式，古山镇盗窃警情发生率明显下降，10月，盗窃案件发生率同比下降28.8%，11月，同比下降22.2%，12月，同比下降31.8%。“一警情三推动”制度的推行受到了省、市各级领导的高度肯定。

【工业固废规范化处置】 在古山二期工业功能分区的20家企业内开展“互联网+固废处置”模式的试点，同时，通过“定点巡逻+夜间蹲守+实时监控”的方式严厉打击涉嫌倾倒工业固废的行为，立案查处10余起。深入企业开展宣传“互联网+工业固废处置”新模式，讲解典型案例，多种形式推进工业固废的规范化处置，引导300余家企业与固废处置公司签订协议。

【项目建设】 80个项目同步建设，古弓路道路建设工程等42个项目基本完工。古山小城市培育试点综合开发一期PPP项目，2019年度计划总投资6亿元，完成投资6.1亿元。民生项目加快建设，教育区块开工，另外新建胡库区块、世雅区块2所幼儿园，完成政策处理和前期设计，并列入2020年政府投资新建项目；医疗区块总用地面积7.5万平方米，其中第二人民医院迁建工程计划总投资4.5亿元，占地3.5万平方米，进入围墙砌筑以及施工便道施工阶段；雅苑东区块山水一品打造商贸休闲一条街，与肯德基、时代院线、上海华联超市等多个知名品牌签约，与16个餐饮、娱乐品牌达成签约意向。

【新农村建设】 2019年，古山镇列入永康市级达标村创建的有5个村：群丰、塅塘、金园、金江龙、大园东，均完成创建，通过考核验收。最美双舟线被列入2020年续建项目，初步设计方案完成。设立古山镇2019年美丽乡村专项扶持奖励资金以奖代补制度，推进镇级美丽乡村创建，全镇各行政村均提交美丽乡村创建申报表，所有未达标村均申报创建达标村，晏塘、前黄、宁塘、前杭等9个行政村申报创建示范项目。此外，400余个村级备案项目助力美丽乡村建设，总投资超过1亿元，其中投资5万元以上项目70个。

【地方特色】 华釜山　距永城25千米，位于金城川境内。北面相望栖霞山，南望方岩山、公婆岩。山势蜿蜒起伏，平陡相间。海拔517米，山中寺院林立，名胜古迹众多。山脚的“潜溪古里”是元末明初一代名士朱世远公“青晖楼”的旧址，中段有“惊马遗音”遗址，南侧华釜水库边有风景如画的灵荡岩，往上便到林观寺，再往上是隋唐古道，拾级而上里许便到望远亭。山顶建有“清风”“明月”“乡贤”3亭。往东下台阶是晋朝“妙静寺”遗址，相传寺东龙潭是金华老龙栖息之地。北坡下山可鸟瞰金城川全貌，山底有当年朱方和学生程榜眼赏菊吟诗的地方“黄花涧”，有宋嘉祐年间“金城川”朱姓始祖朱昌的“乾八古里”遗址和宋朝古墓、千年古柏。

画眉岩　位于华釜山麓西侧，离胡库1千米处。上有岩洞数个，最大的阔三余丈、深七八丈、高二丈余。洞内清幽宜人，洞外树木参天，有“画眉藏洞府，行到方见”之说。1928年7月，中共浙西特派员姚鹤庭来永康贯彻省委扩大会议精神，在此召开全县活动分子大会。洞内建有胡公家庙，供奉胡公神像，入口处建有恢宏的牌门和楼阁。

文昌星公园　位于柏青山麓的文昌阁始建于清乾隆乙卯年(1795)，阁上塑有文昌帝君神像，为古山先民倡导文化昌明、祈求登科及第的活动场所。1967年7月21日被台风刮倒，1999年由政府牵头集资建造文昌星公园，是金华市第一个农民公园。

（古山镇　李洁）

方岩镇

【概　况】 方岩镇位于永康市东部，距永康城区16千米，镇域面积约88平方千米，与芝英镇、古山镇、舟山镇、西溪镇相邻。行政村规模调整后，下辖26个行政村，共有1.1万户，总人口2.7万人，耕地面积7938亩，林地面积42925亩。境内群山连绵，风景秀丽，林木资源十分丰富。方岩山多地少，其中铜坑、柘岭下、金竹降上、金竹降下、仙岩等村均位于山地之间，铜坑村、柘岭下村为省级地质灾害治理点，现已实施避让搬迁。

【2019方岩庙会】 2019年方岩庙会跻身于“民间民俗·多彩浙江”优秀传统文化系列

活动，在省民宗委、省文旅厅指导下成功举办。集中展示永康市及周边地区独特民俗活动，内容丰富，形式新颖，亮点纷呈。有富有红色印记的“金华革命斗争史展”巡展，还有代表文化传承的九狮图、十八蝴蝶、拱瑞手狮等精品非遗节目展演，以及体现永康匠人风貌的方岩纸花、锡雕、打金打银等传统手工技艺的活态展示，更有几十年未曾上山展演的壮观龙灯方岩景区亮相。10月9—13日5天时间吸引近20万观众，被80多家媒体争相报道，其中包括网易新闻、中国蓝新闻、新浪网、CCTV新闻网、爱奇艺等30多家省级以上媒体，进一步彰显胡公文化，提升方岩庙会的影响力。

【政治建设】 加强政治建设，紧扣“守初心、担使命、找差距、抓落实”总要求，高标准高质量开展“不忘初心、牢记使命”主题教育，以市委巡察整改为抓手，不断加强“清廉政府”建设。全面发展老龄和关心下一代事业，支持工会、共青团、妇联等人民团体开展工作。自觉接受社会监督，主动走访代表委员，广泛征求意见，定期召开意见征求座谈会，对收集的意见建议立行立改。提升依法行政水平，加强对工程、项目、招投标、资金拨付等方面的规范管理。扎实推进“对标比拼勇赶超”，以“创业争先、共建方岩”主题实践活动、季度“晒拼创”为载体，全面营造良好的干事创业氛围。

【工业经济】 方岩镇是五金之镇，是永康小五金的发源地之一。2019年，方岩有16家规上企业，全年实现规上工业总产值60725.99万元，同比增长12.82%；规上企业用电量1535.25万千瓦时，同比增长10.99%。新上一批技改项目，完成“小升规”企业培育3家，股份制改造企业1家。方岩新区电商产业集聚发展，成为发展新亮点。高度重视小微企业园建设，2019年目标任务数1个，实际打造小微企业园2个：派溪小微企业园、枣山头小微企业园。截至年底，派溪小微企业园3号地块1#厂房已完成三层主体建设。枣山头小微企业园2#，3#，4#已完成出让并于10月底开工建设。

【农业经济】 2019年，全面完成26个行政村消薄工作，成立抱团消薄集团。完成粮食种植面积400余亩，开展果蔬农残检测3000余例，充分保障了群众的菜篮子安全。完成后浅“由良”红橘种植700余亩。开展家禽家畜防疫4000余例。完成中央财政小农水项目—后山头后角坑山塘整治工程、古竹畈后坤山塘整治工程、黄坑口水库灌区西干渠改造工程。完成铜坑旱改水项目及庙口自然村建设用地复垦。获评省级“平安农机”示范乡镇。方岩红橘曾荣获省优质农产品称号，“满头红”是方岩红橘中的精品，每年10月中旬便会有许多人慕名来采摘。采摘游也成为方岩旅游的一种新模式。

【旅游经济】 方岩镇是国家重点风景名胜区方岩所在地，独特的丹霞地貌风光美不胜收，以山奇洞幽著称，同时又有胡公大帝的赫灵之名，引来香客如潮。现方岩景区不仅是游人赏景好去处，同时也是年轻追星族的聚集地，石鼓寮影视城常有剧组扎堆拍摄新剧。此外，方岩镇还有灵岩景区、仙岩景区。2019年，方岩景区旅游开发项目作为市镇长项目工程，年初与银泰文旅集团签订正式协议，7月1日方岩风景区已正式由合资公司接管运营。至年底，第一批项目进入实施阶段。游客换乘综合体，总占地2万平方米，9月28日完成土地摘牌，12月开工建设，通景道路提升工程、4A级景区提升改造基本完成。景区公厕提升改造、丹霞山居建设工程于11月进场施工。胡公殿修缮、景区标志标牌提升设计方案在修改中。截至11月底，共清理景区道路两侧乱堆乱放40余处。完成通景公路两侧绿化政策处理。完成岩上征地53198平方米，岩上、橙麓两村已确定初步方案。依托旅游业的快速发展，第三产业“农家乐”有声有色，如在金竹降上下村农家乐集群式发展，吸引各地尤其是苏浙沪地区游客大量涌入。2019年铜山岭钱王古道修复工程主体完成。

铜山岭钱王古道修复工程开工仪式(方岩镇提供)

【环境综合整治】 2019年，方岩镇对照“宜居、宜业、宜游、宜商”目标，结合赫灵方岩特色小镇创建的实际情况，投入6亿多元，基本改善城镇“脏乱差”面貌，提升了“居、旅、业”联动的“方岩气质”。小城镇环境综合整治投入4000多万元，“五加二”“白加黑”，8月份被评为金华市级样板镇。创建永康市首个“省级污水零直排区”。建立和完善市政设施长效管理机制、园林养护长效管理机制、道路开挖等各项管理长效机制。切实抓好河长制、塘长制、街(路)长制的巡查，进一步发挥好“四个平台”综合指挥室作用。全面完成中央环保督查交办问题整改。涉及655家五金涂装企业全部完成整改，名单外新发现五金涂装企业16家完成整改销号。工业功能分区内67家企业完成了环评审批手续。开展扬尘治理、低散乱危及库区农家乐及五金作坊整治，全力打好污染防治攻坚战。

【美丽乡村建设】 完成葩陌、岩后和橙里王的村庄规划修编，戈阳自然村的村规论证。盘活存量建设用地87.842亩，完成农转用指标报批7.2亩。完成农村房地一体不动产登记录入1594宗，颁发证书320本。持续开展垃圾分类，实现全镇垃圾减量超15%。新增后山头、大园、文楼、皮店美丽乡村“十无村”4个，争创岩后美丽乡村“十有村”1个，创建仙岩省A级旅游景区村庄1个。拆除违章建筑近3万平方米。

【文化建设】 方岩镇作为文化古镇，既是“为官一任，造福一方”胡公文化的源头，又是南宋思想家、文学家、永康状元陈亮的讲学之地，同样也是明代榜眼程文德故里。全镇省级文物保护单位有4个，它们分别是五峰书院、占鳌公祠、刘英烈士墓、抗战时期浙江省政府及相关机构旧址，市级文物保护单位7个，文物保护点17处，文物史迹27处。方岩廉政教育基地、刘英烈士陵园、金竹降革命历史纪念馆变身主题教育“打卡地”，刘英烈士陵园获评金华市红色旅游基地。方岩镇以农村免费文化培训和组织大型演出为主推手，扎实开展群众文化工作，成功举办第三届先岙灯会、各村2019年元宵迎龙灯、“庆三八”系列活动、职工趣味运动会等。开展文艺结对、文化走亲、文艺项目培训等各类文化活动共计150余场次，《方岩十二时辰》荣登“学习强国”客户端。新建大园村、铜坑村、文楼村、岩后村文化礼堂4座。完成后山头小康体育村提升，广泛开展太极拳和养生健身操公益培训。乒乓球赛再创佳绩，在永康市第3届城镇乒乓球赛中荣获女子赛冠军、男子赛第4名。2019年，方岩镇再次获评“浙江省民间文化艺术之乡”称号。

【民生环境建设】 2019年，方岩镇完成“三资”管理改革。借力“最多跑一次”改革，重新编排行政服务中心窗口设置，实行“一窗受理、集成服务”，受理各类业务4589件，均在规定时间内完成办结。推行“无证明城市”改革，推行网上App办理，切实方便群众办事。低保实现动态管理，全年共发放农村低保救助金135.67万元，临时救助和优抚救助5.33万元。认真抓好兵役登记，选送新兵9人。创建三星级居家养老照料中心2家，井头村被评为农村家宴放心厨房A级。新建大园村、灵岩寺前村避灾点2个。启用联建骨灰堂（福栖堂），办理骨灰安放共127件。城乡居民医疗保险参保率达99.55%，大病医疗保险参保率完成85%以上；完成第5期职工医疗互助560人。圆满完成中华人民共和国成立70周年等重大活动安保工作。完成镇村两级综治中心、“扫黄打非”基站、民情民访代办中心、心理咨询室、退役军人服务中心建设。化解省级重点积案2件。排查调解矛盾纠纷145起，涉及金额480余万元。联合方岩派出所，组建“赫灵卫士”队伍。对重点场所、重点人员进行多次专项排查，推广智能门禁系统260套。做好消防安全工作，完成20个智能充电桩建设，增设6个村级微型消防站。

【方岩特产】 *方岩纸花* 又称“胡公花”，是方岩风景名胜区的特色旅游品。《永康县志》记载：方岩纸花，清代乾隆年间制作已盛。品种有菊花、牡丹、月季、蔷薇、杜鹃、芙蓉、紫罗兰等，色泽鲜艳，在方岩山脚街上聚成花市。方岩纸花为纯手工制作，在20世纪七八十年代，方岩山脚下的岩上、岩下、橙麓3个村妇女制作销售方岩纸花蔚然成风。进入21世纪，方岩纸花制作销售逐渐式微。近年来，方岩镇不断加强非遗项目保护传承，方岩纸花被列入第2批永康市、第3批金华市非遗保护项目。

方岩红橘 又名方岩土橘，主产于方岩独松、先盆、后钱、铜坑等村。果实呈扁圆形，11月中下旬成熟，初采时味甜偏酸，经贮藏后，香气浓，滋味独特。其栽培历史悠久，《永康地景赋》中有“左植李黄，右栽橙绿”的记载。方岩红橘具有丰产、适应性强、贮藏性好、果色艳丽的特点，民间爱在喜庆节日相互馈赠。曾参加浙江省名特优新农产品展示（销）会，获省优质农产品奖。

【方岩名人】 *胡则* 胡则（963—1039），字子正，北宋名臣，永康胡库人。少时曾寄寓方岩山顶寺庙读书，宋端拱二年（989）进士。胡则为官47年，“逮事三朝，十握州符，六持使节，选曹计省，历践要途”，力仁政，宽刑狱，减赋税，除弊端。晚年奏免衢婺二州百姓生丁钱，百姓感恩，于方岩山顶立庙纪念，民间尊称为“胡相公”“胡公大帝”。毛主席赞其“为官一任，造福一方”。现方岩山顶有胡公祠庙，香火旺盛。

应材 应材（1136—1180），字伯良，方岩岩后村人，南宋抗金名臣、理学家、翰林大学士。绍兴二十七年（1157）进士，授衢州教授，孝宗隆兴元年（1163）升任兵部架阁文字，后被帝选为太子春坊，总管东宫内外庶务。淳熙四年（1177）为阁门舍人兼同主管左右春坊。孝宗命其往荆襄参谋军事，战守部署得宜，几年内边境平静安定。淳熙庚子七年（1180）病故于军中。淳熙癸卯十年（1183）下旨敕封为安国公。

应孟明 应孟明（1138—1219），字仲实，方岩可投应人。宋隆兴元年（1163）与吕祖谦同科登木待问榜进士。历任临安府教授、乐平县丞、大理寺丞、知静江府兼广西经略安抚使、浙西提点刑狱、吏部员外郎、户部侍郎、吏部侍郎，加封上柱国，卒赠少师。子应纯之官至兵部侍郎，捐躯沙场，赐建忠烈祠奉祀。

陈亮 陈亮（1143—1194），原名汝能，字同甫，号龙川，世称龙川先生，婺州永康人，南宋思想家、文学家。在方岩寿山石室（今五峰书院）讲学多年，创立事功学说，为

“永康学派”代表人物。宋光宗绍熙四年(1193)状元及第,授签书建康府判官厅公事,未及至官而逝。宋理宗时,追谥“文毅”。有《龙川文集》《龙川词》传世。

程文德　程文德(1497—1559),字舜敷,号松溪,方岩独松人。明嘉靖八年(1529)以一甲二名榜眼进士及第,授翰林编修。官至吏部左侍郎,掌詹事府。后调南京工部右侍郎,疏辞忤旨,除名归。晚年在家乡著书讲学。其为官清廉,去世时贫不能殓。有《松溪集》《程文恭公遗稿》等传世。隆庆元年朝廷追赠其为礼部尚书,万历三年谥文恭。《明史》有传。

程正谊　程正谊(1534—1612),字叔明,号居左,又称布政公。方岩文楼村人,1571年进士。初授武昌司理,后升刑部主事。再升云南副宪,补蜀臬、参广西,又任四川左辖,后升顺天府尹等职,晚年回乡在五峰书院讲学。传世有《扆华堂集》等。

刘英　刘英(1905—1942),原名刘声沐,生于江西瑞金一个贫农家庭。1929年4月参加中国工农红军,同年9月加入中国共产党。先后任连政治指导员、营政治委员、团政治处主任、团政治委员。1931年12月任红5军团第15军44师政治委员。1934年1月任红5军团34师政治部主任,后任红7军团政治部主任。参加了中央苏区历次反“围剿”,身经百战,屡建战功。在第一次反“围剿”战斗中,为掩护部队撤退,曾独自抱着一挺机枪断后,直到战友全部撤出战斗。1942年2月,因叛徒出卖,刘英在温州被国民党反动当局逮捕,在狱中受尽折磨,但他坚贞不屈。同年5月18日于永康方岩马头山麓英勇就义,时年37岁。

(方岩镇　洪湖琛、吴雄利、陈春媚)

龙山镇

【概　况】 龙山镇位于永康市东北部,界于永康、东阳、磐安三地之间,是省级中心镇,也是金华市特色小镇创建对象。全镇总面积54.69平方千米,下辖27个行政村(行政村规模调整前为39个),有常住人口3.7万人,外来人口2.5万人,距永康城区约25千米,地理位置优越,是永康东北部的交通枢纽,S 217省道东永一线贯穿整个镇区,东永高速在境内设有出入口,规划中的东永三线也贯穿而过。

全镇共有企业1200多家,规上企业58家,亿元以上企业11家,产品以现代五金和休闲用品为主。2019年,全镇净增10家小升规企业,规上总数达到58家,实现规上工业总产值32.9亿元,同比增长2.7%;实现固定资产投资总额2.44亿元。1—9月,科技研发费用2576万元,完成比例73.6%;新增股改企业5家。

龙山镇自然环境优越、旅游资源丰富,境内有太平湖、普明禅寺、吕氏文化中心等休闲文化场所。新兴旅游景点龙川文化园融合影视拍摄、休闲观光、运动体验等为一体。近年来,龙山结合本土特色文化与新起的机车文化,创建越野运动小镇。2015年被列入“金华市级特色小镇”创建名单。2015年开始,连续4年成功承办国家级全地形车及摩托车赛事,持续打响运动品牌,逐步呈现出产业、旅游、文化“三驾马车”齐头并进的发展格局。

近年来,龙山镇以“浙商回归园”和“小微企业园”两大平台为载体,引领工业经济创新驱动发展;以创建“金华市美丽乡村示范镇”为总抓手,打造美丽乡村升级版;以小城镇环境综合整治为契机,小城镇整治获评金华样板镇，实现状元故里新蜕变；以“陈亮文化”为根基，深入挖掘历史底蕴，为“两美龙山”注入文化之魂；以举办国家级全地形车、摩托车赛事为引擎，集聚龙山创新要素，助力乡村振兴，先后获评浙江省农业“机器换人”示范乡镇、金华市体育产业（运动休闲）基地、浙江省卫生乡镇、小城镇环境综合整治金华市级样板镇等荣誉称号。

【项目建设开启“龙山速度”】 成功完成55亩土地政策处理，桥下水厂迁扩建工程顺利开工；在全市率先建成并投入使用第二所镇属公办幼儿园；马山头、山头里2个小微园开工建设；镇域4个镇级工业功能区率先通过“污水零直排区”创建市级验收，成为全市首个通过验收的乡镇。

【社会治理升华“龙山经验”】 深挖陈亮“义利并举”思想精髓，传播“无讼”理念，坚持党委领导，发挥基层党组织战斗堡垒作用，建立健全机制，法庭职能前移，多部门联动，把矛盾纠纷化解在基层、化解在萌芽状态，形成了可学习、可复制、可推广、可持续的“龙山经验”。2019年，“龙山经验”被列入浙江省基层创新工作前50强。持续做细做实“龙山经验”，积极推行以镇综治中心为主平台，“三片一园”区域为分平台，村综治中心为单元的三级网格体系，“龙山经验”被列入浙江省基层创新工作前50强。

【美丽乡村创建】 以创建浙江省美丽乡村示范镇为总抓手，全域深入铺开美丽乡村创建。大力推行“点面结合、线片联动、划片作战、各个击破”的工作机制，组织8个行政村村村争创各级美丽乡村示范村、达标村。在2018年成功完成小城镇环境综合整治验收的基础上，自我加压启动四路区块小城镇环境综合整治，镇村两级协同作战，共谋划立面改造、线乱拉、绣品市场改造等30余个项目，四路集镇面貌得到显著改善。坚持生态优先的发展理念，纵深推进生态环境治理，推动“五水共治”从治标向治本、从末端治理向源头治理转变，推出“公厕＋生态洗衣房”模式，达到治污与节水双赢。

【稳企业促发展】 龙山镇作为工业重镇，2019年经济基本面健康良好。推进做实做细“三服务”活动，建立领导干部联系规上企业、小升规重点企业培育等制度，在环评办理、安全生产等多个方面帮扶企业，着力培育经济增长新动能。基本完成浙商回归园企业服务综合体建设，为60家入园企业提供全方位服务，间接辐射辖区700余家小微企业。不断强化土地要素保障，着重做好存量文章，共排摸存量建设用地38宗，启动四路上村工业区退二进三改造和黄金山工业区的改造，致力于实现壮大村集体经济和产业转型升级的“双赢”。大力推进项目建设。桥下水厂顺利完成55亩土地的征地政策处理，并于9月份开工建设；浙商回归园幼儿园项目从选址、立项、设计、招标、建设到最后竣工，整个建设周期仅用了10个月时间，开创项目建设的“龙山速度”。山头里、马山头2个小微园顺利完成出让并开工建设。

【创建越野小镇】 10月，龙山镇成功承办国家级的体育赛事，这是自2015年以来龙山镇第5年举办体育赛事。2019年，龙山镇与专业赛事运维机构上海新动力公司合作，共有来自全国各地150余名车手参赛，赛事配套的有摩托车极限表演、羽毛球赛、迷你马拉松赛，吸引永康及周边2万余游客观看。央视、新华社等多家知名媒体对此进行广泛报道，舆论反响良好。在此基础上，龙山镇与新动力公司签署赛后赛场运维的合作协议，试水一年之内常态化举办各类赛事活动，确保月月有活动，着力探索出一条赛事运维与乡村旅游互促共融的发展路径。以赛事为引擎，龙山镇积极申创“龙山越野小镇”，依托浙商回归园和小微企业园两大平台，搭建产业升级、要素创新的平台，打响运动品牌，引导产业的主动升级和特色产业集群的形成，以运动带动区域产业发展，创造镇域新的经济增长点

【开展主题教育】 深入开展“不忘初心、牢记使命”主题教育，坚持领导带头，全员覆盖，规定动作到位，自选动作出彩。共开展领导班子专题学习5次，完成调研课题15个，梳理疑难问题16个，整改完成14个。在现有在编干部严重不足的情况下，实施年轻干部“红色成长”工程，推行重点工作周分析、领导班子周交流、职能科室周例会、日常工作周抽查、特色亮点周宣传的“周周清”制度，激励比学赶超，提振干事热情，2019年以来共提拔年轻干部5名。常态化推行“党委会开到村”机制，切实化解溪田、前珠山等村一批遗留矛盾，促成一批民生实事“落地”。始终把“党建＋基层治理”作为龙山党建最有力抓手，持续推进龙山经验再深化。积极推行以镇综治中心为主平台，“三片一园”区域为分平台，村综治中心为单元的三级网格体系，全面开展矛盾纠纷多元化解工作。前3季度，共受理各类矛盾194件，化解185件，成功率达95%。

（龙山镇　供稿）

西溪镇

【概　况】 2019年，西溪镇下辖22个行政村和3个居委会，户籍人口2.9万人。行政区域面积83.5平方千米。西溪镇地处永康东北部，境内以丘陵为主，植被茂密，境内河流常年丰盈，有“永康西藏”之誉。与东阳、磐安、缙云交界，距横店高速互通仅15分钟车程，同时东永高速、永磐公路穿镇而过，从东永一线岔口、东永高速西溪出口到西溪镇区仅5分钟车程。西溪镇工业经济起步较早，20世纪80年代曾有永康纺织配件“金三角”之称。

西溪镇围绕市委、市政府决策部署，把“环境整治年、项目推进年、作风建设年”作为2019年工作主抓手，努力开创大美西溪高质量发展新局面。一是生态建设实现“破旧立新”。成功打赢小城镇环境综合整治落后“翻身仗”，获评小城镇环境综合整治省级样板镇，辖区内东溪获评金华市级最美河湖，获评浙江省公益林建设成绩突出集体。二是项目推进实现“破题前行”。合力打好重点项目攻坚“组合拳”，中心幼儿园项目圆满完成征迁工作，小微企业园平稳挂牌出让。三是业态发展实现“破茧成蝶”。依托产业项目全面迸发影视旅游业态活力，大力发展以金园为代表的特色民宿，全力打造寺口旅游商业街区和神龙峡景区，不断完善旅游服务设施和配套体系，逐步形成“食、住、游、购、娱”结构完整的产业体系，推动全域旅游格局向纵深发展。2019年，西溪镇有耕地面积1000公顷，粮食作物以水稻为主，全镇规模农业基地有13个。近年该镇大力发展特色品牌农产品，柏岩蜜梨、下赵蜜桃、后岗头生姜、下里葡萄、上徐生姜、棠溪药材等农副产品已逐步形成地方特色品牌。

小城镇整治成果图（西溪镇提供）

【农业经济】 西溪镇积极发展符合本地特点的经济作物，如玉川、石江、下赵等村种植共千亩桃树，另外，还有葡萄 120 亩、西瓜 460 亩、油茶 145 亩、香榧 200 亩、栀子花 100 亩等。2019 年，西溪镇融合影视旅游元素，做优做强高效生态农业＋影视旅游产业文章。引导特色农产品规模化、集约化发展，以活动为载体，推动“农业＋旅游”等新兴业态融合发展。举办包括开幕式、写生、采摘游等系列活动在内的西溪第 11 届“蜜梨节”及首届“蜜桃节”，带动农民增收近 500 万元。完成动植物防疫等各项基础工作，完成标准农田质量提升工程项目 718 亩；完成大棚房全面排查，拆除并复耕农田占用建筑 5 处。完成 14 个村“三资”融合台账建立并通过上级验收；通过组建镇级抱团公司、筹划镇级抱团项目等方式壮大集体经济，全面完成“消薄”工作。

【工业经济】 2019 年，西溪镇以“三服务”活动为抓手，确保经济形势保持稳定。一是以优质服务破解企业发展瓶颈，为工业发展提供有力保障，累计解决涉企问题 26 项，其中包括协助正发机械有限公司完成股改等难题。2019 年，全镇实现规上工业总产值 5.14 亿元，完成全年目标 56.3%，同比下降 26.6%；实现固定资产投资 0.9 亿元，完成全年目标 114%，同比实现翻番。二是不断优化区域工业布局，助力小微企业转型升级。完成 452 户小微企业园涉及农户的政策处理攻坚，完成 7.2 万平方米地块清表及第一批用地出让；“小升规”任务完成情况全市排名靠前，三季度应税销售额达到 1500 万元以上企业 3 家；研发投入完成情况全市排名第 1，完成率达 138.3%；发展省级科技型中小企业 1 家，完成企业股改 1 家，培育专精特新企业 3 家。三是大力开展工业区环境整治提升，累计完成“低散乱危”块状行业整治 31 家，淘汰落后产能企业 2 家。此外，2019 年度西溪镇 3 件省级环保督察交办信访件均完成处理，企业环保手续办理及规范化整治基本完成。

【旅游经济】 2019 年，西溪镇游客量同比接近翻番。其中“神龙峡景区”五一试运营期间接待游客近 10 万人次；寺口影视旅游商业街区打造项目基本完成涉及农户异地安置，并开工建造主体建筑；金园民宿集聚村建设项目完成民宿注册 31 家，对外营业 13 家。通过在《永康日报》开设《西溪影视》专栏、运行“影视西溪”及“西溪发布”微信公众号等新型宣传手段实现全方位宣传报道。进一步强化与新浪、网易等媒体平台对接，扩大西溪影视旅游产业品牌影响力，其中 6 月份西溪镇践行“两山”理论的经验做法，于浙江经视《两山情》专栏第 1 期播出；11 月份西溪镇《永康西溪风情》新书发布会于永康广电等平台进行全网直播，均取得良好的社会反响。举办第四届西溪影视旅游文化节、首届西溪影视旅游高峰论坛暨投资洽谈会、首届马术耐力邀请赛、第三届“影视西溪杯”微电影邀请赛等大小活动 10 多场。全年西溪影视基地共接待剧组 210 个，拍摄收入达 540 万元。影视西溪累计接待游客 65 万人次，带动三产消费 3000 万元，同比分别增长为 22% 和 81%。

金园民宿（西溪镇提供）

西溪影视基地(西溪镇提供)

【美丽集镇建设】 2019年,西溪镇全力开展小城镇环境综合整治,发动全镇1680名党员干部投入整治工作,累计整改交办问题1845个,清运垃圾6万余吨,平整闲置地块14.8万平方米,完成道路硬化、改造7.4万平方米,绿化5.5万平方米,赤膊墙粉刷上色14.4万平方米。在全镇合力攻坚下,西溪镇成功打赢集镇环境落后"翻身仗",获评小城镇环境综合整治省级样板镇。此外,西溪镇创新推行"星期三集镇整治行动",通过网格包干的方式每星期三组织集中整治,确保集镇常态化管理。

全域化打造美丽乡村"升级版",成功创建省级、金华市级美丽乡村示范村各1个,永康市级达标村4个。完成西溪镇"污水零直排区"创建。垃圾分类优秀村创建率达70%,石江村获评浙江省高标准农村生活垃圾分类示范村。开展西溪镇垃圾三化处理中心建设,完成前期工作。"三改一拆"累计拆除违建、危旧房157宗,面积共4.2万平方米。完成"四未"土地处置152亩、土地整理643亩。陈亮故里文化风景线西溪段打造完成施工设计和工程造价概算,美丽宜居示范带建设稳步推进。

打好青山保卫战,累计清理病死松木1100余吨,获评浙江省公益林建设成绩突出集体,种植珍贵树种8000余株,完成平原绿化215亩,基本完成永磐公路两侧租地绿化,创建"一村万树示范村"1个。打好碧水保卫战,完成东溪山区及棠溪山区小流域治理工程建设,累计清理河道沟渠205千米、改造提升32千米,其中东溪成功获评金华市级美丽河湖。打好蓝天保卫战,累计开展扬尘治理、秸秆禁烧等行动近百次,全年无重度污染和严重污染天气,空气质量稳居全市镇街区前列。

【平安西溪】 持续提升西溪社会治理水平,确保社会面保持安全稳定。成功化解国家级信访积案1件、金华市级积案1件,实现积案清零;累计接待信访件291件,信访回复率100%;调处疑难矛盾纠纷3件,成功率100%。2019年,西溪镇无重大群体性事件发生,成功护航"两会"等重要节点,实现"零进京访",并持续保持"零诉讼"。全面推进综治中心规范化建设及"雪亮工程",切实抓好扫黑除恶、防邪、反恐、禁毒等工作,全年无重大治安案件发生。开展安全生产隐患排查活动,发现并整改隐患128处,整治企业50家,完成企业安全培训257人;落实防台抗汛工作,"利奇马"台风期间实现零人员伤亡,其中尚黄桥村获评"利奇马"抗台救灾先进集体。2019年,西溪镇无重大安全事故发生。

【民生保障】 2019年,西溪镇积极推进民生保障工作及各类民生项目。中心幼儿园项目圆满完成征迁工作。新建永康普济西溪康养中心及西溪"残疾人之家",增加房间30间、床位46个。创建文化礼堂3家,5个村完成居家养老服务照料中心星级申报,集体经济薄弱村全面消除,退役军人服务站实现22个行政村全覆盖。累计开展各类慰问、救助活动796人次,金额达41万元。"无欠薪"工作受理劳动保障案件19件,涉及劳动者23人,调解金额达62万元。做好新村融合后半篇文章,举办春节"融合党员灯"、趣味运动会等民俗活动50多次,全面开放老年食堂8家,攻克历史顽疾12处,建设"断头路"工程6项,协助上马村拓宽阻隔两村交通十余年的瓶颈路。

着力提高服务能力，优化服务质量。创新建立“西溪贴心三服务”品牌，组建3支特色服务队下沉开展专项服务，共计走访企业64家、群众1563户，履诺践诺2597次。试点开展民情民访代办工作，代办事项275件，满意率达100%，工作经验于《浙江新闻》《金华日报》等多家媒体平台刊登。创优服务效能，围绕“最多跑一次”“无证明城市”改革工作，简化办事程序，提高群众办事效率。

【队伍建设】 2019年，西溪镇围绕队伍建设，坚持党建引领，多措并举打造西溪红色铁军。举办每季度“85后”青年干部座谈会，实施村级主职干部“季季谈”，关心关爱干部工作生活。组织青年干部深入参与一线工作，定期组织村党支部书记培训，提高干部干事能力；开展“新锐之星”等先进评比，激发干部干事热情。对113名农村后备干部建立“一人一档”，为表现优秀的开辟入党绿色通道，全镇有6名后备干部借此成为入党积极分子、7名确定为发展对象。围绕作风建设，不断深化反腐败督查。自查出“四不”问题3个、问题线索2条；累计诫勉谈话1人，提醒谈话41人；办理上级交办问题线索10件，其中6件转党纪立案。持续加大专项监督检查力度，累计清退违规领取的误工补贴近2万元。立足民生畅通诉求渠道，着力解决群众诉求。镇纪委受理市纪委交办信访件9件，8件已报结、1件调查核实中，其中6件实名举报件均达成双满意。

【地方特色】 国家3A级旅游景区——西溪影视基地 西溪影视基地位于永康市西溪镇，基地总面积3.2平方千米，核心区块位于寺口村，辐射圈包括与寺口相邻的桐塘、西山、下里、上坛、上塘头等村。西溪影视基地具备两大明显优势：一是区位、交通优势明显。东永高速西溪出口与横店互通仅15分钟车程，剧组转场成本低。二是生态资源项目多。基地森林覆盖率达85%，内有百亩古樟林、百亩新梯田以及山坡、峡谷、溪流等原生态资源，适合剧组外景本色拍摄。该镇通过在《永康日报》开设《西溪影视》专栏、运行“影视西溪”微信公众号等方式对西溪进行多渠道、多角度宣传，提高西溪影视基地的知名度。2019年，西溪镇共举办影视相关活动10多场，接待剧组210个，拍摄收入达540万元。影视西溪累计接待游客65万人次，带动三产消费3000万元。同时，西溪镇积极招商引资，进一步完善影视小镇相关配套服务设施，提升影视小镇品质。其中“神龙峡景区”项目已开发玻璃栈道、滑草等游乐项目，五一正式开业；此外，投资500万元的金园外景拍摄点已开工建设，2019年西溪镇新增农家乐31家，新建民宿13家。

神龙峡景区玻璃栈道(西溪镇提供)

柏岩蜜梨 西溪柏岩蜜梨始种于1992年，以翠冠梨、黄花梨、黄金梨、清香梨等品种为主，20多年来不断发展，形成了以800亩寨口蜜梨精品园为中心，辐射4000亩的蜜梨种植基地，成为永康最大产梨区，“西溪柏岩蜜梨”成为永康市十大农业品牌之一。寨口村农户共580余户，有300多户种植蜜梨，蜜梨成为该村的支柱产业，让该村踏上了致富路。西溪镇政府通过精品蜜梨评比等活动，促进蜜梨品质逐年提升。2019年，完成新品种蜜梨种植500亩，成功举办11届蜜梨节，使“西溪柏岩蜜梨”的金招牌享誉市内外，成为农业增效、农民增收的主要渠道。“西溪柏岩蜜梨”被国家农业农村部认定为无公害农产品，寨口村被认定为浙江省无公害农产品基地。

蜜梨丰收喜开怀（西溪镇提供）

高山生姜 高山生姜是西溪镇的传统农产品，充分体现了因地制宜的发展原则。上徐村、后岗头村海拔高，土壤肥沃，产出的生姜品质优良、风味独特，市场供不应求，因此家家户户种起了生姜，种植面积达到200亩，年产出150吨，创收上百万元。

药材 西溪镇药材的种植来源于磐安药材市场的辐射，以元胡、贝母为主，辅以太子参、三叶青、白术等，种植面积总计1300余亩，销售额2000余万元，是永康最大的药材种植区。

（西溪镇 任丹娜）

象珠镇

【概　况】 象珠镇位于永康市中部偏北，东邻芝英街道，南与东城街道接壤，西跟义乌市交界，北连唐先镇，镇域面积85.78平方千米，下辖27个行政村，总人口4.2万人，外来人口2.2万人。镇政府现坐落于清渭街村，距市区10千米。象珠镇西北部多山区，五指岩山脉延伸入境，中部由龙山山脉延伸入境，地势自西北往南渐趋平缓，东南部属低丘平原。西北部山峰海拔在500米至800米之间，整体山势较为平缓。尖山位于象珠老街的东侧，平地而起，相对高度150多米，不与其他山脉相连。山林面积80488亩，山林覆盖率为63.8%，植被以松杉为主体。镇域内水系自北向南沿山谷流淌而下，主要水系自西向东分别为礵溪、塘里坑溪和三渡溪，最终汇合为酥溪，流向永康。镇域内有两处较大规模的水库——三渡溪水库和黄坟水库，是镇域主要水源地。象珠镇内有东永二线省道和双舟线穿镇而过，北至东阳，南至永康市区，西至金华义乌。

2019年，全镇固定资产投资2.62亿元，其中工业投资1.23亿元，服务业投资1.39亿元；规上工业总产值同比增长13.4%，完成浙商回归1.04亿元；新产品产值3.43亿元，同比增长36.9%；“双百”企业由2018年7家增至8家。

象珠镇三大工业区工业固废整治取得初步成效。全镇共有322家企业签约工业固废处置协议，349家企业注册了App。据统计，平均每天清运6吨工业固废。

2019年，象珠镇双舟线沿线村创建美丽乡村“十无”“十有”村达95%。象珠一至四村、清渭街村通过省3A级旅游村验收。加大象珠古镇旅游区重点项目建设，完成古粮仓、五进厅、奇一公祠等重点文保单位的修缮并通过市级验收，完成象珠老街修缮工程，启动连片古民居修缮工程，优化宝带河两侧景观打造、商业布局。推进双舟线美丽乡村示范带创建。雅吕村通过国家3A级旅游村庄规划论证，并通过省美丽乡村示范村初验。六十间头、潘溪古桥、八份里、古廊桥等一批代表性的古建筑完成修缮。

【民生实事】 2019年，象珠镇紧抓民生实事。推进农村住房事业，深化“三权到人(户)、权跟人(户)走”改革，完成22村1669本农村不动产登记。完成49户住房户批基。寺口吕、英村等村农房改造顺利推进。完成新增低保对象15户16人，低保边缘对象7户10人，审核取消低保对象11户13人，低保边缘对象21人。通过村、镇两级审核完成红十字会救助55户、慈善总会救助12户，临时救助37户。官川、黄岗、荷沅居家养老服务中心通过星级评定。新建6座新农村文化礼堂，利用农村文化礼堂资源，承办太极拳公益培训、书画培训、送健康下乡等活动。21个自然村举办农民唱主角的村晚，开展镇镇走亲2次，金华走亲2次。荷沅莲花队获得永康市“文化和自然遗产日”展演赛金奖。雅吕村上演国家级非遗保护项目“醒感戏”。开展春联送万家、迎太公灯、庆“三八”、庆端午等重大节日活动。

【小微园建设】 象珠镇规划建设4个小微园，即王溪田小微园、柳墅小微园、派溪吕二利小微园、山西小微园。规划占地面积4.5万平方米的王溪田小微园是全市首批开工建设小微园之一，首批入驻企业3幢主体厂房即将结顶，完成80%工程量。规划占地面积11.11万平方米的柳墅小微园于2019年11月完成土地出让。规划占地面积18万平方米的派溪吕二利小微园已完成建筑物拆除。规划面积8万平方米的山西小微园完成土地预征收，进入违建厂房拆除阶段。

【义永公路木渠段政策处理】 义永公路是连接永康、义乌两大经济强县的主动脉，是省重点项目。2019年6月，象珠镇成立10支征地拆迁“清零”攻坚队。10天全面完成拆迁协议签订，7天完成全部房屋腾空，3天基本完成房屋拆除，提前一个月全面完成政策处理。义永公路木渠段全线进入无障碍施工，2019年，完成路基工程50%的工程量。

【地质灾害隐患点西寮老村整治】 2019年5月，象珠镇集中力量攻坚地质灾害隐患点西寮老村最后3户钉子户，督促2户拆除后，5月20日集中全镇力量解决最后一户，有惊无险依法进行强制拆除。位于柳墅村的安置区同步开展移坟工作，已完成48穴坟墓迁移，进入林木砍伐阶段。

【“三改一拆”盘活土地存量】 2019年，象珠镇以“腾出发展空间”为第一宗旨，深入推进“三改一拆”工作。对违建区块实行连片拆除、大拆大改。同时对土地实行全域优化布局，全要素综合整治，连片提质建设。7月，象珠镇在提前完成全年拆违任务25万平方米，全年累计拆除50万平方米，3年来累计拆除违章建筑总量105万平方米，预计可置换出建设用地300亩。消化批而未供地32.35亩，批而未供消化率21.57%，“四未”土地下降率8.76%。

【组织向芦鑫州同志学习】 2019年，象珠镇以先学一步、学深一点、多悟一层的态度学习芦鑫州同志先进事迹。芦鑫州同志事迹受到金华市、永康市领导批示肯定，被追授为金华市优秀共产党员和永康市优秀共产党员。中央主题教育办、中国共产党新闻网、《浙江日报》、《金华日报》等各级核心媒体先后刊登了芦鑫州同志的先进事迹。

【“与四大歪风邪气、四大陈规陋习做斗争”专项行动】 2019年，象珠镇针对少数农村干部出现的滥用职权、脱离群众、个人主义、不守规矩等四大歪风邪气，以及违法甚至犯罪、工作避重就轻、遇事先讲私利、思想强化落后等四大陈规陋习开展专项行动。充分利用纪检监察、组织处置等措施，使象珠政治生态进一步净化。全年19名村干部被警示约谈，3名村干部被警告、严重警告，3名村干部被歇职停职，5名村干部被免职。

【平安建设】 2019年，象珠镇实现进京上访零登记，越级上访量下降60%。共化解信访积案9件，排名全市第一。拖延了10多年未处理的楼下陈、后渠下山脱贫信访积案在6月份确定化解方案，信访人承诺息访；曾一年内赴京十几次、被称为永康头号上访对象的陈杰产、吕晓贞夫妇信访积案得到彻底化解。

【地方特色】 省级历史文化重点村雅吕村 雅吕村在2018年12月被成功列为省级历史文化重点村。2019年，雅吕村六十间头、潘溪古桥、八份里、古廊桥等一批代表性的古建筑完成修缮，获批"归去来兮"第6家园建设，通过国家3A级旅游景区景观质量验收，通过国家3A级旅游厕所的验收。雅吕有望形成一个集休闲、旅游、历史、文化为一体的乡村振兴样本。

四村联创省3A级旅游村庄 2019年年初，象珠镇党委将象珠一至四村都列为省3A级旅游村庄的名单，联合4个大村创建省3A级旅游村庄。其中，象珠一村主抓硬件旅游配套设施建设，如旅游厕所、旅客中心、停车场等；象珠二村主抓古建筑修复工作；象珠三村主抓旅游区域卫生市场秩序；象珠四村主抓旅游软件，如导游培训、农家乐民宿开设等。

针对"三缺""两乱"(即缺厕所、缺车位、缺游客中心，停车乱、市场乱)现象，象珠镇在2019年完新建一座2A级旅游厕所，改造3座旅游厕所；10月，完成建设在象珠公园南边的生态停车场；将游客中心点选址在4个村中心位置，同时也是老街起点的奇三公祠内；在村内积极宣传规范停车并通过交警部门对乱停车进行处罚；象珠四村专门设自产自销市场供商贩售卖，解决占道经营及卫生状况。

象珠一至四村有100多处古建筑，长达1千米的象珠老街，大多都已破损。经过历史文化研究会商定，启动古建筑修复计划。2019年，完成象珠二村省保古粮仓、象珠四村五进厅、象珠二村奇一公祠、象珠三村文化礼堂等古建筑修复工作，并完成象珠老街立面改造工程，将其作为省3A级旅游村庄创建的核心节点。

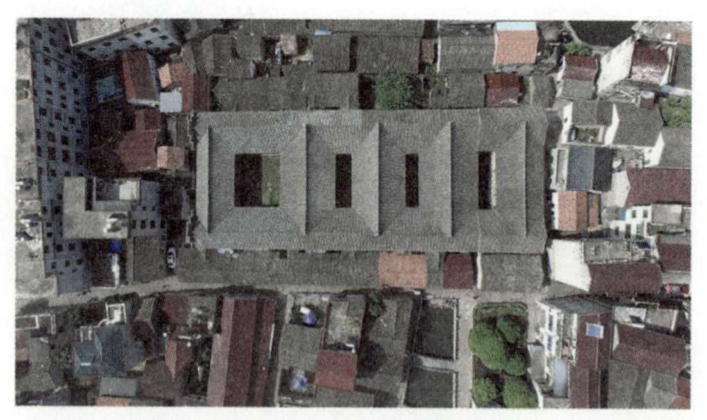

象珠五进厅俯瞰(象珠镇提供)

(象珠镇 胡文渊)

唐先镇

【概 况】 唐先镇据宗谱载有"陶唐先民"之缘由，故称唐先。历史上，唐先镇在清代和民国以前隶属太平乡，称十九都唐先庄。于民国二十三年开始建镇。建镇后隶属清溪区管辖，直至解放。1949年9月唐先解放后，属象珠区军管，称唐先乡，1953年改称唐先镇，1958年属象珠公社称唐先管理区。1992年4月进行撤区扩镇并乡后，大后乡并入，称唐先镇。2002年7月撤去唐先镇，史属象珠镇，称唐先管理处。2006年6月又恢复唐先镇建制，并将中山乡并入。唐先镇属浙江丘陵地带，地势北高南低，除西北部8个村属山区外，其余23个村均属丘陵地带。中西南部多耕地，山脉属仙霞岭山系。最高山峰为五指岩平头、乌居平、纱帽头，海拔在700米以上，全镇总面积85.59平方千米。其中耕地17019亩，山林84467亩。唐先镇原有58个行政村，2018年11月份行政村规模调整后下辖31个行政村，分4个工作片：中片，辖10个村；南片，辖7个村；西片，辖8个村；中山片，辖6个村。全镇总人口4.5万人，另有流动人口1.1万人。

唐先镇文化底蕴深厚，民间艺术资源丰富，群众文化异常活跃，被称为“东方一绝”的九狮图就出自唐先镇石桥头村。唐先镇于2006年6月被评为“浙江省民族民间艺术之乡”，2008年被文化部评为“中国民间文化艺术之乡”，2011年镇文化站被授予国家级非物质文化遗产——永康醒感戏的传承基地，2014年被省文化厅评为“浙江省传统戏剧特色镇”，2019年被评为“浙江省民间文化艺术之乡”。

【工业经济】 2019年，唐先镇以“三服务”活动为抓手，在帮助企业解决发展难题的同时，全力推进小微企业园建设。共谋划上洋山、大后、上新屋3个小微园，总规划面积为21.47万平方米，已全部完成征地，大后小微园5宗地块已经出让。全年完成规上工业产值11.8亿元，同比增长10.15%；完成固定资产投资13921万元，完成年度计划115.0%。完成税收9914.05万元，同比增长2.34%，完成计划的101.14%，其中工业税收9307.16万元；完成研发费用投入914.9万元，完成年度计划101.6%。小升规2家，新增国家级高企1家，新增省级科技型中小企业3家。完成规上企业股份制改造1家，实现零的突破。“专精特新”企业培育入库5家，处置“僵尸企业”3家。工业投资项目立项3个，信息化项目立项1个，企业上云33个，内资招商8000万元。

【民生实事】 2019年，唐先镇把改善百姓生活、增进百姓福祉作为出发点和落脚点，推动一批民生实事落地生根。小城镇环境综合整治通过省级考核验收，被评为金华市级样板镇。唐先镇第一座公办幼儿园成功破解审批难题，完成主体工程；第二所公办幼儿园和小学迁建项目前期工作在稳步推进中。全面实施农村饮用水提升改造工程，完成象珠水厂扩面工程龙山加压泵站的土地征用；里洋联村、长川村、石湖坑村等村的提升工程正在加紧施工中；石湖口、谏庄、下位等自然村完成前期工作，准备招投标；金坑、周坑、安坑、箬岭下、里岭脚等自然村优化设计方案后进入招投标。大塘里水库工程通过验收，观音坑水库完成工程主体，里洋水库除险加固工程列入市里建设计划，将于2020年动工。完成平坑山塘、后立山塘、大桥泽塘等灌区改造和横洋村水系连通工程。重启东永二线通道绿化工程，夏杜曹至大后段基本完成；绿道4号线上考一石湖口段、葡萄长廊绿道支线完成建设。陈亮故里线（唐先段）路基部分基本完工，污水零直排区创建进入工程收尾阶段。全年新增农村居民养老保险1000多人，城乡居民医疗保险参保率达到99.5%。

【平安建设】 2019年，唐先镇共排查调处村级矛盾209起，调处率100%，化解各类信访积案6件，通过小城镇环境综合整治解决各类矛盾纠纷147件，解决历史遗留难题20个。共受理劳动纠纷114件，涉及人数160人，金额239万元，调解率100%。扎实开展民情民访工作，共收件651件，均按要求完成办理。搭建基层治理“四个平台”，配备专职网格员35名，按照金华一级示范要求建设的一体化综治中心投入使用。太平新村、前渡金村、岩前村3个村完成“三治六无”善治示范村创建。收到上级交办扫黑除恶线索16条，全部完成核查回复。深入开展“三服务”，组建4支服务小分队，成立21个攻坚组，解决了唐先第一所公办幼儿园建设、农村饮用水提升工程、小微园征地等市级交办问题4个、镇级问题93个。推动龙山村增压泵站征地工作；成功破解石桥头村集体4000余平方米土地因20世纪末租赁遗留问题；唐先三村历史遗留问题也成立专项工作组进驻攻坚化解，集体经济清收在推进中。全年组织安全生产检查835人次，完成企业负责人、安全员、特种设备作业人员培训300余人，整改安全隐患挂牌督办企业30家，完成标准化复审企业6家，安装智慧用电系统50套。加强交通安全管理，新装13处监控违法抓拍点位，增设车位800余个；严格落实“两站两员”制度，建立1个镇级和4个村级交通安全劝导站，组建16人的专职管理队伍，50人的志愿服务队伍。全年交通事故数量、死亡人数均实现同比下降。高度重视食品安全工作，成功创建3家省A级农村家宴示范中心，农产品二维码追溯体系逐步完善，共打印“身份证”4000多张，居全市首位。

【乡村振兴】 2019年，唐先镇强势推进省级特色农业强镇创建，通过省农科院专家进行葡萄、莲子培训授课，巩固提升省级“三长”试点示范乡镇，广泛开展食品安全、健康知识讲座进文化礼堂等科普活动，受益农户800多户。争创2项浙江农业之最，唐先志军农场被评为金华市农村科普示范基地。以红富士葡萄节、荷花文化旅游节、上考红糖节为依托，推动农旅融合，促进农民增收，第九届中国（永康）红富士葡萄节销售总产值达8000多万元，葡萄节期间农民同比增收450万元；第十五届红糖文化旅游节期间，农民收入达800万元。按上级要求，全面完成31个村“消薄”任务，其中省级经济薄弱村5个、企事业单位帮扶7个。成功创建省级美丽乡村示范镇，2019年指令性计划创建美丽乡村5个，其中岩前、长川2个“十无村”通过验收，3个“十有村”在冲刺攻坚中，美丽乡村创建率居全市首位。“红富士现代农业园区线”入选浙江省“100条休闲农业和乡村旅游精品线路”的线路。完成泮川村、三合村、夏杜曹村、尖山湾村等4个“金华市森林村庄”创建，秀岩村获评“浙江省生态文化基地”。高度重视生态环保工作，全年出境断面酥溪（山西村）水质全年稳定在Ⅲ类水质，居全市前列。环境监测站建成使用，全年空气质量良好，达到优秀3个月、良好9个月，PM 2.5浓度平均值为30 $\mu g/m^3$，全市排名第3位。完成低小散企业整治32家，完成率103%。全面推进“无废城市”创建工作，创建环境卫生厂区示范企业1家、标兵企业4家。推行“乡贤+”发展策略，成立全市首个经民政部门登记备案的乡贤会，发动乡贤参与社会治理和服务，协助解决群众问题和纠纷23起；成功争取第3届浙江省大学生乡村振兴创意大赛主会场落地唐先；帮助争取省级财政资金1180万元助推秀岩村美丽乡村建设。

【优化服务】 2019年，唐先镇以“无证明城市”改革为抓手，持续深化“最多跑一次”改革，不断增强唐先百姓的满意度和获得感。全年共办理民政、劳动保障等相关“无证明”事项298件；充分发挥村级代办员作用，完成残疾证新证申请34人，残疾证换证231人；办理低保救助39户，低保边缘户2户，临时救助26人；发放老年优待证442张。按照一次性告知原则，办结37件“乡村建设规划许可证”申请。全力做好行政村规模调整后续工作，协调解决工程招投标、“三资”改革和管理、档案交接等方面的63个问题。大后养老院完成“公建民营”改造，上考村居家养老服务中心成功创建省级示范点，秀岩、尖山湾、金坑下位等村老年食堂统一配送，饮食水平有明显提高。镇政府内部完成机构改革，“八办两中心”细化分工，明确职责。成立4个工作片党总支，全力推动危旧房治理，完成省级任务8宗，金华市级任务155宗，永康市级网上销号104宗，困难家庭住房改造4宗。全年累计完成农村宅基地及住房确权登记933本。生育对象服务率达90%以上。

【文化传承】 2019年,唐先镇获评“浙江省民间文化艺术之乡”,建成永康首个镇级非物质文化遗产展示中心。在小城镇环境综合整治中绘制展现唐先特色文化墙绘100余处。九狮图受邀赴台湾参加2019“诗画浙江·灯彩艺术”巡回表演,受到省台办专门表彰。成功举办“壮丽70年·奋斗新时代”2019永康醒感戏“师带徒”传习班结业汇报演出。高龄辣妈宣讲队受到省市领导点赞。《永康啰》节目获得金华市第4届戏剧曲艺比赛一等奖。永康鼓词、铜钱棍参加金华非遗展演永康专场、兰溪专场,收获广泛好评。全年共有10个文化礼堂通过验收,全镇文化礼堂达到27个,岩洞口、白莲塘文化礼堂分别通过五星、四星验收。全市首个、金华地区第二个北京大学思想政治实践课教育基地落地秀岩村,这是北京大学在国内成立的第26家教育基地。通过“物华唐先”公众号做好网络宣传工作,全年推送信息190条,位居各镇(街区)前列。创新开展“今天我当家”妇联主席一月一轮岗制度,挑选工作积极、有特长有想法的村妇联主席,担任镇妇联智囊团,开展各类妇女活动。高度重视人民武装工作,发动大学生参军入伍,完成征集18名优秀青年新兵任务。拓宽组织覆盖面,新增团支部14个,举办青年红色讲堂活动、青少年书画大赛、七夕汉服文化交流、首届入学儿童启蒙开笔礼等多项特色活动。

【地方特色】 永康红富士葡萄　永康属亚热带季风气候,特点是四季分明,年温适中,热量丰富,雨量丰富,干湿两季明显,为葡萄提供了优越的自然条件和生态环境。唐先镇为永康的农业大镇,经过多年发展,逐渐形成以“唐八鲜”命名的镇域特色品牌农产品,即红富士葡萄、太平鲜莲、太平有机鱼、五指岩生姜、上考红糖、迷你番薯、牛血汤、清塘庄黄金梨。尤其永康红富士葡萄闻名遐迩。唐先镇是全市葡萄的主要产区,主要品种有红富士、青堤、藤稔、夏黑等十几个品种,以红富士为最出名,其糖度高、汁液多、清甜可口、芳香浓郁、易剥皮,深受消费者青睐,销往北京、上海等各大城市。为打造出全国最大的精品永康红富士葡萄生产基地,永康市政府积极扶助发展葡萄种植特色农业经济,通过邀请省内外专家对葡萄种植户开展品种嫁接,品质提升工程培训,建设葡萄避雨钢架大棚,架设长3.3千米葡萄长廊,保证葡萄质量。2007年,仅唐先镇有葡萄园266.67多公顷,年收入4000多万元。同年,在唐先三村举办首届葡萄文化旅游节,轰动全省,因此名声大震,葡萄销售范围迅速扩大到省内外。2017年,永康市上万亩红富士葡萄年产量达8000多吨,产值1.1亿元,同比增长20%。2010年,被中国果品流通协会授予“中国红富士葡萄之乡”的称号,2013年,荣获“浙江省农业金名片”称号,是永康市的一张靓丽名片。

永康五指岩生姜　永康五指岩生姜因盛产于海拔高、常年云雾缭绕、土壤特殊、方圆25千米无污染的“五指岩”山脉一带而得名,具有上千年的栽培历史。宋代文献就有记载,千百年来,姜农坚持传统的种植和储藏方式,保持原生态味道。关于它的来历,在当地有个民间传说:《白蛇传》中的白娘子因端午节吓死许仙,去昆仑山盗仙草。盗得仙草后,鹤鹿两童子紧追不舍,白娘子筋疲力尽,慌忙中撞上了五指岩。白娘子从山顶滚到山下,仙草抛在山坡上,醒来时,满地都长满了仙草,白娘子就挖了其中一块匆匆赶回杭州,救活了许仙。这仙草后来就在五指岩下繁殖,成了名闻遐迩的永康五指岩生姜。永康五指岩生姜,因生长的土壤特殊,不喷农药,施农家肥,无污染,致使永康五指岩生姜成为风味独特的纯自然无污染绿色食品。该姜肉质茎单株重 0.75－1.00 千克，外形美观，表皮光滑洁白带鹅黄色，嫩芽粗壮，呈浅紫红色，色鲜块大，肉厚细嫩，汁多渣少，香味浓郁。将鲜姜拗断，姜内即冒出一股辣中透香的白雾，姜体还有一圈圈旋丝和密布的经络。有较高的食用价值和药用价值，能驱寒、催汗、健胃、化痰、止咳、解毒、止火，深受消费者青睐。近年来，永康市大力发展乡村旅游，旅游产业的兴旺带动农家乐、民宿的发展，另外旅游产业也促进当地农产品的销售，提升农产品的价格，尤其当地人还会把发出的姜芽制作成旅游产品，大大提升生姜的产品附加值。1992 年，全村产姜 150 吨，销往北京、上海等大城市，远销日本、中国香港、中国澳门等地区。2007 年 11 月，举办首届五指岩生姜文化节，引来全国各地客商，签订了 400 万元的购销协议。各地种姜户纷纷前来定购姜种。是年，仅中山村生姜种植面积就达 66.67 公顷，收入达 2000 多万元。截至 2017 年底，五指岩生姜种植面积 400 公顷，年产量 7200 余吨，保护区域面积 876 平方千米。浙江永康五指岩生姜属“国字级”农产品。有“药姜之王”“仙草”等美称。2016 年 12 月，永康五指岩生姜正式通过国家农产品地理标志评审。2017 年，永康五指岩生姜再获殊荣，荣获浙江精品果蔬展销会金奖。

永康上考红糖　唐先镇上考村是远近闻名的产糖区，种糖梗、制红糖已有上百年历史。永康民谚有云：“上考龙山出红糖，五指岩前出生姜。”唐先（上考）红糖文化旅游节已连续举办 15 届。上考红糖产品包括红糖以及红糖加工的生姜片、糖籽儿、糖勾、拉丝红糖麻花等。

永康太平莲子　唐先镇太平新村拥有永康市最大的莲子生产基地，种植面积 500 多亩。太平莲子属“太空莲”，具有生育期长、花多、结实率高、颗粒大、品质优等特点。

休闲农业与乡村旅游　唐先镇在东永二线通往大石坎公路上搭建长 3.3 千米、宽 9 米、高 3.8 米的葡萄长廊，该长廊是中国最长的葡萄休闲长廊。穿越十里葡萄休闲长廊，便是千亩荷花湿地。

五指岩风景区位于永康市最北部，西北与义乌市交界，北与东阳为邻，是永康北部的天然屏风。五指岩主峰海拔 712 米，方圆 5 千米，比浙东名胜方岩高约 1 倍，故民间俗语云：“方岩高高，不及五指岩半山腰。”被称为五指探云，为永康十景之一。

石苍岩风景区距离葡萄长廊 3 千米，位于长塘头村旁，有低山形如粮仓，名曰石苍岩，海拔 320 米。山中最奇特的是有一天然巨石佛头像，形象逼真，村人称为“仙翁岩”。半山腰青松翠竹，浓荫蔽日，天泉瀑布，潺潺流水，天然岩洞毗邻。洞中有洞，洞上叠洞，陡壁上最高的上仙洞约 200 平方米大小，可容纳数百人。

岩渡里风景区一处沿碑而行，一处可随竹而上。沿碑而行有记载着岩渡里十景的碑林，碑上刻有来龙山、仙人桥、召佛岩、翠竹洞等景点典故，行至爱心亭可小憩，观赏对面的奇石，石后有一空旷洞穴。随竹沿阶而上可达龙竹寺，适逢吉日，来客都会带上香烛祈福。

（唐先镇　陈霞）

花街镇

【概　况】　花街镇位于永康市西部，是永康“西大门”。2019 年，花街镇下辖 26 个行政村，户籍人口 3 万人，外来人口 3 万人。有学校 5 所，在校生 3500 人，专职教师 120 人。行政区域面积 114.3 平方千米。已完工土地开发项目 18 个，土地开发总面积

1701.9 亩，其中垦造耕地项目 12 个，新增耕地 1126.77 亩；旱改水项目 6 个，新增水田 575.12 亩。施工中土地开发项目 7 个，面积 562.15 亩，其中：垦造耕地项目 5 个，面积 344.74 亩；旱改水项目 2 个，面积 217.4 亩。年内，有农业机械总动力 23500 千瓦；土地流转 773 公顷；粮食种植面积 505 公顷；全部完成粮食功能区建设 492 公顷，标准农田质量提升工程 91 公顷。全面开展“美丽牧场”“示范性家庭农场”创建活动，实施创建美丽牧场 5 家，省级 3 家，永康及以上农业龙头企业 13 家，示范性家庭农场 5 家。持续巩固小城镇环境综合整治成果，围绕“一源三线”为核心的全域化乡村旅游空间景观布局，以文促旅，以旅兴镇，镇村面貌提档升级。2019 年，全镇有工业企业 498 家，其中规模以上企业 22 家；实现规上工业总产值 27.24 亿元，同比增长 14.49%。1—9 月，完成固定资产投资 3.01 亿元，完成比例 110.75%；完成工业投资 1.54 亿元，完成比例 124.07%；完成服务业投资 1.47 亿元；省外产业到位资金 0.86 亿元；纳税人税收 1.78 亿元；完成技术(研发)费用 0.27 亿元；股份制改造企业完成 3 个。

2019 年，花街镇秉承“青山绿水就是金山银山”的发展理念，积极巩固、培育、放大花街生态优势，提高环境保护的紧迫感和责任感，让“水清、岸绿、景美、河畅”的生态环境初步显现。27 家 VOC 整治企业全部完成设备安装、检测备案及验收销号；整治低小散企业 78 家，完成率 101.3%；完成两违清理项目 46 件，完成率 95.8%；完成 25 家规上企业环评审批手续，完成率 86.2%。深化畜禽养殖污染整治，基本完成 4 家美丽牧场创建；推行高效低毒农药，农药减量 0.5 吨；9 个农废回收点常态化运作，农业废弃物综合利用水平提升显著；建立 500 亩绿色防控和化肥减量增效粮食生产示范点。深化污水零直排区创建成果，聘请专业机构检测排查，发现问题 226 处，完成整改 87 处；工业区主管网建设完工并顺利通过验收，整治六小行业 42 家，完成 14 个机关企事业单位的污水零直排创建和 51 家企业雨污分流工作；镇村两级河长巡河共计 408 次，发现并解决问题 19 处，新换公示牌 16 块、更新 49 次。全镇环境综合整治步履不停，不断提升整治标准，强化长效管理。2019 年共组织开展大整大治行动 11 次，党群齐上阵，累计清理垃圾 500 余车，清除卫生死角 450 余处，清除乱贴乱画 1000 余张，印发宣传资料 1200 余份。

花街镇一角(花街镇提供)

2019 年，全镇力抓安全生产工作，检查企业 478 家，整改 42 家，处罚 1 家，各企业举行消防演练 13 次，镇属范围发生火灾 4 起，无人员伤亡；开展专题法治宣传 5 场次，平安系列文艺活动进文化礼堂 6 场次，发放消防、平安三率、交通安全、食品安全、安全生产等各类宣传资料 6000 余份。矛盾纠纷多元化解。继承发扬“龙山经验”，建立 23 人的多元矛盾纠纷化解专家队伍，及时化解矛盾纠纷。2019 年共组织开展矛盾纠纷大排查大调处活动 9 次，共排查调处各类矛盾纠纷 186 起，调处成功率 100%，其中较大的有 14 起；在线矛盾化解平台工作有序推进，化解 38 起；无金华市挂牌矛盾纠纷；真正做到“小事不出村、大事不出镇、矛盾不上交”。扫黑除恶向纵深推进。依法打击各类涉黑涉恶活动，发放宣传册 13000 册，张贴宣传标语、设置 LED 屏、条幅、宣传牌 1854 条(处)，推送并转发手机微信信息 537 条，实现全镇发动、全员参与、人人知晓。

【“四融合”促新村发展】 1 月 14 日，花街镇召开行政村规模调整新村成立大会，镇全体机关干部、新村党支部书记及新村村两委干部共同见证 19 个新村的诞生。为做好调整后新村的全盘谋划，花街镇党委以开展“新村新气象”系列活动为抓手，通过组织融合、民心融合、工作融合、发展融合，完善各类“联系纽带”，发挥基层党组织的“龙头”带动作用，创新乡村发展思路，协力打造融合发展的“花街样板”，做到合村合心合力，确保新村平稳运行。

【举办首届桃花节】 3 月 23 日，“一路花街、相伴有你”2019 首届桃花节在店园村广场拉开帷幕。以“花”为媒介，通过骑行赏花、摄影采风、迷你马拉松等活动，展示花街现代农业和乡村旅游风貌，打造花街农业品牌，丰富花街旅游的文化内涵，为花街镇实现美丽乡村建设向美丽经济发展大跨步跃进奠定坚实基础。

3 月 23 日，“一路花街、相伴有你”2019 首届桃花节开幕式(花街镇提供)

【“青春心向党，建功新时代”快闪活动】 4 月 24 日，花街镇机关干部、党员群众、倪宅、大屋小学师生共同参加了花街镇为庆祝中华人民共和国成立 70 周年而举办的“青春心向党，建功新时代”快闪活动。活动以共同唱响《我和我的祖国》的形式进行，融合传统文化、五四文化、花街文化，以青年人的激情、活力讴歌伟大祖国、歌唱新时代，展现花街镇各行各业青少年传承五四精神、坚定理想信念、不懈努力奋斗的精神面貌，进一步营造良好的社会氛围。

【北三环工程 330 国道—倪宅段(道路工程)开工】 5 月 9 日，北三环工程 330 国道—倪宅段(道路工程)举行开工仪式。北三环工程 330 国道—倪宅段南起 330 国道、北至倪宅，道路总长 839 米，红线宽度 60 米，总投资 12980 万元。北三环作为城北区块的重点路网工程，建成后将打通整个三环线，使中心城区与城北区块及永康经济开发区的联系更加快捷方便，极大地便利了沿线居民的出行。

【全市民情民访代办制现场会】 6 月 6 日，全市民情民访代办制现场推进会暨信访积案化解百日攻坚行动部署会在花街镇举行。2019 年以来，花街镇设立青年干部 AB 岗，变代办为“包办”“帮办”，将“双民代办”与“双服务”“最多跑一次”等工作有机结合，系统推进。花街镇倪宅村民情民访代办工作与干部日常值班相结合，由值班干部将每天代办工作汇总到代办员处，能够解决的当场解决，需要代办的则流转到代办员处代办解决，形成“百姓点单、干部代跑”的新型信访格局。花街镇潘宅村在党支部书记家门口设置“民情小板凳”，由村干部第一时间倾听和记录群众在生活困难、思想困惑和村庄建设等方面的意见建议。通过党员干部和村民同坐“小板凳”，将有效信息及时传递至村班子，拉近党群关系。

花街镇潘宅村“民情小板凳”(花街镇提供)

【花街中心卫生院迁建】 6月28日，花街中心卫生院迁建工程正式开工奠基。卫生院新址位于花街镇倪宅村KGD-A51-14(西山区块)。总用地面积6500平方米，总建筑面积7966.07平方米，建设床位40张，项目总投资3400万元，工程预计建设工期480天。新建门诊综合楼7830.61平方米，辅助楼66.08平方米。

【通过国家级卫生乡镇技术评估】 7月18日，浙江省爱卫办考核组对花街镇进行创国卫技术评估工作。近年来，花街镇党委、政府坚持把国家级卫生乡镇创建作为深化“生态美镇”战略的有力抓手，充分认识创建国家级卫生乡镇是小城镇环境综合整治再上新台阶、再立新标杆、再创新辉煌的题中之义，全镇上下形成必须创下“国卫”这块金字招牌的强烈共识。

【美丽双舟线建设】 自9月份永康市2019美丽经济交通走廊建设工程设计方案定稿以来，花街镇就迅速投入双舟线K1+800—K10+800(花街段)建设中。近年来，花街镇着力打造“果园飘香线”，主要集中在八字墙片区。2019年，以最美双舟线为契机，花街镇对沿线8个村开展美丽乡村达标村和示范村创建，提升村庄人居环境，打造“点上出精品、线上皆风景、面上可示范”的大美乡村新格局。

【道明安防小微园成为全市小微园集中开工主会场】 10月29日，永康市举行全市小微园集中开工仪式，主会场设在花街镇道明安防小微园。当日，全市20个小微园宣布集中开工，道明安防小微企业产业园自此开始进入土地平整阶段。2019年以来，花街镇党委政府在市委、市政府的坚强领导下，咬定“工业强镇”目标不放松，不断推进小微园建设取得实质性进展。花街镇目前共有3个在建的小微企业园，分别为尚仁黄山小微企业园、黄园小微企业园、道明安防小微企业园。黄山小微企业园是永康市首个以标准地出让，并率先开始动工建设的小微企业园，也是全市小微园中建设进度最快的小微园之一；黄园小微园11月22日公开出让，是花街镇第二个以“标准地”形式出让的小微园，也是永康市首个完成农转用材料组卷的小微企业园，园区规划面积9.47公顷，规划15幢标准厂房、1幢综合楼；道明安防小微园是目前全市规模最大的一个小微园，而且也是一种创新模式，是率先在全市推出的由第三方创建的小微园。浙江道明科创实业有限公司投资建设的“道明安防小微企业产业园”项目，以“创业创新、企业孵化、产业集聚、示范带动、协调发展、综合服务”为发展方向，重点构建安防主导产业，总用地面积24.93万平方米，总建筑面积65万平方米。

道明安防小微企业园(花街镇提供)

(花街镇　陈莹)

荣誉名录

先进集体

2019 年度永康市获国家级表彰或命名的单位

获表彰集体	荣誉称号	表彰机关(表彰文号)	表彰时间
永康市	国家森林城市	国家林业和草原局	2019.11.15
	国家园林城市	住房和城乡建设部	2019.12.30
永康市个体劳动者协会东城分会	全国个私协会系统先进单位	市场监管总局 中国个体劳动者协会	2019.12
舟二村	第五批中国传统村落	建村〔2019〕61 号	2019.06
永康市非物质文化遗产保护中心	全国鼓书优秀节目学术邀请展演	中国艺术研究院 中国说唱学会	2019.06.30
永康市工商联	全国“五好”县级工商联	全国工商联	2019.12
永康市台办	对台宣传工作先进单位	国台办新闻局	2019.09
石柱镇塘里村	国家森林村庄		
石柱镇阳龙村旅游厕所	国家 A 级旅游厕所		
永康农商银行	获中国人民银行“银行科技发展奖”二等奖		
永康市财政局	永康探索构建市县预算编制模型获全国推广	《中国财政报》	2019.11.09
永康市广播电视台《问政时间》	中国电视艺术家协会栏目类一等奖		
永康市广播电视台《“龙芯之父”胡伟武破解中国无芯之痛》	中国电视艺术家协会专题类一等奖		
永康市广播电视台《博士英才文艺晚会》	中国电视艺术家协会晚会类一等奖		
永康市广播电视台《骂人的村支书》	入围全国融媒微剧最佳作品		

2019 年度永康市获浙江省级表彰或命名的单位

获表彰集体	荣誉称号	表彰机关(表彰文号)	表彰时间
舟山镇	列入第四批浙江省旅游风情小镇培育	浙文旅资源〔2019〕10 号	2019.06
永康市林业局	2019 年度浙江省国土绿化美化突出贡献集体	浙江省人民政府	2019.12
永康市林业技术推广中心	浙江省林业技术推广突出贡献集体	浙林科〔2019〕96 号	2019.01
永康市非物质文化遗产保护中心	第三届“中国浙江・全国曲艺传承发展论坛及观摩交流展演”暨“中国浙江(义乌)全国曲艺小书(鼓书琴书)传承发展论坛及观摩交流展演”活动优秀组织奖	浙江省非物质文化遗产保护中心	2019.05
	“非遗薪传”——浙江传统舞蹈展评展演活动最佳组织奖	浙江省文化和旅游厅	2019.06.28
	“山花绽放　天工江南”首届长三角民间艺术节・民间文艺展演活动,获得“最佳创意团队”奖	江苏省民间文艺家协会	2019.09.18
	第十一届浙江・中国非物质文化遗产博览会(杭州工艺周)最佳组织奖	浙江省文化和旅游厅	2019.09
	“缤纷长三角・浦东北蔡杯”曲艺邀请赛金奖	中国艺术研究院曲艺研究所/上海市群众艺术馆	2019.01
	第七届浙江民间艺术“映山红奖”评选活动“优秀民间文艺表演奖”(映山红奖)	浙江文学艺术联合会	2019.12
浙江双飞运输有限公司	入选省无车承运物流试点企业	浙交〔2019〕150 号	2019.08
	浙江省助残先进集体	浙政发〔2019〕14 号	2019.05
	浙江省创建和谐劳动关系暨双爱活动先进企业		2019.09
浙江鼎发供应链管理有限公司	省无车承运物流试点企业	浙交〔2019〕151 号	2019.08
浙江宏伟供应链集团股份有限公司	省无车承运物流试点企业	浙交〔2019〕152 号	2019.08
远通公交公司	2019 年度全省“平安地铁公交”优秀标杆单位		2019
永康市第一人民医院药剂科	2019 年度浙江省医院抗菌药物管理优胜奖	浙药质字〔2020〕第 01 号	2020.01.02

续 表

获表彰集体	荣誉称号	表彰机关(表彰文号)	表彰时间
永康市第一人民医院放射科	2019 年浙江省影像和诊断质量评比活动磁共振诊断质量控制十佳单位	浙江省临床放射质控中心	2019.05
	2019 年浙江省影像和诊断质量评比活动 CT 影像质量控制优秀单位	浙江省临床放射质控中心	2019.05
	2019 年浙江省影像和诊断质量评比活动 X 线诊断质量控制优秀单位	浙江省临床放射质控中心	2019.05
永康市第一人民医院麻醉科	青年文明号五星级	浙江省卫健委	2019
永康市妇幼保健院	2019 年度浙江省临床病理室间质控评价优胜单位	浙江省质控中心	2019.01
永康市疾病预防控制中心	2019 年度浙江省肿瘤登记工作先进单位	浙江省肿瘤防治办公室(浙肿防字〔2019〕14 号)	2019.12.20
永康市委统战部	2019 年度全省统战信息工作成绩突出单位	浙江省委统战部	2020.01
民革永康市基层委员会	2019 年度祖统工作先进集体	民革浙江省委会	2019.12
农工永康市基层委员会	2018—2019 年度先进基层组织	农工浙江省委会	2019.12
九三学社永康市基层委员会	2019 年度社会服务先进基层组织	九三学社浙江省委会	2019.12
南都禅寺	“七五”普法省级宗教普法示范点	浙江省民宗委、浙江省普法办	2019.12
洪福寺	省级宗教法治宣传教育基地	浙江省民宗委	2019.12
石柱镇	小城镇环境综合整治省级样板镇		
石柱镇妇联	省级示范乡镇妇联		
李溪(石柱段)	浙江省“美丽河湖”示范段		
永康农商银行	第六届“浙江慈善奖”机构捐赠奖		
	首届浙江省“万家民企评银行”最满意银行		
	第五轮省级创建和谐劳动关系暨双爱活动先进集体		
	全省农信系统微视频大赛优胜奖		
	浙江农信系统互联网金融业务发展优胜银行		

续 表

获表彰集体	荣誉称号	表彰机关(表彰文号)	表彰时间
永康农商银行开发区支行	浙江农信文明规范服务示范单位		
永康市财政局	永康市源头治理"1+5"预算绩效管理模式获省财政厅推广	《浙江财政》内刊	2019.09.03
	镇街区财政规范化管理模式获全省推广	《浙江财政》内刊	2019.12.18
	库款管理获全省先进	浙江省财政厅	2019.11.12
	政府财务报获全省先进	浙江省财政厅	2019.11.12
	浙江省财政系统信息宣传先进		2019.12.17
	全省美丽乡村建设试点获2000万元专项补助	浙江省财政厅	2019.07.05
	水利发展资金绩效评价全省先进	《浙江这些地区水利发展资金绩效评价优秀》	2019.07.19
	永康国库集中支付工作全省先进	浙江省财政厅	2019.03.14
永康市广播电视台	全省广播电视新闻融合传播协作先进集体		
永康市广播电视台《西瓜男孩——李恩惠》	"最美浙江人"微视频二等奖	浙江省委宣传部	
武警机动二中队	基层建设先进中队	武警浙江省总队	2019
	"五不一有"先进集体	武警浙江省总队	2019
	抢险救援先进集体	武警浙江省总队	2019
武警机动二中队团支部	先进团支部	武警浙江省总队	2019
武警机动二中队中队一排	集体三等功		

2019年度永康市获金华市级表彰或命名的单位

获表彰集体	荣誉称号	表彰机关(表彰文号)	表彰时间
舟山镇	金华市"四好农村路"示范乡镇	金四好办〔2019〕1号	2019.07
	2018年度美丽金华建设突出贡献集体	中共金华市委	2019.08
	2019年度首批浙江省AAA级景区镇	金华文化广电旅游局	2019.11
	第一批"四好农村路"示范镇	金四好办〔2019〕1号	2019.06

续 表

获表彰集体	荣誉称号	表彰机关(表彰文号)	表彰时间
方山口村	方山口村(红三团纪念馆)创下首批金华市红色旅游教育基地	金文广旅〔2019〕82 号	2019.09
古山镇	金华市工业十强镇	金华市经济和信息化局	
石柱镇	第一批“四好农村路”示范镇	金四好办〔2019〕1 号	2019.06
	金华市第四次经济普查先进集体		
永康市科技局	创新主体培育先进单位	金市科〔2020〕3 号	2020.01.20
	产学研合作先进单位	金市科〔2020〕3 号	2020.01.20
	科技金融合作先进单位	金市科〔2020〕3 号	2020.01.20
	科技信息工作先进单位	金市科〔2020〕3 号	2020.01.20
	科技创新工作考核综合先进单位	金市科〔2020〕5 号	2020.01.20
浙江飞神集团有限公司(飞神赛车场)	体育产业突出贡献奖	金华市体育局	2020.05.07
永康市交通运输局	2018 年度各县市交通运输工作考核优秀单位	金市交办〔2019〕4 号	2019.01
永康市交通运输局	2018 年度金华市交通运输系统新闻宣传工作优秀单位	金市交发〔2019〕17 号	2019.05
永康市道路运输管理局	2019 年金华市春运工作优秀单位	金市春运〔2019〕1 号	2019.03
永康市公路管理段	金华市文明单位		
浙江双飞运输有限公司	金华市第二届“职工网络文化节”职工微视频银奖		2019
永康市妇幼保健院	2019 年度金华市临床检验知识竞赛团体组二等奖	金华市临床检验质控中心	2019.06
	2019 年金华市新生儿复苏技能竞赛团体二等奖	金华市卫健委	2019.11
	金华市护理技能竞赛获技能竞赛团体优胜奖	金华市总工会、金华市卫健委	2019.12
永康市疾病预防控制中心	免疫规划工作先进单位	金市疾控〔2020〕2 号	2020.01.14
	艾滋病防治工作先进单位	金市疾控〔2020〕2 号	2020.01.14
	疾病监测工作先进单位	金市疾控〔2020〕2 号	2020.01.14
	慢性病防治工作先进单位	金市疾控〔2020〕2 号	2020.01.14
	健康教育工作先进单位	金市疾控〔2020〕2 号	2020.01.14

续 表

获表彰集体	荣誉称号	表彰机关(表彰文号)	表彰时间
永康市委统战部	2019年度先进单位	金华市委统战部	2020.03
民革永康市基层委员会	2015—2019年度先进集体	民革金华市委会	2019.09
	2019年度先进基层组织	民革金华市委会	2019.12
民盟永康总支部	2019年度县(市、区)级盟组织盟务工作优秀集体	民盟金华市委会	2020.01
民建永康总支部	2019年度社会服务先进集体	民建金华市委会	2020.01
阿联酋永康商会	金华市十佳海外示范性侨团	金华市侨联	2019.11
永康市建设局	2018年度美丽金华建设突出贡献集体	金华市委、市政府	2019.08.19
永康市水务局	2018年度美丽金华建设突出贡献集体	金华市委、市政府	2019.08.19
永康市行政执法局	2018年度美丽金华建设突出贡献集体	金华市委、市政府	2019.08.19
江南街道办事处	2018年度美丽金华建设突出贡献集体	金华市委、市政府	2019.08.19
舟山镇	2018年度美丽金华建设突出贡献集体	金华市委、市政府	2019.08.19
花街镇	2018年度美丽金华建设突出贡献集体	金华市委、市政府	2019.08.19
永康农商银行	商业领域银行移动支付推广先进单位		
	金华农信“最多跑一次”改革先锋奖		
永康市财政局	金华市财政信息宣传工作先进单位		2019.12

先进个人

2019年度永康市获国家级表彰或奖励的个人

姓　名	工作单位	荣誉称号	表彰单位(表彰文号)	表彰时间
徐立斌	永康市农行芝英支行	全国金融五一劳动奖章	金工发〔2019〕9号	2019.05
	永康市农行芝英支行	中国农业银行五一劳动奖章	农银发〔2019〕115号	2019.05
朱洪挺	永康市疾病预防控制中心	2004—2019年中国死因登记报告突出贡献先进个人奖	中国疾病预防控制中心慢性非传染性疾病预防控制中心(中疾控慢发〔2020〕8号)	2020.3.13

2019 年度永康市获浙江省级表彰或奖励的个人

姓　名	工作单位	荣誉称号	表彰单位(表彰文号)	表彰时间
任六一	永康市市场监管局	省市场监管局政务信息工作先进个人	浙江省市场监督管理局	2020.04
陈　寅	永康市市场监管局	2017—2019 年度全省放心农贸市场建设工作成绩突出个人	浙江省市场监督管理局	2020.03
项剑斌	永康市市场监管局	2017—2019 年度全省放心农贸市场建设工作成绩突出个人	浙江省市场监管工作联席会议(浙江省市场监督管理局代章)	2020.03
程旻雯	永康市市场监管局	省市场监管新闻宣传工作先进个人	浙江省市场监督管理局	2020.04
应文宇	古山镇	经济普查先进个人	浙经普组〔2019〕1 号	2019.12.31
沈艳京	古山镇	全省劳动人事争议处理先进个人	浙人社〔2020〕6 号	2020.01.16
徐　韬	永康市纪委市监委	第十批省优秀农村工作指导员	中共浙江省委办公厅	2019.07.08
陈振祥	永康市自然资源和规划局	2019 年度浙江省生态公益林建设突出贡献个人	浙江省人民政府	2019.09
李　浪	永康市自然资源和规划局	2019 年度浙江省国土绿化美化突出贡献个人	浙江省人民政府	2019.12
严玲玲	永康市自然资源和规划局	2019 年度浙江省林业技术推广突出贡献个人	浙江省林业局浙林科〔2019〕96 号	2019.12
任立超	永康市自然资源和规划局	2019 年度浙江省林业技术推广突出贡献个人	浙林科〔2019〕96 号	2019.12
陈招才	永康市自然资源和规划局	浙江省最美林技推广员	浙江省林业局	2019.01
	永康市自然资源和规划局	浙江省公益林建设成绩突出个人	浙江省人民政府	2019.01
王政懂	永康市自然资源和规划局	省优秀科技特派员	浙江省委办公厅	2019.07
应尚蛟	永康市自然资源和规划局	2019 年度浙江省林业技术推广突出贡献个人	浙林科〔2019〕96 号	2019.12
应晨俊	永康市科技局	全省科技工作先进个人	浙江省科学技术厅	2019.12.31

续 表

姓　名	工作单位	荣誉称号	表彰单位(表彰文号)	表彰时间
郦建华	永康市公路管理段	浙江省人民政府评为第十批省优秀农村工作指导员		2019.07
李珺璐	永康市妇幼保健院	首届浙江省围产护理健康教育师资演讲比赛三等奖	浙江省护理学会	2019.10
陈　颖	永康市疾病预防控制中心	2019年度浙江省防治艾滋病性病优秀志愿者	浙江省性病艾滋病防治协会(浙艾协办〔2019〕22号)	2019.11.29
朱洪挺	永康市疾病预防控制中心	2019年度浙江省肿瘤登记工作先进个人	浙江省肿瘤防治办公室(浙肿防字〔2019〕14号)	2019.12.20
马雄英	民革永康市基层委员会	2019年度社会服务先进个人	民革浙江省委会	2019.12
王晓敏	农工永康市基层委员会	省优秀党员	农工浙江省委会	2019.12
周文军	农工永康市基层委员会	省优秀党务工作者	农工浙江省委会	2019.12
姚方明	农工永康市基层委员会	省社会服务先进个人	农工浙江省委会	2019.12
孙　静	农工永康市基层委员会	省宣传工作先进个人	农工浙江省委会	2019.12
陈林杰	九三学社永康市基层委员会	优秀社员	九三学社浙江省委会	2019.12
赵卓献	永康农商银行	全省农信系统2019年度信息宣传优秀通讯员		
黄仁果	永康农商银行	2019年浙江省外汇及跨境人民币业务知识竞赛一等奖		
胡涵乐	永康农商银行	浙江农信丰收驿站省级旗舰店“金华月”活动服务之星		
叶康英	永康市财政局	2019年度《浙江财税与会计》通联工作优秀个人	浙江省财政厅	2019.12

2019 年度永康市获金华市级表彰或奖励的个人

姓　名	工作单位	荣誉称号	表彰单位(表彰文号)	表彰时间
徐关元	永康市图书馆	2019 年度金华市优秀拔尖人才	金华市委组织部(金市通〔2020〕17 号)	2020.05.08
陈真娣	永康市交通运输局	2019 年金华市春运工作先进个人	金市春运〔2019〕1 号	2019.03
朱东波	永康市第一人民医院	金华市担当作为好支书	中共金华市委组织部	2019
柳泽华	永康市第一人民医院	《心血管内科护理管理工作中潜在风险的防范措施》获金华市自然科学优秀论文奖	金华市人民政府	2019.11
俞婷婷	永康市第一人民医院	《心血管内科护理管理工作中潜在风险的防范措施》获金华市自然科学优秀论文奖	金华市人民政府	2019.11
倪晓莉	永康市第一人民医院	2018 年度艾滋病防治工作先进个人	金华卫健委	2019
金超平	永康市妇幼保健院	金华市护理技能竞赛个人优胜奖	金华市总工会、金华市卫健委	2019.12
吕佩红	东城街道社区卫生服务中心	2019 年金华市免疫规划技能竞赛操作比赛三等奖	金华市卫生健康委员会、金华市总工会	2019.09.06
胡颖鹏	九三学社永康市基层委员会	优秀社员	九三学社金华市委会	2019.12
应　军	九三学社永康市基层委员会	社会先进个人	九三学社金华市委会	2019.12
金爱民	九三学社永康市基层委员会	社会先进个人	九三学社金华市委会	2019.12
朱荣杰	九三学社永康市基层委员会	先进社务工作者	九三学社金华市委会	2019.12
池笑华	九三学社永康市基层委员会	先进社务工作者	九三学社金华市委会	2019.12
胡积合	中共永康市委	2018 年度美丽金华建设突出贡献个人	金华市委、市政府	2019.08.19
胡增强	永康市政府	2019 年度美丽金华建设突出贡献个人	金华市委、市政府	2019.08.19

续 表

姓　名	工作单位	荣誉称号	表彰单位(表彰文号)	表彰时间
徐　锴	永康市政府	2019年度美丽金华建设突出贡献个人	金华市委、市政府	2019.08.19
朱　敏	永康市治水办	2019年度美丽金华建设突出贡献个人	金华市委、市政府	2019.08.19
胡娇娇	永康市发改局	2019年度美丽金华建设突出贡献个人	金华市委、市政府	2019.08.19
王利军	金华市生态环境局永康分局	2019年度美丽金华建设突出贡献个人	金华市委、市政府	2019.08.19
应敏元	永康市建设局	2019年度美丽金华建设突出贡献个人	金华市委、市政府	2019.08.19
李　辉	永康市水务局	2019年度美丽金华建设突出贡献个人	金华市委、市政府	2019.08.19
施奈良	永康市水务局	2019年度美丽金华建设突出贡献个人	金华市委、市政府	2019.08.19
吕杰品	永康市畜牧兽医局	2019年度美丽金华建设突出贡献个人	金华市委、市政府	2019.08.19
黄高升	经济开发区管委会	2019年度美丽金华建设突出贡献个人	金华市委、市政府	2019.08.19
应胜利	东城街道办事处	2019年度美丽金华建设突出贡献个人	金华市委、市政府	2019.08.19
倪福君	芝英镇	2019年度美丽金华建设突出贡献个人	金华市委、市政府	2019.08.19
李广旭	石柱镇	2019年度美丽金华建设突出贡献个人	金华市委、市政府	2019.08.19
应文宇	古山镇	2019年度美丽金华建设突出贡献个人	金华市委、市政府	2019.08.19
任浩源	方岩镇	2019年度美丽金华建设突出贡献个人	金华市委、市政府	2019.08.19
王晓菲	龙山镇	2019年度美丽金华建设突出贡献个人	金华市委、市政府	2019.08.19
冯　强	永康市财政局	2019年度金华市第三批会计领军(后备)人才	金华市财政局	2019.04
傅小明	永康市财政局	民建金华市2019年度优秀会员	金华市财政局	2019.12

续 表

姓　名	工作单位	荣誉称号	表彰单位(表彰文号)	表彰时间
俞　波	永康市财政局	民建金华市 2019 年度优秀会员	中国民主建国会金华市委员会	2020.01
陈康宣	武警机动二中队	个人三等功		2019
徐志锋	武警机动二中队	个人三等功		2019
汪叶飞	武警机动二中队	个人三等功		2019

附　录

重要文献

政府工作报告

——2020年1月18日在永康市第十七届人民代表大会第四次会议上

市长　张群环

各位代表：

现在，我代表市人民政府向大会作工作报告，请予审议，并请市政协委员和其他列席人员提出意见。

一、2019年主要工作回顾

2019年是中华人民共和国成立70周年。一年来，我们以习近平新时代中国特色社会主义思想为指导，全面贯彻落实党的十九大和十九届二中、三中、四中全会精神，坚决落实市委决策部署，认真执行市人大及其常委会决议，直面严峻形势、从容应对挑战、积极有效作为，较好完成十七届人大三次会议确定的目标任务。预计地区生产总值完成年度目标；一般公共预算收入增长6.3%；城乡居民人均可支配收入增速均高于GDP增幅；基本完成十方面民生实事。生态文明建设居全省第11位、创新能力居全国第9位、营商环境居全国第13位、县域经济竞争力居全国第60位，为高水平全面建成小康社会奠定关键性基础。

(一)聚焦稳中求进，经济运行态势稳健。

有效投资持续扩大。实施投资新政，引进3亿元以上项目12个，到位省外项目资金27.5亿元，固定资产投资增长20.3%，居金华市首位，省集中开工重大项目、省重点项目完成年度投资目标。创新“6+X”项目审批推进机制，方岩景区旅游开发、道明安防小镇、五金技师学院等项目开工建设，台金铁路、金温货线迁建、北三环、南四环、永义公路等项目有序推进，农贸城、500千伏永康变扩建等项目顺利完工。

社会消费更加活跃。深入实施放心消费行动，培育放心消费示范单位557家，成功举办规模展会37场，预计社会消费品零售总额增长8%。电子商务快速增长，网络零售增长15%、总量居全省第6位，获评全国十大农村电商典型县市，获国务院正向激励。旅游业蓬勃发展，游客接待量、旅游总收入均增长20%以上。

外贸出口逆势增长。积极应对中美贸易摩擦，落实稳外贸20条措施，进出口总额增长5%。大力培育外贸品牌，获广交会出口产品设计奖6个，居全省第一；新增浙江出口名牌8个，居金华市首位。积极引进外资，落地外资项目6个，新设立海外公司5家，中国五金物流港完成注册。

金融风险防控有力。重拳打击恶意逃废债，有效推进“化圈解链”，处置不良贷款11.5亿元，不良率控制在1.36%以内。全力化解民营企业流动性风险，扎实开展众泰汽车纾困帮扶。实施融资畅通工程，制造业贷款增长9%，金融存贷款余额均突破千亿元，华夏银行、宁波银行在我市设立支行。

（二）聚焦提质增效，新旧动能加快转换。

工业经济提升发展。落实支持民营经济31条措施，为企业减免税费20亿元。培育企业主体，净增规上企业175家，新增省“隐形冠军”企业1家、上市企业1家、股份制企业35家，规上工业增加值增长6%。开展智能门锁、保温杯细分行业培育行动，增速分别达26%、13%。产业项目加快落地，王力安防、泊康跑步机、立久佳跑步机等项目基本完工，群升轨道交通、智能电网、金州新型建材等项目开工建设。

数字经济提速推进。产业数字化步伐加快，新增省智能化项目86个，建成智能工厂（车间）6个、“企业数字化制造、行业平台化服务”项目5个，产业数字化转型居全省第14位、金华市首位。数字产业化势头强劲，和阿里巴巴签订本地生活项目合作协议，获评省供应链创新与应用试点城市，宏伟供应链入围全国供应链创新应用试点、3家单位入围省无车承运人平台试点。

质量标准保持领跑。推进“三强一制造”战略，开展分行业质量整治专项行动，“品字标浙江制造”走在全省前列，新增认证证书20张，包揽“浙江制造”首批10项外文标准。主导参与制定国家标准、行业标准18项，累计标准发布数和认证数稳居金华市首位、全省前列。国家五金工具及门类产品质检中心投入使用。

创新活力持续迸发。积极对接G60科创走廊，开工建设五金产业创新服务综合体，斐络设计获评省首家重点工业设计研究院。新增国家高新技术企业59家、省科技型中小企业152家，高新技术产业投资增长34%。做好博士大会“后半篇文章”，成立杭州、西安、深圳、上海博士联谊分会。实施人才新政，建成院士工作站2家，引进顶尖人才4名、领军人才16名。

发展空间有效拓展。小微园区建设势如破竹，集中开工建设20个，入选省小微企业园建设提升试点市。强势推进“三改一拆”，拆除违建218万平方米。有效推进全域土地综合整治，实施项目4个，新增耕地339亩。处置“四未”土地4750亩，存量面积下降58%，盘活存量用地2640亩。

（三）聚焦改革开放，发展活力持续迸发。

“最多跑一次”改革全面深化。全面推行企业个人全生命周期“一件事”改革，“出生七件事”做法获中纪委肯定，“工伤一件事”经验全国推广。创建“无证明城市”，清理证明事项425项，减少证明材料12万余份。启动“三无”服务大厅建设，便民服务事项100%实现“一证通办”。

重大领域改革成效明显。深化“亩均论英雄”改革，出清亩均1万元以下低效用地企业324家，规上工业亩均税收、亩均增加值居金华市首位。推行“标准地”数字地图，新批工业用地100%实现“标准地”供地，新增农业“标准地”6025亩。国家工业企业电商统计调查试点、金华市企业统计“四大体系”规范化建设试点取得阶段性成效。

国资国企改革有效破题。构建“1+8”市属国有企业框架，城投、交投、水投、文旅四大集团投入运营。经营性国有资产实现集中统管，支撑国有公益类投资28亿元。五金城集团成功在产权交易所挂牌。

开放合作进一步扩大。无水港被列入义乌国际贸易改革试验区试点范围。跨境零售出口增长78%，建成五金跨境电商创业园，获评省产业集群跨境电商试点县。深度开展山海协作、对口支援合作，落实援建扶贫资金3513万元。

(四)聚焦优雅品质，城乡面貌不断改善。

城市更加优雅。成功创建国家森林城市、国家园林城市。实施浙中生态廊道项目34个，新增绿道23千米，南溪湾生态湿地公园建设有序推进，石柱省级湿地公园启动创建。新330国道一期(花街—石柱段)、南溪大桥竣工。解放街、西山头、塔海等区块城改项目基本结顶，总部中心广场开工建设。田川区块被列为省首批未来社区建设试点。江南山水新城完成规划编制和主次干道施工图设计。

城镇更有魅力。全域完成小城镇环境综合整治，前仓、舟山、西溪、石柱获评省级样板镇，龙山、方岩、唐先获评金华市级样板镇。舟山被列入省旅游风情小镇培育名单，唐先获批省美丽乡村示范镇、省生态文化基地。古山同步推进80个小城市项目建设，产城融合成效明显。

环境更为优美。实施新一轮“158”碧水蓝天工程，完成中央、省级环保督察问题整改。工业固废处置“五步法”、垃圾分类减量“端头模式”创出经验。全面打响蓝天保卫战，铁腕治理城区扬尘，PM 2.5均值降至35微克/立方米，AQI优良率达到90.7%。建成污水零直排区66个，市控地表水断面水质稳控在Ⅲ类水以上。经济开发区完成省级园区循环化改造试点，城西新区启动“美丽工厂”创建，新增国家级绿色工厂2家，餐厨垃圾处置中心投入使用。

(五)聚焦乡村振兴，田园交响曲全面奏响。

农村改革全面深化。完善乡村治理体系，创建省乡村治理示范村40个。做好行政村规模调整“后半篇文章”，深化“三权分置”、农村集体“三资”管理改革，基本完成农村集体资产清产核资工作。完善“2+1”消薄帮扶机制，全面消除集体经济薄弱村，低收入农户收入增长13.6%。

现代农业蓬勃发展。完成粮食功能区提标改造2420亩，新增省标准农田2.6万亩。“唐先葡萄”获评省农展会金奖，彩色蚕茧技术走在全国前列。“永康灰鹅”获评国家农产品地理标志。华茗园获评国家级农业重点龙头企业。

美丽乡村生态宜居。实施新时代美丽乡村建设，建成特色精品村5个、历史文化村落保护利用重点村2个。新建省美丽牧场12个，前仓舜耕田园入选全省百个“最美田园”。前仓、舟山、芝英成功创建省A级景区镇，新增省A级景区村34个。

(六)聚焦民生福祉,幸福指数稳步攀升。

民生事业齐头并进。实施文化惠民工程,建成农村文化礼堂100家,后吴村古建筑群、下柏石陈大宗祠被列为全国重点文物保护单位,实现"国保"零的突破。高标准建成融媒体中心。成功创建省教育基本现代化市,高考一段线上线人数再创新高,新增公办幼儿园4所,成功举办首届中小学艺术节。组建第一人民医院和中医院两大医共体,建成名医工作室5个,新中医院、城西新区卫生院投入使用,全省率先开展全消化道肿瘤筛查。举办第2届"万马奔腾、活力永康"半程马拉松赛,参赛人数突破万人。

社会保障有效托底。城镇新增就业2.32万人,新人力资源市场投入使用,成功创建省首批"无欠薪"县市。医保卡、市民卡实现金华市全域互联互通,12种慢性病纳入医保规定病种。绿康丽州家园正式开业。新建残疾人之家13个。千金山陵园一期投入使用,骨灰堂建设实现全覆盖。建成96个退役军人服务站示范点,获评省级双拥模范城。

社会治理不断创新。"龙山经验"被列入省基层治理创新典型案例,获省市领导高度肯定。全域开展"扫黑除恶"专项斗争,刑事案件、治安案件分别下降28%、30%。全省首创"区域应急服务中心"建设,安全生产事故下降26%,交通事故亡人数下降39%。完善基层治理"四个平台",加大法律援助力度,成功创建省"无信访积案市"。

一年来,我们切实加强政府自身建设。紧扣"守初心、担使命,找差距、抓落实"总要求,高标准高质量开展"不忘初心、牢记使命"主题教育,不断增强"四个意识"、坚定"四个自信"、做到"两个维护"。实施政府"两强三提高"行动计划,深入开展"三服务""走乡包村"活动,解决问题1万余个,形成制度性成果62项。有效整治文山会海,推行周三无会日,全市性会议、文件分别下降31%、38%。严格落实从严治党主体责任,切实履行"一岗双责"。实施财政预算绩效管理,"三公"经费持续下降。坚持依法行政,主动接受人大及其常委会依法监督、政协民主监督,办理人大代表建议295件、政协委员提案294件。深入开展"对标比拼勇赶超""晒拼创"活动,形成"你追我赶、争先创优、对标一流"的浓厚氛围。

各位代表,过去一年,是永康爬坡过坎、攻坚克难、全力冲刺的一年,不容易也不平凡,很辛苦但收获满满。这是习近平新时代中国特色社会主义思想科学指引的结果,是省委省政府、金华市委市政府和永康市委坚强领导的结果,是市人大、政协和社会各界监督支持的结果,更是全市人民砥砺奋进、全力拼搏的结果。在此,我谨代表市人民政府,向市人大代表、政协委员,向全市人民和广大建设者,向各民主党派、工商联、人民团体、无党派人士、离退休老干部和社会各界人士,向驻永部队官兵,向所有关心、支持永康发展的海内外各界朋友,致以崇高的敬意和衷心的感谢!

我们也清醒看到,我市经济社会发展还面临一些深层次、结构性、周期性问题,主要有:经济下行压力仍然较大,大企业流动性风险仍需高度防范,经济治理面临严峻挑战;新旧动能转换亟待加快,产业转型升级面临要素制约;优雅城市建设还需加力,道路拥堵、扬尘污染、设施老旧等方面问题较多,教育、医疗、养老等民生领域短板明显;少数部门和公职人员的思想观念、能力素养、担当精神还不适应新时代要求,"四风"问题、不担当不作为现象仍然存在。对此,我们将采取有力措施,认真加以解决。

二、2020 年目标任务和重点工作

2020 年是高水平全面建成小康社会和“十三五”收官之年，做好各项工作非常重要。今年政府工作总体要求是：以习近平新时代中国特色社会主义思想为指导，全面贯彻党的十九大和十九届二中、三中、四中全会精神，坚决落实中央和省委省政府、金华市委市政府和市委决策部署，紧扣高水平全面建成小康社会目标任务，坚持稳中求进工作总基调，坚持新发展理念，坚持以供给侧结构性改革为主线，坚持以改革开放为动力，全面做好“六稳”工作，持续稳企业、增动能、补短板、保平安，高水平推进“全面奔小康，永康新腾飞”和县域治理现代化，确保“十三五”规划圆满收官。

建议 2020 年经济社会发展主要预期目标为：地区生产总值增长 6%—6.5%，争取更高质量、更好结果；一般公共预算收入、城乡居民收入增长与经济增长基本同步，全员劳动生产率稳步提高，节能减排完成省定目标任务。

做好今年工作：

——必须坚持“永立潮头”强改革。“坚持不懈、勇立潮头”是习近平总书记对永康的殷切嘱托，也是永康高起点谋划、高标准发展的动力源泉。要坚持“八八战略”再深化、改革开放再出发，全面接轨长三角、坚决融入都市区、主动对接大通道、积极谋划大花园，打造一批重大平台、实施一批重大项目、深化一批重大改革、出台一批重大政策、研究一批重大课题，在改革破题上走在前列、在经济治理上敢为人先、在区域发展上抢抓机遇、在创新驱动上再造优势，奋力打造“中国乃至世界先进制造业基地”。

——必须坚持“永争第一”抓发展。牢牢把握发展第一要务、担当第一使命、创新第一动力、工业第一取向。全面贯彻新发展理念，拼干劲、争上游、抢先机、创一流，深化数字赋能、科技赋能、消费赋能、生态赋能，坚定发展信心、下定破难决心、保持进取恒心，全力打造先进制造业示范区、高质量发展先行区、一流营商环境引领区，更大气魄、更高水平引领永武缙产业集群发展。

——必须坚持“永不懈怠”干实事。只争朝夕、不负韶华，事业都是干出来的，幸福都是奋斗出来的，“全面奔小康，永康新腾飞”绝不是轻轻松松、敲锣打鼓就可以实现的。面对百年未有之大变局，必须保持清醒的头脑，激发昂扬的斗志，与经验迭出的地方学方法，与发展相近的地方争高下，与塔吊林立的地方比增速，与干劲十足的地方拼状态。坚持以继续赶考的心态、接力奔跑的状态、不懈奋进的姿态，抢抓新机遇、扛起新担当、展现新作为。

——必须坚持“永葆安康”守初心。习近平总书记登临方岩，赞群峰为天下粮仓，嘱托要“为官一任、造福一方”，心系百姓、体恤百姓。要始终把人民群众对美好生活的向往作为我们的奋斗目标。围绕民生关切，做到“市、镇、村、企”共推共管，“水、气、土、废”同整同治，“断头路、快速路、景观路、四好路”统规统建，“困难事、烦心事、揪心事、矛盾事”快调快解。切实补齐兜底民生、夯实基础民生、追求品质民生，真正让永康蓝常在、华溪水常清、丽州大地常绿。

重点抓好六个方面工作：

（一）着力打造现代产业体系，培育产业新能级。

强产业出实招。配强产业链条，加大重点细分行业培育力度，制定传统优势产业升级行

动方案，实施产业链协同创新工程，打造省标志性产业链1条，构建全链条生态圈。加快新兴产业培育，引进军民融合、健康医疗器械合作项目2个以上，打造全国应急产业示范区。做强智能制造，在汽车及零部件、防盗门、保温杯、电动工具行业开展“企业数字化制造、行业平台化服务”，实施技改项目100个，培育工程服务机构3家以上，工业机器人总量达1000台。完善服务业态，做强产业供应链、工业设计、会展经济等现代服务业，鼓励电商物流协同发展，公共电商服务中心、中央仓储园投入使用。举办规模展会40场以上。与阿里巴巴深度合作，开展传统市场赋能、工业产品出海、消费模式创新。搭建网红直播平台，对接知名网红资源，引导企业拓展新零售渠道。培育发展放心消费单位500家、无理由退货承诺单位300家，建设放心消费街区1个，解放街宝龙广场投入运营。

强企业谋新招。支持民营经济健康发展，设立民营企业家节，落实稳企业防风险各项举措，减轻企业负担10亿元以上。深化融资畅通工程，新增贷款100亿元。大力培育“头部企业”，支持行业龙头企业并购重组、股改上市，新增营业收入超10亿元企业2家、上市企业2家、股份制企业30家。大力培育“瞪羚企业”，建立高成长性企业培育库，新增“专精特新”培育企业220家、省“隐形冠军”培育企业4家。大力培育规上企业，总量突破1000家。大力培育创新主体，实施“双倍增”计划，培育国家级高新技术企业35家、省科技型中小企业100家。持续抓好“浙江制造品字标”培育，新增“浙江制造”标准15项、认证证书10张。

强平台亮硬招。引项目扩投资，力争固定资产投资增长20%以上，引进强链补链项目5个，谋划盯引省市县长工程2个以上，确保落地率达到50%，中国五金物流港、黄城里综合体开工建设。全力拓展“万亩千亿”平台，高水平编制国土空间“一张图”，全面推进“多规合一”。实施“拓空间强保障”八大行动，拓展经济开发区、城西新区、浙商回归园等区块发展空间。推进全域土地综合整治，加快“四未”土地处置，消化批而未供土地1000亩，盘活存量用地1500亩，新增用地指标1200亩以上，争取全省矿地综合开发利用试点。多模式建设小微企业园，新开工建设10个，打造智能门锁、保温杯壶、健康医疗等特色产业园区，创建省星级小微园。做优做强科创平台，加快科技企业孵化器、众创空间、创新园区等创新载体建设，筹建中国五金工业设计院，五金产业创新服务综合体投入使用。实施科技创新人才推进计划，加快建设五金技师学院，引进领军人才10名、紧缺人才100名。

（二）着力抢抓重大战略机遇，构筑开放新格局。

全面融入长三角一体化。深化与上海临港工业园区、松江区友好合作，举办永康—松江发展论坛，争取列入长三角产业创新联盟城市。强化科技人才对接，建立创新券通用通兑机制，设立G 60永康科创飞地，柔性引进各类高端人才。建立产业对接机制，重点招引沪杭溢出产业项目。

深度共建金义都市区。谋划区域交通，争取杭丽高铁、义武松龙高速、温义合高速纳入省“十四五”交通规划，金台铁路全线通车，永义公路木渠段基本完工，推动永武快速路建设。优化市域交通，做好313省道永康段等项目前期，南四环（南都路—330国道）建成通车，北三环基本完成路基工程，实施东永二线拓宽工程。谋划金义都市区智能小镇飞地项目，参与金华市创新型城市建设，融入都市区协同创新圈。共建中国（浙江）自贸区金义联动创新片区。积极谋划都市大花园。

主动对接义乌国际贸易改革试验区。优化无水港功能，促进产业集群和跨境电商深度融合发展，支持跨境企业注册、推广海外商标。鼓励企业对接义甬舟开放大通道，积极参与“义新欧”班列，布局“一带一路”海外仓。深化培育外贸竞争新优势行动，加大外贸龙头企业培育力度，争创省电动工具外贸转型示范基地，外贸出口全国占比达1.88‰。

(三)着力启动县域经济改革试点，构建治理新体系。

“最多跑一次”改革纵深推进。打造“掌上办公之城”，用好“浙政钉”，机关内部高频事项实现100%“最多跑一次”，90%以上非涉密事项实现“一窗受理、一网通办”，办文办会办事、督查督办、后勤管理实现全程数字化。打造“掌上办事之城”，全面推行“浙里办”，力争80%政务事项实现网上办。全域推行“三无”服务大厅，优化项目审批流程，一般企业投资项目审批“最多80天”，开展低风险小型项目最多20个工作日试点。打造“掌上执法之城”，深化“互联网+监管”改革，推进“双随机、一公开”，力争掌上执法应用率达到90%，实现“简单执法综合化、复杂执法专业化”。

县域经济治理试点全面启航。积极争取省级县域经济治理改革试点。实施产业集群现代化治理，着力打造现代产业体系和创新驱动支撑体系，优化资源要素市场化配置。加快区域一体开放化治理，建立区域一体化发展和国际贸易合作拓展机制。深化营商环境市场化治理，实施优化营商环境十大行动，打造国内一流营商环境，争创全国县域民营经济高质量发展示范区。强化信用体系法治化治理，完善以现代企业制度为基础的信用监管模式，抓好“化圈解链”，防范化解企业流动性风险，严厉打击恶意逃废债，建立政府、企业和个人信用评选与奖励制度，建设“信用永康”。

重大领域改革有效突破。深化国资国企改革，推进“1+8”国有企业实体化运作，五金城集团混合所有制改革取得突破性进展，国有企业净资产增长15%以上，新增AA+评级企业1家、AA评级企业2家，融资30亿元以上。深化“亩均论英雄”改革，整治亩均税收3万元以下低效用地企业，规上工业亩均税收、亩均增加值均增长7%以上。深化商事登记制度改革，确保证照分离全覆盖。继续深化国家工业企业电商统计调查试点、金华市企业统计“四大体系”规范化建设试点。

(四)着力提升城市竞争力，展现城市新面貌。

高标准涵养城市文明。深度挖掘“优雅城市”内涵，有效传承“胡公文化”“陈亮文化”“五金文化”，推进文化惠民活动，继续实施百幢文物抢救工程，启动解放街历史文化街区建设。实施城区公园文化赋能和亮化美化工程，改造城市主题公园3个，建设街角精品6个。积极创建一批文明社区、文明单位、文明家庭，争创省级文明示范城市，国家卫生城市通过复评。

高起点推进城市建设。加快城中村改造，西山头区块完成验收，东库区块结顶，周塘、应家、山荷里开工建设，许码头、黄棠启动改造。打造新型城市单元，田川未来社区开工建设，探索实施第四代住宅项目。实施九铃西路、西入城口、东入城口改造提升工程。完成三江六岸提升二期工程，加快推进南溪湾生态湿地公园等项目。启动江南山水新城建设，深化城市设计、水系、景观等专项规划，完成市民中心方案设计，开工建设南四环(五金大道—南都路)、解放南路(南三环—南四环)、南都路及金胜路延伸工程。

高水平抓好城市管理。打造数字城市，实施“城市大脑”建设三年行动计划，建设一体化公共数据平台，加快开发数字化、多元化应用。打造洁净城市，全域开展文明卫生整治，开展“十差十佳”村(社)评比，全域开展“美丽工厂”创建。深化“三改一拆”，开展城区拆违专项行动，争创基本无违建市。打造畅通城市，开展交通治堵专项行动，启动老330国道提升工程，整治城市堵点10个，优化十字路口30个。实施“打破假围墙”专项行动，充分利用城区闲置地块修建绿地和停车场，力争新增停车泊位2000个以上。

(五)着力深化乡村振兴战略，落实生态新理念。

提质发展精品农业。完成标准农田质量提升工程1万亩，粮食生产机械化水平达到86%，确保粮食稳定生产。抓好菜篮子、米袋子、生猪稳价保供工作，年出栏生猪5.8万头，做优“唐八鲜”“方山柿”“舜芋”等名牌产品。积极创建省级农产品优势区、现代农业园区，唐先创建省农业强镇，花街开展“花花世界”产业融合试点。谋划农产品深加工集聚园区，延伸产业链、提高附加值。

打造新时代大美乡村。继续做好行政村规模调整“后半篇文章”，谋划农村综合改革项目，深化“三资”管理改革。深入实施“千万工程”，加快“十无十有”“三美三园”村建设，争创省美丽乡村示范县，新增省特色精品村5个，新增绿道20千米以上。完成平原绿化2600亩，创建国家森林乡村6个。实施“两进两回”行动，畅通资源要素下乡通道，承办省第三届乡村振兴创意大赛，打造电商专业村100个以上。办好农民丰收节系列活动。打造森林康养基地，启动历山省级森林公园项目。新增省级美丽河湖1条、乡村美丽河湖30个村。完成4座病险水库加固和小水电清理整改。

启动“美丽城镇”建设。龙山创建省美丽城镇样板镇，前仓、舟山、唐先创建金华市级样板镇，芝英、方岩启动“千年古城”建设。建好“四好农村路”，打造美丽经济交通走廊50千米，建成通镇通景区公路30千米。推进城乡客运一体化，打造集镇至城区半小时交通圈。创建国家全域旅游示范县，加快方岩景区旅游开发项目建设，实施方岩连接线提升工程，创建省景区镇2个、国家卫生乡镇4个。

聚力推进污染防治。深化新一轮“158”碧水蓝天工程，坚决完成第二轮中央、省级环保督察问题整改，建设智慧环保平台。打好蓝天保卫战，推进工业企业、汽车尾气、工地扬尘等专项治理，PM 2.5均值稳控在34微克/立方米以下，力争建成清新空气示范区。打好碧水保卫战，推行智慧治水，实施“1123”工程，排水公司投入运行，全域建成“污水零直排区”，生活污水治理覆盖率达90%，力夺大禹鼎。深化饮用水达标提标工程，北部水库联网工程完工，启动南部水库联网工程，谋划境外引水项目。打好净土保卫战，突出重点区域、行业和污染物管理，启动全域土壤污染调查、修复。打好清废保卫战，实施危险废物、工业固废、再生资源回收、建筑垃圾四大清废行动。推行生活垃圾“两撤两定四分”模式，“垃圾革命”走在金华市乃至全省前列。

(六)着力高水平全面建成小康社会，打造生活新品质。

提升教育发展质量。加大优质教育供给，永康一中和杭州二中开展合作办学，组建教育集团5个以上。方岩新区小学开工建设，外国语学校、城西初中、城北初中、新大司巷小学投入使用。建成方岩、前仓、芝英第二中心幼儿园，开工建设象珠、古山第二中心幼儿园，实现镇级公办幼儿园全覆盖。重视家庭教育、社会教育，关注孩子身体健康、心理健康。

增加永葆安康厚度。深化医疗领域“最多跑一次”改革，推广应用“互联网＋健康医疗”。理顺医共体管理体制，提高分院医疗服务能力，县域就诊率稳定在90％以上。改造提升第一人民医院，中医院争创三级乙等医院。建设“3＋1”疾病医防体系，完成消化道早期筛查5万人次。完善全民健身公共服务体系，建成社区多功能运动场3个、小康体育村10个，举办国家级赛事3场以上。

优化多元社保体系。重视解决“一老一小”问题，开展医养结合试点，支持社会力量发展普惠托育服务。提高养老保险补贴标准，基本养老保险参保率达97％，城乡居民医保基金支出增幅下降5％以上。深化双拥工作，健全退役军人服务保障体系。关爱保障特殊困难群体，新建残疾人之家5个，完成残疾人家庭无障碍改造140户、生活困难老人家庭适老化改造80户。殡仪馆迁建、千金山陵园二期工程开工建设。开展就业创业“六百工程”，新增就业1.3万人，确保零就业家庭清零。

打响社会治理品牌。探索“龙山经验”都市版、工业版，推进社会治理领域“最多跑一地”改革。用好基层治理“四个平台”，完善行政调解和“全科网格”管理体系，加强社会风险评估，提升社会治理现代化水平。开展重点领域安全攻坚战，提升应急管理能力，强化“三个一批”隐患整改，实现区域应急服务中心全覆盖。深入开展扫黑除恶专项斗争，完善治安防控体系。

按照“群众提、代表定、政府办”的理念，认真办好十方面民生实事，着力解决人民群众普遍关心的突出问题。

继续支持工会、共青团、妇联等人民团体工作，支持民族、宗教、对台、档案等工作，重视做好外侨、气象、民防、文物、地方志、仲裁、红十字会等工作。全面发展老龄和关心下一代事业。开展第七次人口普查工作。深化对口支援合作工作。

三、加强政府自身建设

重任千钧惟担当。我们要持续加强政府自身建设，做到忠诚如金、意志如磐、担当如铁、干净如镜，扎实推进政府治理体系和治理能力现代化。

（一）比站位拼素养，打造学习政府。旗帜鲜明讲政治，坚定不移跟党走，巩固深化“不忘初心、牢记使命”主题教育成果，增强“四个意识”，坚定“四个自信”，做到“两个维护”，确保中央大政方针和省委省政府、金华市委市政府和市委决策部署落地见效。增强群众工作本领，聚焦人民群众普遍关心的问题，面对面听民声，实打实解难题，增强“政府味”“民生味”。增强改革创新本领，在政府系统倡导调查研究之风，推动各领域工作谋划更科学、实施更规范、落实更高效。

（二）比干劲拼担当，打造实干政府。始终围绕中心干事、善于谋划干事、敢于担当干事、勤于协调干事、注重团结干事。聚焦重大战略、聚焦发展短板，推行政府工作项目化、清单化、责任化，制定重点项目、民生实事、重点工作时间表、路线图、责任书，以成果说话、以实绩交卷。督查督办求实效，坚决杜绝统计造假、数字“注水”。深化“晒拼创”和“对标比拼勇赶超”活动，营造拼争抢创抓落实的浓厚氛围。

（三）比理念拼实效，打造法治政府。健全依法决策机制，规范重大行政决策程序，提高决策质量和效率。坚持依法行政，实现政府法律顾问从“有形覆盖”向“有效覆盖”转变，把政府活动全面纳入法治轨道。深化府院联动，全面落实行政执法“三项制度”，加强行政复议规范化建设，开展行政争议化解专项行动。自觉接受人大依法监督、政协民主监督，认真办好人大代表建议、政协委员提案。推进政务公开，保障人民群众知情权、参与权和监督权，提高政府公信力。

（四）比作风拼形象，打造廉洁政府。认真落实全面从严治党主体责任和“一岗双责”，持续纠治“四风”，找准群众最不满意的痛点出重拳，盯住基层意见最集中的堵点下猛药，集中整治形式主义、官僚主义，市政府下发文件、召开会议再压减10%以上。树牢过“紧日子”思想，严控日常开支、办展办会和公共工程建设，确保一般性支出压减10%，日常公共经费支出压减5%。健全完善正向激励和容错纠错机制，旗帜鲜明为敢于担当的干部撑腰鼓劲，不断激发干事创业的精气神。

各位代表，纵横正有凌云笔，圆梦要靠实干家。站在新的历史起点，让我们高举习近平新时代中国特色社会主义思想伟大旗帜，不忘初心、牢记使命，在中共永康市委的坚强领导下，紧紧依靠全市人民，聚焦聚力高质量发展、竞争力提升、现代化建设，甩开膀子拼命干、万众一心加油干，为“全面奔小康，永康新腾飞”，为打造“中国乃至世界先进制造业基地”而努力奋斗！